更新知识地图　拓展认知边界

Eric Hobsbawm

The Age of Extremes: A History of the World

1914-1991

极端的年代

1914—1991

[英] 艾瑞克·霍布斯鲍姆 著

郑明萱 译

中信出版集团·北京

图书在版编目（CIP）数据

极端的年代：1914—1991 /（英）艾瑞克·霍布斯鲍姆著；郑明萱译. -- 2版. -- 北京：中信出版社，2017.8（2025.1重印）

书名原文：The Age of Extremes: A History of the World, 1914-1991

ISBN 978-7-5086-7462-9

Ⅰ. ①极… Ⅱ. ①艾… ②郑… Ⅲ. ①世界史－1914-1991 Ⅳ. ①K15

中国版本图书馆CIP数据核字（2017）第081496号

The Age of Extremes: A History of the World, 1914-1991 by Eric Hobsbawm
First published by Michael Joseph

极端的年代：1914—1991

著　　者：[英] 艾瑞克·霍布斯鲍姆
译　　者：郑明萱
出版发行：中信出版集团股份有限公司
　　　　　（北京市朝阳区东三环北路27号嘉铭中心　邮编　100020）
承 印 者：北京通州皇家印刷厂

开　　本：787 mm × 1092 mm　1/16　　印　　张：46　　字　　数：768千字
版　　次：2017年8月第2版　　印　　次：2025年1月第18次印刷
京权图字：01-2012-9125
书　　号：ISBN 978-7- 5086-7462-9
定　　价：128.00元

目 录

第二部分　黄金时代

第三部分　天崩地裂

序言与谢语

任何一位当代人欲写作20世纪历史，都与他或她处理历史上其他任何时期不同。不为别的，单单就因为我们身在其中，自然不可能像研究过去的时期一般，可以（而且必须）由外向内观察，经由该时期的二手（甚至三手）资料，或依后代的史家撰述为凭。作为本书作者，本人一生的经历，恰与本书讨论的大部分时期重叠。其中多数时候，从青少年岁月开始，一直迄今，我对公共事务均极敏感。也就是说，我以一个当代人的身份，而非以学者角色，聚积了个人对世事的观感与见解。也正是因为这个缘故，这一辈子作为学史之人的学术生涯中的多数时间，我始终避免将亲身所处的从1914年以来的时期当作研究题目。不过我倒不回避以其他身份，对这个时代发表见解。“本人的研究专期”——借用史学界的术语来说——乃是19世纪。但在此刻，我却觉得已经可以从某种历史角度，对1914年以来到苏联解体的“短20世纪”（Short Twentieth Century），进行一番观察。有关这段时期的学术文献及档案史料，已经在人数庞大的20世纪历史学者努力之下堆积如山。但是我对这个时期的认识，除了极少处偶尔引用之外，却不是根据这些纸上来源。

关于20世纪的史料如此浩瀚，绝非一己之力可窥其全貌，甚至仅限一种语言也不可能。我们对这段史实熟悉的程度，绝对不可能如同——比如说——研究古典文物制度或古拜占庭帝国（Byzantine Empire）的史学家们，对那漫长年月里写下的片纸只字，以及一切有关那漫长年月的著作论述所认识得那般深厚。然而即使有此作为借口，本人对这个时代的认识，若以当代史学界的博学功力判断，可能会显得不够全面深刻。我所能做的最大努力，只有向那些特别尖锐、最有争议的题目之中深入挖掘——比如冷战史实或30年代历史——达到满足我自己的要求为止；也就是说本书所陈列的观点，都能在专家研究的明察秋毫之下站得住脚。当然，我的企图不可能完全成功。书中提出的许多问题，一定暴露了我的无知，以及某些具有争议的论点。

因此，本书的立足基点，看起来自然有几分奇特不平衡。它的资料来源，除了多年来广泛芜杂的多方阅读之外，并有本人在“社会研究新学院”（New School for Social Research）执教时，在研究生课堂上讲授20世纪史所必须涉猎的各种著作。除此，我也以一个亲身经历“短20世纪”者的身份，累积了许多个人对当代的知识、回忆及意见，亦即扮演社会人种学家所谓的“参与性观察者”的角色，或者索性归之于一名周游过许多国家并且随时张大眼睛四下观看的旅行者身份，也就是我的祖先称之为“好管闲事之人”吧。这一类经验的历史价值，其可贵并不在我身历其境、亲临重大的历史现场；也不在于我知晓，甚或亲眼见过创造历史的大人物或政治家。事实上，根据本人偶尔在这一国或那一国（主要以拉丁美洲为主）扮演新闻工作者四下打听的经验发现，与总统或决策人士进行交谈，往往没什么收获。原因很简单，这些人物大多是为了公开记录发言。真正能带来启示光亮者，是那些可以或愿意自在谈话，并最好对国家大事没有负担责任之人。不过，能够亲自认识人、地、物，虽然难免有主观误导之嫌，却也使人获益匪浅。也许单单是30年的光阴过去，亲眼看见同一个城市今昔之比——不论是西班牙的瓦伦西亚（Valencia）或西西里的巴勒莫（Palermo）——就足以使人惊觉20世纪第三个25年之中，社会变迁之迅速与巨大。又或许是几句多年前的对话，也不知道什么原因，却深藏在记忆之中，以备将来不时之需。如果作为一名史家，能够将这个世纪整理出一点意义，多半归因于本人时时观察聆听的结果。希望以此所得的一点心得，可以经由本书传送给读者一点信息。

本书写作的来源，当然也少不了我的诸位同事、学生，以及其他在本书写作之际，被我强行打扰的任何一位。在某些方面，欠下的人情自然很多。有关科学的篇章，承蒙我的朋友艾伦·梦凯（Alan Mackay FRS）及约翰·马多克斯（John Maddox）的校正，艾伦不但是一位结晶学的权威，而且更如百科全书般博闻强识。经济发展方面的部分文字，由我在“新学院”的同人，来自麻省理工学院的兰斯·泰勒（Lance Taylor）亲自校读。更多的地方，则有赖大量阅读论文、聆听讨论，并在“联合国大学世界开发经济研究协会”（World Institute for Development Economic Research of the UN University，UNU/WIDER）举办的多项总体经济问题研讨会上，仔细侧耳倾听获得的心得。这个位于赫尔辛基（Helsinki）的研究机构，在贾亚瓦德纳博士（Dr. Lal Jayawardena）的领导之下，已成为国际一大主要学术重镇。整体而言，本人以麦克唐纳·道格拉斯（McDonnell Douglas）访问学者的身份，在这家令人仰慕的学术机构停留的那几年夏天中，所获裨益实在匪浅。这个协会以其接近苏联的地理之便，兼以其对苏联最后几年事务的学术关心，让我得到直接感受的良机。对于我所请教的人士的建议，在此并未一一采纳；如在我笔下呈现谬误，也是作者本人之过。从同人之间的研讨会上，我也受惠良多，学术中人在这类场合会面，主要是为了彼此挖掘知识。但是本人正式或非正式请教过的同人如此之多，不可能一一在此致谢。我甚至从有幸执教的新学院各国弟子之中，也随带获得了许多真实资料，在此也无法分别列出。不过其中我要特别感谢厄古特（Ferdan Ergut）及朱尔卡（Alex Julca）呈交的学期报告，它们大大扩展了我对土耳其革命及第三世界移民与社会流动的视野。我也要感谢学生吉塞克（Margarita Giesecke）所作《论美洲人民革命联盟党（APRA）及1932年秘鲁真理城（Trujillo）叛乱》的博士论文。

随着时间愈接近现在，20世纪史家的工作愈得求助于两项资料来源：一是报刊，一是统计调查报告。前者包括每天的日报或定期刊物，后者包括由各国政府和国际机构搜集举办的各项经济及多方调查统计。伦敦的《卫报》（*Guardian*）、《金融时报》（*Financial Times*），以及《纽约时报》（*New York Times*）自然是我要感谢的三家大报。至于联合国及其组织以及世界银行出版的各种刊物，也为我提供了无数宝贵资料，谨在书目中一一敬列。而联合国的前身国际联盟（League of Nations）的重要性也不能忽视。虽然在实际活动中它全然失败，但是国际联盟在经济事务调查分析上所做的无价贡献，尤以其首创的堪称最高峰的《工业化与世界贸易》（*Industrialization and World Trade*, 1945），却值得我深致感谢。上述一切都是着手进行任何有关20世纪经济、社会、文化等变迁的讨论时，不可或缺的参考来源。

本书所叙各项内容，除了明显属于作者个人的判断观点之处，其余便只有恳请读者包涵，完全以信任作为原则了。作者认为，实在没有必要在这样一本书中引经据典卖弄学问。下笔之际，我尽量将参照引用的地方，局限于实际原文以及各项统计量化数据的原始出处——有时候来源不同，数字亦有差异——偶尔也引用一些事例，以佐证某些可能会令读者觉得不比寻常、意想不到或不甚熟悉的陈述文字；或作者本人某些具有争议性的看法，也需要一点其他的意见参考。这一类的参考出处，在文中都用括号注明；其篇章全名，则在书末列出。但是这份书目不过是一张书单，仅用以详列本书中直接引述或提及的文字来源，其目的并不在提供一份进一步系统化研读的指南。有关进一步阅读的指南，本书后面另外有一份推荐书单。总而言之，以上所言的参考来源和书中页下附列的注脚，其用意并不相同，后者纯粹是为正文提供解说定义而作。

不过，在此作者依然应该点出某几部特别值得致意或仰赖尤重的大作，以免原作者误会本人不知感谢。总的来说，我欠两位友人的研究成果尤深：一位是勤于搜集量化数据、孜孜不倦的经济史家贝罗赫（Paul Bairoch），另一位是曾担任"匈牙利科学院"（The Hungarian Academy of Sciences）院长的贝伦德（Ivan Berend）。作者之所以有"短20世纪"的概念，原始构想即来自这两位友人。至于"二战"后的世界政治通史方面，卡佛柯瑞西（P. Calvocoressi）所著的《1945 年以来的世界政治》（*World Politics Since 1945*），为我提供了最翔实可靠，有时却辛辣锋利——此情自可体会——的指南向导。有关二战的题目，米瓦德（Alan Milward）的精彩杰作《战争、经济、社会：1939—1945》（*War, Economy and Society 1939—1945*），令我获益尤多。而 1945 年的经济事务，作者发现魏氏（Herman Van der Wee）所著的《繁荣与变乱：1945—1980》（*Prosperity and Upheaval: The World Economy* 1945—1980），以及阿姆斯特朗、格兰、哈里逊（Philip Armstrong，Andrew Glyn, John Harrison）三位合著的《1945 年以来的资本主义》（*Capitalism Since 1945*）所提供的内容最为有用。此外，沃克（Martin Walker）的《冷战》（*Cold War*）一书，其分量实际上远比一般书评的评价高得多，值得我们看重。至于第二次世界大战以后左派的消长，本人要特别感谢伦敦大学玛丽皇后暨威斯特费德学院（Queen Mary and Westfield College，University of London）的萨松博士（Dr. Donald Sassoon），他慨然将其这方面的未完巨著，借与我先行阅读。苏联方面的历史，我要特别感谢列文（Moshe Lewin）、诺夫（Alec Nove）、戴维斯（R. W. Davies）、菲茨帕特里克（Sheila Fitzpatrick）几位的研究成果；中国方面，要感谢史华慈（Benjamin Schwartz）、舒朗（Stuart Schram）；伊斯兰世界，要感谢拉比达斯（Ira Lapidus）、凯迪（Nikki Keddie）。书中有关艺术的论点，则得益于威列特（John Willett）论魏玛文化方面的著作（加上他本人的谈话），并要感谢哈斯克尔（Francis Haskell）。至于本书第六章得助于格拉佛拉（Lynn Garafola）所著的《佳吉列夫》（*Diaghilev*），自是明显不过。

我还要特别向以下实际参与本书制作过程的多位人士，表示深深谢忱。首先，是我的两位研究助理：伦敦的贝德福德（Joanna Bedford）以及纽约的格兰德（Lise Grande）两位女士。在此，我要特别强调对格兰德小姐深致谢意。若无她的杰出表现与无尽付出，本人在学识认知上出现的巨大疏漏，势将永远无法填补；许多半记半忘的事迹及出处，也不可能予以一一查证。我也要特地感谢为我打字誊稿的西尔斯（Ruth Syers）以及马伦尼·霍布斯鲍姆（Marlene Hobsbawm）。后者系以一名对现代世界持极大兴趣，却非学术身份的读者的观点，预读书中篇章。本书的写作，就是以马伦尼这样的读者为对象的。

前面，作者已经表明对新学院诸弟子的无尽谢意，有他们耐心聆听我在台上讲授，种种观念与阐释方能在其中逐渐成形，在此，我将本书敬献给他们。

艾瑞克·霍布斯鲍姆

1993—1994年写于伦敦-纽约

导言

鸟瞰 20 世纪

12 位文艺和学术界人士对 20 世纪的看法：

哲学家伯林（Isaiah Berlin）："我的一生——我一定得这么说一句——历经 20 世纪，却不曾遭逢个人苦难。然而在我的记忆之中，它却是西方史上最可怕的一个世纪。"

西班牙人类学家巴诺哈（Julio Caro Baroja）："在一个人的个人经历——安安静静地生、幼、老、死，走过一生，没有任何重大冒险患难——与 20 世纪的真实事迹……人类经历的种种恐怖事件之间，有着极为强烈显著的矛盾对比。"

意大利作家莱维（Primo Levi）："我们侥幸能活过集中营的这些人，其实并不是真正的见证人。这种感想，固然令人不太自在，却是在我读了许多受难余生者，包括我自己在内所写的各种记载之后，才慢慢领悟。多年以后，我曾重读自己的手记，发现我们这一批残存的生还者，不但人数极为稀少，而且根本属于常态之外。也许是运气，也许是技巧，靠着躲藏逃避，我们其实并未陷落地狱底层。那些真正掉入底层的人，那些亲见蛇蝎恶魔之人，不是没能生还，就是从此哑然无言。"

法国农艺学家暨生态学家杜蒙（René Dumont）："我看 20 世纪，只把它看作一个屠杀、战乱不停的时代。"

诺贝尔奖得主、意大利科学家蒙塔尔奇尼（Rita Levi Montalcini）：“尽管发生了种种事情，20 世纪毕竟发生了几项革命，是往好的方向走去……例如第四阶级的兴起，以及女人在数百年横遭压制之后得以崭露头角。”

诺贝尔奖得主、英国作家戈尔丁（William Golding）：“我只是止不住地想，这真是人类史上最血腥动荡的一个世纪。”

英国艺术史学者贡布里奇（Ernest Gombrich）：“20 世纪的最大特征，就是世界人口繁殖增长的可怕速度。这是个大灾难，是场大祸。我们根本不知道对此如何是好。”

美国音乐家梅纽因（Yehudi Menuhin）：“如果一定要我用一句话为 20 世纪做个总结，我会说，它为人类兴起了所能想象的最大希望，但是同时却也摧毁了所有的幻想与理想。”

诺贝尔奖得主、西班牙科学家奥乔亚（Severo Ochoa）：“最根本的事项，便是科学的进步，成就实在不凡……是我们这个世纪的最大特色。”

美国人类学家弗思（Raymond Firth）：“就科技而言，我认为电子学是 20 世纪最重大的一项发展。至于思想观念，可能则由一个原本相当富于理性与科学精神的观点，转变成一个非理性也比较不科学的心态。”

意大利史学家瓦利安尼（Leo Valiani）：“我们这个世纪，证实了所谓正义、公理、平等等种种理想的胜利，不过是短暂的昙花一现。但在同时，只要我们有办法将‘自由’继续存留，还是可以从头再来……不必灰心，甚至在最绝望的情况下也不要丧志。”

意大利史学家文图里（Franco Venturi）：“历史学家不能回答这个问题。对我来说，20 世纪没有别的，只需要我们不断地重新去了解它。”（Agosti and Borgese，1992，pp.42，210，154，76，4，8，204，2，62，80，140，160.）

1

1992年6月28日，法国总统密特朗（Francois Mitterrand）事先未经宣布，突然造访战火中的萨拉热窝（Sarajevo）。当日的此城，已是一场巴尔干半岛战事的中心焦点，到这年年底，这场战事的牺牲代价将高达15万条人命。密特朗此行的目的，就是为了提醒国际舆论，有关波斯尼亚（Bosnian）危机的严重性。的确，看着这位年迈体衰的贵客，在枪林弹雨中来到此地，真是一个令人注目和感佩的镜头。但是密特朗之访，却有一层完全为人忽略的理由，虽然这正是此行的中心关键：他的造访日期。为什么这位法国总统，要特别选在这一天前往萨拉热窝？因为6月28日，正是当年奥匈帝国的王储斐迪南大公（Archduke Franz Ferdinand）于1914年在萨城被刺身亡的日子。不过数周时间，这起暗杀事件就引发了第一次世界大战。但凡是密特朗这个年纪的欧洲人，只要读过几年书，此时、此地，与当年那场由政治错误与失算导致的历史性大灾难，其间的种种纠缠、关联，一定会立刻浮上心头，再度闪现眼前。今日的波斯尼亚，又一次陷入危急关头，还有什么行动，能比选上这样一个富有象征意义的日子来访，更具有高度的戏剧性，更令人正视这场危机的含义呢？可是除了少数几名专业史学家和年纪很大的人以外，一般都未能明白其中这层强烈的暗示意义。历史的记忆，已经死去。

过去的一切，或者说那个将一个人的当代经验与前代人经验承传相连的社会机制，如今已经完全毁灭不存。这种与过去割裂断绝的现象，可说是20世纪末期最大也最怪异的特色之一。许许多多身处世纪末的青年男女，他们的成长背景，似乎是一种永远的现在，与这个时代的众人的共同过去，缺乏任何有机的联系。因此在这个两千年纪元将尽之际，历史学者的地位遂愈发比以前重要；因为他们的任务，便是记住已经为其他人所忘怀的历史经验。基于同样的理由，他们的角色也应该比以前扩大，不再只是单纯地作为一位记年记事、搜集资料的人，虽然这些也是他们的必要功能。回到 1989 年际，如果能举办一场国际研讨会，回顾一下两次大战后实行的和平解决方案，相信各国政府、尤其是高级外交官，必能由此获益匪浅。他们当中的多数人，显然都早已忘记当年是怎么一回事了。

本书讨论的主题，是 1914—1991 年间的“短 20 世纪”；不过本书的目的，并不在于回述发生于这段时期的往事。当然，任何一个被他的学生问过下面这样一个问题的人，都知道即使是有关当年的一些基本常识，在今天也不能视作理所当然了。我的一位聪明的美国弟子问道，既然有所谓“第二次世界大战”，是否表示从前还有过一场“第一次世界大战”？但是本人写作本书的宗旨，是为求了解、阐释为什么事情会如此发展，以及彼此之间有何意义关联可言。而对于一辈子走过“短 20 世纪”年月，如我这般年龄的人来说，本书不免亦有一种自传性的意味。我们等于是在叙述、详谈（以及在纠正）我们自己记忆中的往事啊！而且，我们是以男女演员的身份——不论我们的角色是多么渺小，不管我们是如何得到这个角色——回溯在那个特定的时空里，在那个大时代历史舞台之上演的一出戏剧。而同时呢，我们也如同在观察自己的这个时代；更有甚者，我们对这个世纪持有的观点，正是受到那些被我们视为关键时刻的影响所形成的。我们的一生，是这个世纪的一部分；而这个世纪，也是我们人生的一部分。凡属于另一个时代的读者，比如在本书写作之际才进入大学求学的学子，请不要忘记这个重点。对各位来说，甚至连越战也是古老的史前事情了。

可是对于我这一代，以及具有以上这种背景的历史学者来说，过去永远不能抹去。因为我们所属的时代，是一个依然以公众人物或公众事件为街道及公共场所命名的年月（例如战前布拉格的威尔逊车站，以及巴黎的斯大林格勒地铁站）。那个时候，和约书上依然有人签字，因此也得有个名字以供辨认（例如《凡尔赛和约》），那时候的战争纪念碑，也仍旧令人怀想起过去的年月。因为当其时也，公众事件仍然是我们生活肌理中紧密的一部分，而非仅是我们私人生活里画下的一个记号而已。它们左右了我们的人生，于公于私，都塑造了我们生活的内容。对于作者本人来说，1933 年的 1 月 30 日，当希特勒登上德国总理宝座的那一天，并不单纯是日历上的随便哪个日子，而是柏林的一个冬日午后，一个 15 岁的少年，在威尔默斯多夫（Wilmersdorf，西柏林一个区）附近的学校放学之后，正与他的妹妹一起往哈伦塞（Halensee）回家途中，看到了这个头条消息。即使到现在，我还可以回想这则新闻，仿佛梦境一般。

可是拥有这一段成为今生永不可分离的过去的人们，并不仅限于这位执笔作书的老迈史者。在广袤无垠的地表之上，但凡有一定年纪之人，无论个人背景或人生经历如何，都尝过这同样一段重要经验。它为我们全体戴上标记，就某种程度而言，更是以同样方式。80 年代末裂作数片的世界，其实正是 1917 年俄国革命冲击之下造成的同一世界。我们众人身上，都因此留下痕迹；只是我们都习惯用二元对立思考，将现代工业经济分成“资本主义”及“社会主义”两种不能并存、相互排斥的绝对选择，才能想明白。一个代表着以苏联为模式的经济体制，另一个则把其余的全部照单全收。现在看来，情况应该比较清楚，这种二分法实在是一种武断，甚至近乎不自然的思考方法，只能置于某种特定的历史时空之下才能有所了解。但是话又得说回来，即使作者在此刻执笔之际，就算用回溯的眼光望去，的确也难再找出其他比此更为实在的区分方法，亦即将美国、日本、瑞典、巴西、韩国，一股脑儿全部并作一堆；并把苏联势力范围的国家式经济体系，与东亚及东南亚的国家算作另外一边——虽然后者显然并不曾像前者一般，于 80 年代以后一齐纷纷瓦解。

更何况，在十月革命震荡终结之后存活下来的世界，是以第二次世界大战胜利一方的制度前提作为模式来形成的。失败的一方，或是那些与失败者有所勾结的国家，非但销声匿迹，而且根本被逐出历史及精神生活。唯有在“善恶”之争的精神大战里，尚扮演着“仇敌”

的角色。（这种下场，可能同样也正发生于输掉了20世纪下半期的冷战者身上，只是程度也许不同，为期不致如此长久。）在这样一个充满了信仰战争的世纪里度过一生，如此活受罪，正是其中必须忍受的代价之一。褊狭、不能容忍，是其中的最大特色。甚至连那些自诩思想多元开放的人，也认为这个世界并没有大到可以容纳各种对立竞争的世俗信仰永久并存的地步。信仰或意识形态的争执对峙——正如这个世纪历历所见的此类冲突——往往给历史学家寻找真相的路途造成重重障碍。史家的主要任务，并不在判定谁是谁非，而在力求了解那些最不能为我们所理解的事物。但是挡在了解道上的路障，不只有我们本身固执的想法，也还有形成这种种想法的历史人生经验。前一种障碍，比较容易克服，因为我们大家都熟悉的那句法国谚语“了解一切，就是原谅一切”（tout comprendre c'st tout Pardonner），其实并不正确，其中并没有真理存在。我们去了解德国历史上的纳粹时期，并把它放在历史的背景中予以观照，决非去原谅种族屠杀罪行。总而言之，凡是亲身经历过这个不寻常世纪的人，自然都免不了对它有些意见。而了解，才是最困难的一门功课。

2

“短20世纪”，即从第一次世界大战爆发起，到苏联解体为止，如今回头看来，应该属于一段具有前后一贯性的历史时期。如今这段时期已告终了，我们该怎么为它整理出一点意义？没有人知道，未来的下个阶段将会如何，第三个千年纪元将是何种面貌；虽然我们可以肯定，它的情形，将在“短20世纪”的影响下成形。然而，就在80年代末期及90年代初期，世界历史的一个纪元告终，新的一幕开始，却是无可置疑的事实。对于20世纪的史家而言，这的确是最重大的一条信息；因为他们虽然可以鉴诸以往而预见将来，根据对过去的了解，揣测不可知的未来，可是他们却不是赛马场上的刺探，可以预先打听出下一世纪的世事行情。史家敢于开口报告分析的战况，是那些胜负早已判明的赛事。无论如何，在过去三四十年里面，不管他们用以述说预言的专业身份为何，各种预报家的记录可谓糟糕无比，只剩下政府及经济研究机构还对它们存有几分信心——也许，这份信心也根本是假装的。二次世界大战之后，更可能每况愈下。

在本书中，“短 20 世纪”仿佛一张三联画，或者说，像一个历史的三明治。从 1914 年起，到二次世界大战结束，是大灾难的时期（Age of Catastrophe）。紧接着，是一段经济成长异常繁荣、社会进行重大变迁的 25 至 30 年期；这短短数十年光明对人类社会造成的改变，恐怕远胜任何长度相当的历史时期。如今回溯起来，它确可以视为某种黄金年代（Golden Age）；事实上，当这段时期于 70 年代初期结束之后，便立即被人这般看待。而 20 世纪的最后一部分，则是一个解体分散、彷徨不定、危机重重的年代——其实对世界的极大部分来说，例如非洲、前苏联，以及欧洲前社会主义地区，根本就是又一灾难时期。随着 80 年代过去，90 年代揭幕，反思过去种种及未来茫茫之余，弥漫的气氛乃是一种世纪末的悲观心情。站在 90 年代的制高点上望去，“短 20 世纪”仿佛是由一个时代前往另一个时代，途中短暂地穿过一段黄金时期，最后进入一个问题重重、不可知的将来——但是未来不见得就是世界末日。历史学家也许动辄喜欢以“历史终结”的口吻提醒空谈之人，未来却会依然继续进行。关于历史，只有一项通则可以绝对成立，那就是只要有人类，历史就会继续下去。

本书的论点，就是基于这项原则组织而成。它由第一次世界大战开始，第一次世界大战也就是 19 世纪（西方）文明崩溃的起点。这个文明，经济上是资本主义，法律宪政结构上属自由主义（Liberalism），其典型的支配阶级，则为资产阶级中产阶级。科学、知识、教育、物资的进步，以及道德的提高，都在其中发光发热。这个文明，也深信欧洲是天下中心，是科学、艺术、政治、工业、一切革命的诞生地。

它的经济力渗透深广，它的军事武力征服各地；世界的绝大部分，都屈服在它的脚下。它的人口不断增加，增至全人类的三分之一（包括欧洲众多的海外移民及其后代子孙在内）。它的主要国家，更成为世界政治体系的舞台所在。[1]

但是从第一次世界大战爆发，一直到第二次世界大战战事结束的数十年间，却是这个社会的灾难时期。40年间，跌跌撞撞，它由一场灾难陷入另外一场灾难。有的时候，甚至连最优秀的保守人士，也不敢打赌这个社会能否继续存活。两场世界大战，打得世界落花流水。接着又是两股世界性的动乱及革命浪潮，使得另一个为历史注定、势将取代资本主义社会的制度登上政治舞台。一出场，其势力就覆盖了全球陆地面积的六分之一还多，及至第二次世界大战之后，更席卷了全球人口的三分之一以上。而早在帝国年代（Age of Empire）之前及在其中兴建起来的巨大殖民帝国，此时却七零八落、化为尘土。在大英帝国维多利亚女王驾崩之际，仍屹立不动、趾高气扬的现代帝国主义，论起它的全部历史，却维持了不过一代之久——比如说，其长度也不过就如丘吉尔（1874—1965）的一生罢了。

更有甚者，世界经济危机之深，连最强盛的资本主义经济也难以承受。一向可列为19世纪自由派资本主义最大成就的全球性单一世界经济体系，此时似乎也走上败亡之路。即使与战火及革命远隔重洋的美国，好像也随时都会濒于倒闭。经济摇摇欲坠，自由派民主政体的建构也等于从1917—1942年间的地表上一扫而空，只剩下欧洲边缘地带、北美及澳大利亚尚能幸免。法西斯（Fascism）及它的卫星极权势力，正快速地在各地挺进。

此时此刻，为了自卫，只有自由派资本主义与共产主义暂时携手，起来合作迎战，方才挽回了民主的一条小命。这确是一个奇怪的组合。

---

[1] 有关西方文明的兴衰因由，作者曾以一套历史三部曲的著作，为这个“漫长的19世纪”试做叙述剖析（1780—1914）。如有必要，本书也将引用这三卷书中的文字以做进一步的说明：《革命的年代：1789—1848》（*The Age of Revolution，1789—1848*）、《资本的年代：1848—1875》（*The Age of Capital，1848—1875*）、《帝国的年代：1875—1914》（*The Age of Empire，1875—1914*）。

但在事实上，这场对抗希特勒的战争之所以终能获胜，主要是靠苏联红军之力，而且也只有红军出马，方能成功。这段“资”“共”合作抵抗法西斯的时期——基本上属于30年代及40年代——就许多方面来说，不啻为20世纪历史的关键时期和最重要的决定性时刻。同样，就许多方面来看，它也是多数时间互为死对头的“资”“共”之间，其关系最富历史性诡谲的一刻。只有在这反法西斯的短暂岁月里，双方才暂时放下成见，对付共同敌人。苏联打败了希特勒，是十月革命建立的政权的最大成就；只要将上一次大战之时沙皇俄国的经济表现，与第二次世界大战中的苏联经济做一比较，即可立见分晓（Gatrell / Harison，1993）。若无苏联付出的代价，今天在美国以外的西方世界，恐怕将只有各式各样的独裁政权，高唱着法西斯的曲调，而非今日这百花齐放的自由派国会政治了。这个奇异的世纪，其中最矛盾和讽刺的真相之一，就是以推翻资本主义为目的的十月革命，其所造成的最长久的成效，却反而救下它的死敌一命。战时已经如此，平时亦然。因为第二次世界大战之后，也正由于有着它的存在刺激，资本主义方才幡然大悟，并出于不安之故，着手进行改革，同时并因苏联的“计划”体制大受欢迎，从中又得到某些改革灵感。

经济大萧条、法西斯、战争，自由资本主义总算从这三场灾难中死里逃生。但是前途多艰，继之而起的尚有革命风潮在全球各地的挺进。随着苏联在战后崛起成为超级一霸，如今各方的革命遂聚集在它的大旗下联合成军。

但是回顾起来，全球性社会主义得以挑战资本主义，事实上其最大的力量来源，却只能寄托在对手本身的弱点之上。若无19世纪资产阶级社会的解体在先，则无十月革命，更无苏联的成立在后。而那以社会主义为名，实行于前沙皇帝国横跨欧亚的广袤领土之上的经济制度，也根本不可能自认有资格取代资本主义；不管是它自己，或是外人，也都不会把它当成一条全球性的可行之路。然而发生于30年代的大萧条，却给了它这个机会，使得它看起来似乎确有取而代之的可能。

正如同法西斯的挑战，也令苏联成为击败希特勒不可或缺的一环，遂使它摇身一变，成为两大超级强国之一。接下来两强之间的对峙，更主导了“短20世纪”的下半叶，世人全在这个冷战主调之下胆战心惊——可是与此同时，世界局势却因此而趋于稳定；若没有以上这种种演变，苏联不可能在20世纪中叶稳操社会主义的龙头达15年之久。这个阵营帐下的人口，占全人类的三分之一；而它们的经济，一度看来也大有超过资本主义经济成长的趋势。

至于第二次世界大战之后的资本主义，是如何起死回生，竟能出乎众人意料（包括它自己在内）地虎虎生风，一鼓作气跃进了1947—1973年间的黄金时期——这段时间的繁荣，不但史无前例，可能也是少有的例外——这个问题，或许是20世纪历史学者所面对的最大题目。及至目前为止，依旧众说纷纭：本人在此，也不敢自诩有什么令人信服的答案。也许还得再等上一段时日，直到20世纪下半叶的历史“长周期”可供全部回顾之际，才能有一个差强人意的研究结果出现吧。因为站在此刻，虽然已经可以回溯黄金时代的全貌，可是随之发生的危机20年期（Crisis Decades）却尚未终结。不过其中有一项发展，亦即因此造成的经济、社会与文化的惊人变迁，也是人类有史以来最巨大、最快速、最根本的大改变，如今绝对可以开始进行评估。本书第二部分，将对这个层面进行多方讨论。未来第三千年纪元中研究20世纪史的历史学家们，论到20世纪在历史上留下的最大印记，恐怕就要数这段不寻常时期中发生的种种事情吧。因为它对世界各地人类生活造成的重大改变，影响不但深远，并且再也不能逆转。更重要的是，它们还在继续进行之中。苏联帝国落幕之际，众家新闻人员及评论家纷纷以为“一段历史就此告终”；其实他们都错了。更正确的说法应该这样：在20世纪的第三个25年之际，那段由石器时代揭起序幕的一页七八千年人类历史，至此终于告一段落。因为截至当时，绝大多数人类都系以农牧为生，这段漫长的农牧年月，到此总算落幕。

跟这种社会、经济、文化发生的大变动相比，发生在“资本主义”“共产主义”两方之间的一段对峙历史所具有的历史意义，相形之下便狭小许多——不论个中有无国家或政府涉入，如美苏两强即分别自命为其中一方代表。也许从长期观点而言，不过就像16、17世纪的宗教或十字军运动所带来的意义一般吧。不过对亲身经历过“短20世纪”任何一个时期的人们来说，这些事件自然关系重大。同样，它们在本书中也分量极重，因为这是一部由20世纪的当代作者，写给20世纪后半叶的当代读者阅读的著作。社会革命、冷战、大自然，以及“现实中的社会主义”（really existing socialism）的限度、它的致命缺陷、它最后的瓦解，凡此种种，俱在本书中有所讨论。但是有一件事情我们却不可忘记，即受到十月革命激励而起的各个政权，它们最大也最长久的冲击影响，即在于有力地加速了落后农业国家现代化的脚步。事实的发展显示，它在这方面的主要成就，恰与资本主义黄金时期的年代大致相符。至于这个想将我们祖先建立的世界打入坟墓的对手，其策略到底有多灵光，甚至到底有几分真正的意识自觉，在此无须讨论。我们将会看见，直到60年代初期为止，它们似乎至少与我们并驾齐驱。虽然这个观点在苏联社会主义解体后的今天看来，不免荒谬可笑，极不近情理，但是当其时也，却有位英国首相对美国总统表示，苏联的“经济行情看好……看起来颇有赶上资本主义社会的架势，在物质财富的竞争中很快就会获得领先地位”（Horne，1989，p.303）。然而，这些话如今都没有意义了。最简单明了的一点，就是到了80年代，身为社会主义国家的保加利亚，与非社会主义的厄瓜多尔（Ecuador），两国的相似之处，却远比其各自与1939年时的本国或对方更为接近。

苏联社会主义的解体，以及因此而产生的巨大影响（其影响至今依然不能全面估计，不过绝大部分属于负面），乃是黄金时期之后的数十年危机中，最富戏剧性的一桩事件。可是这段时间里的危机，却不仅苏联解体一个方面，而是长达数十年的全面或全球性重大危机，其影响深度、广度虽然不同，却遍及世界各个角落。不论各国政治、社会、经济的制度如何，无一能够幸免。因为那段黄金的岁月，已经在历史上首次为人类建立起了一个单一的全球性世界经济，而且其一体的关系愈来愈紧密，多数超越国家的疆界进行运作（跨国性营运作业），因此，也越来越凌驾于国家疆土的意识之上。于是传统上为众人所接受的一切国家政权建构观念，遂受到重大破坏。一开始，70年代出现的病态，只被众人满怀希望地当作世界经济大跃进中的一时挫折。既然是暂时现象，各个政治经济体制的国家便着手寻找暂时的解决之道。但是问题的状况愈来愈清楚，看来这将是一场长期的痼疾，于是资本主义国家便开始寻求激进手段，通常是遵从主张绝对自由开放市场的世俗神学的教诲。当年在黄金时期极为管用，如今却一概失灵的各项政策，为这门理论唾弃。可见这剂极端自由放任（laissez faire）的特效药，也同样不能令衰弱的经济真正回春。进入80年代及90年代初期，资本主义世界发现，自己再度陷入困境。原来两次世界大战之间积累的旧病复发：社会上大量失业，严重萧条循环出现，无家可归的乞丐满街，贫富之间的差距比之前更甚，国家岁入有限，而支出却如无底洞般有增无减。至于社会主义国家的经济，如今也同样委顿脆弱不堪，甚至与过去截然相反，正逐步——正如我们都知道的后果——趋向衰败。它们的瓦解，意味着为“短20世纪”画上一个句号，一如当年的第一次世界大战，标志着20世纪的起始。于是就在这最后的音符上面，也结束了我这部“短20世纪”的历史终曲。

本书最后的尾声——正如任何有关90年代初期的著作亦将如此一般——对不可知的未来试做展望。世界一部分的废去，正证明身体的其余部分也有疾病。随着80年代的告终，时光进入90年代，世界危机的性质愈来愈为明显：如今不独经济普遍不景气，政治也到处出现毛病。从南斯拉夫的伊斯特里亚（Istria）到符拉迪沃斯托克（Vladivostok）之间，欧洲社会主义国家纷纷发生剧变，不但造成了一大片不稳定的政治真空地带，前途未卜，内战频仍，同时也将稳定了国际关系40年之久的国际政治体系完全破坏。其实即使连各国的国内政局，基本上也有赖这种稳定的世界局势，如今屏障既除，其多变莫测之势随之暴露无遗。经济上的紧张不安，进一步损害了自由派民主的政治体系。不论国会制或总统制的民主政体，原本于第二次世界大战后在发达资本主义国家内运用自如的制度，此时亦开始呈现不稳。第三世界的各式各样政治体制，也同样遭受重大破坏。除此之外，现代政治的基本单位，所谓领土、主权、独立的“民族国家”（nation-states），包括立国最悠久、最稳定的在内，如今都发现在超国或跨国性的经济势力之下，自己的权力日渐缩小。而自己的疆土、国力，也在国内的地区分离主张以及民族群体的对立冲突之下，被拉扯得四分五裂。这类团体之中——历史的荒谬是如此可笑——有些竟提出过时要求，主张为自己成立完全不切实际的微型主权“民族国家”地位。政治的未来一片迷离，可是在“短20世纪”告终之际，它的危机重重却显而易见。

世界经济前途暗淡，世界政治动荡不安，但是更令人彷徨的现象却是弥漫各处的社会道德危机。这正反映50年代之后，人类生活所经历的天翻地覆的大变动。于是危机20年的人间，处处回照出这一片茫然的混乱现象。自从“现代”于18世纪初期出场，击败了“古代”以来，但凡现代社会所赖以存在的各项理念、前提，亦即为自由派资本主义与共产主义共同持有的“理性”与“人性”假定，如今却都一一陷入莫大的危机之中。而当年也唯有经由这个共识，方才使他们暂时捐弃成见，携手做出决定性的行动，对付扬弃这份信念的法西斯。1993年，德国保守派观察人士史德姆（Michael Stürmer）就曾对东西之间的信仰问题，提出以下极为中肯的评论：

> 东西之间，存在着一种极为奇特的平行对应。在东方，国家的教条一向坚持人类是自己命运的主人。但是即使连西方的我们，过去也对这同一类口号深信不疑：也就是人类正迈向当家做主、掌握自我命运的路上——只是我们的版本，也许比较没有那么正式及绝对罢了。但是时至今日，这种自以为全能的口吻已经从东

> 方完全消失，只剩下相对的“在我们这里”（chez nous）——东西两方，都已遭到重大挫折。（Bergedorf，98，p.95.）

这个时代对人类唯一可夸耀的贡献，可说完全建立在以科技为基础的重大物质成就进步之上。然而矛盾的是，到了这个时代结束之际，西方的舆论与自命为思想家的人士，却起来大为排斥这项物质的胜利。

但是道德的危机，并不只是现代文明的独有特征。这是有史以来即存在的人类关系形态，乃是我们沿袭自“前工业”与“前资本主义”时代的过去形态。而且也正基于此——如今我们都可以了然了——现代社会方才得以运作。道德危机，并不是某一种特定社会形态才有的专利，而是所有社会形态共有的。历世历代以来，人类不断发出奇怪的呼声，寻找那不知芳踪何处的“市民社会”（civil society），渴求那无以名之的“社团”（community），这个现象其实是飘零失落的一代的吁求。而这一类的字眼，今日依然可见，可是却已经失去它们的原本意义，只剩下走了调的无味陈腔。再也没有可供群体认同的手段了，唯一的方式，只有靠界定不在自己群体的外人了。

对诗人艾略特（T. S. Eliot）来说，“世界即是如此结束——不是砰的一声消失，而是悄悄耳语地淡去”。“短20世纪”告终的方式，事实上两者皆具。

3

20世纪90年代的世界，与1914年相比如何？前者满住着五六十亿人口，可能高达第一次世界大战前夕的3倍。更何况在短促的20世纪年月里，因人为原因而死亡的人数之高，更为人类史上仅见。最近一次对“以百万为死亡单位计”（megadeaths）的估算，死亡数为1.87亿人（Brzezinski，1993），相当于1900年时世界人口的十分之一以上。90年代的多数人，身高比父母高，体重比父母重，饮食较佳，寿命也较长——虽然在80年代和90年代，非洲、拉丁美洲及前苏联境内遭遇空前灾难，的确使这个改善的现象难以置信。就产品服务的能力与花样而言，90年代的世界也比历史上任何一个时期都为富足。否则，它怎能养活这自有人类以来，人数最为庞大的全球人口呢？直到80年代，世上多数人的生活水准也比他们父母为佳，在已开发的经济领域之内，甚至比他们自己原先所求所想的还要好。20世纪中期的数十年间，人类社会甚至好像寻得了妙方法宝，至少，可以将其无边财富的一部分，以不失公平的方式略加分配，让富国的工人阶级也能沾光。可是到了世纪之末，不平等的现象再度严重，甚至大量出现在前社会主义国度：在那里，原本至少还保有着某种程度的均贫。至于新时代人类的教育程度，显然也比1914年时高出许多：事实上，这可能是有史以来的第一次，得以将多数人纳入识字阶级——至少在官方的统计里可以如此显示。然而这项成就若换在1914年出现，可能远比时值世纪之末的现在显得更有意义。因为在官方认定的“最低识字能力”与一般对精英阶级期待的读写程度之间——前者与“功能性文盲”常有着极为模糊的界线——存在巨大的鸿沟，而且日益加深。

革命性的科技突破，也不断地充满了这个世界。这些胜利所赖以存在的自然科学成就，回到1914年前，虽然可以预见，在当时却几乎都还不曾着手进行。在所有衍生的实际用途之中，最让人注目的发展可能要数传播输送，时空的限制从此几乎不再存在。在这个新世界里，平常人家所能获得的信息、娱乐，远比1914年的皇帝多；每天、每时、每刻，源源不断输入。轻轻按触几个键，远隔千山万水的人们就可以彼此交谈。最实际的效果，则在缩短了城乡之间的文化差距，以往城市占有的文化优势从此完全消失。

它的成就如此奇妙，它的进步如此无双，那么为什么，当这个世纪结束之际，却不是在对它的讴歌之中欢声落幕？相反地，却是一片局促不安的抑郁氛围？为什么，一如本篇篇首所列的名家小语所示，回首望人间，为什么如此众多的深思心灵，都对这个世纪表示不满，对未来更缺乏信心？其中原因，不单单因为这是一个人类史上最残酷嗜杀的世纪，其间充满了战祸兵燹，其程度、频率、长度以及死在其战火下的人们不计其数，在20年代期间更几乎没有一天停止；与此同时，也由于它为人类带来了史无前例的大灾难，由历史上最严重的饥荒，一直到有计划的种族灭绝。“短20世纪”，不似“漫长的19世纪”：19世纪是一段看来如此，事实上也几乎不曾中断的长期进步时期，包括物质、知识、道德各方面，文明生活的条件都在不断改善之中。反之，自从1914年以来，原本在发达国家及中产阶级环境里视为常态的生活水准（而且当时的人极有信心，认为这种生活条件也正往落后地区及较不开化的人口扩散），却出现异常显著的退化征候。

这个世纪教导了我们，而且还在不断教导我们懂得，人类可以学会在最残酷而且在理论上最不可忍受的条件之下生存。因此，我们很难领会自己这种每况愈下的严重程度——而且更不幸的是，我们堕落的速度愈来愈快，甚至已经陷入我们19世纪祖宗斥之为野蛮的境地。我们已经忘记，当年的老革命家恩格斯（Frederick Engels），听说爱尔兰共和人士竟在英国国会大厅（Westminster Hall）安置炸弹，不禁大受惊吓。因为身为一名老战士，他认为战争应该是向战斗人员，而非对着非战斗人员。我们也忘了，谈到当年沙皇帝俄时代，曾引起世界舆论激愤，并促使数以百万俄国犹太人于1881—1914年间横渡大西洋流亡的屠犹事件，其实按照现代大屠杀的标准而言，当时遇害的人数其实极微，简直无足轻重，不过以十计算而已，而非成百，更不要说以百万计了。我们还忘了当年某次国际大会曾经规定，战争中的交战行为，“决不可于事先未曾明确预警之下即行开始。预告的方式，须陈明理由正式宣战；如不能如此，将用宣战的最后通牒代替”。我们记忆所及，最近有哪一回战争是在如此明说暗示之下方才开始？在20世纪频仍的战祸之中，攻击行为的对象愈发以敌国的经济、基础建设及平民百姓为主要目标。自从“一战”以来，所有交战国家里面，不幸丧生于战火下的平民人数，远比军事伤亡惨重（只有美国是唯一例外）。我们之中，又有多少人还记得？回到1914年时，以下一段话还为各方视为理所当然的圭臬：

> 什么是文明的战争？教科书告诉我们，乃是尽量以挫败敌方之武装力量为目的；否则，战争必将进至其中一方完全灭绝方告终止。“欧洲国家之所以已经习于这项作战原则……自有其道理存在。”
>
> （*Encyclopedia Britannica*，XI ed.，1911，art: War.）

而酷刑，甚至谋杀现象等，竟在现代国家中再度复活，这种现象，虽然并未完全受到忽略，可是我们却忽视了其代表的重大意义。这种倒退，与漫长年月之中（自18世纪80年代西方国家正式废止酷刑起，直到1914年）好不容易才发展完成的法治制度，岂不啻背道而驰的大逆转吗？然而，正踩在“短20世纪”尽头的这个世界，与当年起点时刻之间的比较，并不是一道“孰多孰少”的历史计算题。因为两者之间，有着极大的“质的不同”，至少可从以下三方面分别述说。

第一项变化，这个世界再也不以欧洲为其中心。在它的春去秋来之间，欧洲已然日渐衰败。当20世纪开始之际，欧洲犹是权势、财富、知识以及“西方文明”的当然霸主。可是时至今日，欧洲人及其在世界各地的后裔，却已由可能高居世界人口三分之一的顶峰，一降而为最多不过六分之一的地位。他们是人数日渐稀少的少数，他们的国家，其人口增长率几乎或甚至为零。他们的四周，满是贫穷地区不断涌入的移民，多数时候——除了1990年之前的美国以外——他们自己也是高筑壁垒，全力遏阻这股狂潮。而以欧洲为先锋开拓出来的工业江山，如今也向他处四迁。过去一度隔洋向欧洲翘首盼望的国家，例如澳大利亚、新西兰，甚至连两洋国家美国在内，都将眼光转向太平洋。他们看见，那里才有未来——不管这“未来”到底代表什么。

1914年时的“诸强”，全部为欧洲国家，如今都已不复当年。有的，例如苏联——沙皇俄国的继承者，已经消失；有的则声势大落，被贬黜到区域性或地方性的地位——也许只有德国例外。“欧洲共同体”（European Community）的设置，这份想要为欧洲建立一个“超国家”单一实体的苦心，并因此为欧洲联合创造出一种共识的努力，以取代旧有对历史源流的国家政府的个别效忠，正足以证明欧洲力量式微的深重。

然而欧洲势力的衰颓，除了对政治史家而外，是否是一项富有普遍重大意义的演变呢？也许事情并非如此。因为这只是表明世界的经济结构和知识文化结构有了某些变化。即便在1914年，美国就已在世界上占据主要的工业经济地位。而在“短20世纪”里征服了全球的规模化生产与大众文化，在那时也是以美国为开路先锋、标准模范和一大推进力量。美国，尽管有其独到之处，却是欧洲在海外的延伸，更在“西方文明”的头衔之下，被认作是与旧大陆同气连枝的一家人。不论美国未来的展望如何，从90年代回头望去，美国的确可以将此世纪视作“美国人的世纪”，是一页看它兴起、看它称雄的历史。而19世纪那一些工业化的国家，如今集合起来，也仍为地球上的一霸，是全球财富、经济、科技力量最为雄厚集中的一群。它们的人民，也还是生活水准最高的人间骄子。在世纪末的今天，它们工业的密集度虽然减退，它们的生产虽然移向其他大陆，但是它宝刀未老，这些变化毕竟为它们尚存的实力所弥补，而且不仅仅是补足而已。因此，就此而言，若以为旧有以欧洲为尊或以西方为中心的世界，已然全面衰败，那就过于肤浅了。

第二项变化的意义，则较第一项为重大。在1914年至20世纪90年代之间，全球已经逐渐一体化。这是前所未有的历史现象，而且也是回到1914年时不可能出现的状况。事实上，就众多目的而言，尤以经济事务来说，全球已经成为基本运作单位。而旧有以领土国家政治为界定的“国家经济”，却一落而为全球经济的组成部分。也许，在未来21世纪中叶的观察家眼里，“地球村”的建设工程，到了20世纪

90 年代，依然还未曾进入高层阶段——地球村一词系于 60 年代为麦克鲁汉所创（Macluhan，1962）。可是不可否认，某些经济性与技术性的事务，以及科学性的活动，那时的确已经改头换面。而个人生活的许多重要层面，也在其中发生改变，这主要是因为以前所难以想象的传播输送的高速进步。然而 20 世纪末期最令人印象深刻的特色，可能是在国际化脚步日益加速与公众建构以及人类的集体行为之间的紧张状态，开始趋于缓和。说也奇怪，私人行为却能与这个有卫星电视、电子邮件、越洋上班、在印度洋岛国塞舌尔（Seychelles）欢度佳节的新世界协调无间，安之若素。

第三项变化就某些方面而言，也是最令人心焦的一项改变，则为旧有人际社会关系模式的解体，而一代与一代之间的连接，也就是过去与现在之间的联系，也随之崩裂而去。这种现象，在实行西方版资本主义的最发达国家里尤为显著。在那些国家中，不论正式或非正式的思想，一向皆为一种非社会（a-social）的绝对个人主义价值观所把持；因此而造成的社会后果，即使连力倡这种个人至上的人士也不免为之悔叹。不过，这种趋势举世皆有，不是发达国家一处如此；再加上传统社会及宗教的没落，以及“实存社会主义”社会的瓦解——或自我瓦解——更加有愈发强化之势。

如此一个社会，由众多以自我为中心、以追求自我满足为目的的个人所组成（所谓满足，究竟是冠以利润、乐趣，或其他任何名目，在此无关紧要）。而个人之间，除了这个相通点外，其余则毫无关系。其实像这样的一个社会，一向在资本主义的经济理论里面已经隐隐然焉。早在革命时代以来，各种色彩的意识形态观察家们就已预言，维系旧社会的约束力迟早将会解体，并一步步紧追它的进展。早年的《共产党宣言》（*Communist Manifesto*），便针对资本主义扮演的革命角色大为发挥，此话也已经耳熟能详：“资产阶级……已经无情地斩断了把人们束缚于封建族长的形形色色的封建羁绊，它使人和人之间除了赤裸裸的利害关系，除了冷酷无情的‘现金交易’，就再也没有任何别的联系了。”不过上面这番话，却不曾道出革命性资本主义新社会在实际运用上的全部真相。

新社会的真实状况，其实并不在于将自己由旧社会继承的一切事物予以封杀，却在选择性地对过去予以改造，以符合一己之用。资产阶级的社会，毫不犹豫，便急急引进“经济上的激进个人主义……将经济过程之中的一切传统关系，撕成两半”（意指凡是一切有碍它的东西）。与此同时，却担心文化上（或行为道德上）进行“激进个人主义实验”的不良后果（Daniel Bell，1976，p.18）。这其中，其实并没有任何所谓“社会学上的矛盾”（sociological puzzle）存在。因为“自由市场”的法则，虽然原与——比如说——清教徒的伦理道德、不求近利、不图立即回报、勤勉的工作观、家庭的责任与信任等等毫无关系，但是若欲建立一个以私有企业为基础的工业经济，最有效的手段，莫过于与以上这些推动力量相结合。而那些主张废弃道德的个人造反观点，自然得戒之忌之。

马克思和其他预言家的眼光没错，旧日的价值观与社会关系，果然随风飘散。资本主义本身，其实是一股具有不断革命性的大力量。它将一切解体，甚至连它发展乃至生存所寄的“前资本社会”的部分也不放过。根据逻辑演绎，它自己自然也难逃一死。它自毁长城，锯断自己端坐的枝干，至少锯掉了其中一枝。自20世纪中叶起，它就开始拉动它的锯子。黄金时代以来，世界经济出现惊人的爆炸扩张，在此冲击之下，连同随之而来的社会文化变迁——也就是石器时代以来，影响社会最为深远的重大革命——资本主义所赖以存在的枝干开始崩裂，最终终于断裂。这是一个“过去”已经在其中失去地位的世界——甚至包括眼前的过去在内。这是一个旧日的地志航图，那个曾经个别的、集体的，引导人类生活的指南针，如今在新世界里已不能再给我们指引。我们行经路途的景观已经改变，我们航向的大海不复旧观。值此世纪之末，也许这是有史以来，第一次可让我们看见，像这样一个与过去完全不同的世界，将会以何种面目存在。在这样一个世界里，我们不知道，我们的旅程将把我们带向何方；我们甚至不知道，我们的旅程应该把我们带往何处去。

于是，在 20 世纪步入尾声的时刻，一部分人恐怕已经面对面地碰上如此这般的状况了。而在新的千年里面，更多的人，迟早也得好好正视。但是到了那个时候，人类未来的方向应该已经比今天清楚许多。我们可以回望带我们走过历史的来时路，这也正是本书所欲达到的写作宗旨。我们不知道未来的形貌如何，虽然作者已经忍不住在书中对某些问题试作思索——也就是在方才陨灭的那个时期的残破之中，所浮升的一些现象。让我们一起盼望，但愿新来的年月将是一个较美好、较公平也较有生机的新世界。因为旧的世纪逝去时，其临终景象并不美啊！

第一部分

大灾难的年代

第一章

全面战争的年代

一个个死灰的面容，喃喃诅咒，满布恐惧，
爬出壕沟，翻过沙袋，
腕上的表针，嘀嘀嗒嗒，
偷偷瞄一眼，双拳紧握，
希望，陷落在泥浆里
跌撞。哦，老天，求求你叫它停了吧！

——英国反战作家沙逊
（Siegfried Sassoon，1947，p.71）

为避免轰炸行为有太过“野蛮残忍”之嫌，在名义上，轰炸目标最好限于军事设施，手段也不宜太过激烈，以保持文明作战的风度。如此虚张声势，看似妥当，却无人愿意挺身直言真相。其实空战一开始，这一类表面限制不但不合时宜，事实上也难以执行。不过恐怕得过些时日，待得下次再有战事，大家才会对空战的本质建立真正的认识。

——《1921 年轰炸准则》
（Townshend，1986，p.161）

（萨拉热窝，1946）走在贝尔格莱德（Belgrade）街头，可以看到许多年轻女子的头发已经开始发白，有的甚至已经完全花白。这些脸孔都很年轻，却布满痛苦折磨的痕迹。只有她们的身材体形，才透露出她们实在都还没有老啊！我仿佛看见，这场战争的毒手是如何摧残了这些娇颜弱质。

我们不能再让这种景象重演。这些红颜顶上的白发，不久会变得更为灰白，终至连红颜也将消失。实在太惨了。这些未老的白头，这些被偷走的无虑青春，真是后人看我们这个时代的最真写照啊。

仅以此小文纪念她们。

——《路边记闻》
（Andrić，1992，p.50）

1

“全欧洲的灯光都要灭了。”1914年，英德两国正式开战的那个晚上，英国外交大臣葛雷（Edward Grey）望着伦敦政府行政区点点灯火悲叹：“我们这一辈子是看不到它再亮起来了。”奥匈帝国的讽刺戏剧大家克劳斯（Karl Kraus），此时也在维也纳着手进行一部长达792页的反战时事剧以为这场大战作注。剧名就叫《人类文明末日》（*The Last Days of Humanity*）。他们两人，都将这场大战视作一个世界的结束，而当时有这种想法者更不乏其人。结果，人类文明并没有就此完结。然而，从1914年7月28日奥地利向塞尔维亚宣战开始，一直到1945年8月14日——第一颗原子弹爆炸之后数天——日本无条件投降为止的31年之间，世局动乱不已，某些时候，难免令人觉得世界恐怕真的离末日不远了。那些被人类虔信为造物主的诸神，有时一定极为懊恼，悔不该当初造了我们呢。

人类毕竟逃过了这一浩劫。但是19世纪崇高伟大的文明大厦，也从此在战火中灰飞烟灭。若不认识战争，就无法了解20世纪这短暂历史的本质。战争是这个时代的印记。这整个时代，就是在世界大战中生活、思想。有时枪声虽止，炮火虽息，却依然摆脱不了战争的阴影。要谈这一个世纪的历史，或者说得更精确一点，要谈这段历史起始之时天下大乱的年代，就得从头说起，从那弥漫世界31年的战乱讲起。

对成长于1914年以前的一代而言，这个分水岭前后对照的差异实在太大，许多人——其中有我父母那一辈，至少包括同时代的中欧居民——简直无法把现在和过去做任何连接。在他们眼里，“太平年月”一词指的就是“1914年以前”，那以后，世情起了变化，再也不配这个美好的名称了。这种心情其实不难体会。回首1914年，那个时候世界上已经有一百年不曾打过大型战争。所谓大型战争，是指所有的大国，或至少有许多大国一起参与的战争。当时国际舞台上的主角，计有欧洲六“强”（英、法、俄、奥匈帝国、1871年扩张为德意志帝国的普鲁士，加上统一之后的意大利），以及美日两国。那个时候总共只发生过一场两强以上交兵却迅即收场的战争，那就是英法两国合力对付俄国的克里米亚战争（Crimean War，1854—1856）。而且，就算有强国参与，多数冲突也是速战速决。至于其中打得最长久的战争，并不是国际冲突，而是美国境内南北相争的四年内战（1861—1865）。而当时一般战争的长度多以月计，有时甚至在几周内就告终了（1866 年的普奥战争即为一例）。总之，从 1871—1914 年的几十年间，欧洲总有战事，却从来不曾有过大国军队攻入敌国境内的事例。只有在远东地区，1904—1905 年，日俄交战于中国东北，日本击溃了俄国，从而也加速了俄国革命的脚步。

因此，20 世纪以前，人类可说根本没有过“世界级”的大战。18 世纪英法两国曾屡屡交手，战场跨海越洋，从印度、欧洲，一直打到北美。可是 1815—1914 年的百年间，大国间的战争几乎都不出自家门前的区域。当然，帝国（或准帝国）的远征军经常远赴海外，对付那些不及自己强悍的对手，则是另一回事。这一类开拔到域外的战争，往往势不均、力不敌而呈一面倒，比如美墨战争（1846—1848）、美西战争（1898），以及英法两强扩张殖民帝国势力的诸多战役均属此类。不过，偶尔一两次，也有小国寡民被欺负得太厉害，忍无可忍大发威风的情况出现。像在 19 世纪 60 年代，法国就不得不黯然退出墨西哥；1896 年，意大利也撤离了埃塞俄比亚（Ethiopia）。现代国家当年面对的那些强敌，尽管武器精良并占尽优势，最终仍不免全军撤退，至多只能尽量延长其占领的时日罢了。而且，这一类远赴外洋异域的军事行动，充其量只能作为冒险文学或 19 世纪新发明的行业“战地记者”笔下的材料而已。对于发兵国、胜利国本国绝大多数的居民来说，可说没有多大的直接关系。

但是这一切，到了 1914 年都改变了。第一次世界大战席卷了每一个强国，事实上除了西班牙、荷兰、北欧三国以及瑞士之外，全欧洲都加入了这场战争。更有甚者，各国军队还被一一派往他国执行战斗任务；许多时候，这种情况往往是破天荒第一遭。加拿大部队到法国作战；澳大利亚人、新西兰人则跑到爱琴海的一个半岛上去凝练国家意识——“加里波利”（Gallipoli）之役变成了澳新两国立国的神话——然而，这一切现象当中，意义最为重大的改变，却要数美国人的参战。他们将开国之父华盛顿的千叮万嘱不要“蹚欧洲浑水”的警告抛置脑后。美国的加入，从此决定了20世纪历史的面貌。美国印第安人被派到欧洲、中东，中国劳工来到西方，非洲人则成为法国部队的一员。除了中东地区之外，发生在欧洲地区以外的军事行动，规模都很小，但海战的范围却再度升格到全球范围：1914年在南美马岛（Falkland Islands）的外海，大战双方揭开了海战的序幕。而协约国舰队几次和德军潜艇交手的决定性战役，也都发生在大西洋北部及中部的海面及水下。

至于第二次世界大战的世界规模，更毋庸举证说明。全世界所有的独立国几乎无一幸免，不管是主动还是被迫，皆受到战火波及。只有拉丁美洲诸国的参与可说有名无实。殖民帝国统治下的殖民地人民，更是身不由己，毫无选择的余地。欧洲境内除了日后成立的爱尔兰共和国、瑞典、瑞士、葡萄牙、土耳其、西班牙，欧洲境外除了阿富汗地区，全球各国不是加入战斗，就是遭敌占领，或两者都不能免。作战地区，遍及五大洲三大洋。南太平洋的美拉尼西亚群岛（Melanesian islands）、北非沙漠、缅甸、菲律宾各地的殖民区，这些遥远陌生的地名，现在和北极、高加索山区（Caucasian）、诺曼底（Normandy）、斯大林格勒（Stalingrad）、库尔斯克（Kursk）一样，都成了报纸读者和无线电听众耳熟能详的名词——其实这根本就可说是一切无线电新闻快报的战争。第二次世界大战给大家上了一堂世界地理课。

20世纪的大小战争，不论是一地一区的地区性战争，或波及全球的世界级大战，总体规模都是空前的。1816—1965年的150年间各场战争中，根据美国专家依死亡人数排名——美国人就喜欢搞排行榜这一套——前四名都发生在20世纪：分别是两次世界大战，以及1937

年开始的日本侵华战争和朝鲜战争，每次都死了100万人以上。而回到后拿破仑时代的19世纪，有记录可循规模最大的一场国际战争是1870—1871年的普法战争，大约死亡了15万人。拿到20世纪来，这个数字勉强只能跟1932—1935年玻利维亚（Bolivia，人口约100万）与巴拉圭（Paraguay，人口约140万）两国的厦谷战争（Chaco War，编者注：指1932—1935年间，玻巴两国为争取厦谷地区主权的武装冲突。此战约造成十余万人伤亡，并导致两国经济萧条，军人执政，影响甚大）相比。简单地说，进入1914年，人类从此开始了大屠杀的年代（Singer，1972，pp.66，131）。

有关第一次世界大战发生的起因，本书作者已在另一本著作《帝国的年代》中略述。本书篇幅所限，就不再讨论了。这次大战基本上是一场欧战，英法俄三国协约，对抗由德国与奥匈帝国组成的所谓"同盟国"（Central Powers）。塞尔维亚和比利时则分遭奥德两国攻击，也立即卷入了战火。（奥国攻打塞尔维亚，大战因此爆发；德国攻打比利时，则出于战略的运用。）旋即，土耳其与保加利亚也加入了同盟国的战线。而另一边的英法俄三国协约，也迅速扩展成声势浩大的多国联合。意大利是被引诱进来的，希腊、罗马尼亚还有葡萄牙（名义上的味道比较重）也纷纷被拖下水。最实际的要数日本，它几乎立刻加入协约国，为的是接替德国在远东和西太平洋的地位。对于这个区域以外的事务，日本却毫无兴趣。而其中影响意义最为重大的成员则为美国，于1917年加入协约国。事实上，美国的介入具有举足轻重的决定性作用。

德国人当时面对着两面作战的可能，和日后他们在第二次世界大战中的情况如出一辙。首先，由于与奥匈联盟，德国被卷入巴尔干地区的战事（不过由于同盟四国当中有三国，奥、土、保都在这个地区，就战略而言，问题并不那么紧急），但是德国还有另外两个战场，它的计划是往西先将法国一举击溃，然后立即挥师东进，在沙皇帝国来不及动员其庞大的军事力量之前，就以迅雷不及掩耳的速度拿下俄国。两次大战，德国均出此计，因为它不得不这样做。[到了第二次世界大战时，德国这种迅速奇袭的手法有了一个名字，叫作闪电战（blitzkrieg）。] 而德国的锦囊妙计前后两次也都几乎奏效，可是，最后却功败垂成。德军在宣战之后五六周，经过中立的比利时等地，挺进直入法国，却在巴黎东边几十里外的马恩河（Marne）上被挡住了（后来在 1940 年时，德方的计划则成功了）。然后德军撤退了一些，双方临时造起防御工事——法方有比利时所余地区相助，以及英国一支地面部队支援。英方这支军力，后来变得极为庞大。这两道防线相互平行，延伸极快，从佛兰德斯地区（Flanders）沿英吉利海峡一带，一直抵达瑞士边境，连一丝缝隙也没有。法国东部和比利时一大部分地方，落入德军手里。以后的三年半里，双方对峙的情况不曾有过任何重大的改变。

这就是所谓的"西线"（Western Front），西线战事从此成为人类战争史上前所未见的杀戮战场。几百万人隔着沙袋筑起壁垒，彼此虎视。他们日夜在战壕里面，过着像老鼠跳蚤般的日子，事实上根本也就是人鼠同居。将领们一再想要突破对峙的僵局，于是每回攻击令一下，便是几昼夜甚至几周无休止的炮火轰击——日后一位德国作家将之形容为"一阵阵钢铁狂风"（Ernst Jünger，1921）——企图"弱化"敌人，迫其转入地下。然后时机一到，我军便爬越沙包，身上密密缠绕一圈又一圈带有倒刺的铁丝圈作为保护，一浪一浪拥入此时已成"无人的地界"：举目一片狼藉，积水成潭的弹坑，连根倒的树干，泥浆满身的弃尸。大伙儿继续前进，一直到敌人的机关枪再将他们扫射倒地为止——其实每个人心里都有数。德军在 1916 年（2 月到 7 月）曾试图突破凡尔登（Verdun）的防线。那一仗总共有 200 万兵士交手，死伤即达 100 万人。可是德方没有得逞。为了迫使德军停止在凡尔登的攻势，英方在索姆河（Somme）发动攻击。这一仗打下来，英军牺牲了 42 万人——其中有 6 万人，在头一天攻击行动里就告丧命。这次大战西线的战争以英法两国部队为主，难怪在两国人民的脑海中，这次大战才是真正的“大战”，远比第二次世界大战惨烈多了。法国在这场大战里面，失去了两成兵役年龄的男子。我们若再将俘虏、伤兵、终身残疾、容貌被毁者——这些“面目全非”之人，战后成为活生生的战争写照——一道算进去，法国每3名军人里面，恐怕只有1人能够毫发无损地打完这场大战。英方也好不到哪里去，500余万兵员当中，能够全身而退者也没有多少。英国整整失去了一代——50万名30岁以下的男子在大战中身亡（Winter，1986，p.83）——其中尤以上层阶级损失最重。这一阶层的青壮年人生来就得做绅士、当军官，为众人立榜样，在战场上身先士卒，自然也就先倒在敌人的炮火之下。1914年从军的牛津、剑桥学生，25岁以下者半数不幸为国捐躯（Winter，1986，p.98）。德国损失人数虽然远超过法国，但由于它军事年龄总人口高出更多，死亡比例就比较小了——13%。比起来，美国的损失显然少得多（美军阵亡人数11.6万人，英国近80万人，法国160万人，德国180万人），但这同样可以证明西线战事的残酷，因为这是美军唯一参与的战区。两相比较，美国在第二次世界大战阵亡的总人数，虽是上一次大战的2.5倍至3倍之多，可是1917—1918年间美方的军事行动，就时间上而言，几乎不到一年半，而第二次世界大战却长达三年半；就地点上来说，也只限于狭小一区，不似第二次世界大战全球作战规模的庞大。

西线战事的恐怖，还有更阴暗的后果。这一次战斗经验，使得人类的战争及政治都变得更为残酷：如果大家可以不计后果，死伤无数都在所不惜地打上这么一场，那么再来一场又有何不可？第一次世界大战的战士——绝大多数都是被征入伍的兵员——好不容易存活下来，自然憎恶战争。可是却有另一批人，他们虽然也走过这一场残酷的战争，却并不因此而反对它。相反地，那一段有勇气与死亡随行的共同经验，却使他们产生了一种难以言传的野蛮残忍的优越滋味。他们这种心态，在女性和那些没有作战经验的人面前，更是流露无遗。战后初年，极右派阵营就充斥这一类人——前线作战的年月，是他们人格形成的重要人生阶段，希特勒不过是其中一名罢了。但是，另外一头极端反战的心理，也同样产生了负面效果。战后，至少在民主国家里，政界人士都心知肚明，选民再也不会容忍1914—1918年那般杀戮重演了。因此1918年大战结束之后，英法两国采取的政策，正如越战终结之后的美国政策一样，都假定在这种选民反战的心理上面。短时间来看，这种怕事心态促成了1940年第二次世界大战期间，德国在西方战区的军事胜利。因为德方的两个主要对手，一个是躲在残缺防线后面怯懦不前，而一旦防卫瓦解立刻弃械就擒的法国；另一个则是逃避唯恐不及，生怕再次把自己卷入大规模的地面战斗，免得重演1914—1918年的历史再度造成自家人民惨重死伤的英国。而就比较长期的影响而言，民主国家的政府为了爱惜自己国民的性命，却不惜将敌方百姓视为草芥。1945年落在广岛、长崎的两颗原子弹，其实并不能以求胜为借口，因为当时盟国得胜已如囊中取物。原子弹的真正目的，其实是为了减少美军继续伤亡。除此之外，美国政府大概还有一个念头，就是不想让当时的盟邦苏联占去击败日本的大部分功劳罢了。

回头再看第一次世界大战，西线战况陷入胶着状态，德国在东线的军事行动却保持进展。战事初起的头几个月，坦能堡（Tannenberg）一役，德军彻底粉碎了俄军拙劣的攻击行动。接下来，德军在奥军忽好忽坏的间歇支援之下，把俄国军队赶出了波兰。虽然俄军偶尔还会来一下反击行动，同盟国的军事行动显然已占上风，俄国只能采取守势，试图阻止德军的挺进而已。至于巴尔干地区，也在同盟国的掌握之中，只是奥匈帝国的哈布斯堡王朝（Habsburg）摇摇欲坠，军队表现也时强时弱。而巴尔干当地的协约国成员塞尔维亚和罗马尼亚损失就异常惨重了。就比例而言，这两国军队受创最重。因为虽说协约国联军占有希腊，但直到1917年夏天同盟国阵线崩溃之前，协约国联军部队都不曾有过任何进展。意大利原打算在阿尔卑斯山区另开辟战场对付奥匈帝国，计划却没有成功。主要的失败原因在于意大利士兵不愿为外国政府送命，更何况没有几个意大利兵懂得这些外国佬的语言。

1917年，意大利军队在阿尔卑斯山区的卡波雷托（Caporetto）遭到重创，意军甚至还得靠其他联军部队调兵支援——此役后来在海明威（Ernest Hemingway）笔下成为脍炙人口的文学名著《永别了，武器》（*A Farewell to Arms*）。与此同时，法英德三国正在西线打得你死我活；俄国方面的战情也每况愈下，沙皇俄国政局越发不稳。哈布斯堡的奥匈帝国则一日日走上分崩离析的末路。而老大帝国的瓦解，正是当地民族主义运动乐于见到的趋势，盟邦诸国的外交部门虽然老大不愿意，也只有任其发展。但是大家都知道，欧洲政局从此必将纷扰不安了。

战争双方都绞尽脑汁，想要打破西部战线的僵局。西线胜利无望，谁都赢不了这场大战，更何况海军方面的战况也陷入胶着。除了几次奇袭之外，一般而言，海上的控制权操在同盟军手里。可是在北海一带，英德两国的战舰狭路相逢，彼此牵制、动弹不得。双方只开过一次火（1916年）却不分胜负。不过总算把德国舰队困在老家出不了门，两相抵消，协约国还是占了便宜。

双方也都试过打科技战。最擅长化学的德国人，把毒瓦斯用到战场上。结果证明，这种武器既野蛮又没有多大用处。日后1925年签订《日内瓦公约》（Geneva Convention），签约国发誓不得使用化学武器。这倒是各国政府出于真心，为人道缘故反对某种特定战争手段的唯一一次共识。事实上，虽然大家还是继续进行化学军备，同时也全力防备敌人出此伎俩，到了第二次世界大战，交战双方倒都真的没违约使用化学武器。（编者注：日本在侵华战争中多次使用过化学武器。）不过人道主义的感情，却无法阻止意大利人使用毒气对付殖民地人民。（第二次世界大战之后，道德急剧败坏，毒瓦斯又重新出现。80年代两伊战争中，西方各国热心支持的伊拉克，便毫无顾忌大量使用毒瓦斯，对象不分军队平民。）此外，英国首先创制了履带装甲车，称为“坦克”，一直沿用至今。可是第一次世界大战的将领，却看不出坦克有何惊人之处，更别提把它派上用场了。至于刚刚发明不久的飞机，还有德国那种状似雪茄的充气飞船，虽然还不大可靠，协约国和同盟国两方却都开始用它们演练空中投弹，还好效果不佳。但是到了第二次世界大战，空战终于在战争中取得自己的一席之地，尤以用来吓唬平民百姓最为有用。

1914—1918 年间，影响效果最为宏大的科技新武器是潜艇。交战双方既然打不退彼此的军队，就只好转谋断绝对方粮食。英方所有的补给都靠海运，窒息英伦三岛的最佳途径，自然就是用潜艇不断发动无情攻击，拦截运粮的船只。1917 年，德国这一招差不多都快奏效了，联军最后才想出了克制之法。可是这一场围海绝粮战，正是促使美国参战的主要原因。而英国也不例外，使出浑身解数，全力封锁德国的补给，不但想饿死德国人，也要置德国战时经济于死地。英方的封堵政策，结果出乎意料地成功，原因在于德国人并没有发挥他们一向引以为荣的效率与理性，经营战时德国的经济，这一点我们在下面可见分晓。两次大战里面，德国军事的机器运作优秀精良，举世无匹。1917 年盟国若不曾向美国求援，在没有源源不绝美国物资供应之下，单凭德军的优越，便足以决定战争的胜负。光看德国即使在奥地利拖累之下，还能勉强取得东部战区的胜利，就可想而知其实力之惊人。1917—1918 年间，俄罗斯帝国被德国赶出战场，导致内部爆发革命，俄国布尔什维克党人（Bolshevik）夺得政权。新政权与德国议和，订立“布列斯特-里托夫斯克条约”（Brest-Litowk Peace），从此退出大战，还失去旧俄在欧洲一大部分的领土。德俄停战之后（1918 年 3 月），德军开始有余力全力对付西部战场，最后也的确突破了西线的防御，再度向巴黎进发。此时幸有美军大力增援，装备不断涌入，联军才喘过一口气来。可是联军曾一度战况紧急，似乎真的大势已去。不过，这已经是德军的最后一搏，它自己也知道已成强弩之末。待联军于 1918 年夏开始发动攻势，不消几周，大战就告终了。同盟国不但彻底认输，而且完全崩溃。1918 年秋天，革命风潮席卷了中欧与东南欧，跟前一年俄国发生的情况一模一样（俄国革命见下章）。从法国边境直到日本海，原有的政府全部都垮台了。胜利国的政局也同样受到震撼，虽然英法两国的政府就是战败也不至于解体，但是意大利就难说了。至于战败国家，更没有一个能在革命的震荡中幸免。

历史上那些伟大的政治外交先贤——比如法国的塔里兰（Talleyrand），或德国的俾斯麦（Bismarck）——我们若能把其中任何一位请出地下，请他看一看这场大战，老先生一定会奇怪，为什么这些貌似聪明的政治人物，不能想个折中办法解决一场战祸，反而眼睁睁地让1914年的美好世界毁于一旦呢？还有一件事也很奇怪。在过去，大多数“非革命性质”以及“非意识形态”之争的战争，往往都不必打到这种玉石俱焚，非置对方于死地的地步。回看1914年，意识形态显然和敌我阵营毫无关系。当然打起仗来，双方都得动员舆论炒作，攻击对方的不是，比如俄国对德国文化，英法民主政治对德国专制，等等。不过有关意识形态之争，也就仅止于此。再进一步来看，俄国和奥地利在战况紧急之时，也曾一再恳求友国考虑和谈。而且，当时有此建议者不只俄奥两国。那么为什么，列强最后还是坚持走上拒和之路，非要分个绝对胜负不可呢？

原因是这样的。过去的战争目标不但有限而且特定。可是第一次世界大战不一样，它的野心没有尽头。帝国时代开始，政治和经济活动成为一体。国际政治斗法，完全以经济增长和经济竞争为出发点。但正因为如此，从此具体的边界与尽头都消失了。对美国标准石油公司（Standard Oil）、德意志银行（Deutsche Bank），以及垄断南非钻石出产的英商戴比尔斯公司（De Beers Diamond Corporation）而言，世界的尽头才是它们自然的边界。或者换个方式来看，这些大公司大企业本身扩张能力的极限，才是它们自然的边界（Hobsbawm，1987，p.318）。说得更具体一点，对英德这两个主要竞争对手而言，天边才是它们的界限。而德国一心想取代英国国际霸权和海洋王国的位置，如果德国的愿望得逞，国势日衰的英国的地位自然更趋低落。因此，这是一场不是你死就是我活的霸权争夺战。至于法国的赌注，虽然不在全球，却同样生死攸关：法国的人口、经济，跟德国的差距越来越大，而且这种趋势好像已经无法避免。法国能否继续跻身诸强之列，也受到严重挑战。在这种种情况之下，一时的和谈妥协，也不过拖延时日而已。转头再看德国，它为什么不肯等一等，让自己日渐强大的国势，加上各方面领先的条件，随着时间的推移自然而然地建立自以为配得上的地位呢？何况这段时间又不会太久，德国迟早会达到这一步的。事实上，我们只要看看今日德国，虽然两度沦为战败国，又没有独立的军事力量，今天在欧洲的地位，却远比1945年前军事强权的德国稳固多了。但德国之所以能有今天这个不容动摇的位置，主要是因为第一次世界大战之后，英法两国不管多么不情愿，也只有接受自己已成低一等国家的地位。同样，今日德意志联邦共和国经济力量再大，也得体认一个事实：1945年以后，德国单独称霸的这个念头，已是他生无望、此生休矣。但是回到20世纪初，皇权和帝国主义仍然甚嚣尘上之际，德国当然想要独霸全球（当时德国的口号是“以德意志精神更新全世界”），英法两国也仍不失以欧洲为中心的世界老大，自然不容德国在旁边变得强大。战争爆发，交战双方都迫不及待地宣称，自己是为了这个或那个崇高的目标而战。放在纸面上，谁都可以就这些不重要的事情让步，可是归根结底，此战真正的重要目的只有一个：那就是完全的胜利，也就是第二次世界大战所谓的“无条件投降”。

就是这样一个损人不利己的可笑念头，搞得交战双方两败俱伤。战败国因此走上革命之路，战胜国也精疲力竭彻底破产。后来到了1940年，德国部队虽然居于劣势，却轻而易举拿下法国，法国人赶忙向希特勒俯首称臣，原因就出在法国已经在1914—1918年间流够了血了。1918年之后，英国也完全失去往日的气势。这一场超出它自己国力的战争，已经把英国经济彻底摧毁。更糟糕的是，经由赔款方式与强制和平获得的完全胜利，把重新恢复一个稳定、自由、小资产阶级式的欧洲的最微小的机会都粉碎了，经济学家凯恩斯（John Maynard Keynes）很快便指出了这一点。如果德国的经济力量不能汇入欧洲的整体经济体系，也就是说，如果德国在欧洲经济体系中所占举足轻重的地位不能为其他各国认识和接纳，欧洲将永无宁日。不过对当年那些一心力战德国，必欲除之而后快的人而言，这一点根本不在考虑之中。

几个胜利的大国（美英法意）制定的和平条款，也就是通常众人所称的《凡尔赛和约》（Treaty of Versailles），不过这个名称并不尽然正确。[1]

这份和约的内容主要着眼于五个因素。其一，欧洲许多政权纷纷垮台，再加上俄国布尔什维克革命政权兴起，对各地革命活动具有极大的号召力（详见第二章），这是第一项考虑。其二，便是好好管束举协约国之力也几乎无法招架的德国。这一点，始终是法国最大的心事，原因自然不言而喻。其三，便是重新划分欧洲的版图，一方面为了削弱德国的力量，再一方面则由于沙皇俄国、哈布斯堡王朝、奥斯曼帝国（Ottoman）三帝国解体之后，欧洲与中东留下一大片空白亟待填补。想要继承这些土地的多是当地的民族主义者，至少在欧洲地区是如此。对此，战胜国持鼓励态度，只要这些人都反共就可以了。事实上，重新分配欧洲版图，主要依据的原则是“民族自决”，依语言族系建立不同的民族国家。当时被各国视为救星国代言人的美国总统威尔逊（Wilson），就极为热情地支持这项信念。可是，将这块语言民族纷杂的是非之地，整整齐齐地分为一个个民族国家，对隔岸观火的外人来说，自然不觉有何不妥。然而民族自决说来简单，如此划分的后果却惨不忍睹，带来的灾难一直到90年代的欧洲还没有结束。90年代将欧洲大陆裂为寸断的诸国冲突，事实上正是当年《凡尔赛和约》作下的孽啊！[2]

---

[1] 严格来说，《凡尔赛和约》只是对德和约。对奥和约是《圣日耳曼和约》（Saint Germain），对匈牙利和约是《特里阿农和约》（Trianon），对土耳其和约是《塞夫尔和约》（Sèvres），对保加利亚和约是《纳伊和约》（Neuilly）。这些都是巴黎近郊的公园或城堡名。

[2] 《凡尔赛和约》导致的祸源，包括南斯拉夫内战，斯洛伐克分离运动引起的骚动，波罗的海沿岸诸国脱离苏联，匈牙利与罗马尼亚对特兰西瓦尼亚（Transylvania）领土权的纠纷，摩尔多瓦（Moldova，前比萨拉比亚）的分离运动。讲到这里，不能不提起轰动性最强的外高加索（Transcaucasian）建国运动，像这类事件，1914年以前不但不存在，而且根本不可能发生。

至于中东地区，多按原有英法两国的势力划分——唯一的例外是巴勒斯坦地区：原来英国在战时一心为了赢取国际犹太人的支持，曾轻率含糊地许诺犹太人建立一个“家园”。这是第一次世界大战又一项令人难忘、留给后代头痛的难题。

其四，则是战胜国内部的政治因素，以及战胜国之间的摩擦——实际上主要就是英法美三国。内部政治作用影响的最大后果，竟是美国国会拒绝批准本国总统一手促成的和约。美国最后还是退出了和约的签订，造成无比深远的影响。

其五，就是绞尽脑汁避免类似大战的重演，这一场大战让世界尝尽了苦果。可是各国的努力却失败得很惨。短短 20 年后，世界又重新点燃了战火。

防范布尔什维克主义，重划欧洲版图，这两项任务基本上相互重叠。因为对付革命俄国的最佳手段，就是排上一圈反共国家组成的“隔离带”——不过这是假定初生的苏维埃俄国能够生存下去；而这一点在 1919 年之际，还很难说。而这些新国家的领土，其中多半，甚至全部，都是从沙俄版图挖出来的，因此，它们对莫斯科的敌意绝对可以保证。因此从北到南，大小国家一一建立起来：芬兰，是经列宁同意正式脱离的自治区；波罗的海沿岸三小国爱沙尼亚（Estonia）、拉脱维亚（Latvia）、立陶宛（Lithuania），历史上从来不曾建立国家；波兰被外族统治了 120 年后终于再度恢复独立。还有罗马尼亚，从哈布斯堡王朝接收了奥地利、匈牙利一部分领土，又并入沙俄治下的比萨拉比亚（Bessarabia），版图一下子扩大了两倍。这些土地当初都是德国从俄国剪下来的，若非布尔什维克党夺权，本来理当归还俄国。西方盟国原来的打算，是把封锁带一直建到高加索山区。可是这个如意算盘没打成，因为土耳其虽然不是共产党国家，当时却在闹独立革命，对英法这两个帝国主义国家自然没有好感，反而和革命俄国交好。至于布列斯特媾和条约后建立的两个短命独立小国，亚美尼亚（Armenia）和格鲁吉亚（Georgia），以及英国原打算扶助的盛产石油的阿塞拜疆（Azerbaijan）独立，也因布尔什维克在1918—1920年革命内战中获胜以及1921年《苏土条约》签订告吹。总之，在东边这一带，只要是在他们的军事打击有效圈内，西方大国大致接受德国原先在革命俄国设定的边界。

东拼西凑，还剩下一大片土地没有主儿，这片土地主要在前奥匈帝国版图之内。于是奥地利缩减成由残余日耳曼人组成的国家，匈牙利也只剩了马扎尔人（Magyar）余部。至于前奥地利的斯洛文尼亚（Slovenia）、前匈牙利的克罗地亚（Croatia），还有原本独立的一些小牧民国家，都一股脑儿并入塞尔维亚变成了南斯拉夫（Yugoslavia）。而门地内哥罗（Montenegro）那一片苍凉山区的居民，失去独立之后，便一块投入了共产党的怀抱，他们觉得自己的英雄气概，至少还受到共产主义的重视。这个地区过去和帝俄很有渊源，黑山上剽悍英勇的战士，几个世纪以来，一直捍卫沙俄的信仰，以对抗土耳其异教的侵入。此外，原为哈布斯堡王朝工业中心的捷克（Czech）区，也和原属匈牙利的斯洛伐克及罗塞尼亚（Ruthenia）两个农村地区合并，成为一个新国家——捷克斯洛伐克。至于罗马尼亚则一下子跃升为一个多元民族的混合国家，波兰和意大利也各有所获。其实像南斯拉夫与捷克斯洛伐克这两国的成立，既没有道理，更缺乏任何历史条件。这种瞎拼乱凑的动机，完全出于对所谓民族立国意识的盲信。一是以为共同民族背景即可和平共处，二是以为小国林立对大局无益。于是民族大编队之下，南部的斯拉夫人（也就是南斯拉夫人）和西边的斯拉夫人（捷克和斯洛伐克地区）都分别集中到这两个斯拉夫人组成的国家去。不出所料，这种强迫式胡乱点出来的政治鸳鸯谱，到头来并不稳固。结果，除了土地被人七折八扣大为缩减的奥地利与匈牙利两国之外——其实它们的损失也并不那么大——不管是挖自沙俄，还是划自哈布斯堡王朝，最后，在所有这些新成立的国家里，内部民族成分之紊乱复杂，实在不亚于它们起而取代的前身帝国。

惩罚性的和约，立论点在于国家应该为战争以及战争的结果担负唯一的责任（也就是所谓的“战争罪”），主要是用来对付德国，好压得它不能复兴。虽说普法战后法国割让给德国的阿尔萨斯-洛林（Alsace-Lorraine）地区，此时归还了法国，德国东边好大一块地方也给了重新复国的波兰（亦即东普鲁士与德国其余地区中间的“波兰走廊”），可是压制德国的任务，并不单靠削减德国面积，主要手段还是靠削减德国精锐的海空军力。限制其陆军人数不得超过10万人；向它索取几乎永远偿还不完的战争债（付给战胜国的赔款，以弥补后者因作战付出的代价）；派兵占领德国西部部分地区；还有厉害程度不减前面诸项的最后一招撒手锏：将德国原有的殖民地全部夺去。（这些前德国殖民地，则由英国及其自治领地、法国、日本一起瓜分。其中日本所得比例比较少一些。鉴于帝国主义作风越来越不受欢迎，“殖民地”现在都改称为“托管地”，好像借此即可保证这些“落后地区”人民的幸福——因为如今是由文明人类托付帝国势力代管，因此，后者绝对不会再剥削当地以自肥了。）1919年签订的《凡尔赛和约》，每条每款，列得清清楚楚，除了有关各国领土分配事项之外，可说详细至极。

至于如何避免世界大战再度爆发，战前欧洲“列强”合力谋取和平的打算显然已经彻底失败了。现在换一个法子，美国总统威尔逊向这些精干顽固的欧洲政客建议，由各独立国家组成一个国际联盟。威尔逊是出身普林斯顿的政治学者，满脑子自由主义的热情理想。他主张借着这个国际组织，在纠纷扩大失控之前，当事国就以和平民主的方式解决，并且最好由公开斡旋处理（过程公开、结果公开）。因为这一仗打下来，众人也开始指责过去国际惯用的交涉方式为“秘密外交”。这种反应，主要是因协约国于战时定下的秘密协定而造成的。当时盟国往往不顾当地居民的意愿与利益，任意约定事后如何划分欧洲及中东地区的版图。布尔什维克党人在沙皇政府的旧档案里，发现了这些敏感文件，立刻将之公之于世，所以大家需要想法减少此事造成的伤害。国际联盟的设立，的确属于当时制定和平协议的构想之一，可是却完全失败，唯一的功能只是搜集了不少统计资料而已。不过“国联”成立开始几年，倒也真解决了一两件尚未危及世界和平的国际纠纷，比如像芬兰与瑞典对阿兰群岛（Aland Islands）的争执即为一例。[1]但美国最终拒绝加入“国联”，使得它完全失去成立的意义。

事实上，《凡尔赛和约》根本不足以作为稳定世界和平的基础，这一点，我们无须一一详列两次大战之间的历史来证明。从一开始，这就注定流年不利，因此再度大战可说无可避免。我们前面说过，美国几乎刚开头就打了退堂鼓，但如今世界已经不再唯欧洲独尊，任何协议若没有美国这个新强国支持，一定难以持久。这一点，不论在世界经济或世界政治上都不例外。我们下面就可以看出来。原本的欧洲两强，事实上可说世界两强——德国和俄国，这会儿不但遭人赶出国际竞争的赛场，而且根本不被当作独立的角色看待。只要他们两国中间有一个重回舞台，光靠英法两国一厢情愿立下的和平协定怎能长久？因为意大利也对协定不满意呢。而且迟早，不管德国还是俄国，也许两个一道儿，都会再度站起来称雄的。

因此，就算和平还有那么一丝希望，也被战胜国不肯让战败国重建的私心给毁灭了。盟国原想百分之百镇住德国，并且不让共产党俄国成为合法政权，但不久便明白这根本是不可能的事情。可是尽管心里有数，适应这个事实却很困难。于是各国心不甘情不愿，适应的过程拖得很长。法国尤其老大不愿意，它希望德国永远衰弱不振，到后来才好不容易放弃这个念头（英国人倒放得开，不曾对战败和被侵略的滋味耿耿于怀）。至于苏联，这个战胜国的眼中钉，众人恨不得它完全消失。俄国革命期间，盟国不但在精神上支持反革命的军队，甚至还派兵支援。此时苏俄度过大战活下来，盟国自然不觉得有什么好高兴的。（为了重建被大战、革命、内战毁坏得衰败不堪的经济，列宁曾经提出极为优厚的条件鼓励外国投资，而战胜国的生意人竟然不屑一顾。）

[1] 阿兰群岛位于芬兰、瑞典之间，原属于芬兰一部分，可是当地人口都只讲瑞典语。芬兰重新独立之后，野心勃勃地推动芬兰语运动，国际联盟仲裁之下，避免了阿兰群岛脱离芬兰加入瑞典的行动，但以两当事国保证，该岛人民保有说瑞典语的权利，芬兰本土居民不得强行移入。

苏维埃俄国因此被迫走上孤立发展之途。到了 20 年代初期，这两个被欧洲邻邦放逐的国家——苏联与德国，却曾一度为了政治原因携手。

如果说，第二次世界大战之前的世界经济活动能够蓬勃成长，重新恢复为扩张型的国际经济体系，也许人类就还有希望避免这二度战火，至少也有延后的可能。不幸的是，战后数年到了 20 年代中期，正当众人可以将过去种种不快逐渐抛诸脑后之际，世界经济一蹶不振，陷入了自工业革命以来前所未有的危机（详见第三章）。此时德日两国正由极右派当权。军国主义出头，便一意孤行，决意以对抗代替协商，以剧变代替渐变，即使诉诸军事武力也在所不惜。从这个时候开始，再次大战不但不可避免，而且只是迟早的问题了。凡在 30 年代成长的人，那时天天都提心吊胆地等着战争爆发。成群飞机向城市丢炸弹的景象，还有那头戴防毒面具像瞎子般在毒瓦斯中摸索前进的影子，一直在我们那一代人止不住的胡思乱想中出现。后来飞机投弹的噩梦，果然像预言般准确；至于毒瓦斯的想象，还好没有发生。

2

有关第二次世界大战的起因，致力于这方面研究的著作远比第一次世界大战为少。导致这个现象出现的原因很简单，除了极少数的例外，没有一位严肃治学的历史学者，会质疑德日意三国发动侵略的事实（虽然他们对意大利扮演的角色比较不那么确定）。至于其他国家，不论资本主义还是社会主义，都是身不由己被拖进战争的旋涡。它们都不想打仗，而且大多数都想尽办法回避。对于这个问题——到底何人或何事掀起这场大祸最简洁利落的答案，那就是希特勒。

历史的问题，当然不是这么简单就可以答复的。我们前面已经看见，第一次世界大战造成世界局势极不稳定，欧洲尤其如此，远东亦然。这种情况之下，自然没有人认为和平可以持久。对现状不满的国家，并不只限于战败国。当然就战败国来说，尤以德国为最，自有充分理由怨恨当时的状况，而事实也是如此。德国不分党派，从最左的共产党到最右的希特勒的国社党（National Socialists），都异口同声指责《凡尔赛和约》太不公平，根本无法接受。说来也矛盾，如果德国内部真要发生革命，对国际冲击的程度反而可能会小一些。请看当时两个真正革命了的战败国，俄罗斯和土耳其，正都一心忙着处理国内事务，包括防卫自家边界，根本没有多余的心力跟国际局势捣乱，它们反而是30年代要求维持世界稳定的力量。事实上，到了第二次世界大战期间，土耳其也一直保持中立。反过来看，意大利和日本虽然算胜利一方，心中却也老大不痛快。不过日本还算比较实际一点，不像意大利胃口太大，远超自己国力所能负荷。不管怎么说，意大利打了第一次世界大战这一仗，毕竟也有不少收获。虽然实际所得不能跟战时协约国贿赂它加入时许下的利益相比，但是意大利在阿尔卑斯（Alps）山麓、亚得里亚海（Adriatic）还有爱琴海（Aegean Sea）区，都新获不少领土。然而，主张极端国家主义、帝国野心十足的法西斯派，战后却赢得意大利政权，这个事实，正反映该国人心的不满（见第五章）。至于日本，已经成为远东一霸，自俄国退出舞台，日本陆海军的力量愈发不容忽视。事实上，日本的军事地位，或多或少已因《1922年华盛顿海军协定》（Washington Naval Agreement of 1922）为国际承认。这项协定规定美英日三国海军军力比例，应分别为5∶5∶3。从此，这项协定终于结束了多年来英国在海上的独霸地位。虽然如此，日本仍不满足。日本工业化的速度，当时正在突飞猛进，自然使得它感觉自己在远东该得的一份理当比白人帝国给它的一杯羹更大才是——虽然就绝对数字来说，日本当时的经济规模还小得很，20年代后期，只占世界工业总产量的2.5%。日本也深深意识到自己的弱点，现代工业经济需要的各种自然资源，可以说它一样没有。这些资源靠进口，进口就难免受到外国海军的威胁而中断。日本的产品要出口，就得仰赖美国市场的照顾。日本军方的理论是，到中国去建立一个庞大的陆地帝国，可以缩减日本的运输线，日本的实力就有保障，不再那么脆弱了。

总而言之，1918 年之后世界局势动荡不安，和平终究不能维持，其中固然有种种因果，但第二次世界大战最后之所以爆发，究其原因，还是由于德日意三国的不平衡心理而发动侵略所致，它们从 30 年代中期开始，便相互订下一连串盟约互通声气。1931 年日本出兵中国东北；1935 年意大利进占埃塞俄比亚；1936—1939 年间，德意两国共同介入西班牙内战；1938 年初德国进兵奥地利，同年又重挫捷克斯洛伐克，占去该国部分领土；1939 年 3 月德国全面占领捷克斯洛伐克（较早意大利已出兵占领阿尔巴尼亚）。这些都是逐步导向世界大战的重要事件。最后德国向波兰提出无理的领土要求，终于造成战争全面爆发。对应于以上这些侵略事件，我们也可以一一细数国际上无力对付侵略者的窘相：国际联盟阻止日本出兵中国东北宣告失败；1935 年意大利侵犯埃塞俄比亚，无人予以制止；德国单方宣布《凡尔赛和约》无效，并在 1936 年重新对莱茵兰地区（Rhineland）进行军事占领，英法两国只能眼睁睁任其发生；英法拒绝插手西班牙内战（“不干预原则”）；对奥地利被德国占领一事也不闻不问；1938 年德国提出《慕尼黑协定》（Munich Agreement）勒索捷克斯洛伐克的前夕，英法两国又临阵撒手出卖了捷克斯洛伐克；1939 年 8 月，苏联竟也与德国签订《德苏互不侵犯条约》（Hitler-Stalin Pact），对抗希特勒的国家又少了一员。

不过话说回来，就算一方真的不愿开打，并且想方设法避免开战，与此同时，另一方则拼命讴歌伟大的战争使命——像希特勒那样一心求战——到头来，等到大战真的全面爆发，战争进行的实际方式、时间以及对手，也不见得是这些侵略者当初料到的。日本国内就算军国主义的势力再大，恐怕也不希望靠全面大战达到自己的目的吧（它最主要的目标只是留在远东称霸，也就是所谓的“大东亚共荣圈”）。日本之所以掉进世界大战的泥沼，完全由于美国也有份的缘故，至于德国原本的打算到底如何，它想怎么打，何时打，与谁打，希特勒这人没有记录自己决定的习惯，各家看法也始终不一。不过有两件事很明显：一是 1939 年，德国对波兰发动战争（波兰背后有英法两国助阵），显然不在希特勒原定计划之内。至于日后与美苏两强同时作战，恐怕也是德国将领与外交官最大的噩梦吧。

德国打这场仗，和 1914 年没有两样，必须一鼓作气，出手便成功才行；日本的情况也一样。一旦旷日持久，对方开始联手之后，双拳难敌四手，就远非德日两国之力所能对付了。它们也根本就没有打算打持久战；至于那些需要长期生产的武器，更不在它们考虑之列。（相反，英国虽然在陆战受挫，一开始就已打定主意进行持久的消耗战，把财力集中在精密昂贵的武器上。时间一久，英国和盟方的军火生产量自然便赶过德国。）至于日本方面，第一，不曾卷入 1939—1940 年德国对英法的作战；第二，也没参加 1941 年以后德国对苏联的进军，所以相比之下，没有这种对付联手敌人之苦。不过早在 1939 年，日本就曾在中国与西伯利亚交界处与苏联红军非正式地交过手，当时日方伤亡颇重。1941 年 12 月太平洋战争开始，日本交战的对象也只是英美两国，苏联并不在内。倒霉的是日本碰上的对手，偏偏就是资源不知比日本丰富多少倍，肯定会赢得这场战争的超级强国美国。

有一段时间，德国的运气似乎还不错。30 年代战争脚步日益接近之际，英法两国没有和苏联交好，结果后者才与希特勒谈和。而美国总统罗斯福（Franklin O. Roosevelt）也因为国内政治牵制之故，只能在书面上支持他比较倾向的一方。所以一开始，1939 年爆发的战争只能算是欧战。事实上在德国入侵波兰，又于三周内和中立的苏联瓜分该国之后，所谓欧战，已变成纯粹由德国与英法对打的西欧战争了。1940 年春天，德国不费吹灰之力又分别攻下挪威、丹麦、荷兰、比利时、法国，轻松得简直有些可笑。挪威、丹麦、荷兰、比利时四国均被德国占领，法国则被分成两半：一部分由德国直接占领治理，另一半则变成附庸“政府”，首都设在法国乡间的温泉疗养胜地维希（Vichy，维希政府的主要成员，多数来自法国各保守势力，这批人不愿意把法国再称作“共和国”，故指称为“政府”）。现在全欧只剩下英国与德国作战了，在丘吉尔的领导下，英国和衷共济，誓与希特勒周旋到底，绝不妥协。就在这个节骨眼儿上，原本中立的法西斯意大利却走错一步棋，放弃了小民自守、两不相涉的立场，倒向德国一边。

就实际意义而言，欧战至此可说已告结束。不错，英国有英伦海峡及皇家空军这两道屏障，使得德国无法越雷池一步，但是英国也没有本事回攻欧陆，更别提打败德国了。1940—1941 年几个月当中，英国独力支撑着。这段时间，至少对那些战火余生的人来说，可算是英国人历史上极了不起的一个时刻。不过，英国幸存的机会十分渺茫。1940 年 6 月，美国重新部署其“半球防卫”计划，基本上认定没有必要再给英国任何支援。而且，就算英国有机会逃过一劫，美国也只把它看成外围的防御基地。与此同时，欧洲版图也被重新划分。根据德苏协议，除了德国占领的波兰部分以外，苏联进占它在 1918 年失去的欧洲领土及芬兰。1939—1940 年间，苏联红军曾与芬兰打了一场烂仗，将苏联国界向列宁格勒（Leningrad）以外稍微推出一点。至于当年《凡尔赛和约》从原哈布斯堡治下划分出来的诸国，果然短命，现在重新规划，落入希特勒的统治。而英国原想将战事延伸至巴尔干地区，结果不出所料宣告失败，反使整个半岛，连希腊诸岛在内都沦入德军之手。而德国盟邦意大利在军事上的表现，比第一次世界大战的奥匈帝国还差劲。意大利部队在非洲节节败退，几乎快被主要基地在埃及的英国赶出它在非洲建立的势力范围。德国的非洲劲旅在军事天才隆美尔将军（Erwin Rommel）指挥之下，挥师穿过地中海直入非洲，大大威胁了英国在中东的整个地位。

1941 年 6 月 22 日，希特勒矛头一转，入侵苏联，战端又兴。这是第二次世界大战决定性的一天，德国此举毫无道理可言——反把自己陷入两面作战的泥淖——而斯大林做梦也想不到希特勒会出此下策。可是希特勒此举自有他的理由：能够拿下东方这个陆地大国，不但资源丰富，又有源源不绝的劳动力供应，是再合理不过的策略。可是他跟其他的军事专家一样（日本除外），低估了苏俄抵抗的能力。不过，希特勒的估计也不算完全离谱，因为当时的苏联实在一团糟：30 年代的大清洗，把红军整得支离破碎（见第十三章），国内一片低沉，恐怖氛围充斥，斯大林自己对军事一窍不通，却又喜欢横加干涉。一开始，德军在俄国势如破竹，一如其在西部战区的表现，进展极为神速。不到 10 月初，德军就已经打到莫斯科近郊，一时之间，连斯大林也心慌意乱、斗志全无，打算向德方求和了。但德军的良机稍纵即逝，苏联腹地太大，人员众多，苏联人又格外地强悍爱国，打起仗来狠猛无情。不过，苏联之所以能够获得喘息重整的机会并打败德军，它的优秀将领终于可以放手一干却不是一个微不足道的因素［其中有一些刚从古拉格劳改营（gulags）释放出来］。纵观斯大林统治期间，只有在 1942—1945 年时停止过恐怖统治。

希特勒原打算在 3 个月之内就解决俄国，现在计划落空，德国就等于已经失败了。它的装备和补给，都无法支持一场持久的战争。德方拥有和制造的飞机坦克，甚至远比英苏两国为低，这还不包括美国的数字在内。酷寒的冬天过后，1942 年德国再度发动攻势，这一次固然也跟以往各战役一般，打得非常漂亮。德军甚至深入高加索山区，直逼伏尔加河（Volga）下游河谷，可是对战局已经没有任何决定性的影响了。1942 年夏天到 1943 年 2 月之间，德军攻势最后终于被苏军阻止，从此动弹不得，终至陷入包围，被迫在斯大林格勒投降。从这一刻开始，转而由苏军采取攻势，但一直到大战结束，苏联也只打到柏林、布拉格和维也纳一线。然而斯大林格勒一役之后，人人都知道大局已定，德国的失败只是迟早的问题了。

与此同时，战争虽然还是以欧洲为主，战火却已经扩展到全球各地，主要是英国各殖民地兴起的反帝国主义风潮所致。大英帝国此时还算是世界级的霸主，仍有余力镇压叛逆的殖民地人民。南非的布尔人（Boer，南非荷兰血统的白人）若有亲希特勒倾向，即有被英国殖民当局拘留的危险——这批荷裔亲德派战后重新出头，1948 年，南非开始执行的种族隔离政策，即出于这帮人之手。1941年春天，拉希德·阿里（Rashid Ali）夺得伊拉克政权，旋即被英方扑灭。此外，希特勒在欧洲的军事胜利，也造成东南亚帝国势力的部分真空，这一点意义尤其重大。日本乘机而入，填补真空，以法国遗在中南半岛的无助孑民的保护人自居。日本代表的轴心（Axis）势力，竟然开始在东南亚伸出魔爪，被美国视为不可容忍之事，于是对日实行严厉的经济压力，而日本的对外贸易及资源供给，都依赖海上运输。就是这一冲突，导致两国之间开战。1941年12月7日，日本突袭珍珠港（Pearl Harbor），世界性大战终于爆发。几个月之内，日本席卷了全部东南亚大陆及岛屿，耀武扬威地准备从缅甸西部进取印度，并有从新几内亚南取澳大利亚空旷的北部地区之势。

也许，日本与美国的正面开战终不可免，除非日本放弃它建立一个经济帝国的野心。这个经济帝国，美其名曰“大东亚共荣圈”，是日本的中心政策。但是，罗斯福当政的美国，眼见欧洲国家姑息希特勒和墨索里尼（Mussolini）的后果，自然不容自己重蹈英法的覆辙，一味容忍日本扩张的行动。不管怎么说，美国一般的舆论，总把太平洋地区（不像欧洲）视作美国正当的活动范围，意义上和拉丁美洲是美国的禁脔差不多。美国传统的“孤立主义”，只限于不管欧洲的闲事。事实上，正因为西方对日的禁运政策（其实就是美方的禁运），以及对日本资产的冻结，才迫使后者孤注一掷贸然行动。因为这一下策，完全依赖海运进口的日本经济，不出几日势必气绝而亡。日本贸然赌下这一注，风险非常大，结果不啻自杀之举。但是日本建立南方帝国的企图，也只有这么一个机会，而且稍纵即逝，不得不好好把握。它认为此举若要成功，必先锁住美国海军，因为这是唯一能干扰日本行动的力量。然而这样一来，也意味着美国会立即参战。想想看美国超强的国力与资源，这一战日本是输定了。

令人感到困惑的是希特勒的举动。他在苏联战区已经倾注全力且分身乏术，却为什么还要莫名其妙地向美国宣战呢？如此一来，美国国内政治阻力大减，罗斯福政府得以名正言顺地进入欧洲战场与英国并肩作战。在华盛顿当局眼里，纳粹德国在全球对美国地位——以及对世界的威胁，绝对比日本大得多了。因此，美方的精力及资源便自然大多集中于欧洲战场。结果证明，美方策略非常正确。美国参战之后，盟国一共又花了3年半的时间方才击败德国，可是在这之后不出3个月，便把日本解决了。希特勒对美宣战的愚蠢行动令人费解，不过他一向过分低估美国的力量，尤其看不起美国在经济与科技上的潜力。他总以为民主政体办事缺乏效率，决策因循拖拉。希特勒唯一瞧得起的民主政权只有英国，因为他认为后者并不算完全民主的政体，这一点他倒没看错。

德军进攻苏联，日本向美开战，这两件事决定了第二次世界大战的结局。不过当时并不能马上看出端倪，因为德军势力在1942年中期正好达到高峰，而且一直到1943年，德国也没有完全失去军事上的主动。此外，西方盟国迟至1944年方才有效地重返欧洲大陆。盟军在北非战场的行动虽告胜利，终于将轴心力量赶了出去，并因此攻入意大利，可是其攻势却被德军挡住，不再能越雷池一步。与此同时，西方盟军对付德国的主要武器，只有靠空军，而事后的研究显示，这一招效果其实很差，最大的用处，只不过杀死平民百姓、毁灭城市罢了。当时盟国唯一能够挺进的部队只有苏军；此外在巴尔干半岛，主要在南斯拉夫、阿尔巴尼亚及希腊地区，也有一些受共产党影响的地下武装反抗力量让德意头痛，但盟方的反击力量也仅此而已。不过丘吉尔说得没错，珍珠港事件一发生，他便信心十足地宣称，如今胜券在握："完全看我们自己如何运用压倒性的力量取胜了。"（Kennedy，p.347.）到1942年底，盟军必胜的事实不再有人怀疑。盟国开始为必胜的未来进行筹划了。

话说到此，我们不必再跟着以后的战役一一讨论。我们只需注意，在西方战场一面，德军反抗的力量始终很强，甚至在1944年6月盟军重新挥师返回欧洲大陆之际，仍然如此。当时德国内部的状况，也跟

1918 年德皇威廉的境遇不同，并没有任何反希特勒的革命，只有普鲁士传统的优秀军事力量的核心分子——德国的军事将领，曾于 1944 年 7 月密谋铲除希特勒。这些优秀的军人是理性的爱国者，不愿意疯狂地去追求瓦格纳歌剧《诸神的黄昏》（*Gätterdämmerung*）中暴毙式的结局。因为他们知道，如此德国必亡无疑。但是这批军官的举动缺乏普遍支持，最后不幸失败，全部死在希特勒死硬分子手里。至于东方的日本，更是坚持顽抗到底，没有半分动摇的意思。因此，美国在广岛、长崎两地投下原子弹，迫使日本赶快投降。1945 年盟方的胜利是全面的，轴心国的投降是毫无条件的。战败国完全被战胜国占领，也没有正式媾和的过程。除占领军之外，盟国不承认任何战败国官方的存在，至少在德国和日本两地绝对如此。若论当时最接近和平协商的行动，恐怕要数 1943—1945 年间，包括美英苏三巨头在内的数度会商。三强在会商中预分战争的胜利果实，并试图决定战后彼此的相对关系（此举不大成功）。这些会议前后计有四次：1943 年在德黑兰（Teheran）第一次；1944 年在莫斯科第二次；1945 年初在克里米亚的雅尔塔（Yalta）第三次；1945 年 8 月在被占领德国的波茨坦（Potsdam）第四次。但是效果比较显著的会议，却要算 1943—1945 年间，各盟国之间举行的一连串磋商。会商中为国际政治经济关系定下总体架构，其中包括联合国（United Nations）的设立，第九章将有进一步讨论。

因此，跟第一次世界大战比起来，第二次世界大战打得更为彻底，除了 1943 年意大利中途倒戈，政权更换之外，从头到尾，双方均不曾认真考虑妥协。战后意大利并没有落入被人占领的命运，盟国只把它当作战败国，并承认意大利政府的存在。（这还多亏德国人，以及它扶持的墨索里尼政权——法西斯“社会共和国”——会力守半个意大利达两年之久，盟军始终奈何不得。）两边之所以不妥协，道理也很简单。这是一场信仰之战，换个现代名词，就是一场意识形态之战。对绝大多数国家来说，又显然是一场生死存亡之战。从波兰和苏联被德国占领之后的惨状，还有犹太人惨遭大规模屠杀的消息中（后来渐渐传到外界难以置信的耳朵里），众人学到一个教训：一旦落入德国纳粹政权手中，付出的代价就是死亡与奴役。因此这是一场没有限制、无所不用其极的战争。第二次世界大战将大规模集体战争，又升级为全面的战争。

这一仗打下来，损失简直难以估算，因为大战中除了军人之外，平民更死伤无数（与上一次大战不同）。其中许多极惨烈的杀戮，往往发生在无人有余力或者根本顾不上计算死伤的时间地点。直接因战争死亡的数字，据估计大约是上一次大战（其实也是估算）的3—5倍之间（Milward，p.270；Petersen，1986）。换个方式来看，苏联、波兰、南斯拉夫三国，分别损失全部人口的10%—20%。德国、意大利、奥地利、匈牙利、日本和中国，则分别损失4%—6%的人口。至于英法两国的死亡人数，远比上一次大战为低——只有1%，美国数字略高。不过这些都只是推测罢了。有关苏联的死亡人数，先后曾有不同的估计，甚至包括官方统计在内，分别是700万，1 100万，甚至近于2 000万、5 000万。但是，整体的死亡规模如此巨大，在统计上算得再精确又有什么意义？如果历史学家算出，犹太人其实只死了500万人，甚至400万，而不是600万时，难道就能减轻德国屠杀犹太人的恐怖于万一吗？（不过600万这个数字，是一开始的粗算，绝对是估多了。）德国围攻列宁格勒的900天里（1941—1944），到底有100万人，还是五六十万人因饥饿或力竭而亡，又有多大区别呢？事实上，除了直觉的想象外，对于这些数字，我们又能抓住其中多少真实的含义？陷身德国的570万俄国战俘里面，有330万名不幸死去（Hirschfeld，1986），这个数字，对一般读者来说，又意味着什么呢？这一场战争，我们唯一可以确定的是，男人死得比女人多。战后苏联一直到1959年，35—50岁的年龄群中，每7名女人还只有4名男人（Milward，1979，p.212）。战火中倒塌的房子，可以再盖；死去的人，却再也不能复生。侥幸存活下来的人想要重建正常的生活，多么艰难啊！

3

我们一般都有一个观念，以为现代战争一向都影响国内每一名男女老少的生活，并动员绝大多数国民；我们总认为，现代战争使用的武器数量惊人，一向都得将整个经济投入生产；我们又认为，现代战争的武器一向都造成难以形容的大量伤亡，彻底地主宰并改变了交战国的面貌。殊不知，这些现象其实只有在20世纪以后方才发生。不错，过去的确也有过悲剧性的毁灭战争，也有过预示现代式可怕战争的前例，比如大革命时期的法国即为一例。一直到今天为止，美国史上最惨烈的战争还要算为时4年的南北战争（1861—1865），死亡男子无数，比美国后来参与的所有战争死亡总人数还多，其中包括两次世界大战、朝鲜战争、越南战争。但在20世纪以前，影响一般社会生活的战争往往属于例外。拿破仑四处征伐欧洲的年代里，简·奥斯汀（Jane Austen）可以安坐家中写她的小说。对不清楚时代背景的读者来说，肯定猜不出当时是这样一个烽火连天的时代，我们从她的小说里嗅不出一丝战争的气息。但在事实上，出现在奥斯汀笔下的年轻男子，某些人一定参与了当时的战事。进入20世纪，我们实在难以想象有哪一位小说家曾用这种笔法描写20世纪战火下的英国。

虽说20世纪总体战（total war）这个怪物，并非一开始就成了庞然大物，不过从1914年开始，总体战的形态便已成形，这一点绝对正确。即便在第一次世界大战之际，英国就已动员了12.5%的男子入伍，德国动员了15.4%，法国动员人数几乎达17%。到了第二次世界大战，一般来说，各国积极从事军事任务的动员人数，平均约为20%左右（Milward，1979，p.216）。我们可顺便提一下，像这样大规模的长期总动员，得靠两种力量才能维持：一靠现代化高生产力的工业经济，二靠大部分经济活动掌握在非战斗人口的手里。在传统的农业经济里，除了偶尔季节性的征用以外，就没有能力供应如此众多兵源，至少在温带气候区如此。因为到了农忙时节（比如收获季节），全民都得出动帮助农事。其实就算在工业化的社会，长期挪用如此大量的人口，对社会也是一项极大的负担。这也就是现代大规模战争之下，有组织的工人力量因而加强的原因。女子也因此走出家庭，进入社会，造成女性就业的革命：第一次世界大战之际，女性就业还只是暂时情况；到了第二次世界大战，就成为永久性的社会现象了。

20 世纪的战争是大规模的战争。人类在这些战争里使用和毁灭的东西，数量之巨，已达前人不能想象的地步。因此德文用 Materialschlacht——也就是物资战，形容 1914—1918 年的西线战争。拿破仑当年运气好，当时法国工业生产规模小，他却还能在 1806 年以全部不过 1 500 发的弹药，打垮了普鲁士的军队，赢得耶拿会战（Battle of Jena）。可是后来到第一次世界大战之前，法国的军工生产计划一天就是 1 万发到 1.2 万发。到了战争末期，甚至高达每日 20 万发。连沙俄也能够日产 15 万发，等于一个月 450 万发。规模如此庞大，难怪工厂里的机械工程作业彻底革新了。至于其他比较不属于破坏性质的物资生产，让我们回忆一下，第二次世界大战期间，美国陆军一共订制了 5.19 亿余双袜子和 2.19 亿余条裤子。而德国部队呢，在其繁文缛节的官僚传统之下，单单一年之内（1943 年），就造了 440 万把剪刀，以及 620 万个印盒，以供军事单位盖章所需（Milward，1979，p.68）。大规模的战争，需要大量的生产配合。

可是生产也需要有组织、有管理——即使其目的是为了理性冷静地杀人，是为了用最有效率的方式毁灭人命，依然需要组织管理，像德国纳粹的死亡集中营那样。总而言之，总体战可说是人类所知规模最为庞大的产业，需要众人有意识地去组织、去管理。

这种现象，也引起了前所未见的新课题。自从 17 世纪政府接管永久部队（常备军），不再向战争贩子租用兵力以来，军事已经变成政府的职责。事实上，军队与作战，很快就变成一种“产业”，或所谓的经济联合，规模远比私有产业大得多。因此 19 世纪工业时代兴起的大规模民间产业，如像铁道及港口的兴建工程往往需要借重军方的专业及管理人才。政府各个部门，几乎都投入武器及各种战争物资的生产。一直到19世纪末期，才逐渐由政府与专业的民间军火工业合作，形成某种共生的产业联合，尤以一些需要高科技的部门为最，例如大炮及海军装备的研究生产，等等。这就是现在我们大家都知道的所谓“军事工业联合”的前身（参见《帝国的年代》第十三章）。不过从法国大革命时期一直到1914年之间，每有战争，除了某些工业难免受到波及之外——比如说服装业就得扩大生产供应军衣——基本上，战时经济也只是平时经济的扩展而已（所谓一切“照常营业”）。

政府方面主要着眼于财政上的考虑：如何应付战争的支出。该靠贷款，还是直接征税呢？不论贷款还是征税，又该怎么做才好？在筹措经费挂帅之下，国库或财政单位自然就变成了战时经济真正的司令官。第一次世界大战一打就是这么久，远远超过政府当初预期；人员军火消耗如此惊人，“照常营业”的如意算盘当然打不下去，财政官员也无力继续主导了。政客不计代价一心只想谋胜，国库人员只有大摇其头（年轻的凯恩斯当时即在英国国库任职）。凯恩斯等人的看法自然没有错，英国实在力不足负两次大战的重担，该国经济也因此受到长远的负面影响。然而，如果现代式的大战实在无可回避，大家就应该对成本、生产——甚至整个经济——好好地仔细筹划管理不可。

第一次世界大战期间，政府一面打，一面才学到这方面的经验。到了第二次世界大战，由于事先仔细研究过上次大战得来的教训，于是一开始，大家就学乖了。可是现代战争打到一个地步，政府必须全面接管经济，各种计划及物资的分配也必须极为详密具体（跟平时的经济机制完全两样）。虽说政府已有战时经济的心理准备，但直到好一阵子之后，众人才慢慢体会其中深入的程度。第二次世界大战初起，各国之中，只有苏联和纳粹德国拥有某种程度具体控制经济活动的方式。这自然是因为苏联的计划经济，多少师法德国在1914—1918年期间实行的战时计划经济（参见第十三章）。至于其他国家，尤其是英美两国，这方面的组织渠道根本就不存在。

奇怪的是，尽管德国有开明专制官僚行政系统的传统及理论基础，两次总体大战打下来，在政府主导的战时经济上面，德国的表现却还不及西方民主国家——包括第一次世界大战中的英法两国，以及第二次世界大战的英美两国（有关苏联式的计划，详见第十三章）。其中原因到底何在，我们只能臆测，不过优劣事实俱在，却不容人置疑。德国方面，在动员物资全面支援战争上的组织力、效率都不行——不过一开始，德国原打算速战速决，自然不需要全面性的动员——对于平民经济需要的照顾也不够周全。相反，侥幸活过第一次世界大战的英法两国人民，战后的情况却远比战前要好上一些，就算感觉上比较穷苦，英国工人的实际收入反而增加了。可是德国人却较前饥贫，实际工资也较前为低。至于第二次世界大战的数字比较难对照，尤其因为：第一，法国一下子就投降了；第二，美国比大家都富有，所受的压力也小得多；第三，苏联则比较贫困，压力大得太多。基本上，德国的战时经济，等于有全欧洲供其剥削利用。但到战事完毕，德国各方面的实质损失却远超过西方其他交战国家。大致总合一下，英国的财力虽然比较差，到了 1943 年，平民消费甚至降低了 20% 以上，但及至最后大战结束，英国老百姓的伙食和健康却比别人都好，这多亏该国战时经济能够有系统、有计划地公平分配整体资源，不致过度牺牲社会中任何一部分。德国的做法刚好相反，完全基于不平等的原则。德国不但全力剥削它占领下的欧洲人力资源，对非本族更视为劣等民族。极端到——比如对波兰人、俄国人，还有犹太人——甚至根本把他们当作随时可以牺牲、生命如草芥的奴工。到 1944 年时，德国境内的外国劳动者，已高达其总劳动人口的五分之一，其中军火业便占去了 30%。德国本国的劳动者也好不到哪里去，最多只能说，他们起码还保留着 1938 年的实际收入水准。此外，战争期间，英国儿童的死亡和患病率不断降低。反观一向以粮产丰富闻名的法国，自 1940 年被德国占领统治之后，境内虽不再有过战火，法国人各年龄层的平均体重却减轻了，健康普遍变差了。

总体战在管理上造成的革命，自是不容置疑。对于科技和生产是否也有革命性的影响呢？换句话说，总体战到底是促进了还是妨碍了经济的发展？简单地说，总体战使得科技更为进步发达，因为先进的交战国不但在军事上求胜，更需要在技术上竞争，才能发展出更精良、更有效的武器装备以克敌制胜。要不是第二次世界大战爆发，西方盟国担心纳粹德国发展核武器的话，原子弹恐怕根本不会出现，20 世纪也不会在核能研究上投下大笔经费了。至于其他某些专为作战开发的科学技术，较之核能更容易移转为和平用途——航空和电脑即是二例。这一切都证明一个事实，战时科技之所以加速发展，主要为应付作战及战备之需。若在平时，如此庞大的研究经费，恐怕根本不能通过成本效益的预算，至少在态度上要犹犹豫豫，进展也较为迟缓（参见第九章）。

不过，科技为战争服务一事并不新鲜，现代工业经济的发展，一向建立在科技的不断创新之上。种种科技的进步发明，迟早都会发生，并不以战争为限。如果没有战争，发展的速度恐怕还会更快（人类没有战争？当然是痴人说梦，不过为讨论方便，我们先这样假定好了）。不过战争却有助于专门科学技术知识的扩散，对工业组织及大量生产的方法也都有深远影响。但是一般来说，战争的作用，主要还是在于加快变革的速度，而非激发变革本身。

战争是否促进经济增长呢？就一面来说，绝对没有。战争中，生产性资源的损失极为严重，远比工作人口的流失还大。苏联战前 25% 的资源，在第二次世界大战中消耗殆尽。德国损失了 13%，意大利 8%，法国 7%，英国较低，只有 3%（不过这些数字必须和战时的新建设相抵消才更准确）。苏联的例子最极端，战争对它造成的净经济效益完全属于负面。1945 年战争结束，它的农业完全毁于战火，战前实行的五年计划也全告泡汤。硕果仅存的，只有一个大而无当的军火工业，举国上下饿殍遍地、满目疮痍。

但从另一面来看，大战显然对美国经济裨益良多，增长率在两次大战期间都极为惊人，尤以第二次世界大战为最，年增长率高达约

10%，甚至胜过其他任何时期，可谓空前绝后。美国在两次大战中都占了便宜，不但本土远离实际战区，更成为友邦的兵工厂。再加上美国经济规模庞大，可以有效地扩大组织生产，这一点远非其他各国能及。两次大战带给美国最长远的经济影响，恐怕就是在 1914 年至本书写作的 1991 年整整几十年当中，赋予美国全球性的极大的经济优势。这种绝对的优势，削弱了它的竞争对手，使美国经济状况发生了质的变化。

如果说，战争对美苏两国的经济影响是两个完全的极端（前者两次大战都得渔利，后者在第二次世界大战中尤为创巨痛深），至于其他各国的情况，则介于两者之间。不过就总体的分布曲线来说，一般而言，都比较接近苏联的状况。只有美国才是独吃的大赢家。

4

我们还不曾讨论战火连绵的大时代对人类本身的冲击，人类究竟为这两场大战付出几许代价？我们前面虽然提过大量的死伤数字，但那只是其中一部分代价而已。说也奇怪，“一战”的伤亡虽然不及第二次世界大战惨重，在当时却更受世人重视，不但各地纪念碑林立，每年更虔诚地大事纪念停战日。俄国因为革命的关系，特别重视第一次世界大战，自然情有可原；可是这种现象不独苏联如此。第二次世界大战没有可与上一次大战“无名英雄碑”媲美的纪念举措；到了第二次世界大战之后，每年庆祝“第一次世界大战休战纪念日”（1918 年 11 月 11 日）的气氛，也每况愈下，逐渐失去当年神圣严肃的意义。探其因由，也许早在上一次大战之际，世人原不知道牺牲会如此惨重；而到第二次世界大战，大家都心里有数了。所以前者 1 000 万人死亡带来的打击，要比后者的 5 400 万更为巨大。

大战本身的全面性，双方不计代价、不择手段誓死战到底的决心，都对世人心理产生重大影响。否则，我们又如何解释种种不人道的残酷行为在20世纪愈演愈烈的现象呢？1914年之后，战争行为越发残忍野蛮，事实俱在，想否认都不行。本来到了20世纪初年，强暴凌辱人类的灾难已在西欧正式绝迹。但自1945年以降，我们却又开始视种种残暴不仁的现象为家常便饭，对于联合国三分之一会员国（其中包括某些最古老、最文明的国家）陷入人间地狱的惨状也无动于衷（Peters，1985）。

然而，残暴程度的提高，主要不是因为人类潜在的兽性被战争激发并合理化了。当然这种现象，也的确在某些第一次世界大战老兵身上出现，尤以那些出身极右派国家主义阵营的武夫之流，例如狙杀小队、“义勇军”（Free Corps）分子等。他们自己有过杀人的经验，又曾亲见袍泽惨死，在正义的大旗之下，虐待击杀几个敌人，又算什么值得踌躇犹疑的大事呢？

但是世界越来越残酷的真正原因，主要在于战争“民主化”的奇怪现象。全面性的冲突转变成“人民的战争”，老百姓已经变成战争的主体，有时甚至成为主要的目标。现代所谓的民主化战争，跟民主政治一样，竞争双方往往将对手丑化，使其成为人民憎恶至少也是耻笑的对象。过去由专业人士或专家进行的战斗，彼此之间都还存有一分敬意，也比较遵守游戏规则，甚至还保有几分骑士精神，如果双方社会地位相类，更是如此。过去双方动武，往往也有其一定的规则，在两次大战战斗机驾驶员的身上，我们依稀可见这种古风。法国导演雷诺阿（Jean Renoir）那部有关第一次世界大战的反战影片《大幻影》（*La Grande Illusion*），就曾对此现象多有着墨。而且，除非受到选民或报界压力的束缚，政界人士外交人员往往可以心平气和地与敌方宣战、媾和；正如拳击手在开打前相互握手，拳战后共同畅饮一般。但到了我们这一个世纪的总体战，就完全不是这么回事了，俾斯麦时代或18世纪战争的模式已经荡然无存。像现在这种需要鼓动全国人民同仇敌忾的战争，已经不能再像过去贵族式战争那般有规有矩。因此我们必须强调，第二次世界大战期间，希特勒政权的所作所为，以及包括非纳粹德国军队在内的德国人，他们在东欧地区的种种作风固然可鄙，但也都是出于现代战争必须将敌人形象恶魔化的合理需要。

战争变得愈加残忍的另外一个原因，是因为战争本身的非人化。血淋淋的杀人行动，如今变成一个按钮或开关即可解决的遥远事件。科技手段之下，死亡牺牲都不再活生生于眼前发生，这与传统战斗里亲手用刺刀剜出敌人的脏腑，从准星中瞄见敌人的身影倒下，有着多么巨大的不同。战场上死命瞄准的枪口下，射倒的不再是活生生的人，而是一串统计数字——甚至连这个数字也不真实，只是假设的统计而已，正如当年美国在越战中对敌人死亡人数的估计一样。从高空的轰炸机看下去，地面上的一切不再是活生生的人和物，而变成一个个无生命的投弹目标。性情和善的年轻男子，平常做梦也不会把刺刀插进任何乡下孕妇的肚子；一旦驾起飞机，却可以轻而易举对着伦敦或柏林的满城人口摁下按钮投下炸弹，或在长崎投下末日的原子弹。那些工作勤奋的德国科员，若命他们亲自将犹太人载到铁丝网缠绕的死亡集中营，绝对千万个不愿意；可是坐在办公室里，却可以不带私人感情，日复一日安排火车班次，固定往波兰的屠杀场开出一班班死亡列车。这真是 20 世纪最残忍的事情，可以完全不涉个人感情，全然组织化、例行化，在远处执行残忍的暴行，有时候甚至可以解释成不得已而出的下策，此情此心，实在可痛复可哀。

从此，世界便习惯这种前所未有、以天文数字论的万民辗转流离与遭屠杀死亡，人类甚至需要创造新词汇来描述这种现象：“无国之民”“集体灭种”。第一次世界大战期间，土耳其会杀害不计其数的亚美尼亚人——一般估计为 150 万人左右——这可算是人类史上第一个有计划集体消灭整个民族的事例。第二次再度发生，便是比较为人所知的纳粹杀害犹太人的事件了，一共约杀死了 500 万人——各界对这个数字仍有争议。(Hilberg，1985.)第一次世界大战及俄国大革命期间，几百万人流离失所成为难民，又有几百万人在强迫“交换原籍人口”名义下，被迫远离家园。原住在土耳其的 130 万希腊裔人，被遣返希腊。40 万土耳其人，也被“亲爱的祖国”勒令召回。20 余万保加利亚人，搬到与他们民族同名，版图却已缩小的地方。150 万到 200 万俄国人，有的从俄国大革命逃离出来，有的则是革命内战中战败逃亡的一方，现在都无家可归。为了这一批俄籍流浪人，以及 32 万名逃离土耳其灭种屠杀的亚美尼亚人（前者是主要对象），国际联盟特别签发一种新文件，也就是所谓的南森护照（Nansen Passport），专门发给无家可归的失去国籍的人使用。在这个行政体系日益复杂的世界里，这些可怜人却没有身份，在任何国家的行政体系中都不存在。南森护照之名源于北极大探险家挪威的弗里乔夫·南森（Fridtjof Nansen）之姓。南氏除了探险之外，平生致力帮助孤苦无援之人，曾主持第一次世界大战后难民救济计划，于 1922 年获得诺贝尔和平奖。根据粗略估计，1914—1922 年之间，世界一共制造出 400 万到 500 万难民。

但是和第二次世界大战相比，第一批大量人口流离失所的数字可算小巫见大巫了。第二次世界大战期间，难民的悲惨境遇前所罕见。据估计，1945 年 5 月以前，欧洲大概已经有 4 050 万人被迫连根拔起，这还不包括被迫前往德国的外籍劳动者，以及在苏军到达之前逃走的德国人（Kulischer，1948，pp.253—273）。德国战败以后，一部分领土被波兰与俄国瓜分吞并，从这一带，还有从捷克斯洛伐克和东南欧原有的德国人居住区，一共逃出了 1 300 万德国人（Holborn，p.363）。这些难民最后都由新成立的德意志联邦共和国收纳。任何回归新联邦的子民，都可以在那儿得到公民身份，建起新的家园。同样，新成立的以色列，也赋予地球上每一个犹太人“归国权”。但是，除了在这种大流离的年代，有哪个国家会认真提出这种慷慨的建议？1945 年，盟军胜利部队在德国一共发现了 1 133.27 万各种不同种族国籍的“战争难民”，其中 1 000 万人迅即被遣回原籍——可是有一半人却是在违反本人意愿之下，被强迫送回的（Jacobmeyer，1986）。

以上只是欧洲的难民。1947 年印度殖民地恢复独立，造成 1 500 万难民流离于印巴之间，这还不包括后来在内部冲突中死亡的 200 万人在内。第二次世界大战引起的另一个副作用——朝鲜战争，害得500万韩国百姓变成难民。以色列人在中东建国——这是大战引起的又一后续影响——联合国近东巴勒斯坦难民救济工作署（UNWPA）的难民册上，又增加130万巴勒斯坦难民。与巴勒斯坦难民潮行进方向相反的队伍，则是60年代120万犹太人回归以色列，其中绝大多数原本都是难民。简而言之，第二次世界大战掀起的战祸，在人类历史上可谓空前绝后。每一天，千千万万的人在受苦、在流离，甚至死去。更可悲的是，人类已经学会苟活于这悲惨的天地之间，再也不觉得这种现象有什么奇怪之处了。

回头看看，由奥地利大公王储夫妇在萨拉热窝被刺开始，一直到日本无条件投降为止，31年的动乱时光，就好比17世纪德国史上30年战争的翻版。萨拉热窝事件——当年的第一次萨城事件——不啻一个天下大乱时代的开始。其中经历的变乱与危机，就是本章和以下四章讨论的内容。但是对1945年以后的时代而言，20世纪发生的31年战争，在人们脑海里留下的印象，却跟17世纪那一场30年战争不同。

其中的部分原因，是由于20世纪的31年战乱，之所以被划分成一个单一的年代，主要是从史家的角度观之。对那些身历其境的人来说，前后两次大战虽有关联，却是两场有所区别的战争，中间隔着一段没有明显战争行为的“两战间歇期”。这段无战时期，对日本而言，只有13年（日本于1931年在中国东北开战）；对美国来说，则长达23年（美国一直到1941年12月加入第二次世界大战）。但另一个原因，也出于这两场战争各有千秋，自有其历史个性及特色。两次大战发生的大屠杀都无与伦比，也都因科技的发明为下一代留下不可磨灭的噩梦：1918年以后，人们日夜恐惧毒瓦斯与空袭轰炸；1945年以后，人们则日夜担心那蘑菇状原子云的大破坏。两次大战都在欧亚极大地区造成了社会的大崩溃与革命——我们在下一章会详加讨论。两次大战也都使交战双方精疲力竭、国力大衰。唯一的例外只有美国，两次都毫发无伤反而更见富裕，成为世界经济的主宰。然而，两战之间的差异又是何等惊人！第一次世界大战什么问题也没解决。它燃起了一些希望——在国际联盟领导下建立一个和平民主的世界；重返 1913 年时繁荣的世界经济；甚至对那些高呼俄国革命万岁的人来说，他们也有着不出数年甚或数月间被压迫的弱势阶级即可起来推翻资本主义的美梦。可是这种种希望幻想很快便破灭了。过去已经过去，再也追不回来；未来距离远，不知何日可期；而眼前呢，除了 20 年代中期飞快流逝的短短几年之外，眼前只有一片辛酸。而第二次世界大战则相反，确实达成了几项成果，至少维持了好几十年。大动乱时期产生的种种骇人听闻的社会经济问题，似乎也都消失无痕。西方世界的经济进入了黄金时代，西方民主社会在物质生活显著改善之下政局稳定。战火也转移到第三世界。而从另一方面来看，革命也为自己找到了出路。旧殖民帝国的海外殖民地纷纷独立，尚未独立的也指日可期。共产党国家则齐拥在如今已摇身一变成为超级强国的苏联老大哥旗帜之下，自成集团，似乎随时可以在经济增长上与西方诸国一较短长。结果，东西方经济竞赛的美梦只是一个幻影，但是却一直拖到 60 年代才开始逐渐破灭。如今回头看看，当时甚至连国际局势也相当稳定，虽然那个时候因为身在其中，反而不识其真实面目。第二次世界大战还有一个与前一次大战不同之处：战争期间的老敌人——德、日两国，均重新整编归入（西方）世界的经济体系。而大战之后的新敌人——美、苏两国——彼此也从来不曾真正开火。

甚至连两次大战之后的革命，也有着显著的不同。第一次世界大战后产生的革命，是基于亲身经历大战者的对战争本身的厌恶，他们认为这种无端的厮杀毫无意义。而第二次世界大战之后的革命，却出于众人同仇敌忾之势——共同敌人虽指德国日本，更概括地说，却也包括了帝国主义势力。这第二场革命即使再恐怖，对参与其中的人来说，却因师出有名而感到天经地义。但就像两次世界大战本身一般，在史家眼中，这两类战后革命仍同属一个过程。下面就让我们对这一点进行讨论。

第二章

世界大革命

布哈林说：“我认为，我们今天正开始进入一个革命时期。这个时期可能很长，也许要花上50年的光阴，革命才能在全欧，最后在全世界，获得全面胜利。”

——蓝塞姆，《1919俄国六周记》

（Arthur Ransome，1919，p.54）

读雪莱的诗（更别提3000年前埃及农民的哀歌了），令人不寒而栗。诗中声声控诉压制与剥削。后之世人，是否依然会在同样的压制剥削之下读这些诗？他们是否也会说：“想不到，连那个时候……”

——1938年德国诗人布莱希特

读雪莱诗《暴政的假面》有感（Brecht，1964）

法国大革命以降，欧洲又发生了一场俄国革命。等于再次告诉世人，祖国的命运，一旦全然交托给贫苦卑贱的普罗大众，哪怕敌人再强悍，也终将被赶走。

——录自1944年意大利战时游击队

吉奥波纳第十九旅宣传壁报（Pavone，1991，p.406）

革命是20世纪战争之子：特定来说，革命指1917年创立了苏维埃联盟的俄国革命。到了1931年战争时代的第二阶段，苏联更摇身一变，成为世上数一数二的超级强国。但由广义来看，则泛指作为20世纪全球历史常数的历次革命。然而，若单凭战争本身，其实不足为交战国带来危机、崩溃与革命。事实上在1914年之前，一般的看法恰恰相反，至少对那些旧有政权而言，众人都不认为战争会动摇国家。拿破仑一世即曾大发牢骚，认为奥地利皇帝就算再打上100次败仗，也可以继续逍遥，照样做他的万世皇帝——不然你看，普鲁士国王不就是一个最好的例子，军事上遭到惨败，国土又丢了大半，却还在那里当王。可是我拿破仑，贵为法国革命的骄子，却没有这种好命，只要吃上一次败仗，地位就大为不保。可是到了20世纪，情况完全改观。总体战争对国家人民需求之高，史无前例，势必将一国国力所能的负荷推至极限。更有甚者，战争代价的残酷，国家民族甚而濒于崩溃的临界点。纵观两次总体大战的结果，只有美国全身而退，甚至比战前更强。对其他所有国家来说，战争结束，同时便意味着大动乱的来临。

旧世界的命运，显然已经注定要衰亡了。旧社会、旧经济、旧政体，正像中国谚语所说，都已经“失天命”了。人类在等待另一个选择、另一条路径。而1914年时，这一条新路大家都很熟悉，在欧洲多数国家里面，社会主义党派就代表着这个选择（参见《帝国的年代》第五章），另有国内工人阶级的支持，内心则对历史注定的胜利充满信心，似乎革命前途一片大好，似乎只等一声令下，人民就会揭竿而起，推翻资本主义，以社会主义取而代之。一举将战争无谓的痛苦折磨，转变为富有正面价值的积极意义：因为痛苦折磨，原本就是新世界诞生时必有的流血阵痛啊。而俄国革命，或更精确一点，1917年的布尔什维克党十月革命，正好向举世吹响了起义的号声。十月革命对20世纪的中心意义，可与1789年法国大革命之于19世纪媲美。事实上，本书所论的“短20世纪”，时序上正好与十月革命诞生的苏俄大致吻合。这个巧合，实在不是偶然。

十月革命在全世界造成的反响，却远比其前辈深远普遍。如果说法国大革命追寻的理想，传之后世的生命比布尔什维克为长，1917 年革命事件产生的实际后果，却比 1789 年更为深远。一直到目前为止，十月革命催生的组织性革命运动，在现代史上仍数最为庞大可畏的势力。自伊斯兰创教征服各地以来，全球扩张能力最强的力量，首推这股革命运动。想当年，列宁悄悄抵达彼得格勒（Petrograd）的芬兰车站（Finland Station），三四十年之间，世界上三分之一的人口，都落在直接衍生于那“震撼世界的十日”（Ten Days that Shook the World）（Reed，1919）的共产党政权之下。这种共产党组织形式，正是列宁一手组织创建的标准模式。在 1914—1945 年间长期战争的第二阶段里面，全球又掀起了革命的二度高潮，而这一次，多数革命群众便开始追随苏联的脚步。本章的内容，即是这两阶段革命的历史经过；不过重点自然落在 1917 年初具雏形的首次革命，以及它对众多后续革命产生的特殊影响。

总而言之，这第一次的革命，深刻影响了日后所有继起革命的模式。

1

1914—1991 年的几十年当中，有好长一段时间，苏维埃共产主义制度都号称比资本主义优越，它不但是人类社会可以选择的另一条路，在历史上也注定将取代前者。这段时间里，虽然有人否定共产主义的优越性，却毫不怀疑它取得最后胜利的可能。除去 1933—1945 年间是一大例外（参见第五章），从俄国十月革命开始，70 多年间，国际政治完全着眼于两股势力之间的长期对抗，也就是旧秩序对社会革命之争。而社会革命的体现，则落实在苏联与共产国际身上，彼此兴荣，息息相关。

1945 年起，共产主义与资本主义两股对抗势力的背后，分别由两个超级大国主导，双方挥舞着毁灭性的武器相互恫吓。但随着时局变迁，两极制度较量的世界政治模式，显然越来越不合实际了。到了 80

年代，更跟遥远的十字军一般，与国际政局已经毫无关系。不过两种制度对峙的意向亦非无中生有，自有其成因。比起当年法国革命高潮时期的激进派雅各宾党人（Jacobin），俄国十月革命可说更为彻底，更无妥协余地。十月革命人士认为，这场革命的意义，不只限于一国一地，而是全世界全人类的革命；不只为俄国带来了自由与社会主义，进而也将在全世界掀起无产阶级革命。在列宁和他的同志们心目中，布尔什维克党人在俄国的胜利，只不过是第一阶段，最终目标是要在世界战场上赢得布尔什维克的广大胜利。除此全面胜利，别无意义可言。

当年沙皇治下的俄国，革命时机已臻成熟。若不革命，简直无路可走。19 世纪 70 年代以后，凡对时局有清醒认识的人都认为，像这样的革命一旦爆发，沙俄必定垮台（参见《帝国的年代》第十二章）。到了 1905—1906 年之后，沙俄政权对革命风潮已经完全束手无策，大势之所趋，更没有人再心存疑问了。如今溯往现昔，现代某些史家论道，若非第一次世界大战爆发，接着又有布尔什维克革命，沙皇俄国当已蜕变为繁荣自由的资本主义工业社会——而当年的俄国社会，其实也正朝着这个方向发展。但此说只是事后诸葛亮，倘若回到 1914 年以前的时节，恐怕得用显微镜才找得着有此预言之人。1905 年革命事件平定之后，沙皇政权从此一蹶不振，但是政府的颟顸无能依然如昔，社会上的不满浪潮却更升高。第一次世界大战爆发前夕，幸好军队警察及公务人员依旧效忠政府，否则革命必将一发不可收拾。大战一起，民众的热情与爱国心果然被转移了方向，一时冲淡了国内紧张的政治气氛。其实这种以外患掩内忧的大挪移法，每个交战国家皆如此，但在俄国却难以持久。到了 1915 年，病入膏肓的沙皇政权，似乎又已到了无可救药的地步。这一回大势所趋，1917 年 3 月[1] 革命再起，果然不

[1] 当时俄国历法仍用西洋旧历（Julian），而西方其他基督教国家则已改用格里高利新历（Gregorian）。前者比后者慢了 13 天。所以一般所说 1917 年俄国“二月革命”，按新历其实发生在当年 3 月；当年的“十月革命”，则发生在新历 11 月 7 日。十月革命爆发，彻底改革了俄国历法，也对俄国传统拼字法进行了改革。革命对社会影响之深，由此可见。我们都知道，即便如历法之类如此小的改变，往往也得靠社会政治的大震动才能达成。法国大革命最深远的影响就是造成公制计量单位的推行。

出世人所料，一举推翻了俄国的君主政权。除去死硬的守旧反动派之外，西方政界舆论一致拍手喝彩。

在浪漫派人士的想象中，从苏联集体农庄营作的经验出发，一条阳光大道便直通社会主义的美好未来。然而这只是浪漫的一厢情愿，一般的看法却正好相反，认为俄国革命不可能是也不会是一场社会主义性质的革命。因为像俄国这样一个农业国家，在世人心目中一向就是贫穷、无知、落后的代名词，根本不具备转型变为社会主义国家的条件。至于马克思（Karl Marx）认定的资本主义的掘墓人——工业无产阶级，虽然重点分布于俄国各地，却仍是极少数。其实连俄国的马克思主义者，也不否认这种看法。沙皇政权及农奴制度的垮台，最多只能促成一种“资产阶级革命”。有产阶级与无产阶级之间的阶级斗争，将在新政局之下继续进行（不过根据马克思的理论，最后结局自然只有一种）。而俄国当然也不是与世隔绝的国家；版图之广，东接日本，西抵德国；国势之强，名列屈指可数的控制世界的“列强”之一。像这样一个国家，一旦发生革命，对国际局势必然产生震撼性的影响。马克思本人晚年曾经希望，俄国革命可以像雷管一般，接着在工业更发达、更具无产阶级社会主义革命条件的西方国家引爆一连串的革命。而第一次世界大战接近尾声之际的国际政局，似乎也正朝这个方向发展。

不过这中间有一件事很复杂。如果说，当时的俄国仍未具备马克思主义者心目中无产阶级社会主义革命的条件，那么退而求其次，所谓自由派“资产阶级革命”的时机在俄国也同样时候未到。就算那些理想不过为资产阶级革命之人，也得想办法找出一条路来，不能单靠人数很少的俄国自由派中产阶级。因为俄国的中产阶级不但人数少，更缺乏道德意识及群众支持；何况俄国也没有代议制度的传统可与他们相容。1917—1918 年自由选举选出的立宪会议（后旋遭解散）当中，主张资产阶级自由主义的民主派——立宪民主党（Kadet），所占席位不到 2.5%。俄国只有两条路好走：一是绝大多数根本不知资产阶级为何物，也根本不在乎它是什么玩意儿的工农民众起来，在革命路线党派（这一类人要的自然不是资产阶级式的俄国）的领导之下赢得选举，翻转俄国资本主义的性质。另一条道路，也是可能性比较大的，则是当初造成革命的社会力量再度涌动起来，越过资产阶级自由派，走向另一个更激进的阶段［借用马克思的话，就是所谓的“不断革命论”。1905 年，这个名词曾为年轻的托洛茨基（Leon Trotsky）所用而再度流行］。其实早在 1905 年，列宁便一改前衷，认为自由主义这匹马，在俄国革命大赛场上永远不能出头。列宁这项评估，可谓相当实际。但是，当时的他也很清楚，俄国其实也不具备进行社会主义革命的条件。而这也是所有俄国及其他国家共产党人共同的认识，对这些马克思主义的革命者来说，他们的革命，一定得向外扩散方能有成。

而从当时的局势来看，这种想法也极有实现的可能。大战结束了，各地旧政权纷纷倒台，全欧洲陷入革命爆发的危机，战败国犹如累卵。1918 年，四个战败国（德国、奥匈帝国、土耳其、保加利亚）的统治者，均失去了他们的宝座。连前一年即已去位、败在德国手下的俄国沙皇在内，一共五位。甚至连意大利，也因国内社会一片动荡，革命几乎一触即发，连带其他战胜国家，也一起受到极大的震撼。

我们前面已经看见，全面战争为欧洲造成极大的压力，使其社会开始扭曲变形。本来战争刚刚爆发之际，国民曾激起过一阵爱国热潮，然而随着战争扩大，高潮慢慢退去。到了 1916 年，战争的疲乏感已经转变成一种阴郁静默的敌意，进而更演变成一种无休止无意义的杀戮。可是交战双方，谁也不愿意先住手。当初 1914 年战事初起，反战人士只有一股无能为力的感觉。然而战事蹉跎，师疲无功，到了 1916 年，他们开始觉得，自己的看法已经足以代表大多数人的意见了。从下列事件，我们可以一窥当时反战情绪弥漫的过程。1916 年 10 月 28 日，奥地利社会党领袖暨创始人之子阿德勒（Friedrich Adler），竟然在维也纳的一家咖啡馆，蓄意谋杀了奥国首相史德格伯爵（Count Sturgkh）——插叙一句，这还是达官要人没有今天所谓安全人员随身保护之前的年代——这桩暗杀事件，不啻是一种公开的反战手段。

早在1914年之前，社会主义运动就已坚持反战。而此刻普遍的反战情绪，自然有助于提高社会主义者的形象与分量。后者愈发老调重弹，比如英国、俄国，以及塞尔维亚的独立工人党，就从不曾放弃其反战的立场。至于其他国家的社会主义党派，即使党的立场支持作战，党内的反对派，却往往是最大的反对声音。[1]同时，在主要交战国家里，有组织的工人运动开始在大型的军火工厂中酝酿，最后成了工业和反战势力的中心。这些工厂中的工会代表都是技术工人，谈判地位有利，变成了激进派的代名词。而高科技海军里的高级技术人员也纷纷加入同一行列。德俄两国的主要海军基地，基尔（Kiel）及克朗施塔德（Kronstadt），最后分别变成革命运动的中心。再后来，法国在黑海的海军基地一度兵变，阻碍了法军介入1918—1920年的俄国内战参与进攻和封锁布尔什维克党人的军事行动。反战势力从此有了中心和动力。难怪奥匈帝国的邮电检查人员发现随着时间推移，军中信件的语气逐渐有了改变：从原来的“但愿老天爷赐我们和平吧”，转变成“我们已经受够了”，甚至还有人写道：“听说社会党要去议和了。”

从哈布斯堡政权检查人员留下的记录中，我们还可以证明一件事，自大战爆发以来，头一桩顺应民心的政治事件，就是俄国的大革命。自十月革命列宁领导的布尔什维克党夺权成功之后，和平的呼声与社会革命的需求更汇合成为一股潮流：1917年11月到1918年3月之间调查问卷中，三分之一表示，和平希望在俄国；另外三分之一认为，和平希望在革命；还有五分之一认为，和平的希望在俄国与革命，两者皆不可缺。其实俄国大革命对国际带来的反响，向来很明显：早在1905—1906年发生的第一次革命，就已经震撼了当时残存的几个大帝国，从奥匈帝国，经由土耳其、波斯，一路到了中国，都受震动（参见《帝国的年代》第十二章）。到了1917年，全欧洲已经变成一堆待燃的火药，只等着随时引爆了。

[1] 1917年，德国的一个重要党派，独立社会民主党（Independent Social Democratic Party，USPD）因反战立场，与主战的多数社会党（SPD）正式分裂。

2

沙俄的情况一塌糊涂，不但革命时机成熟，大战中也打得精疲力竭，随时在败亡的边缘上。俄国最后终于倒了下来，成为东欧及中欧地区第一个在“一战”压力下崩溃的国家。最后的爆炸迟早都会发生，人人心里有数，只是不知道爆炸的导火线会在何时以及何种情况之下引燃。其实一直到“二月革命”爆发之前的几周，连当时流亡在瑞士的列宁，都不敢确定今生自己能否亲眼看到革命成功。到了最后关头，造成沙皇政权垮台的导火索，系一群女工的示威事件（示威之日，就是社会主义运动后来的“三八妇女节”）。另有普提洛夫（Putilov）铁厂的工人，向来以立场强硬出名，因与资方发生纠纷，被厂方勒令停工。于是他们与女工联合，发起一场总罢工，示威游行的队伍，越过冰冻的河面，一直向首都中心进发。可怜他们所求无多，也不过就是面包罢了。沙皇的军队起初踌躇不愿动手，最后不但拒绝了镇压群众的命令，还与民众保持着友好的气氛，甚至连一向对沙皇忠心耿耿的哥萨克卫戍部队，也不肯向民众开火。沙皇政权的脆弱，此时完全暴露无遗。混乱了4天之后，军队终于哗变，沙皇退位，政权由一个自由派的“临时政府”暂时接管。当时与俄国协约的西方诸国，对沙皇退位难免表示同情，甚而伸出援手——因为它们担心，沙皇政权走投无路之下，可能会退出大战，进而与德国单独签订和约。这一场街头混乱，无人策划领导，纯属偶发事件，短短4天，却结束了一个老大帝国。[1]

更精彩的在后头：革命之于俄国，恰如水到渠成，彼得格勒的民众竟然立刻宣称，沙皇的倾覆等于全世界自由平等和民主的直接到来。而列宁最大的作为，就是扭转了这个无法控制的局面，将群情澎湃的无政府状态一转而为布尔什维克的势力所利用。

---

[1] 二月革命付出的人命代价虽比十月革命略高，死亡人数却并不算多，累计有53名军官，602名士兵，73名警察，以及587名平民（W. H. Chamberlin，1965，vol. 1，p.85）。

取沙皇政权代之的俄国新政权，并不是一个亲西方的自由宪政政体，更无心与德国作战。当时存在的其实是革命的真空状态：一边是毫无实权的“临时政府”；另一边则是如雨后春笋般在各地纷纷成立的“基层群众”性地方会议［亦即苏维埃（Soviet），会议之意[1]］。这些“基层群众”政治组织握有相当的实权，至少拥有否决大权——可是对于这个权力有何妙用，以及如何使用这个权力，或是应该怎么发挥，却一窍不通。各个不同的革命党派组织也纷纷出现——社会民主党（Social Democrat）有两派：布尔什维克（Bolshevik，译者注：在俄文中即“大”之意，意译为“多数派”，主张无产阶级专政），孟什维克（Menshevik，译者注：在俄文中即“小”之意，意译为“少数派”，主张与资产阶级联手，进行自由化改革）。此外还有社会革命党（Social Revolutionaries，译者注：主张土地国有，以暗杀为革命手段），以及其他无数的左派小团体，一一抖落原先非法的身份，从地下现身——这些党派团体，极力争取各地苏维埃，以图扩大自己的阵营。但是一开始，众人之中只有列宁有灼见。他指出，各地的苏维埃，可作为政府的另一途径（列宁曾有名言：“一切权力归苏维埃。”）。但是沙皇政权甫落，大大小小各种名目的革命党团林立，老百姓根本搞不清楚这些林林总总的名号，到底代表着什么意思；就算知道，也不辨其中异同。他们只明白一件事，就是从今以后，再也不用听命于权威了——甚至连那些自以为见识高过他们一等的革命权威，也用不着去理会。

城内的贫民只有一样要求，就是面包。至于其中的工人，则希望待遇改善、工时减少。而其他的俄国老百姓，80%都靠务农为生，他们的要求，无非是土地而已。此外不分工农，众人都一致希望赶快停战。但是一开始，以农民为主体的军队倒不反对这场战争，他们反对

[1] 这一类的“会议”，应起源于俄国各地村庄社区的自治经验，1905年革命时，在工厂工人中纷纷兴起，成为一种政治组织。直选代表组成的会议形式，对于世界各地工人组织来说，并不陌生，也很合乎他们固有的民主意识，“苏维埃”一词在国际上极受欢迎，有时意译成当地语言（会议），有时则按俄文音译。

的只是过严的军纪，以及上级给予下级军士的恶劣待遇。于是提出“面包！和平！土地！”这些口号的团体，很快便获得民众极大的支持。其中最有效果者，要数列宁领导的布尔什维克党，从1917年3月间几千人的小团体，不到同年夏初，便迅速成长为25万党员的大党。冷战时期，西方曾对列宁有过一种错觉，以为他最擅长的手法乃组织突袭。殊不知列宁及布尔什维克党人唯一的真正财产，在于能认识及把握群众的需要，并能追随群众，进而领导群众。举例来说：列宁发现，小农心中想要的东西，其实和社会主义的计划相反——不是土地共有，而是土地分配给个别家庭农场经营。一旦认识这个事实，列宁毫不犹豫，立刻认定，布尔什维克的任务，便是实现这种经济上的个人主义。

两相比较，临时政府却只知道一味颁布法令，根本看不出自己毫无约束国人服从的能力。革命之后，俄国的资本家、经理人，曾试图恢复工人秩序，却招众怒，反刺激工人走向更极端。1917年6月，临时政府坚持发动另一次军事攻击。军队实在受够了，于是小农出身的士兵纷纷开小差，擅自返家与乡人一道分田去了。返乡的火车开到哪里，革命的火焰也就蔓延到哪里。临时政府垮台的时机，虽然一时尚未来到，可是从夏天开始，激进的脚步却在军队和城市不断加速，形势对布尔什维克党越来越为有利。立场激进的社会革命党，作为民粹派（Narodniks）的继承者，获得小农阶级民众压倒性的支持（见《资本的年代》第九章），愈发助长极左派的出现。结果社会革命党与布尔什维克党人越走越近，十月革命后曾有一段短时期共同执政。

于是布尔什维克——究其性质，实属工人政党——在俄国各大城市成为多数大党，在首都圣彼得堡和大城市莫斯科两地，声势尤其浩大，在军中的影响力也迅速扩张。在布尔什维克强大压力之下，临时政府的存在前景愈发暗淡。8月间，一位保皇派将军发起反革命政变，政府还得求助于首都的革命势力以对付，于是地位更显不保。布尔什维克党的支持者，情绪愈发激动极端，夺权之势终不可免。最后的关头来临，与其说是夺权，倒不如说布尔什维克把现成权力捡起来更为贴切。1917

年 11 月 7 日，布尔什维克党轻易地夺取冬宫（Winter Palace），这就是十月革命。对于当天这个过程，有人曾说，日后苏联大导演爱森斯坦（Eisenstein）拍名片《十月》（*October*）之时（1927 年 10 月），拍摄现场的受伤人数，恐怕比真正十月革命的伤亡还要多。那时，临时政府仿佛一下子便消失得无影无踪，连半个留守抵抗的人也没有。

从临时政府注定垮台的败迹出现开始，一直到今天，人们对十月革命的看法始终争执不下，其实其中多数意见都具有误导的意味。反共派的历史学家往往认为，此事根本就是列宁一手策划的暴动或政变，以实行其反民主的基本立场。但问题的关键，并不在于谁导演了临时政府的垮台，乃在临时政府下台之后，该由何方何人接替。或者说，何方何人有此能耐，可以胜任接手的工作。早在 1917 年 9 月，列宁就不断地说服党内对此犹豫不决的人，他表示，时机稍纵即逝，权力送上门时，若不好好把握，必将从此与我们党无缘。同样紧急的是另外一个问题，列宁问自己，也问大家：一旦掌权，“布尔什维克有能力继续维持这份权力吗？”事实上，任谁想要统治这个火山爆发般的革命俄国，到底又能有什么妙计可安天下呢？除了列宁领导下的布尔什维克党人，没有一个党敢单独地正视这个重任。列宁在他撰写的宣传小册里指出，甚至在党内，也不是人人有他这番决心魄力。布尔什维克在圣彼得堡、莫斯科以及北方军中，形势一片大好，到底该图一时之便，此时此刻立即夺权好呢，还是应该静观其变，视情势发展成熟再定？这实在是个令人举棋不定难以回答的大问题。可是德军已经兵临城下，正逼近今日爱沙尼亚所在的北方边界，离俄国首都只有数里之遥。而那个临时政府，情急之际，肯定不会将政权交予苏维埃，反而极有可能向德军弃城投降。列宁行事，一向做最坏的打算，他认为，如果布尔什维克不把握这一时机，“那真正无政府主义的声浪，可能会比本党的气势还要更高”。列宁条分缕析，最后说服了党内其他人士：作为一个革命党，如果不理睬群众与时机共同要求我们夺权的呼声，那么我们与不革命的人又有何不同呢？

因此，夺权一事，其本身无可辩论，问题则出在长期的展望上面。就算布尔什维克在圣彼得堡与莫斯科两地的权力，能延伸到俄国全境，并得以在各地稳住政权，进而打击无政府主义及反革命势力，又该如何进行长期规划？列宁本人，一心以“转变苏维埃俄国为社会主义国家”作为苏维埃新政府的第一任务（所谓苏维埃，主要就是指布尔什维克）。他这番打算，其实是一个赌注，希望可以利用俄国革命，进而在全世界，至少在欧洲地区引发革命。他经常表示：“除非把俄国与欧洲的资产阶级完全毁灭……社会主义的胜利，怎么能够到来？”现阶段，布尔什维克的主要任务，其实也就是它的唯一任务，就是将到手的权力好好执掌下去。于是新政府呼吁工人维持正常生产的进行；与此同时，除了宣称其施政目标是将银行收归国有，以及由“工人当家做主”，从原有的管理阶层接过权力之外，新政权对社会主义并没有多少实际动作。其实自革命以来，以上一切早已实行，现在只不过盖个章，加上官方认可使之正式化而已。除此之外，新政府对人民就没有更多的承诺了。[1]

而新政权也的确支撑了下来，它熬过了与德国签的《布勒斯特—里多夫斯克和约》的惩罚，几个月后，德国自己也战败。这个和约将波兰、波罗的海沿岸三国、乌克兰（Ukraine）、苏俄南部和西部的广大地区，以及外高加索区，统统从苏俄版图中割离出来（其实当时外高加索已不在苏俄治下。不过后来乌克兰及外高加索又重新成为苏联领土）。布尔什维克既然是世界造反的中心，西方协约各国自然不会对它太客气。在协约国财力支援之下，苏俄境内出现了各种反革命的军队（即“白军”）和政权。英、法、美、日、波兰、塞尔维亚、希腊和罗马尼亚，各国军队纷纷开上苏俄土地。1918—1920年间，苏俄内战打得不可开交，极其血腥残忍。战争到了最惨烈的地步，苏维埃俄国

[1] 我告诉他们：“你们爱怎么做就怎么做，你们爱拿什么就拿什么，我们一定支持你们。可是别荒废了厂里的生产，好好维护它。要知道生产还是有用的。把有用的事情都接下来做，你会犯错误，可是从错误当中，你就学会了。”（见列宁：《人民委员会活动报告》，1918年1月11日及24日。Lenin，1970，p.551）。

除了伸入芬兰湾的列宁格勒小小一角之外，对外海口全部被封锁，只剩下乌拉尔山一带与现今波罗的海沿岸诸国之间的俄罗斯中部与西部，成为一个广大的封闭内陆地区。新政权空空如也，红军又匆匆组成，真正帮了共产党政府最大的忙的，其实是“白军”本身的问题。“白军”部队不但拙劣无能，内部又倾轧不和，与小农群众间的敌意也日益加深。而白军的忠诚是否可靠，西方列强也颇有疑问，如何调动那些反叛意识很强的士兵有效攻打新政权，实在令人担心。待到1920年末，布尔什维克终于赢得内战的最后胜利。

于是，出乎众人意料地，苏维埃政权竟然劫后余生，从此存活了下来。布尔什维克党不但维持住了政权，其寿命甚至比1871年的巴黎公社（Paris Commune）还要长（巴黎公社昙花一现，只维持了两个多月。布尔什维克党掌权之后两个月零十五天，列宁骄傲欣慰地指出，其政权已经比当年的巴黎公社还长了）。其实，新政权还不仅只此寿数。此后，它熬过了危机灾难不断的年月，德国的占领、国内各地的分离行动、反革命活动、内战、外国武装势力的干涉，以及大饥荒与经济崩溃。日复一日，它没有别的路好走，随时面临着两项生死存亡的选择：一是解决迫在眉睫的生存问题；一是应对即刻将临的大难。许许多多的事情，都需要立刻做决定，谁又有工夫去考虑长远后果，去斟酌这些决定会为革命带来何等影响呢？眼前如果犹豫不决，恐怕连政权都将不保，又哪来长期后果好忧虑呢？兵来将挡，水来土掩，革命新政权只好走一步算一步，来一件解决一件。待新生的苏维埃共和国从烦恼痛苦的灰烬中重新站起来时，发现自己已经和当初列宁在芬兰车站时对它的构想越来越远了。

无论如何，这一场惊天动地的革命毕竟成功了。革命政权存活的原因有三：其一，党员达60余万的共产党，权力集中，组织严密，为革命提供了一个极其特殊有力的建国工具。不管当初共产党在革命之中的角色如何，1902年以来，列宁不遗余力，一手发展维护的这个组织模式，最终毕竟有了自己的特色和地位。“短20世纪”涵盖的这几十年当中，世界各地的革命政权不论大小，几乎多少都有一点苏联的影子。其二，布尔什维克党是唯一有心并且有力将俄国巩固成为一个国家的政党。正因为共产党有这份心力，那些与它政治立场不同的爱国军官，才愿意加入红军，为其出力效命，红军队伍才得以更快地发展壮大。对这些爱国的旧俄军官而言，他们当时的抉择，看重的不在于布尔什维克党领导建立的是一个自由民主的资本主义国家，还是一个社会主义国家，而在于维护国家完整，使其不致沦入像其他战败帝国一样分崩离析的下场。前车之鉴不远，眼前就有奥匈帝国与土耳其的奥斯曼帝国做例子，而史家抚今追昔，同样赞成他们的想法。因为有布尔什维克革命的出现，苏俄的领土才不致步前两个帝国的后尘，总算保持了这个多民族国家的领土完整长达 74 年之久。其三，革命让农民得到了土地。农民是农业苏俄的核心，也是新成立的部队的主力——紧要关头，农民们认为，如果让士绅阶层回来掌权，好不容易分得的土地恐将不保，倒不如留在红军统治下比较保险。1918—1920 年的苏俄内战，因有农民相助，布尔什维克才取得了决定性的优势。后来的事实证明，苏俄农民当初还是太乐观了一点。

3

在列宁的心目中，苏联社会主义的最终目的，是为达到世界革命——可是这场世界革命，始终没有发生，苏维埃俄国却因此走上贫穷落后的孤立之路；未来的发展方向，也在当时就被命定了，至少被狭窄地限定了（参见第十三章与第十六章）。不过十月革命之后，紧接的两年之间，革命浪潮的确席卷了全球。对随时准备作战的布尔什维克党人来说，他们对世界革命的希望似乎并非不切实际。德文国际歌中的第一句，就是“全世界的人民，听到了号声”。而这个号声，便响自圣彼得堡——自 1918 年苏俄迁都，移到战略地位比较安全的莫斯科之后[1]，又从莫斯科传来。革命的号声，洪亮清晰，声声可闻。不论何处，只要有工人及社会主义的运动，不论其意识形态如何，都可以听到革命的号角。而且号声所传到之处，无论远近，也不只限于工人及社会主义的阵营，如古巴的烟草工人也成立了“苏维埃”式的会议，虽然在古巴境内，恐怕没有几个人知道苏俄在海角天涯的哪一方。至于 1917 年以后的两年时光，在西班牙史上素有“布尔什维克二年时期”之称，其实当地闹事的左派分子，属于激进的无政府主义者，与列宁的主张南辕北辙。1919 年在中国北京，1918 年在阿根廷科尔多瓦（Córdoba），也分别爆发了学生革命运动。革命的浪潮不久便波及整个拉丁美洲，当地各类马克思主义团体及党派在这段时期诞生。国际共产主义革命旋风横扫之下，主张印第安民族运动的墨西哥强硬好战人士洛伊（M. N. Roy）的声势大跌，因为 1917 年，当地革命正值最高潮时，自然不谈民族感情，反而与革命俄国认同：马克思、列宁的肖像，开始与本土阿兹特克帝国（Aztec）的皇帝莫克特苏马（Moctezuma）、墨西哥的农民革命领袖萨帕塔（Emiliano Zapata），以及各式各样印第安族人的肖像并列，成为当地革命者崇拜的对象。这些人物肖像，至今仍可在官方画家所绘的大型壁画上见到。其后不出数月，洛伊来到莫斯科，为新成立的共产国际（Communist International）策划，在其解放殖民地的政策上扮演了重要的角色。此外，印尼民族解放运动中主要的群众组织伊斯兰教联盟（Sarekat Islam），也立即受到十月革命的影响，部分是通过当地的荷兰社会主义者史尼维勒特（Henk Sneevliet）引介之故。土耳其一家地方报纸则写道：“苏俄人民的壮举，有朝一日，必将成为灿烂的太阳照耀全人类。”居住在澳大利亚遥远内陆的那些剪羊毛的工人（多数是爱尔兰天主教徒），对政治理论显然毫

[1] 沙皇俄国的首都原叫圣彼得堡，第一次世界大战期间由于德国味太重改成彼得格勒。列宁死后，又易名为列宁格勒（1924 年）。近年苏联解体时，又改回最早的原名。苏联（以及其斯拉夫族血统比较重的附庸国）喜欢在地名上搞政治的讲究。而党内不时清算斗争，众人上台下台，把命名一事弄得更为复杂。于是伏尔加河上的察里津（Tasritsyn），改名为斯大林格勒，第二次世界大战中，此地曾发生过一场激烈战役，可是斯大林死后，又更名为伏尔加格勒（Volgograd）。直到本书撰写时，还保持着这个名字。

无兴趣，却也为苏维埃成为工人国家而欢呼。在美国，长久以来强烈坚持社会主义的芬兰移民（Finns），也成批地成为共产主义信徒。这些芬兰裔的工人，在明尼苏达凄清萧瑟的矿区小镇频频聚会，会中往往充满宗教气氛："只要列宁的名字一被提到，立刻心跳加快，热血沸腾……在神秘的静默里，洋溢着宗教式的狂喜迷醉，我们崇拜着从苏俄来的每一件事物。"（Koivisto，1983.）简单地说，世界各地都将十月革命视作震撼全球的大事。

通常与革命有过亲身接触的人，比较不容易产生宗教式的狂热，可是照样还是有一大批人因此信仰共产主义。其中有返乡的战犯，不但成为布尔什维克的忠实信徒，后来还成为其国家的共产党领袖。这样的例子有克罗地亚的机械工人布洛兹（Josef Broz），也就是后来南斯拉夫的共产党首脑铁托元帅（Tito）。也有访问革命俄国的新闻从业人员，像《曼彻斯特卫报》的兰塞姆（Arthur Ransome）。兰塞姆虽不是出名的政治人物，却是个素负盛名的儿童文学作家，他对航海的一腔热情，常在其迷人的作品中流露。还有一位受到革命鼓舞的人物，布尔什维克的色彩更少，也就是日后写出伟大文学名作《好兵帅克》（*The Adventures of the Good Soldier Schwejk*）的捷克亲共作家哈谢克（Jaroslav Hašek）——哈谢克发现，破天荒头一遭，自己竟会为了一个理想而战。听说更令他惊奇的是，醉生梦死了一辈子，竟从此醒来，再也不沾杯中物。苏俄内战时期，哈谢克加入红军，担任人民委员。可是战后回到布拉格，他却再度沉迷醉乡，重新回到以往无政府主义暨波希米亚式的生活。他的理由是革命后的苏维埃俄国，不合他的口味。然而革命，却的确曾是他追求的理想。

发生在苏俄的革命，不只激励了各地的革命人士，更重要的是在世界各地掀起了革命的浪潮。1918 年 1 月，夺取冬宫数周后，新政府正拼命设法，想与不断挺进的德军媾和。正在此时，一股大规模的政治罢工及反战示威，却开始横扫中欧各地。革命的浪头，首先打向维也纳，然后经过布达佩斯与捷克一带，一路蔓延到了德国，最后在奥匈帝国亚得里亚海军事变中达到高潮。同盟国的大势已去，其陆军部队也迅即解体。9月间，保加利亚农兵归乡，宣布成立共和国，向首都索菲亚（Sofia）进发；但政府在德方协助之下，义军的武装终遭解除。10月里，哈布斯堡的君王在意大利前线打了最后一场败仗，从此下台。各个新兴的民族国家，怀着一线希望，纷纷宣告成立。它们的想法是，比起危险的布尔什维克革命，想来胜利的协约国总该比较欢迎它们的出现吧（这个想法倒也没错）。事实上，苏俄呼吁人民群众停战媾和，西方国家早就担心不已——更何况布尔什维克党人还公布了协约国秘密瓜分欧洲的战时协定。协约国的第一个反应，就是美国威尔逊总统提出的十四点和平计划。计划中玩起民族主义牌，对抗列宁关于各国人民联合的呼声。此外，该计划将由许多小型民族国家合成一道长墙，共同围堵"红色病毒"。同年11月初，德国各地陆海军士兵纷纷哗变，由基尔的海军基地开始，革命风潮传遍德国。共和国宣布成立，皇帝退位逃往荷兰，代之而起成为国家元首的是一位马具工出身的社会民主党员。

于是东起符拉迪沃斯托克，西到莱茵河，各地一片革命怒潮。但这是一股以反战为中心的革命风潮，社会革命的色彩其实很淡。因此大战结束，和平来到，革命的爆炸力便和缓许多。对哈布斯堡、罗曼诺夫、奥斯曼，以及东南欧小国的农民士兵及其家人来说，革命的原因不外有四：希望获得土地、对城市的疑惧、对陌生人（尤其是犹太人）的担心，以及对政府的疑惧。因此农民们虽然起来革命，却并不具有布尔什维克性质。这种情况，在奥地利、波兰部分地区、德国的巴伐利亚，以及中欧南欧的绝大部分地区皆是如此。农民的不满，必须经由土地改革的手段方能安抚，甚至连一些保守反革命的国家，如罗马尼亚和芬兰也不例外。从另一个角度来看，农民既占人口的绝大多数，社会主义党派铁定无法在民主式普选中获胜，布尔什维克出头的机会更为渺茫。不支持社会主义，并不表示农民在政治上偏向保守派，可是这种心态对具有民主性质的社会主义运动当然极为不利。在苏俄等国家，选举式的民主形式甚至因而完全废止。布尔什维克原本召开了一个立宪会议（Constituent Assembly，这是 1789 年法国大革命以来即一直沿用的革命传统），可是 10 月之后不到几周，却马上把它解散了；其中原因正在于此。至于按威尔逊的主张设立的一连串小民族国家，虽然内部的民族冲突并未就此消失，布尔什维克革命的活动余地却从此大为减缩。这正中协约国促和人员的下怀。

但是俄国革命，对于 1918—1919 年间欧洲革命的影响实在太深，因为这个原因，对于世界革命的前途，莫斯科当局难免怀抱着十足的信心。即使对我这样的历史学者，依照当时情况看，似乎只有德皇治下的德国，能够幸免革命浪潮的席卷——即使德国当地的革命人士，恐怕也这样看。不论在社会上或政治上，德国都相当稳定，工人阶级运动的声浪虽强，立场却极为温和，要不是大战之故，武装革命根本不可能在德国发生。德国不像沙皇俄国，不像摇摇欲坠随时会倒塌的奥匈帝国，也不像所谓“欧洲病夫”的奥斯曼，更没有欧陆东南山区那些使枪弄棒、什么事都做得出来的野性山民。总而言之，德国根本就不像一个会发生大动乱的国家。跟战败的俄国以及奥匈帝国两地货真价实的革命比起来，德国绝大多数的革命战士与工人，不但守法，也相当温和。德国人的性情，就跟俄国革命党揶揄他们的笑话一模一样——不过这笑话可能是捏造的：如果告示禁止公众践踏草地，德国革命者们也会自然遵命改走人行道。

然而，就在这样的一个国家里，水兵起来革命，将苏维埃的旗帜带到全国各地；就在这样一个国家，一个由柏林工人和士兵组成的苏维埃，任命了社会主义德国政府负责人。俄国的两次革命，在德国一气呵成，似乎一次就达成了：皇帝一下台，首都政权马上落入激进分子手里。不过德国的革命，其实只是一时的。在战败与革命的双重打击之下，旧有的军队、国家，以及权力组织，都暂时性地全面崩溃。然而不出几日，原有的共和政体重新掌权，再也不惧怕那些社会主义者。德国社会主义者，甚至在革命后数周内举行的首次选举当中，竟也不曾获得多数票。[1] 至于共和政府，更不把刚刚匆匆成立的共产党放在心上。共产党的两名男女领导人，李卜克内西（Karl Liebknecht）与卢森堡（Rosa Luxemburg），很快便被陆军的枪手谋杀。

尽管如此，1918 年德国掀起的革命，毕竟再度增加了苏俄布尔什维克的希望。此外，尚有两事更加助长了它的雄心：一是 1918 年间，德国南部巴伐利亚宣布成立社会主义共和国，共和国寿命虽短，却确确实实地存在过。二是在 1919 年春天，在领导人遇害之后，苏维埃共和国在慕尼黑宣告成立。同样，这个共和国的寿命虽然短暂，意义却颇为深长，因为慕尼黑是德国艺术、人文、反传统文化以及啤酒（啤酒此物，政治颠覆的意味总算比较淡）的重镇。与此同时，就共产主义西进的意义而言，匈牙利方面曾兴起一场意义更重大的事件，即 1919 年 3 月至 7 月间，匈牙利苏维埃共和国的出现。[2] 德匈两国的共产党政权，当然都被残酷的手段迅速扑灭。但是由于对温和派社会民主党的失望，德国工人很快便变得相当激进了，许多工人转而支持独立社会民主党，1920 年之后，更转而支持共产党，德国共产党因而成为苏维埃俄国以外，规模最大的共产党。1919 年，可谓西方社会最为动乱不安的年代。然而也就在这一年里，布尔什维克党人进一步扩大革命的努力，却同时宣告失败。第二年，也就是 1920 年，坐镇莫斯科的布尔什维克党领袖们，眼见革命浪潮迅速销声匿迹，却依然没灰心丧气。一直到 1923 年，他们才完全放弃德国革命的希望。

现在回头反思，其实布尔什维克党在 1920 年犯下一个大错，因此造成国际工人运动的永久分裂。当时布尔什维克党领导人不该照列宁派先锋的模式，将国际共产主义运动组织成一小群精英性质的“职业革命战士”。我们都已看到，十月革命广受国际社会主义人士的认同，

---

[1] 温和派的多数社会民主党只得到 38% 的票数——这还是他们历来最高的数字——革命派的独立社会民主党则只得到 7.5%。

[2] 短命的匈牙利苏维埃共和国失败之后，大批政治人物及知识分子流亡海外。其中部分人日后竟在事业上有了意想不到的发展，比如电影大亨科达爵士（Alexander Korda），以及影星贝拉・路格西（Bela Lugosi），后者很有名。

第一次世界大战之后，各地社会主义运动转为激进，力量也变得极为强大。除了极少的例外，一般都非常赞成参加布尔什维克新发起的第三国际（Third International）。布尔什维克发起新共产国际的用意，是为取代第二国际（1889—1914），后者已因无力对抗大战而告破产。[1]

事实上，当时法国、意大利、奥地利、挪威等国的社会主义党派，也都已经投票通过，决定加入第三国际。反布尔什维克的死硬守旧派，已在社会主义党派内成为少数。但是列宁和他的党的目标，并不只是要同情十月革命的人士团结起来，造成国际社会主义运动而已，他们打算建立一支纪律严明的队伍，由以革命征服为职业的国际共产主义战士组成。凡不赞成列宁路线的党派，都被挡在共产国际的门外，甚至遭到驱逐的命运。列宁派认为，第五纵队式的投机心理与改革论调毫无意义，而马克思批评过的“白痴国会”，不用说更一无是处。这些在体制中改革的论调，只会削弱党的力量。在布尔什维克的心目中，战斗就要来临；而战场上，只需要战士。

可是布尔什维克的论点，只能在一种条件之下成立：那就是世界革命仍在继续进行，而且革命战斗就要打响。但到了1920年，形势已经明朗；欧洲局势虽然仍不稳定，布尔什维克式的革命却已经不再在西方各国的议程上了。不过，苏俄的共产党政权，也已很巩固了。不错，当共产国际在苏俄集会之际，从局势上看，共产主义运动似乎大有可为。已在内战中获胜的红军正与波兰作战，一路向华沙进发，大有顺带将革命大浪扑往西方的气势。这场短暂的苏波之战，起因出于波兰的领土野心。原来大战之后，沦亡150年的波兰终于重新复国，欲重申其18世纪的疆界权利。这些土地深入苏俄腹地，位于今白俄罗斯（Belarussia）、立陶宛以及乌克兰一带。红军的挺进，在苏联著名作家巴伯尔（Isaac Babel）的文学巨作《红色骑兵》（*Red Cavalry*）中，有着极为出色的描写，这本书广受当代人士的好评。为此喝彩之人，

---

[1] 所谓第一国际，指马克思在1864—1872年间组织的国际工人协会（International Workingmen's Association）。

包括日后为哈布斯堡王朝写挽歌的奥地利小说家罗斯（Joseph Roth），以及土耳其未来的领袖暨国父凯末尔（Mustafa Kemal）。然而，波兰工人却未能起来响应红军的攻势，红军在华沙门口被挡了回去。从此，尽管表面仍有活动，西线从此无战事。不过，革命大势向东，却甚有收获，进入了列宁一向密切注意的亚洲。事实上，在 1920—1927 年之间，世界革命的希望似乎完全寄托在中国革命的身上。在国民党领导之下，革命军势如破竹，一路前进，国民党成为当时全国解放的希望，其领袖孙中山（1866—1925），不但欢迎苏联的模式、苏联的军援，同时也接纳新生的中国共产党加入他的革命大业。1925—1927 年国共联手挥师北伐，从他们在中国南方的根据地出发，横扫中国北方。于是自 1911 年清王朝覆灭以来，一直到日后国民革命军总司令蒋介石发动清党，屠杀无数共产党人为止，中央政府的号令，总算第一次在中国的大部分地区执行。而共产党在中国处境的艰难，证明了一件事，便是当时亚洲的时机尚未成熟。而且，即使当革命在亚洲似乎一时大有可为之际，也难掩革命在西方的挫败。

到 1921 年，革命大势已去，谁也不能否认这个事实。革命退守回了苏维埃俄国，但在政治上，布尔什维克党的势力却也已经不能动摇（参见第十三章）。革命从西方的议程上黯然退下，共产国际第三次代表大会虽然看出这个事实，却不愿意痛快承认。它开始呼吁那些被自己在第二次代表大会赶出去的走革命路线的社会主义党派，与共产党联手组成“联合阵线”。但是这“联合阵线”到底是什么意思，以后几代的革命人士却为此长期争辩，并造成分裂。布尔什维克这番努力来得太迟了，社会主义运动永久分裂之势已经形成。左派的社会主义者、个人及党派大多数回到由反共温和派领导的社会民主运动阵营。新起的共产党，在欧洲左派当中最终成为少数。而且一般来说——除了少数的例子，如德国、法国及芬兰——共产党人即使革命热情高涨，始终只能屈居小党地位。这种情况，一直到 30 年代才有所变化（参见第五章）。

4

多年动乱，留下了一个庞大却落后的国家。它的领袖，一心一意想建立一个有别于资本主义的社会。而动乱的结果，也产生了一个政府，一个纪律严密的国际运动，或许更重要的是一代革命者。他们在十月革命举起的旗帜之下，在总部设在莫斯科的运动领导之下，致力于世界革命的大业。（有一度，他们曾希望革命的总部，不久即将从莫斯科迁到柏林。两次大战之间，共产国际的官方语言甚至是德文而非俄文。）但是欧洲形势稳定之后，革命又在亚洲受挫；一时之间，世界革命到底该如何进展，革命人士恐怕都茫无头绪。共产党在各地发动的个别武装暴动（1923 年在保加利亚及德国，1926 年于印尼，1927 年在中国，以及最反常迟至 1935 年在巴西发生的一次）都一败涂地。但是两次大战之间，时局诡谲不定，股市崩溃，经济大衰退，希特勒崛起执政，自然给了共产主义者推进革命的希望（参见第三章及第五章）。尽管如此，到了 1928—1934 年之间，共产国际忽然转向极端革命的褊狭言论。这项转变，毫无现实基础可言。因为不管它口号多响亮，事实上革命运动在各地既没有夺权的希望，也没有执政的条件。唯一可以解释莫斯科立场转趋极端的理由，是斯大林夺权成功后苏联共产党的内部斗争。另一个原因，可能是为了弥补苏联政府与革命运动之间日渐明显的分歧。苏联作为一个国家，不可避免，自然得与世上其他的国家共存共处——1920 年开始，国际社会逐渐承认苏联政权——而革命运动的目的，却是要推翻所有的政府。两者间的矛盾，不言而喻。

结果，苏联的国家利益，终于盖过了共产国际的世界革命利益，后者被斯大林缩减成苏联国家政策的工具，受到苏联共产党的严格控制。共产国际遭解散，成员遭清算，这些完全依“苏共”的意思而定。世界革命的理想，只存在于往日美丽的辞藻中。事实上只有在两个条件之下，革命方被容许存在：一是不危害苏联的国家利益，一是受到苏联的直接控制。1944 年之后共产党政权的推进，在西方政府眼中，根本只是苏联权力的延伸。这一点，他们倒把斯大林的心意看得很透，坚守传统的革命人士，同样也看出了这个事实。他们严厉地斥责莫斯科不但不要共产党夺权，反而一味加以压制，甚至对那些成功的革命，例如南斯拉夫及中国（参见第五章），苏联也不喜欢。

但是尽管在这种苏联至上的心态之下，苏联存在的意义，仍不只限于又一个超级大国而已。自始至终，甚至连它最腐败自私的特权阶级，也对其使命深信不疑。苏联存在的基本目的，不就是为了全人类的解放，在资本主义之外，为人类社会建立另一条更好的生存之路吗？若不是为了这个理由，过去几十年来，那些面容冷酷的莫斯科官员，何必不断地以金钱、武力资助南非黑人共产党联盟的“非洲国民大会”（African National Congress）的游击队呢？即使在后者推翻种族隔离政策的机会微乎其微时，苏联的支援也从不间断？然而，长久以来，苏维埃社会主义共和国联盟已经了解一项事实：莫斯科鼓吹的世界革命，不可能改变人类社会。当年的赫鲁晓夫（Nikita Khrushchev）坚信社会主义经济的优越性，并终将“埋葬”资本主义。但到了勃列日涅夫（Leonid Brezhnev）长期掌权的时代，连这种信念也逐渐衰退了。或许正是共产主义者对全人类使命感的极端衰微，可以解释何以到了最后，苏联连一点挣扎的力量都没有便轰然解体了。

但对于早年献身世界革命的一代来说，这些犹疑踌躇都不存在；十月革命的光辉激励了他们。早期的社会主义者（1914 年之前），都深信人类社会必将发生巨大变化，一切邪恶、忧伤、压迫、不平，都将从此消失，美好生活必然到来，马克思主义已经以科学及历史的论证给了保证。现在，十月革命发生，不正证明这个大变革已经开始了吗？

为解放全人类，这支革命部队的纪律必然严明，手段一定无情。但是真正计算起来，革命战士的总人数前后恐怕不出数万。德国诗人暨剧作家布莱希特（Bertolt Brecht）曾写诗纪念国际运动的职业勇士，颂扬他们“身经万国疆场，远胜换履次数”。可是这些斗士的人数极少，最多不过数百。他们是职业革命者，万万不可与一般共产党人混作一谈。后者则包括当年意大利共产党最兴盛时，党员号称超过百万，被意大利称作“共产党大众”的广大支持群众。对这些来自各行各业的共产党支持者来说，美好新社会的梦想也很真实，事实上，根本不脱离早期社会主义者的目标。可是一般群众提出的誓言，最多不过建立在阶级与团体的基础之上，绝非个人牺牲式的献身革命。职业革命者跟他们不一样，人数虽少，却举足轻重。不了解职业革命者，就无法了解 20 世纪个中的变化。

若没有列宁派“新一类党派”的出现，若没有作为革命中坚力量的职业革命者的献身，十月革命之后短短 30 多年之间，全世界怎么可能会有三分之一的人口，生活在共产党政权之下呢？这批革命中坚力量信仰坚定，对世界革命总部莫斯科忠贞不贰。因为有了他们的存在，各地共产党员，不再分属个别宗派（就社会意义而言），都可以将自己视为共产主义大家族中的一员。亲莫斯科的各国共产党，虽然历经脱党、清算种种风波，领导者不断易人，然而一直到 1956 年革命的热血与真诚消散之前，它们始终不曾分裂。相形之下，追随托洛茨基的那一群人，却意见分歧，四分五裂。共产党员人数虽少——1943 年墨索里尼下台之际，意大利共产党只有男女党员 5 000 名，而且多数方从狱中出来或流亡归来——却是 1917 年二月革命的布尔什维克的真正传人。他们是百万大军的核心栋梁，国家和人民未来的领导者。

对当年那一代人来说，尤其是对历经大动乱年头的一代人来说，不管当时多么年少，革命都是他们有生之年亲身经历的事实。资本主义命在旦夕，指日可待。眼前的日子，对那些将能活着见到最终胜利的人来说，不过是过渡的时期罢了。然而成功不在个人，革命斗士不会个个活着见到胜利。［1919 年，慕尼黑苏维埃失败，苏俄共产党员莱文尼（Levine）在行刑赴死前曾说：“容先死之人先请假了。”］如果说，连资本主义社会的人都对资本主义制度的前途没有多大信心了，共产党人又怎会相信它能残存？他们的一生，就证明了这个事实。

让我们看看两位德国年轻人的例子。他们曾一度短暂相爱，却为 1919 年的巴伐利亚苏维埃革命献出一生。女孩子名叫奥尔嘉·伯纳里欧（Olga Benario），是一位业务鼎盛的慕尼黑律师之女；男孩是一位学校教师，名叫奥托·布劳恩（Otto Braun，中文名李德）。奥尔嘉后来在西半球组织革命，爱上巴西叛军领袖普雷斯特（Luis Carlos Prestes），最后以身相许，结为夫妇。普雷斯特在巴西丛林地带长期领导革命，曾说服莫斯科方面支持 1935 年在巴西的一场起义。但是起义失败了，奥尔嘉被巴西政府遣送回希特勒统治下的德国，最后死在集中营里。而同一时间，布劳恩则比较顺利，向东到中国担任共产国际的驻华军事专家，并成为参加举世闻名的中共“长征”的唯一外国人。长征后布劳恩回到莫斯科，最后回到了民主德国。除了在 20 世纪的上半叶之外，有哪段时期，能使两个曾彼此交错的生命有如此曲折离奇的经历？

1917 年之后，布尔什维克吸收了其他所有社会革命的思想，将它们一一推往极端激进的方向。1914 年之前，世界各地的革命思想，原多以无政府主义思想为主流，与马克思无产阶级革命无关。除东欧地区以外，马克思只被视为人民群众的导师，为众人指出一条历史命定却非暴力的胜利之路。可是到了 30 年代，无政府主义作为政治力量，已经没有力量，最后据点只剩下西班牙，甚至在无政府主义热情一向胜过共产主义热情的拉丁美洲也不例外。（其实连西班牙内战也旨在消灭无政府主义分子，相形之下，共产党声势反显得微不足道。）从此，莫斯科外围的各地社会革命人士，莫不奉列宁与十月革命为圭臬，日后纷纷与受共产国际排挤的、与共产国际有异议的团体合流，深受它们的鼓舞。而共产国际及“苏共”则在斯大林的钳制之下，大力铲除异己。当时异端人士之中，声誉最高者要数流亡在外的托洛茨基——托氏与列宁共同领导十月革命，并一手建立红军——可是他的行动完全宣告失败。托氏曾发起“第四国际”，试图与斯大林的第三国际抗衡，却声微势小，几近无形。1940 年，托洛茨基在流亡地墨西哥被斯大林手下暗杀身亡。当时他的政治影响力已经一落千丈，微不足道了。

简单地说，作为社会革命人士，越跟着列宁及十月革命的脚步，越意味着将成为莫斯科路线的共产党党员或同路人。希特勒攫取德国政权之后，各地共产党在反法西斯阵线上统一联合，消除了原有党派路线的分歧，赢得工人及知识分子的广泛支持，如此一来，更向莫斯科中央接近靠拢。渴望推翻资本主义的热血青年，纷纷成为正式共产党员，与以莫斯科为中心的国际革命运动认同。在十月革命里成为正统革命意识的马克思主义，此时则以莫斯科的马克思-恩格斯-列宁学院（Marx-Engels-Lenin Institute）宣讲的为正统。而马克思-恩格斯-列宁学院则是向全球传播伟大马列经典的中心所在，除它以外，举世再无任何一处比它更有能力可以同时肩负解释和改变世界命运这两大任务。这种情况，一直到 1956 年以后才有所改变：斯大林的路线在苏联破产，以莫斯科为中心的国际共产主义运动也势消力薄。原本和斯大林路线不同的左派团体及人士，纷纷进入公众视线，但是后者虽然起了变化，却依然笼罩在十月革命巨大的影响之下。1968 年以及后来发生的历次激进学生运动，其实都带有明显的俄国无政府主义者巴枯宁（Bakunin）甚至尼察也夫（Nechaev）的气息，跟马克思则扯不上任何关系。任何人只要对思想史稍有研究，都可以嗅出其中的味道。可是就连这股学潮，也唤不回无政府主义理论或运动了。相反地，1968 年则在学术界掀起一股马克思理论的潮流——可是其各种版本，恐怕却要使马克思本人大吃一惊。各种所谓的“马列”团体，更是方兴未艾，纷纷联合起来，指斥莫斯科及老共产党组织不够革命化和列宁化。

矛盾的是，正当社会主义革命传统在各地如火如荼全面进行之际，共产国际本身，却反而把当初 1917—1923 年间革命的原始策略放弃了。换句话说，它甚至处心积虑，打算使用与 1917 年大相径庭的手段进行权力转换（参见第五章）。1935 年起，批判性的左翼文学纷纷指责莫斯科不但一再错失革命时机，甚至进而排斥革命，背弃革命；因为莫斯科根本不打算革命了。但是“苏维埃中心路线”运动唯我独尊，不容异己，一直到它自己从内部开始瓦解之日，外界的批评才发生作用。只要共产党运动阵线联合一天，只要它能保持惊人的整体性一日，对全世界绝大多数信仰全球革命的人来说，苏维埃革命便是唯一的路线，除此之外别无他路可走。1944年至1949年间，各地再度掀起革命风暴，许多国家与资本主义决裂，走上共产主义之路。谁能否认，这些国家的革命，哪一个不是在正宗苏维埃路线的共产党羽翼下方才完成？一直到1956年以后，其他革命路线才逐渐崭露头角，提出有效的政治主张或革命方式，关心革命的人士也才开始有了真正的选择。但是，就连这些另辟蹊径的路线——例如托洛茨基思想、毛泽东思想，以及受1959年古巴革命影响建立的各种团体等等（古巴革命见第十五章）——往往不出列宁的窠臼。在最左的路线上，势力最庞大、实力最雄厚的团体，仍然要数老共产党组织。然而，革命的理想热情，早已远去了。

5

世界革命的动力，主要在其共产党形式的组织，也就是列宁所谓的“新一类党派”。列宁这项创举，可说是20世纪社会组织模式的伟大创新，可以与中古时代基督教会的僧侣制度及各式神职组织相媲美。它组织虽小，效率却出奇的高，因为党可以向成员要求完全的牺牲奉献。它纪律之严，胜过军队，可以集中一切力量，不惜任何代价，执行党的意志决策。党员高度服从奉献的精神，敌人也不得不佩服。然而，这种“革命先锋党”的模式与它致力推动的革命（它所推动的革命，偶尔也有成功的例子）之间的关系却不甚清楚。唯一最明显的一点，就是此模式是在革命成功之后（以及战时），方才确立。因为列宁党派本身，其实是以少数精英领袖（先锋）的形式起家（当然在革命胜利之前，他们号称“反精英”），可是革命，正如1917年的例子，乃是群众所为。革命一旦爆发，燎原之势，不论精英还是反精英，都无法控制全局。事实上，列宁模式所吸引的对象，往往是社会上原有精英阶层的年轻一辈。这种现象，以第三世界最为明显：优秀青年大量加入组织，壮烈地进行真正的无产阶级革命，间或也有成功的例子。30年代，巴西共产党势力大为扩展，主力即为原统治阶级地主家庭的年轻知识分子及下级军官（Martins Rodrigues，1894，pp.3390—3397）。

但在另一方面，对真正的“群众”来说（有时也包括那些积极支持“先锋组织”的人士在内），他们的感受却往往和领袖们的意见相抵触。尤其在真正大规模群众运动时矛盾更明显。因是之故，1936年7月西班牙军方政变，起来反抗当政的人民阵线（Popular Front）政府，立刻导致西班牙大部分地区出现社会革命。好战分子，尤其是鼓吹无政府主义的人士，自然纷纷着手将各地的生产组织集体化。但是共产党和中央政府却一致反对，而且，只要抓住机会，便尽可能取消公有，恢复原来的制度。公有制的优劣，至今仍是当地政治界和历史学界讨论不休的话题。这次事件同时也掀起一股反偶像、抗旧习、杀教士、反圣职的风潮，情况之烈，空前绝后。其实自1835年发生大骚乱以来，以教会为发泄攻击的对象，就成为群众运动的一种现象。那一年，巴塞罗那（Barcelona）市民因为不满某场斗牛的结果，火烧教堂泄愤。这一回，则大约有7 000名神职人员惨遭杀害——几乎是该国神父僧侣总数的12%—13%；不过其中修女所占比例较小，——仅在东北地方的加泰罗尼亚（Catalonha，亦即Gerona）教区一地，就有6 000余座圣像遭到破坏（Hugh Thomas，1977，pp.270—271；M. Delgado，1992，p. 56）。

这次恐怖事件造成两声余响：西班牙革命左派的领袖及发言人，纷纷出面抨击群众行为的不当；虽然在骨子里，他们自己也是狂热的反教会分子。甚至连那些一向以憎恶教士出名的无政府主义者，也认为做得太过分了。可是对参与群众运动的民众而言，包括许多当时在场旁观的人在内，看法却完全两样。他们觉得，革命就是要像这样才叫革命：永远地而不是一时象征性地推翻社会原有的秩序、原有的价值。除此之外，其他任何做法，都属次要（M. Delgado，1992，pp.52—

53)。领导人当然可以一味坚持革命的主要敌人是资本主义而非可怜的教士。但群众可不这么想，他们的看法与之迥异。(换到另一个不似伊比利亚半岛如此男性化崇尚武力的社会里，群众运动是否也会这样疯狂地残杀旧偶像呢？这其实是一个需依现实情况而定没有答案的问题。不过，若对女性态度认真研究，也许可以找出一些蛛丝马迹吧。)

事实证明，所谓革命发生，政治秩序解体，偶像权威崩溃，街头百姓完全靠自己(妇女也在内，如果男人让她有这个自由的话)的这种革命形式，在20世纪里可谓绝无仅有。即使连最接近这种情况的事例，也不例外，1979年伊朗政权在革命之下骤然崩解，德黑兰群众一致起来反抗国王，虽然绝大多数都属自发的活动，却不是完全没有组织的乌合之众。多亏伊朗固有的伊斯兰教组织，旧政权刚灰飞烟灭，新政权就已建立。虽然它得再花上一点时间，才真正巩固了自己的地位(见第十五章)。

另外一个事实则是，自十月革命以来，除了某些地区性的突发事件以外，20世纪在各地发生的历次革命，通常若非由突发政变(多数几乎均属军事政变)夺得首都所致，便是长期武装抗争(多为农民运动)的最后胜利。在贫穷落后的国家里，军旅生涯往往为那些受过教育却缺乏关系和财富的优秀青年提供了开创一番大事业的出路。在这些出身卑微的低级军官中间(有时甚至连士官阶层也在内，不过比较少)，同情激进派及左翼者甚为普遍。因此因政变起头的革命，往往在如埃及[1952年自由军官革命(Free Officer Revolution)]，以及中东地区的国家出现(1958年的伊拉克、50年代以来不时发生革命的叙利亚、1969年的利比亚等等)。在拉丁美洲的革命运动中，军人更是不可或缺的主角。虽然他们夺权的动机，很少是出于明确的左翼立场，就算发动之初，确实出于左倾意识，却鲜见长期的坚持。不过1974年，葡萄牙曾发生一场军人政变，使观察家大为惊异：一群年轻军官，对葡萄牙长期从事的殖民地战争感到幻灭而走上激进道路，起来推翻了当时世上掌政最久的右翼政权，即所谓“康乃馨革命”(Revolution of

Carnations）。与军官们联手出击的队伍，包括地下组织的共产党人，以及各种各样的马克思派团体。但它们最终分道扬镳，总算使欧洲共同体成员松了一口气。事后不久，葡萄牙也很快加入欧洲共同体。

至于发达国家，由于其社会组织、意识传统以及军队肩负的政治功能与第三世界不同，具有政治野心的军人往往向右翼靠拢，至于和共产党或社会主义合作，却不合他们的个性。诚然，在由德军手里收复法兰西帝国各殖民地的战斗中，前帝国在当地训练的士兵——他们被升为军官的人数少之又少——往往扮演了极为重要的角色（前法属殖民地北非的阿尔及利亚，就是最显著的例子），然而，这些在第二次世界大战当中与戴高乐（de Gaulle）麾下的自由法国部队（Free French）并肩作战，而且人数占多数的殖民地士兵，战时战后，却都尝到了相当失望的滋味。他们不但经常地受到歧视，而且跟其他多数不属戴高乐派的法国地下抵抗人士的命运一样，战事一结束，马上就被打入冷宫。

在法国光复后举行的正式胜利游行队伍里面，自由法国部队显示的肤色，远比真正为戴高乐派赢得战斗荣誉的成员“白”得多了。总而言之，当年虽曾有过 5 万名印度士兵加入日本人策动的印度国民军（Indian National Army），但就整体而言，为帝国势力效命的殖民地人的部队，即使在当地人领导之下，也始终对帝国忠心耿耿，最起码不曾带有任何其他的政治色彩（M. Echenberg，1992，pp. 141—145；M. Barghava and A. Singh Gill，1988，p.10；T. R. Sareen，1988，pp.20—21）。

6

20 世纪的社会革命人士，一直到很晚才发现了以游击战走向革命之路的手段。究其缘故，或许是因为历来游击战多属农民运动特征。而农民运动，往往不脱传统的思想气质，在心存怀疑的城市新派人士眼中，大有保守反动甚至反革命的嫌疑。说起来，在法国大革命以及拿破仑将革命带往全欧的时期里，所谓各地势力庞大的游击队，千篇一律，不都把矛头指向法国吗？那些非正规军的游击活动，可从来不是为了法国以及法国革命的理想而发动的。因此，一直要到1959年古巴革命之后，“游击队”一词才正式收入马克思主义者的词汇。至于布尔什维克党人，在苏俄红军与白军内战期间，于正规部队作战之外，也曾多次发起非正规队伍的格斗。它们把发动这种攻击方式的作战力量称为“游击队”（partisan）。第二次世界大战期间，各地受苏维埃精神激发而起的地下抵抗运动，均奉此战术为正宗。回想起来，当年西班牙内战之际，游击式的行动几乎不曾出现，倒真是一件怪事。因为在佛朗哥（Franco）部队占领的共和地区，游击战大有一显身手的余地。事实上到了第二次世界大战之后，共产党曾从外围组织了势力相当庞大的游击中心。可是在大战以前，游击战根本就不属于革命家的作战方式。

中国则是例外。在那里，某些共产党领袖（但非全部）开始采用游击战术——时间发生在1927年，蒋介石领导的国民党翻脸放弃国共合作发动清党之后。加以共产党在各地城市（如1927年，广州）策划的暴动纷纷失败，不得不走上游击之路。毛泽东就是主张这个新战略的主要人物——最终他也因此成为中国共产党的领导人——毛泽东从事了15年以上的革命后，认清了一桩事实：中国大部分地区，都在国民党政府有效统治之外。毛泽东还非常推崇描写中国绿林的古典小说《水浒传》，从中他又体会到一个事实：自古以来，游击战就是中国社会冲突中使用的传统手段。1917年间，青年毛泽东就曾叫追随他的学生效法梁山好汉精神。1927年，毛泽东在江西山区建立了他的第一个独立游击队根据地。凡是受过古典教育熏陶的中国人，都可以看出这两者之间的神似（Schram，1996，pp.43—44）。

可是中国革命者的策略，不论何等英明，拿到国内交通比较进步、现代政府也惯于统治全国地区（不管多么遥远及困难）的国家里面，却完全行不通了。事实上，后来的发展证明，甚至在中国本地，短时间内游击策略也无法成功地开展。（编者注：作者不了解中国革命，长征并非游击策略失败的结果，而是与国民党军队打正规的阵地战的结果。）国民政府发动数次猛烈的攻击，终于在1934年，迫使共产党放弃了他们在华中各省建立的苏维埃根据地，开始其传奇的两万五千里长征，撤退到人烟稀少、相对偏远的西北边区。

自从1920年，巴西起义军首领诸如普雷斯特等人，在落后的丛林地区倒向共产党之后，没有任何重要的左翼组织再采取游击路线。唯一的例外是由尼加拉瓜（Nicaragua）桑地诺将军（César Augusto Sandino）领导的与支援该国政府的美国海军陆战队所发生的战斗（1927—1933）。50年后在尼加拉瓜又爆发了桑地诺民族解放阵线（Sandinista Front of National Liberation）的革命。[令人不解的是，共产国际却以走游击路线的姿态，描绘巴西一位革命人士蓝皮欧（Lampião）。蓝氏出身绿林，是巴西连环故事书中家喻户晓的英雄人物。]而毛泽东本人，一直到古巴革命之后，才成为革命运动的指路明星。

然而第二次世界大战爆发，却为游击革命带来了直接且普遍的推动力：希特勒德国及其盟邦的部队，占领了包括苏联部分领土在内的欧洲的大部，各国自有组织地下抗敌运动的需要。希特勒转对苏联发动攻势之后，各种共产党运动纷纷动员地下抵抗活动，尤以武装抵抗为最，声势日益浩大。德军最后的溃败，各地抵抗组织有其不同程度的贡献（见第五章）。大战结束，欧洲各处的占领军政权或法西斯政权，一一冰消瓦解。一些在战时武装活动特别出色的国家，此时便由共产党领导的社会革命者取得了政权，或至少曾试图取得政权（计有南斯拉夫、阿尔巴尼亚，以及先有英方后有美方军事干涉的希腊等国）。一时之间，甚至连意大利亚平宁山脉（Apennines）以北地区，也有落入共产党政权手中的可能（虽然时间可能不长）——可是左翼革命人士并没有动手，其中原因至今仍有争议。至于1945年以后在东亚及东南亚地区成立的共产党政权（中国、朝鲜以及法属印度支那），事实上也应看作战时抵抗运动的延续。因为即使在中国，也要到了1937年日军发动全面侵华战争之后，毛泽东率领的红军才开始重新发展势力，迈向夺权之路。世界社会革命的第二波，源出于第二次世界大战，正如当年第一波出于第一次世界大战一般——虽然在实际上，两者有着极大的差别。这一回，革命夺权之路，始于发动战争，而非对它的厌恶。

至于革命新政权的性质及政策，将在别处予以讨论（参见第五章及第十三章）。在本章里，我们关心的焦点在于革命的过程。20世纪中叶发生的革命，往往是长期作战后获得胜利的果实；这迥异于1789年法国大革命，跟俄国十月革命的过程也有差别，甚至与中国封建王朝、墨西哥的波菲里奥政权［Porfirian，编者注：系指迪亚斯（Díaz）独裁政权，1876—1880年及1884—1911年］慢动作式的解体（参见《帝国的年代》第十二章）也完全不同。其间的差异，可以分为两点。第一，谁发起革命，谁胜谁负，谁取得政权，一目了然，毫不含糊——这一点跟成功的军事政变相同。“短20世纪”的革命发动者，都是与苏联胜利之师有联系的政治团体，单靠地下抵抗力量，当然不能打败德日意三国的军队——甚至在中国也不例外。（至于西方各胜利国，自是强烈反共的政权。）革命之后，也没有任何政治权力中断或真空。相反地，轴心势力败亡之后，各地强大的抵抗力量中未曾立即取得政权的，只有两种情况。一是西方盟国维持强大势力的地区（例如朝鲜南部、越南），另一是内部反轴心力量分裂的国家，例如中国，1945年大战结束，中国共产党重振声势，与当年共同抗日如今却日益腐败衰颓的国民党政府对抗，一旁则是冷眼旁观的苏联。

第二，游击夺权须出城下乡，离开社会主义工人运动传统势力所在的都市及工业中心，转入内地农村地区。更精确地说，游击战最理想的地点，就是在树丛中、深山上、森林里，并进占远离人烟、杳无人迹的边远地区。用毛泽东的话来说，攻占城市，必先以农村包围城市。从欧洲抵抗运动的观点来看，要在都市起事（例如1944年夏的巴黎暴动，以及1945年春的米兰暴动），还得等战争结束，至少也得等到自己这一地区的战事停止后才有可能。1944年华沙事件，就是都市起义时机未成熟的写照，不少起义者的弹夹里，通共只有一发子弹，一时声势虽然浩大，最后仍归徒然。简单地说，对大多数的人口而言，甚至在革命国家里，由游击到革命之路既远又长。这条路往往意味着长时间的等待，什么事也不能做，直到变革由他处而来。在抵抗运动里，真正能发挥效果的斗士，以及他们所能动员的一切组织及力量，无疑只是极少数。

即便在他们掌握的地区，游击组织也必须有群众做后盾方可发挥作用。何况在长期冲突对抗当中，游击力量需从当地大批地招兵买马添补帮手。因此，（比如在中国）原本由工人与知识分子组成的党派，慢慢扩充为由农民出身的士兵组成的军队。但这支由出身于农民的士兵组成的部队与群众之间的关系并不完全是简单的鱼水关系。在典型的游击区，任何被穷追烂打的非法组织，只要行为收敛一点（照当地的标准而言），乡里人都会予以同情，并且支持他们去对抗入侵的外国部队或政府派来的任何人员。但乡下的地方派系根深蒂固，赢得其中一方的友谊，往往意味着马上得罪另外一方。1927—1928 年间，中国共产党曾在农村地区建立苏维埃政权，却想不通其中道理。他们意外地发现，将某个村子苏维埃化之后，固然可以借着宗族乡亲的好处，一个带一个，建立起一系列的红色根据地。可是相对地，同时却也陷入这些村庄恩怨宿仇的浑水之中——红色根据地的对头，也依样画葫芦建起类似的白色恐怖区。共产党人曾说："有时候，本来应该是阶级斗争，却反而摇身一变，竟成了东村斗西村。"（Räte-China，1973，pp.45—46）高明的游击革命人士，往往会对付这种诡谲莫测的情况。可是正如南斯拉夫作家暨共产党要人德热拉斯（Milovan Djilas）回忆南斯拉夫游击战时所说，解放一事，极其复杂，绝非只是被压迫人民一致起来对抗外来征服者那般简单。

7

但不管怎么说，共产党现在可说是心满意足了。革命形势一片大好，西起易北河（Elbe），东到中国海，全都是他们的天下。当年激励他们起来的世界革命，显然在各处大有进展。共产主义势力不再仅限于一个贫弱孤立的苏维埃联盟。环顾四周，在第二波世界革命大潮推动之下，起码已经出现了 12 个共产党国家，或至少在酝酿之中。而核心正是世上唯一两家无愧其霸权盛名之一的苏联（超级大国之名，早在 1944 年即已出现）。更有甚者，世界革命的浪潮依然方兴未艾，因为旧有殖民帝国在海外的领地，正纷纷瓦解争取独立。种种情势之下，共产主义革命岂不大有可为，更上一层楼？再看看各国的资产阶级，它们自己岂不也都为资本主义的前途担忧？至少在欧洲地区是如此。法国的实业家在重建工厂之余，岂不也扪心自问，国有化政策或干脆由红军当政，恐怕才能解决他们面对的问题吧？保守派法国史学家勒鲁瓦·拉杜里（Le Roy Ladurie）后来回忆，当年即深受亲人这种疑惑心情的影响，毅然于 1949 年加入法国共产党。（Le Roy Ladurie, 1982, p.37.）再听听美国商业部副部长于 1947 年 3 月向杜鲁门总统提出的报告，他说：欧洲多数国家已经摇摇欲坠，随时就会崩溃瓦解；至于其他国家，也都风雨飘摇，饱受威胁，好不到哪里去。（Loth，1988，p.137.）

这就是当时那些革命儿女的心情，那些地下组织成员走到明处，经过战斗或抵抗运动，或从监狱、集中营走出来，或经过流亡岁月，终于重见天日，进而为国家前途负起责任的男男女女的心情。而此时此刻，他们的国家正在一片废墟里。他们之中，有人可能再次注意到一个事实：推翻资本主义，最容易着手的地方不在其心脏地区，恐怕反而是资本主义最不振或几乎不存在的地方吧。但回过头来，谁又能否认世界大势的确已经戏剧性向左转了？大战方歇，如果说新掌权的共产党领导人有任何忧虑的话，绝不是担心社会主义的前途。他们忧虑的是：如何在有时难免存有敌意的民众当中，重建被战火毁坏的家国；如何在重振国力确保安全之前，对付资本主义势力攻击社会主义阵营的危险。说来矛盾，共产党国家疑惧不定，西方国家也同样不能高枕无忧。第二波世界革命之后全面笼罩世界的冷战，根本就是相互疑惧的结果。东怕西，西怕东，不管谁的恐惧比较有凭据，这一切都是1917年十月革命种下的果，同属十月革命以来的一个大时代。然而，这个时代，其实已经步入尾声，只不过它还要再花上40年的时间方宣告结束。

但是，世界的确已经因此改观。也许改变的方向，不完全如列宁以及那些深受十月革命精神感召者所期望的一般。离开西半球，世上几乎找不出几个国家，不曾经过某种程度的革命、内战、抗敌活动，或从外国占领下光复，或从殖民帝国手下挣脱出来。而各帝国主义国家见到大势已去，为防后患，也纷纷主动退出各自的殖民地。（至于欧洲地区，唯一不曾经历这些动乱的国家只有英国、瑞典、瑞士而已，或许冰岛也可以包括在内。）甚至在西半球地区，除了被当地挂上“革命”头衔的政府急剧更迭之外，几次大的社会革命（包括墨西哥、玻利维亚、古巴等国的革命及后续发生的其他革命），完全改变了拉丁美洲的面貌。

如今，真正以共产主义之名进行的革命已寥寥无几。不过只要占世界人口五分之一的中国人依然由共产党领导，那么说共产主义已经完结就还为时尚早。然而，世界也不可能回到过去的旧制度、旧社会了：就好像法国一旦经历了大革命及拿破仑时代，就再也不可能回头一般。同理，各处的前殖民地也证明，想要重返被外人殖民以前的生活，根本是不可能的事情。即使对现在已经放弃共产主义的前共产党国家来说，他们的现在，以及他们的可以想见的未来，也必将永远带着当年取代了真正革命精神的反革命特别印记。我们绝不可能设想苏联时代不曾发生，将它从俄罗斯或世界的历史里一笔抹杀。圣彼得堡，再也不可能恢复1914年以前的面貌了。

除了深远的直接影响之外，1917年以后发生的世界动荡，还带来许多影响同样重大的间接后果。俄国革命之后，世界开始了一系列殖民地独立的运动。在政治上，一方面有残酷的反革命势力出现（其形式包括法西斯主义及其他类似的形式，参见第四章），另一方面，也为欧洲国家社会民主党派带来参政机会。或许多数人都已忘记，其实1917年以前，所有的工人党及社会革命党派（除了近乎边缘地带的大洋洲地区以外），都情愿长期留在反对党的地位，一直等待社会主义全面胜利那一刻的到来。第一批（非太平洋区）社会民主党政府，或联合性的政府，成立于 1917—1919 年间（计有瑞典、德国、奥地利、比利时）。几年之内，又有英国、丹麦、挪威等国相继成立类似政府。我们也许太健忘了，其实这些社会民主党派的立场之所以温和，一多半是因为布尔什维克党人太过激进，另一方面，也因为原有的政治体系急于收编它们。

简单地说，1914—1991 年这 77 年的“短 20 世纪”，少不了俄国革命及它带来的直接或间接的影响。同时，苏联还成了自由资本主义的救星：资本主义因有苏联帮助，方才打败希特勒德国，赢得第二次世界大战。更因为共产主义制度的存在，刺激资本主义对自己进行了重大的改革。最矛盾的是，世界经济大恐慌的年代，苏联竟然完全免疫。这种现象，促使西方社会放弃了对传统派自由市场正宗学说的信仰。我们在下一章将对此一探究竟。

第三章

经济大恐慌

美国自建国以来，历届国会审度国势，莫有本届所见之兴旺繁荣……美国企业所造财富之盛，美国经济实力之雄，不但美国之民均享其利，域外世人也同受其惠。今日生存之必要条件，已由生活所需，进入美衣美食豪奢之境地。生产不断扩大，内有日增之国民消费吸纳之，外有益盛之贸易通商推动之。美国今日之成就，实足快慰。美国未来之前途，实很乐观。

——美国总统柯立芝，《国情咨文》，1928 年 12 月 4 日

失业，仅次于战争，是我们这一代蔓延最广、噬蚀最深、最乘人不防而入的恶疾，是我们这个时代西方特有的社会弊病。

——伦敦《泰晤士报》评论，1943 年 1 月 23 日

1

首先，让我们假定，第一次世界大战不过是一场短暂的战祸，世界的经济与文明，原本相当稳固，大战的灾难虽然深重，却只造成一时的中断。战争一过，只需将瓦砾颓垣清除干净，便可以若无其事地一切重来，恢复正常的经济秩序，继续一路走下去。就好像1923年日本关东的大地震，日人掩埋了30万名死难者，清除了使得二三百万人无家可归的废墟，便重新再造起一个跟过去一模一样，但是抗震力比以前高出许多的城市。如果历史真能如此，两次大战之间的世界，面貌又将如何？这个答案，我们永远不会知道。像这种不曾发生，而且根本不可能发生的事情，凭空揣测，自然毫无意义。不过这个问题也不是真就毫无意义，两次大战之间发生的世界性经济大崩溃，到底对20世纪历史有何等深刻的影响，透过对前面这个假定性问题的讨论，我们才能获得真知灼见。

世界经济如不曾大崩溃，希特勒肯定不会出现。十之八九，也绝对不会有罗斯福这号人物。至于苏维埃式的经济体系，就更不可能与资本主义世界匹敌，对后者构成任何真正的威胁。欧洲以外，或说西方以外的地区，因经济危机造成的后果，程度之大，更令举世瞩目。这些问题本书另有篇章讨论。简单地说，对于20世纪后半叶的世界，我们一定得对经济危机有所了解，才会有认识。而世界经济大崩溃，正是本章的主题。

第一次世界大战的炮火造成的主要破坏多半在欧洲，但并没有将旧世界全部毁坏。可是世界革命的浪潮，也就是19世纪资本主义文明衰落过程中最戏剧性的一幕，却席卷了更为广大的地区：西起墨西哥，向东一直到中国。而殖民地独立运动的声浪，也由西北非的马格里布（Maghrdb，包括利比亚、突尼斯、阿尔及利亚及摩洛哥等地），一直到印度尼西亚。不过，此时世界上也有很大一片区域的人民，跟大战的炮火与革命的巨浪距离极为遥远，丝毫未受波及，其中最显著的国家与地区，便是自成天地的美国，以及撒哈拉以南非洲殖民地。可是第一次世界大战之后的经济危机，却是地地道道的全球大灾难，至少在全然依赖非个人市场交易制度的地区，人人都无法逃避这场风暴。事实上，多年来自以为天之骄子、远离那些倒霉地带的美利坚合众国，在这场经济狂飙中首当其冲。因为人类经济史上，撼动级数最强烈的“大地震”——发生于两次世界大战之间的世界经济大恐慌，其“震中”就在一向自诩为全球安全港的美国。一言以蔽之：两次大战之间，资本主义的世界经济看来似乎崩溃了。如何才能恢复旧貌？无人知晓。

其实，资本主义的经济活动向来不曾风平浪静。每隔一段时间，长短不定，或大或小，总会有某种程度的波动，这已经成为资本主义经济发展过程中不可避免的一种现象。19 世纪以来的实业家，对所谓涨跌更迭的“景气循环”都很熟悉。通常每隔 7—11 年，景气萧条的轮回就会大同小异地重复一次。但到了 19 世纪末叶，这个周期忽然拉长了许多，引起了众人的注意。大家发现，过去几十年来，原本的周期长度有了异常的改变。大约 1850 年起，一直到 19 世纪 70 年代，全球呈现一股前所未有的景气趋势。可是接下来，经济发展却又陷入不稳定状态，时间长达 20 多年之久（有些经济学家将这段时期称作经济大衰退，不过此说多少有点不够准确）。不过 20 多年的不稳定过去之后，世界经济又持续繁荣了很长一段时期（参见《资本的年代》、《帝国的年代》第二章）。20 世纪 20 年代初期，俄国经济学家康德拉捷夫（N. D.Kondratiev）发现，由 18 世纪末期开始，经济发展遵循着一种“长周期”（long wave）模式在发展循环，周期长度涵盖五六十年。康德拉捷夫长周期理论，从此成为经济学专著里经常出现的名词。（斯大林初期，康德拉捷夫不幸成为其专政的第一批牺牲者。）不过康德拉捷夫本人及其他学者，都无法为此现象做出满意的解释；某些统计学者怀疑其正确性，甚至从根本上否认长周期现象的存在。然而根据长周期理论，当时为时已久的世界经济景气繁荣，又该到走下坡路的时刻了。[1]康氏的推测不幸言中。

在过去，不管是波动还是循环，也不论其周期是长或短，实业界及经济界的人士，都将之当作一定的现象，正如同农家习惯于季节的变化，接受天气的好坏一般。景气来或去，任谁也没有办法：好时节机会来临，坏年头问题重重。个人或企业，可能大获巨利，也可能不幸破产。相信资本主义必将灭亡的社会学家，跟马克思持同一看法，认为一次又一次的周期循环，都是由资本主义本身衍生的，最终将证明其内部不可克服的冲突性。因此在他们的眼里，历次的波动循环，已经把资本主义带入了一个万劫不复的危险境地。但是，除了这一批人之外，一般都以为世界经济只会更好，就像19世纪一般，不断地成长进步下去，仅仅在其间偶或出现一些循环性的短期突变。可是现在，形势有了新的变化。自有资本主义以来，可能是头一次也是唯一的一次，经济波动似乎对体制本身产生了莫大的威胁。更糟糕的是，在许多重要方面，长时期持续成长的曲线，似乎就要发生断裂了。

从工业革命开始，一部世界经济史，根本上就是一部科技不断加速进步的历史。其间的经济发展虽不平衡却呈持续增长趋势，企业活动快速地“全球化”扩张联合。总之，世界性的分工日益精细复杂，流动交换的网络日趋密集。世界经济的每一部分，都和全球性的组织体系密不可分。即使在大动乱的岁月，科技进步的脚步也不曾稍停片刻，这一方面改变了世界大战的时间，另一方面也因大战而产生变化。虽然对那个时代的人们而言，当时的生活体验以1929—1933年间的经济大萧条最为深刻，事实上，在那几十年中，经济的成长并未停止，只不过缓慢下来而已。当时，全球最强的经济力量首推美国，但是1913—1938年间，它的人均国民生产总值的增长只有区区8%。至于世界总的工业生产总值，在1913年后的25年之间，增长一共只有

[1] 从康德拉捷夫长周期理论出发，往往可以做出极为正确的预测——这在经济学上倒是少有的情况——这种准确度极高的现象，使得许多历史学家，甚至包括经济学家，均深信其中必定有一定的道理存在，只是我们不知其所以然罢了。

80%左右，约为前四分之一世纪增长率的一半（W. W. Rostow，1978，p.662）。这个数字，我们在本书第九章也将会看到。若和1945年之后的增长相比，差异更为惊人。不过，如果火星上有人在遥遥观察地球的话，人类经济活动曲线上短期的曲曲折折，都将隐而不现。从长期来看，世界经济显然一直在持续增长。

然而，换由另一个层面来看，此说显然又不成立。到了两次大战之间的年代，经济活动的全球化趋势，似乎开始停顿。当时不管用什么衡量，世界经济都陷入停滞萧条，甚至有倒退的现象。第一次世界大战前的年代，可说是人类自有历史记载以来，移民潮规模最大的时期；可是现在这股洪流却干涸了，或换句话说，被战争和政治上的限制阻止了。1914年以前，15年间，几乎有1 500万人踏上美国的领土。然而在之后的15年里，这股人流却缩减了三分之二，总数只有550万。到了30年代，以及之后战争的年月里，更成涓涓细流，几乎完全停止，一共只有75万人进入美国（Historical Statistics I，p.105，Table C 89—101）。至于从伊比利亚半岛移出的移民，一向以拉丁美洲为最主要的目的地，也由1911—1920年10年间的175万，降到30年代的不到25万。20年代后期，世界贸易逐渐从战争的破坏及战后初年的危机中恢复，攀升到比1913年稍高的程度，可紧接着又落入大萧条的深渊。到大动乱年代末期（1948年），贸易总量只比第一次世界大战战前稍强（W. W. Rostow，1978，p. 669）。然而，回溯19世纪90年代到1913年，贸易量却跃升了两倍以上，而1948—1971年间，则更高达5倍以上。更令人惊奇的是，在两次高速增长之间的萧条时期里，欧洲及中东两地还出现了许多新国家。国家多了，国与国之间的贸易往来自然也应相对增加，因为原本属于国内性质的商业交易（如原奥匈帝国及沙俄），现在都转变为国际性质的活动（世界贸易的统计，通常统计国家间发生的交易）。至于战后及革命后产生的人数以百万计的难民潮，理当也该推动而非缩减国际移民人数的增长。可是事实完全不是这样。世界经济大萧条期间，甚至连国际资本流动资金也呈干涸之势。1927—1933 年间，国际借贷额减少了 90%以上。

为什么会有这种经济停滞的现象发生呢？看法甚多，众说纷纭。有人认为，主要原因在世界上最强大的国家经济体美国。因为当时的美国，除了少数原料仍需进口之外，已渐趋完全自足之势。（但在事实上，美国向来就不甚依赖外贸。）可是此说有个漏洞，当时甚至连倚重贸易的国家，如英国及北欧诸国，也同样呈现停滞的现象。大势所趋，理所当然地各国纷纷提高警觉；而它们的警惕防范，不能说是做错了。大家使出浑身解数，尽力保护本国的经济，以免受到外来冲击的威胁；也就是说，尽力回避显然已经产生重大的问题的世界经济。

实业界及各国政府本来都以为，度过了大战时期的一时困难，世界经济好歹总会恢复 1914 年以前的快乐时光吧。那种天下欣欣向荣的景象，是他们习以为常的正常状态。事实上，大战之后，的确也有过一阵兴旺的气象，至少在那些未受革命或内战摧残的国家里，似乎前景确实一片看好。但是官商两界，都对工人及工会势力暴涨的趋势大摇其头；增加工资、缩减工时，势必提高生产成本。然而，战后的适应调整，远比当初预料的难。1920 年，物价及景气一起崩溃，劳动力需求大副减少——以后的 12 年里，英国失业率居高不下，未曾低于 10%；工会也失去了半数成员。因此，雇主的操控力再度坚定回升，但是经济何时恢复繁荣，仍然扑朔迷离。

于是，从盎格鲁–撒克逊的势力范围开始，以及战时的中立国，一直到日本，各国都竭尽全力缩紧通货，力图把本国经济拉回稳妥的老路，回到原本由健全金融制度及金本位制保证的稳定货币政策上去。但这一政策难以应付战争的超强需求。1922—1926 年间，它们的努力或多或少，也有些成效。可是西有战败的德国，东有混乱的苏联，终于无法阻止货币系统的大解体；其崩溃之势，只有 1989 年后部分前共产党国家的遭遇可以与之相比。当时最极端的例子是 1923 年的德国，其币值一下骤降为 1913 年币值的一万亿分之一。换句话说，德币的价值已经完全等于零。其他的例子虽然没有这么极端，却同样令人咋舌。

我的祖父一向喜欢向晚辈讲一个故事：奥地利通货大膨胀期间，[1]他的保险单刚好到期。于是将之兑现了好大一笔款子，可是这笔一文不值的货币，只够他在最爱光顾的餐馆喝杯饮料而已。

长话短说，总之，在货币空前贬值下，私人储蓄被一扫而空，企业资金来源成了真空状态，德国的经济，只得长年依赖对外大量借款。这使得它变得更为脆弱，世界经济萧条一发生，德国受创甚重。而苏联的情况也好不到哪里去，不过，不论是在经济上，还是在政治上，都没有发生把私人货币储蓄一扫而光的严重情况。最后，在1922—1923年间，各国政府决定停止无限制地印发纸币，并且彻底改换币制，总算遏制住了通货继续膨胀的势头。可是一向靠固定收入及储蓄为生的德国民众，等于全体陷入灾难之中。不过在波兰、匈牙利及奥地利诸国，原有的通货总算还保留了一丁点少得可怜的价值。这段经历，在当地中产及中下阶层身上留下的创伤自然可想而知，因此造成了中欧地区人民接受法西斯主义的心理。至于使民众习惯长期的病态通货膨胀，则是第二次世界大战之后才发明出来的玩意儿。[2]这个对付之策，就是把工资及其他收入紧随物价，依其指数而做相对的调整——“指数化”（indexation）一词，在1960年开始使用。

到了1924年，大战刚结束时的风暴总算静下来。大家似乎可以开始向前看，期待着时局重返某位美国总统所谓的“正常状态”。一时之间，世界经济的确也好像在往全球增长的方向走去。虽然原料及粮食的生产地区，尤以北美农家为最，对农产品价格在短期回升之后再度遭挫，感到极为不安。百业兴隆的20年代，对美国的农民来说，可不是个黄金时代。而西欧各国的失业率，也一直居高不下，对照1914年之前的标准来看，甚至高到病态的程度。我们很难想象，即使在20

---

[1] 纵观19世纪，物价异常稳定。到了19世纪末，物价竟然比19世纪初还要低出许多，因此老百姓都习惯这种日子了，在这种情况之下，单是“通货膨胀”一词，就足以抵得过我们现在所说的“通货疯狂膨胀”（hyper-inflation）给人们带来的震撼了。

[2] 至于在巴尔干地区及波罗的海沿岸诸国，通货膨胀问题虽然严重，当地政府对其却始终不曾完全让经济失控。

年代大景气的时期（1924—1929），英、德、瑞典三国的失业率，竟然平均高达10%—12%的地步；至于丹麦和挪威，甚至不下17%—18%。只有在失业率平均只有4%的美国，经济巨轮才在真正地全速前进。这两项事实，都表明整个经济体系存在着一大薄弱环节。农产品价格下滑（唯一阻止之法只有积压大批库存不发），证明了需求量无法赶上生产。同时我们也不能忽略另一项事实，那就是当时的景气，其动力主要来自工业国之间资本的大量流动，而其中最主要的流向就是德国。单德国一国，就在1928年吸收了全球资本输出量的半数；借款额之巨，高达20万亿到30万亿马克，而且其中半数属于短期贷款（Arndt，p.47；Kindleberger，1986）。德国经济因此变得更为脆弱，1929年美国资本开始撤出时，德国果然经不住打击。

在这种情况之下，不出几年，世界经济再度遭难，自然不值得大惊小怪了。只有美国小镇里那些褊狭自满的中产阶级生产者，才会有另外一种想法。这些人的幼稚面目，已由美国小说家辛克莱·刘易斯（Sinclair Lewis）的作品《巴比特》（*Babbitt*）介绍，逐渐为西方读者所熟悉。同时，共产国际也曾预言，经济危机将于景气巅峰再度发生。共产国际认为——至少其发言人相信或假装相信——这场动乱将造成新一轮的革命浪潮。事实上，接下来的情况完全相反，危机来势之快，令人无法招架。大难开始的序幕（甚至连非历史学家也人人皆知），是发生在1929年10月29日的纽约股市大崩溃。可是这场大灾难影响之深、范围之广，却谁也不曾预料到，甚至连革命者在最乐观的时刻也不曾预见。这场经济激变，几乎等于世界资本经济的全面解体。整个经济体系，如今都牢牢锁在恶性循环当中，任何一个经济指数出现下落，都使其他指数的跌势更为恶化。（唯一不曾下滑的只有失业率，此时正一次又一次地接近天文数字。）

国际联盟的专家所见果然不错，北美工业经济惊人的大萧条，不久便立刻波及另一全球工业重地的德国（Ohlin，1931），可惜没有人听警告。1929—1931年间，美德两国工业生产额均跌落了三分之一左右。可是这个数字，不过是各行业的平均值，看不出其中特定行业蒙受的巨大损失。单以美国的电气巨头威斯汀豪斯公司来说，1929—1933 年的销售额剧降三分之二；两年之间，净利润则跌落了 76%（Schatz，1983，p.60）。农林业也发生重大危机，粮食及原料价格无法再靠增加库存维持，开始直线滑落。茶和小麦的价格一下子跌了三分之二，丝价则跌了四分之三。因此，凡以农产品出口贸易为主的国家，一律遭到空前的打击，包括阿根廷、澳大利亚、巴尔干诸国、玻利维亚、巴西、英属马来亚、加拿大、智利、哥伦比亚、古巴、埃及、厄瓜多尔、芬兰、匈牙利、印度、墨西哥，以及荷属东印度群岛（今印尼）；这些还只是 1931 年曾由国际联盟列举的国家。总之，大萧条的现象，这回货真价实，具有全球性的意义了。

至于奥地利、捷克斯洛伐克、希腊、日本、波兰、英国，对西方（或东方）传来的震波也极其敏感，同样受到强烈的冲击。为了供应美国大量增长的丝袜需求，过去 15 年来，日本丝业已经将产量提高了 3 倍；可是现在丝袜市场暂时消失了——这等于一夜之间，日本丝在美国 90%的市场便化为乌有。日本另一项重要农产品米的价格也受到打压，分布在东亚和南亚的一大片主要产米区自然也不能幸免。小麦价格跌得更惨、更彻底，比米价还要便宜。一时之间，据说连一向以稻米为主食的东方人也转而改食小麦。可是就算面粉大受欢迎——就算这是真的——稻米大宗出口国，如缅甸、法属中南半岛、暹罗（今泰国）的农民可就更遭殃了（Latham，1981，p.178）。米价一路下跌，稻农没有别的法子，唯一的弥补办法就是种得更多，卖得更多，结果把价钱压得更低。

对于以供应市场尤其是输出为主的农民来说，这种情况不啻倾家荡产，除非他们恢复自给自足的传统小农经济。一般来说，大部分出口国家都还能利用这条出路，因为非洲、南亚、东亚及拉丁美洲地区的农家，仍多保持较小规模，总算还可以有一点缓冲的余地。但是巴西可就惨了，完全变成资本主义浪费和萧条严重程度的代名词，当地咖啡种植户为了阻止价格暴跌，竟把过剩的咖啡拿给火车的蒸汽机当煤烧。（世界市场上销售的咖啡，三分之二到四分之三来自巴西。）一直到今天巴西人务农的比例仍然相当高。20 世纪 80 年代经济的激变，带给他们的打击比当年的大萧条更甚，因为至少早年的农家对这些农产品寄予的希望远比后来为低。

话虽如此，殖民地农业国家的民众依然受到相当的冲击。比如黄金海岸（今加纳）的白糖、面粉、鱼罐头，及稻米的进口量就一下子跌了三分之二，（小农式）可可市场跌至谷底，杜松子酒的进口量缩减更凶，直落了 98%（Ohlin，1931，p.52）。

至于那些靠工资生活的男男女女，对生产手段既无法控制，又不能有一般人的正常生活（除非有家可归，可以回去种田维持生计），经济萧条的直接后果就是失业。当时失业之普遍可谓史无前例，时间之长，更超出所有人的预料。经济大衰退最严重的时期（1932—1933），英国、比利时两国的失业人口比例为 22%—23%，瑞典 24%，美国 27%，奥地利 29%，挪威 31%，丹麦 32%，德国更高达 44%以上。同样令人瞩目的是，即使在 1933 年景气恢复之后，30 年代的失业状况也始终不见显著好转，英国和瑞典的失业率一直保持在 16%—17%左右，奥地利、美国及北欧其余的国家，则维持在 20%以上。西方唯一成功解决失业问题的国家，只有 1933—1938 年的纳粹德国。在众人的记忆里，工人阶级还不曾遭遇过这样可怕的经济灾难。

更糟糕的是，在当时，包括失业救济在内的公众社会生活保障，不是根本不存在（例如美国），要不就以 20 世纪后期的标准来说，简直微薄得可怜。对长期失业的人口而言，救济金只是杯水车薪，根本就不够用。正因为这个缘故，生活保障始终是工人最大的心事：不但随时失去工作（即工资）需要保障，也要应对生病、意外，以及注定老来却无依靠的境地。难怪工人家庭最希望儿女找到的差事，钱少一点没关系，可是一定要稳妥可靠，并且提供养老金才行。但是即使在英国，这个失业保险最普及的国家，投保的工人人数也不到总数的

60%——能够有这个数字，还多亏早在1920年，英国便因大量人口失业而不得不这样做。至于欧洲其他地区（德国例外，在40%以上），持有失业保险的人数最少有低到零的，多则也不过四分之一（Flora，1983，p.461）。原本习惯于间歇性就业或周期性短期失业的人，现在发现到处都找不到工作。仅有的储蓄耗尽了，杂货铺里也不能再赊账了，山穷水尽，完全无路可走。

大量失业对工业国家政局造成最为严重的打击。因为对许多人来说，经济大萧条最直接、最显著的后果就是大量失业。虽然经济学家指出（逻辑也同样证明），事实上，在境况最糟糕的时刻，多数人依然有工作。而且两次大战期间，物价下跌，粮食价格甚至比最萧条的时期降得更快，就业工人的日子，其实比以前更好。可是这又有什么意义呢？笼罩那个时代的形象，是施粥的救济餐厅，是歇业的钢铁工人"饥饿大行军"聚集都会首府，向他们认为该负责任的人抗议。政界人士也无法忽略一个事实：德国共产党里高达85%的党员都没有工作。那些年里，共产党员增加的速度几乎不下于萧条年间的纳粹党；在希特勒上台前几个月，增长的速度甚至还要更快（Weber，I, p.243）。

失业现象及后果如此严重，难怪被人看作是对国家最为沉重甚至致命的打击了。第二次世界大战中期，伦敦《泰晤士报》一篇评论写道："失业，仅次于战争，是我们这一代蔓延最广、噬蚀最深、最乘人不防而入的恶疾，是我们这个时代西方特有的社会弊病。"（Arndt，1944，p.250.）像这样一段话，在过去工业化的历史中，从来不可能出现，真可谓一针见血，比起任何考据研究，都更能充分解释战后西方政府实行的种种措施的缘由。

说也奇怪，大萧条的冲击，在企业家、经济学家，以及政界人士心中，反而更为深刻，胜过平民百姓。对一般大众来说，失业的滋味固然很苦，农产品的价格固然跌得太重，可是他们以为，不管用什么政治手段——或左或右——总有办法可以替他们解决这天外飞来的不公现象，因为穷老百姓期望其实很低。但在事实上，旧有的自由经济体系架构，偏偏正缺乏这样的解决手段，技穷之下，决策人士更是窘态毕现。为了短期内解决国内危机，他们只好牺牲世界整体经济繁荣的基础。4 年之内，国际贸易下降了 60%（1929—1933），同时期里，各国却加速地高筑壁垒，力图保全自己国内的市场及通货免受世界性经济风暴的冲击。可是大家心里都很清楚，如此一来，全球繁荣所必需的国际多边贸易体系也将分崩离析。1931—1939 年间签订的 510 项各国商业协定之中，60% 不再包括国际贸易制度中最重要的一块基石“最惠国待遇”（most favorable nation status）。至于少数依然保存的，优惠内容也大幅减低（Snyder，1940）。[1] 在当时来看，这种恶性循环真不知有没有终结的那一天。

这一切对政治环境自然有莫大的直接影响，产生了自有资本主义以来，创伤最惨重的悲剧，我们在下面将有进一步的讨论。不过在探讨短期冲击之前，必须先研究一下经济衰退所导致的长期重大意义。一言以蔽之：这场经济大萧条足足摧毁了自由资本主义经济长达半个世纪之久。1931—1932 年间，英国、加拿大、北欧诸国以及美国，都一律放弃了长久以来被视为国际汇率稳定所需要的金本位制度。到了 1936 年，连一向对金条笃信不疑的比利时、荷兰甚至法国，也纷纷效尤。[2] 象征意味更浓的事件，发生于 1931 年，甚至连大英帝国也放弃了“自由贸易”的政策。要知道自 1840 年以来，在经济上，自由贸易对于英国，就如同在政治上美国宪法对于美国一般，同是两者身份形象的象征。英国从世界经济体系中撤退，放弃了自由贸易的原则，愈发凸显了当时各国急于保护自家经济的现象。说得更明确一些，西方各国在大萧条压力之下，不得不将社会政策的考虑列为优先，经济事务只好屈居其次了，否则政治后果会很严重，德意志等国的例子就摆在那里——不分左右，各种党派都被迫走上日趋激进之路。

---

[1] 所谓“最惠国”条款，事实上与其字面意义完全相反。它真正的意思是作为商业伙伴的国家，彼此以“最惠国”身份相互对待。实际上没有哪一个国家是最惠的对象。

[2] 最原始的形式是将货币的单位，比如一元钱，与一定重量黄金的价值固定。如有必要，银行将根据这种标准予以兑现。

于是，凡在过去就以提高关税为手段、抵制外国竞争、保护国内农业的国家，现在把关税提得越发高了。但单靠提高关税还不够，大萧条期间，各国政府开始提供补助，保证农产品价格，收购过剩的产品，或者干脆付钱给农家，叫他们停止生产。1933 年之后，美国就曾出此下策。70 年代和 80 年代，在“共同农业政策”(Common Agricultural Policy)之下，欧洲共同体几乎被人数日益稀少的农户所享有的补贴政策给拖垮。而这个奇怪的矛盾政策，其实正是大萧条留下的余祸。

至于工人阶级，战后各国致力于消除大量失业的现象，“完全就业”成为改良资本主义民主国家的首要任务。倡导这项政策的人士虽然不止一位，但其中最出名的先觉者和前锋，要数英国经济学家凯恩斯(1883—1946)。他认为铲除永久性大量失业，有利于经济发展，其出发点政经兼顾。凯恩斯主义者认为，完全就业工人的收入，将为经济制造消费需求。这项看法固然相当正确，可是除此而外，增加需求的方式其实还有许多。英国政府之所以迫不及待，单单挑上这一项急忙实行的缘故——甚至在第二次世界大战结束之前就急忙推动——主要在于大量的失业对政治、对社会都具有极强的破坏力。这个事实，大萧条期间大家都亲眼看见过了。众人对此深信不疑，以致多年后当大量失业现象再度出现，尤其在 80 年代初期严重不景气的时期，许多观察人士(包括本书作者在内)，都以为社会动乱将会再起。结果，出乎意料，混乱并未发生(参见第十四章)。

社会之所以不曾大乱，主因在各国鉴于惨痛教训，大萧条之后纷纷设立了社会福利制度。1935 年美国通过《社会安全法案》(Social Security Act)时，已无人对此感到惊异。多年以来，各发达工业国——除了少数例外，如日本、瑞士及美国——都普遍推行规模庞大的福利政策，使得大家都习以为常。我们几乎忘了，迟至第二次世界大战以前，世界上根本没有几个符合现代定义的“福利国家’。甚至连向来以福利完善著称的北欧国家在内，当时也不过刚起步而已。事实上福利国家一词，一直到 40 年代以后才开始被人使用。

大萧条重创之大，更使一个现象显得愈发突出：那个早与资本主义分道扬镳的国家——苏联，却仿佛免疫似的，丝毫不为所累。当世界上其他国家，至少就自由化西方资本主义国家而言，经济陷入一片停滞之时，唯独苏联，在其五年计划指导下，工业化却在突飞猛进的发展之中。最保守的估计，从 1929 年开始，一直到 1940 年，苏联工业产量便增加了 3 倍。1938 年时，苏联工业生产总值在全球所占的比例，已从 1929 年的 5%跃升为 18%。同一时期，美英法三国的比例，却由全球总额的 59%跌落为 52%。更令人惊奇的是，苏联境内毫无失业现象。于是不分意识形态，众人开始以苏联为师。1930—1935 年间，一小群人数虽少却具有巨大影响力的社会经济界人士，纷纷前往苏联取经。他们看到苏联经济虽然处处可见其原始落后、缺乏效率的痕迹，更暴露出斯大林集体化和大规模镇压的残暴无情，可是这些印象，都不及苏联经济不为萧条冲击并产生了一定成就的印象深刻。因为这些外来访客一心所想解决的问题，并非苏联内部真正的政治经济问题。他们关心的对象，乃是自身经济体系的崩溃和西方资本主义失败的程度。苏维埃制度有什么秘诀？有何值得学习的经验？答案是确定的。于是模仿苏联五年计划之举纷纷出笼。一时之间，“计划”一词成为政界最时髦的名词。比利时、挪威的社会民主党派，甚至开始正式采用“计划”。英国政府最受敬重的元老，也是英国国教重要一员的索特爵士（Sir Arthur Salter），此时也出书鼓吹计划一事的重要性，书名为《复苏》（*Recovery*）。他在书中主张，社会经济必须经过妥善筹划，方能避开类似大萧条性质的恶性循环。英国政府内许多持中间路线的大小官员，也组织了一个不分党派的智囊团体，称作“政治经济计划会”（Political and Economic Planning，PEP）。年轻一代的保守党人士，如日后出任首相的麦克米伦（Harold Macmillan，1894—1986），则纷纷自命为计划派的发言人。甚至连标榜反共的纳粹德国，也剽窃了苏联的点子，于 1933 年推出所谓的“四年计划”。（其实 1933 年之后，德国纳粹本身应付大萧条的方案也有相当成效。不过由于某些原因，纳粹的成功未引起国际同样的重视，我们在下章将有所讨论。）

2

为什么资本主义经济在两次大战之间陷入困境？这个问题的答案主要在于美国。欧洲经济萧条的责任，也许有一部分可以归到第一次世界大战及交战诸国身上。可是美国的本土远离战火，后来虽成为决定胜负的主要因素，参战时间却极为短促。更有甚者，美国经济不但未因大战受损，反而像第二次世界大战期间一般，深得战争之利。1913 年，美国事实上已经成为全世界经济最强大的国家，工业生产量占全球总量三分之一以上，仅次于英法德三国的总和。到了 1929 年，美国已经占据全世界经济总量 42% 以上；而英法德欧洲三大工业国家的总和，却只有区区 28%。（Hilgerdt，1945，Table I.14.）这个数字变化实在惊人之极。具体来看，1913—1920 年间，美国钢铁产量增加了四分之一，世界其他地区却减少了约三分之一。（Rostow, 1978, p.194, Table III. 33.）简单地说，第一次世界大战之后，美国在各方面都已成为首屈一指的经济强国，不亚于它在第二次世界大战后再度称霸的地位。只有经济大萧条期间，美国的领先优势才暂受重挫。

更进一步来看，大战不只强化了美国作为世界主要工业生产国的地位，同时也将它变成全球最大的债权国。战争期间，英国为应付战争支出，不得不变卖许多海外资产，而它在全球的投资额损失了四分之一，其绝大部分在美国。法国损失更重，几乎达半数，多数源于欧洲的革命及殖民地崩溃所致。而美国呢，战争初起，尚是个债务国，到了战事结束，却摇身一变成为国际主要的债权国了。同时由于美国的海外业务多集中在欧洲及西半球（当时英国仍是亚非地区最大的投资国），美国对欧洲的影响自然是举足轻重的。

总而言之，要了解世界经济危机，必须从美国着手。美国毕竟是

20 年代最大的出口国，同时也是仅次于英国的第二大进口国家。至于原料与粮食的进口量，美国更包办了 15 个最商业化国家进口总数的 40%。难怪萧条大风一起，必需品类例如小麦、棉花、白糖、橡胶、蚕丝、铜、锡、咖啡的生产国首当其冲，一败涂地（Lary，pp.28—29）。作为主要的进口国家，同样，美国也成为不景气下最大的牺牲者。1929—1932 年间，美国进口量跌落 70%，出口量也以同样程度锐减。从 1929 年到 1939 年，世界贸易额缩减了三分之一，美国出口则几乎暴跌一半。

这并不是说，欧洲即能脱去导致萧条的责任，而事实上，欧洲方面的问题大多是因为政治因素。巴黎和会（1919 年）对德国索取数额未定的巨额赔款，以补偿战胜国战费及战争损失。为了替这项赔款的正当性找借口，和约中还特别加上一条“战争罪”（war-guilt）款项，将大战的责任全部推到德国头上。而这种“罪在一国”的欲加之罪，不但在历史上站不住脚，反而加速促成德国民众国家意识的高涨。至于确切的赔款数字，由于美国认为应依德国付款能力而定，而其他战胜国——尤以法国为最——则坚持德方须全数负担；相持之下，只好妥协，最后签订的和约中，对赔款的额度没有确定。协约国要求如此苛刻，主要是为了可以不断地对德国施加压力，使其从此一蹶不振；至少法国的心意在于此。到了 1921 年，赔款数字总算讲定为 1 320 亿德国金马克，相当于当时的 330 亿美元。如此天文数字，大家都知道德国根本就无法偿还。

“赔款”一事，在美国主导之下，引发了无数争论、危机及斡旋。如今德国固然欠下协约国赔款，协约国本身，在战时也向华盛顿借了一大笔债。美国希望两者并作一道解决，自然惹得友邦非常不高兴。战胜国索赔的数字，高到令人咋舌的地步，几乎等于 1929 年全德总收入的 1.5 倍。而协约各国对美国的债务，同样也高得吓人。英国对美欠债相当于英国全国总收入的一半；法国欠美国的数字则等于法国总收入的三分之二（Hill，1988，pp.15—16）。1924 年的“道威斯计划”（Dawes Plan）规定了德国每年偿还的数字；1929年的“杨格计划”（Young Plan），又将付款表重新调整，并附带在瑞士巴塞尔（Basel）成立了国际清算银行（Bank of International Settlements），这是第二次世界大战之后出现的无数国际金融机构之先河。（本书写作之际，这家清算银行仍在营业。）由于实际原因所致，到了1932年，包括德国及协约国在内，所有的付款都告终止。只有芬兰曾经偿付过对美的战时债务。

在这里我们不用讨论得太详细，可是有两件事却不能不予注意：首先，年轻的凯恩斯曾发表一篇论文，强烈抨击巴黎和会的决议，他的看法的确很有见地。凯恩斯本人曾是英国出席和会的低级代表之一，在这篇名为《和平对经济的影响力》（*The Economic Consequences of the Peace*）一文里，凯恩斯主张，德国经济若不恢复元气，欧洲势将无法保证社会稳定，恢复经济发展及自由文明。法国为了保住本身的“安全”，强制不使德国抬头，对经济将具有反作用。事实上，法国也自身难保，根本无力执行自己设下的抑德政策。虽然1923年间，法国曾借口德国拒绝付款，出兵占领了德国的工业中心区，最终法国不得不接受现实，容忍德国在1924年后分期偿付赔款，德国经济也因此得到莫大的动力。其次，德国偿付赔款的方式也是一大问题。凡想压制德国，使其继续衰弱下去的国家，都强要德国付现。因为可想而知，若让德国以现有生产或出口所得折现赔付，势必增强它的生产力，反而对竞争对手不利。事实上，各国共同施压，强迫德国大量举债赔款，因此德国赔款来源多为20年代向美国借贷的大笔贷款。从德国对手的观点来看，这种办法还有另外一个好处，就是使德国深陷债务之中，无力扩大出口，以平衡债务，德国进口量也果然显著增长。但是这迫使德国以债养债整套做法的后果，我们都已经看见了，最终使德国及欧洲诸国对美国的风吹草动极为敏感。1929年华尔街股票大跌之后，美国对外贷款资源发生危机，可是美国向外出借的能力，早在股市崩溃之前就开始衰退了。大萧条期间，赔款付款这建筑在沙滩上的架构，一股脑儿全部倒塌。到了最后，付不付款，对德国或世界经济都无所谓了；

付款停止，对德国产生不了任何正面作用，因为其经济已经完全解体。1931—1933年间，为国际付款所做的各项安排也一一破产。

然而，两次大战之间经济之所以严重崩溃，大战期间及战后欧洲的分崩离析及政治纷乱，只能为其提供一部分理由。从经济的观点来看，可以从两方面讨论。

其一，当时，国际经济呈现极端不平衡的局面，美国的高速增长，和世界上其他各国根本不成比例。世界性的经济体系，完全发挥不了作用。因为美国与1914年之前作为全球中心所在的大英帝国不同，前者自给自足，对外界几乎没有任何需要。因此之故，美国又有一项与英国不同之处：它根本不在乎国际账务支付是否稳定，更不会出面维持。而过去英国身为大的出口国家，深知国际贸易是用英镑结算，所以极其注意维持其币值的稳定。美国之所以不甚需要他国，是因第一次世界大战后，它对外来的资金、劳动力，以及（相对而言）日常必需品的需求，都较以往任何时候为低，只有少数原料例外。美国的出口，对世界其他地区虽然很重要——好莱坞等于独霸了全球的电影市场，但对本国的重要性而言，却比任何工业国家都小得多。美国退离世界经济舞台中心，对全球影响到底有多重大，这也许是一个见仁见智的问题。不过，美国经济学家及政治人物显然深受这类说法影响，认为美国的消极导致了萧条的发生。因此第二次世界大战期间，他们极力说服华盛顿当局改弦更张。于是1945年后，美国便开始全力担负起维持世界经济稳定的责任（Kindleberger，1973）。

其二，经济大恐慌的缘由，还有另外一种解释，那就是当时世界经济产生的需求不够，不足以维持长期的扩张。我们已经看见，20年代的繁荣现象基础其实相当脆弱，甚至美国亦然，当时美国农业已经开始不景气。跟众人对伟大爵士时代的神话印象相反，一般人的工资并未大幅上升。到了景气末期，最后股价暴涨的几年，工资甚至开始迟滞不前（*Historical Statistics of the USA*，I，p.164，Table D722—727）。当时的现象是，工资落后不动，可是利润却不成比例地大幅跃升。结果富者愈富，占有全国资产的一大半。这种情况，在所有自由化市场暴涨时都是如此。工业生产力不断快速增加，可是大众需求却无法配合，赶不上亨利·福特（Henry Ford）最盛时期大量生产的步伐。结果就是生产过剩，投机盛行，接下来引发的便是总体的崩溃了。在此，不论历史学家和经济学家如何争论，甚至到了今天他们还在争辩不休，但是，当时凡对政府政策有兴趣的人士，都对需求普遍不足的现象印象深刻，连凯恩斯也不例外。

最后的大崩溃终于来临，对美国的打击自然最为猛烈。又因为之前由于需求增长不足，商人便大幅扩大消费信用以刺激需求。如此一来，全面崩溃的打击更重。（我们如记得80年代后期的现象，应当觉得这段历史相当眼熟。）自欺的乐观分子投机成风，又有如雨后春笋般冒出的欺世盗名的财务专家煽风点火，[1]房地产界一度异常兴旺，早在大崩溃前的好几年就达到巅峰。银行吃了大亏，一身坏账，开始对新申请的房屋贷款以及重新抵押，一律予以拒绝。可是为时已晚，已经来不及了，（1939年）将近半数的房屋贷款无法履行偿付责任，平均一天有1 000户住宅被查封。在此冲击之下，美国数千家银行一个接一个倒闭（Miles et al.，1991，p.108）。[2]当时全美国各种中短期的私人贷款，总额高达65亿美元，其中仅汽车贷款一项，就占了14亿美元（Ziebura，p.49）。另外一项因素，更使经济受到信用暴增的影响。美国消费者借款的目的不是花在传统的衣食上，而衣食消费弹性很小。一个人再穷再苦，日常生活所需也有一定的基本额，降不到哪里去，同样，就算收入增加了两倍，日常需用也不会同比例增加。可是美国民众贷款购买的不是解决基本温饱的东西，而是当时美国已经开始大力鼓吹的现代消费社会的耐用消费品。然而车子、房子，并不是急需之物，随时可以延后，需求弹性很受收入的影响。

---

[1]　20世纪20年代，法国心理学家库埃（Emile Coué）的理论曾经风靡一时，其实并不是没有缘故的。库埃大力鼓吹自我暗示的乐观心理作用，方法是每天对自己重复这句话："每天每事，我都更好更强。"

[2]　美国式的银行体系，不容许欧洲式在全国各地设有分行的巨型银行系统存在。因此，美国银行均属规模甚小的地方银行，范围充其量不过遍及一州。

因此，除非大家都觉得不景气只是一时现象，对未来都抱着相当信心，否则像这样大的危机带来的冲击自然异常严重。1929—1931年间，美国汽车产量骤减了一半。跌落得更厉害的是以低收入者为对象的留声唱片（所谓的黑人唱片及爵士乐唱片）出版量，这些唱片有一段时间几乎完全销声匿迹。总而言之，“这一类新产品和新生活方式，跟铁路、新式轮船、钢铁，及生产机器工具都不一样，后者有助于降低成本，前者却得依靠收入快速普遍地增加，以及众人对未来持有的高度信心。”（Rostow，1987，p.219.）不幸的是，此刻完全崩溃的正是大众的收入和信心。

有史以来最恶劣的周期萧条最后终于结束了。1932年后，各方面的迹象都明确显示最坏的时候已经过去，某些地区的经济甚至开始呼啸前进。到了30年代末期，日本和瑞典的生产量——不过后者稍差一点——几乎已达不景气前的两倍，到了1938年，德国经济已超出1929年的四分之一（不过意大利却无此好运）。甚至连经济状况最恶劣的英国也出现复苏，不过众人希望的景气却始终不曾到来。世界依然陷在一片萧条中，其中以经济最强国美国为最，美国总统罗斯福曾施行一连串“新政”（New Deal）以刺激经济——其中不乏相互矛盾之处——却无法完全达到预期的效果。1937—1938年，美国经济确曾一度强力复苏，可是旋即再度崩溃，还好这一回惨跌的规模，比1929年后稍小。汽车制造业一向是美国工业的标杆，却始终未能恢复到1929年时期的高峰；到了1938年，汽车总产量还停留在1920年的水准（*Historical Statistics*，II，p.716）。身处90年代的人，回顾当年，最先想到的便是当时评论人士的悲观气氛。优秀的经济学家认为，若任由资本主义自生自灭，便只有萧条停滞一途。早在巴黎和会时，凯恩斯便提出这种看法。现在大恐慌过后，美国更弥漫这种悲观的论调。难道任何经济体制一旦趋于成熟，都得走上这条长期停滞萧条的不归路？奥地利经济学家熊彼特（Joseph A. Schumpeter）是另一个对资本主义前途持悲观论调的学派代表。他曾表示：“在任何经济长期衰退之下，甚至连经济学家也会受到时代氛围的感染，跟众人一同沉沦，提出萧条将从此长驻不去的悲观理论。”（Schumpeter，1954，p.1172.）抚今追昔，也许未来当史家回顾1973—1991年的历史之际，也会惊异于70年代和80年代众人的顽固乐观气息，当时的众人，一味否定资本主义世界将会再度陷入不景气的观点。

不过萧条尽管萧条，30年代其实是一个工业科技发明极有成就的十年，塑料的发展应用即为一例。事实上还有一个行业——也就是如今被称为media的娱乐业——在两次大战之间的年代有突破性进展，至少在盎格鲁–撒克逊的世界如此。大众广播普及，好莱坞电影工业欣欣向荣，照相凹版印刷的发明使得报纸开始登载图片，更属惊人创举（参见第六章）。大量失业、经济低迷的年代里，灰色的城镇中建起一家又一家如梦中皇宫般的电影院，这种现象并非偶然，因为票价实在太便宜了，而且失业打击最重的老小两辈，别的没有，如今最多的就是时间，他们纷纷以看电影打发时光。社会学家也发现，在不景气的年代，夫妻共同从事休闲活动的比例，也比以前大为提高（Stouffer/Lazarsfeld，pp.55，92）。

3

大萧条实在太严重了，致使社会大众无论是知识分子、社会活动家，还是普通老百姓，都深信：这个世界一定从根本上出了什么大毛病。有谁知道有什么办法可以治理吗？当权主政者显然束手无策，而那些一味相信19世纪传统自由主义老方子的家伙看来也不中用，已经没有人再听信他们了。至于那些了不起的经济学家，他们再聪明，还能值得我们几分信任？稍早之前，他们还在大吹法螺，声称一个运作得当的自由市场经济，绝不可能发生大萧条了。因为在市场自我调节的机制之下，生产如果过量，必定很快就会（根据19世纪早期一位法国人提出的经济法则）进行自行调整。然而言犹在耳，他们自己已经同大伙一道陷身大萧条的乱流。古典经济学说认为，消费需求下降，连带使得实际消费减少，此时利率必将随之以同等比例降低，刚好满足了刺激投资之所需。因此，因消费需求减少而留下来的空缺，正好可以由投资方面的增加而补足。可是到了 1933 年，经济上的现实情况，实在很难令人继续相信这种理论了。失业率直线上升，自由派经济的旧论却认为，兴建公共工程，并不能真正提高就业率（英国财政部即持此论）。因为羊毛出在羊身上，投资额只有一笔，公共工程的经费不过是私人工程的转移。如果把同样这笔钱花在后者身上，照样可以制造同额的就业。可是，现在这番话似乎说不通了。也有经济学家主张，任由经济自行发展，干涉越少越好。有的政府则直觉以为，除了紧缩通货以求力保金本位制外，上上策就是坚守正统的财政手段，平衡预算，缩减支出。这些做法，显然也无济于事。事实上，萧条持续之下，另有许多学者——包括当时即大力抗辩并在日后 40 年中影响最大的一代经济学家凯恩斯在内——都认为传统的放任政策，只会使情况愈加恶化。对我们这一代亲身经历大萧条时期的人来说，当时纯自由市场的正统学说显然已经名誉扫地，却居然在 80 年代末期和 90 年代的全球不景气中，再度死灰复燃，成为主导的思想，真令人不可思议。这种奇特的健忘现象，正好证实并提醒大家历史的一项重要功能：不论是提出经济理论的学者，还是从事经济实务的执行者，两者的记忆都很差，太难令人置信。他们的健忘，也活生生地阐明一桩事实：社会的确需要史学家，唯有史学家，才是专业的历史社会记忆人，替大家记住大家恨不得统统忘掉的憾事。

而且不管怎么说，一旦社会经济越来越受大型企业控制，“完全竞争”就会完全失去意义。甚至连一向反对马克思学说的经济学者，都不得不承认，马克思的理论毕竟不错，而他的资本集中的预言，尤为准确。到了这个地步，所谓的“自由市场经济制度”还能使人信服吗（Leontiev，1977，p.78）？一个人不必是马克思主义者，也无须对马克思发生兴趣，就可以看出，两次大战之间的资本主义与19世纪的自由竞争经济多么不同。事实上，早在华尔街股市大崩盘以前，瑞士就有位银行家睿智地指出，经济自由主义不再是普世准则的失败现象（1917年以前的社会主义亦然），正好解释了迫使各国转趋独裁式经济制度——如法西斯、共产主义，以及不顾投资人利益自行其是的大公司企业等——的缘由（Somary，1929，pp.174，193）。到了30年代末期，传统自由主义主张的自由开放型市场竞争，已经飘然远去，全球经济形态只剩下呈鼎足并立之势的三种模式：一是市场经济，一是政府间贸易（如日本、土耳其、德国及苏联，均由政府计划或控制经济方面的活动），以及由国际公共社会组织或半公共组织（如国际必需品大宗物资协会等）管制下的部分经济活动（Staley，1939，p.231）。

在这种情况及气氛之下，难怪大萧条对政治及民众观念的影响至深至速。当时的政府，不分左右，例如右有美国胡佛政府（1928—1932），左有英奥两国的工党政府，都只好怪它们运气不佳，为何刚巧在这个大乱当头的年代当政，于是只有纷纷下台。不过其中变化，还都不像拉丁美洲地区那般剧烈：当地政府或政权更迭之速，1930—1931年两年之内，共有12国改朝换代，其中10国是以军事政变的形式变更政府。南美以外的地区变化虽然没有这么激烈，但总的来说，到30年代中期，恐怕找不出几国政府未改头换面。各国的政局，也都与股市大崩溃以前大不相同。欧洲和日本开始急速向右转，唯一的例外，只有北欧的瑞典和南欧的西班牙。前者于1932年迈入其半个世纪社会民主党统治的时代，后者的波旁（Bourbon）王朝在1931年让位给一个不幸且短命的共和国。这段历史，我们在下一章有更多的探讨，在这里先就德日两国几乎同时兴起的军国主义政权做一些论述（日本于1931年，德国于1933年）。国家主义和好战风气在德日两个主要军事强国的出现，不啻为经济大萧条为政治带来的最深远最恶劣的后果。第二次世界大战的栅门，在1931年就打开了。

革命左派的大失败，重新加强了极右派的力量，至少在大萧条最恶劣的年头是如此。萧条一开始，粉碎了共产国际在各地重燃社会革命战火的希望；共产主义运动非但不能向苏联以外地区扩展，反而陷入前所未有的衰落状态。究其原因，共产国际的自杀政策实难推卸责任。共产国际不但大意地小觑了德国纳粹主义的危险性，并且一意追求无异于小宗派自绝他人的隔离政策，将社会民主党派及工人政党发起的组织性工人群众运动，视为其最大敌人（它们甚至称工人政党为“社会主义法西斯”）。[1]现在看起来，这种褊狭的路线实在令人诧异得不敢相信。到 1934 年，原为莫斯科世界革命希望所寄并且是共产国际中成长最快最大的德国共产党（KPD），已遭希特勒一手摧毁。至此，组织性的国际革命运动，包括非法的与合法的在内，都告势衰力微。当时，连中国共产党也被国民党从乡村游击地区清剿，踏上万里长征之路，一路跋涉到边区去。1934 年的欧洲，只剩下法国共产党尚未从政坛消失。至于法西斯统治下的意大利，此时距“向罗马进军”（March on Rome）已有 10 年，而且正陷入国际大萧条最艰难的时期。墨索里尼踌躇满志，对共产党已不再存有戒心，那一年为庆祝进军罗马十周年纪念，竟将数名共产党员由狱中释放（Spriano，1969，p.397）。可是不几年间，这一切又将改变（参见第五章）。但当时的情况很明显，大萧条造成的直接冲击，与社会革命人士的期望完全相反，最起码在欧洲地区绝对如此。

左派势力的衰退并不限于共产党。希特勒夺权成功，德国社会民主党也从政坛消失了。一年之后，在短暂的武装抵抗之后，奥地利社会民主主义政权也告垮台。至于英国的工党，早就在 1931 年成为大萧条的牺牲者（或许是因为坚信 19 世纪正统经济教条而把自己给害了吧）。工党领导的行业工会，自 1920 年以来会员人数损失过半，此时

---

[1] 莫斯科走火入魔到这种地步，竟在 1933 年勒令意大利共产党领袖陶里亚蒂（P.Togliatti）收回他提出的一项建议。陶里亚蒂认为，或许至少在意大利，社会民主主义并不是共产党的头号敌人。当时希特勒其实已经开始掌权，但共产国际一直到 1934 年才改变路线。

自然势力大减，甚至连1913年的情况还不如。总之，欧洲各国的社会主义进程都陷入了山穷水尽的境地。

欧洲地区以外，情况却大不相同。北美地区正迅速向左转，美国新上任的总统罗斯福执政后（1933—1945），开始实施一连串相当激进的新政措施。墨西哥则在总统卡德纳斯（Lázaro Cardenas）领导下（1934—1940），重新恢复早年墨西哥革命的生气，尤以在农村土地改革方面最为显著。加拿大饱受萧条打击的大草原上，也掀起一股强大的社会政治运动之风，其中包括主张平分社会权益，以达到公平分配购买力的“社会信用党”（Social Credit Party），以及今天新民主党（New Democratic Party）的前身“平民合作联盟”（Cooperative Commonwealth Federation）。依照30年代的标准，这两者都可以列入左翼阵营。

至于拉丁美洲一带，大萧条引起的政治冲击就更一言难尽了。当地重要出口产品的价格，在世界市场一泻千里，各国财政破产，政府及执政党派便像九柱戏的木柱一般，此起彼落，倒得一地都是。可是它们倒落的方向，却不尽相同。不过倒向左派的，即使短暂，也远比右派为多。阿根廷在长期文人统治之后，从此进入军政府时期。虽然具有法西斯气质的右派首领，例如乌里布鲁（Uriburu）将军不久便靠边站（1930—1932），阿根廷当局的路线，仍然很明显地倾向右派，即使它可能是属于传统式的右派。而智利在皮诺切特将军（Pinochet）统治之前，原来很少有军人专政，这时也推翻了该国少有的军人独裁总统伊瓦涅斯（Carlos Ibañez，1927—1931），并以暴风之势迅速地向左转。1932年，在葛洛夫上校（Marmaduke Grove）率领之下，该国甚至成立了一个短命的“社会主义者共和国”（Socialist Republic），日后并依欧洲模式，发展成极为成功的人民阵线运动（参见第五章）。在巴西，大萧条结束了统治长达40年之久的“老共和”的寡头统治（1889—1930），瓦加斯（Getulio Vargas）上台执政。瓦加斯这个人，最贴切的形容应该是国家主义者兼民粹主义者（参见第四章），巴西从此在他统治下前后分别有20个年头。至于秘鲁，左转的势头非常明显，不过秘鲁新党派当中力量最强大的“美洲人民革命联盟”——这是西半球各国依欧洲式工人阶级建党的党派里面，少数成功范例之一——其革命却告失败（1930—1932）。[1]哥伦比亚的向左倒更是不言而喻，在30年保守的政权统治之后，现在换自由主义人士当家，其总统深受罗斯福新政影响，一心以改革为职责。拉丁美洲纷纷转向激进的现象，在古巴更上一层楼。罗斯福一上任，这个美国保护国的人民深受激励，竟起来推翻了当时在位的总统。这位总统大人，被民众恨之入骨，甚至以当时古巴的标准而言，都简直腐败得不像话。

在广大的殖民地区，大萧条更加带动了反帝国主义的风潮。一方面由于殖民地经济生存所需（至少是当地公共财源及中产阶级所需）的大宗基本物资，价格大幅度滑落。另一方面则因原本属于大都会经济的国家，现在也加强自身农业和就业的保护，却完全不顾这些措施将给其殖民地带来怎样的打击。一言以蔽之，欧洲各国的经济事务决策，一律从国内因素考虑。长此以往，自然无法兼顾生产地复杂的经济利益（Holland，1985，p.13），它们庞大的帝国也因此解体（参见第七章）。

在这种情况之下，大萧条的降临，从此开始了大多数殖民社会政治动荡不安的年代。殖民地人民无可宣泄，自然只有宣泄到（殖民地）政府身上。即使在第二次世界大战之后方才争取独立的殖民地，同样也不安宁。英属西非及加勒比海一带的社会状况，由于出口作物的危机（可可和蔗糖）开始出现紊乱现象。不景气的年头里，在反殖民运动已经开始的地区，尤其在政治鼓动已经影响到一般群众的其他地方冲突愈见激烈。同一时期，埃及的“穆斯林兄弟会”（Moslem Brotherhood，于1928年成立）的势力正在大举扩张；印度民众也在甘地领导之下（1931年），开始第二次全面动员（参见第七章）。瓦莱拉（De Valera）领导的爱尔兰激进派共和人士，则赢得了1932年爱尔兰

[1]　其他成功的例子还包括智利、古巴的共产党。

地区的大选。这场胜利，或许也可以看作是针对经济崩溃而起的反殖民的回响吧。（译者注：爱尔兰最后终告独立，瓦莱拉任首届总统。）

大萧条影响所及，全世界一片摧枯拉朽。震撼之深之广，也许可以从下面的全球快速扫描中一窥究竟。短短几年甚至数月之间，世界各地从日本到爱尔兰，从瑞典到新西兰，从阿根廷到埃及，到处都掀起了政治的大动乱。然而，这些短期的政局变动，虽然极为戏剧化，大萧条冲击的深度，却并非仅从这个角度衡量。事实上，这是一场惊天动地的大灾难，一举摧毁了众人的希望：世界的经济与社会，再也不可能重返漫长19世纪的旧日时光。1929—1932年无疑是一道深谷，从此之后，重回1913年的美好，不但根本不可能，连想都不必想。老派的自由主义不是已经死去，就是残阳夕照末日不远。如今在思想知识界及政治舞台上，共有三股势力争霸。马克思共产主义是其一。毕竟，马克思本人的预言似乎就要实现了；1938年，就有人在美国经济学会（American Economic Association）上这样宣布。更有甚者，对于大萧条，苏联显然具有相当的免疫力。第二股势力则是改良式的资本主义。这一派学说，不再奉自由市场为经济的圭臬，转而私下与非共产党工人运动性质的温和社会民主主义主张相结合，有时甚而建立长久的联系。及至第二次世界大战之后，这一派被证明最为成功。可是当时在短期之内，它至多只是受到古典自由市场失败刺激而起的一种实验心理，并未完全将之当成一种有意识的政策或选择在推动。他们总以为萧条过去，就绝不可能再有这种情况发生了。因此，1932年后瑞典执行的社会民主政策，就是针对正统经济思想失败而做的应变措施。该国新经济政策主要设计者之一的瑞典经济学家诺贝尔奖得主缪尔达尔（Gunnar Myrdal），就认为1929—1931年间的英国工党政府之所以一败涂地，即在于该党太相信传统经济主张之故。还有一派在后来取代了已经破产的自由市场经济理论的学说，而当时尚未成熟，还在酝酿阶段。对此派学说影响贡献最大的著作，首推凯恩斯的《就业、利息和货币通论》（*General Theory of Employment, Interest and*

Money），此书到 1936 年才出版问世。一直到了第二次世界大战中和战后，各国政府才开始依国民所得统计为准，从宏观经济的角度来管理经济事务。不过在 30 年代——恐怕多少受到一点苏联的影响——它们就已经越来越从整体上来看待一国经济，并依此评估本国的总产出和总收入。[1]

至于第三股势力所走的路线，就是法西斯路线了。经济的萧条使得法西斯主义变成世界性的运动，说得更确切一些，成为世界一大威胁。主张经济自由主义的新古典理论，自 19 世纪 80 年代即已成为国际的思想正统。可是德国知识界的传统，却一向敌视新古典理论（这一点与奥地利知识分子大相径庭）。德国版的法西斯主义（国家社会主义）之所以兴起，主要动力即来自这个敌视传统。而政府毫不留情，务必消除失业现象的心态，也同样助长了法西斯的蔓延。然而，我们必须承认，德国不顾一切应对大萧条的手段，比起其他国家，却的确见效既快又成功（意大利法西斯政权的成绩就没有那么突出了）。不过对早已茫然不知所措的欧洲来说，德国的做法并没有太大的不妥。在因大萧条而日益高涨的法西斯浪潮之下，有一件事情却变得愈发清楚：在这个大动乱的年代，随风而逝的不只是和平、社会的安定，以及资本主义经济体系，甚至连作为 19 世纪自由资本主义社会基石的政治制度和价值观念也日暮途穷。接下来，我们就来看一看这段过程如何演变形成。

[1] 开此风的政府是 1925 年的苏联和加拿大。到 1939 年，官方正式统计国民所得的国家已经增为 9 国；而国际联盟则掌握 26 国的估算数字。第二次世界大战之后，立即有了 39 国的统计数字。到了 50 年代，更增为 93 国。从此以后，虽说国民所得往往并不能反映国民真实的生活水准，却如同各国国旗一般，成为独立国家不可或缺的标志。

第四章

自由主义的衰落

纳粹现象超乎理性范围所能分析。其领袖以上天之口吻谈世界霸权及毁灭；其政权，以最恶劣的种族仇恨意识为基础；其国家，却是欧洲文化经济最先进的国家之一。然而这样的国家却一心为祸，灭绝5 000多万人口，犯下骇人听闻的暴行无数——其恶行之极致，竟以机械化手法屠杀犹太人达数百万之众。史家面对奥斯威辛（Auschwitz），只能哑然无语不知从何说起。

——克肖（Ian Kershaw，pp.3—4）

为祖国、为理想献出生命！……不，光死不足以成事。即使在最前线，杀敌才是第一。……死算不得什么，死并不存在。没有人想到自己会死，杀、杀、杀，这才是正事，这才是待你我开拓的疆域。是的，只有上前去杀，才是你全部意志的体现。因为只有通过杀，你的意志才能在另一人身上完成。

——一位法西斯社会主义共和国年轻志愿军的书信（Pavone，1991，p.431）

1

对出生于19世纪的前朝遗老而言，20世纪灾难时代的种种变化发展之中，最使他们深受震撼的就是人类自由文明价值观和制度的解体。多少年来，起码在所谓的“先进”或“进步中”的地区，生活在19世纪的人，已经将自由文明的进步视为理所当然。自由文明的价值观：不信任专制独裁；誓行宪政，经由自由大选选出政府及代议议会以确保法治社会；主张一套众所公认的国民权利，包括言论、出版及集会的自由。任何国家、社会，均应知晓理性、公共辩论、教育、科学之价值，以及人类向善的天性（虽然不一定能够完美）。而这些价值观点，在整个19世纪内，显然在不断地进步；观其情况，也势必将一直发展下去。到1914年时，连欧洲仅存的最后两家专制政权——沙皇俄国和奥斯曼——也都开始让步，先后走上立宪之路；伊朗甚至还向比利时借了一套宪法使用。1914年以前，唯一能向这套价值观挑战的只有三股力量：其一是传统的势力，例如罗马天主教会，借教义设下障碍采取守势，防范优越的现代精神。其二是一小群知识分子，向既有势力挑战，并预言传统必亡。这些人多半出身“名门”，来自传统文化势力的中心，他们挑战的对象，其实有一部分就是自己曾生活在其中的旧文明。其三即是民主力量。总体说来这是一股使人烦神的新现象（见《帝国的年代》）。一些既无知又落后的群众，确应对其抱有戒心。他们一心想靠社会革命推翻资本主义社会，再加上人类潜在缺乏理性，恐怕极易为人煽动利用。但在事实上，无论是新兴的群众民主运动，还是社会主义的工人运动，连其中最最狂热危险的分子，也对理性、科学、进步、教育与个人自由的信条，有着同样的热情，不管在理论上还是行动上，他们的热情绝不亚于任何人。德国社会民主党的五一劳动纪念章（May Day），一面是马克思的肖像，另一面是自由女神像。社会主义运动挑战的对象，乃是经济制度，而非宪政及文明教化，当时以倍倍尔等为首的法、德等国的社会民主党派，即使组成政府，也绝不会是“人类已有文明”的断送者。当时，出现断送文明的政府还遥远得很。

从政治层面来看，自由民主的制度其实已经大有进展。1914—1918 年间，世界虽然爆发了那场野蛮的战争，民主却因而更前进。除了苏联是个例外，大战后冒出来的国家，不分新旧，基本上都成立了代议国会性质的政权，甚至连土耳其也不例外。从苏联边界以西，1920 年的欧洲举目皆是实行代议制的国家。自由立宪政府的基本建制，乃是经由选举产生代议议会及（或）国家元首。当时凡是独立国家，一律采用此制。不过有一点我们必须记住，两次大战之间，全球虽说共有 65 个独立国家，绝大多数却均位于欧美两洲。而当时全世界三分之一的人口，还在殖民统治之下。独立国家当中，1919—1947 年间，只有 5 国从未举行过选举。而这 5 国都是些孤立的政治化石，包括埃塞俄比亚、蒙古、尼泊尔（Nepal）、沙特阿拉伯（Saudi Arabia），以及也门（Yemen）。在这段时期，另 5 国则有过一次选举，对自由民主政治的态度，显然不太友善，分别是阿富汗（Afghanistan）、国民党执政的中国、危地马拉（Guatemala）、巴拉圭（Paraguay），以及当时仍称为暹罗的泰国。不过话又得说回来，能有选举存在，足以表明自由政治思想——至少在理论上如此——渗透之强之广了。同样，选举的存在和次数也只是表面现象，我们不能由此便断定一国是否有真正民主。1930 年以来，伊朗曾有过 6 次选举，伊拉克则有过 3 次，而这两国无论哪一个都算不得民主国家。

不过，选举式的代议政权在当时的确相当普遍。然而，从墨索里尼所谓的“进军罗马”开始，一直到第二次世界大战期间轴心国势力达于巅峰的 20 年间，自由政治制度的盛况却发生灾变，开始快速地消退。

1918—1920 年间，欧洲有两国的立法议会遭到解散，或不再行使职权。到了 20 年代，这个数字变成 6 国；30 年代变为 9 国。到了第二次世界大战期间，德国占领之下，又有 5 国宪政宣告失败。简单地说，两次大战之间的年代里，唯一不曾间断并有效行使民主政治的欧洲国家，只有英国、芬兰（勉强而已）、爱尔兰自由邦（Irish Free State）、瑞典和瑞士而已。

至于集中了另一群独立国的美洲地区，情况则比较不一致，但与民主制度的进展也绝对相去甚远，能够一贯维持宪政体制而非独裁的国家的名单极短，只有加拿大、哥伦比亚、哥斯达黎加（Costa Rica）、美国，以及经常被众人忘掉的“南美瑞士”暨南美唯一真正的民主国家——乌拉圭（Uruguay）。我们最多只能说，从第一次世界大战结束开始，一直到第二次世界大战完毕，南美的政局忽而向左，忽而往右。除此之外，全球其他地区多为殖民世界，因此根本就不算自由主义的政权，即使以前曾经有过自由主义意识的宪法，如今也日益远去了。1930—1931 年间，日本政权被自由派拱手让给军国主义势力。泰国则试验性地迈出步伐，往立宪之路小试几步。20 年代初期，土耳其政权落入新派军事领导人凯末尔的手中，凯末尔力倡现代化，却绝不容任何选举影响他的大业。总而言之，横贯亚、非、大洋洲三个大陆，只有澳大利亚与新西兰始终一贯民主。至于位于非洲的南非，由于绝大多数民众都被排除在白人宪政之外，故也算不得真正民主。

简单地说，纵贯整个大灾难的时代，政治自由主义在各地面临大撤退，到 1933 年希特勒登上德国总理宝座之际，自由阵营败退之势更加剧了。1920 年时，全世界原本一共约有 35 国拥有民选的立宪政体（至于确切数字，得依拉丁美洲那几个共和国的定义而定）。到了 1938 年，却只剩下 17 国左右了。再到 1944 年，全球 64 个国家当中，恐怕仅余 12 个民主宪政国家。政治趋势实在再为明显不过。

共产主义运动，往往被视作 1945—1989 年间对自由政体最大的威胁。基于这项假定，我们便有必要提醒自己，回到两次大战之间的年代，自由政体的大敌，其实却是右派的政治势力。所谓“极权主义”（totalitarianism）一词，原本是用来形容意大利法西斯政权，或起源于该党对自己的提法。这个名词，一直到 1945 年以前，都只限用在法西斯式政权身上。当时的苏俄与世隔绝（1922 年起，改称苏维埃社会主义共和国联盟，USSR），根本无力向外扩展共产主义。斯大林当政之后，苏联更无意向外扩展。第一次世界大战之后，列宁主义派（或其他任何派别）领导的社会革命一度短暂弄潮，随即销声匿迹。而（马克思主义）社会民主运动则摇身一变，从颠覆势力转而成为维持国家的力量，其心向民主，实在无可怀疑。在许多国家的工人运动里面，共产党都居于少数党地位。难得有几个势力强大的，却往往难逃被镇压的命运。社会革命的力量的确可畏，共产党在社会革命中扮演的角色也令人疑惧，第二次世界大战期间及战后掀起的革命风暴，都证实这种担忧绝非过虑。可是回到两次大战之间自由主义大衰退的20年间，但凡可以算作自由民主的政权，没有一个是被左派推翻的。[1] 这段时间，最大的危险纯粹来自右派。而当时的右派，不但危及立宪代议制的政体，更在思想意识上，对民主自由所依存的自由文明构成莫大威胁。其势甚嚣尘上，极有发展成世界性政治运动的潜力。仅用“法西斯”一词，已经不足以概括这股风潮。但若说法西斯与其无关，却也又不尽然。

法西斯不足以概括这股风潮，因为当时起而倾覆自由派政权之流并非均属法西斯一派。法西斯脱不了干系，则因为不论首创其名号的意大利式法西斯，或后来沿袭法西斯作风的德意志国家社会主义工人党（通常简称国社党、纳粹党），都对其他反自由的势力群起效尤起到了刺激作用。意德两国的法西斯党派政权，不但支持各国的极右派，更为国际右派带来一股历史的自豪感：30年代右派之盛，当时看来显然就是人类未来希望所寄。某位政治学泰斗说得好：“东欧的独裁君主、官吏、军人，还有（西班牙的）佛朗哥，纷纷以法西斯为师……实在事出有因，绝非偶然啊。”（Linz，1975，p.206.）

拉丁美洲的军事政变，属于比较传统的武力颠覆政权形式。接班上台之人，往往是不具特定政治主张的独裁者或军事将领。除此之外，

[1] 1940年苏联吞并爱沙尼亚，算是最接近左派推翻既有政权的例子。这个波罗的海沿岸的小国，当时已迈过独裁统治的岁月，正进一步走上比较民主的宪政阶段。

当时推翻自由民主政权的势力，一共可分三类。这三类势力，一律反对社会革命，而它们之所以兴起，实归因于对1917—1920年摧毁旧社会之风潮的反动。这三股势力也全属独裁统治，对自由政体怀有极大敌意，不过某些时候，其动机所在，往往出自实际的考虑，而非原则的分歧。老派的反动人士，虽然会出面禁止某些党派的活动，尤其是共产党的组织，但通常不会将所有党派一律赶尽杀绝。1919年，匈牙利的苏维埃式共和国昙花一现，很快告终，保守派霍尔蒂（Horthy）上台执政。霍氏的头衔是海军上将，并称匈牙利依然是个王国，虽然这个王国既无国王，也乏海军。霍尔蒂以集权治国，维持18世纪寡头政治的老形式，虽有国会，却不民主。而三类右派政权，也都对军警部门青睐有加，特别倚重军人武夫。因为这些人可以直接防御颠覆力量，事实上，军人也往往为拥立右派的最大势力。各类右派之间，还有一个共同点，就是它们都推崇国家主义。仇外、战败、帝国衰落，固然是造成国家至上思想盛行的一部分原因，但挥舞国旗呐喊，又何尝不是建立统治地位，并赢取民心的最佳手段？不过虽有很多相同，这三种右派依然有其相异之处。

老派的独裁者或保守人士，例如匈牙利的霍尔蒂将军，芬兰的曼纳林元帅（Mannerheim，在芬兰新独立后的红白两军内战中获得胜利），波兰的毕苏斯基上校（Pilsudski，波兰的解放者，后为元帅），南斯拉夫的亚历山大国王（南斯拉夫即大战之前的原塞尔维亚等地，此时合并为南斯拉夫），以及西班牙的佛朗哥将军等，这些人除了坚决反共之外，在政治上，都没有特别的主张。若有任何主张，也不过是该阶级固有的传统偏见而已。他们也许和希特勒的德国联盟，也许与自己国内的法西斯运动结合，但是这些做法，都只出于两次大战间的非常时期。因为当时最“自然”的同志，就出自右派。不过本国立场的考虑当然优先，往往胜过了这种同盟的意识。就以英国的丘吉尔来说，其作风在一般右派当中虽很特别，当时却仍是个十足的右派保守党员。他对墨索里尼的右派意大利虽然不满，同时也实在不愿声援西班牙共和国军队对抗佛朗哥将军的队伍，可是德国对英国的威胁一出现，他立刻加入国际阵营，成为反法西斯的斗士。而就另一层面来看，在本国之内，这些老派的反动人士，恐怕也得面对真正的法西斯运动兴起的反对风浪，而后者有时会获得群众相当的支持。

第二股右派势力，则带来一种所谓“组织化国家统制”（organic statism，编者注：“组织化”是指“以机构为参政基本单位的”）的出现（Linz，1975，pp.277，306—313）。这一类保守政权，重点不在于如何捍卫传统秩序。它别有用心，刻意建立一种新政策，以抗拒个人至上的自由主义和工人第一的社会主义原则。这种意识形态，缅怀的是想象中的中古世纪或封建社会的古风，虽然有阶级、有贫富，可是人人各安其所，没有阶级斗争，众人接受自己在阶级制度中的地位。组织化的社会，包括了每一个社会群体或“特权阶层”，而这些群体或阶层，在社会上有其一定的角色及功能，却合为一个集体性的实体存在。这股思潮造成各种名目的“统合主义”（corporatism）理论的兴起。统合主义主张，以各种经济团体的代表权，取代个人式的自由主义民主政治。这种以团体为单位的制度，有时被称为“组织化”参与或“组织化”民主，赞同者认为比真正的民主形式为佳。然而事实上，理想归理想，在实行上，组织化民主往往难逃权威统治的罗网。国家的意志高于一切，命令的发布执行由上而下，权力多半操纵在一群官僚手中，更有甚者，在这类政权中选举式的民主制度，不是受到限制，就是全遭消除［套用匈牙利首相贝特棱伯爵（Bethlen）的说法，所谓“民主，乃是依据统合集体意志的矫正手段”］（Ranki，1971）。这类统合主义国家之中最彻底、最典型的例子，要数某些信奉罗马天主教的国家，其中尤以大独裁者萨拉查（Oliveira Salazar）治下的葡萄牙为最。葡萄牙的右派保守政权，是全欧反自由主义统治当中寿命最长的一个（1927—1974）。除了葡萄牙外，统合派政权也曾在奥地利出现，时间在民主政治崩溃之后一直到希特勒侵入该国为止（1934—1938）。而佛朗哥将军统治的西班牙，多少也带有一点统合国家的味道。

这一类的反动政权，论起源及动机，都比后起的法西斯古老，两者之间虽有着相当的差异，可是却缺乏明显的界限。因为它们的目标也许并不一致，却拥有共同的敌人。早在1870年举办的首届议决教皇无错的梵蒂冈公教会议（Vatican Council）上，罗马天主教会就已表明坚决反动的立场。但是天主教当然不是法西斯。事实上，教廷对主张极权的世俗政权深恶痛绝，对法西斯也反对到底。可是，天主教国家展示的“统合国家”（corporate state）形式，到了（意大利）法西斯的圈子，却更为发扬光大。意大利有着天主教的传统，这自然是被统合思想吸引的主要原因。而那些实行统合主义的天主教国家，有时根本就被直呼为“神职派法西斯”（clerical fascist）。法西斯派之所以得势于天主教国家，可能直接源自整合派天主教义（integrist Catholicism），如比利时自由党领袖德格雷尔（Leon Degrelle）领导的雷克斯特运动（Rexist）。当年天主教会对希特勒推动的种族主义态度暧昧不明，这一点常为人所注意。但天主教会还有另外一些举动却较少为人所知：第二次世界大战后，教会中人有时甚至包括身居要位的高级神职人员曾给予纳粹亡命余孽及各类法西斯党徒相当的资助，其中不乏被控犯有血腥罪行的战犯。教会之所以和反动派甚至法西斯拉关系，是因为它们都共同憎恶18世纪以来的启蒙运动、法国大革命，以及在教会眼里由此衍生的一切祸害：民主、自由，当然更少不了那罪大恶极的“目中无神的共产主义”。

而在事实上，法西斯的年代，的确也成为天主教历史上的一个重大转折点。当时在国际上，右派最得力的支持者就是希特勒和墨索里尼。可是天主教会却在这个节骨眼儿上与右派认同，不免为那些关心社会问题的天主教徒，制造出相当的道德困扰。到法西斯全面溃退时，原本就不甚积极反对法西斯的神职阶层，此刻遭受的政治问题更不在话下。相反地，反对法西斯的立场，或为爱国而加入抵御外敌的行动，却破天荒地为民主派的天主教派（基督教民主政治）在教会中建立了合法的地位。至于在天主教徒居于少数的国家，基于实际需要，也开始出现党派拉罗马天主教徒选民的选票，这主要是维护教会利益以防世俗势力的侵蚀，德国、荷兰即为两例。至于在正式以天主教为国教的国家里，教会也极力拒绝向民主自由的政治低头。而教会另外一大烦恼，则来自主张无神论的社会主义。天主教对社会主义头痛至极。教会在 1891 年提出一项社会政策，这对天主教来说不啻前所未有的新举措，这项政策强调在维护家庭及私有财产的神圣之余，社会也有必要的义务照顾工人阶级，不过，资本主义的“神圣性”却不在教会认可之列。[1]各界受新思潮影响的天主教徒，不论是主张社会主义，还是倾向自由思想，或其他打算组织天主教徒工人工会之人，都经由罗马教廷的这项政策获取了第一个立足点。本来在第一次世界大战之后，教皇本尼迪克特十五世（Benedict XV，1914—1922）曾短暂地允许过意大利一个规模庞大的（天主教）人民党（Popular Party）成立，一直到法西斯兴起之后，该党才垮掉。但除了意大利，其他各国的民主及社会主义天主教徒，均属政治上的少数。到 30 年代法西斯势力崛起，具有新思想的旧教教徒，方才正式公开露面。他们人数依然稀少，比如公开声援西班牙共和国的天主教教徒，就是数量极少而修养极好的一群人。而绝大多数的天主教徒，都一面倒地支持佛朗哥将军的保守反动势力。只有到了第二次世界大战期间的地下抵抗运动，倾向民主及社会主义的教徒，方才能以爱国之名而非意识主张，名正言顺地崭露头角，获取最后胜利。不过总而言之，基督教民主政党在欧洲的胜利不在当时，直到日后才逐渐出现，而且更要迟至数十年后，才在拉丁美洲部分地区得势。在这段自由主义普遍呈现颓势的年代，除了极少的例外，教会对这个现象还真感快慰呢。

[1] 罗马教皇在颁给全球教会人员的“新事件通谕”（Rerum Novarum）中，宣告这项政策。40 年后，正值经济不景气的最低潮，又再度于“40 年通谕”（Quadragesimo Anno）中提出，时间上自然不是巧合。这项主张，一直到今日仍为天主教会社会政策的基石，并在“新事件通谕”发布百年纪念的 1991 年，再度由教皇保罗二世的通谕“百年通谕”（Centesimus Annus）予以证实。不过历次通谕定罪轻重的比重，却依政治情况有所不同。

2

三股右派力量已论其二，现在剩下的就是那真正的法西斯主义了。法西斯运动又可分为几支，其一便是赋予法西斯现象其名的意大利。而意大利法西斯是社会主义倒戈者、新闻记者墨索里尼的杰作。墨氏的名字贝尼托（Benito），是为纪念矢志反对神职势力的墨西哥总统贝尼托·胡亚雷斯（Benito Juárez）而取，十足象征墨索里尼的老家罗马涅（Romagna）地区反教廷的传统。连希特勒都毫不隐瞒，自己那一套，原师法墨索里尼的道统，对墨索里尼本人自是无限尊敬。即使到了第二次世界大战，墨索里尼和意大利暴露出其无能的弱点之后，希特勒的敬意也始终不减。为了回报希特勒，墨索里尼也响应了前者的反犹运动，但这是之后很久的事情了。而在1938年之前，墨索里尼本人领导的运动，则根本不见反犹的影子；意大利自全国统一以来，也从来不曾有过反犹的举动。[1]不过，意大利确也曾鼓励并资助过其他地方类似法西斯精神的运动，并在最意想不到之处，发挥了某种程度的影响力：犹太人锡安复国“修正主义”（Zionist Revisionism）的创始人杰保汀斯基（Vladimir Jabotinsky），即深受法西斯主张影响。这一支走犹太复国运动的路线之人，日后于70年代在贝京（Menachem Begin）领导之下，入主以色列政府。不过单靠意大利法西斯，不足以造成国际社会的关注。

1933年初，希特勒若不曾夺取德国政权，法西斯主义绝不可能变成大趋势。事实上，意大利地区以外，凡是稍有成就的法西斯运动，都在希特勒上台之后方才成形，其中尤以匈牙利的箭十字党派（Arrow Cross）为最，该党曾在匈牙利有史以来首次举行的不记名投票

[1] 值得一提的是，第二次世界大战时期，意大利军队断然拒绝将其占领区内的犹太人——主要在法国东南部及巴尔干部分地区——送交德国人或任何人予以处决。看在这一点上，墨索里尼的国人实在值得我们的尊敬。但是在意大利本地，虽然政府显然也同样缺乏消灭犹太人的干劲，当地为数不多的犹太族群却有半数尽遭灭绝。不过，意大利境内某些犹太人之所以遭难，是因为他们的武装反法西斯的身份，而非种族主义下无辜受害的牺牲者。（Steinberg，1990；Hughes，1983.）

中（1939 年），囊括了 25%的选票。另外一个例子是罗马尼亚的铁卫队团体（Iron Guard），该派获得的实际支持比前者更大。墨索里尼曾提供财源一手扶持某些地区的活动，例如帕韦利奇（Ante Pavelich）领导的克罗地亚族恐怖团体乌斯达莎（Ustashi，编者注：原文 Ustasa，暴动者之意，主张克罗地亚独立）。可是一直要到 30 年代，转向德国寻求精神和金钱资助之后，这些团体才开始大展宏图，并在思想上向法西斯靠拢。总而言之，希特勒若未曾在德国夺权成功，法西斯思想根本不可能如同共产国际在莫斯科领导之下成为左翼大军一般，一举举起右翼大旗，并以柏林为总部，演变成一种普遍的运动潮流。但是，尽管后有希特勒予以发扬光大，法西斯主义毕竟不曾发展成一股重要的运动，最多只在第二次世界大战期间的被德国占领的欧洲地区鼓动那些与德国狼狈为奸之人罢了。至于各国传统的极右派，尤其是法国，不论其如何野蛮反动，却一律拒绝跟随法西斯的乐声起舞：这些右派分子只有一个立场，除了国家主义，还是国家主义，其中部分人士甚而加入地下抗德运动。因此之故，法西斯潮流之所以对欧洲造成较大冲击，全是因为当时德国国际霸权地位不断提高之故。否则，各国原本与法西斯无缘的反动统治阶层，又何必自找麻烦，装模作样频向法西斯分子暗送秋波呢？正是在德国声势震撼之下，葡萄牙的萨拉查，才于 1940 年宣称他与希特勒两人交好，英雄“所见略同，而携手同盟”（Delzell，1970，p.348）。

1933 年后，各股法西斯势力，一致意识到德国霸权的势力，然而除了这个共同点之外，彼此之间却难寻出相似之处。像这样一类理性不足、全靠直觉意志当家的运动，理论基础往往甚为薄弱。虽然在保守知识分子活跃的国家里，如德国即是一例，反动理论家深受法西斯思想的吸引，可是吸引他们的成分，往往是法西斯表面粉饰性的层面，而非法西斯主义真正的核心思想。墨索里尼虽然有宫廷理论家金泰尔（Giovanni Gentile）为其御用，希特勒也有哲学家海德格尔（Heidegger）在一旁大敲边鼓，可是墨索里尼大可请理论走开，于法西斯的存在也无妨碍。而希特勒本人，恐怕根本就不知道，更不在乎海德格尔是否支持。此外，法西斯也不主张如“统合国家”等特定的国家组织形态，希特勒很快便对这类做法失去兴趣了。更何况一国之内，企业组合群立的现象，从根本上就和以个人为参政基本单位的平民社会观念（Volksgemeinschaft, or People’s Community）相冲突。甚至连占法西斯思想中心地位的种族主义，一开始也不见于原版的意大利式法西斯。相反地，法西斯主义却和右派非法西斯者，持有很多相同的看法，如国家主义、反共立场以及反自由主义等等。两者之间，还有一个相似之处，尤其在非法西斯性质的法国反动团体当中，更为接近：双方都喜欢采用街头暴力形式，以达成本身的政治要求。

至于法西斯与非法西斯的右派之间最大的不同，在于前者的存在，采用由下而上的群众动员方式。传统的保守分子，往往悲叹民主的出现，对全民政治感到极端厌恶。而鼓吹“组织性国家”的旗手，则恨不得越过民主阶段，直接进入统合主义。法西斯主义，就出现在这样一个时代气氛之中，借着动员群众，发光发热，并利用盛大的公众场面，维系其象征意义——例如德国的纽伦堡（Nuremberg）群众大会；意大利民众齐集威尼斯广场（Piazza Venezia），遥瞻墨索里尼的身影在阳台上招手致意——不论法西斯还是共产党，得权之后，也都一再使用种种运用群众力量的象征举措，始终不曾放弃这个法宝。法西斯可说是一场“反革命”的“革命”：它的“革命”性质，在于其词汇，那些自以为是社会受害者提出的动听请求，也在其主张全面改变社会形态的呼吁之中。此外，它还刻意借用改造社会革命主义者的符号，越发体现其“革命”气质。希特勒一手组织“国家社会主义工人党”（National Socialist Workers Party），借用（略事修改）左派红旗为自己的党旗，并在1933年立即响应，以红色革命的“五一”劳动节作为德国的法定假日。党名、党旗、法定节日，纳粹袭用社会革命运动手法的意图，明显已极。

法西斯与传统右派，还有另外一项不同之处。虽说前者也大鼓其如簧之舌，主张回到传统的过去，而那些恨不得一手抹掉过去这个纷乱世纪的怀古派，也给予法西斯热烈的支持；然而归根究底，法西斯并不是西班牙内战期间在纳瓦拉（Navarra）地区大力支持佛朗哥将军的保皇党王室正统派（Carlist），也非印度甘地，一心想返回工业革命以前那种朴素自然、小村落手工制造生产的年代。在真正的意义上，法西斯毕竟不属于传统主义的运动潮流。不错，法西斯也认同许多传统的"价值观"（至于这些"价值观"到底有没有"真价值"，则是另一回事，在此不予讨论）。法西斯抨击自由派要求从父权之下解放出来的主张，认为妇女应该留在家中，生养众多子女。法西斯也不信任现代文化，认为它会腐蚀社会人心，其中尤以现代派的艺术为罪大恶极。这些艺术家被德国国社党当成堕落下流的左翼文人，是"文化界的布尔什维克党徒"。但是尽管如此，法西斯的中心路线——意德两国的法西斯运动——也却不图保留保守秩序的传统守护人，亦即国王与教会。法西斯的打算，是设立一个与传统势力全然无关的领导体系取而代之，而新领导阶层则出自白手起家、自我奋斗的成功者。他们的合法地位，经广大群众的支持而确立，靠世俗的思想意识而巩固。而他们作为基础的世俗思想，有时甚至可以狂热到类似宗教崇拜的地步。

因此，法西斯推崇的"往日时光"，不过是人工制造的假物。他们的传统，是人为的发明建造。即使连法西斯宣扬的种族主义，也与美国人寻根续谱的意义不同。后者是为了万世血统纯正的虚荣，想要证明自己是16世纪英格兰萨福克（Suffolk）乡间某位具有武士身份的小地主的具有纯正血统的后裔。可是法西斯的种族思想，却来自19世纪末期后达尔文主义（post-Darwinism）遗传科学的杂家学说（遗传学在德国特别受欢迎）。说得更明白一点，法西斯倾心的是应用遗传派［亦即优生学（Eugenics）］，该派妄想借用优胜劣汰的过程，选留优种，剔除劣种，创造出一支超级的优秀人种。而这一支借希特勒之力将命定主宰世界的人种，是无中生有的，并非历史上真正存在的种族，本来连个名字也没有，到了19世纪末期的1898年，才由某位人类学家为其创造了一个新种名：所谓“北欧民族”（Nordic，也指日耳曼人，意指居住于斯堪的纳维亚地区高个长颅、金发白肤的人）。法西斯主义的信仰原则，既对18世纪的遗产如启蒙运动、法国大革命感到深恶痛绝，连带之下，自然应该不喜现代化的发展及进步才对。可是矛盾的是，遇有实际需要，它却又迫不及待，忙将自己那一套疯狂无理的念头，与现代科技连在一起。唯一的例外是其曾以思想意识的理由，削减本身在基础科学方面的研究（参见第十八章）。在打击自由主义一事上面，法西斯更获得全面胜利。文明社会出现法西斯这种现象，证明了人类可以一手推销如精神错乱般的人的人生理念，一手却牢牢掌握当代高度发展的科学文明。两者并行，不费吹灰之力。这种两极矛盾的奇特组合，从20世纪后期，基本教义派极端分子以电视、电脑为工具大肆发挥其募款能力的现象，令人可见一斑。

因此，极端的国家主义，兼有保守圈子的价值观点，以及从群众出发的民主政治，再加上本身自创的一套野蛮无理的新型意识。但是，对此我们尚须做进一步的阐释。极右派兴起的非传统主义运动潮流，早在19世纪末期，即在欧洲数国出现。当时，自由主义之风日甚一日（亦即社会在资本主义之下加速改变面貌的现象），而社会主义的思想也四处传播，工人阶级的运动，声势日益浩大。一股民族大迁徙的移民潮，也将一波又一波的外来民族带往世界各处。在自由主义、社会运动、移民浪潮等种种挑战之下，极右派的反动心理应势而生。这些离乡背井的男女老少，不但漂洋过海，远去异邦，就是在一国之内，人口更大量地由乡间迁往都市，从东区移向西区，换句话说，人人离开家园，去到陌生之地。反过来看，陌生外乡人涌向的去处，正是其他民族的家园。每100名波兰人中，就有15名永远去国远适，另外尚有每年以50万计的季节性波兰外出劳动力，这些移民当中，多数都加入移入国的工人阶层。19世纪末期移民潮正如同20世纪末期移民潮的预演。各国民众兴起一股仇外情绪，仇外心绪表达于外，最普遍的现象就是种族主义，即保护本地民族的纯正，免受外来劣等民族的污染或淹没。连向来笃信自由思想的德国社会学大家韦伯（Max Weber），都深惧波兰移民过盛，有段时期竟也认为，“泛日耳曼民族联盟”（Pangerman League）有其必要。而在大西洋的另一边，美国境内反移民运动的气氛同样狂热。乃至在第一次世界大战期间及战后，反移民心理之盛，竟使自由女神之邦关上大门，拒绝向往自由的子民进入。而当初女神巨像之耸立，本是为了欢迎这些子民来到她的怀抱啊！种种事例，可见种族主义心理深重之一斑。

各种右派潮流运动的根源是一股社会小人物的愤怒之情。小人物身处社会之中，一边是大公司大企业的巨石迎面击来，一边是日益升高的工人运动壁垒挡住去路，两面夹攻之下，小人物一切美梦都告粉碎。即使未曾破灭，那变化中的世情，不是夺走他们原来在社会中占有同时也深信本身该有的可敬地位，便是剥夺了他们觉得在这样一个动态变化的社会中自己有能力、有权利取得的身份地位。这种不满的情绪，在反犹太主义（anti-semitism）的运动中表现得最为典型。在19世纪最后25个年头里，以仇恨犹太民族为宗旨的政治运动，开始在某些国家出现。而当时犹太人遍布各地，正好成为这不公平世界中一切可恨事物之所寄。更何况犹太人一心尊奉启蒙思想，又因为在法国大革命里插了一脚获得解放。但是也正因为他们对这些新时代思想运动的参与，更使其成为众矢之的。犹太人是万恶资本家、有钱人的象征，也是革命煽动者的象征，更代表着这一代“无根的知识分子”，是传播邪恶力量的媒介。犹太人重视知识，更使得他们在一些需要教育背景的职业竞争中，取得较大的优势，而在他人眼中，这种竞争，除了不公平，当然还是只有不公平。此外，犹太民族又代表着外族外民与外人。至于基督教那一向坚信的旧思想：犹太人是杀害耶稣的元凶首恶，犹太民族之罪，自然更不在话下。

西方人痛恨犹太人的情绪，的确相当普遍深入。而犹太人在19世纪社会的地位也相当暧昧不明。当时罢工的工人，甚至与种族主义意识无关的工人运动，往往动不动就攻击犹太人开设的店面。工人也经常假定自己的雇主是犹太老板（在中欧及东欧的大部地区，这一点倒相当正确）。然而，我们却不可因此将这些工人视为德国国社党的原型。他们最多只像爱德华时代英国的自由派知识分子一般［如布卢姆斯伯里团体（Bloomsbury Group）］，由于天生认为排犹为理所当然，因此在政治上成为激进右派反犹路线的同路人。在中东欧地区，犹太人是农村居民购买生活所需及与外界经济活动联络的中间人，所以当地小农反犹情绪的历史比较久远，也更具爆炸性。新时代新世界的大震动，对斯拉夫、马扎尔、罗马尼亚的乡农来说，是如此不可理解，而生活却有莫大的变化。这一切，更是只有怪罪到犹太人的头上了。而传说中犹太人杀害基督教幼童以为献祭牲礼的传统迷信，这一群肤色黝黑的无知乡民依然深信不疑。因此，社会大变动的时刻一到，对犹太人的屠杀迫害（Pogrom）自然不可避免。1881 年，社会革命者暗杀沙皇亚历山大二世之后，俄国的反动分子，就曾鼓动民众向犹太人报复。在这种社会历史及心理背景之下，一条直路大道，便从原本的反犹情绪，笔直通往第二次世界大战期间的灭犹行动了。而传统的反犹主义，也为东欧的法西斯运动提供了群众基础，其中尤以罗马尼亚的“铁卫队”与匈牙利的“箭十字”为著。至少在前哈布斯堡和罗曼诺夫的王朝境内，传统反犹运动和法西斯的反犹现象有很多联系。相较之下，在号称日耳曼第三帝国（German Reich）的德国境内，农村及地方上的反犹情绪，虽然也根深蒂固，并且极为强烈，但其暴力倾向却很低，我们甚至可以说，他们比较默认犹太人的存在。1938 年间，德军铁蹄进占奥地利首都维也纳，当地犹太人逃往柏林，却惊异地发现此地的街头不见同样的反犹情绪。柏林街头的反犹暴力，来自上级的命令，1938 年 11 月对犹太人的攻击就是一例（Kershaw，1983）。19 世纪中东欧民间对犹太人的间歇屠杀，虽也极其野蛮残忍，但若和一个世纪之后，大规模系统化的灭犹行动相比，却不免小巫见大巫了。1881 年死在俄皇亚历山大事件中的犹太人人数甚少，1903 年死于基什尼奥夫（Kishinev，今摩尔多瓦共和国首都）屠杀者，则约为四五十人左右。可是数目虽低，却引起举世——当然的——公愤，因为当时，在20世纪野蛮行为尚未来临之前，小小的牺牲，便足以令那些以为文明应当不断进步的世人侧目。甚至到了1905年时，随着俄国农奴的起义，虽有更多犹太人不幸遭到屠杀，但是根据以后更高的比较标准而言，当时的死伤人数也显得相当少——全部只死去800人左右。相形之下，到了1941年德军向苏联境内挺进之际，3天之内，立陶宛人就在维尔纽斯（Vilnius，今立陶宛国都）杀害了3 800名犹太人。数字虽高，却还是大规模有计划集体屠杀犹太人开始之前的死亡人数。

激进右派的新兴运动，一开始虽然出于传统的褊狭心态，最终却在根本上改变了旧传统的结构。对于欧洲社会的中下阶层魅力特别大。19世纪90年代已形成的国家主义派知识分子，更以此为其中心理论。而“国家主义”（Nationalism）一词本身，就是在那十年当中，由反动阵营一群新发言人新创出来的名词。于是中产阶级，以及中下阶层的好战之士，一举而向右。这种向右大转变的现象，多发生于民主及自由主义思想不甚昌盛的国家，或自身不与民主自由认同的阶级。换言之，主要都是一些尚未经历类似法国大革命重大转变的国家与地区。事实上，在西方自由主义的核心阵营里面，例如英法美三国，革命的传统弥漫一切，足以抵挡任何大规模的法西斯运动。美式的民粹主义，固然有种族主义的心态，而法国的共和人士，也许有大国沙文主义自大无比，却万不可将之与法西斯混为一谈：这两者都属于左派，并不是法西斯主义的原型。

然而这并不表示，一旦法国革命精神标榜的“自由、平等、博爱”的老调不再重弹，革命老将就不再追随新起的政治口号了。在奥地利阿尔卑斯山区，挥舞着纳粹旗帜的活动者，多来自地方上的专业人士，包括兽医、土地测量员等等，而他们原都是当地自由派的一员，属于受过教育，从乡下教区环境之下解放出来的新一代。同样，日后到了20世纪，正统的无产阶级社会主义工人运动解体，许多体力劳动者从此无所忌讳，根深蒂固的沙文思想与种族偏见，便开始宣泄无遗。在过去，他们虽然也不免接触这些偏激思想，但为了效忠工人运动起见，他们不好意思跟自己支持的党派唱反调。党的立场既是热情反对顽固的沙文主义及种族思想，自己当然不便公开表露真实的感受。20 世纪 60 年代以降，西方世界排外仇外以及种族歧视的思想，主要存在于体力劳动阶层之中。但是回到法西斯主义初期，这类想法却仅局限于四体不勤的劳心者。

某些历史学者，迫不及待地想要为纳粹支持者翻案，凡是 1930—1980 年间对这方面所做的“任何”研究，都想将其中原有的共识予以推翻（Childers，1983；Childers，1991，pp.8，14—15）。然而，法西斯思想兴起并发展的年代里，以中产及中下阶层为其主要支持者的现象，却是连这一批学者也无法否认的事实。鉴于对法西斯党阶层成分的研究甚多，就以其中一个对两次大战期间奥地利议会成员的分析为例：1932 年，当选维也纳区议员的国社党员之中，18% 是自由职业者，56% 为白领阶层、写字间职员及政府公务人员，16% 属于蓝领阶层。同年在除维也纳以外的 5 个入选奥地利议会的纳粹党人中，16% 为自由职业者和农民，51% 从事写字间职员等职，另 10% 为蓝领工人（Larsen et al，1978，pp.766—767）。

这些数字，并不表示法西斯运动得不到工人阶层广泛支持。姑且不论罗马尼亚铁卫队的领导层成分如何，支持这个组织的绝大部分民众，毕竟还是来自贫农大众。至于匈牙利箭十字团体的选民，则多属工人阶级（共产党在该国不合法，而社会民主党则因受到霍尔蒂政权的包容而在选票上付出代价，成员始终不多）。在奥地利，自 1934 年社会民主党受到重挫之后，大量的工人选票流失到纳粹党去，此种趋势，在乡间尤其明显。更有甚者，一旦法西斯政权身份确定，建立了合法的群众地位之后，如德意两国的法西斯党，许多原本支持社会主义或共产党的工人，也都纷纷转向与新政权认同，人数之多，实在不是坚持左派传统的人愿意看见的。不过尽管如此，法西斯路线毕竟跟农业社会的根本传统相违（除非像在克罗地亚地区，受到罗马天主教会之类组织的帮助而强化）。而一般与有组织的工人力量认同的党派，在意识形态上，也往往和法西斯思想势不两立。因此，支持法西斯的核心民众，自然要以社会上的中产阶级为主。

然而，法西斯的原始要求，到底能引起中产阶级民众多少共鸣，这却是个没有标准答案的问题。它对年轻一代中产阶级的吸引力之强，自是不在话下，众所周知，

欧洲大陆的大学生在两次大战之间的年代，一向都强烈倾向极右派。1921 年（即早先“进军罗马”事件发生之前），意大利法西斯党成员的 13% 为学生。至于德国，早在 1930 年时，就已经有 5%—10% 的学生加入党派，但那些在日后成为纳粹党员的德国人，在这个时候，多数对希特勒还没有多大兴趣（Kater，1985，p.467；Noelle / Neumann，1967，p.196）。我们也可以看出，法西斯党员之中，中产阶级的前军官比例甚高。这些人经历了第一次世界大战那场前所未有的旷古大战，战事虽然惨烈，却是他们人生事业的高峰。与战时璀璨的成就相较，后来的平民生活实在太平淡，太令人失望了。当然，有这类心态之人毕竟只是中产阶级中的一部分，属于对行动派醉心的人。而对多数人而言，最大的威胁是中产阶级社会地位的降低，不管这是真实的地位，还是传统心态自以为应有的地位。总之，随着维系旧有社会秩序架构的变形崩裂，极右派的要求，在他们耳中变得更为动听。德国币值在通货膨胀之下，已经变得一文不值，继之又是全世界的经济大萧条。双重打击实在太重，连中产阶级的中高层公务人员的政治立场也走上极端。这些中高级的政府官员的职位，通常都被视为铁饭碗，若非情势极端险恶，谁不乐得在那些缅怀下台皇帝威廉的老派保守爱国政权之下逍遥自在呢？要不是国家已经在他们眼前、在他们脚下四分五裂了，谁又愿意为兴登堡元帅（Field Marshal Hindenburg）领导的共和国卖命呢？两次大战之间，多数与政治没有关系的德国百姓，都相当怀念德皇威廉统治的帝国时代。甚至到了 20 世纪 60 年代，虽然多数联邦德国居民都以为德国史上最好的日子

就是现在（只是想当然），但是60岁以上的老人中，却有42%觉得1914年以前的年代比现在更好。相形之下，只有32%深受今日经济奇迹（Wirtschaftswunder）打动（Noelle / Neumann，1967，p.196）。1930—1932年间，一批又一批右派及中间路线的资产阶级选民，纷纷倒向纳粹，但是，这些人并不是法西斯的真正建筑师。

鉴于两次大战之间政治斗争路线划分的方式，保守派的中产阶级自然有可能成为法西斯的支持者，甚至成为后者的同路人。一般而言，对自由主义社会及其价值观的最大威胁主要来自右派。但就既有社会秩序来说，其威胁却在左派。夹在中间的中产阶级百姓，只好依自己心中最恐惧之事选择依从。传统派的保守人士，通常比较同意法西斯宣传家的论调，随时可以与之携手，对付共同的头号敌人。20年代，意大利法西斯阵营在报界极得好评，甚至到了1930年，也有着相当不错的舆论评价。唯一不给他们好脸色的，只有自由派的左翼文人。英国著名的保守人士，擅长恐怖小说的约翰·巴肯（John Buchan）曾这样写道："多亏了法西斯主义的大胆实验，否则过去这10年来，政坛人士恐将交白卷，毫无建树可言。"（Graves / Hodge，1941，p.248.）这倒是真的，通常擅写恐怖小说之人，少有为左派思想所动者。希特勒之所以夺权成功，还得感谢传统右派阵营的一臂之力，可是一旦上台，他却过河拆桥，把他们全部给消灭了。至于西班牙的佛朗哥将军，也将当时尚默默无闻的小党派长枪党（Falange，西班牙法西斯党派）招纳到门下，因为他领导的阵营，是以右派全体大联合为名，共同对抗1789年及1917年两场革命的幽灵，虽然这两场革命之间有何不同他并不清楚。佛朗哥运气好，第二次世界大战期间没有正式站到希特勒的一边，可是他却派了一支志愿部队"蓝色分队"（Blue Division），前往苏联战区与德军并肩作战，对付那一群主张无神论的共产党人。而法国的贝当（Pétain）元帅，当然更不是法西斯或纳粹一路的人。这也就是为什么到了第二次世界大战结束，在法国被德占领地区当中，世人很难分辨，到底哪些法国人是真正的法西斯及德国走狗，哪些又只是拥护贝当元帅领导下的维希政府的小配角。两者之间，实难划出一条清楚的界线。某些法国人的父祖，曾在德雷福斯事件中（Dreyfus，译者注：1894 年，法国陆军上尉德雷福斯，因受反犹阴谋陷害而被判叛国罪。事件爆发，法国各界均卷入这场风暴，各政治党派也分成两个阵营，互相攻讦。法国文学家左拉因支持德氏，而被迫离开法国）加入反德雷福斯的一边，不但深恨犹太人，对这个共和国更无好感——维希政府里一些元老，自己当年甚至就干过这桩事——于是在上一辈或本身这类情绪的影响下，糊里糊涂，便染上了倾心“希特勒欧洲”狂热分子的色彩。简单地说，所谓两战之间右派分子“自然”的大联盟成员范围极广，从主张老式反动思想的传统保守派，一直到濒于法西斯病态心理边缘的偏激分子，可谓五花八门，无所不有。但是保守主义及反革命者，力量说起来强大，通常却很少行动。因此法西斯主义的出世，不啻为他们带来一股蓬勃的动力，更重要的是，让他们看见保守力量战胜混乱时局的实例。（亲法西斯意大利的那群人，与人辩论时总喜欢拿这件事做例子：“在墨索里尼领导之下，连火车也准时了。”）正如 1933 年之后，活跃的共产党为群龙无首茫然无向的左派提供了一股极大的吸引力一般，一时之间，法西斯的成功，宛如为右派指出了未来的光明大道。在国社党夺得德国政权之后尤其如此。更有甚者，就在这个节骨眼儿上，法西斯竟然也叩开了——想想看在全球所有这些国家之中——保守派英国政治的大门，时间虽然短暂，却足以证明这股“实证效果”的强大。英国政坛最显赫的人物之一，莫斯利爵士（Oswald Mosley）皈依法西斯的门下，报界巨子之一的罗瑟米尔子爵（Lord Rothermere），也为法西斯大吹法螺。前者领导的运动，不久即为该国可敬的政坛人士所唾弃，后者的《每日邮报》（*Daily Mail*），也旋即停止了对英国法西斯联盟（British Union of Facists，莫斯利所创）的支持。但是法西斯的思想，居然能够赢得两人的欢心，不可不谓意味深长。毕竟当时的大英帝国，仍被世人视作政治社会稳定的模范。对于这个荣誉，它也当之无愧。

3

第一次世界大战之后，激进右派的呼声之所以甚嚣尘上，总的来看，毫无疑问，是对社会革命以及工人阶级势力的壮大的反动——事实上，社会革命及工人阶级势力的壮大也是真实的。就个别而言，右派针对的目标，自然是俄国的十月革命和列宁领导的社会主义。若没有以上这个新势力、新现象的出现，世间也就不会有法西斯的存在了。虽说自19世纪末期以来，那些替极端右派思想煽风点火的宣传家，就已经在欧洲多国政坛上野心勃勃地大声疾呼，但是直到1914年以前，他们的行动全部都在相当的控制之下。就这个观点而言，一些法西斯辩护士的看法也许没有错：都是因为先有了列宁，而后才有墨索里尼和希特勒。但若要说法西斯本身的野蛮行为无罪却是完全站不住脚的谬论。80年代某些德国历史学家，就企图为法西斯开脱罪责，他们认为，都是先有俄国革命开了野蛮的先例，才有法西斯受其影响起而模仿（Nolte，1987）。

然而，若要肯定“右派基本上是对革命左派的反作用力”的说法，必须先提出两项重要的补充条件。首先，我们不可忽略，第一次世界大战本身，对一个重要的社会阶层产生了极大的冲击，也就是以中产阶层和中低阶层为主信仰国家主义的士兵阶层。这一群德国青年男子，在1918年11月苏俄因革命退出战争之后，痛失杀敌立功的良机，对人生英雄岁月的不再而大感怅惘。这批所谓的“前线战士”[front-line soldier(*frontsoldat*)]日后在极右派的运动当中，扮演了最重要的角色。希特勒本人，就是其中一员。他们当年来不及在第一次世界大战中一显身手，建功立业，此时却成为第一批极端国家主义阵营暴力部队的主要成员，意大利的战斗团（*Squadristi*），德国的义勇军（*Freikorps*）皆是。1919年初，密谋杀害了德国共产党领导人李卜克内西与罗莎·卢森堡的德国军官，即属这一类人。早期意大利法西斯成员当中，更有57%是上次大战的退伍战士。我们在前面已经看见，第一次世界大战是一部残忍强暴的杀人机器，而这些人的兽性，虽在当时不得宣泄，日后却因终能得逞而沾沾自喜。

同时在左派鼓吹下，从自由派人士开始，一直到反战、反军事的各种运动，世人对大战的大量屠杀嫌恶已极，普遍希望和平，却忽略了一小撮好战人士的出现。他们的人数，在比例上虽然极小，实际数目却不可低估。1914—1918 年间的战事虽然可怖，对这些人来说，却是一场重要的经验，带给他们无比的激励。军服、纪律、牺牲——不管是自我还是他人的牺牲——以及鲜血和权力，这才是男子汉大丈夫活在世上的意义［除了其中一两位之外（尤以德国为最），这些勇夫不曾对战争出版过任何著作］。他们是当代的“兰博”（Rambo），自然成为极右派争取的当然目标。

我们要补充的第二点是，右派反动的风潮，并非只针对布尔什维克党人而发，右派反对的是所有此类的运动，特别是有组织的工人阶级。在右派人士看来，工人运动不仅威胁到既有的社会秩序，根本就是传统秩序解体的罪魁祸首。列宁其人，与其说是“真正的威胁”，不如视为“威胁的象征”更为贴切。在许多政客眼中，社会主义的工人党派并不可畏，它们的领导人其实相当温和。可怕的是工人阶级显示的实力、信心，及其极端的走向。旧有的社会主义党派，在此冲击之下，焕然一新，变成一股崭新的政治力量，进而成为自由主义国家不可或缺的后盾。难怪第一次世界大战刚刚结束，自 1889 年以来，社会主义宣传家大声疾呼的中心要求，即一天工作 8 小时的要求，马上在欧洲各国让步之下获得实现。

工人阶级的潜在力量如此强大，保守派观之思之，不觉胆战心惊，感到深受威胁。眼看那些雄辩的反对党头目、工会领袖摇身一变，纷纷上台成为政府官员，他们看在眼里，滋味自然不好受。但是比较起来，更令人心惊之事，却是这股新兴力量蕴涵的威胁意味。算起来，这伙人不都属于左派吗？回到当年社会紊乱不安的年代，实在很难划分他们跟布尔什维克有何不同。老实说，大战刚结束的那几年，要不是共产党拒绝接受，许多社会主义党派早就欣然投入其怀抱了。“进军罗马”之后，墨索里尼刺杀的那个家伙马泰奥蒂（Matteotti）并不是什么共产党头目，其实只是个社会主义分子。传统的右派，恐怕把坚持无神论的苏联看成了全世界罪恶的渊薮。可是1936年间的骚动，表面看来好像是以共产党为目标——对共产党开刀，唯一的原因只是它是人民阵线成员当中最弱小的一环罢了（参见第五章）——事实上，他们所要对付的对象，却是当时风起云涌深得民意的社会主义及无政府主义思想，而后者的气势，一直到内战时期才结束。列宁和斯大林之所以成为法西斯反动思想兴起的起因，其实完全是事后找的借口。

然而，第一次世界大战后出现的右派反弹，为什么往往以法西斯的形式占得上风？这一点也需要进一步的解释。其实激进性质的右派，在1914年以前就已存在——它们的特性，是普遍患了歇斯底里的国家主义及恐外症，将战争及暴力予以理想化，思想褊狭，倾心高压统治，狂热地反自由主义、反民主、反无产阶级、反社会主义、反理性、重血统、贵身份、恋土地，一心想要重回已经被现代世界破坏了的旧价值体系。在右派自己的圈子中，某些知识分子、极端分子虽有政治影响力，却始终不曾占有任何支配地位。

第一次世界大战之后，激进分子的机会却来了。旧政权纷纷倒台，随之而去的是原有的统治阶级，以及为其发挥权力、影响、霸权的整套体系。但凡是旧系统依然运作良好的地方，法西斯之流毫无活动余地。比如在英国，虽然曾造成一些小小骚动（如前所述），却一点进展也没有，传统的保守右派始终掌握全局。至于在法国方面，一直到1940年败于德国之前，法西斯派也没成多大气候。法国虽有传统的极右派——主张君主制的法兰西行动派（Action Francaise），以及拉罗克上校（La Rocque）率领的火十字团（Fiery Cross）——它们虽然急于痛击左派，却算不上法西斯党。事实上，其中有些人甚至还参加了左派地下抗敌组织。

此外，在新兴的独立国家里面，若有新起的国家主义者或团体执政，往往也无须法西斯主义效劳。新兴的统治阶级，立场也许反动，手段极可能专制，但若论起其有法西斯的性质，往往言过其实。两次大战之间的欧洲反民主右派集团，通常只是在嘴皮子上与法西斯认同，骨子里却完全是两家人。新复国的波兰在集权好战者统治之下，捷克斯洛伐克的捷克部分则属于民主政权，两者却均不见有分量的法西斯运动发展。此外，法西斯的势力，同样不见于塞尔维亚部族在新成立的南斯拉夫聚居地。即使在法西斯或类似运动侵入的国家，如匈牙利、罗马尼亚、芬兰，甚至包括佛朗哥的西班牙——虽然佛朗哥本人不是法西斯——领导人本身也许是老牌的右翼或反动分子，但除非万不得已屈服在德国压力之下（例如1944年的匈牙利），通常都将法西斯势力控制得相当牢固。当然，在这些少数国家主义者当权的新旧国家里面，法西斯自有其不可忽视的魅力，至少看在可以借此向意大利以及德国（1933年之后）索取某些财源及政治帮助的份儿上，向法西斯靠拢不是傻事。比如当年的（比属）佛兰德斯、斯洛伐克，以及克罗地亚等国就是打的这个主意。

能够让右派极端分子得势的条件有：国家元首、统治机制没什么作用；百姓人心涣散，茫然不知所从，对国家局势极度不满，不知道到底应该跟从何人的脚步；社会主义运动风起云涌，大有社会革命一发不可收拾之迹象，事实上却又缺乏革命的条件；国家主义兴起，对1918—1920年间制定的和约极端憎恨。在各种状况齐集之下，原有的特权统治阶级束手无策，人们不免会对极右派的主张心动，并向其求援。1920—1922年，意大利的自由主义政府之求诸墨索里尼的法西斯党；1932—1933年，德国保守派之求诸希特勒的国社党，便都是势穷力竭而出的下策。同理，极右派的运动组成了庞大的组织力量，有时甚而组成穿着制服的非正规部队（墨索里尼的战斗团）。经济大萧条期间，极右派还在德国组成大规模的投票部队。然而，德意两国虽然成为法西斯国家，法西斯党却不是靠“夺权”上台。无论法西斯分子如何喜欢吹嘘自己“占领街头”和“进军罗马”的辉煌战绩，法西斯之所以登上德意两国的政坛，却是在原有政权的许可之下实现的（在意大利，甚至是出于原政权的主动）。也就是说，它们是以“宪政合法更替”的形式上台的。

法西斯党真正的新计谋，是一旦登台称王，就再也不肯遵守旧有的政治规则。只要是它有办法控制的地方，不论大小，法西斯一律全盘吃掉。所谓权力完全转移，即消灭所有对手的过程，在德国不过两年（1933—1934），在意大利则较为长久（1922—1928）。但是不论时间长短，一经确立，内部就再也没有约束法西斯一党专政的力量了。最典型的现象，就是在一位超级民粹的“元首”（Duce；Führer）领导之下，形成一个权力无限的独裁政权。

笔锋至此，不得不提一下，一般对法西斯主义有两个不甚恰当的看法。其中一个与法西斯派有关，但为许多自由派历史学家借用。另一个是与正统的苏维埃马克思主义学说有关。总而言之，世上根本没有所谓的“法西斯式革命”。而法西斯主义本身也不是“独占性资本主义”或大企业的体现。

法西斯运动的确带有几分革命运动的气质，因为只要法西斯顺应社会需求来一场脱胎换骨的大改变，并且反对资本主义及寡头的独占，它就具备了几分革命的成分。可是，革命法西斯这匹驽马，却始终不曾起跑。纳粹全名虽为“德意志国家社会主义工人党”，可是任谁如果对党名中的“社会主义”部分认真的话，希特勒马上便将其打入冷宫——希特勒本人，显然并不把社会主义这个名词当回事儿。所谓回归中古时代的小民世界，小农工匠、汉斯少年、金发姑娘，人人安分守己世代相传的乌托邦社会毕竟不可能在20世纪这个重要的国家里实现［唯一的例外，恐怕是纳粹二号头子希姆莱（Himmler）一手规划的梦魇国度。在那里，他计划制造出一个血统纯正的人种来］。更不要说在世界上所有政权之中，德意两国一心一意，只想朝现代化及科技进步的方向前进。

因此，国社党最大的成就，在于一举清除了旧有的帝国阶级及制度。事实上希特勒掌权之后，唯一曾经起来向他挑战反抗的只有旧贵族阶级的普鲁士陆军，此事发生于1944年7月。事后，这批军官全被消灭。因此，德国旧有的上层阶级和组织制度，先有纳粹的铁腕粉碎在先，继有第二次世界大战后西方占领军进一步彻底扫除在后，这些事实上却为德意志联邦共和国建立了牢固的基础。而第一次世界大战后在德国成立的魏玛共和国（Weimar Republic，1918—1933）则不然，充其量不过是战败的德意志帝国少掉一个皇帝罢了。不过若论社会政策，纳粹也的确为民众做了几件事：法定假日、国民体育运动，以及计划中的“国民车”等等［国民车的构想，第二次世界大战后成为众所皆知的“大众车”（Volkswagen，即beetle）］。但是国社党最大的建树，还在于为德国扫除了经济大萧条的现象，其功效之强，比其他任何政府都大。这还多亏纳粹反自由的立场，纳粹根本就不相信什么自由市场的玩意儿，方才放手一搏。话虽如此，纳粹不过是老酒装新瓶，一个重新改装重新得力的旧式政权，在根本上，并非迥异于以往的全新政权。这一点，德国跟30年代军国主义的日本相同（相信不会有人把当时的日本视作革命性的政权），两者都是实行一种非自由主义的资本主义经济制度，将本国的工业系统，推上令人瞩目的高峰。至于法西斯意大利，不论是经济或其他成就，比起德国则不过尔尔，我们从它在第二次世界大战中的表现就可以看得出来。意大利的战时经济出奇地差，所谓“法西斯革命”的高论，不过是嘴上说得好听罢了。当然对国民大众来说，这个美丽的辞藻虽属口吐莲花，却是真心实意。而意大利的法西斯跟德国完全是两回事，后者是在大萧条的痛苦经验，以及魏玛政府无能表现的夹击之下被激发出来的，而意大利法西斯却是旧统治阶级公开的维护者，是为抵御1918年后因革命造成的动荡而产生的。事实上，它多少带有19世纪以来意大利统一过程中的传统，其结果是产生了一个较前更强大的中央政府，因此就这一点而言，意大利法西斯也算功不可没。比如说，历届政府中它是唯一能够彻底镇压西西里黑手党（Sicilian Mafia）以及那不勒斯卡莫拉秘密会党（Neapolitan Camorra）势力的。然而就历史的意义而言，意大利法西斯的目标及功业都不重要，最要紧的在于它为全球首创了反革命风潮成功的新范例。墨索里尼的作为，给了希特勒极大的灵感，而希特勒也从未忘记恩师的启示，意大利的事在他的心头上也始终居于首位。而由另一方面来看，长久以来，在各种右派运动之中，意大利法西斯一直是个特例。它不但容忍“现代派”（Modernism）前卫艺术的存在，甚至还有几分欣赏。更重要的是，直到1938年墨索里尼与德国采取同一阵线以前，意大利法西斯对于反犹太的种族主义思想也始终不感兴趣。

至于法西斯是“垄断资本家”化身的说法也值得商榷。谈到那些超级大企业组织，只要政府不真的将之收为国有，它跟哪一种政权都可以水乳交融，而无论哪一个政权，也都不得不与其交好。所谓法西斯对“垄断性资本利益”的体现程度，其实并不高于美国民主党的新政，或英国工党政府，以及德国的魏玛共和国。30年代初期的德国大企业并不特别想要这个希特勒，他们若有选择，恐怕还比较喜欢正统的保守主义。一直到经济大萧条袭击世界，德国企业界才开始对希特勒稍微看重些。待到希特勒上台，企业界方才开始衷心拥戴地，到了第二次世界大战期间，德国企业甚至开始使用强制劳动力以及死亡集中营的死囚。另外，犹太人的资产遭到没收，德国人的大小企业自然利益均沾。

然而，对资本主义企业而言，法西斯主义自然有几项其他政治体制不及的地方。首先，法西斯清除了（至少击败了）左派的社会革命，事实上等于是抵挡红色浪潮的中流砥柱。其次，法西斯统治下，没有工会组织，管理阶层不受任何限制，可以随心所欲使用其劳动力。许多大老板、经理人，他们管束属下奉行的教条，根本就是法西斯本身的“领导原则”，而法西斯主义也充分授予其合法地位。再次，工人运动既然不存在，政府便可采取虽不合理，却对企业极为有利的整治萧条的手段。1929—1941年间，同一时期在美国，前5%消费阶层的（全国）总收入，跌落了20%（英国和北欧则呈类似却较平均的跌势）；可是德国却跃升了15%（Kuznets，1956）。最后，我们曾经提过，法西斯相当擅长刺激工业的增长及现代化——虽然在风险性和长期科技计划方面，比西方民主国家要落后一截。

4

假设经济大恐慌不曾发生，法西斯主义在历史意义上还会占有一席之地吗？答案可能是否定的。光靠意大利单打独斗，缺乏震撼世界的条件。意大利之外，20年代的欧洲，也没有什么前途看好的极右派反革命运动，当时极右派欲振乏力，而主张起义的共产主义社会革命也好不到哪里去。原因不是别的：1917年后掀起的革命激情已经逐渐消退。世界经济局势也正日渐好转。德国十一月革命之后，极右派人士以及他们组成的非正规军，虽然也曾受到德意志帝国时代社会的中坚军事将领、公务人员等辈的支持，但可想而知，后者的着眼点，主要在于确保新生的共和国能够守住保守和反革命的立场，更重要的是，维持德国在国际的地位，保持活动的余地。因此支持归支持，遇到紧要关头非做选择不可的时候，保守集团毫不犹疑，还是会回头力保现状。1920年右派发动的卡普叛变（Kapp Putsch），及1923年慕尼黑暴动即是二例——也就在慕尼黑的暴动中，希特勒头一回上了报纸的头条。然而一旦经济情况好转（1924年），国社党的势力立刻一落千丈，变成了微不足道的小党。1928年的大选中，国社党敬陪末座，只得到2.5%—3%的选票，仅为共产党得票率的五分之一，更不及社会民主党的十分之一。票数之低，甚至还比不上当时德国最小的党派——斯文温和的德国民主党（German Democratic Party），其票数只有后者的半数多一点。然而两年之后，国社党却跃升为德国第二大党，一举攻下18%的选票。4年之后，1932年夏，更登上德国第一大党的宝座，席卷了全部选票的37%。但是在真正民主式选举进行的期间，国社党就没有这么威风了。希特勒现象之所以能从一种偏激的边缘政治，地位一再跃升，最终成为国家命运的主宰，显然都是拜大萧条所赐。

然而，尽管经济大萧条是促成法西斯得势的一大原因，若没有德国凑上一脚，法西斯主义也不可能在20世纪30年代一发不可收拾，变成力量如此庞大、影响如此深的狂潮。论国土面积和经济军事潜力，更不要说其地理位置，德国都是欧洲数一数二的国家，不管由哪一类型的政府执政，都不会影响其政治地位的重要。两次世界大战的惨败，却都不曾打垮德国深厚的实力，即可见一斑。20世纪即将结束，德意志毕竟仍是欧洲大陆的第一大国。德意志之于法西斯，正如苏联之于共产党。马克思主义者为左派夺下了世界上土地面积最大的国家（"足足占有全球六分之一的陆地"——共产党人在两次大战之间常常喜欢这么说），使得共产主义在国际上崭露头角，扬眉吐气。即使共产党势力在苏联境外势消力弱之际，其重要性也一样不容忽视。同样，希特勒夺得德国政权，足以证明墨索里尼在意大利的成功，从此法西斯车轮开足马力，一举登上国际政治舞台的中心。以后的10年里，德意两国同样推行军事扩张，大逞其狼子野心（参见第五章）——又有亚洲的日本隔洋助阵，声势更见强大——东西携手，共同决定了国际政治的动向。如此一来水到渠成，其他一些条件合适的国家或运动，自然也深受法西斯主张的吸引，纷纷寻求德国和意大利的庇护——而德意两国野心勃勃，正中下怀，自然欣然接纳它们的投靠。

在欧洲地区，这一类投入法西斯怀抱的运动多属政治上的右派，其中道理自然不言而喻。在犹太复国运动的阵营里，有意大利法西斯倾向的一派杰保汀斯基率领的"修正路线"，显然就自居为右派。对于复国运动组织中占绝大多数主张社会主义和自由派的左翼团体，杰保汀斯基派采取对立的立场。不过，法西斯之所以能在30年代在国际社会甚嚣尘上，单靠德意两大强国推波助澜，就足见其实力了。其实在欧洲地区以外，其他各国几乎不具备任何促使法西斯思想诞生的条件。因此，若连这些国家也出现法西斯分子，或出现受法西斯影响的运动风潮，其政治意义，不论就位置还是作用而言，法西斯究竟扮演着何种角色，就更值得玩味了。

当然话说回来，欧洲法西斯在海外的确也有其回响存在。耶路撒冷的伊斯兰教首领穆夫提（Mufti），以及其他各地反对犹太人移民巴勒斯坦的阿拉伯人（犹太人有英方做后台），自然觉得希特勒的反犹太意识跟自己意气相投。虽然在传统上，伊斯兰教始终与各种异教徒并居并存。至于所谓“雅利安种”（Aryans）的印度教（Hindu）徒，则自以为血统高人一等，是真正原版的雅利安人，瞧不起同居印度次大陆的肤色较深的其他民族。这种心态，与现代斯里兰卡（Sri Lanka）岛上的僧伽罗（Sinhalese）极端分子相同。而南非荷兰人后裔的布尔人，第二次世界大战期间曾被加入盟国的南非政府拘留。战后南非实行种族隔离（1948 年），领导这项政策的一些人便是当年关在拘留营里的布尔人。他们的心态意识，自然与希特勒有几分渊源——一是对种族思想深信不疑；二是受盛行于尼德兰低地一带的加尔文教义影响，具有极右派的气质。但若因此便说法西斯不同于共产党，根本不曾存在于亚非地区（唯一的例外可能是在欧洲移民当中），因为它似乎与当地政治没关系，这种说法却不能成立。

就广义而言，日本就是一个典型的例子。第二次世界大战期间，日本与德意结盟，在一条阵线上共同作战。日本国内的政治，更全为右派把持。东西之间，轴心国家真是心神交会，意气相投。日本人种族意识之强，举世无出其右，他们自认为是全球最优秀的民族。为了维护种族的纯正及优越，在军事上，日本人深信自我牺牲、绝对服从、禁欲自制是必要的美德。日本人崇尚武士道的精神，也必然衷心信服希特勒党卫军（SS）的精神口号（‘Meine Ehre ist Treue’最贴切的翻译，恐怕就是“荣誉，即盲目的服从”）。当时的日本社会阶级制度谨严分明，个人则全然奉献于国家和天皇，对于自由、平等、博爱，更是绝对地排斥。瓦格纳歌剧里蛮族世界的众神，神圣纯洁的中古骑士，尤其是日耳曼山林的自然风光，充斥着德国民族主义（Volkisch）的梦幻，种种神话传说，日本人心领神会，接纳吸收毫无困难。日德两民族都具有同样的特质，可以在野蛮的行为里糅进纤细精致的美感：集中营里残忍的屠夫刽子手，却喜好舒伯特的四重奏。如果法西斯思想可以移译为禅家偈语，日本人八成也会趋之若鹜，唯恐迎之不及吧。但是他们自家的“精神食粮”已经够用，不需要法西斯再来锦上添花。不过，却也有部分日本人士看出东西方法西斯精神的共同点，大力鼓吹日本加强与欧洲法西斯的认同。这些人士包括日本驻欧洲法西斯国家的驻外人员。但最卖力者，则是专门暗杀政坛人物的超国家主义恐怖团体，谁若被它们认为爱国不力，势必难逃毒手。此外，尚有声名狼藉的日本关东军，在中国烧杀掳掠，无所不为。

但是，欧洲法西斯运动风潮意义重大，并非区区东方式封建思想外带帝国式国家使命所能包含。法西斯兴起于民主的时代这个属于黎民百姓的世纪。单单就广大群众动员起来，形成一股“运动”潮流，众人从自己中间选出领袖，进而以前所未有的革命为目标的意义而言，对裕仁天皇治下的日本，根本就是匪夷所思格格不入的观念。日本相中德国的东西，仅是普鲁士的陆军及传统，只有这两样事物，才正合日人的胃口。简单地说，日本的军国主义虽然与德国的国家社会主义貌似神似，骨子里面日本人却绝对不能算作真正的法西斯。至于日本人跟意大利人之间的精神接壤，其间的距离，就更为遥远了。

再论其他那些希冀德意援手的国家。尤其在第二次世界大战初期，一时之间，轴心国势力似乎胜券在握，那些纷纷来投奔法西斯的诸国，思想意识的认同，更不是它们主要的动机。虽然在表面上，例如克罗地亚乌斯达莎等奉行国家主义的小国，由于其一线生存完全靠德国，因此毫不踌躇地大肆脸上贴金，吹捧自己比希特勒的党卫军还要纳粹。此外，两次大战之中，争取爱尔兰统一的爱尔兰共和军，以及以柏林为基地的印度国家主义分子，也都有人向德国谋求合作，我们若因此便将它们当作“法西斯”，那可是大错特错。因为它们的动机乃是建立在“敌人之敌，便是吾友”负负得正的原则之上。事实上，当年爱尔兰共和军的首领莱恩（Frank Ryan），就曾经与德方有过合作协议。可是莱恩其人，却是法西斯思想的反对者。反对之强烈，甚至在西班牙内战期间，加入国际纵队（International Brigade），大战佛朗哥，最后被佛朗哥军俘获送交德国。像这样一类的例子，应该不至于影响我们的判断。

看过欧亚非三洲之后，还剩下另一大洲。在这片大陆之上，不可否认，欧洲法西斯的思想确曾发挥过不可忽视的冲击力。那就是美洲大陆。

在北美地区，欧洲风云激起的反响，主要局限在特定的移民群内。这些来自欧洲的人，带着故国旧有的思想移居新大陆，比如迁自北欧及犹太的移民，就具有一股亲社会主义的气质。另外有一些人，则不忘故国之恩，对别去的母国多少留有几分依恋，因此在德国情愫影响之下——意大利也包括在内，不过程度淡得多——美国的孤立主义自有来由。虽然在实际上，并没有足够证据显示大量的美国人转为法西斯派。德国国防军部队的那一套行头及迷彩军装，振臂高呼向元首敬礼的形象，与北美本地的右派组织及种族歧视活动（最著名的有美国三K党），可并不是一家人。当时美国境内，反犹太的情绪自然极为强烈，不过此时反犹太的右派化身——如库格林神父（Coughlin）从底特律向外播出的广播讲道节目即是一例——其灵感来源，其实跟欧洲天主教右派统合主义比较接近。30年代美国最典型的意识现象，以美国人眼光来看，显然属于极端激进的左派传统。10年之间，这一类民粹派煽动的行为中，成就最大的人要数夺得路易斯安那州长席位，以独裁手法治理该州的休伊·朗（Huey Long）。美国左派以民主之名大肆削弱民主，以平等主义为要求，大大赢得贫苦民众的欢心。至于小资产阶级之徒，以及天生就具有反革命自卫本能的富贵人家，自然对之恨之入骨。可是美式的政治风潮，不论左右，都不属种族主义。因为不管哪一种派系的运动，只要呼喊着“人人是王”（Every Man a King）的口号，怎么也不可能与法西斯传统沾亲带故。

法西斯思想在美洲大陆的势力，只有在拉丁美洲地区方才开了张。不但有政坛人士深受影响，例如哥伦比亚的盖坦（Jorge Eliezer Gaitán，1898—1948）以及阿根廷的庇隆（Juan Domingo Persón，1895—1974），也有国家政权正式以法西斯名号成立，例如1937—1945年间，瓦加斯在巴西成立的“新国度”（Estado Novo，即New State）。当时美国政府深恐法西斯风气煽动之下，纳粹势力在南美增大，会向北美形成包抄之势。其实这种担忧根本是过虑，因为法西斯对拉丁美洲诸国的影响，多半仅限于本国政治。除了阿根廷明显地倾向轴心国力量之外——不过只有在庇隆当政前后方才如此（1943年）——第二次世界大战中，西半球的政府一律加入美国阵线作战，起码在名义上属于盟国一方。但另有一个事实也不可否认：当时某些南美国家的军队制度，均师法德国，有的还由德国甚至纳粹教官负责训练。

格兰特河以南的美洲地区（Rio Grande，译者注：格兰特河是美墨边界河流，其南即指整个拉丁美洲），之所以深受法西斯的影响，理由其实很简单。在这些国家看来，1914年之后的美国，已不复当年反帝先锋的形象。19世纪的美国，是追求进步的拉丁美洲人民的朋友，在外交上，曾帮助他们对抗英法西三国的帝国或前帝国势力。可是1898年的美西战争（译者注：此战美方获胜，美国从西班牙手里夺取了波多黎各、关岛和菲律宾），继之而来的墨西哥革命（1910年），更不要说石油和香蕉工业的兴起，使得拉丁美洲政治圈子掀起了一股反美、反帝国主义的风潮。20世纪前三分之一的年代里，华盛顿当局显然只对炮舰外交和海军陆战队的登陆战果感兴趣，至于对拉丁美洲风起云涌的反对运动则没有丝毫阻止的行为。秘鲁的阿亚·德拉托雷（Victor Raul Haya de la Torre）建立了反帝国主义阵线的“美洲人民革命联盟”。阿亚·德拉托雷的野心是以全拉丁美洲为目标，不过其联盟组织只在其本国秘鲁奠定了一定的地位。他的计划，是请尼加拉瓜著名的反美运动桑地诺部队的军官为教官，为其组织训练出一批颠覆分子来（桑地诺军队曾于1927年后实行游击作战，长期对抗美方的占领。

80年代的尼加拉瓜桑地诺党革命，其革命感召力就来自当年的桑地诺运动）。这些再加上经济大萧条的打击，30年代的美国看来雄风不再，称霸美洲的声势大减。罗斯福总统放弃了诸位前任坚持的炮舰政策，在南方的邻国眼里，这不但是一种“睦邻”的手势，同时也意味着美国国势的衰弱（这一点他们却看错了）。因此，30年代的拉丁美洲不再把北方的邻居看作自己的导师。

但是向大西洋另一边望去，法西斯显然成为30年代的成功典范。拉丁美洲这块大陆，向来是在文化霸权地区寻找灵感。它们的领袖，总是不断向外眺望，渴望寻得一份可以帮助本国富强现代的秘方。如果说，世上真有这样一个典范，可供这些想要更上一层楼的拉丁政客模仿学习，那么自然非柏林、罗马莫属。因为伦敦、巴黎已经没有任何政治灵感，而华盛顿更是毫无作为。（至于莫斯科，仍被外界视为社会革命的典型，因此多少限制了其政治上的吸引力。）

然而，不论这些拉丁美洲的领导者们，如何感谢墨索里尼和希特勒两人提供的政治养分，他们本身的作风及成果，却与其师法的欧洲诸国有着巨大的差异。当年玻利维亚革命政权的总统，私下曾亲口承认，欠下法西斯不少思想恩情。作者至今犹记当时听到此语时心中感受的惊诧之情。玻利维亚的战士及政客，眼里虽然看着德国的榜样，手底下实现的组织结果，却是1952年的革命。革命不但将该国的锡矿收归国有，并为印第安小农阶级实行了激进的土改政策。在哥伦比亚国内，伟大的人民保护师盖坦，不从右派着手，却一举夺下了自由党（Liberal Party）领导人的位置，要不是他于1948年4月9日在波哥大（Bogota）遭人暗杀，当选总统后势必引导该国走上激进的路线。暗杀盖坦的事件，立刻在哥伦比亚首都掀起大规模的暴动（包括警察在内），很多省首府还马上宣布成立革命公社。拉丁美洲首领汲取于欧式法西斯榜样的所谓政治养分，其实是后者对行动果断的人民领袖的神化。可是拉丁美洲革命者打算动员并且的确动员起来的群众，却不是欧洲法西斯那些因害怕失去本身拥有的东西，因而起来反抗的一群。

而被动员起来的众人对抗的大敌，不是外人（虽然庇隆派和阿根廷的其他党派都难否认其反犹太的色彩），却是本国的寡头阶层——也就是富人，当地的统治阶级。庇隆的核心群众来自国内的工人阶级，而他最基本的政治团体，则是他于各地培养的大规模工人运动中发展出来的类似工人政党的组织。巴西在瓦加斯领导之下的运动也有同样的结果。该国的陆军当局先于1945年逼迫他下台，最终又于1954年逼迫他自杀。而痛悼瓦加斯之死的，则是他曾给予社会保护以换取政治支持的都市工人阶级。欧洲的法西斯政权，摧毁了工人运动，而受其灵感激发而起的拉丁美洲领袖，却相反地一手发展了工人运动。不管两者在思想意识上有何等亲密关系，就历史意义而言，这两种不同的运动却断断不能混作一谈。

5

前述各类运动的兴起，正是灾难大时代自由主义衰亡现象的一部分。虽然自由阵营的败退，以法西斯主义出现为其最具戏剧性的高潮，但若完全用法西斯来解释自由主义的衰亡，这种看法，即使用在30年代也值得商榷。因此，在本章结束之前，我们必须为自由主义的衰落找出真正的原因。不过先得澄清一个经常为人混淆的观点：那就是把法西斯主义误认为国家主义。

法西斯主义往往迎合国家主义者追求的热情及偏见，这一点是显而易见的。但仔细计较起来，属于半法西斯的统合国家，如葡萄牙和奥地利（1934—1938），虽然其主要灵感源自罗马天主教会，却不得不对其他异族或无神的国家民族稍加提及。更进一步来看，对被德意两国占领地区的法西斯活动而言，原始的国家主义很难推行。用到那些靠外人征服本国，而发卖国财之人的身上，国家主义自然更行不通了。条件若适合，这些国家有人还能跟德国认同，彼此同在大条顿民族的旗帜之下（例如比利时的佛兰德斯地区、荷兰、北欧诸国）。可是站在法西斯立场上，有着另一个更为方便得力的观点［此说曾由纳粹宣传部长戈培尔（Goebbels）大力宣传］，却是与国家主义矛盾的“国际主义”之说。在国际主义的观点下，德国被看作未来欧洲秩序（European order）的核心，更是此秩序唯一的保证力量。当然其中更不可少查理曼（Charlemagne）光荣，以及反共产主义的要求。在欧洲一系列观念建立发展的过程中，所谓“欧洲秩序”，曾沾染过浓厚的法西斯气味。难怪到了战后，欧洲的史学家们对这个名词都不大喜欢多费笔墨。而第二次世界大战中曾在德国旗帜下作战的非德国部队往往也以超国际的成分为借口。

从另一角度来看，国家主义者也一律支持法西斯。希特勒野心勃勃（墨索里尼多少也可以算在内），不由令人起戒心，这当然是一个原因（例如波兰、捷克）。但在另一方面，我们在第五章将会看见，多国反法西斯的运动，往往也造成一股主张爱国主义的左派势力。尤其是大战期间，抗敌的地下组织多数由“民族阵线”或政府领导，这股对抗轴心的力量，深入政治系统的各个层面，却独缺法西斯主义之徒及其同路人。广义而言，各地国家主义是否倒向法西斯阵营，其中最大的决定因素，完全看其本身在轴心势力占上风时得失的轻重。此外，也得看他们对他国他族（例如犹太人、塞尔维亚族）的仇视深浅，是否更胜于他们讨厌德国或意大利的程度。因此，波兰人虽然极其厌恶俄国人和犹太人，可是鉴于德国纳粹在立陶宛与乌克兰部分地区（1939—1941年间被苏联占领）的所作所为，却始终与纳粹德国不大搭界。

那么，为什么自由主义曾在两次大战之间花果飘零，销声匿迹，甚至在不曾接受法西斯思想的国度也不例外？西方国家中，亲历过这段时间的极端分子、社会主义者，以及共产党人，都将之视作资本主义垂死挣扎之兆。他们认为，建筑在个人自由之上，并透过国会民主实行的政治制度，资本主义已经再也负担不起了。因为无意中的巧合是，各种自由权利同时也为温和改革派的工人运动建立了强大的群众基础。面对着无法解决的经济难题，再加上日益强盛的革命工人阶级，资产阶级只会回到旧路，使出高压的手段，也就是说，诉诸某种类似法西斯路线的办法。

1945 年开始，资本主义与民主自由重新恢复生机，再度蓬勃发展。胜利的光环下，世人往往忘却当年灰暗的论调里面，煽动性的言辞固然不少，但依然有几分道理存在。一国之内，对于国家及社会制度的可接受性，国民若缺乏基本的共识，民主政治势必难以发挥真正的功效。至少在国民之间，应该对社会方向具有磋商协议的共识及准备。而共识与准备，却需要先有了经济繁荣才能实现。直截了当地说，1918 年后到第二次世界大战之间的欧洲，绝大多数国家都不具备这样的条件。当时的欧洲，一场社会激变不是迫在眉睫，就是已经临头。众人对革命恐惧至极，整个东欧和东南欧地区，加上部分地中海地区，共产党连合法地位都难以取得，左右两派在思想意识上鸿沟很深，右派跟温和左派之间也无法沟通，1930—1934 年间，奥地利的民主政治因此受到严重打击而垮台。不过从 1945 年至今，与当年同样的两党系统——罗马天主教徒与社会主义者——却使奥地利的民主开出了灿烂的花朵（Seton Watson，1962，p.184）。西班牙的民主政权，也在 30 年代受到同样的压力。相形之下，到了 70 年代，西班牙竟然能够经磋商协谈，便将佛朗哥遗下的独裁统治和平转变为多元的民主政体，不能不令人惊叹。

但当年各个政权又有哪一处能够稳如泰山，安然躲过经济大萧条的袭击呢？德意志的魏玛共和国之所以不能支撑，原因是大萧条冲击之下，共和国再也无法继续它与雇主及工人组织力量之间一向所维持的默契了。而这种默契，却正是十多年共和国之所以能维持不致沉沦的主要原因。经济萧条大风一起，工业界与政府无计可施，只有实行经济社会缩减的下策，随之而来的，自然便是大量的失业。到了 1932 年中期，单凭国社党及共产党两党之力，便夺去了德国全部选票的绝大多数。而支持共和国立场的其他党派，则一落而为只有比三分之一略高的选票。相反地，第二次世界大战之后各国民主政权的繁荣，无可否认，主要是建立在这些年来经济奇迹的繁荣之上，战后新兴的德意志联邦共和国，当然也不例外（参见第九章）。只要政府有足够的能力，能够分配满足各方的需求，同时多数国民的生活水准也一直在稳定上升，民主政治的温度就会保留在温和的度数，而不会冒升到沸点。在这种情况之下，一般大家都愿意妥协让步，在意见上取得一致。甚至连坚信非推翻资本主义不可的革命战士，恐怕也觉得就实际而言，维持现状并不如理论上那么难以忍受。而资本主义大本营中最顽固的分子，在追求信仰之余，应该也认同社会安全体制的必要性，认为工会与雇主定期谈判调整工资福利，是天经地义的事情吧。

然而，大萧条本身种种迹象显示，它也只是自由主义溃败的其中一个原因而已。因为同样的状况——工人组织拒绝接受萧条造成的裁员，在德国导致国会政府垮台，最终促成希特勒被提名主政；在英国，却只不过使国家由工党政府发生大急转，转向了一个（保守派）“国家主义政府”而已。可是这项转变，却依然在英国原有的政治体系，一个稳定到简直难以动摇的国会体制里面运作。[1]可见萧条并不会自动造成代议民主体制的中止或流产。美国及北欧国家因萧条而产生的政治变化，也同样证实这一论点（美国有罗斯福的新政，北欧则有社会民主派的胜利）。只有在拉丁美洲，政府财政的极大部分是靠一两项主要产品出口的收入，一旦萧条的无情魔掌将其价格打入无底深渊（参见第三章），不论当地政府采取何种形态存在——绝大多数是军事统治——便马上纷纷自动倒台。同样，智利和哥伦比亚两国的政局，也走上了与之前完全相反的路。

归根结底，自由式的政治形态是有其弱点存在的。因为其中的政

[1] 面临萧条问题，英国工党政府在1931年分裂。工党内的部分领袖，以及某些支持他们的自由派人士，一起倒向保守派的一边。接下来的大选，保守派获得全面大胜，一直到1940年5月都稳坐宝座，未曾受到挑战。

府组织代议式的民主政体，从根本上讲并不是一直具有说服力的治国方式。而大灾难时代各国的经济社会情况，连保证自由民主政体存活的条件都嫌不够，更不要说让其发生功效了。

民主政治的首要条件，在于公认的合法地位。民主虽然建立在这项公认的基础之上，民主自己却无法制造这项公认。唯一的例外，是在根基稳固的民主国家里面，经常性投票行为的本身已经授予其选民——甚至包括势力很小的团体在内——一种“选举就是予以当选政府合法化地位的过程”的意识。可是在两次大战之间的年代里，很少有几个民主政体根深蒂固，事实上，直到20世纪初期，除美法两国以外，世界上根本找不出几个民主国家（参见《帝国的年代》第四章）。再说第一次世界大战结束之后，欧洲至少有十个国家不是刚刚成立，就是刚重新建立。因此对居民来说，这些政权都没有特定的合法地位。至于稳定的民主政权，更如凤毛麟角。总之，大灾难的年代里，各国的政治状况通常都危机四伏。

民主政治的第二项重要条件，在于各种成分的选民（the people）中，拥有相当程度的相容性。选民的选票将决定众人普选共有的政府。自由资本主义的理论，其实并不把“选民”看作个别不同的群体、社区，及各式拥有特定利益的集团，虽然人类学家、社会学家和实际参与政治之人，看法完全相反。照自由主义的正式讲法，“选民”属于一种理论的概念，而非由真人结合组成的实体。这些自足完备的个人，形成人民大会的总体。他们投下的选票，加起来便决定了代议政治里的多数与少数，多数作为政府，少数则有反对党的身份。一国的民主选举，若能超越不同人口之间的分野，或至少可以协调沟通彼此之间的冲突，这个民主便具有存活的条件了。可是回到革命激变的年代，阶级斗争而非阶级和谐才是政治游戏的法则，意识上与阶级上的不妥协性，可以彻底破坏民主的政治。再有一件，1918年后大战和约的笨拙手法，硬将各国依不同种族或宗教划分成立（Glenny，1993，pp.146—148），更加深了日后民族宗派冲突。今天站在20世纪末期的我们，都知道这按清一色方式立定国界的手法，正是伤害民主的根源。前南斯拉夫和北爱尔兰地区今日不断的战乱，就是当年的遗毒所致。在波斯尼亚一地，3 种不同民族和宗教的人民，各依其种族背景和宗教信仰投票。而北爱尔兰的阿尔斯特（Ulster），住有两群势不两立的居民。非洲的索马里（Somalia），62 个政治党派代表着 62 个不同的部落或部族，自然无法为民主政治提供任何基础，这已是众所周知的事实——索马里所能预见的，就是永无休止的纷争与内战。除非其中一支力量出奇强大，或有外来势力支持建立起（非民主的）支配地位，才能取得片刻的"安定"。三大古老帝国（奥匈帝国、俄罗斯和土耳其）的覆灭，使得三个原本统治着多个民族、政府立场超脱民族意识之外的超级大国从此消失，代之而起的则是更多的多元小国，每一个国家，都至少与国界以外的某一个——最多甚至有二到三个——种族的社群认同。

民主政治的第三项重要条件，在于民主政府不会做太多的治理。国会之所以存在，主要目的不在治理，却在于制衡那治理的人，美国国会与总统之间的关系，就清楚地阐释了这一点。民主政府的设计本意，是为刹车制动之用，结果却担上了引擎发动的担子。革命时代以来，主权性的议会逐渐增多，虽然一开始只有少数人具有选举权，但参政权却逐渐普遍。可是 19 世纪的资产阶级社会，公民的生活行动大多不属政府管辖的范围，而处于自我规范的经济社会，处于非官方私有的结社团体之中（市民社会）。[1] 单靠选举出来的议会代表管理政府当然不易，民主派规避这项困难的妙方有二：一是对政府，甚至对国会立法的期望不要太高；二是不管政府——其实就是行政当局——如何怪诞不经，依然确保其继续经营下去。我们在第一章里已经看见，一群管你上台下台，始终独立存在，经由指派任命的公务人员已经成为现代国家政府不可或缺的经营工具。所谓国会多数的意见，只有在

[1] 日后在 80 年代，东西两方都将发现充满着怀旧情绪的言论，众人不切实际地期盼，希望回到一种建立在诸如此类理想化基础之上的 19 世纪的世界。

重大并具有争议性的行政政策面临决定之际，才有其存在的必要性。而政府首长的第一要务，就是在国会里组织维系适当的支持力量，因为除了美洲各国之外，当时国会式政权的领袖，通常都非经直接选出。至于那些实行限制性选举权的国家（即只有少数富有的人、有权势的人，或一些其他特殊人物才能拥有参政权），寻求多数认同的动员整合就更方便容易了。因为这些身份特殊的“众人”，对它们的集体利益（所谓的“国家利益”）都持有共同一致的看法，更不必说有权力参与选举的阶层拥有的惊人财力了。

20 世纪的降临，却使得政府治理的功能愈加重要。旧有的政府职责，局限于提供基本法则规范企业及市民社会行为，局限于提供军警监狱以维持国内治安及防外来侵害。旧政治圈里原有一句绝妙好词，以“守夜”职责来形容政府功能，这句妙语，却随着时代演变，跟“守夜人”这个职业一般，已经开始过时了。

民主的第四项重要条件是富裕繁荣。20 世纪 20 年代民主的破产，或因为不堪革命与反革命之间的紧张压力所致（例如匈牙利、意大利、葡萄牙），或由于国家冲突而亡（例如波兰、南斯拉夫）。30 年代民主政治的倾覆，则是因为受不住大萧条的打击。这一点，我们只要看看魏玛共和国与 20 年代的奥地利，再看看今日德意志联邦与 1945 年后的奥地利，两相比较，自然一目了然。国家一旦富强，连国内各族之间的冲突也不再那么难于处理了，只要各个弱势团体的政客都能从国家这个大碗里面分得一匙就可以了。当时中东欧各国中，只有一个真正的民主政权，那就是重农党当权的捷克，而该党的力量所在，也就在于人人分得一杯羹这项原则：各个民族均分利益。但到了 30 年代，连它也支撑不下去了，再也无法维持境内各族——捷克、斯洛伐克、日耳曼、匈牙利、乌克兰——共聚一条船上。

在这种种情况之下，民主反而成为将原本就不可妥协的群体正式分化的工具了。何况即使在最好的情况下，如果各群体无法共存，民主政府都难长治久安。如果更进一步，无论哪一国以最严格的代表比例制度执行民主代议的理论，情况就会更为艰难。[1]一旦遇到危机，国会里没有多数可以依循时，另谋解决之路的诱惑就更大了，例如德国即是一例（英国却完全相反[2]）。甚至在安定的民主政体，多数国民也将民主政体里政治分化的因素看作民主制度的成本，而非效益。竞选的广告往往大肆宣传，表示候选人的政见不是出于政党路线，而是以国家利益为重，即可见一斑。一旦危难临头，民主的成本代价太高，民主的好处可就更难看出来了。

因此，在继旧有政权而起的新国度里，以及绝大多数地中海与拉丁美洲国家当中，民主政治不啻一株萎弱的幼树，企图在满地石块的贫瘠土地上挣扎生长。这一点，实在不难了解。民主政治最大的辩护是，虽然不够理想，但总比其他任何制度为佳吧。此一说辞其实也极无力，两次大战之间，这番话听来更没有说服力。连向来拥护民主的斗士，此时也哑然无言。民主潮流的没落，似乎无可挽回，甚至在老牌民主国家美国境内，观察家也严肃悲观地表示："即使美国也可能无法幸免。"（Sinclair Lewis，1935.）当时没有人预言或期待民主会有战后的复兴，更别提在 20 世纪 90 年代初期，民主政体竟一时成为全球最主要的政府形式——虽然为期甚短。回首两次大战之间的那段岁月，自由政治体制的没落，仿佛只是其征服全世界之路上的一小段挫折。不幸的是，随着公元两千年的到来，民主政治的前途却又开始不太明朗了。民主制度的优点，在 50 年代和 90 年代之间这段时期曾一度极为明显。可是这个世界，也许又要再度进入一个民主优点不那么明显的时期了。

[1] 民主选举制度不断运用的排列组合——不论是比例制或其他任何方式——都莫不是为了竭力保证或维系稳定的多数统治，得以稳固政治系统中的政府。可是比例制选举政治的本质却反使这项目标更难达到。

[2] 英国根本就拒绝任何形式的比例代表制（它的原则是"赢家通吃"）。英国人中意的是两党政治，其他党派都只是微不足道的点缀——一度称霸英国政坛的自由党（Liberal Party），就是其中之一。虽然自第一次世界大战以来，该党始终保持在全国大选中得到 10% 的选票（直到 1992 年依然）。可是德国不然，其比例代表制虽然对大党还是比较有利，但在 1920 年后，5 个主要党派和 10 多个小党派中，却没有一党能够取得三分之一的席位（只有 1932 年的纳粹党是例外）。在多数党不曾出现的情况下，宪法授予行政元首以紧急权力，也就是说，民主暂时取消了。

第五章

共御强敌

明天，对于年轻人而言，是纷飞的诗歌，是湖边的漫步，是数周的完美恳谈；明天，骑车飞驰，穿过夏日傍晚的野郊。但是今天，是战斗的时刻。……

——英裔美籍诗人奥登诗作《西班牙》

（W. H. Auden，*Spain*，1937）

亲爱的妈妈啊，所有人之中，我知道您将最为悲痛，因此我最后的思念属于您。请不要因我的死亡而责备任何人，因为是我，为自己选择了这条命运之路。

我不知道该说些什么才好，虽然我的神智清楚，却找不出恰当的言辞。我加入了解放者的行列，就在胜利的光芒已经开始闪耀之际，我却要死去了……不一会儿，我就要与23名同志一同被枪决了。

战争一旦结束，您一定得设法争取到一笔养老金。他们会把我留在狱中之物都交还给您，我带走的，只有爹爹的贴身内衣，因为我不想冷得发抖……

再说一次再见吧。您千万要有勇气啊！

不孝子

史巴泰可敬上

——1944年，法国马努尚（Misak Manouchian）地下抵抗组织成员、钢铁工人史巴泰可绝笔，时年22岁（Lettere，p.306）

1

民意调查可说是20世纪30年代诞生于美国的产物，因为原属市场研究者常采用的抽样调查的方式，自1936年盖洛普（George Gallup）开始，方才正式延伸至政治领域。而早期根据这个新方法采得的各项民意当中有一项，恐怕会使罗斯福之前的历任美国总统，以及第二次世界大战以后方才出生的读者大吃一惊。1939年1月，以“如果德苏之间开战，你希望哪一方获胜”为题做调查，被问的美国民众之中，有83%希望苏联胜利，支持德国者只有17%（Miller，1989，pp.283—284）。在这个以资本主义与社会主义两大阵营对抗为基调的世纪里，在这个以苏联为首宣扬十月革命反资本主义精神的社会主义阵营，与以美国为首并做表率的反社会主义阵营的对抗当中，美国民意竟然舍德就苏，不但不支持在政治上坚决反共、在经济上公认为资本主义的德国，反而出现这种对世界革命发源地苏联大表同情，至少也颇为偏向的论调，不是很奇怪吗？更有甚者，当时，斯大林在苏联境内倒行逆施，一般人都认为这段时期正是其统治最残酷的时期。

这一段舍德就苏的民意史，自然属于历史上的一次例外，时间也相当短暂，充其量约略可从1933年美国正式承认苏联算起，一直到1947年两大意识形态阵营在“冷战”中正式对抗为止。不过更确切一点来看，应该只包括1935—1945年的10年时间。换句话说，这段时期的范围，正好以希特勒德国的兴亡为始终（1933—1945年，参见第四章）。以此为背景，美苏两国有着共同的目标，双方都认为德国远比对方对自己的威胁更为严重。

当时美苏之所以有这种认识，实在超出传统国际政治关系或强权政治可以解释的范畴。而且正因为如此，各国之间突破常规的合纵连横，并携手作战赢得第二次世界大战胜利的意义便显得格外重大。各国最后之所以联合对德，其中真正的主要因素，是因德国之所作所为并非只是在上次大战不公处置的前提之下，急欲为自己讨回公道。德国的政策及野心，事实上完全受到特有的意识形态左右——简单地说，德国根本就是法西斯强权。反之，如果略过法西斯主义不提，德国现实政治权力的经营，各国一时尚可勉强容忍。因此在这种背景之下，各国对德国的态度，是反对、是怀柔，还是抗衡，必要时甚至是战是和，均视当事国国策及大局情况而定。事实上，在1933—1941年之间，国际政治舞台上的各主要国家，基本上都根据这项原则对待德国。因此，伦敦与巴黎当局对德国一味姑息（实际上是慨他人之慷而让步）。莫斯科也一反以往与德国对立的立场，改为中立，以求在国土上有所收回。甚至连意日两国，虽然基于共同利益与德国结盟，1939年时，却也发现国家利益第一，先不妨暂时观望，不忙着涉入第二次世界大战第一阶段的战局。但是最后事实演变的结果，证明众人都无法幸免于希特勒发动这场战争背后所依循的逻辑。意大利、日本、美国，纷纷被拖下水。

于是在30年代，局势随着时间推移越发明显，国际（主要以欧洲为主）势力的平衡越来越成了大问号。西方各国的政治问题，从苏联开始，一直到欧洲、美国，已经不再能单纯地由国与国间的竞争抗衡来解释。如今这场冲突，是世界范围内的意识形态冲突（不过，从第七章可以看出，从意识形态的角度却不能诠释受到殖民主义控制的亚非政局），而且事实的发展也证明，这场属于意识形态的战争，其中的敌我之分，不是当时所谓的资本主义与社会主义的对立，而是以下两大意识形态阵营的大决战：一方是自18世纪启蒙运动及多次大革命以来一脉相承的思想传统（其中自然包括了俄国革命）；另一方则是这种革命思想的头号死敌法西斯思想。简单地说，冲突的双方不是资本主义与社会主义，若是回到19世纪，将以“反动”与“进步”之名划清界限，并会决一死战的法西斯与反法西斯两大意识形态阵营。只是到了20世纪30年代，这两个名词已经不再如当年那般适用了。

这是一场国际性的全面战争，因为它在西方多数国家，引发了同样的问题。这也是一场国内战争，因为在每一个国家内部都存在赞同和反对法西斯两种的力量。过去从来没有任何一个时期，一国国民对本国国家及政府自发的爱国之心占有过这么不重要的地位。到第二次世界大战结束，原有的欧洲国家里，至少有十国的领导层已经换人，继任者却是战争爆发之初（有的则像西班牙，是于内战之初）原属反对党或因政治原因流亡的人，至少也是一批认为当时本国原有政府不道德或不合法的人。这些男男女女，通常是来自各国政界的核心人物，他们当时都选择了向共产主义（即苏联）而非自己祖国的效忠之路。“剑桥间谍”（Cambridge spies），和产生更大政治影响的佐尔格间谍网[1][编者注：由苏联情报员佐尔格（Richard Sorge）于 1933—1941 年间在日本所建立的情报网] 中的日本人，不过是众多这类群体中的两个而已。因此，从另一方面来看，“国奸走狗”（quisling）一词的发明——源自挪威一位纳粹的姓名——则是用来形容在希特勒铁蹄之下，那些基于思想观念的认同，而非纯属贪生怕死，甘为当时其国政府敌人效力的政界人物。

这种矛盾状况，甚至连那些纯粹为爱国心所动，而非由全球反法西斯意识形态出发的人士也不例外。因为传统的爱国主义，如今也分裂为二。坚持帝国精神并强烈反共的保守人士如丘吉尔，以及天主教背景很深的人如戴高乐，如今都选择与德国作战一途。这一类人之所以反德，并非对法西斯素有敌意，而是因为在他们的心中秉持的英国国家精神或法国国家精神。然而，即使就这一类人士而言，他们坚持的目标也属于一场国际层次的“国内”（civil）战争；因为对于爱国一事，他们的观念并不见得与其政府的立场相合。1940 年 6 月 14 日巴黎陷落，16 日法国开始谋和行动，戴高乐却于 18 日赴伦敦宣布，“自由法国”将在他的领导之下继续作战，对抗德国。他的这项行动，事实上是对当时法国的合法政权的反叛。这个政府不但已经依据宪法决定

[1] 有人认为，1941 年后期根据佐尔格极为可靠的情报来源显示，日本并不打算进攻苏联，因此斯大林才断然决定将主力部队调往西部前线。当时德军已经兵临莫斯科的城郊（Deakin and Storry，1964，Chapter 13；Andrew and Gordievsky，1991，pp.281—282）。

结束作战，其决定也已获得当时绝大多数法国人的支持。而在英吉利海峡彼岸的丘吉尔，假定面对与戴高乐相同的情况，必定也会做出同样的反应。事实上，万一大战的结果是德方获胜，丘吉尔一定会被他国的政府以叛国论罪，就像战时协助德国与苏联作战的苏联人于1945年后被本国当作卖国贼论罪一般。同理，诸如斯洛伐克、克罗地亚等民族，战时却在希特勒德国的羽翼之下，头一次尝到了国家独立的滋味（虽然是有条件的独立）。战时独立的领袖，究竟是应被该国人民视为爱国英雄，还是应被视为与法西斯沆瀣一气的通敌者，就只能依民众观点而定了：两种截然不同的立场，在斯洛伐克与克罗地亚两族内部各有民众支持。[1]

于是各国境内民心分歧，最后之所以汇合成一场既属国际战争，也是国内战争的全面性世界大战，究其原因，就在于希特勒德国的崛起。更确切一点来说，决定性的关键，出在1931—1941年间德日意三国发动并吞其他国家的侵略行动。希特勒的德国，更是侵略行动的主力。三国之中，也只有德国最最公然无情，决意摧毁革命时代“西方文明”的各项制度与价值观体系，它也是最有能力执行其野蛮计划的一国。于是一步又一步，凡是有可能成为德日意魔掌下牺牲者的国家，便眼睁睁地看着这三个后来被称为“轴心势力”的侵略强权逼近它们的铁蹄。逼到最后，终于只有战争一条路。1931年开始，战争似乎已不可避免。就像当时流行的一句话所说，“法西斯即战争”（fascism means war）。1931年，日本侵入中国东北，在那里成立了一个傀儡政权。1932年，日本占据中国内蒙古地区，并攻陷上海。1933年，希特勒取得德国政权，明目张胆毫不掩饰他的野心计划。1934年奥地利发生了一场短暂的内战，民主被一扫而空，取而代之的是一个半法西斯式的政权。这个政权的最大作为，便是抗拒德国的野心并吞；并在意大利的协助之下，镇压了一场谋杀奥地利首相的纳粹政变。1935年，

[1] 这只是意见上的不同，却不能成其与法西斯通敌的理由，不能替“以暴制暴”的行为开脱罪责。1942—1945年间，克罗地亚境内即因此血流成河。斯洛伐克的混乱，恐怕也与此有关。

德国宣布废止第一次世界大战后签订的一系列和约，重新以陆海军强国的姿态出现，并（用公民投票的方式）夺回德国西部边界的萨尔区（Saar），又以极端侮慢的姿态，悍然退出国际联盟。同年，墨索里尼也以同等轻慢国际舆论的态度，进攻埃塞俄比亚，并于1936—1937年间，将该国当作殖民地征服占领。随着这项侵略行动，意大利又师法德国，一手撕毁了它的“国联”会员证。1936年，德国收复莱茵失地，西班牙则在德意两国的公然协助与干预之下，发起一场军事政变，掀开了西班牙内战的序幕——我们在下节将对此多有描述。于是法西斯两大强国正式结盟，形成所谓的“罗马-柏林轴心”。与此同时，德日两国签订一纸“反共公约”（Anti-Comintern Pact）。1937年，不出所料，日本果然发动侵华战争，从此中日全面大战，一直到1945年才结束。1938年，德国也觉得侵略时机成熟，于当年3月吞并奥地利，没遭到任何军事抵抗。然后在接连恐吓之下，10月间的慕尼黑协定终于使捷克斯洛伐克遭割让命运，在没有任何军事冲突的情况之下，这个国家大部分领土以“和平”方式转移，并入希特勒德国；至于余下部分，也于1939年3月全部为德国占领。而数月间一直按兵不动、未曾展露其帝国狼子野心的意大利，见此大受鼓励，便也出兵占领了阿尔巴尼亚。紧接着德国再度出于领土要求，引发了波兰危机，震惊了整个欧洲。1939—1941年的欧洲大战由此爆发，并演变为第二次世界大战。

除了希特勒纳粹德国崛起为一大主要因素之外，各国最后交织发展成一张国际大网还有另外一个原因：当时自由民主国家一再软弱退让，到了令人吃惊的地步（这些国家，却刚巧也是第二次世界大战的战胜国）。不论是独力对敌还是联合出击，它们或无能为力或不愿采取行动。我们在前面已经看见，正是因为自由主义陷入危境，方才导致法西斯与极权势力的高涨及其言论的得势（参见第四章）。于是两相对照，一边信心十足野心勃勃，另一边却怯懦胆小恐惧让步。1938年的慕尼黑协定，便是这种情况的最佳写照。从那时起，在有关西方政治的讨论里面，“慕尼黑”一词成为懦弱退却的同义词。慕尼黑协定造成的耻辱，当时人们立刻便感受到了，连那些亲手签订协定之人也不例外。这份耻辱的来源，不单单在于拱手送给希特勒一个廉价的胜利，更在于签约之前，众人对战争持有的那份恐惧心理，以及签约之后，众人如释重负，认为总算不惜任何代价，终得一免战争的解脱情绪。听说法国总理达拉第（Daladier）在一手签下了这个出卖盟友的协定之后，曾经羞惭地喃喃说道：“真是疯了。”他心中已经准备好回国时面对国人的嘘声。没想到迎接他的群众不但没有嘘声，巴黎人反而很兴奋，欢迎他回来。因此当时苏联之所以能得众望，众人之所以不愿对其境内发生的暴行加以批评，究其原因，主要便是苏联坚持反对纳粹德国。与西方世界的迟疑比较，相形之下，苏联的立场多么显著地不同。因此，当 1939 年德苏两国竟然签订互不侵犯条约之际，带来的震荡也就更为巨大了。

2

全面动员抵抗法西斯即德国阵营的号召，需要三方面的响应。其一，凡在对抗轴心势力一事上具有共同利害关系的政治力量，必须联合起来。其二，拟定一套实际可行的抗敌方针。其三，各国政府做好准备，彻底实行这一套抗敌方针。而在事实上，这项动员计划一共花了 8 年工夫才大功告成——如果我们把全速迈向世界大战的起点从 1931 年算起，前后甚至有 10 年之久——然而，当时众人对这三项号召的反应，常常犹疑迟钝、反应不一。

联合一致对抗法西斯。基本上，这第一项呼声比较有可能赢得大多数人的立即响应。因为法西斯对异己者“一视同仁”，无论是何门何派的自由主义分子、社会主义者、共产党，还是任何一种形式的民主政权或苏维埃政权，一律被其视为大敌，务必摧毁。套句英国老话，大家若不想被逐个“绞死”，那就最好彼此“绞在一起”合力对敌。当时，在“启蒙左派”（Enlightenment Left）的阵营里，共产党原是最具分裂性质的一支政治势力。它们的炮火（攻击斗争，不幸正是政治激进分子的特色）往往不打向那最明显的敌人，反而集中全力攻击身边的头号竞争对手——社会民主党。可是希特勒夺权之后，18个月间，共产党的方针便有了180度的大转变，一举成为反抗法西斯联合阵营当中最有组织也最有效率（一向如此）的斗士。共产党的转变，根除了妨碍左翼阵营内部携手合作的最大阻力。不过，左翼内部彼此之间那种根深蒂固的怀疑心态，却依然萦绕不去。

共产国际提出的策略，本质上属于一种同心圆式的围堵（与斯大林共同提出）。当时共产国际已经选出保加利亚籍的季米特洛夫（Georgi Dimitrov）为总书记。季米特洛夫曾在1933年德国国会纵火案的审判中，公开向纳粹当局勇敢挑战，激起各地反法西斯的洪流。[1]于是以工人阶级联合势力组成的“联合阵线”（United Front）为基础，共产党开始与民主人士及自由人士组成的“人民阵线”（Popular Front）携手合作，形成广大的选民及政治联盟。除此之外，随着德国力量的挺进，共产党更进一步拟出策略，将前述两阵线扩大成为“民族阵线”（National Front），在此思想指导之下，众人不分意识形态、政治信仰，一律以法西斯（或轴心势力）为众人的头号敌人。这项由左而中而右，超越政治路线的反法西斯联合阵线——法国共产党“向天主教徒伸出友谊之手”，英国共产党拥护一向“声名狼藉”、专门对付共产党的丘吉尔——却较不为传统左派所接受。一直到了战争迫在眉睫，实在不得不出此下策之际，后者方才勉强相从。然而中间路线与左派人士相结合，在政治上的确有其道理存在。于是“人民阵线”分别在

[1] 希特勒掌权之后一个月内，位于柏林的德国国会大厦神秘烧毁。纳粹政府立即归咎于共产党，利用这个机会大肆镇压共产党人。共产党则反控此事全是纳粹自己一手导演，以达其迫害共产党人的目的。一名素来是革命同路人的荷兰人卢贝（Van der Lubbe），以及当时共产党议会党团的负责人和3名在柏林为共产国际工作的保加利亚人均因此被捕。卢贝独来独往，精神有些错乱，和纵火一事有关系。可是另外被捕的那4名共产党人，以及德国共产党组织，明显是被纳粹罗织罪名。但是根据目前各项历史考证，也没有发现有纳粹在后面指使纵火的嫌疑。

法国与西班牙两地稳住阵脚（法国是最先试用此策的国家），一举镇压了国内的右派势力，在选举中获得戏剧性的大胜（西班牙于1936年2月，法国于同年5月）。

中间路线者与左派联手在选举中获得重大胜利，证明以往分裂不和的不明智。左派阵营内部的人心，更开始显著地向共产党转移，尤其以法国为著，然而，共产党的政治基础虽然扩大，反法西斯的力量却不曾真正受惠。事实上，法国人民阵线虽然在选举中得到多数支持，并选出法国有史以来首次的一名社会主义人士知识分子布鲁姆（Léon Blum，1872—1950）领导的政府，可是激进派、社会主义者和共产党三方结合获得的实际票数，却只不过比三者于1932年的选票总和多出1%而已。西班牙人民阵线领先对手虽然比此稍多一点，新政府却要面对几乎达半数依然反对它的选民（西班牙左派的力量，比前还更强盛）。但是尽管现实不尽理想，胜利的果实毕竟甜美，胜利不但激发了当地的工人运动及社会主义运动的希望，更带来了陶醉的喜悦。但在事实上，当时英国工党的境遇极惨，先有经济萧条，后有1931年的政治危机——议席一溃而为只占50席的惨况——4年之后，票数虽有上升，却始终不曾恢复萧条前的盛况，其议席仅略多于1929年的半数。1931—1935年间的保守党票数虽有减少，也仅从61%左右略降为54%。1937年起由张伯伦领导的所谓英国联合政府（其名日后成为姑息希特勒的代名词），事实上拥有雄厚的多数民意基础。如若1939年的战事不曾爆发，英国必于1940年举行大选，相信保守党必能再度轻骑过关。其实，除了斯堪的那维亚的社会民主党派甚有所获是为例外之外，西欧各国在30年代的选举结果，并没有反映人们大规模向左转移的迹象。反之在东欧和东南欧选举制度依然幸存的地区，却有相当多的选票流向右翼。但是新旧大陆之间的政治气象则截然不同，1932年美国大选，民主党的选票由1 500—1 600万票骤升至几乎高达2 800万票。4年后的1936年，罗斯福再度获胜，此番赢得的选票比前稍少（此事除了选民之外，人人跌破眼镜）。不过就选举意义而言，罗斯福政治生涯的高峰已于1932年过去。

因此，传统右派的众家对头，虽然在反法西斯的呼声之下组织起来，其支持人数却不曾因此而有所增加。总的来说，反法西斯比较能够动员政治上的少数分子，远胜其对主流多数的影响。而在非主流的少数当中，又以知识分子及关心艺术的人士最具接受其观点的开放心态。因为国家社会主义高高在上的姿态，以及其对既有文明价值观的敌意，文学艺术人士首当其冲，感受最为敏锐（至于另一批受到国家主义暨反民主思潮鼓动而兴起的国际文学流派，则不在此类人士之列，见第六章）。于是纳粹种族主义立即采取行动，造成散布于这些尚存宽容气氛的园地里的犹太及左翼学者大批流亡。纳粹分子敌视知识自由的心态，立刻使得德国各大学几乎三分之一的师资力量遭到被逐的命运。希特勒上台的同时，便是纳粹版“焚书坑儒”的开始：“现代派”文化受到猛烈攻击，凡属犹太人及其他不合纳粹心意的书籍均遭焚烧。令人感到沉痛的是，对于排犹一事，除了某些确属倒行逆施的行为之外——如纳粹集中营，以及剥夺犹太裔德国人的权利，令其离群索居，贬为下等人，等等（根据当时的标准，只要祖父、外祖父中有一位犹太血统便被判为犹太人）——当时一般民众并不以此为意，充其量将其视为一时有限度地脱离常轨罢了。因为说起来，集中营也不是什么新玩意儿，向来不过是恐吓共产党人的法宝，以及专门用来关押反叛人员的牢狱，老派保守分子对其还颇具好感。而大战爆发之际，各集中营里一共只有8 000余名犯人（这一类监狱，后来转变成数十万人，甚或数百万人遭受恐怖酷刑的死亡集中营，则是在战争进行当中才发生的演变），直到战争开始之前，不论纳粹当局对犹太人何等野蛮，何等凶残，其对于犹太人的“最终解决”，似乎也仅限于集体逐出，而非集体屠杀。何况若从政治以外的角度看，当时的德国虽有不甚可称道之处，却是一个国势安定、经济繁荣的国家，并拥有一个颇受人民爱戴的平民政府。但在貌似正常的表象之下，有心人却可以从当时出版的书籍之中——包括“领袖”本人所著的《我的奋斗》（*Mein*

Kampf）一书——发现一个事实：在种种挑动种族情绪充满嗜杀口吻的言辞背后，以及达豪（Dachau）、布痕瓦尔德（Buchenwald）等地集中营里发生的残酷谋杀里面，还潜藏着一个处心积虑并意图将现有文明完全翻转颠覆的企图。因此，30年代第一批大规模起来反对法西斯的社会人士，即属西方的知识分子阶层（他们当时虽只是少数学生，多数却出身"人人敬重"的中产家庭，其本人在将来也将跻入中产阶级之列）。这批人的实际人数虽然少，影响力却极为可观，当然也是因为其中包括新闻界从业人员在内之故。这些新闻工作者频频向西方非法西斯国家保守的读者群及决策人士发出警讯，提醒他们注意纳粹主义背后真正的本质。在这一方面，新闻界人士扮演了相当重要的角色。

至于如何抵制法西斯阵营的兴起，实际的方针在纸面上看来既简洁又合理。各国应该联合起来，共同抵御侵略者的行为（国际联盟的存在，就为这个目标提供了一个可以大有作为的运作架构）。对侵略者的狼子野心，绝不可有任何妥协让步，可采用威胁恫吓的手段——必要时采取共同行动，并付诸实施——以吓退或击败侵略者的意图及行动。苏联外长李维诺夫（Maxim Litvinov，1876—1952），便自命为这项"集体共同安全"（Collective Security）防御体系的发言人。但是说来容易做来难，妨碍众人合作的最大难处，在于人心不齐。当时（于今犹然），各国就算对侵略者同具疑惧之心；彼此之间，却也有其他现实的利害冲突，以致意见不合行动不一。

双方之间最明显的隔阂，在于苏联与西方世界的对抗。一方是处心积虑一心以推翻资产阶级政权，并最终建立遍布全球之无产阶级政权为已任的苏维埃社会主义共和国联盟。一方则是洞悉苏联心意视其为叛乱倾覆行为的始作俑者及教唆之徒的西方国家。这种造成双方貌不合神亦离的情况，到底产生多少影响，使得众人无法顺利合作，实在很难估计。虽说1933年之后，世界上主要国家多已承认苏联政权，而且只要合乎自身利益，各国政府随时愿意与之修好，但在各国内外，却依然存在着各种反对布尔什维克的力量，并将其视为人类的头号敌人。这种情况，与1945年后冷战时期的反共情形殊无二致。英国情报机构更集中一切力量，专事对付共产主义者的威胁，甚至迟至30年代中期，方才放弃将共产党视作主要目标的做法（Andrew，1985，p.530）。无论如何，当时许多保守人士都认为——尤以英国为最——这一切问题的最好解决办法，就是德苏之间开战，鹬蚌相争，一举将两个产生祸害的力量减弱，甚至毁灭掉。就算布尔什维克败在德国手里，但同时能使后者国力大减，却也未尝不是一件好事。于是西方政府迟迟不愿与苏联有效协商，甚至到了1938—1939年间，众人联合抵抗希特勒的必要性已经迫在眉睫，不容任何人否认之际，各国依然不改其狐疑态度。抗阻合作的力量之大，迫使1934年以来便与西方站在同一阵线，坚定带头反对希特勒的斯大林一反前定，深恐自己落入单独对付希特勒的泥淖之中，于是在1939年8月与德国签下了互不侵犯条约。斯大林希望依此条约，苏联可以置身事外，坐观德国与西方各强相斗，互挫锐气，而苏联则得以坐收渔利，并根据条约中的秘密条款，取回苏俄自革命以后失去的一大片西部领土。最后事实证明，斯大林这个如意算盘完全打错。但是他这番举动，却与前此共同御德的意愿遭到失败一般，再次证明各国之间利害分歧之严重。而1933—1938年间，纳粹德国之所以能令人咋舌地顺利兴起，几乎未曾受到任何抵制，极可能便肇因于此。

尤有甚者，由于地理位置、历史传统，加上经济力量等种种缘由，各国政府的全球战略也有很大差异。比如以美日两国为例，它们的重心分别在太平洋地区以及美洲，欧洲的局势与它们实在没有什么重大关系。对于英国而言，欧洲大陆的风云也同样无足轻重，因为它一心仍然看重于自己的世界帝国地位，并以维持全球海上霸权的战略为主——虽然在事实上，英国国势已经大衰，其两重目的一重也难以达到。至于东欧各国身处德俄两强之间，情势使然，国策自然受其地理位置左右，尤其在后来的局势发展之下，西方各国显然不能保护它们时更是如此。其中更有一些国家，已于1917年后自苏俄取得部分土地，因此它们虽然反德，却也不愿见到任何抗德的联盟行动把苏联势力再度带回到自己的国土之内。但是最后事实证明，真正能够发挥作用，给法西斯有效打击的联合行动，却少不了苏联这一份力量。再从经济角度观之，英国等国都心知肚明，上一回已经发动过一场远超自己财力物力所及的大战，如今再度面对重整军备的局面，便都不禁望而却步。简而言之，各国虽然都认识到轴心势力的存在确属一大威胁，但是在认知与行动之间却有一段极长的距离。

而自由派的民主思想，更扩大了这道“知易行难”的鸿沟（依照自由民主观念的定义，它天生便与法西斯和极权思想格格不入）。民主自由的政体，不但减缓甚或阻碍了政治上的决策过程——美国便是一个明显的例子——而且对于那些不受民意欢迎的理念方针，执行起来必然更为困难，有时甚至不可行。于是某些政府便以此为借口，掩饰自己的颟顸麻木。而美国的例子更进一步显示，甚至像罗斯福总统这般具有广大民意基础的总统，也无法违背选民意志，推行自己反法西斯的方针政策。因此要不是珍珠港事变，以及希特勒对美宣战，美国自始至终必将置身第二次世界大战之外。因此除此两大事件之外，我们实在找不出其他任何理由让美国投入这场战争。

可是，真正使西方重要的民主国家——例如英法两国——抗敌意志削弱的症结所在，却不是民主政治的运作，而是上次大战的悲惨记忆。这段伤痛，不论是选民还是政府，举国上下都痛铭于心，永远不能忘怀。因为那场战争造成的冲击，不但史无前例，而且无人幸免。若以人命计（而非以物质计），第一次世界大战的损失对英法两国来说，远比日后第二次世界大战的牺牲为大（参见第一章）。因此它们不计任何代价，务必防止这类战事的再起。只有在用尽一切政治手段，却依然无计可施之下，方才会诉诸一战。

然而，各国这种“不愿开战”的心理，却不可与“拒绝作战”一事相混淆。不过法国身为上次大战交战国中损失最为惨重的国家，此时军中的士气，确已因此大挫。参战各国，没有一个是兴致勃勃、快快乐乐去的，即使连德国人也不例外。而在另一方面，所谓完全无条件的和平绥靖论调，虽然曾于20世纪30年代在英国流行一时，却从来不曾成为一场普遍的群众运动；到1940年，更完全消失。第二次世界大战期间，社会上对于“基于良知理由的反战人士”虽然相当容忍，但是事实上真正“拒绝作战”的人数却也少之又少（Calvocoressi, 1987, p.63）。

至于非共产党的左翼众人，自1918年后，对战争及军国主义的残酷行为更是深恶痛绝，比起1914年以前的厌战心理，其厌恶程度更甚（至少在理论上如此）。但是尽管反战，不计代价的和平理论仍是少数人的看法，即使在反战呼声最强的国家法国也不例外。1931年在英国主张和平主义的兰斯伯里（George Lansbury）由于一场意外的选举混乱，发现自己变成英国工党的领袖。到1935年，却又被迅速无情地赶下领袖宝座。英国工党与1936—1938年间由社会主义者领衔的法国人民阵线政府不同，我们不能责其不够坚定，缺乏对抗法西斯侵略者的决心，该责备的，却是其拒绝支持实施必要的军备措施，例如重整军备、进行征兵等可以彻底发挥抗德作用的备战措施。同此，共产党人虽然从来不会为和平言论所诱，却在这一点上，与英国工党政府同样失策。

左翼阵营在当时，其实陷入了左右为难的尴尬境地。就一方面来说，众人虽战栗于“一战”的阴影，并对未来一战怀有不可知的恐惧，如今却因反法西斯的声势浩大受到鼓舞，因而动员起来。法西斯主义本身，具有强烈的战争意味，足以使人起来与之决一死战。而就另一方面而言，对法西斯徒有对抗，却不诉诸军事行动，分明难有成功之望。更进一步来说，若想单凭众人的坚定意志，以和平手法使纳粹德国甚至墨索里尼意大利覆灭，这种想法等于妄想。这不但是对希特勒的本质太不了解，对德国境内的反对力量也寄予过多不切实际的幻想。总而言之，凡亲身经历过这段时期的人，当时便都很清楚一个事实，那便是最终不免一战。不论策划何种方案，以求避此一祸，大家也知道终属徒然。犹记得当时众人的内心深处——作为历史学家，作者也不得不求助自己的记忆——都料定战争一定会来，都知道自己必将走上战场，甚至为此送命。作为法西斯的反对者，大家都知道，一旦大战爆发，别无选择，只有走进战斗队伍。

然而，左派人士在政治上两难的局面，并不能用来解释其政府失败的原因。因为有效的军备措施是否实施并不在于政党政治中国会的决议，甚至在某一时期政客们对选举的顾忌也不能决定一切。但是各国政府，尤其是英法两国，实在被第一次世界大战伤害得太重。法国经此一战，筋疲力尽，已到了严重失血的地步，国力之弱，可能连战败的德国还不如。自德国复兴之后，法国更瞠乎其后，若没有盟国撑腰，可说什么都不是。而其他唯一与法国有同等利害关系，可与之携手的欧洲国家，只有波兰以及继承哈布斯堡王朝领土的各小国。但是这几个国家实在太弱小，根本无济于事。于是法国举全国财力，下全部赌注于区区一线防御工事——马其诺防线（Maginot Line），这是以一名不久即为人所忘的部长之名而命名——希望借此可以像当年凡尔登（Verdun）一役，以大量伤亡遏制住德军的攻击（参见第一章）。除此之外，法国人唯一的指望只有英国，1933 年之后，更只有指望苏联。

而英国政府呢，同样也意识到自己在根本上的虚弱。在财力上，实在打不起另一场战争。在军事上，英国也不复拥有一支可以同时在三大洋及地中海作战的强大海军。与此同时，真正让英国操心的倒不是欧洲，它最头痛的问题，是如何运用这支力量不足的军力，挽回自家在地域上前所未有的庞大但实质上却濒临解体的帝国残业。

英法两国都深知自身的国力太弱，无力维持于 1919 年建立的国际政治秩序。它们也都知道，目前这种局势极其不稳，继续维持实在难上加难。再战一场，非但无益，徒招更大损失。因此眼前的上上之策，便是与再度兴起的德国磋商，以求建立一个较为持久的欧洲秩序。但是这种做法，显然便意味着向日渐强大的德国让步。不幸的是，新复兴的德意志帝国，却掌握在黩武独夫希特勒的手中。

所谓“绥靖”政策，自 1939 年以来即被报界口诛笔伐，可以说声名狼藉。但我们不得不提醒自己，其实这种做法，在当时许多西方政客眼中看来极有道理。这些人心里并不十分反对德国，在根本上也没有强烈反对法西斯的热情。尤其对英国人来说，欧洲大陆的版图更迭，特别是在那些“我们极不熟悉的遥远国度”（张伯伦语，1938 年论捷克斯洛伐克事件）里发生的变化，可不是什么令英国人血压升高的大事。（法国人可就不同了。可以想象，任何有利于德国的举动，都使得法国人神经紧张。德国迟早会跟法国作对，可是法国弱得很，哪里禁得起？）但是如果再来一场世界大战，定会使英国经济崩溃，大英帝国也必然瓦解大半。后来事实证明，果如所料。虽然从社会主义者、共产党、殖民地独立运动领导者，以及美国罗斯福总统的观点来看，只要能够打倒法西斯，他们随时愿意付出这笔代价。可是我们不要忘记，对讲究理性与实际的大英帝国统治者来说，如此牺牲实在太过分，绝无必要。

然而事实发展显示，希特勒德国的纳粹主义根本不讲道理，其政策目标既无理性又无止境，与之妥协谈判，无异于与虎谋皮。扩张侵略，先天就是希特勒这套系统的基本质素。除非众人趁早认命，接受德国必然取得支配霸权的局面——也就是打定主意，不去抵抗纳粹挺进的行动——否则战争必不可免，只是迟早而已。因此在 30 年代，意识思想便在政策形成上扮演着一个中心角色：如果德国的意图是由纳粹思想挂帅，那么讲求现实政治的做法就完全失去可行性。有识之士于是认识到一个事实，那就是与希特勒之间完全没有妥协余地。不过，前者对现实状况的评估虽然相当正确，其结论却建立在极不实际的理由之上。他们之中，有人认为法西斯在原则及先验上难以容忍而反法西斯；有人则站在同属先验性质的立场上持另外一种理由反对法西斯——他们以为，我的国家“代表的理念正义之所在”，岂可妄言牺牲低头（丘吉尔即为第二类人士之代表）。丘吉尔的矛盾是：这一套浪漫伟大的念头应用在政治判断之上，自 1914 年以来已经证明一错再错——包括他自己一向沾沾自喜自以为高明的军事对策在内——可是面对德国问题，这一宝却竟然给他押中了，再合乎实际不过。

反之，主张姑息手段的政治现实主义者，对当时状况的看法却一点也不实际。甚至到了 1938—1939 年间凡是头脑清楚的人，都可看出要与希特勒达成任何协议是难于登天之时，那群姑息主义者却抱着他们莫名的和平幻想仍不死心。就是在这种背景之下，才会发生 1939 年 3 月到 9 月间那场黑色荒谬的悲喜剧。可笑的一幕，终于以一场大战的形式宣告结束——这却是一场其时其地，没有一个人想打的战争（甚至连德国人也不例外）。而英法两国，一直到 1940 年德国发动闪电战将它们摧枯拉朽般扫到角落之际，才弄清楚自己作为交战国家到底应该扮演怎样的角色。大势所趋，英法虽然不得不接受眼前的事实，却始终无法面对现实，从而认真考虑与苏联洽谈合作一事。然而若没有苏联参与，盟国既不可能拖延战争，更不可能赢得这场战事。若没有苏联相助，张伯伦提出的承诺——保证助东欧各国抵挡德国的突击攻势——无异于一张废纸。伦敦与巴黎当局其实并不想打仗，充其量只愿意显示一下制止战争的实力。此时，希特勒和斯大林两人都认为不动武简直不切实际。斯大林一再遣使与西方协商，建议双方在波罗的海沿岸共同布阵，奈何对方置之不理。德军铁蹄开进波兰，张伯伦领导的英国政府还意存观望，打算与希特勒重开谈判。事实上，希特勒也盘算到张伯伦可能会有此想法（Watt，1989，p.215）。

结果，希特勒的如意算盘却意外地落了空，西方各国向德宣战。宣战的原因，并不是因为各国政界人物想要一战，却出在希特勒自己身上。慕尼黑协定之后，希特勒的东进政策太过分，使得姑息派完全没有退路。原本对反抗法西斯一事无所谓的广大群众，现在一经动员，起而相抗，这种形势都是希特勒本人一手造成。从根本上来说，1939 年 3 月德国正式占领捷克斯洛伐克一事，彻底地改变了英国的民意，舆论一反过去妥协的论调，转而支持抵抗法西斯。民心向背既定，政府虽不情愿，也只有被迫从之。英国政府的政策既转了方向，法国政府别无他计，也只有立即跟进，追随自己这个唯一还算有点办法的盟友。于是破天荒第一遭，英国国民同仇敌忾，决意与希特勒作殊死战，不再分歧不合。可是为时已晚，形势一发不可收拾。德军铁蹄迅速无情地踏进波兰，并与斯大林瓜分该国。斯大林退居中立，不知自己后患已定。一场德国大唱独角戏，英法虚张声势的“静坐战”（phony war），便在西方世界妄求和平的假象后到来。

其实在慕尼黑会议以后，不管哪一种现实政治的言辞，都无法再解释姑息者的做法了。一旦大局明朗，开战之势不可避免——而在1939年，又有谁能否认这个形势？——唯一可做的事，应该只有加紧备战，可是当时西方各国却不这样做。矛盾的是，在大势已定之前，即使在张伯伦执政之下的英国，也自然不愿希特勒的霸权在欧洲出现。虽然法国彻底崩溃之后，英方曾认真考虑与德议和，换句话说就是接受战败的事实。而在法国的政客与军人当中，虽说失败主义弥漫，悲观气氛冒头，法国政府却并不打算也不会放弃最后一线渺茫的希望。一直到1940年6月，法国守军全面瓦解，这种念头才终止。然而法国的政策有气无力，左右不逢源。它第一不敢依照权力政治中强者为王的法则早早低头；第二不敢追随左派抵抗人士的先验理念起而抗德；第三同样不敢贸然照右翼反共派的先验理念对付共产党。对左派来说，天底下再没有一件事能比打倒法西斯更为重要（不论是法西斯思想本身，还是希特勒的德国）。对右翼而言，“希特勒如果失败，即意味着对抗共产主义革命的主要壁垒——极权体系——的彻底瓦解。”（Thierry Maulnier，1938 in Ory，1976，p.24.）我们很难断定到底是什么因素左右了这些政治人物的行动，因为他们的决定，不但受其本身才智的影响，他们判事的眼光，也为其固有的偏见，以及先入为主的观念、希望、畏惧等所蒙蔽。第一次世界大战的悲惨回忆，尚在众人脑中萦回；自由民主的政治经济体制，似乎也正面临最后灭亡的局面。西方政治家对固有制度失去信心，充满自我怀疑，这种茫然疑虑的心理，在欧洲大陆比英国更为严重。众人的确担心，他们真的不敢肯定，在这种无望的情况之下，抵抗政策到底能否发生作用，前途未卜，胜负犹不可期，为此付上高昂代价，是否值得。但是对英法两国多数政界人士来说，他们至多只能做到一个尽力维持目前不甚令人满意也难以持久的局面。而在这一切现象后面，又有一个根本问题：如果命中注定在劫难逃，法西斯主义是否毕竟胜过另外一条路呢？另外一条路即社会革命与布尔什维克之路。如果说，在法西斯的菜单上只有意大利式法西斯一道菜，保守人士或温和派政客恐怕便少有人疑虑了；甚至就连丘吉尔也倾向意大利。可是现实的问题却是，大家面对的法西斯不只是墨索里尼，而是还有希特勒。但在 30 年代，尽管意大利并非法西斯的掌门人，各国政府与外交人士依然络绎于罗马道上，纷纷前去和意大利交好，希望借此可以稳定欧洲局势，或者至少把墨索里尼拉得与希特勒远一点，不让他与他的得意门生牵手合作。我们不可轻看这种企图与盼望的意义，不幸的是，种种笼络手段最后却都没有成功。虽然连墨索里尼本人一开始也相当实际，尽量保持某种程度的自我行动空间。一直到 1940 年，他才做出结论——虽然是个错误的结论，却并非完全没有理性依据——认为德国大胜已成定局。于是他也急忙跟进，向西方盟国宣战。

3

20 世纪 30 年代各国面对的重大难题——到底是守在国境内各自为战，还是跨越国境彼此联合作战——至此大局已明，显然是属于后者。这其中又以 1936—1939 年的西班牙内战，最能体现这种趋势。西班牙内战，就成了国际对抗最典型的范例。

如今回溯当年，我们难免不解：为何一场西班牙内部冲突，竟然立即演变扩大，迅速煽动了欧美两地左右双方的同情火苗，而西方知识界的响应更令人惊奇不已。西班牙其实只是欧洲的边缘配角，其历史又一向与以比利牛斯山（Pyrenees）为界的欧洲各国不同节拍。自拿破仑时代以来，西班牙向来与欧洲大小战事无关；事实上，它也不打算参加第二次世界大战。19世纪初期以来，欧洲政府已经对西班牙不甚关心，只有远在大西洋另一岸的美国，倒曾激怒它大动干戈。两方一场短暂交手，便使这个建立于16世纪的老大帝国的海外仅余疆土全失，被国际新秀的美国尽数抢去——包括古巴、波多黎各，以及菲律宾群岛等地。[1]作者同代人总以为，西班牙内战是第二次世界大战的第一阶段。其实不然。我们已经看见，佛朗哥将军本人绝对算不上法西斯人物；他的胜利，也对国际政治没有任何重大影响。西班牙内战只不过使得西班牙（及葡萄牙）的历史，再度与世界其他地区隔离了30年。

这个一向与外界发展极不同步，并且封闭自足的国度，内部爆发的一场政治纷争，竟然变成30年代各国间殊死斗争的象征，却是另有原因的。西班牙内战显露了当代基本的政治问题：一边是民主与社会革命；一边则是绝不妥协、坚持反革命的反动阵营。就第一面来说，西班牙是当时欧洲唯一酝酿革命并爆发的国家。就第二面而言，西班牙境内则有天主教会作为反动势力的源头，对马丁·路德宗教改革以来世界发生的大小事件一律排斥。但是说也奇怪，在内战爆发以前，左右各种党派不论其思想来源是由莫斯科引导，或是受法西斯思想启发，都不曾在西班牙有过任何重要的表现。因为西班牙自有其古怪的政治活动：左有极端激进的无政府主义分子，右则有极端激进的王室正统派。[2]

1931年间，西班牙发生了一场革命，政权从波旁王朝手中和平转移到自由人士手中。这些立意善良的自由主义人士，颇具19世纪拉丁裔国家反对神权的共济会精神。可是西班牙穷苦阶层的怨恨太深，这

[1]　西班牙依然在摩洛哥留下了最后一个立足点，当地好战的柏柏尔人（Berber）一直在反抗。柏柏尔人骁勇善战，同时也是西班牙陆军中英勇的士兵。此外，往南在非洲一带，西班牙还有几处零星领土，不过外人都不记得了。

[2]　王室正统派是一群坚决的君主主义者，思想极端传统，在农村拥有大量支持者，主要根据地在那瓦尔一带。他们曾参与19世纪30年代和70年代两场内战，支持西班牙皇室的一支。

股怨气遍及城乡，自由派的政府既无法妥善控制，也未曾推行任何社会改革（即土地改革）予以缓解，于是在1933年被保守势力赶下台。新政府上台之后，采取高压政策镇压各地动乱，例如1934年镇压阿斯图里亚斯（Asturian）地方的矿工之乱。政府高压之下，革命的潜在热情日益升高。就在这个紧要关头，共产国际的人民阵线从北邻法国频频招手，主张左翼人士不分党派共同合作，以选票对付右派。当时正不知如何是好的西班牙左派，发现这个新观念倒不失一项好计。甚至连以西班牙为其全球最后据点的无政府主义者，也一反过去认为选举一事配不得真正革命大业的藐视态度，开始呼吁支持者使用这个属于"资产阶级之恶"的手段——不过投票尽管投票，无政府主义人士却始终不曾出马竞选玷污自己的风骨。1936年2月，人民阵线在选举战中打了一场胜仗，虽属小胜，毕竟获得了多数选票。并在协调之后，夺得西班牙国会（Cortes）可观的多数席位。左派联合获得的战果，不在诞生了一个有为的左派政府，却在为积压已久的民怨提供了一个发泄的出口。接下来数月当中，这个形势越发明显。

传统的右翼政体既告失败，西班牙再度发生军事政变。这是一种由它首创，一种已经成为伊比利亚半岛特色的拉丁国家政治手段。于是正当西班牙左派将眼界超越国界，拥抱全球共产党人民阵线之际，西班牙的右派也开始向法西斯势力靠拢。不过，西班牙境内虽然也有小规模的法西斯运动，例如长枪党等，右派与国际法西斯联合的现象却主要是教会及君主主义者干的。在教会及鼓吹君主制的人士眼里，自由主义和共产主义目中无神的可恶程度相当，两大恶者当中无论与哪一方都没有妥协余地。至于意德两国，则希望从西班牙右派的得胜里获得一点道德支持，此外或可沾点儿政治利益。于是选举之后，西班牙的军事领袖开始认真酝酿政变。他们需要财力和实质的帮助，意大利便在这个时候跟他们谈妥了条件。

不过，在当时民主选举胜利和全民政治运动高涨的气氛之下，发动军事政变的时机并不合宜。军事政变的成功背景，在于民心向背，而军人的意向更是决定因素。政变者发现自己发出的信号不被接受，便默默地承认失败了。标准的军事政变，最恰当的时机是在民意不明显，或政府失去合法性地位之际，可是当时的西班牙并不具备以上任何一项条件。西班牙将领在1936年7月17日发动政变，虽于几处城镇得手，却在很多地方遭到民众和忠于政府的部队的强烈抵抗，他们原打算夺占包括首都马德里在内的两大都市的计划也告流产。一心想要消灭革命的政变，反而加速了社会革命在部分地区的进行，并且更进一步，发展为蔓延全境的一场长期内战。交战的双方，一边是经由选举组成的共和国合法政府，如今更扩大延伸，包括了社会主义者、共产党人，甚至加上部分无政府主义者，与之共存者还有各地击败了政变的人民义军。而另一边则是叛乱的军方将领，自居为对抗国际共产主义入侵的国家主义圣战战士。将领之中，年纪最轻而且最具政治智商者是佛朗哥，他随即成为新政权的领导人。随着战争年月的推移，这个政权逐渐取得了权威，变成一党的一统天下，成为从法西斯开始，一直到君主制、王室正统派和激进主义者的右派大混合，并取了一个极其可笑的怪名字：西班牙传统长枪党（Spanish Traditionalist Falange）。内战的交战双方，都亟须外人支持，它们也都向个别的可能支持者寻求帮助。

西班牙军事政变一发生，外界反法西斯的舆论立即对共和国加以声援。可是各国非法西斯性质的政府，例如苏联和法国等刚刚上台的人民阵线社会主义政府，虽然心向共和国，但表现却远比舆论谨慎（意大利与德国则立刻派遣部队、运送军火，援助它们支持的军方）。法国很想伸出援手，事实上也曾给共和国某些（在官方上可以“不予承认”的）帮助。后来却因国内意见不合，加上英国政府的插手，方才被迫采取“不干预”的官方政策。至于英国政府，对伊比利亚半岛局势采取极为敌视的态度，认为当地正陷入社会革命和布尔什维克革命高涨的恶劣局面。西方中产阶级及保守舆论，一般也多持相同看法。不过除了天主教会及倾向法西斯的派别之外，众人对西班牙将领倒也不甚十分认同。而苏联虽然坚定地站在西班牙共和国一边，却也加入由英国一手促成的不干预协定（Non-Intervention Agreement）。该协定的主要目的，是避免德意两国前往相助西班牙将领。不过这一目的却没有人认真看待，各国无意也无心达成。于是原本便“模棱两可的含混协定，很快就沦为徒具形式的假惺惺”（Thomas，1977，p.395）。1936年9月起，苏联便开始高高兴兴地——也许官方并不完全正式地——将人员物资送往共和国。结果，所谓的不干预，只表示英法两国对轴心国势力在西班牙大量插手的现象袖手旁观，拒绝予以任何干预而已。如此一来，不仅意味着它们对共和国完全放弃，同时也进一步显明了法西斯和反法西斯双方对大言不惭主张不干预人士的鄙视心理产生的原因。列国之中，唯有苏联出力帮助西班牙合法政府，名声因而大振。西班牙国内外的共产党人，也随之水涨船高，声势大振。因为它们不但在国际上组织了援助西班牙的力量，同时也亲身参与，成为共和国军事行动里的中坚。

甚至远在苏联动员援助西班牙之前，自由派中包括左派极端分子在内，就立即把西班牙人民的奋斗当作切身攸关的大事。30年代英国最优秀的诗人奥登，曾写道：

> 在干燥的四方地面之上，那块残然零地，多么炎热，
> 非洲一隅，如此粗糙地焊接于富饶多产的欧洲，
> 在那河道纵横切割的土地之上，
> 我们的思想具化形体；我们的狂热赫赫成形，如此精准鲜活。

西班牙内战的意义不仅于此。在这里，也只有在这里，男男女女拿起武器，迎上前去与节节逼近的右派作战，为士气颓丧不断败退的左翼阵营挽回了颓势。早在国际共产主义组织的国际志愿旅第一批分遣队于10月间抵达它们未来的基地以前，甚至在第一批有组织的志愿部队——意大利自由派社会主义运动“正义与自由”（Giustizia e

Libertá）——在前线出现之前，大批的外国志愿者便已经赴西班牙为共和国作战了，最终一共有55国以上4万多名年轻的外国志愿者前来参战。他们当中有许多人，对这个国家的认识最多只限于在学校地图上获得的知识，可是现在，却有许多位战死在这个陌生的国度里。相形之下，志愿站在佛朗哥一边作战的外国人，却只有千把人而已（Thomas，1977，p.980）。两相对照，其中意味颇耐咀嚼。为帮助在20世纪后期特有的道德世界里成长的人们了解，我们在此必须澄清一件事实：所有这些前往西班牙出力的志愿人士，他们既非想去大发其财的商人，除了极少数的例外之外，也非寻求刺激的冒险家，这一群人都是怀着一个理想，为了一个崇高的目标而战。

对于生活在20世纪30年代的自由分子与左派来说，西班牙内战到底意义何在，当年的印象如今已经很难说得清了。但是对我们这些年事已高，早已活过《圣经》为我们命定的70年寿数的时代生还者而言，这是唯一一个至今动机依然纯正、理由依然迫切的政治目标。当年如此，今日回顾依然如此。回想起来，它恍如一场史前旧事，即使在西班牙本地，也属于一场前尘旧梦。可是在当时奋力反抗法西斯的人士心中，这却是他们奋斗的最中心、战斗的最前线。因为只有在这场战斗里，抗争的行动得以不断，一连持续了两年半以上。只有在这场战斗里，他们得以以个人的身份参与；即使不能穿着军服正式直接上战场，也可以借着募集款项、救助难民，并发起活动向那些胆小如鼠的政府不断施压，而以间接的方式参与。然而佛朗哥领导的国民政府日占上风，形势显然无法逆转，共和国的败局已定，大限就在眼前。危急之势，更令众人感到刻不容缓，务必凝聚力量，携手共抗在世界各地的猖獗的法西斯势力不可。

至于西班牙共和国呢，虽然有各方同情（事实上极为不足的）及协助，从一开始，却只能打一场被动的防守战而已。现在回头考察，其中症结显然出在它本身力量的微弱上。根据20世纪人民战争的标准来看，1936—1939年共和国战争的输赢姑且不论，英勇事迹尽管可泣，论其表现实在不佳。究其原因，部分出于它不会充分发挥游击战术。说也奇怪，这项对付传统军队的最佳的非正规战术，其名称及来历虽然出自西班牙，却在西班牙这场战争中不见踪影。佛朗哥领导的国民政府，政令军令统一；共和国部队却政见分歧，而且——虽有共产党的协助——军事目标和行动也杂乱不一。待觉悟之际，为时已晚。共和国的最好表现则在防守上，幸亏它不断抵挡住对方的致命攻击，政权方才得以延续，否则早在1936年11月马德里陷落之际，内战就可以结束了。

那时，西班牙内战毫无预示未来法西斯溃败的兆头。就国际观点而言，此战只是一场小型欧洲战争，由法西斯和共产党国家交手。而后者在态度上比较谨慎，意志上也没有前者坚定。至于西方民主国家，除了不干预政策之外，其他什么也不敢肯定。就西班牙国内而言，这场战争则证明了右派总动员的效率远比左派的大集合为高。最后左派全面溃败，数十万人丧失了性命，数十万难民流落他乡，辗转于几个愿意收留他们的国家。西班牙的知识分子和艺术家，除了绝无仅有的少数例外，在内战中都与共和国同一阵线。此时他们侥幸烽火余生，很多人也沦为浪迹他乡的难民。而共产国际也倾其所有，动员旗下最能干的人前来相助。日后成为南斯拉夫解放者和政权首领的铁托元帅，此时也从巴黎招募组织一批又一批的志愿兵，送往支援西班牙的国际志愿旅中。缺乏经验的西班牙共产党当时事实上由意大利共产党领袖陶里亚蒂一手领导，陶里亚蒂是1939年最后一批逃离西班牙的人。在这一仗中，西班牙共产党失败了，并且也知道自己难逃一败。苏联虽曾派遣本国最出色的将领前往西班牙助战，最后也同遭失败命运。这批苏联军事人才，包括日后俄国多名元帅，有科涅夫（Konev）、马利诺夫斯基（Malinovky）、沃罗诺夫（Voronov）、罗科索夫斯基（Rokossovsky），以及日后苏联海军司令库兹涅佐夫上将（Kuznetsov）等。

4

然而未来那股在佛朗哥获胜不数年间即将击败法西斯势力的力量，却因西班牙内战而略具雏形。从中我们也预见了第二次世界大战的政治组合：各国联合战线，从爱国保守人士开始，一直到社会革命人士，共同作战，以求击退国家的共同敌人，同时也促成社会的再生。对第二次世界大战胜利的一方来说，甚至包括英美两国在内，此战不仅只求军事上的胜利，同时也为了替人类建立一个更美好的社会。第一次世界大战之后，众人急欲返回 1913 年的世界；可是第二次世界大战中却没有一人梦想返回 1939 年——甚或 1928 年、1918 年的年代。大战中，在丘吉尔领导下的英国政府，虽然战事紧急，却同时也全力推动社会福利及全面就业的政策。主张这项政策的贝弗里奇报告（Beveridge Report，编者注：即《社会保险及联合服务报告》，是一套“从摇篮到坟墓”的社会福利制度）问世于英国仍处于大战黑暗时期的 1942 年，却也并非偶然。在美国对战后草拟的政策里，对于如何防止希特勒式的人物再起，也只是附带提上一笔。致力于战后计划的美方人员，他们关注的重点主要在于如何从大萧条及 30 年代中取得教训，使这类悲剧不再重演。至于被轴心国占领的国家，在地下抵抗运动人士看来，解放与社会革命更是密不可分，至少也该有重大变革。更有甚者，从东到西，战时被德国占领的所有欧洲国家，胜利后新成立的政府都属于同一性质：它们不带任何特殊意识形态倾向，属于集合各种反法西斯力量的国民结合。有史以来，欧洲政坛之上头一次出现了共产党员与保守人士、自由分子、社会民主人士，并肩共同组阁执政的情况。但是这种状况，自然难以持久。

罗斯福与斯大林，丘吉尔与英国社会主义者，戴高乐与法国共产党人，这些人当然是因面对共同威胁方才携手。但是十月革命的支持者与其死敌之间，彼此的敌意及疑心若未减低，势必无法达到这种难能可贵的合作程度。西班牙的内战，即为日后的合作预先铺了路。在自由派总统及总理领导之下的西班牙政府，面对将领叛变，不得不向外求援，但是在法律上及道德上，它毕竟是西班牙合法的政府。此事甚至连反革命的政府也不能否认；而连那些为保全自己而背叛西班牙政府的民主人士，也不免有愧于心。西班牙政府坚称——甚至连对其影响力日深的共产党也如此表示——社会革命其实非其目的。而共和政府在其能力范围以内，的确也会尽力控制并扭转革命造成的结果——此事实在大出革命狂热分子所料。共和政府与共产党都坚称，内战的主要问题不在革命，而是如何维护民生。

有趣的是，这种立场并非仅仅出于机会主义，也不是如极左派所指控的那样是一种对革命的背叛。它反映了一种微妙转变的心态，由起来抗争，过渡为渐进主义；由对立冲突，过渡为谈判调停；甚至经由国会选举，达到掌权之路。看看西班牙人民对政变的反应——显然多是倾向革命[1]——共产党从中发现了一项新的策略。这项策略，本来是在希特勒掌权之后，因对付共产党运动而采取的应急措施，现在却因此为革命大业创造了新办法。即战时政治及经济的特殊情况，反而促成一种“新型民主”的产生。支持叛军的地主和资本家们，在战争中失去了他们的产业，不是因为他们的身份，而是因为他们叛国。经济结构既然发生变化，政府便得进行规划，必要时加以接收——不是出于意识形态的缘故，而是由于战时经济的需要。照此发展下去，最后若获胜利，如此这般的“新型民主，势必成为保守精神的死对头……为西班牙工人群众在未来的政治经济夺权上提供莫大的保证。”（ibid.，p.176.）

因此在 1936 年 10 月间共产国际颁发的小册子中，对于 1939—1945 年间反法西斯战争中的政治形态有相当正确的描述。这将是一场欧洲大战，由各界“人民”“国家阵线”政府、地下抗敌联盟共同发起，并将在国家主导的经济活动之下进行。战争结束之际，由于资本家的

[1] 依照共产国际的说法，西班牙革命是以全社会为基础的反法西斯斗争中不可或缺的一部分，属于一场全民战争，一场民族之战，更是一场反法西斯的革命。（Eregli，October 1936，Hobsbawm，1986，p.175.）

产业均被征用——被征用的理由，不是因为他们作为资本家的身份，而是因为他们是德国人或通敌的缘故——被占领区的群众力量势将获得极大进展。事实发展，果不其然。在中欧和东欧的好几个国家里面，战争之路果然由反法西斯直通“新型民主”的大道，共产党更在新型民主政权里居于领导者地位。不过在事实上，一直到冷战爆发之际，这些战后新政权并没有立即脱胎换骨向社会主义制度大转弯，或以全面消灭政治多元及私有制为目标。[1] 至于在西方国家里，多年的战争及最后的胜利虽然也为社会及经济带来类似的冲击，但是政治气候则截然不同。西方国家于第二次世界大战后进行社会经济改革，并非出于民众的压力（这一点与上一次战后不同），而是因为政府本身在原则上认为应该进行改革。这些政府，部分是由原来的改革派人士当家，例如美国的民主党、英国的工党；部分则是由各派反法西斯地下抗敌运动发展而成的改革派，及国家复兴党派组成。简言之，对抗法西斯之战，最终都导向左派之路。

5

但在 1936 年，甚至到了 1939 年时，西班牙战争背后的真正意义仍远未被认识到。共产国际的反法西斯联合阵线，在白费了 10 年的努力之后，终于被斯大林从他的日程表上抹去——至少一时仿佛如此。他不但一转而与希特勒交好（虽然双方都知道难以持久），甚至还指示共产国际运动放弃反法西斯的策略。这项决定愚不可及，也许只能用一个理由解释，就是向来以不愿意冒任何风险闻名的斯大林不愿为此冒风险。[2] 但是到了 1941 年，共产国际总算找到了一个名正言顺反

[1] 即使到新冷战期间，共产国际情报中心会议召开研讨大会时，保加利亚代表柴文科夫（Oko Tchervenkov）还依然从这个方向讨论其国家的前途。（Reale，1954，pp.66—67，73—74.）

[2] 也许斯大林担心共产党人太热心参与法英等国的反法西斯活动，会被希特勒看成他私底下背信弃约，将此作为攻击他的借口。

对法西斯的理由。这一年，德国入侵苏联，美国因而参战，简单地说，对抗法西斯之战终于演变成一场国际性的大战，从此，这场战争不但具有军事性，同时也带有高度的政治意义。美国的资本主义与苏联的社会主义在国际上携手合作。欧洲境内每一个国家——不包括当时尚仰西方帝国主义鼻息的依附国家在内——但凡有志之士，不分政治意识形态，从左到右，只要愿意起来抵抗德国或意大利，现在都因大战而有合作之机。更何况欧洲各参战国家除英国以外，都已落入轴心势力手中，因此这场抗敌志士之战，基本上便属于一场平民之战，或可说由前述平民组成的武装之战。

欧洲各国地下抗敌运动的历史真相，至今多数依然如神话般成谜。因为战后各国政权的合法地位，主要是基于战时抗敌的表现。法国的例子尤其极端，因为胜利之后的法国政府，和 1940 年与德求和并合作的政府毫无任何事实上的传承。而法国地下抗德组织的力量，一直到 1944 年依然很弱，其武装力量更差，民众的支持并不普遍。战后的法国，是由戴高乐将军一手重建。戴高乐立国的根基其实是基于一个信念：那就是永恒不朽的真正法国从来不曾接受过战败的事实。他本人便曾说过："地下抗敌活动，不过是侥幸得胜的纸老虎。"（Gillois，1973，p.164.）时至今日，法国纪念第二次世界大战的原则依然不变：只有那些地下抗敌志士，以及加入戴高乐自由法国部队者，才算是大战的勇士。事实上因地下抵抗神话兴起的欧洲政权，并不止法国一国。

对于欧洲的地下抵抗运动，在此必须先做两点阐明。首先，一直到 1943 年意大利退出大战之前，地下活动的军事力量很弱，除了在巴尔干部分地区以外，不具任何决定性的作用，其发挥的作用主要是在政治上及道德层面。法西斯势力在意大利泛滥二十余年，极受欢迎，甚至连知识分子也予以支持。但在 1943—1945 年间各地普遍的地下抵抗运动浪潮之下，意大利的群众发生重大转变。意大利的中部及北部，便曾兴起一股武装党派运动，近 10 万民众加入战斗，其中 45 000 名不幸阵亡

（Bocca，1966，pp.297—302，385—389，569—570；Pavone，1991，p.413）。有了这类抵抗运动的光荣记录，意大利人便可以心安理得地将墨索里尼的记忆丢在脑后。可是德国民众却没有这么轻松，无法将自己与1933—1945年间的纳粹活动划清界限，因为他们始终团结在他们的政府身边，一路支持到底。德国内部的抵抗人士，主要是一小群共产党人和普鲁士军方保守人士，以及一批稀稀拉拉的宗教人士及自由派人士，这些人不是早已于战火中死去，便是陷身于集中营。相反地，一帮法西斯同路人以及被占领国的通敌者，自1945年后便从公众生活中消失了一段时间。一直到对抗社会主义的冷战揭幕，这类人才又重新活跃于西方国家的军事及情报行业，在地下秘密活动中大显身手。[1]

其次，除了波兰是一大例外之外，欧洲地下抵抗运动的政治路线多向左倾，其中原因十分明显。各国的法西斯分子、极右派、保守人士，这些当地的有钱有势阶层，心里最恐惧的就是社会革命，因此对德国多表同情，至少不会起来反对。而一向在意识形态上属于右派的地方主义者，或那些规模较小的国家主义运动，对德国也心存好感，甚至一心希望从中得利，借着与德国合作达到自己的政治目的，如弗拉芒、斯洛伐克以及克罗地亚等国家。此外，我们也不可忽略另外一个事实，那就是罗马天主教会坚决反共的立场，它们天生便与共产主义誓不两立。各地虔诚的天主教徒，对教会又一向言听计从。不过，教会中的政治相当复杂，若随便将之划归为“通敌派”也不甚妥。但是就基本立场而言，右派中的人起来反抗法西斯，往往不是其所属政治路线里的常态。比如丘吉尔和戴高乐，就是其意识阵营里的特殊情况。然而话说回来，再死硬的右派传统分子，一旦家国有难，直觉反

[1]　据1990年一位意大利政治人物透露，以“剑”（Gladio或the sword）为名的神秘反共武装组织，是于1949年成立，以备万一欧洲国家为苏联占领，将可继续留在敌后从事抵抗活动。其成员的武装及财源由美国提供，并由美国中央情报局（CIA）及英国秘密特工机构负责训练。这类组织的存在，除了少数特殊人物外，一般均瞒着所在国的政府。在意大利一地，这类组织的成员是由法西斯余孽组成。轴心国势力撤退之前，将他们留在该地作为抵抗活动的核心分子。这些人又重新寻找到新的存在价值，摇身一变，成为狂热的反共分子。直到70年代，连美国特工单位都认为共产主义势力已不复有入侵的可能，这些“剑客”（Gladiators）便又为自己找到新的活动场地，成为右派恐怖分子，有时甚至假托左派之名行事。

应自然也是起来保家卫国。若说他们缺乏这种爱国心，当然令人难以置信。

基于以上种种原因，难怪共产党人士在地下抵抗运动中的表现如此引人注目了。大战期间，欧洲的共产主义运动也因而在政治上有极大收获，其影响力于1945—1947年间达到高峰。只有德国一地，大批共产党人在1933年惨遭逮捕杀害，接下来三年里又不断从事自杀式的英勇对抗，始终不曾恢复元气。除此之外，甚至在那些离社会主义很远的国家，例如比利时、丹麦、荷兰等，共产党的得票率也比以往倍增，获得了10%—12%的选票，成为国会第四大甚而第三大的势力。法国共产党更在1945年的选举中一跃而成该国的最大党，并首度领先它多年的竞争对手社会党势力。共产党在意大利的收获更为惊人，战前它们原本只有一小部分核心干部，人数既少，又遭重重围剿，地位非法——1938年，连共产国际也口口声声威胁要将其解散——可是两年之间，在抵抗运动的声势之下，水涨船高，竟然一变而为拥有80万人的大党；到1946年，更几乎达200万名党员之众。至于南斯拉夫、阿尔巴尼亚、希腊等国，主要是以内部的地下武装力量对抗轴心势力，这类国家的政治党派，便更多以共产党为主要力量。共产党势力之强，连丘吉尔这个对共产党最不感兴趣的人，一旦大局明朗化，也不得不见风转舵，放弃了南斯拉夫的保皇派米哈伊洛维奇（Mihailovic'），将英国政府的各项援助转到由铁托领导的部队身上，因为后者对德国人造成的威胁显然比前者大得多。

共产党人之所以以地下抵抗为己任，其中有两重原因。一是列宁一手策划的先锋党（vanguard party），正是用来培养一批纪律严明又大公无私的革命中坚。他们的唯一任务，就是在行动上发挥最大效率。二是当时极端险恶的形势，例如共产党在政治上的非法地位所遭受的迫害，以及战争本身带来的患难，种种恶劣的环境状况等，完全符合当初设计出这一批“职业革命者”的目的，此时正好让他们大显身手。事实上也正是这一群共产党斗士，“认清了地下抵抗运动一事的可能性”（M. R. D. Foot，1976，p.84）。就这一点而言，共产党人与其他社会主义党派有极大的不同。后者认为，在缺乏合法地位的前提之下，即未经选举、公共议事等合法程序，根本不可能进行任何抵抗活动。而对法西斯的当权或德国的占领，社会民主党派在大战期间往往销声匿迹，近乎冬眠。等到战争过去，黑暗已尽，运气好的还可以复出，如德奥两国的社会主义者，挟带着往日旧众的支持重新崛起，准备在政坛上再显身手。这些人士在战时虽然也与抵抗运动有联系，但由于基本架构不同的缘由，参与人数比例甚低。更极端的例子则有丹麦，该国的社会民主党派政府甚至在德国占领期间也始终当政，一直到战争结束才下台。虽然我们基本假定它们与纳粹并非同一声气，但是这段历史对该党声誉损害甚重，费了好多年工夫才重建声誉。

共产党之所以在抵抗活动中声名大振，还有另外两项因素：其一是共产主义思想本身的国际性；其二则为共产党人为理想献身的无比坚定的信念（参见第二章）。共产主义思想的国际性质，比起其他任何限于一国一族的爱国要求，更能打动倾向反法西斯的男女民众，并将之动员起来。比如在法国境内，即有西班牙内战的难民成为西南地区武装游击力量的主力——到盟军在诺曼底登陆之前，总数达 12 000 人（Pons Prades，1975，p.66）。此外，还有来自 17 国的难民、劳工移民，在移民工人组织（Main d'Oeuvre Immigrée，MOI）的名义之下，为共产党执行了某些最为艰险的任务，如马努尚地下抗敌组织（Manouchian Group）。这个小团体由亚美尼亚和波兰的犹太人组成，曾在巴黎对德国军官发动攻击。[1]在其热情与信念的鼓舞下，共产党人奋不顾身，英勇牺牲，连敌人都对他们萌生敬意。他们的种种伟大事迹，在南斯拉夫作家德热拉斯所著的《战时纪实》（*Wartime*）一书里，有极为生动翔实的记载。甚至连某位政治立场温和的史学家，也称颂共产党人为“勇者之最”（Foot，1976，p.86）。他们组织严密、

[1] 作者的一位友人，即曾在捷克人阿图尔·伦敦（Artur London）任内，担任过 MOI 副司令一职。此人是来自波兰的犹太裔奥地利人，其主要任务，是在驻法德军当中组织反纳粹的宣传。

训练有素，因此能够熬过监狱和集中营的折磨，生还者比例甚高，但是他们牺牲仍然极为惨重。法国的共产党中央，素来不为人喜欢，甚至连别国共产党人也对其十分厌恶，但是我们也不能因此便完全否认他们是“血肉筑成的党”（le parti des fusillés）——大战期间，至少有15 000名共产党斗士，在敌人虎口下惨遭杀害（Jean Touchard，1977，p.258）。共产党对热血青年的号召力极大，尤其是对青年人。在法国和捷克斯洛伐克这类国家里，一般群众很少支持积极的抗敌活动，共产党便更显突出。此外，知识界也极受共产党感召。知识分子最能够在反法西斯的大旗下动员起来，他们往往成为无党派抵抗运动组织的核心（虽然这些组织通常都带有左翼色彩）。法国读书人爱上马克思，共产党文化人则主导着意大利的文艺界。这种左翼当家的现象，在两国都持续了一代之久，究其根由，均是因受到了战时抵抗运动影响。影响所及，不管他们是否亲身加入抵抗行列，例如某家大出版公司即曾骄傲宣称，战时社内每位员工都曾拿起武器打过游击，或只是站在一旁默默赞同，有些人或其家人，事实上恐怕还站在另外一边，但众人都共同感到共产党那股强大的吸引力。

不过，除了在巴尔干地区游击势力的根据地之外，共产党在战时一般并不曾尝试建立革命政权。当然，就算有心一试，他们在的里雅斯特（Trieste）以西的政治实力显然不足。但另外一个重要原因，却出在各国共产党矢志效忠的苏联身上。这位老大哥，严厉禁止他们各自问鼎政权。而那些成功的共产党革命（例如南斯拉夫、阿尔巴尼亚，以及后来的中国），事实上都违背了斯大林的意愿。苏联的观点是，不论是在国际上还是在各国国内的行动上，战后的政治进程，都应该延续战时反法西斯联盟的架构。也就是说，苏联希望在资本主义与社会主义两大阵营之间，维持一种长期共存或共生的架构。苏联认为两大阵营在战时的联合将促生一种所谓的“新型民主国家”。随着这些新型民主政权内部不断更迭，日久必将造成社会与政治层面的变革。这种一厢情愿的苏联式世界观，很快在现实的冷战长夜中消失得无影无踪，消失得如此彻底，如今大多数人已不复记忆。当年斯大林曾经力促南斯拉夫共产党维持该国的君主政权，而英国共产党也在 1945 年极力反对解散丘吉尔于战时成立的联合内阁，也就是说，当时将把英国工党送上台执政的大选，竟然受到同为左派的英国共产党极力反对。斯大林当时的诚意不容我们抹杀，他甚至以行动佐证，于 1943 年和 1944 两年，先后分别一手解散了共产国际与美国共产党。

斯大林的心意，在其决策下越发明显。他的决策方针，借用某位美国共产党领袖之语，就是“绝不在危及……联合的情况及方式下，提出社会主义的要求”（Browder，1944，in J. Starobin，1972，p.57）。但是如此一来，正如同其他观点不同的革命者的认识一样，势必与世界革命永远分道扬镳。社会主义将从此局限于苏联境内，除此之外，则不出那些经由各国外交协商，决定交与苏联势力进占的地区——基本上大多为大战终止之际为苏联红军占领的地带。而且，即使在苏联的势力范围之内，在这些新形态的“人民国家”之中，共产主义的前途也还未卜，无法如火如荼地立即展开。但是历史向来不顾政策设计者的本意，却走上了完全相反的一条路——只有一点例外。全球在 1944—1945 年间的协议之下，一分而成两大势力范围，至少世界上绝大部分地区，都落在这种划分之下，从此楚河汉界，了无变动。30 年间，除了偶发的短暂事件之外，双方均不曾越界犯边，也未曾有过任何公开正面的冲突或对立。因此万幸的是，冷战的人间毕竟没有升温成热战的地狱。

6

自由派资本主义与社会主义共御法西斯的国际联盟，并不因斯大林一厢情愿，想于战后与美国携手的美梦而有所强化，但也正因为斯大林美梦的昙花一现，反而越发印证双方合作的强度、深度的不足。

当时这一场跨越思想意识形态的国际联手行动，显然仅属于一种军事上的合作，以共同对抗纳粹侵略。若没有纳粹德国的野心在前，并攻打苏联及对美国宣战，把战事推向最高潮，这类合作永远都不会出现。战争的本质，证明 1936 年西班牙内战的意义深远：这是一场军事与民间力量加上社会变革力量的总动员，对盟国而言，尤其如此。这次大战，是改革家的战争，其中原因有二：一是连最有信心的资本主义势力，此番也不得不承认若不改弦更张，要想赢得这场长期战争势必无望。二是由于短短 20 年间大战再度爆发，十足显明了两次世界大战之间一切努力的破产。而众人不能联合共御强敌，不过是诸多失败中的一小起败绩而已。

社会改革的新希望将与胜利一同到来的心态，可以从当时各国民意的演变中越发显明。奇怪的是，尽管其他参战国或重新复国的国家的民众都能畅所欲言，表达这种想法，唯独在美国，自 1936 年以来，民主党总统候选人的得票却稍见减少，共和党则大幅上升。当时的美国关注焦点都集中在内政事务，比起其他任何一国，美国为战争付出的代价也最少。反之，在真正意义上选举能够举行的其他国家里面，民意却普遍向左倒去。其中最引人注目的要属英国，广为世人崇敬爱戴的丘吉尔，竟然在 1945 年的大选中败下阵来，而工党的票数却有 50%的跃升，被选民送上台去执政。接下来的 5 年里，工党政府在英国进行了一连串前所未有的社会改革。其实保守党和工党两党，为大战效力不分上下，选民的抉择则显示胜利与社会改革两者缺一不可。这种鱼与熊掌务必得兼的意愿，在第二次世界大战后的西欧各国成为极为普遍的现象。不过，当时的民意虽然看似激进，甚至一度将前法西斯或通敌的战时政府推翻下台，我们却也不用过分渲染其中激烈的程度。

至于其他靠游击革命或红军而解放光复的欧洲国家，实际局势则较难判定。其中最起码有一项因素，使得这项民意认定的工作难上加难。这些地区，曾经发生过大量的种族灭绝行动，并有大批人口被流放迁徙。同样一个国家，战前战后虽然挂着同样一个名字，人事却已大非，很难判定民意的变化走向。在这一大片地区里，曾经被轴心势力侵占的诸国，其人民绝大部分都将自己看作轴心势力施暴的受害者。其中却也有例外，那便是与这一片地区大多数国家政治立场相左的斯洛伐克与克罗地亚——它们在德国羽翼之下，战时均曾获得表面的独立国家的地位——以及德国的盟邦匈牙利和罗马尼亚的民众，当然还有迁住于这些地区的德国人。不过，尽管大多数人都自认为是德国铁蹄下的受害者，却不意味着他们便赞同共产党发动的地下抵抗运动（也许犹太人是个例外，大家都不放过他们），更不表示他们因此便对苏联大表认同（除了那些一向偏爱苏联的巴尔干斯拉夫裔人是为例外）。比如波兰人，便普遍对德苏两国恨恶交加，对于犹太人，更是天生具有反感。至于1940年被苏联强行占领的波罗的海沿岸国家，在1941—1945年间难得可以表示意见的那几个年头里，则反苏反犹却亲德。在罗马尼亚境内，共产党人和地下抗德运动两不见踪影，在匈牙利也少得可怜。反之，保加利亚则有强烈的共产主义思想和亲苏感情，不过地下活动的声势却不见配合。捷克斯洛伐克的共产党一向为该国大党之一，此时则在真正的自由大选当中脱颖而出，成为有史以来的最大党派。但是政治立场上的种种分歧，却随后在苏联占领下迅速化成空谈。游击武力的胜利，虽然不能与公民投票的意义相提并论，但是绝大多数的南斯拉夫民众，却都真心欢迎铁托游击队的胜利。唯一的例外，只有作为少数的南斯拉夫日耳曼后裔，以及克罗地亚乌斯达莎的政权（该政权大肆屠杀塞族，大战落幕，塞族进行了残忍报复），再加上塞尔维亚地区人们较为传统，以致铁托领导的共产党活动，以及后来的抗德战争，始终不曾在这一地区开花结果。[1]至于希腊，虽说斯大林断然拒绝支援共产党及亲左翼人士——其对手则有英国为其撑

[1] 不过居住在克罗地亚和波斯尼亚两地的塞尔维亚族与门的内哥罗民众，却强烈支持铁托（铁托游击部队里17%的军官是门的内哥罗人）。铁托的本族克罗地亚的主要势力也大多倾向于他，斯洛文尼亚族亦然。游击队的作战地区多半在波斯尼亚一带。

腰——该国却不改其分裂传统纷争不休。阿尔巴尼亚的情况更为复杂，只有对该国民族关系具有深入研究的人，才敢对共产党胜利之后民心向背贸然尝试分析。但是，尽管各国情况不一，总的来说，当时都正在向着社会巨大变革的时代迈进。

说来奇怪，环顾世界，苏联（连同美国）却是唯一不曾因大战带来重大社会及制度变革的国家。战争揭幕及落幕之际，苏联的统治者都是斯大林一人（参见第十三章）。但是尽管如此，大战对于共产主义制度稳定性造成的压力却不可谓不大，在政府管制特别厉害的乡间地区尤为严重。若不是纳粹主义根深蒂固地认为斯拉夫人是劣等民族，德国侵略者恐怕将会赢得许多苏联民众的长期支持。相反地，苏联最后终获胜利，主要却是基于境内多数民族爱国情切——也就是苏联本土的人民，他们是红军部队的核心，是危急存亡之际苏联政府发出紧急呼吁的对象。事实上在苏联国内，第二次世界大战正式的官方名称正是“伟大的卫国战争”（the Great Patriotic War），而此名也确实恰当。

7

走笔至此，作为一名史学家，作者的笔锋必须转叙其他场景，以免落入只重西方的褊狭窠臼。因为截至目前，本章所叙很少涉及世界上其他更大部分的地区。其实就日本与东亚大陆之间的冲突而言，其中种种关节，与西方形势不可谓毫无牵连。因为当时日本国内的政治，正为极端军国主义的右派把持，而中国的抗日主力则为共产党。至于拉丁美洲地区，更一向紧紧追随欧洲的意识风向，热心输入各种盛行的思想，例如法西斯、共产主义等等。墨西哥尤为其中之最，在卡德纳斯总统（1934—1940 任总统）的领导之下，于 30 年代重新燃起大革命的烈火，更在西班牙内战期间，极力为西班牙共和国助阵。事实上在共和政府战败之后，墨西哥是全球唯一继续承认共和国为西班牙合法政权的国家。然而，对绝大多数亚非地区以及伊斯兰世界而言，法西斯不管作为一种思想意识或某一侵略国的国策，向来都算不得也永远不是这些国家与人民的大敌，更不要说是他们唯一的仇敌了。他们真正仇恨的是“帝国主义”，是“殖民主义”，而绝大多数的帝国主义势力，碰巧都是实行自由民主的国家，例如英、法、荷、比、美等国。更重要的是，除去日本是唯一的例外之外，所有的帝国霸权，清一色都是白人。

根据逻辑推理，敌人的敌人，便是朋友。因此帝国强权的敌人，自然有可能成为挣脱殖民锁链、争取自由解放者的伙伴。甚至连日本，虽然在自己的殖民禁脔之内也有它特有的倒行逆施之处——这一点，韩国、中国等地的人民均可作证——但是对东南亚和南亚各地，日本人却可以摆出非白人民族的斗士的姿态，并号召当地反殖民的力量起来反抗白人。因此，此地反帝国主义的斗争便与反法西斯的斗争背道而驰。因此之故，1939 年斯大林与德国立约，虽使西方左翼人士大感沮丧，东方印度及越南两地的共产党人却不以为有什么不对，反而高高兴兴地专心对付英法。可是到了 1941 年，德国反扑苏联，殖民地的共产党为扮演好同志的角色，只得被迫更改意愿和计划，放下自己的大事不论，先把轴心国势力打退再说。这种做法不但不受欢迎，就策略而言也极不高明，因为其时正是西方殖民帝国最为脆弱的时刻，即使还不到倒塌的地步，却也极为不堪一击。于是，对共产国际的铁腕约束不甚介意的当地其他左派人士，便趁此机会大举活动。1942 年印度国大党发起英国人“退出印度”（Quit India）的运动。孟加拉派的激进分子博斯（Subhas Bose），则替日方组成了一支印度解放军，成员来自日军袭印之初，印度部队中为日方所擒的战俘。缅甸与印尼两地的反殖民武装分子，也正中下怀，认为大战乃天赐良机。将这种不择手段的反殖民逻辑发挥得最为淋漓尽致近乎荒谬的例子，要数巴勒斯坦的一个偏激的犹太边缘团体。它与德国谈判（经由当时在法国维希政府治下的大马士革），要求德国助其一臂之力，将巴勒斯坦由英国人统治下解放出来。这是这批人眼中复国运动的首要大事——该团体中某名好战人士，即日后成为以色列总理的沙米尔（Yitzhak Shamir）。但是诸如此类的举措，并不表示殖民地人民在意识上偏好法西斯。不过巴勒斯坦的阿拉伯民族，既与犹太复国派的移民时生龃龉，纳粹的反犹主张自然颇投他们所好。而位于南亚大陆的印度，其中必也不乏相信纳粹神话，自以为属于所谓雅利安优秀种族之人。可是这些多属例外情况（参见第十二及十五章）。

反帝国主义与殖民主义的解放运动，向左派一面倒，最终并与全球性的反法西斯运动汇合，至少在大战末期如此。其中缘故，必须加以说明。西方的左派其实便是反帝国主义理论与政策的摇篮，而殖民解放运动的支持力量也来自走国际左派路线的人士。自 1920 年布尔什维克人士在里海边上的巴库组成“东方民族国会”（Congress of the Eastern Peoples）以来，共产国际和苏联更成为其主力。更有甚者，独立运动的众多未来的领袖及倡议者，在本国多属受过西方教育的精英。他们到殖民地的宗主国，往往只有在当地自由主义者、民主人士、社会主义者以及共产党人的圈子里，才能找到不含种族主义色彩、反对殖民主义的温暖氛围。这些人均属于现代化的改革派，而所谓怀古派的中古神话思想、纳粹论调，以及其中浓烈的种族排外意味，在他们眼中不过是传统“地方意识”及“部落主义”的重弹，只代表本国饱受帝国主义剥削利用的落后状态。

简单地说，基于“敌人的敌人就是朋友”的原则，与轴心势力合作，基本上只能属于一种战术手段。即使在东南亚一带，虽说日本的统治不似旧帝国般控制严密，而且由非白人之手施于白人之身，这种局面也只能维持一个短暂的时期。原因在于日本人本身具有极为褊狭的种族意识，因此对于解放其他殖民地的意愿自然不甚高（事实上这段日本统治时期果然极短，因为日本很快战败）。而法西斯主义，或所谓轴心式的国家主义，对殖民地人民的吸引力也不甚高。由另一方面来看，以尼赫鲁（Jawaharlal Nehru）这类人物为例，虽然他毫不迟疑便投入1942年大英帝国危机年的英国人“退出印度”反抗活动（在这一点上，他与共产党大异其趣），可是尼赫鲁却始终深信，独立自由之后的印度，应该建立一个奉行社会主义的新社会。而作为社会主义老大哥的苏联必将成为印度的盟友，因为苏联典范俱在，甚至有可能成为印度立国的榜样。

鼓吹殖民地独立的领导人本身，在他们意欲解救的广大民众当中，往往居于少数。可是这个事实，却更使其向反法西斯的力量汇集。因为绝大多数殖民地民众的心灵感情，比较容易受到法西斯同类要求的感动与动员。这一类感情包括了传统思想、宗教与民族的排外性，以及对现代世界的疑虑心理，等等。若不是因为纳粹有无比的种族优越感，他们早已为纳粹感召。但在事实上，民气虽然可用，当时却不为任何一方充分动员，至少不曾发挥过重大的政治作用。虽说在伊斯兰世界里，伊斯兰教的确在1918—1945年间进行过大规模的动员，对自由主义与共产主义敌意甚深的哈桑伊斯兰教兄弟党（Hassan al-Banna's Muslim Brotherhood）更曾于40年代成为埃及民众宣泄民怨的旗手，该组织与纳粹意识的结合，更非暂时性战术的应用，它对犹太复国主义的敌意，证实了其中意味的深长，但是最后真正在伊斯兰国家登台掌权的人物，有些虽然是站在宗教激进主义群众的肩头登上台，骨子里却是属于主张现代改革派的人。发动1952年埃及革命的低级军官，便是殖民地解放后的那批知识分子。他们与埃及为数甚少的共产主义团体一直有联系，而后者的领导成员却凑巧多为犹太籍人（Perrarlt，1987）。至于在印度次大陆，所谓“巴基斯坦”自成一地的概念（这是20世纪30年代和40年代的产物），有人将之形容为“一群非宗教精英分子的精心设计，他们一方面受到伊斯兰教大众领土分离主张的压力，另一方面则是为了与属于多数的印度教人口竞争，只好将自己的政治社会称为一种‘伊斯兰’式的宗教社会，而非国家分离运动”——此种描述极为正确（Lapidus，1988，p.738）。在中东的叙利亚，策动百姓的先驱则为阿拉伯复兴社会党（Ba'ath Party）党人，该党于40年代由两位在巴黎接受法式教育的教师创立。他们的思想尽管充满了阿拉伯的神秘气息，在意识形态上却属于地地道道的社会主义者，坚决地反对帝国主义——叙利亚的宪法，对伊斯兰教信仰就一字不提。而伊拉克的政府（一直到 1991 年海湾战争爆发为止），则是由各种不同的国家主义军官、共产党人以及阿拉伯复兴社会党人混合而成，名目虽然不同，却同样致力于阿拉伯世界的联合，以及社会主义的追求（至少在理论上如此）——值得注意的是《古兰经》却不是他们共同奋斗的目标。至于阿尔及利亚，由于当地特殊原因，加上该国革命运动具有广泛的群众基础（此中不乏前往法国的大量劳工移民），阿尔及利亚革命因此具有强烈的伊斯兰教成分。不过（1956 年）革命人士却一致同意，“他们的革命乃是一场斗争，旨在反对违反时代潮流的殖民主义，而非一场宗教战争”（Lapidus，1988，p.693）。人们还建议建立一个社会民主的共和国，最后阿尔及利亚在宪法上成为实行一党制的共和国。事实上唯有在反法西斯的年代，正宗的共产党派才能在部分伊斯兰教世界中得到广泛的支持，其中尤以叙利亚、伊拉克、伊朗三国为突出。一直要再过相当长的一段时期，世俗派主张现代化改革的政治呼声才在激进主义思想复兴之下逐渐淡去（参见第十二章与第十五章）。

发达的西方国家反法西斯，它们的殖民地则反殖民，双方的利害冲突，必将在第二次世界大战之后重新浮现。而眼前众人却取得暂时的一致，共同在一种对战后社会转型的憧憬上找到交点。苏联与殖民地的共产党，正好在鸿沟中间为双方搭桥。因为对于一方来说它们代表着反帝国的精神，而对另一方来说，它们则意味着对胜利的全面投入。不过，发生在殖民地的战争，与欧洲舞台不同，战争的结束并不曾为共产党带来政治的果实。只有在几个特殊例子里，反法西斯的战争与国家社会的解放运动相结合。例如日本侵略者对于中朝两国，既是殖民者又是法西斯。而法国殖民政府对于中南半岛［越南、高棉（今柬埔寨）、寮国（今老挝）］，既是当地人民追求自由的敌人，又在日军席卷东南亚之际屈服于日本。数国的共产党便分别在毛泽东、金日成、胡志明的领导之下，于战后高奏凯歌。至于其他各处待解放的殖民地领导人，虽然多数出身于左派领导的运动，可是他们在1941—1945年间的活动却多少受到击败轴心势力为第一任务的影响。然而他们的行动虽受牵制，他们对于轴心势力失败后的局势，却也同样抱着乐观的向往。如今的两大超级强国显然对旧日殖民政策不抱好感，至少在表面上如此。而世界上最强大的帝国现在正由举世皆知坚决反殖民的党派当权，旧殖民主义的势力及合法性，如今都遭到严重削弱，自由希望的美景，似乎胜过以往任何一个时期。日后的事实发展果然如此，可是在传统帝国的顽强抵抗之下，人们却为此付出了血腥的代价。

8

轴心国的失败，更精确一点地说，德日两国的失败，自是众多人愿意见到的结果。只有愚忠的德日人民，多年发挥最高效率作战到底，如今却只有为祖国的溃败伤心。但是自始至终，法西斯所能动员的力量也只局限在其核心国家之内。对于外围，最多只能在意识形态上零星收编极右派的少数分子，而后者在本国也往往不成气候，只是政治上的边缘人物。这其中有希望借着与德国的联盟实现自己目的的国家主义团体，也有许多在战争侵略下成为纳粹军征用的帮凶。至于日本，它所能动员的资源更是少得可怜，最多只不过在黄种人中短暂地激起过一股同种相怜的感情罢了。而欧洲法西斯的做法，却在保守的有钱人中间赢得极大拥护，因为它在工人阶级、社会主义、共产主义以及“罪恶之首”莫斯科来势汹汹之下，为其提供了最有力的防御作用。此外，大企业对法西斯的支持，自然出于实际考虑，与思想原则没有关系。法西斯既已战败，它也就失去了效力。总而言之，纳粹主义纵横欧洲12年，如今留下的唯一后效，便是极大一部分的欧洲土地都变成了受布尔什维克党人摆布的舞台。

于是，法西斯兵败如山倒，宛如土块扔入河中迅速崩解，立时灰飞烟灭，永远消失于政治舞台。法西斯只有在意大利一地依然苟延残喘，多年来始终有一支以墨索里尼为师尊的新法西斯运动“意大利社会运动”（the Movimento Sociale Italiano）在意大利政坛上扮演着无足轻重的小配角。法西斯势力之所以从政治圈里销声匿迹，并非只因为它当年的主角已被永远排除（其实有许多人依然在政府和公众生活里插有一脚，在经济活动上更是活跃），与德日两国昔日国民心灵的创伤幻灭，也不无关系。这些人的外在与道德世界，已经都于 1945 年同时毁灭，因此对他们来说，继续效忠过去的信仰，对实际生活反而有不良后果。现在盟军来到，带来他们的制度与方式，将其加在战败国人民的身上，前者铺下轨道，后者的火车便只能循着这个方向开去。于是只有调整自己，重新面对这刚一开始极为迷乱难以理解的新生活。若一味抱着以往的旧思想不放，不但无济于事，反而徒增烦恼。纳粹主义的旧梦，除了平添回忆，对 1945 年后的德国毫无好处。因此即使在一度是希特勒大德意志国家重镇的奥地利，战后的政局也立即恢复旧貌，重返 1933 年前的民主政体。唯一与前不同之处，只是如今稍带点左倾意味（说也奇怪，在复杂的国际政治中，原为纳粹作伥的奥地利，却被列入无辜的受害国之一）。一时风云不可一世的法西斯，此时就如风卷残云，当初因乱世而出，如今因太平而灭。它毕竟从来不曾是个世界性的政治运动，即使在理论上也没有这种地位。

同时，就另一方面而言，尽管反法西斯的组合成员多么庞杂不一，时间多么短暂，在它旗下联合起来的力量，其范围却极其广大。更有甚者，这种结合有着正面的价值理念，而且从某些层面而言，更具有持久性的延续生命。在意识形态方面，反法西斯的精神建立于众人共有的价值观念及希望，也就是启蒙时代和革命时代的价值理念：经由理性与科学，为人类创造进步；普及教育与民选政治制度；不凭世袭，人人天生平等；不恋传统，建立具有前瞻性的社会。种种观念手段，各国的认识和实行方式也许并不一致，但却有许多与西方民主理念相去甚远的国家，也纷纷选择以“民主”或“人民共和”为国名，例如曼吉斯都（Mengistu）治下的埃塞俄比亚，巴烈（Siad Barre）下台以前的索马里政权，金日成的朝鲜，还有阿尔及利亚和共产党统治的民主德国，等等。虽然名不副实，其意义却也不可轻易抹杀。若是回到两次大战之间的年代，这一类国家必定为各国法西斯、极权主义甚至传统的保守思想一类政权所鄙视并大加挞伐。

再由其他层面看，众人共同的冀望也离共有的实际状况相差不远。不论是西方式的立宪资本主义、社会主义制度，抑或第三世界的国家，同样致力于种族与两性间的平等。虽然大家都力有未逮，离共同的理想程度尚有一段距离，可是在做法上却大同小异。[1]各国政府都是政教分离的世俗政权，更值得一提的是，各国几乎都有意并主动地放弃了市场经济的绝对优越性，改用由国家积极管理计划的路线。在今天这个“新自由经济神学”盛行的时代，我们已经很难想象，回到40年代早期，直到70年代，最负盛名的一向主张“全面市场自由论”的经济大师，如哈耶克（Friedrich von Hayek）等人，曾经以先知自命，大声疾呼，警告西方资本主义若如此向计划性经济道路贸然偏行，等于走上了“通向奴役之路”的险径（Hayek，1944）。但在事实上，资本主义却一跃而步入了经济奇迹的阳关大道（参见第九章）。各资本主义国家坚信，政府若再不出手干预，世界经济必将再次陷入两次大战之间的巨大灾难，也唯有如此，才能避免人民铤而走险，激进地采取共产主义的政治险招——就像他们会一度选择了希特勒一般。第三世界国家更深信，若要脱离落后依附的经济地位，只有靠国家动手一条路。在苏联楷模的鼓舞激励之下，也唯有社会主义，才是各个前殖民地眼中的光明大道。而苏联这个老大哥自己，以及其他新近加入它这个大家庭的新成员们，更是什么都不相信，只信中央计划的法力无边。于是东西两方，以及第三世界，都纷纷带着同样的信念，跃入了战后的

[1] 各国妇女在大战期间，以及对地下抗敌和解放运动所做的重大贡献，很快被各国政府忘得一干二净。

新世界：那便是借着铁与血，借着政治动员，借着革命手段，终于换来对轴心国势力的最后胜利，如今正为人类开辟了社会转型变革的新纪元。

就某种意义而言，这种想法倒不失为正确。因为自古以来，社会和人类生活的面貌，从来不曾经历过广岛、长崎两朵蘑菇云后发生的巨大改变。但是千百年来，历史更替演变的轨迹，却往往不循人的意志行进。即使是那些制定国策之人的意念主张，也不能决定历史的轨迹于分毫。这个世代以来，人类社会实际发生的转型变化，既非人定也不从人愿。尽管战时千筹万策，战后的世界却马上出现了计划以外的第一起意外事故：那就是烽火刚息，因反法西斯而形成的战时伟大联合便立刻瓦解。共同的敌人一旦不存，众志从此也无复合一。于是资本主义与社会主义再度分道扬镳，一变而回原本誓不两立彼此虎视眈眈的死敌。

第六章

1914—1945 年的艺术

超现实主义艺术家彩笔下的“巴黎”，就是一个小小的“宇宙”……那个外在的天体大宇宙，与这个小小人世间的种种物象殊无二致，同样有着十字路口，鬼魅的车流灯影交错闪烁。生活之中充斥着不可解的相关事件，纠葛缠绕，两者之间具有惊人的相似。超现实主义的诗情蕴意，便是在描摹这一片乱中有序的离奇地域。

——本雅明，《单向街》

（Walter Benjamin，*One Way Street*，1979，p.23）

新建筑主义在美国似乎进展甚微……鼓吹这股新风格的人士过分热心，老是喋喋不休地大发议论，其执拗的教训口吻，与信仰单一税制者如出一辙，几至令人反感的地步。……然而辛苦说教之下，至今只有工厂建筑设计受其影响，再不见其他任何信徒风从。

——门肯（H. L. Mencken，1931）

1

时装设计师们，一向被谑称为是不具备理性分析能力的。但是说来奇怪，他们对事物未来走向的预见能力，有时却胜过以预测分析为业的专家。这种现象，毋宁说是历史上的超级之谜，对于专事研究文化史的学者来说，更是一个中心议题。无论何人，若想探索大动乱时代对人类高级文化活动，即高级纯艺术，尤其是先锋派的艺术，带来何种冲击，实不可不究其中奥妙。因为一般人相信，早在资产阶级自由社会崩解之前的几年，先锋派艺术的出现便已预见这场变局的发生（参见《帝国的年代》第九章）。到 1914 年，几乎所有可以包括在“现代主义”（modernism）这把涵盖虽广却定义不清的大伞之下的各门艺术均已问世：立体派（cubism）、表现主义（expressionism）及未来派（futurism）等，此时都已纷纷出笼。现代主义在绘画上纯粹抽象，建筑上重功能避繁饰，音乐上全然抛弃音律（tonality），文学上与传统彻底分道扬镳。

今天被许多人认定为“现代派大师”的名单上，有许多人在 1914 年时，便已摆脱不成熟阶段，不仅创作甚丰，有的已卓然成为大家。[1] 大诗人艾略特，其作品虽然到 1917 年才出版，此时已俨然是伦敦先锋派文艺界的一员了。这段时期，他曾与美国诗人庞德（Pound）共同执笔，为刘易斯（Wyndham Lewis）主编的《鼓风》（*Blast*）写稿。这一些人，最晚在 19 世纪 80 年代就已成名，可是作为现代派名家大师，他们的盛名在 40 年后依然不衰。虽说还有很多是第一次世界大战后方才崭露头角的新人，有些竟然也能通过考验，跃登“现代主义名家”的文化名人之列。不过老一代人仍领一代风骚的现象，却更令人诧

[1] 登上这份名单的大师，画坛有法国的马蒂斯（Matisse）、西班牙的毕加索（Picasso）；乐坛有德国的勋伯格、苏联的斯特拉文斯基；建筑界有美国的葛罗皮乌斯和密斯 · 凡德罗（Mies van der Rohe）；文坛有法国的普鲁斯特（Proust）、爱尔兰的乔伊斯（James Joyce）、德国的托马斯 · 曼（Thomas Mann）、奥地利的卡夫卡（Franz Kafka）；诗人有英国的叶芝（Yeats）、美国的庞德、苏联的勃洛克（Alexander Blok）和女诗人阿赫马托娃（Anna Akhmatova）等多人。

异。[1][至于勋伯格（Schönberg）的后继之秀——贝尔格（Alban Berg）与韦伯恩（Anton Webern）——也可算是 19 世纪 80 年代的一辈。]

因此事实上，在已成气候的"正统"先锋派艺术地盘里，似乎只能举出两项于 1914 年后才出现的新事物：达达主义（Dadaism）与构成主义（constructivism）。前者的虚无色彩，在西欧地区逐渐演化为超现实主义（surrealism），或可谓为其先导。后者则自东而来，诞生于苏联大地。构成主义由真实的对象出发，逸入三度空间骨架并以具有游移性质为上品的结构，在露天造型上取得了最大的构成形式（如巨型的轮子、大勺等）。它的精神风格，很快便被建筑界及工业设计界吸取；而最大的吸收者，是美国建筑师格罗皮乌斯（Gropius）于 1919 年在德国创立的包豪斯（Bauhaus）工业暨设计学院（后文续有介绍）。但是表现构成主义的代表作里，那些规模野心最大的工程，不是始终未建成 [如塔特林（Tatlin）设计的有名的旋转斜塔，原是为颂扬共产国际而设计]，就是昙花一现，只在苏维埃早期的公众仪式中短暂地出现过。论其手法风格，新奇虽新奇，但是构成主义的唯一成就，仅在于建筑学上的对现代主义的继承和发展而已。

达达主义的成员多是 1916 年流亡瑞士苏黎世的一批成员混杂的流亡人士（当时同在该地的另一群流亡者，是由列宁领导静候革命爆发的一批人）。达达主义是他们向第一次世界大战，以及孕育了这个战争恶果的社会提出的一种抗议，他们在无限郁闷苦恼中却矛盾地带着一股虚无论的气息，抗议的对象也包括这个虚空苦闷社会中的一切艺术形式。既然排斥所有的艺术，达达主义自然便不拘泥于任何外在的形象法则，不过在表现技巧方面，他们还是借鉴了 1914 年之前兴起的先锋派艺术（立体派及未来派）的一些手法。其中最有名的便是拼贴

[1] 后起之秀中值得一说者，包括苏联小说家巴别尔（Isaac Babel，生于 1894 年）、法国建筑师勒·柯布西耶（Le Corbusier，生于 1897 年）、美国作家海明威（Ernest Hemingway，生于 1899 年）、德国剧作家布莱希特、西班牙诗人加西亚·洛尔卡（Garcia Lorca）、艾斯勒（Hanns Eisler）（以上三人均生于 1898 年）、美国作曲家韦尔（Kurt Weill，生于 1990 年）、法国作家萨特（Jean Paul Sartre，生于 1905 年）、英裔美籍作家奥登（W. H. Auden，生于 1907 年）等人。

技法（collage），也就是把各式碎布纸片，包括图画碎片，拼贴在一起。达达主义基本上来者不拒，但凡能挑战传统资产阶级艺术趣味的，都可纳入门户。惊世骇俗，是达达主义者的不二法门，是他们的向心凝聚力。因此 1917 年杜尚（Marcel Duchamp，1887—1968）在纽约，把搪瓷小便壶当作“现成艺术”（ready-made art）展出，便完全体现了达达主义的真髓，杜尚从美国返回之后，便立即拜入达达门下。不过他后来更进一步，宁可下棋，也默然拒绝从事任何与艺术有关的行为，则根本有违达达主义的精神。因为达达主义什么都是，却绝不是安静沉默。

至于超现实主义，同样也排斥现知的一切艺术形式，对于惊世骇俗的表现手法一样着迷（下文将有描述）。但是比起达达主义，它对社会革命更为积极，因此便不仅仅是一种消极的抗议表现了。单看它的发源地是在法国这个凡有流行必有理论的国家，这一点便可想见。事实上我们可以断言，随着达达主义在 20 年代初期的退潮，超现实主义便应运而生。前者因战争与革命而孕育，战争结束，革命偃旗息鼓，流行便也渐去。后者遂成为新时代的艺术呼声，“以心理分析暴露的无意识状态为基础，重振人类的想象活力，并对魔幻性、偶然性、无理性，以及象征、梦境多有强调注重”（Willett，1978）。

从某一角度来看，这其实是浪漫思想以 20 世纪的打扮重新粉墨登场（参见《革命的年代》第十四章），不过却较前者带有更多的荒谬性与趣味。超现实主义不似主流的“现代派”一类，却如“达达主义”一般，对形式创新没有多大兴趣：不论是无意识地信笔成篇，笔下随意流出字串，即所谓“自动写作”（automatic writing），或以 19 世纪一丝不苟的学者精细风格，如达里（Salvador Dali，1904—1989）勾勒那只溶化在沙漠中的表，都不是超现实主义者的兴趣所在。超现实主义重要的关键，在于它承认即兴自发式想象（spontaneous imagination）的无穷能力，不受任何理性系统控制，由碎片中产生和谐，从涣散中产生内聚，从全然不合理甚或不可能之中，形成内在的逻辑。比利时画家马格里特（René Magritte，1898—1967）的作品《比利牛斯山中的城堡》（*Castle in the Pyrenees*），就是以一种风景明信片般的风格仔细绘成。城堡从一块巨石之巅冒出来，仿佛从中衍生而出一般。只有那块大石，犹如一个巨蛋，飘浮于海面上的天际之间，也是以同样细腻的写实笔法为之。

超现实主义实在是先锋派艺术门下的一大创新。它的新奇之处，可由它制造惊吓、难解及尴尬笑声等种种情绪反应的能力证明，甚至在老一派的先锋派人士中间也不例外。坦白说，这正是笔者当年，当然是年轻不成熟的眼光，对1936年国际超现实主义伦敦大展（International Surrealist Exhibition），以及日后一位巴黎友人超现实主义画家作品的反应（这位朋友坚持以照片般的精确度，用油画描绘人体内脏，实在令我百思不解）。然而如今回溯往昔，这项运动的成果却极丰硕，虽然其风行之地主要在法国和深受法国影响的国家，但是它的精神风格，同时也影响了众多国家的一流诗人，如法国的艾吕雅（Eluard）、阿拉贡（Aragon），西班牙的洛尔卡（García Lorca），东欧以及拉丁美洲有秘鲁的瓦利霍（César Vallejo）、智利的聂鲁达（Pablo Neruda）。甚至直到多年以后，它仍可在南美大陆特有的“魔幻现实”（magical realist）写作风格中找到痕迹。超现实主义的图形与想象，如恩斯特（Max Ernst，1891—1976）、马格里特（Magritte）、米罗（Joan Miró，1893—1983），甚至包括达里在内，已经成为我们的一部分，更为20世纪的中心艺术电影，提供了一片真正沃土，不似已然风流云散的更早期先锋派艺术，电影的确受超现实主义惠泽良多，不只是布努艾尔（Luis Buñuel，1900—1983），更包括20世纪最重要的编剧家普维（Jacques Prévert，1900—1977）。而对卡蒂埃布烈松（Herri Cartier-Bresson，1908—　）来说，他的摄影新闻（photo-journalism）也同样欠下超现实主义的恩情。

总的来看，这一切均是高级艺术的先锋革命，是其发扬光大的极致。这场革命，描绘的对象乃是世界的崩溃，而早在这个世界真正粉碎之前，它就已经出现。在这个变动的时代里，这场艺术革命共有三件事值得注意：先锋派艺术成为既定文化的一部分，至少被吸收入日常生活的脉络之中。尤有甚者，它竟被高度地政治化了，其性质之强烈，比起革命年代以来世界任何高级艺术更甚。然而我们却也不可忘记，在整个这段时期里，它却始终游离于大众的趣味之外，即使连西方群众也不例外——虽然它已日复一日浸入日常的生活领域，只是众人犹未觉其程度之深罢了。当时，接受它的人数，虽然比 1914 年前的极少数为多，超现实主义却仍不是被多数人真正喜爱并自觉欣赏的艺术形式。

然而，虽说先锋派艺术已成为既定文化的中心部分，却不意味着它已取代了古典和流行艺术的地位。它的角色，乃是对前者的一种补充，说明了当时人们对于文化及其作用具有浓厚的兴趣。其实当时国际歌剧舞台上演出的剧目，与帝国时代大同小异，依然是 19 世纪 60 年代初期出生的作曲家的天下，如德国的理查德·施特劳斯（Richard Strauss）、意大利的马斯卡尼（Mascagni），或更早者如意大利的普西尼（Puccini）和莱翁卡瓦洛（Leoncavallo），捷克的雅那切克（Janacek）等。以上诸人，均属“现代派”外围。广义而言，至今犹然。[1]

不过歌剧的传统搭档——芭蕾，却改头换面，在伟大的俄国歌剧制作人佳吉列夫（Sergei Diaghilev，1872—1929）的带动之下，自觉地成为一项先锋派艺术的媒介，主要发生于第一次世界大战时期。自他的《游行》（*Parade*）一剧于 1917 年制作上演之后［此剧由毕加索设计，萨蒂（Satie）作曲，科克托（Jean Cocteau）作词，法国的阿波里耐（Guillaume Apollinaire）作表演简介］，由立体派人士如法国画家布拉克（Georges Braque，1882—1963）、格里斯（Juan Gris，1887—1927）做舞美设计，由斯特拉文斯基（Stravinskey）、法拉（de

[1] 除了极少的例外以外，例如贝尔格、布瑞顿，1928 年后乐坛的主要创作，例如《三分钱歌剧》（*The Threepenny Opera*）、《马哈哥尼城的必衰》（*Mahagonny*）、《乞丐与荡妇》（*Porgy and Bess*），都不是为正式歌剧院的演出而作。

Falla）、米约（Milhaud）、普朗克（Poulenc）编写或改作的乐曲等，从此成了“礼仪之必要”“时尚之不可缺”（de rigeur）。与此同时，舞蹈和编舞也随之换上现代派的风貌。1914 年前（至少在英国一地如此），“后期印象派大展”（Post-Impressionist Exhibition）原本备受庸俗大众鄙夷，斯特拉文斯基所到之地，莫不引起骚动非议。正如现代派画展于 1913 年在纽约军械库展览会（Armory Show）以及其他地方造成的轩然大波一般；但是到了战后，一般人在“现代派”惊世骇俗的展示之前，却开始噤然无声。这是向那已经名誉扫地的战前世界断然告别，这是一场经过深思熟虑的文化革命的坚决声明。先锋派艺术经由现代芭蕾，彻底利用其独特的融合手法，将它自身独特的吸引力，与流行时尚的魅力，以及精英艺术的地位融为一体，再加上新出的《时尚杂志》（*Vogue*）的推动，于是先锋派就破土而出，冲破了一向阻挡它的堤防。20 年代，英国文化新闻界一位知名的人士曾写道，多谢佳吉列夫的制作，“大众才有机会，正面地欣赏当代最杰出却也最常被取笑的画家的设计。他带给我们不再流泪哭泣的现代音乐，不再引发嘲笑声的现代绘画”（Mortimer，1925）。

佳吉列夫的芭蕾，不过是促使先锋派艺术流传的媒介之一。而先锋派本身，也呈多样化，因国而异。当时的巴黎，虽然继续垄断着精英文化，并有 1918 年后美国自我流放文人和艺术家的涌入，愈发强化其领导地位，例如海明威、菲茨杰拉德（Scott Fitzgerald）一代，但是传播西方世界的先锋派艺术，却不只一支，因为旧世界不再拥有统一的高级艺术。在欧洲，巴黎正与莫斯科–柏林轴心袭来的风格对抗，一直到斯大林和希特勒解散了苏德两国的先锋派人士并使先锋派艺术沉默为止。而前哈布斯堡和奥斯曼两大帝国的残存之地，人们也各走其艺术之路，在无人在乎它们的文学地位，因语言障碍也无人愿意有系统认真译介的情况之下，与外界长期隔离，直到 30 年代反法西斯人士向外流亡为止。至于大西洋的沿岸，西班牙语系的诗作虽然繁荣，却在国际上毫无冲击力，到 1936—1939 年间西班牙内战爆发之后，这束繁花才得以向外界显露。甚至连最不受语言阻隔的艺术，例如形象与声音，也未取得应有的国际地位，只要将德国作曲家兴德米特（Hindemith）或法国的普朗克（Poulenc）在国内外的声名比较一下就可知道。英国教育界的艺术爱好者，甚至对两次大战之间巴黎派（Ecole de Paris）名气较小的人物都耳熟能详，可是对德国最重要的表现主义大家，如诺尔迪（Nolde）、马尔克（Franz Marc）的大名，却可能从未听过。

所有的先锋派艺术中，恐怕只有两门艺术，被所有相关国家中为“新款艺术”摇旗呐喊者所一致热爱：电影与爵士音乐（jazz）。而这两项艺术，也都是新世界而非旧世界的产物。第一次世界大战之前，电影原被先锋派莫名地忽略（见《帝国的年代》），却在战争期间开始为其拥戴。从此，先锋派人士不但得向这项艺术形式本身及其最伟大的代表人物卓别林（Charlie Chaplin）顶礼膜拜（凡有点名气的现代诗人，几乎无不向卓别林献上一作以表敬意）；艺术家本人，也开始投入电影制作，尤以魏玛共和国和苏维埃俄国为最，它们真正地独霸了当地电影的生产制作。于是“艺术电影”的正典精品，于大动乱时期在各地出现，在小众的电影庙堂之内，接受那群“高品位”的电影爱好者的瞻仰，这类电影主要也是由这一类先锋派人士创作。例如苏联大导演爱森斯坦于1925年摄制的《战舰波将金号》（*Battleship Potemkin*），即被公认为空前杰作。凡是观赏过这部作品的观众，都永远不会忘记哥萨克兵一路扫射，攻下奥德萨（Odessa）阶梯的那一幕。作者即为观众之一，曾于30年代在伦敦市中心广场某家前卫戏院观赏。有人曾赞扬此片中这个情节为“一切默片的经典，甚至可能是整个电影史中最具影响力的六分钟”（Manvell，1944，pp.47—48）。

自30年代中期起，知识界开始欣赏带有民粹风味的法国电影，如克莱尔（René Clair）、让·雷诺阿（Jean Renoir，大画家雷诺阿之子）、卡内（Marcel Carné）、前超现实派普维（Prévert），以及先锋派音乐卡特尔“六人组”（Les Six）的前成员奥瑞克（Auric）。这些作品，一如非知识界喜欢提出的批评一般，看起来比较没趣，虽然其艺术价值显然比千万人（包括知识分子在内）每周在愈来愈豪华的大电影院中所观赏的电影为高（即好莱坞的电影）。而在另一方面，精明的好莱坞娱乐商人也跟佳吉列夫一般灵敏，立即嗅出先锋派艺术可能带来的厚利。当时联合影城的卡尔·勒姆利（Carl Laemmle），可能是好莱坞大亨中最不具知识趣味者，却在每年重访其祖国德国之际，借机招募大批新人才，吸收大量新观念。于是其影棚出产的典型成品，如恐怖电影《科学怪人》（*Frankenstein*）和《吸血鬼》（*Dracula*）等等，有时根本就是德国表现主义原作的翻版。中欧导演如朗格（Lang）、刘别谦（Lubitsch）、怀尔德（Wilder）也纷纷横渡重洋来到美国；这些人在本国几乎都属于"高级知识分子人群"，对好莱坞本身也产生重大影响。至于技术人才的西流，如弗洛伊德（Karl Freund，1890—1969）及舒夫坦（Eugen Schufftan，1893—1977），他们的贡献更不在话下。有关电影和大众艺术的发展方向，后文将有更进一步的讨论。

至于"爵士年代"的"爵士"，源起于美国黑人音乐，和以切分式节奏的舞乐，加上背离传统的器乐编曲手法，在先锋艺术界立即掀起热烈反响。其中原因，不完全在爵士乐本身的优点，更多的因素，却是出于这种表现风格乃是现代派的又一象征，代表着机器时代与旧时代的决裂。简单地说，这是文化革命的又一宣言——包豪斯成员的相片，便是与萨克斯管合影。可是，虽然爵士乐已被公认为美国对20世纪音乐的一大贡献，爵士作品的真正爱好者，当时却仅限于极少数的知识圈内（无论先锋与否），直到20世纪下半时期方才改观。而当时，对爵士乐滋生真心热爱的人，往往属于人数甚少的极少数——如作者本人，就是在别号"公爵"的爵士乐巨匠埃林顿（Duke Ellington）1933年莅临伦敦之后，成为爵士乐迷的。

现代主义的面貌虽然多样，两次大战之间凡想证明自己既有文化素养，又能紧跟时代的人，莫不挂上"现代主义"的招牌。不管他们是否真的读过、看过、听过，甚至喜欢这些当时为众人认可的大家作品，若不能煞有介事地引经据典一番，简直就不可思议，如艾略特、庞德、乔伊斯、劳伦斯等，就是 30 年代前半期英国“文艺青年”口中的流行词汇。更有趣的是，各个国家的文化先锋，此时亦将“过去”重新改写或重予评价，以符合当代的艺术要求。他们告诉英国人，绝对得把弥尔顿（Milton）及丁尼生（Tennyson）给忘了，如今崇拜的对象，应换作多恩（John Donne，1572—1631）才是。当时英国最负盛名的批评家、剑桥的利维斯（F. R. Leavis），甚至为英国小说编列出一部新的“正典法统”，或所谓“大传统”，与一脉相承的传统完全相反。因为历代以来，凡是不入这位批评家法眼的文学创作，通通一律予以除名，甚至包括狄更斯（Dickens）的大部分作品也不能够幸免，只有《艰难时世》（*Hard Times*）一作侥幸过关；虽然一直到当时为止，这部小说都被认为是这位大文豪的次要作品。[1]

至于对西班牙绘画爱好者来说，例如穆里罗（Murillo）被打入冷宫，起而代之务必欣赏赞扬的大家则是格列柯（El Greco）。尤有甚者，任何与资本年代及帝国年代有关的事务（除去先锋派艺术之外），不但被冷落排斥，而且根本就被扫地出门，从此消失不见。19 世纪学院派画作的价格非但一落千丈，直到 1960 年之前，简直无人问津，愈发显示了这种改朝换代的激烈现象（相对地，印象派及其后的现代派作品则身价上涨，不过幅度不大）。同理，若有人对维多利亚式建筑稍有赞美，便有故意冒犯“真正”高品位且有过于保守之嫌。即使是自幼生长在自由派资产阶级式伟大建筑维也纳的旧都“内城”环绕之中的作者本人，却在新时代文化氛围的耳濡目染之下，受一种习气影响，认为这些旧建筑不是矫揉造作，便是浮饰虚华，或甚至两罪并俱。不过，一直要到了五六十年代，它们才真正遭到“大批”铲除的命运，这可谓现代建筑史上损失最惨重的 10 年。也正因如此，到 1958 年，才有“维多利亚学社”（Victorian Society）成立，欲图保存 1840—1914 年间

[1] 为了公平起见，在此必须声明，对于狄更斯这位伟大作家，利维斯博士最后毕竟找出比较没有那么不恰当的言辞予以赞美，也许多少有点勉强。

的建筑。但这已经是“乔治亚社”（Georgian Group）成立的20余年之后了，“乔治亚社”的立社宗旨，就是为了保存那些命运不比此期凄惨的18世纪遗产。

先锋派艺术风格对商业电影的冲击，更显示“现代主义”已经深入日常生活之中。然而它的行动拐弯抹角，仍是经由一般大众不视为“艺术”的制作生产途径，最后并依据某些美学价值的先验标准而判其高下：主要是靠公共宣传、工业设计、商业平面美术以及日常用品。因此在现代主义大家中，匈牙利裔美籍建筑师暨设计师布罗伊尔（Marcel Breuer）著名的管式座椅（tubular char，1925—1929），就同时带有一股意识风格和美学任务（Giedion，1948，pp.488—495）。可是这把椅子风行现代世界，却并非以先锋派宣言的姿态出现，而是它朴素实用的设计——方便搬动并可多把叠放。但是无可否认，第一次世界大战爆发后不到20年间，西方世界的都市生活便已布满了现代主义的印记，甚至在美英两国，在20年代对现代主义似乎完全不能接受，如今也伏在它的脚下。流线型的风格，从30年代开始——不论适合与否——风靡了全美各项产品的设计，与意大利的未来派应合。起源于1925年“巴黎装饰艺术大展”（Paris Exposition of Decorative Arts）的“装饰艺术”（Art Deco），则将现代派的几何多角线条（angularity）及抽象风格（abstraction）带入家庭生活。30年代出现的现代出版业平装本革命企鹅丛书（Penguin Books），也是举着柴齐休德（Jan Tschichold，1902—1974）的前卫印刷风格的旗号。不过现代主义的攻势，仍未能直接命中一切；直到第二次世界大战后，所谓现代派建筑的国际风格，才全面席卷城市景观。虽然它的主要号手及实行家如格罗皮乌斯、勒·柯布西耶、密斯·凡德罗、莱特（Frank Lloyd Wright）等人，早已活跃一时。在此之前，除去某些特例之外，绝大多数的公共建筑，包括左派兴建的平民住宅计划在内，都极少展现现代主义的雪泥鸿爪（一般原以为，左派对富于社会意识的新建筑，应该表示亲近才是）。唯一的影响，只是它们都对建筑物的装饰线条表示极度厌恶而已。20 年代工人阶级聚居的“红色”维也纳，曾大兴土木重建，主其事的建筑师大多在建筑史上默默无闻，即或小有地位，也是名不见经传的普通角色。可是与此同时，日常生活中的次要用品，却正在现代主义的冲击下快速改头换面。

这种现象，有多少是归功于美术工艺（arts-and-crafts）的流行以及新艺术（art nouveau）的影响，其中先驱型的艺术在其中身先士卒，投入日常用品的制作？有多少是来自苏联（构成主义）人士的影响，他们之中的某些人刻意为针对大众生产的设计带来革命？而又有多少纯粹是出于现代主义与现代家庭科技（例如厨房设计）之间的内在契合？这些问题，都得留予艺术史来决定。事实的发展，则是如下：一个为期短暂的机构，主要是为担任政治和艺术先锋中心的目的成立，却为两代人制定了建筑和应用艺术的风格主调。此即包豪斯，也是魏玛共和国及日后德绍（Dessau）的艺术及设计学校（1919—1933）。这所学校与魏玛共和国存在时期相近，希特勒夺权之后，纳粹主义者将该校解散。与包豪斯有关系的艺术界人士名录，仿佛是莱茵河至乌拉尔山之间的现代艺术名人录：计有格罗皮乌斯、密斯·凡德罗、法宁格（Lyonel Feininger）、克利（Paul Klee）、康定斯基（Wassily Kandinsky）、马列维奇（Malevich）、利西茨基（El Lissitzky）、莫霍伊·纳吉（Moholy-Nagy）等等。包豪斯的影响所及，不仅及于以上诸位人士，自 1921 年起，甚至刻意离开旧有的工艺与（先锋的）美术传统，转向实用及工业生产的设计，例如汽车车体（格罗皮乌斯）、飞机座位、广告平面设计（苏联构成主义大家利西茨基的一大嗜好）等等，也受其影响。更别忘了 1923 年间德国通货疯狂大膨胀期间，100 万和 200 万马克大钞的设计，也得算上一笔。

包豪斯在当时被认为极具颠覆意味，这从它与那些对它缺乏好感的政客之间，素来存在种种不合即可看出。事实上在大灾难的时期里，“严肃”艺术始终为这一种或那一类的政治使命所左右。到了 1930 年，这股风气甚至影响了英美两国。前者在当时欧洲革命的风暴之中，仍是一处可以寻得社会及政治稳定的避风港；而后者虽然远离烽火的战场，却距经济的大萧条不远。政治上的使命，当然并不仅限于向左看齐，虽然在对艺术有强烈爱好的人眼里，尤其当他们依然年少之际，的确很难接受创造性天才竟然不与进步性思想同步同途的事实。然而现实的状况不然，尤其以文学界为最，极端反动的思想，有时更化为法西斯的实际手段，这种现象在西欧也屡见不鲜。不论是身在国内还是流亡在外，例如英国诗人艾略特和庞德、爱尔兰诗人叶芝、挪威小说家汉姆生（Kunt Hamsun，1859—1952，汉姆生是纳粹的狂热支持者）、英国小说家劳伦斯，以及法国小说家塞利纳（Louis Ferdinand Céline，1884—1961）等等，其实都是这一类文学人士的突出者。不过苏联向外流亡的各路人才，却不可随便归入“反动”之流（虽然其中有些人确实如此，或转变如此）。因为拒绝接受布尔什维克的外移者中，持有的各种政治见解很不相同。

尽管如此，我们却可以说，在世界大战及十月革命之后的年月里吸引了先锋派艺术界的是左派，而且经常是革命左派。在 20 世纪 30 年代和 40 年代，以及那反法西斯的岁月中甚至更甚。事实上，由于爆发了战争及革命，使得许多原本在战前与政治无关的苏法先锋派运动，从此也染上政治色彩。不过刚一开始，多数苏联先锋派人士对“十月革命”却无甚热情。随着列宁产生的影响将马克思学说传播到西方世界，并成为社会革命唯一的重要理论及意识形态，先锋派纷纷接受这个被纳粹甚为正确地称为“文化布尔什维克主义”（Kulturbolshewismus）的新信仰。达达主义兴起，是为了革命；它的继起者，超现实主义，所面对的唯一难题也只在该走哪一条革命路线，而其门下绝大多数，舍斯大林而选择了托洛茨基。莫斯科–柏林联手，是建立于共有的政治共鸣之上，对魏玛文化影响极大。密斯·凡德罗为德国共产党设计了一座纪念碑，悼念被刺身亡的斯巴达克思主义者（Spartacist）领袖李卜克内西和卢森堡。格罗皮乌斯、塔特（Bruno Taut，1880—1938）、勒·柯布西耶、梅耶（Hannes Meyer），以及整个“包豪斯学派”（Bauhaus Brigade），都接受苏维埃委托从事设计——当时在大萧条的背景之下，不论在思想意识或建筑专业方面，苏联对这些西方建筑师的吸引力显然大得多——甚至连从根本上说政治色彩并不强烈的德国电影界此时也开始激进，大导演帕布斯特（G. W. Pabst，1885—1967）的所作所为即可证明。帕布斯特对描述女人的兴趣，显然比表现政治事务浓厚多了，日后并心甘情愿地在纳粹羽翼下效命。可是在魏玛共和国的最后几年，他却曾执导了多部最为激进的作品，包括布莱希特与韦尔（Weill）合作的《三分钱歌剧》（*Threepenny Opera*）。

悲哀的是不分左派右派，不论他们献身的政治理想为何，现代派艺术家却被当局及群众所排斥——而对手对其攻击之猛，更不在话下。除了受到未来派影响的意大利法西斯是例外，新兴的极权政府，无分左右，在建筑上都偏爱旧式庞然大物似的建筑及街景，在绘画雕刻上钟情激越壮阔的表现，在舞台上青睐古典作品精致细腻的演出，在文学上则强调思想的可接受性。希特勒本人，便是一名饱受挫折的艺术家，他最后终于找到一位年轻能干的建筑家施佩尔（Albert Speer），总算借其之手，一了他那种巨大无朋的创作观念。而墨索里尼、斯大林及佛朗哥将军等人，虽没有这等个人艺术野心，却也都各自兴建了一栋栋恐龙式的大建筑群。因此德苏两国的先锋派艺术，都无法在希特勒和斯大林两人的新政权下生存。原本在 20 年代作为一切重大先进艺术先驱的德意志和苏联，便几乎从文化舞台上销声匿迹。

如今回溯起来，我们可以比当年看得更为清楚，希特勒和斯大林之崛起，对文化造成多么大的危害。先锋派艺术，深植于中东欧的革命土壤之内；艺术的良种，似乎生长在熔岩纵横的火山上。此中因由，并非单纯出自政治革命政权的文化当局给艺术革命家的官方关注（即物质资助），胜于它们所取代的保守政权——即使其政治当局对艺术本身并无热心。苏联的“教化政委”（Commissar for Enlightenment）卢那察尔斯基（Anatol Lunacharsky），就积极鼓励先锋派艺术的创作，虽然列宁本人的艺术品位偏向传统。1932年被德意志第三帝国赶下台前的普鲁士社会民主政府，也对激进派指挥克勒姆佩雷（Otto Klemperer）鼓励有加，遂令柏林的众多歌剧院成为1928—1931年间最先进音乐的展示场。但是除了这个因素以外，时代的动荡不安，使居于中东欧地区的人，心灵更加敏感，思想更加尖锐。他们眼中所见，心中所感，不是一个美好人间，却是一个冷酷世界。而也正是促成这股冷酷悲情背后的残忍现实及悲剧意识，却令某些原本并不杰出的艺术家们，变得更加敏锐。例如美国的特拉文（B. Traven），原是一名主张无政府的天涯浪子，一度与1919年短命的慕尼黑苏维埃共和国有些关系，此时却拿起笔来，动人地描述了水手与墨西哥的故事，后改编为电影，即为休斯顿（John Huston）导演、亨佛莱·鲍嘉（Humphrey Bogart）主演的《马德雷山脉宝藏》（*Treasure of the Sierra Madre*），这部电影即是以特拉文的故事为蓝本拍摄的。若无这部作品，特拉文大概会默默无名终了一生。但是一旦艺术家不再感到人世的苦难荒谬不可忍受，他的创作动力也就会随之失去，所余者只有技术上的矫情，却失去了内在激情。如德国讽刺大家格罗茨（George Grosz）于1933年移居美国后的创作就是如此。

大动乱时代的中欧先锋派艺术，很少表达出"希望"的感觉，尽管其献身政治革命的同志，有意识形态及对未来乐观愿景的鼓舞。这些地方先锋派艺术的最大成就，多数在希特勒和斯大林上台之前即已完成。"对希特勒，我实在无话可说。"[1]

奥地利的讽刺大家克劳斯，就曾对希特勒政权如此讥讽，然而当年第一次世界大战时，他可是滔滔不绝（Kraus，1992）。这些艺术作品的创作背景，是末日的动荡与悲情，包括柏格的歌剧《伍采克》（*Wozzek*，于1926年首次演出），布莱希特与韦尔合作的《三分钱歌剧》，及《马哈哥尼城的兴衰》（*Mahagonny*，1931），布莱希

[1]　'Mir fällt zu Hitler nichts ein.' 不过在长期沉默之后，克劳斯却能洋洋洒洒，就这个题目发挥了数百页长的文字。

特与艾斯勒合作的《采取的手段》(*Die Massnahme*，1930)，巴伯尔的小说《红色骑兵》(*Red Cavalry*，1926)，爱森斯坦的电影《战舰波将金号》，及德布林(*Alfred Döblin*)的小说《柏林亚历山大广场》(*Berlin-Alexanderplatz*，1929)。而哈布斯堡帝国的倒塌，也促使众多文学杰作潮涌，从克劳斯的惊世剧作《人类文明末日》到哈谢克的诙谐作品《好兵帅克》，还有罗斯《忧伤的悲歌》(*Radetsky Marsch*，1932)，慕席尔(Robert Musil)不断自我反思的作品《无行之人》(*Man without Qualities*，1930)等等皆是。终 20 世纪，没有任何政治事件，曾在创作的心灵上激起过如此大的波澜。唯一的例外，也许也只有爱尔兰的革命与内战(1916—1922)，还有墨西哥的革命(1910—1920)——俄国革命却不曾有此作用——曾分别借着前者的剧作家奥凯西(Ocasey)，以及后者的壁画家(此事象征意义更甚)，以他们个别的方式，激发本国艺术创作。这一个注定倾覆的帝国，隐喻着另一个本身也注定幻灭崩离的西方精英文化：这个意象，长久以来便已在中欧人心灵的阴暗角落潜伏。旧有秩序的告终，在大诗人里尔克(Rainer Maria Rilke，1875—1926)的《杜伊诺哀歌》(*Duino Elegies*，1913—1923)中获得宣泄。另一位以德文创作的布拉格作家卡夫卡(Franz Kafka，1883—1924)，则以更绝对的方式，表达出人类那全然不可理解的困境：个人的与集体的。卡夫卡的作品，几乎全是在其身后出版面世。

因此，这个艺术，乃是

> 创造于世界溃散的日子，
> 诞生于地基崩离的时刻。

以上是古典学者暨诗人豪斯曼(A. E. Housman)的诗句，他与先锋创作之间，自然是背道而驰(Housman，1988，p.138)。这门艺术的观照角度，是“历史守护神”(angel of history)的观点。而这名守护天使，根据犹太裔德籍马克思学派人士本雅明（Walter Benjamin，1892—1940）的观点，正是克利画作《新天使》（*Angelus Novus*）中的那一位：

> 他的脸庞面向过去。我们所认为属于一连串的事件，在他眼中，却只是一桩单一的大灾难，其中的残骸灰烬，不断堆积，直到他的脚下。哦，但愿他能留下，唤醒死者，修补那已毁的残破碎片！但是从乐园的方向，却起了一阵暴风，如此狂厉凛冽，吹得天使的双翅无法收起。狂风使他无力招架，不断地将他送往未来之境。他背向着未来，脚下的残灰却快速增高，一直进入天际。这股狂暴的大风，就是我们称作进步的狂飙啊。（Benjamin，1971，pp.84—85.）

在崩离瓦解地带以西的地方，悲剧及大祸难逃的意识虽然稍轻，可是未来的前途同样黯淡不明。在这里，虽有大战的创伤累累，但是与过去历史的相连感却不曾明显断裂。一直到了30年代，那个萧条、法西斯俱生，以及战争日近的10年间方才改观。[1] 即使如此，如今回溯起来，当时西欧知识分子的情绪心灵，似乎不似中东欧那般彷徨绝望，希望的感觉也浓厚得多。他们在中欧的同伴，从莫斯科到好莱坞，正四处飘零，而在东欧的同伴，则陷于失败及恐怖的魔掌之下噤声无语。而居于西欧的他们，却觉得自己仍在捍卫那虽然尚未毁灭，却备受威胁的价值观念，并为一度曾活跃于其社会的思想意识，重新点燃火炬，若有必要，甚至可以进行改造以图存留。我们在第十八章将会看见，当时西方知识界之所以对苏联的所作所为认识不清，主要是出于一种观念，认为它依然是代表“启蒙理性”对抗“理性解体”的一大力量，象征着“进

[1] 事实上，反映第一次世界大战的主要文学作品，直到20年代方才开始出现。雷马克（Erich Maria Remarque）所著的《西线无战事》（*All Quiet on the Western Front*）是于1929年才出版，好莱坞版的电影剧于1930年问世，18个月时间，即以25种文字售出250万本。

步”的原始单纯意义，它的问题远比本杰明所说，“从乐园吹来的那股狂风”为少。只有在极端反动分子中间，才可以发现那种“世界已陷入不可理解的悲剧”的末世意识；或如当时英国最伟大的小说家伊夫林·沃（Evelyn Waugh，1903—1966）的笔下，世事已成斯多葛禁欲派（stoics）的一幕黑色喜剧；或更如法国小说家塞利纳所描述——甚至包括好讥嘲的犬儒在内——人世间均犹如一场噩梦。虽然当代英国年轻先锋派诗人中最杰出的奥登，也认为历史是悲剧，他的深刻感受见于《西班牙，美术之乡》（*Spain, Musée des Beaux Aits*），然而以他为中心的那群先锋派团体，却觉得人类的困境并非不可接受。英国先锋派艺术家中给人深刻印象者，莫过于雕刻大家亨利·摩尔（Henry More，1898—1986）以及作曲家布里顿（Benjamin Britten，1913—1976）。但论其二人给人的感受，仿佛只要世界危机不去打扰他们，他们就可以让它从旁边掠过。可是世界的危机，毕竟不曾放过一人。

而先锋派艺术的概念，在当时依然仅限于欧洲的文化领域及其外围地带。甚至在这里，艺术革命的开拓先锋们也仍旧心存渴慕地引颈望向巴黎，有时甚或伦敦，而伦敦此时的分量虽轻，却足令人惊异不已。[1]而纽约则不是期盼的目标。这种现象表示，在西半球的领域以外，非欧洲的先锋派圈子几乎完全不存在；而它在西半球的存在，却与艺术实验和社会革命牢不可分。那时，它的最佳代表莫过于墨西哥革命的壁画家，画家们的意见只有在斯大林与托洛茨基两人上有分歧，对于墨西哥革命人士萨帕塔与列宁两人却共同爱戴。墨西哥画家里韦拉（Diego Rivera，1886—1957）就曾坚持将萨帕塔和列宁的像，绘入他为纽约洛克菲勒中心新大厦所绘制的壁画中——此画是装饰艺术的一大胜利，仅次于克莱斯勒大楼（Chrysler Building）——惹得洛克菲勒家族大为不快。

[1] 阿根廷作家博尔赫斯（Jorse Luis Borges，1899—1986），尤其以崇尚英国出名；亚历山大城的出色希腊诗人卡瓦菲（C. P. Cavafy，1863—1933），则以英文为其第一语言；20 世纪最伟大的葡萄牙大诗人佩索阿（Fernando Pessoa，1888—1935）亦然，至少在写作上如此；吉卜林（Kipling）对布莱希特的影响，更是众所周知。

但是对非西方世界的多数艺术家而言，根本的问题却在“现代化”而非“现代主义”。作家们如何才能将本国本地的日常语言，转化成富有变化、包罗万象，适用于当代世界的文学用语，正如19世纪中期以来的孟加拉人（Bengalis）在印度所做的改革一般？文艺界男士（在这个新时代里，或许包括文艺界女士在内）如何才能以乌尔都（Urdu）语创作诗词，而不再依赖一向以来凡作诗非以古典波斯文不可的文学传统？如何以土耳其文，取代那被凯末尔革命扔入历史垃圾箱的古典阿拉伯文（同时一并被扔掉的，还有土耳其的毡帽和女子面纱）？至于那些有悠久历史的古老国度，该当如何处理它们的固有传统，如何面对那些不论多么优雅动人，却不再属于20世纪的文化艺术？其实单抛弃传统一事，就具有十足的革命意味；相比较之下，西方那此起彼落，以这一波现代化对抗那一波现代化的所谓“革命”，更加显得无所谓甚或不可理喻。然而，当追求现代化的艺术家同时也是革命者时，这种情况更为显著，事实上的情况也多是如此。对于那些深觉自己的使命（以及自己的灵感来源），乃是“走入群众”，并描述群众痛苦，帮助群众翻身的人来说，契诃夫（Chekhov）与托尔斯泰（Tolstoy）两人，显然比乔伊斯更符合他们的理想典范。甚至连从20年代起即已耽于现代主义的日本作家（极可能是接触意大利“未来派”而形成），也经常有一支极为强烈的社会主义或共产“普罗”中坚队伍（Keene，1984，chapter 15）。事实上，现代中国的著名作家鲁迅（1881—1936），即曾刻意排斥西式典型，却转向俄罗斯文学，因为从中“看见了被压迫者的善良的灵魂，的辛酸，的挣扎。”（编者注：引自鲁迅《南腔北调集》中《祝中俄文字之交》。）

对于大多数视野并不仅限于本身传统，也非一味西化的非欧洲世界创作人才而言，他们的主要任务，似乎在于去发现、去揭开、去呈现广大人民的生活现实。写实主义，是他们的行动天地。

2

就某种方式而言，东西艺术因此产生结合。因为 20 世纪的走向愈发清楚，这是一个普通人的世纪，并将由普通人本身所创造的艺术，以及以普通人为对象而创造的艺术所垄断。两大相关工具的发明，更使普通人的世界有了前所未有的呈现和记录，即报告文学（reportage）和照相机。其实两者皆非新创（参见《资本的年代》第十五章及《帝国的年代》第九章），可是却都在 1914 年后，才进入黄金年代。作家，此时不但自视为记录人或报道人（尤以美国为最），更开始亲自为报纸撰稿，有些甚至亲自写报道性的作品，或一度成为报人，例如海明威、德莱塞（Theodore Dreiser，1871—1945）、辛克莱·刘易斯等人皆是。1929 年首度纳入法语辞典，1931 年登列英语辞典的“报告文学”一词，于 20 年代成为公认具有社会批评意识的文学与视觉表现类型。对其影响最大的是苏联的革命先锋派人士。后者高举现实的旗帜，力抗被欧洲左派谴责为人民鸦片的大众通俗娱乐。捷克共产党新闻工作者基希（Egon Erwin Kisch），就因《匆匆报道》（*Der rasende Reporter*，1925）而名声大噪，此词就因他在中欧大为流行。《匆匆报道》，是他一连串报道的首篇篇名。报道性的作品，也遍传西方先锋派圈中，主要渠道是通过电影。它的起源，显然出自多斯·帕索斯（John Dos Passos，1896—1970）所著的《美国》（*USA*）三部曲中（这位作家左倾时期的作品）。书中以“新闻片”（Newsreel）及“电影眼”（the Camera Eye）——暗指先锋派纪录片导演维尔多夫（Dziga Vertov）——等片段交互穿插，构成故事情节。在先锋左派手中，“纪录片”成为一种自觉性的运动。到了 30 年代，甚至连报章杂志界中顽固的实际派，也可以以这一类作品获取更高的知识和创作声望。他们将电影胶卷中的片段——通常充任不要紧的补白作用——添添补补，升级成气势较为壮大有如“时光隧道”（March of Time）般的纪录性质，并借用先锋派摄影的技术创新，例如 20 年代共产主义的《工人画报》

（*AIZ*）首创的手法，为画刊杂志创下了一个黄金时代：美国的《生活杂志》（*Life*）、英国的《图画邮报》（*Picture Post*）、法国的《看》（*Vu*）等皆是。不过在盎格鲁–撒克逊的国家以外，此种风格直到第二次世界大战之后才大为风行。

“摄影新闻”的兴起，要归功于以下原因。其一，那些发现了摄影技术这个媒介的摄影人才（甚至包括某些女性在内）；其二，世人以为“照相机不会撒谎”的错觉（即相机镜头下捕捉的世界，似乎可以代表“真实”人生）；其三，技术的改良进步，新型的迷你相机可以轻易拍到那些不是刻意摆出的自然姿态，例如 1924 年推出的莱卡相机（Leica）。可是其中最重要的一个因素，却要数电影在世界各地的流行。男男女女，都知道可以通过摄影镜头看到真实人生。当时，印刷品的发行虽然也有增加（如今更在通俗小报上面与凹版印刷相片交错排列），可是却在电影大军的压境下相形失色。大灾难的年代，是电影大银幕称雄的年代。到 30 年代末期，英国人每买一份报纸，就有两人买一张电影票（Stevenson，pp.396，403）。事实上，随着不景气日益严重，世界被战争的千军横扫，西方电影院观众的人次也达空前高潮。

在这个视觉媒体新秀的世界之中，先锋派艺术与大众艺术相互交融、彼此影响。在旧有的西方国度里，教育阶层和部分的精英思想，甚至进而渗入大众电影领域，于是有了魏玛时代的德国无声电影，30 年代的法国有声电影，法西斯思想被扫除之后的意大利电影界，分别创造了黄金时代。其中恐怕要数 30 年代具有民粹风格的法国影片，最能将知识分子对文化的需求与一般大众对娱乐的需求相结合。这些作品是唯一在高品位中，犹不忘故事情节重要性的作品——尤其是“爱”与“罪”的题材——同时也是唯一能表达“高级笑话”（good joke）的影片。而通常一旦让先锋派（不论政治或艺术）完全自行其是——如纪录片流行潮及鼓动艺术（agitprop art）即是——它们的作品却很少能影响到大众，只能限于极少数的小圈子中欣赏。

然而，这个时期的大众艺术之所以意义重大，并非由于先锋派的参与投入。最令人深刻难忘的，乃是大众艺术已经日益取得无可否认的文化优势地位，即使如我们在前所见，在美国之外，当时的大众艺术，犹未能摆脱教育阶层趣味的监督管辖。夺得独霸地位的艺术（或者应该说娱乐）形式，是以最广泛的群众为目标，而非人数日渐浩大的中产阶级，或品位仍停留在保守阶段的低下阶层。这些艺术趣味，仍然垄断着欧洲“大道”（boulevard）、“西区”（West End）舞台，或其他种种品位相当的表演国度——至少，一直到希特勒将这些产品的制作者纷纷驱散之前是如此，可是他们的兴趣已经不重要了。在这个中级趣味的领域里，最有趣的趋势要数其中一种类型，于此时开始如火如荼地发展。这就是早在1914年前，即已崭露头角，却完全不能预料日后竟大受欢迎的侦探推理题材小说，现在开始一本又一本地推出长篇。这个新的文学类型，主要属英国风味——可能得归功于柯南·道尔（A. Conan Doyle）的福尔摩斯（Sherlock Holmes），他笔下的这名高明大侦探，于19世纪90年代成为举世家喻户晓的人物——但是更令人惊奇的事实，却是这个类型具有强烈的女性及学者色彩。侦探小说的创始先锋克里斯蒂（Agatha Christie，1891—1976）的作品，到今日依然畅销不衰。侦探小说的各种国际版本，也深受英国创下的模式影响，也就是一律将凶杀案的谜团，当作客厅里的斯文游戏，需要几分智慧才能破解。就仿佛高级的填字游戏，靠几处谜样的线索找出答案——这更是英国的独家专长。这种文学类型，最适合用以下观点视之：诉诸那面临威胁，却尚不至完全被破坏的既有社会秩序。谋杀，在此成为中心焦点，几乎是促使侦探采取行动的唯一事件。它侵入一个原本井然有序的天地，如俱乐部的场所，或某些常见的专业场所，然后抽丝剥茧，一路循线索找出那只烂苹果，确保全桶其余的完好无损。于是经侦探的理性手法，问题获得解决，小小世界也再度恢复井然秩序；而侦探本人（大多数是男性），同时也代表那小小的大千世界。因此，主角务必为“私人”侦探，除非警探本人（与他的多数同僚不同），也属于上中阶层的一员。这是一个虽然拥有相当自我肯定却极度保守的文学类型，与同时代兴起的较为恐怖的间谍小说不同。后者也多出自英国，在20世纪下半期大受欢迎，其作者的文学水平也属平平，通常是在本国的秘密特务机关中找到合适的职位。[1]

早在1914年，具有现代气息的大众媒体，已在许多西方国家成为当然。但是它们在大灾难时代的惊人发展，依然令人叹为观止。美国报纸发行数的增加，比人口还要快，于1920—1950年间激增一倍。到了那个时期，在典型的"发达"国家里，每1 000名男女老少，就有300至350份报纸，北欧和奥地利国民的报纸消耗量，比此更甚。至于都市化的大英帝国国民，也许更由于英国的报刊出版是全国发行而非限于地方，每1 000名人口竟然购读高达600份的报纸，的确令人咋舌（UN Statistical Yearbook，1948）。报业是以识字阶层为对象，不过在基本教育普及的国度里面，它也尽量利用图片与漫画（漫画当时尚未为知识分子青睐），并发展出一种特殊的新闻用语：如语气夸张鲜明，极力攫取读者注意力，故作通俗，音节尽量减少，等等，以满足一般识字程度不高民众的需求。这种风格，对文学的影响不谓不重。而另一方面，电影对其观众的识字程度要求甚低，等到它于20年代末期学会开口讲话以后，英语国家的观众更不需要认识任何字了。

更有甚者，电影不像报纸，后者在世界多数地区，都只能引起一小部分精英阶层的兴趣。电影刚一起步，便几乎以国际性的大众媒体姿态出现。无声电影及其已经通过考验能以跨越不同文化的电影符号，原有可能成为国际性的共同语言。它的黯然下台，很可能是促使英语在世上通用，并发展成20世纪后期国际语言的一大原因。因为在好莱坞的黄金年代里，电影几乎全部来自美国——只有日本例外，其大型

[1] 现代这种"冷酷"派惊险小说，或所谓"私人侦探"小说的文学始祖，其大众性则远比早期侦探推理小说为重。哈米特（Dashiell Hammett，1894—1961）其人就是平克顿（Pinkerton）侦探社的警探出身，其作品则刊载在一些廉价杂志上。讲到这里，唯一将侦探小说转变成纯文学的作家，只有比利时自学成才的西默农（Georges Simenon，1903—1989），纯靠为人卖文鬻字为生。

电影产量几乎与美国并驾齐驱。至于在第二次世界大战前夕的世界其他地区，即使将印度包括在内，好莱坞生产的影片也几乎等于它们的总和（当时印度已经年产170部影片，其观众人数几乎与日本等同，并与美国极为接近）。1937年间，好莱坞一共制作了567部影片，其速度等于每周超过10部。在资本主义的垄断性生产力与社会主义的官僚化之间，其中的差异，就在前者年产电影567部，而苏联于1938年却只能号称生产了41部。不过基于明显的语言因素，这种由一家独霸全球的异常现象自然不能持久。果然它没能熬过“影棚制度”的解体。好莱坞的影棚作业，于此时达到高峰，宛如机器般大量制造美丽梦境，却在第二次世界大战后顷刻间烟消云散。

大众媒体的第三项：无线电广播，则是崭新的当代发明。它与前两者不同，纯粹建立在个人是否拥有在当时还是精密机器的收音机上，因此基本上多限于相对较为繁荣的“发达”国家境内。意大利的收音机台数，直到1931年前始终不曾超过汽车的拥有数（Isola，1990）。第二次世界大战前夕，拥有收音机比例最高的国家地区，有美国、斯堪的纳维亚、新西兰、英国。在这些国家里面，收音机的持有数以惊人速度增长，甚至连穷人也买得起。1939年在英国的900万台收音机中，有半数为每周工资在2.5英镑至4英镑之间的平民持有——这算是普通收入——另外200万拥有者的所得则比此为低（Briggs，II，p.254）。因此大萧条的数年间，广播听众呈倍数激增，增长比例可谓空前绝后，此事也许也不足为奇了。因为无线电广播改变了穷人的生活内容，尤其是对困守家中的穷家妇女，其影响力前所未有。收音机将外面的世界带进她们家中，从此这些最为寂寞的人不再完全孤单。凡是可以通过说话、歌唱、演戏，以及所有能以声音传达的事物，如今她们都能自由控制选择。这个于第一次世界大战结束时尚无人知晓的新兴神奇的媒体，到股市大崩溃的那一年，竟已获取了美国千万家庭的欢心，到了1939年，更高达2 700万家，1950年时，超过4 000万户。这个惊人的发展趋势，真是可惊可叹！

可是无线电广播，与电影以及改革后的大众报业不同，并不曾大幅度改变人类观照现实的角度。它不会创造新的观照方式，也不曾在感官印象与理性观念之间建立新的关系（参见《帝国的年代》）。它只是一个媒介，不是信息本身。但是，它可以向数不尽的数百万听众同时说话，而每一名听者，都觉得它是在向自己单独发言。因此无线电成了传播大众信息的有力渠道；统治者及销售人员，也迅即发现它是上好的宣传广告工具。到30年代初期，连美国总统和英国国王，也分别认识到自己在收音机上“围炉夜话”（fireside chat）和圣诞节广播谈话（分别于1932年和1933年）的影响力。第二次世界大战期间，由于对新闻需求迫切，无线电更地位确立，成为一代政治工具与一大信息媒介。欧洲大陆各国的收音机数大幅度增加，有时甚至呈倍数甚或倍数以上跃升，只有某些在战火中遭受重大牺牲的国家是为例外（Briggs，III，Appendixc）。至于欧洲以外的国家，增幅更为惊人。不过一开始即已控制美国空中频道的无线电广播的商业用途的发展，在他处的进展则不及美国顺利。因为根据传统，对国民影响力如此强大的一个媒介，政府自然不愿轻易放弃。英国国家广播公司（BBC），便始终维持其公共垄断机构（public monopoy）的地位。与此同时，凡容许商业广播播出的地方，其经营单位都一律得对官方意见表示应有的尊重。

无线电收音机文化的创新之处，在今人眼中极难辨认，因为许许多多由它领导创新的项目，已经成为我们日常生活中固定的一部分，如体育评论、新闻报道、名人访谈、连续剧，以及任何以集数形式播出的节目均是。它带来的诸多影响之中，最重大、最深刻的便是依据一个严格规定的时间表，将众人的生活同时予以私人化与固定化。从此，我们的工作，我们的休闲，都被这张作息表牢牢控制。然而奇怪的是，这个传播媒介以及后来继起的电视机和录像机，虽然基本上是以个人与家庭为接收中心，却也创造出它独有的公共空间。于是在历史上第一次，原本互不认识的陌生人们，碰面之际，却都知道十之八九对方昨晚上大概也收听了那场大比赛的转播，那出最受欢迎的喜剧节目，丘吉尔的演说，以及新闻报道的内容。

受到无线电广播影响最大的一门艺术是音乐，因为它完全摆脱了声音本身及机械对原音传送的种种限制。音乐，是最后一项挣脱出人体对口头传播所作的禁锢的艺术，早在 1914 年前，即已因留声机的发明进入机械复制的新纪元，不过当时却犹在多数人所能及的范围以外。到两次大战之间的年代，留声机及唱片固然终于抵达大众手中，然而“种族唱片”市场的几乎崩溃（即美国大萧条期间的典型穷人音乐），却证实这种扩张繁荣的脆弱性。而唱片本身的技术质量，虽然在 1930 年左右大为改进，却依然有所限制，长度便是其中一项。更有甚者，它的花样种类，也得视销路决定命运。可是无线电广播，却头一次使得音乐的播送没有边界，在远距离外也可听闻。并且一次播放时间，可以超过 5 分钟，没有任何间断。在理论上，它的听众人数也毫无限制。于是少数人的音乐就得以普及（包括古典音乐在内），无线电广播也成为唱片推销的最主要手段，至今依然。可是收音机并未改变音乐的面貌，它对音乐的影响，显然次于舞台和电影（后者也开始学会将音乐在片中再现），可是若没有无线电广播出现，音乐在现代生活中扮演的角色，包括它在日常作息中如听觉壁纸般担任的背景地位，肯定难以想象，也许根本便不可能产生。

因此，垄断着大众通俗艺术的几大力量：报业、摄影、电影、唱片、无线电广播，基本属于科技与工业的发展结果。然而自 19 世纪后期以来，在一些大城市的通俗娱乐角落里，某种独立的真实创作精神，也已经开始明显地迸发涌现出来（参见《帝国的年代》）。进入 20 世纪，这股创作灵感的源泉一点也未枯竭，随着媒体革命反而更上一层楼，远超过当初源起的原始环境。于是阿根廷的探戈（tango）正式登场，尤其更从舞蹈扩大而为音乐，并于 20 年代和 30 年代达到成就和影响的巅峰。当探戈天王巨星加戴尔（Carlos Gardel，1890—1935），不幸于 1935 年因飞机失事殒命时，全拉丁美洲为之同声哀悼，更由于唱片的作用，永垂不朽长存乐坛。桑巴（samba）对巴西的象征作用，也如探戈之于阿根廷，乃是20年代里约热内卢狂欢节（Rio carnival）大众化的产物。然而一切新音乐形式之中，给人印象最为深刻、影响最为深远者莫过于爵士乐在美国的发展，爵士乐主要是受到南部黑人移往中西部及东北部大城市的冲击形成，是专业演艺人员（多系黑人）独有的艺术性音乐。

不过，这些大众化创新及发展的力量，在本土之外往往有其限制；比起20世纪下半叶产生的革命性变化，当时的状况也有所不及。因为进入20世纪第二个50年，以最明显的例子为证，某个由美国黑人蓝调音乐直接承袭的名词“摇滚”，竟然一举成为全球青少年文化的共同语言。不过回到20世纪上半叶，除电影外，大众媒体与通俗性作品的创造力虽然远不及后来的下半场热闹（后文将予讨论），其质量之高，却已足以令人咋舌，尤以美国为最。此时的美国，已经开始在这些行业中处于执牛耳地位，具有无可挑战的优势。其中原因，自然多亏它高人一等的经济优势和对于商业及民主的投入，以及在大萧条后，罗斯福民粹政策的重大影响。在通俗文化的领域里，世界是美国的，其他的都处于次要地位。在这些娱乐业里面，再没有其他任何国家或地区发展出来的模式，可以获得如此尊崇的国际地位——不过，某些国家确实也拥有相当广泛的地区性影响（例如埃及音乐在伊斯兰世界）；不时偶有异国风情，进入国际商业通俗文化主流，造成一时流行（例如拉丁美洲的伴舞音乐）。唯一特殊的例外是运动。在大众文化的这一方舞台之上，任谁欣赏过巴西足球队全盛时期的演出，能够否认运动也是一门艺术？而美国的影响力，始终仅限于华盛顿政治的支配范围之内。正如板球，只有在当年大英帝国米字旗飘扬过的地方，才是一门大众运动；同样，在美国陆战队登陆以外的地方，棒球的势力始终极微。真正拥有世界性地位的运动，只有足球。这个在当年随着英国经济的足迹，携往全球其所到之处的竞技产物，就从北极冰区，到赤道热带，带给了球迷许多以英国公司或海外英国人为队名的球队，例如圣保罗运动俱乐部（Sao Paulo Athletic Club）。这个简单却极优雅的运动，没有复杂的规则与装备，可以在任何大小、尺寸符合并大致不失平坦的开放场地练习。它之所以走遍全球，完全是出于其作为运动本身的优点所致。随着1930年第一届世界杯的揭幕（乌拉圭夺魁），足球确实已成为真正的国际性运动。

不过依据我们当代的标准，此时的大众运动，虽然已经走上国际化之路，却仍然相当原始。它们的从业人员，尚未为资本主义经济的巨喙吞噬。伟大的体育明星，例如网球名将，也依然还是业余运动员（也就是类似传统的中产阶级地位）。即使身为职业运动员，收入也不比普通技术工人高出多少，例如英国足球界即是。至于欣赏的方式，也依然得靠面对面亲临观看，因为连收音机的转播，也只能借着播音员的声音分贝，将赛况的紧张气氛传送而已。电视时代，以及运动员天文数字的高薪，有如电影明星身价一般的日子，离此时尚有几年时光。但是，我们在后文将会看见（第九至十一章），其实为时也不太远了。

第七章

帝国告终

他在1918年投身恐怖分子的革命阵营。在他婚礼当天，他的革命导师也在场。自此开始一直到1928年他死亡之时为止，10年之间，他不曾与妻子共同生活一天。革命人的钢铁纪律，就是远离女人……他常常告诉我，印度若能效法爱尔兰的方式奋斗，必将获得自由。我就是在与他共事之时，开始读到丹·布伦（Dan Breen）所著的那本《我为爱尔兰自由而战》（*My Fight for Irish Freedom*）。丹·布伦是玛斯特达（Masterda）心目中的理想。他还依爱尔兰共和军的名字，把自己的组织也命名为印度“共和军吉大港支部”（Chittagong）。

——杜特（Kalpana Dutt，1945，pp.16—17）

殖民地官员天生就有一种特性，他们不但容忍殖民当地贿赂贪污的恶劣文化，并且还有意加以鼓励。因为这种现成的恶习，正方便他们控制那一群蠢蠢欲动，而且经常有异议的广大人口。在这种方式下，如果一个人有所企图（不论是想打赢官司、取得政府合同、获得英王颁授勋爵名位，或是弄到一份公家工作），都可以借着向握有权力之人行贿而达到目的。至于所行之“贿”，倒不一定都以金钱（此举既露骨又粗鄙，在印度的欧洲人很少愿意用这种方式弄脏他们的手）。馈赠的方式，可能是交情或尊敬，热情的款待，或对某些“善事大义”的慷慨捐款。但是最被看重的方式，则是对英国统治的忠诚。

——卡里特（M. Carritt，1985，pp.63—64）

1

19 世纪之际，曾有几个国家——多数是沿北大西洋岸边——不费吹灰之力，便征服了世界上其他非欧系的国家。在这几国的势力范围以内，它们倒不忙着占领并统治臣下之地，却靠政治经济的系统，加上其组织及科技，在各地建立了比直接统治更为优越的无上地位。资本主义与资产阶级社会，不但改变了世界，统治了世界，更成为一种模范的典型。1917 年以前，且是全人类唯一的模范，凡不愿被时代巨轮扫过或辗死之人，莫不以其为师。1917 年后，苏维埃共产主义虽然提供了另一条路，但是在基本上，仍然属于同种性质的典范，不同之处仅在于共产党扬弃了私有企业与自由主义的制度。因此，少数几个国家，在 19 世纪臣服了世界上众多国家，成为人类共主。而对非西方国家来说，甚至更精确一点，对西方世界北部以外的国家而言，它们在 20 世纪的一页历史，根本上就决定于其与作为时代共主的几个国家之间的关系。

在如此依存主调之下，史学家若想从国际角度观察“短 20 世纪”的演变之势，笔下的地理重心，难免出现不对称的情况。然而除此处理方式之外，别无他途。这种做法，绝非认同任何民族甚或种族优越的心态，也不表示史学家赞同那些国家至今仍存在的自满意识。事实上，本人在此声明，坚决反对汤普森（E. P. Thompson）所称，一些先进国家对落后贫穷地区持有的“无比恩惠”的优越态度。可是事实俱在，在“短 20 世纪”的年代里，世界上绝大部分地区的历史是属于被动的他处衍生（derived），而非主动性的原生自发（original）。各处非资产阶级性质社会中的优秀分子，纷纷模仿西方先进国家开拓的榜样。西方模式，基本上被视为代表着开创进步的社会。其形式，体现于财富与文化的雄厚；其手段，出于经济及科技的“开发”；而其组织，则立于资本主义或社会主义的各式变体。[1] 除了“西化”“现代化”，或随便你爱怎么称呼就怎么称呼它的名称，世界上其实并没有第二个可供实际参考的模式。反之，也只有政治上为了好听，才出现把“落后现象”细分为各种不同层次的委婉说法（列宁就曾经迫不及待地将他自己的祖国，与其他“殖民落后国家”划清界限）。殖民地纷纷独立之后，国际外交上便充盈着这一类虚饰的名词（如“欠发达”“发展中”等等）。

达到“发展”目的的实际操作模式，可以与多种不同的信仰意识形态并行不悖，只要后者不妨碍前者的实行即可。比如发展中国家，如信仰伊斯兰教不因为《古兰经》未曾认可，或尊奉基督不由于《圣经》从未允许，更不因为与中古骑士风格相违或不合于斯拉夫精神，便因此禁止机场的兴建。反之，一国的信仰基调，若不单单在理论上，并且在实际上与“开发”过程大唱反调，其开发结果便注定失败。不怕刀枪入，可令弹头反转去，不管众人对这些奇门遁甲的神术信得多么入迷多么虔诚，不幸的是，法术神技却从来也没有灵验过。电报电话，可比通灵大师的感应术来得有效多了。

然而如此说法，并非看轻各个社会本身特有的传统、信仰与意识观念。旧社会在接触“开发”之际，原有的观念或许修正，也可能始终一成不变，但是必将以此为依据对新世界做出价值判断。比如说，不论是传统主义或社会主义，两方都同时看出，在资本式自由主义经济高呼胜利之余——包括政治层面在内——人生道德却荡然无存，人与人之间的联系全失，唯一的关系，只剩下亚当·斯密（Adam Smith）所谓的人类“交易性格”（propensity to barter），人人只顾追求个人的满足与利益。就维系道德体系、重整人生秩序而言，就确认“开

[1] 我们应该特别注意，所谓“资本主义与社会主义”的绝对二分法，只是一种政治上的说法，并不能通过分析性的考验。政治二分法的心态，充分反映当初大规模工人运动之下的社会主义理论，不过是一种企图把现有社会（即资本主义社会）翻转过来，彻底加以改变的概念。1917 年十月革命之后的“短 20 世纪”，共产主义阵营与资本主义阵营之间的长期冷战对峙，愈加强化了二分法的观念。事实上，与其把美国、韩国、奥地利、中国香港、联邦德国、墨西哥等国家和地区，一股脑儿全部归并到“资本主义”旗下，不如把它们列入不同名号更为恰当。

发”“进步”造成的毁坏而言，随着船坚炮利、教士商人，以及殖民官吏而带来的新观念，往往不如资本主义出现以前，或非资本主义式的思想意识和价值系统来得有价值。因此，后者便动员传统社会的群众，起来对抗资本主义或社会主义代表的现代化，或者更确切地说，一同对抗将资本主义或社会主义文化输入的外来侵略者。不过，传统思想的力量有时虽然颇为成功，但是事实上在20世纪70年代以前，凡在落后世界发动的自由解放运动，很少有受传统或新派传统意识激发或由其完成者。唯一的例外，只有基拉法特（Khilafat）运动在英属印度发起的保王运动（编者注：1920—1922年间的伊斯兰教区域性叛乱）。他们要求保留土耳其苏丹的名号，作为世界各地信徒的哈里发（Caliph），伊斯兰教国王之意，并主张维持原奥斯曼帝国在1914年的疆界，以及由伊斯兰教徒取得伊斯兰圣地的控制权（Holy Places of Islam），包括巴勒斯坦地区。运动为时虽短，却可能是迫使印度国大党（Indian National Congress）采取大规模不合作平民抵抗的主要原因之一（Minault, 1982）。然而在宗教名义下发起的群众动员——“教会”对平民百姓的影响力，毕竟仍大于世俗“国王”——多属防守姿态。不过偶尔也有宗教大军冲锋陷阵，领头顽强抗敌的情况出现。比如墨西哥的农民，即曾在“基督国王”的大旗之下，奋起抗拒墨西哥革命政教分离的运动（1926—1932）。在其史官的笔下，农民的壮举化作史诗般浩荡的“基督精兵”（Meyer，1973—1979）。除此之外，以宗教激进主义者为主力的大规模动员力量，一直到20世纪最后的数十年间，方才出现成功的事例——在这些新一代的知识分子中间，甚至产生一股回归传统的奇异现象。矛盾的是，新一代所要回归的，若在当年他们有学问的祖父、父亲眼里，却恐怕都是务必扫除的迷信野蛮呢。

与本土传统两相映照，这一切的改革计划，甚至包括其中的政治组织与形态——使依赖他人生存者追求解放，令落后贫穷者奋力进取——所有的灵感理念，全部来自西方：自由思想、社会主义、共产主义、国家主义、世俗的政教分离主义（secularist）、教权主义

（clericalism），还有资产阶级社会用以进行公共生活事务的种种形式——新闻界、公共会议、党派、群众活动。种种新思想、新制度，虽然有时不得不假借社会大众信服的宗教口吻推行，根本上却都出于西方。这种现象，意味着20世纪在第三世界发动改造之人，事实上只限于当地居于少数的优秀人物，有时甚至少到屈指可数的地步——因为在这些地方，莫说处处不见民主政治的制度以及必要的教育知识，甚至连初级的识字程度也只限于极其少数的阶层。印度次大陆地区在独立以前，90%的人口为文盲，认识西文（即英文）者更是凤毛麟角——1914年前，3亿人里，大约只有50万懂得外文，也就是每600人中仅有1人。[1] 即使在教育程度最高的西孟加拉（West Bengal），独立之初（1949—1950），每10万人中也只有272名大学生。可是这个数字居然还是北印度心脏地区的5倍之高。然而，这群天之骄子人数虽少，发挥的影响力却极为惊人。英属印度之下最主要的行政区之一孟买（Bombay Presidency），到19世纪末，该区38 000名祆教男子里面，四分之一以上娴熟英语，难怪个个成为活跃于印度次大陆的贸易商、工业家、金融家。而1890—1900年间，经孟买高等法院核准办案资格的百名律师之中，即包括日后独立印度里两名最重要的领袖圣雄甘地（Mohandas Karamchand Gandhi，1869—1948）和印度独立后的首任副总理帕特尔（Vallabhai Patel），并有巴基斯坦未来的国父真纳（Muhammad Ali Jinnah）（Seal, 1968，p.884;Misra，1961，p.328）。在西方教育之下，这批精英在本国历史上发挥了全方位的作用。作者本人就认识一家人，可以充分证明这种现象之一斑。这家人的父亲，是位地主暨业务发达的律师，也是英国统治下有地位的社会人物。1947年印度独立之后，曾在外交界任职，后来并荣膺省长之职。母亲则是印度国大党于1937年间成立的地方政府中的首位女部长。4个孩子均在英国接受教育，3个曾经加入共产党；其中一位日后成为印度陆

[1]　本数字是根据受过西式中等学校教育人口的统计数字而定。（Anil Seal，1971，pp.21—22）

军总司令，第二位则成为共产党的国会议员，第三位历经一番动荡政治生涯之后，成为甘地夫人政府中的一名首长，至于第四名兄弟，则在商界一展身手。

但是这些现象，并不表示深受西方洗礼的优秀精英，对于外来文化价值观便毫无异议地一切照单全收。国外事物虽同是他们学习的榜样，个人之间的观点却有着极大的不同，从百分之百的吸收同化，到对西方深刻的不信任，什么情况都有。然而在疑纳之间，却都深信唯有采用西方的新制度及新发明，方能维系本国特有的文明。各国现代化运动中，推动最有力且最成功的例子，首推日本明治维新。然而日本之维新，事实上并不以日本的全盘西化为宗旨，却在保守传统日本的再生。同理，第三世界的维新之士所寄于西方者，不在其表面的理论文字，却在其本身寄寓的言外文章。因此，殖民地纷纷独立的年代里，社会主义（也就是苏联式共产主义）很受刚从殖民政权解放的新政府的欢迎。不单单因为反对帝国主义一向是城市左派的主张，更由于苏联的计划性工业化模式深得其心。在它们的眼里，苏联式的计划可以使落后的本国进步。这项目的，远比解放本国大众更为重要——且不管这一国的穷苦阶级，到底该如何定义（参见第十二章）。同样，巴西共产党虽始终推崇马克思的学说，并主张超越国界的工人联合；但自 1930 年以来，强调建设发展的“民族主义”，却成为该党党纲的一项“主要成分”，其受重视之程度，甚至与工人利益相冲突也在所不惜（Martins Rodrigues，p.437）。总而言之，这些一手改变落后地区面貌的领袖人物，不论是有意无意，更不论其目的为何，现代化，即对西方模式的仿效，往往是这些人达到目的不可或缺的必要手段。

第三世界的精英分子，在思想观念上与一般平民百姓有极大的差异。精英与平民之间唯一的共通点，往往只剩下对白人种族主义（即北大西洋白人）的同仇敌忾。但是就这种被歧视的心理而言，下层社会的匹夫匹妇（尤以“匹妇”为甚），被洋人歧视的感受反不如上层人士为深，因为下层阶级的小老百姓，在本国社会的身份地位一向就不如人，与肤色没有任何关系。至于伊斯兰世界，则有共同的信仰维系上下众人——伊斯兰教徒对异教徒一律蔑视——不过在其他非宗教性的文化里，就少有信仰共系一国之感情了。

2

资本主义的世界性经济，到了帝国时代更为发扬光大，深入全球每一角落，彻底地改变了人类世界的面貌。自十月革命以来，资本主义的脚步虽然曾在苏联大门口短暂停留，其势却已不复可挡。1929—1933 年间的经济大恐慌，因此成为反帝国主义及第三世界争取解放运动一个重要的分水岭。因为挟带着资本主义而来的北大西洋势力，来势汹汹；任何一个地区，只要在西方商人及政府眼中稍具某种程度的经济吸引力，不论其该地原来的政治经济文化状况如何，都将无可逃遁，被卷入世界市场。唯一的例外，只有那些不适于人居住的地区，如阿拉伯的沙漠地带，在石油或天然气发现以前虽然神秘多彩，却因为缺乏经济价值，一时得以逃过资本主义在全世界撒下的天罗地网。一般来说，第三世界对世界市场的贡献多属农产品及原材料的供应，包括工业原料、能源，以及农畜产品等。同时也为发达国家资金提供了投资的出路，包括政府贷款、运输通讯和城市的基础建设。若无这方面的建设，从属国的资源就没有那么方便供其剥削了。1913 年间，英国四分之三以上的海外投资——当时英国资金的输出，还超出其他各国资金输出的总和——都集中在政府股票、铁路、港口，以及运输方面（Brown，1963，p.153）。

然而，这些从属国家之所以工业化，却非任何人有意的计划，即使在南美国家也不例外。畜牧业发达的南美洲，将当地出产的肉类加以处理，做成罐头以便运输，本是最合理的发展。可是罐头工业的出现，其意并不在帮助南美国家的工业化。说起来，葡萄牙不也有沙丁鱼装罐业及葡萄酒装瓶业？可是葡萄牙并未因此而工业化。该国的工业化，也不是这两项工业建立的目的。事实上，北半球各国政府及实业家对待这些从属国家的主要做法，是以出口养进口，也就是让这些从属国家以当地农产品的收入，换购西方国家制造业的成品。1914 年以前在英国控制下的世界经济，就是建立在这种基础之上（参见《帝国的年代》第二章）。不过实际上，除了某些由殖民者建立的国家所谓“移居国资本经济”（settler capitalism）之外，一般从属国对西方国家产品的消化并不大。印度次大陆上 3 亿居民，中国境内 4 亿人口，皆贫穷不堪，加上本地生产足够国民日常所需，实在没有多余的能力再向外购买任何产品。不过大英帝国运气好，在它称霸世界经济的年头，中印两国贫苦大众的购买力虽小，但是 7 亿之众的锱铢之数加起来，毕竟还是可以维持兰开夏（Lancashire，英国纺织工业重地）棉纺工业的生意继续运转。英国纺织业利益之所在，与北半球诸国其他制造业没有两样，无非是使得依附性市场对其产品依赖日深，以至走上完全依附之路。也就是让前者始终停留在靠天吃饭的农业型经济状态之下。

然而，不管西方是何居心，他们的如意算盘却往往无法全盘得逞，部分原因，也就出在世界经济社会那股强大的吸引力。本土经济一旦被投入了这股买进卖出的商业社会大旋涡，当地市场便油然而生，连带刺激了当地消费产品的生产活动。而本地的生产设施，购置成本自然也比较低廉。另外部分原因，则由于多年从属地区的经济生产，尤以亚洲为最，原本便具有高复杂度且悠久的组织源流及制造背景，更拥有相当成熟复杂的生产技术，以及丰富优良的人力资源。于是巨型的集散城市，从布宜诺斯艾利斯、悉尼，到孟买、上海、西贡，便成为北半球诸国与从属世界联络的典型环节。在进口业务大伞一时的笼罩之下，这些城市纷纷兴起了自己的工业，虽然这种趋势并非其统治者的本意。很长时期以来，进口的兰开夏棉织品不但距离遥远，而且价钱昂贵。现在近在艾哈迈达巴德（Ahmedabad，孟买北边的商业中心）或上海的本地厂家——不论是由当地人自办或是为外商代理——不必花费太多力气，便可轻易就近供应印度或中国的市场。事实上，这正是第一次世界大战结束后各地的真实写照，英国棉织业的前途便也就此断送。

马克思的预言显然很符合逻辑，工业革命的火花最终果然传遍了全世界。可是我们在深思马克思的预言之余，却又不得不为另一个现象感到惊诧：直到帝国时代结束为止，事实上直至 1970 年以前，绝大部分的工业生产，始终不出发达资本主义经济之门。若打开世界工业地图来看，30 年代后期的唯一改变，是苏联五年计划的实施（参见第二章）。迟至 60 年代，位于西欧和北美的原有工业心脏地带，依然包办了全世界七成以上的总生产毛额。至于“附加性价值生产”（value added in manufacturing），也就是工业性的出产，更几乎高达八成（Harris，1987，pp.102—103）。旧有西方世界独霸的重心，一直到 20 世纪后三分之一之际，才发生重大并显著的转移，其中包括日本工业的兴起——1960 年时日本的生产总额，还不及全球工业总额的 4%。因此直到 70 年代，经济学家才开始著书讨论“国际分工的新现象”。换句话说，也就是旧心脏地带的工业力量，在此时方才开始出现衰退的现象。

帝国主义，也就是那“旧有的国际分工形式”，在骨子里显然便有一股积极强化核心大国垄断工业地位的倾向。帝国主义别有用心，刻意延续落后国家落后状态的做法，曾在两次大战之间受到马克思主义者的大力抨击。1945 年后，新兴起的一批研究各种“依附论”的学者，也对帝国主义的自私心态提出严厉批评。这一类的攻击固然理直气壮，然而矛盾的是，工业建设在早年之所以始终留在老家而不曾向外扩展的真正原因，却正在于资本主义世界经济的发展尚未成熟。说得更精确一点，主要是因为当时运输通讯的科技不够完善，妨碍了工业种子的传播。要知道企业以牟利为目的，以资本累积为手段。根据它们的逐利性，若无必要，显然没有非将钢铁生产留在宾夕法尼亚州（州内的匹兹堡为美国钢铁重镇）或鲁尔（Ruhr，德国工业重地）不可的理由。但是工业国的政府则不同，尤其是那些倾向保护主义或拥有庞大殖民地的国家，为保护本国工业，自然会使出全部手段，极力遏止具有潜在竞争可能的对手出现。其实就根本而言，建设殖民地对帝国主义的政府也不无好处。但是列数各殖民国家，只有日本在这方面进行过有系统的尝试。1911 年并吞朝鲜之后，日本曾在那里设立了重工业。1931 年后，又分别在中国东北、台湾两地兴建重工业。日本的动机，在于它看中了殖民地丰富的资源，加上地理位置接近，正可弥补本国原料稀少的缺憾，直接为日本的工业化效命。此外，在作为世界上最大殖民地的印度，殖民政府于第一次世界大战期间始惊觉该地工业自给及防御力量不足。于是双管齐下，开始采取一系列由政府保护并直接参与的开发政策，以促进当地工业的建设和发展（Misra，1961，pp.239，256）。如果说，战争使得殖民地官吏觉醒，使他们体会到自身工业不足的害处，那么 1923—1933 年间的经济大恐慌，更使他们在财政上深受压力。农产品价格下降，殖民政府维持收入的来源只有一个办法，便是提高制造品的关税，连带影响到连由母国（英国、法国，或荷兰）制造进口的产品也难逃高税率的命运。洋商经营的公司在此以前一直享受免税进口的优惠，殖民地在它们眼中虽然属于边陲次要的市场，此时却也深深感到在当地设厂直接产销的必要（Holland，1985，p.13）。不过，尽管有战争和萧条两大因素的刺激，依附性经济世界在 20 世纪前半叶的生产重点，绝大多数依然停留在直接由土地出产农产品的农业经济性质。两相对照，20 世纪中期以后，世界经济则开始出现了“大跃进”，原本属于依附地位国家的经济生活，也从此开始了戏剧性的转折。

3

就当时实际状况而言，亚非和拉丁美洲各国的命运，可谓全部操在北半球少数几国手中。各国上下，也都深切体会处处由人不由己的悲哀。更有甚者，（除了美洲地区以外）多数国家不是被西方势力直接占领治理，便是受其辖制支配。人们心里都很清楚，即使本国政府的管辖权犹在（例如“被保护国”、土邦等），保护国代表大人的“忠告”，却不可不仔细聆听。即使像中国这样依然享有独立地位的国家，外人在境内也享有着至高无上的治外法权和征收关税权。外侮如此之甚，逐外之思自然难免。不过中南美洲则不然，该处全数为主权独立的国家。只有美国抱着老大思想，把中美洲小国当作自己事实上的被保护国。美国这种当家老大哥的心态，在 20 世纪的前三分之一以及最后的三分之一时期中表露得最为强烈。

但是 1945 年以来，原殖民世界已经全然改观，纷纷变为一群在表面上享有主权的独立国家。以今日的眼光回溯，这个情况似乎不但不可避免，也是殖民地人民长久以来期望的实现。就某些有悠久政治实体历史的国家而言，此言自然不是空话。比如亚洲诸大国中国、波斯、奥斯曼，其他或许还有一两个国家，例如埃及也可包括在内。其中尤以由绝大多数单一民族组成的国家为最，例如以汉族占人口大多数的中国，以及以等于伊朗国教的伊斯兰什叶教派（Shiite）为主体的伊朗。这一类国家的人民，对外人普遍具有强烈的憎恶情绪，因此往往易被政治化。难怪中国、土耳其和伊朗三国，成为由内部爆发重大革命的舞台。然而这三国实属例外，因为所谓建立于永久领土的政治实体，外有固定疆界与其他政体相隔离，内受独一性常设政权的统辖治理，即一般理所当然认定的独立主权国家的观念，对其他绝大多数殖民世界的人民来说，根本毫无意义可言。即使存在，一旦超越了个别村庄的范畴，这项观念便没有任何意义（甚至在拥有永久性及固定性农业文化的地区亦然）。事实上，即使当地人民具有“我群我族”的意识，比如某些被欧洲人以“部落”之名称呼的特定结合地区，既与其他族群共存、杂处并分工，却在领土上分隔的概念，往往不可思议，超出他们所能领会的范围。在这一类的地区，唯一能为 20 世纪独立国家形式奠定基础的疆界，只有西方帝国侵略竞争之下产生的势力范围。外来的势力将这些地面任意割裂，分疆划域，通常却完全不顾当地固有的政治经济社会结构。因此，殖民结束后的世界，几乎全然依照当年帝国主义时代遗留下来的疆界。

更有甚者，第三世界的人民不但对西方人深恶痛绝（痛恨的原因不一：有的在宗教立场上痛恨这些不信其教的西方人；有的则痛恨他们带来种种无神邪论的现代发明，破坏了原有的社会秩序；或单纯出于对一般大众生活方式改变的抗拒，认为种种改变徒然百害而无一益——这种想法，其实不无几分道理），本国精英阶层以现代化为唯一途径的信念，老百姓也极力反对。在这种思想观念不一的状况之下，要想组成共同抗御帝国势力的统一阵线，自然极为困难。更有甚者，在某些殖民国家，即使殖民统治者对当地人无论尊卑，一律视之为劣等民族予以轻视侮辱，也依然难唤起全民团结起来共同对外。

因此，在这一类国家里面鼓吹国家运动的中产阶级，其主要任务便是如何争取传统人士及反对现代化的大众的支持；与此同时，却又不致破坏本身设定的现代化大计。早年印度兴起的民族主义运动人士之一，如火气十足的提拉克（Bal Ganghadar Tilak，1856—1920），在争取中低阶层广大民众支持一事之上——而非只图争取位于印度西部地区的乡亲——掌握的方向便极为正确。他不但捍卫印度圣牛及10岁女童即可结婚的传统，面对“西方”文明及崇拜“西方”文明的本国人士，他更力主古老印度文化或所谓“雅利安”文明及其宗教的优越性质。印度民族运动主战派的第一个重大阶段，出现于1905—1910年，主要便以这一类“本土性”的名目发动，甚至连孟加拉的那批年轻恐怖分子也不例外。最终圣雄甘地动员了印度各地的村落和市集，数以百万的印度老百姓，都是受了他由印度教优越性为出发点的观念的感召。同时，甘地也同样注意不致失去与现代化派人士联合，并充分认识到其的必要性（就实际意义而言，甘地本人其实不失为现代化派的一员）（参见《帝国的年代》第十三章）。此外，他极力避免与印度境内伊斯兰教民众的对立——主张武力建国的印度教革命主张先天便具有反伊斯兰教倾向。甘地一手将政治人物塑造为圣人形象；他的这项运动，主张以集体的、消极的手段，达成革命的目的（即其“非暴力不合作运动”）。更有甚者，他还巧妙地运用了正在发展演变中的印度教本身。因为在印度教千变万化、无所不包、含糊混沌的面目及教义中，包含着接纳改革创新的潜在力量。甘地便充分利用并开发了这股力量，从中完成其社会性的现代化运动，例如对印度传统种姓制度的扬弃就是如此。然而晚年的甘地，在被刺之前，却承认自己的努力还是失败了。刺杀他的凶手，原是遵循提拉克一派的传统，主张印度教排他独尊地位的主战分子。甘地知道，自己最中心最基本的努力到头来还是落空了。就长远观点而言，广大民众之所动，与强国立种之所需，两者之间终难于协调。最后，自由独立后的印度统治者，属于“既不缅怀过去，也不希冀恢复古印度光荣”的一群人。他们“对印度的过去，既无感情共鸣，也不求了解认识……他们的目光，对准西方；他们的心灵，深受西方先进的吸引”（Nehru，1936，pp.23—24）。与此相反的，在本书写作时，主张提拉克反现代立场的传统派，依然有好战的印度人民党（BJP）为代表，即使到了现在，他们始终是一般反对势力的中心，也是印度境内的一大分裂力量。其分裂性的影响，不但存在于广大百姓当中，也可见于知识分子。圣雄甘地曾想将印度教建立为一个同时保有民粹传统，并具有革新进步双重精神的新文化。他这项短暂的努力，从此完全消失了。

类似的模式，也曾经出现于伊斯兰世界。不过，就主张现代化的伊斯兰人士而言，不论自己私下的信仰为何，他们对全民虔奉的宗教（即使在革命改革成功之后）也必须表示尊重。伊斯兰世界尚有另一项不同于印度之处，即前者的改革派人士虽然也试图为伊斯兰教义注入改革及现代化的新义，但论其动机，却不在动员一般平民，事实上也不曾发生过这种作用。哲马·鲁丁·阿富汗尼（Jamal al-Din al Afghani，1839—1897，编者注：埃及民族主义及泛伊斯兰主义代表人物）曾在伊朗、埃及、土耳其等地拥有拥护者，其拥护者阿布达（Mohammed Abduh，1849—1905）则在埃及兴起徒众，阿尔及利亚则有巴迪斯（Abdul Hamid Ben Badis，1889—1940）。以上这些人宣扬的思想，不在平民百姓的村庄里，而是在知识殿堂的学校及大学。课堂之上，自然可以找到一批与其反欧洲势力信念共鸣的听众。[1] 然而伊斯兰世界中真正的革命党，以及其中的杰出人物（如第五章所述），却属与伊斯兰教无关的世俗革新分子。例如土耳其的凯末尔，舍弃土耳其传统的红色黑缨毡帽（为 19 世纪的发明），而戴圆顶窄曲边的英式硬毡礼帽，并以罗马字母取代了带有伊斯兰教痕迹的阿拉伯字体。事实上，他一举将伊斯兰宗教与国家法律的关联打破。不过尽管如此，近年来的历史再度证实，大规模的群众动员，还是在反现代的民众信仰上最易获得实现的基础（例如伊斯兰激进主义者）。简言之，第三世界的现代化人士，与一般民众有着根本的冲突，双方之间存在一道巨大的鸿沟。前者往往也是民族主义者，而民族主义本身，便是一个全然非传统的新观念。

因此，在 1914 年以前，反帝国主义和反殖民主义的运动事实上并不如我们现在所想象的那般显著。我们因为看见第一次世界大战爆发后的半个世纪内，西方各国和日本的殖民势力几乎全遭扫尽，便自然产生了这种假定。但即使在拉丁美洲地区，尽管民众对本身依附性的经济状况感到不满，对坚持在该区维持军事势力的唯一国家美国尤感深恶痛绝，这份仇外的情绪，在当时却尚未发展成当地政治的重要资源。西方殖民帝国当中，只有英国在一些地区面临某种程度的问题，即无法以警察手段解决的问题。1914 年之前，英国即已将内部的自治权利交给拥有大量白人移民的殖民地区。1907 年开始，有加拿大、澳大利亚、新西兰、南非等“自治领”成立。而在纠纷不断的爱尔兰地区，英国也做出将来授予自治地位的承诺（“地方自治”）。至于印度和埃及，不论从帝国本身利益的角度看，或由当地对自治甚至对独立的主张来看，整个事实的发展已经相当明显，两者都需要用政治手段

[1]　在法属的北非地区，当地农民对神明的崇拜是由伊斯兰教神秘主义苏菲派（Sufi）神人控制主宰，后者尤为改革派攻击责难的目标。

寻求解决。1905 年开始，对于印度、埃及两地的民族运动而言，可说已经出现民众普遍支持的迹象。

但是话又得说回来，第一次世界大战的爆发，毕竟是一系列首次严重震撼世界殖民主义的事件，并且摧毁了当时的两大帝国（德意志和奥斯曼；二国辖下的领土，遭到以英法两国为主的瓜分）。第一次世界大战还暂时击倒了另外一个大帝国——沙皇俄国（然而不到几年的工夫，俄国便重新取得其在亚洲的属地）。对于各地屈于经济依从地位的殖民地而言，英国迫切需要动员当地的资源应付战事，在战争的需求及压力之下，殖民社会开始动荡不安。加上十月革命爆发，旧政权相继垮台，接下来又有爱尔兰南部 26 郡既成的独立事实（1921 年）。外来的帝国势力，第一次出现了瓦解的迹象。到大战结束，埃及由札格卢勒（Said Zaghlul）领导的华夫脱党（*Wafd*），受到美国威尔逊总统言辞的激励，破天荒提出了全面独立要求，历经 3 年的挣扎奋斗（1919—1922），终于迫使英国将这个保护国转变为一个在英国控制之下的半独立国家。有了这套转换公式，英国便很方便地应用到它从前奥斯曼土耳其帝国取得的其他亚洲领地，即伊拉克和约旦。（唯一的例外是巴勒斯坦地区，依然由英国人直接治理。英国在大战时期，一方面为求犹太复国主义人士相助对抗德国，另一方面却又动员阿拉伯人对抗土耳其的势力，因此对犹阿双方均做出了承诺。两相矛盾之下，手忙脚乱，百般努力也无法摆平。）

但是在英国最大的殖民地印度，就很难找出一个简单的标准公式，应对当地日益动荡不安的局面。1906 年，印度国大党首次采用“自治”一词为口号，现在这个口号渐渐向前逼进，已经演变成要求全面独立的呼声。革命年代的来临（1918—1922），更促使印度次大陆全民民族主义运动的政治生态发生质变。部分原因是出于伊斯兰教民众起来反英；另一部分原因，却出在 1919 年那动荡的一年里，英方某位将领过度反应的失误上。他大肆血腥杀戮，将没有武装的民众四面包围，使其毫无退路，惨遭杀害的人数高达数百人［即“阿姆利则大屠杀”

（Amritsar Massacre）]。不过造成印度民族主义运动改变的主因，却在于工人一波又一波的罢工；再加上甘地本人，以及立场已转趋激进的国大党频频呼吁，鼓动大规模的平民不合作运动。一时之间，一股几乎有如千禧年的兴奋气氛，整个地攫取了自由解放的运动潮流。甘地宣称，“自治”的美景，即将在1921年前到来。而政府当局却“对当前局势造成的骚动现象，毫无寻求任何解决办法的迹象”。一个村镇又一个村镇，因不合作运动完全瘫痪。印度北部广大地区的乡间，例如孟加拉、奥里萨（Orissa）、阿萨姆（Assam）局势一片混乱，“全国各地许多的伊斯兰教民众，境况恶劣，心情甚为沉重”（Cmd 1586，1922，p.13）。从此时断时续，印度政局开始进入难于控制的局面。到最后印度一地终于得以保全，不致坠入群众无法无天、四处叛乱起事的野蛮黑暗局面，恐怕多亏包括甘地本人在内的国大党多数领袖的努力，因为他们不愿往毁灭之路走去。也许正因如此，加上领袖们对自己缺乏充分信心，以及他们始终相信英国政府真心想帮助印度改革的诚意——这份信念虽然受到动摇，却不曾完全消除——终于才保全了英国人统治的地位。1922年初，基于“平民不合作”运动已经导致某地村庄屠杀的缘故，甘地宣告停止推行这项运动。从此，我们可以说英国人在印度的统治，开始转向仰仗甘地的居中调节远超过使用武力镇压的阶段。

这个说法并非没有道理。当时在英国本土，虽然还有一群主张帝国主义的死硬派，丘吉尔便自命该派的发言人，但自1919年以后，英国统治阶级真正通行的看法却是，类似于“自治领地位”的某种形式的印度自治，已属大势所趋必然发展的方向了。他们同时认为，若想保全英国势力在印度的前途，必须与印度精英阶层达成协议，包括民族主义人士在内。英国在印度的单方面统治，最终必将结束，只是迟早的问题罢了。印度一地既是整个不列颠帝国殖民统治的核心，因此，帝国作为一个整体的存在，目前看来不免岌岌可危。唯一的例外，只剩下非洲地区，以及散布在加勒比海和太平洋水域的几处岛屿。在那里，帝国大家长的统治地位，所幸尚未受到挑战。英国在全球直接或间接控制的土地面积，在两次大战之间达到前所未有的巅峰；然而与此同时，英国统治者对其维持原有老大帝国霸权的信心，却也达到了前所未有的低谷。第二次世界大战之后，英国继续称霸显然已经不可能，对各地殖民地纷纷瓦解和自治风潮，基本上都不进行任何抗拒，主要原因正出于此。恐怕也正是基于同样的理由，1945 年之后，其他各大帝国，尤以法国为著，也包括荷兰在内，却依然试图以武力维持其殖民帝国的地位。因为它们的帝国，并未为大战所动摇。唯一令法国头痛的问题是尚未完全征服摩洛哥。可是北非阿特拉斯（Atlas）山间，那好战的柏柏尔族（Berber），基本上只属一件待解决的军事麻烦，而非政治问题。事实上柏柏尔人的问题，对摩洛哥当地西班牙殖民政权威胁的严重性，远比对法国为大。1923 年，一位柏柏尔族的知识分子阿卜杜勒·克里姆（Abd-el-Krim），宣布在高地成立里夫（Rif）共和国，受到法国共产党及其他左派人士热烈的支持。在法国政府协助之下，该派于 1926 年被西班牙殖民当局击溃。从此，高山上的柏柏尔人重操旧业，在海外回到法西两国的殖民军队中为其作战效命，在家乡则抗拒任何一种中央政府形式的存在。至于法属的伊斯兰教殖民地区以及法属中南半岛一带，追求现代化的反殖民运动一直到第二次世界大战之后才开始真正出现。只有突尼斯一地，曾经有过小小的发展。

4

革命风起云涌的年代，基本上只有大英帝国本身受到震撼。可是 1929—1933 年之际的经济大恐慌，却整个地动摇了居于依附地位的世界。因为就实际情况而言，这些地区的经济在帝国主义时代一直有持续的增长，甚至连大战也不曾中断这种繁荣，因为它们绝大多数都与大战地区距离遥远。而当时许多殖民地的人民，与扩张中的世界经济自然也尚未发生任何关系，更不觉得自己遭受到任何与以前不同的新影响。对于那些自古以来就胼手胝足，辛苦挖掘运送的黎民百姓来说，自己日夜从事的劳动，究竟是在哪一种全球性的环境之下，又有什么相干，有什么不同呢？不过尽管如此，帝国式殖民的经济毕竟给一般人民的日常生活带来相当影响，在以出口为生产重心的地区情况尤其显著。有些时候，这些改变甚至早已以某种为当地民众或外来统治者认知的政治形态浮现。20 世纪初至 30 年代，秘鲁的农庄田园经济开始转型，变成了沿海的制糖工厂，或内陆高地的商业性牧羊场。于是印第安族劳动者原本向海边城市移居的涓涓细流，开始汇变为一股洪流，新思想随之向传统的内地逐渐渗透。因此到 30 年代，一个位于安第斯山脉（Andes）3 700 米之上、外人极难到达、“极为遥远”的小村落瓦斯坎卡（Huasicancha），却已经在辩论到底哪一个全国性党派最能代表它的利益了（Smith, 1989，esp.p.175）。不过绝大多数时候，除了当地人之外，外人根本不知道，也不在乎这些小村落已经发生了多少改变。

比如说，对于一个几乎从来不曾用过金钱，或仅在有限用途上使用金钱的经济社会而言，一旦进入一个以金钱为唯一交换标准的经济世界里，意味着什么样的变化？那些位于印度洋和太平洋上的众多岛屿，即是一例。财货、劳务，以及人与人之间的交易，都发生了根本改变。原有的社会价值，事实上甚至连原有的社会分配形式，也都因此发生变化。对于以产米为主、处于母系社会、位于马来西亚的森美兰州的（Negri Sembilan）农民来说，祖宗传下的土地，一向是由女人担负主要的耕种责任，而且也只能经由女子继承。至于丛林之间，新近由男人清理开垦出来用以种植次要作物的土地，却可以直接留传给男性。但是随着橡胶价格的上涨，其利润比稻米为高，两性之间原有的平衡便开始改变，由男性相传承的家产分量愈形加重。这项转变，加强了传统伊斯兰教派领袖的地位。他们一心以父系威权为主，自然无时无刻不想把他们的“道统”观点强加于当地的风俗习惯之上。更不要说当地的统治者及其家族，也是该区普遍母系社会当中唯一实行父系社会的例外（Firth, 1954）。依附性的经济社会，便充满了诸如此类的改变与转型。但是生活于其中的各个社群，与外界的直接接触却很少，就马来西亚社会的例子而言，也许只是经由一名中国贸易商人的中间活动。而商人本人呢，最常见的情况，恐怕原来是一名来自中国福建的农民或工匠。母国的文化传统，使其习惯于勤俭维生，尤有甚者，使其深谙金钱奥秘复杂的功用。但是，除了这两项不同的特点之外，这位出身寒微的中国商人的天地，距亨利・福特及通用汽车现代世界的距离同样甚为遥远。

尽管殖民世界产生了这些变化，世界性的经济看来却依然遥远，因为它带来的迅即及可辨识的冲击力，基本上并无巨变性的影响力。不过在印度和中国等地，却有一些集中工业地区出现，它们成长快速，劳力低廉。因此 1919 年以来，工人阶级的冲突斗争便开始不断蔓延，其中工人甚至成立了以西方模式为师的工人组织。此外，还出现一些大型港口和工业城市，以此为据点，依附性经济的世界便与操纵其命运的外在世界经济相互往来。例如孟买、上海（其人口总数由 19 世纪中期的 20 万人，一跃而为 20 世纪 30 年代的 350 万）、布宜诺斯艾利斯，以及规模较小的卡萨布兰卡（Cassblanca）。卡萨布兰卡的人口自开埠成为现代港口城市之后不到 30 年的时光里，便增长为 25 万之众（Bairoch，1985，pp.517，525）。

经济大萧条的出现，却改变了一切。依附性地区与通都大埠，两种截然不同的经济社会的利益，一下子猛烈相互冲击，冲击力之大明显可见。单就农产品价格一项，便足以造成这种强烈的效果。一向为第三世界经济赖以生存的农产品价格惨跌幅度，远低于他们向西方购进的成品的价格增幅（参见第三章）。于是殖民主义与经济依附的状态，甚至对那些曾由其中受惠的人而言，也变得无法接受了。“开罗、仰光、雅加达［即荷属时期旧称的巴达维亚（Batavia）］，各地学生纷纷抗议。并不是由于政治的希望渺茫，而是因为眼前的萧条，已经将以往支持殖民主义的心态一扫而空，其父母一代对殖民主义的接受度至此荡然无存。”（Holland，1985，p.12.）其实其中原因不止于此：一般平民百姓的在生活中，也第一次感受到天灾以外的大震撼（战争时期除外）。这种灾害非祈祷可以解决，只有抗议一条路。于是，政治动员的广大基础自此成形，在农民生活广受世界市场经济体系影响的地区里尤其如此，如西非沿海，以及东南亚一带均是。与此同时，大萧条也对依附地区的国内外政局，造成极不稳定的状态。

因此20世纪30年代是第三世界关键性的10年。主要原因，并不全在萧条导致政治走上激进的方向，却更在萧条为政治激进的少数人与本国一般人民之间建立了共同的接触面。这种情况，在印度等地已经有民族主义运动动员民众的国家也不例外。30年代初期，印度再度掀起范围广大的不合作运动浪潮，英国政府最后让步，同意颁布一部妥协性的宪法。1937年，印度各地首次举行省级选举，国大党获得全国性的支持。在心脏地区恒河（Gange）一地，其党员人数便由1935年的6万余人，暴增为30年代末期的150余万（Tomlinson，1976，p.86）。这种现象，在迄今尚未如此广大动员过的国家里更为显著。未来时代群众政治的轮廓，不论模糊或清晰，从此开始逐渐成形，例如拉丁美洲的民粹主张，便以具有极权性格的领袖为基础，开始寻求都市工人的支持。加勒比海等地的工会组织，进行了大规模的政治动员，他们的领导人，日后都有成为党派要人的可能。风尘仆仆往来于法国的阿尔及利亚工人移民，成为该国革命运动的强大基础。而在越南等地，则出现了一个与小农有强烈联系、以共产党人为基础的全国性抵抗运动。凡此种种，不胜枚举。至少在马来亚一地，萧条的年月从此打断了殖民统治当局与小农大众的结合力量，为未来的政治发展，挪出一片空间。

到30年代结束，殖民主义的危机，已经延伸至其他各大帝国。虽然其中的意大利和日本二国，当时仍在不断扩张之中（前者刚侵占了埃塞俄比亚，后者则正力图征服中国），不过它们的好日子也不长久。至于1935年时颁布的印度新宪法，原为英方殖民政府勉强与势力甚嚣尘上的印度民族主义妥协的产物，此时却因国大党在各地选举中的全面胜利，成为英国向印度民族主义一大让步的象征。在法属北非地区，严肃的政治运动首次在突尼斯、阿尔及利亚等地兴起，甚至连摩洛哥也发生了零星的冲突事件，而法属的印度支那，在正统的共产党鼓动之下的群众运动第一次变得高涨。在印尼，荷兰也力图维持控制，而印尼“对于近年来发生于东方各种运动的感应，一向与其他国家不同”（Van Asbeck，1939）。其不同之处，倒不在于它比别人格外安静，而在当地各种的反抗势力，例如伊斯兰、共产党，以及世俗的民族主义运动，不但内部分歧不断，彼此之间也冲突频频。甚至在一向被殖民当局看作安宁的加勒比海地区，特利尼达（Trinidad）的油田地带也兴起了一连串的罢工事件。而牙买加的农林垦殖区及城市，也于1935—1938年间转变为暴乱不断遍及全岛的冲突之地，暴露出这以前从未见过的民众不满情绪。

在这段骚动不安的年月里，只有撒哈拉以南的非洲大陆一片死寂。然而在1935年后，萧条的年月却也为这片沉默不语的大地带来了罢工。罢工的怒火，由中非的产铜带点燃。伦敦当局从中认识到一个事实：农村男子由乡间大量移往矿区的情况，对社会、对政治都有着不安定的破坏力量。于是，它呼吁殖民政府改革现状，要他们筹设部门，着手改良工人的工作环境及条件，以稳定工人阶级。1935年至40年代兴起的罢工风浪，遍及全非洲，可是基本上却不具任何反对殖民统治的政治意味。除非我们把当时以黑人为对象的非洲教会及预言家迅速扩张的现象，以及如产铜带兴起的千禧年瞭望运动（Watchtower，源自美国）等反对世俗政府运动的流行，也算作政治性的产物。殖民政府首次开始寻思反省经济变化对非洲农业社会带来的不安定后果——事实上当时非洲社会正度过一段相当繁荣的增长时期——并且开始鼓励社会人类学者对这一题目进行深入研究。

然而就政治角度而言，当时的非洲殖民当局似乎大可高枕无忧。在广大的非洲乡间，此时正是白人行政官僚的黄金时期。不论当地有无唯唯诺诺的土著“头目”居间协调，一切都是那么顺畅快意。有时为了便于殖民当局的“间接”统治，还特意设置“头目”一职以便管理。至于非洲的城市知识阶层，则受过新式教育，对现况日渐不满。到了30年代中期，他们的人数已经相当庞大，足以维持一个极为兴旺的政治性报业的存在，例如黄金海岸［Gold Coast，即今加纳（Ghanan）］的《非洲晨邮报》（*African Morning Post*），尼日利亚的《西非导航报》（*West African Pilot*），以及科特迪瓦（旧称象牙海岸，Ivory Coast）的《科特迪瓦侦察兵报》（*Éclaireur de la Côte d'Ivoire*）。《科特迪瓦侦察兵报》曾带动一场运动与高级军官及警方对抗，要求政府采取手段重整社会，并为遭受经济重创的失业人士及非洲农民争取福利。（Hodgkin，1961，p.32.）非洲当地倡导民族主义的政治领袖，此时也已经开始崭露头角。他们的思想受到美国兴起的黑人运动影响，受到人民阵线时代的法国影响，甚至受到共产党运动的影响。[1]这些思潮在伦敦的西非学生联盟（West African Students Union）中开始流传。日后非洲各共和国的总统之中，有几位也于此时登上舞台，例如肯尼亚的首任总统肯雅塔（Jomo Kenyatta，1889—1978），以及后来成为尼日利亚总统的阿齐克韦（Namdi Azikiwe）。不过当时，以上各位都还不曾为欧洲各国的殖民当局带来过任何辗转难眠的夜晚。

殖民帝国在全球的终结，于1939年时虽有可能出现，但是否当时真的已经迫在眉睫，就作者记忆所及，并不尽然。回想那一年，在某所专为英国及“殖民地”共产党学生建立的“学校”里，校中气氛并没有反映这种看法，然而当时若说有人对时局的演变抱有期望，还有谁能比那批年轻狂热的马克思主义者更乐观呢？真正使得殖民世界全然改观的事件，却是第二次世界大战。第二次世界大战的背景缘由极

[1]　不过非洲各国的领导人当中，却没有一人成为或继续作为共产党员。

为复杂，不过绝对是一场帝国主义之间的大决斗。而且一直到 1943 年局势扭转之前，几个殖民帝国都始终居于下风。法国不用说，一下子便在敌人面前屈辱地溃败了。它的属国属地，只有在轴心势力的开恩允准之下，方得苟延残喘。而在东南亚及西太平洋一带，英属、荷属以及其他西方国家拥有的几处殖民地，也都尽入日军魔掌。即使在北非地区，德国也一逞所愿，势力大长，势力范围距离亚历山大港仅有区区数十公里，当时情况严重到英方甚至曾一度认真考虑撤出埃及的地步。只有沙漠以南的非洲一带，依然在英方等严密的控制之下。事实上，英国还不费吹灰之力，将意大利势力逐出了东部的海岬（埃塞俄比亚）。

这些老大殖民帝国真正的致命伤，在于战争一事显示了一个事实：原来这些白人，以及他们不可一世的国家，也有招架不住耻辱地被人打败的一天。原来这些大帝国，外强中干，即使终于打了胜仗，却再也没有力量重整旗鼓了。1942 年，印度国大党高喊着"退出印度！"的口号，发起了一场重大运动。其实这场运动尚不是英方在印度受到的最大考验，因为运动很快便被平定了。真正让英方统治地位陷入严重考验的事件，是 55 000 名印度官兵的反叛。他们投效一名国大党的左翼人士博斯，成立了一支"印度国民军"（Indian Nataional Army）。而博斯其人，则决意寻求日本支持以谋求印度独立（Bhargava/Singh Gill, 1988，p.10；Sareen，1988，pp.20—21）。日本老谋深算，它的动机可没有印度士兵那般单纯。日本的政治显然受到该国海军的影响，意图利用印度士兵的肤色问题居间挑拨，并俨然以殖民地的解放者自居。日本玩弄种族牌的手法颇具成效（不过却无法在海外华人的身上得逞；在越南它也同样失败，让法国继续维持当地统治地位）。1943 年，日本人甚至在东京组织了"大东亚国家会议"（Assembly of Greater East Asiatic Nations）。[1] 出席的各国"总统""总理"，来自日

[1]　"亚洲"（Asiatic）一词的另一种拼法，即今天通用的"Asian"，直到第二次世界大战之后才开始流行，原因不详。

本人操纵的各国傀儡政府，包括中国“汪伪政权”、印度、泰国、缅甸与“伪满洲国”。各个殖民地内的民族主义分子，尽管很感激日本的支持，以印尼为例，日本给予的协助的确非同小可，可是感激归感激，大家心里却看得很清楚，不可能跟日本站在一边。一旦日本败局已定，殖民地众人便立刻掉转枪口。与此同时，他们却永远忘不了先前看透的事实：西方帝国何等不堪一击。虽然美国很快因为国内的反共思想致使华盛顿当局一改初衷，反而成为第三世界旧有保守势力的捍卫者，但众殖民地人民却没有忽视另外一桩事实：那就是战胜了轴心国势力的两大强国罗斯福的美国和斯大林的苏联，尽管动机不同，基本上对旧有的殖民主义却都抱有恶感。

5

旧有的殖民体系，果然在亚洲首先宣告破产。叙利亚和黎巴嫩两国（原法属），于 1945 年宣布独立。印度和巴基斯坦在 1947 年独立。1948 年则有缅甸、锡兰（Ceylon，即斯里兰卡）、巴勒斯坦地区（以色列）、荷属东印度群岛的印度尼西亚宣布独立。1946 年，美国予从 1898 年以来即占有的菲律宾群岛正式独立地位。至于日本帝国，自然已经在 1945 年寿终正寝。伊斯兰教北非一带，殖民势力也岌岌不保，不过一时还算稳住阵脚。撒哈拉以南的广大非洲地区，以及加勒比海和太平洋诸岛，则依然没有任何动静。只有在东南亚地区，殖民政治的解体遭到殖民当局的顽强抵制，尤以法属中南半岛为著（即今越南、柬埔寨、老挝）。盟军胜利之后，共产党的地下抗日团体在伟大的胡志明领导之下宣告越南独立。而法国却在英美两国先后支援之下，犹作困兽之斗，发动攻击，企图重新夺取这块土地，并控制这个新生的国家，与胜利的革命为敌。法国最后毕竟还是失败了，于 1954 年退出越南。可是美国不愿放手，继续妨碍着越南的统一，并在分裂的越南南半部扶持起一个附庸政权。等到这个政权也要不保，美国便在越南发动一场长达10年的战争，一直到1975年，它自己也终于败出越南为止。10年之间，美国在这个不幸的国家投下的炸弹之多，远超过第二次世界大战期间的总数。

至于东南亚其余地区，殖民势力的负隅抵抗就没有那么严重了。荷兰国力大衰，已经无法在分布海域极广的印尼群岛备置足够的武力。不过若荷兰真有意动武，绝大多数的岛屿倒可作为砝码，作为荷兰与占优势地位人口5 500余万的爪哇部族（Javanese）之间的平衡（荷兰的表现比英国好得多了，不曾将原殖民地任意划分成数个独立小国）。但是荷兰人一旦发现美国无意将印尼作为如越南般防御共产主义世界的重要防线，便立即弃守。事实上，印尼离共产党统治甚远，新兴的印尼民族主义人士，刚刚于1948年平定了当地共产党发动的一场革命。这一表现，使美国相信荷兰军力还是回欧洲，专心对抗苏联的威胁更能发挥作用，远比留在远东维持它的殖民统治来得划算。因此，荷兰人打道回府，只在美拉尼西亚群岛中的大岛新几内亚（New Guinea）的西半部，残留一方海外殖民的立足点。到60年代，荷兰这最后的据点也终于移交给印尼。而在马来半岛一带，英国却发现自己左右为难，一边是当地传统的苏丹统治，在帝国羽翼之下，势力已经相当强大。而在另外一边，却是截然不同且相互猜忌的两大族群：马来人与华人——并且各有各的激进一面。受到共产党鼓舞的华人，是大战期间当地唯一的抗日团体，因而具有相当影响力。一旦冷战揭幕，西方自然不容任何共产党人在前殖民地掌权，更不用说华人的共产党了。1948年后，英国花去了12年的工夫、5万名士兵、6万名警察，加上当地20万人的警力，才将一支以华人游击武装为主力发动的革命平定。在此我们不妨一问，马来亚若没有那些可以一保大英帝国英镑稳赚不赔的锡矿和橡胶，英国人是否还会如此甘心乐意地付出代价，进行这些行动呢？不过无论怎么说，马来亚脱离殖民统治一事，都不会是件单纯容易的事。一直到了1957年，问题总算才解决，得到马来亚保守分子及华人百万富豪双方尚满意的结果。1965 年，以华人居民为主的新加坡脱离马来亚宣告独立，成为一个富有的城市国家。

英国看得比荷法两国清楚，多年在印度的经验告诉它，一旦民族主义运动认真严肃地开展之后，帝国唯一的自保自利之道便只有放手，不可再坚持正式的统治权力。1947 年，英国在自己的统治地位大为不保之前，便毫不反抗地退出了印度次大陆。锡兰（1972 年更名为斯里兰卡）和缅甸两地，也在同样的情况之下获得独立。锡兰是又惊又喜，欣然接受；缅人则略有犹疑。因为缅甸的民族主义分子，虽然是由反法西斯的人民自由联盟（People's Freedom League）领导，却也曾与日本人合作。他们对英国敌意甚深，刚一独立，便立即拒绝加入英联邦（British Commonwealth）——在英属众多前殖民地当中，缅甸是唯一不曾加入的国家。伦敦方面的用意，是想借这个没有任何责任义务约束的组织，至少为大英帝国留住一份回忆；冀望的眼光，甚至投注到同年宣布独立于英联邦之外的爱尔兰共和国。总而言之，英国人能以和平的方式，由世界上最大一片为外人辖治的土地上迅速退出，虽可归功于第二次世界大战末期执政的英国工党政府，但这一场善功，却仍非完满成功之举。因为英国固然全身而退，印度当地却付出了血淋淋的代价，它被划分为两个国家：一个是伊斯兰教的巴基斯坦，另一个则是虽无宗派，却以信印度教为主的印度人组成的印度。分治之时，约有数十万民众因宗教对立惨遭杀害，另外则有数以百万的居民离开祖居的家园，被迫迁往当时是另外一个国家的地方。这个惨痛的结果，绝不是印度民族主义人士、伊斯兰运动，或前帝国统治者任何一方的初衷。

所谓一个另立门户的“巴基斯坦”，由印度分离出来，这个想法，到底是如何在 1947 年演变成最后的事实呢？事实上，连巴基斯坦这个名字，都是迟至 1923—1933 年才被一群学生叫出来的。这个问题，这个“如果当初……”的疑惑，一直到今天还在纠缠着学者专家及爱做梦的人。我们现在事后可以看出沿宗教信仰划分印度，等于为日后的世界立下了一个极为不祥的先例。对此，需做进一步的阐明。就某一方面来说，当年之过，虽不是任何一方的过错，却也是众人共同的过错。在根据 1935 年宪法举行的选举中，国大党在各地大获全胜，甚至包括大部分的伊斯兰教地域在内。原本宣称代表少数社群的另一全国性党派穆斯林联盟（Moslem League），表现却极不理想。国大党这个非宗教、非宗派政治势力的崛起，自然令许多仍然没有投票权的伊斯兰教徒胆战心惊（当时多数的印度教徒也没有投票权），深恐印度派势力从此坐大。因为在一个以印度教民众为多数的国家里，国大党的领导人物自然也多是出身于印度教。这场选举下来，国大党非但不曾特别关注穆斯林民众恐惧的心理，也没有配予他们额外的代表名额。选举的结果，反而更加强化了国大党为自己设定的地位：它是全印度唯一的全国性大党，代表印度教和伊斯兰教两方共同的子民。也就是这个印象，促使穆斯林联盟那位难缠的强硬领袖真纳与国大党决裂，走上了最终导致两族分离的绝路。不过到 1940 年为止，真纳始终反对穆斯林独立建国的主张。

到了最后，却是一场世界大战将印度一分为二。就某方面来说，这场大战是英国君临印度的最后一场大胜利，同时，却也是它精疲力竭吐出的最后一口气息。这是英国在印度最后一次动员了全印度的人员及经济力量共赴一场为不列颠效命的战争。这场大战的规模，更胜 1914—1918 年的战争。然而，这一回战争行动却违背了人民大众的意愿。这一回，人民已经在一个全国性的解放运动下联合起来；这一回，作战的对象也与上次大战不同，是随时会袭来的日军。最后的战果固然辉煌，付出的代价却过于惨重。国大党的反战立场，不但迫使其领导人物退出政治舞台，1942 年后，甚至被下到狱里。战时经济造成的压力，也使穆斯林中原本支持英国统治的重要成员心存嫌隙，转投穆斯林联盟的军营，其中尤以当今巴基斯坦旁遮普（Punjab）的成员最显著。穆斯林联盟的势力迅即跃升，成为一大群众力量。与此同时，德里的殖民政府唯恐国大党的声势对战事不利，开始故意并有计划地利用穆斯林和非穆斯林之间的敌对心理制造事端，以图瓦解民族主义运动的力量。在此，英国人的确难逃“裂而治之”的阴谋了。为求胜利，英方殖民当局不择手段，不但毁了自己，也抹杀了自己在道德上的正当意图：那就是在印度次大陆这片土地上，建立一个单一的国家，众多社群和平共存，同治于一个单一公正的政府和法律之下。可是机会一去不回，等到大战结束，族群自治的政治引擎已经发动，永远无法回头了。

到了 1950 年，除了印尼一地之外，亚洲各国的殖民政治已告全面结束。同一时期在西面的伊斯兰地区，由波斯（伊朗）开始，一路到摩洛哥，局势也由于一连串的群众运动、革命政变、叛乱起事而全面改观。首先发难的，是伊朗境内西方石油公司的国有化（1951 年），以及该国在共产党支持的莫沙德（Muhammad Mussadiq，1880—1967）领导之下，向民粹主义的转变（苏联大胜之后，共产党在中东地区获得某种程度的影响力，自是不足为奇）。莫沙德后来则于 1953 年在美英两国特务人员主导的政变中被推翻。埃及则有纳赛尔（Gamal Abdel Nasser，1918—1970）领导的自由军官（Free Officers）起来发动革命（1952 年）。接下来，伊拉克和叙利亚人民推翻了西方的附庸政权（1958 年）。埃及、伊拉克、叙利亚三国的政局大势已定，即使英法两国联手，再加上新成立的反阿拉伯的国家以色列三方合作，极力在 1956 年苏伊士战争（Suez War，参见第十二章）中企图把纳赛尔拉下台来，但是举三国之力，却也无法再逆转大局。法国则在阿尔及利亚残酷地力拒当地国家独立运动（1954—1962）。阿尔及利亚与南非一样，虽然两者情况不同，但都属于当地原住民与大批欧洲移居者难于共存的棘手地区，因此解除殖民统治的问题格外困难。阿尔及利亚进行的战争尤其残酷，在这些原本是想要追求文明的国家里，军警特务队伍的残暴行为却从此深化成为制度的一部分。种种诸如电击舌头、乳头、阴部等不人道的酷刑，自阿尔及利亚战事开始，日后便被广泛采用。在阿尔及利亚终于赢得独立之前，这场战争已经导致法国第四共和政权垮台（1958 年），第五共和政权也几乎不得幸免（1961 年）——虽然戴高乐将军早已认识到阿尔及利亚独立终将无可避免。

同一时期（1956年），法国政府却悄悄地与北非另外两个保护国突尼斯和摩洛哥就其自治独立进行协商（突尼斯日后成立共和国，摩洛哥则维持君主政权）。同年，英国也悄然无声地放手让埃及南方的苏丹离去。在英国失去对埃及的控制之后，苏丹也已经变得无法控制了。

各家老牌帝国，到底是在何时恍然发现大势已去，意识到帝国时代已近尾声，这个问题并没有清楚的答案。英法两国一度曾企图重建往日的全球霸权，在1956年苏伊士战争进行最后一击，意图合以色列之力，用军事行动推翻埃及纳赛尔上校的革命政权。如今回头看去，显然命运已定，回天乏术。可是当时的伦敦巴黎当局者迷，看不出其中真相。这段插曲的结果，是一场灾难性的大失败（以色列的观点自然不同）。更可笑的是，当时的英国首相艾登（Anthony Eden），简直集颟顸无能之大成，幼稚得令人难以置信。这场行动几乎尚未发动，便在美国压力之下取消，却将埃及推向苏联阵营。1918年以来“英国在中东的时代”，即英国在该地区占有绝对霸权地位的时代，从此永远地告终了。

到50年代末期，各个殖民帝国都已心知肚明，认识到过去实行的正式殖民手段必须彻底放弃。只有葡萄牙依然执迷不悟，面对帝国的解体不肯觉醒。葡萄牙本身经济落后，政治孤立，无法适应新时代的殖民方式。它还需要剥削在非洲的资源，加上其经济体系缺乏竞争能力，剥削之道也只能出于直接统治。至于南非及南罗得西亚（Southern Rhodesia，津巴布韦的旧称），这几处拥有庞大白人移民的非洲国家（肯尼亚除外），也拒绝配合最终必将产生非洲本地人政权的政策。南罗得西亚的白种移民，甚至径自宣布脱离英国独立（1965年），以免走上黑人多数统治的命运。然而，巴黎、伦敦和布鲁塞尔（比利时在非洲拥有比属刚果）三地的政府，都决定面对现实，认为与其长期争斗下去，最终殖民地仍不免独立，反而使其落入左翼政权的手中，倒不如主动让它们在政治上正式独立，还可以维持其经济文化的依附性。只有肯尼亚一带，爆发过大规模的骚乱及游击战，即1952—

1956年的矛矛运动（Mau Mau Movement），不过主要也仅限于基库尤部落（Kikuyu）。在非洲其他地区，预防性的殖民地自治政策，在执行上可谓相当成功。只有比属刚果（Belgian Congo），在殖民政治结束之后便立刻陷入无政府状态，进而发展成一场内战及国际斗法的场所。至于英属非洲，前黄金海岸（今加纳）原已有一人民大党的存在，由才智卓越的非洲政治家，也是全非有名的知识分子恩克鲁玛（Kwame Nkrumah）领导，于1957年获得独立。至于法属非洲的几内亚（Guinea），戴高乐原建议其加入所谓的“法兰西共同体”（French Community），名为自治，骨子里却想使其继续对法国经济保持高度的依赖。几内亚首领杜尔（Sekou Toure）断然拒绝，于是该国在时机尚未成熟时，便于1958年匆匆独立，一贫如洗，只好成为黑人领袖当中，第一个转而向莫斯科求援者。英法比三国在非洲其余的殖民地，到了1960—1962年间，几乎都获得自由。剩下几处，也很快走上同样的路途。只有葡萄牙所属殖民地以及一些由白人移民建立的独立小国拒绝将统治权交回当地人民手中。

60年代，英属加勒比海殖民地的几处大岛，安安静静地解除了殖民状态。至于其他一些小岛屿，也在此后的20多年，一批批渐次独立。印度洋太平洋两洋诸岛，则先后在60年代末期及70年代宣告独立。事实上到1970年之前，世界上已找不出几处有相当面积的地区，还留在前殖民势力或其移民政权的直接统治之下，只有非洲中部和南部例外，当然，还有处于战火中的越南。帝国时代，至此终于进入尾声。然而在短短不到四分之三个世纪之前，各帝国的势力似乎还永远无法摧毁。甚至在距本书写作时不到30年前，世界多数居民还在帝国势力的统治下。往日已矣，永无回时，帝国往昔的荣光，只有在伤感的前帝国文人的笔下追寻，在电影镜头中黯然回味。可是由前殖民地诞生的国家里，新生一代的当地作家，却开始执笔创造出一个崭新的文学时代。这个新的起点，开始于一个独立的新时代。

第二部分

黄金时代

第八章

冷战年代

尽管苏联依然使出浑身解数，意欲扩展其影响力，世界革命的目标却已不再在其议程上。即使连苏联本身的内部状况，也不容其恢复以往的革命传统。若比较当年德国与今日苏联的威胁性，我们一定得考虑……其中基本的不同之处。两相比较，苏联人突然给世界带来大灾难的可能性，绝对远比战前的德国为低。

——罗伯茨（Frank Roberts），英国驻莫斯科使团向英外务部报告书，伦敦，1946 年（Jensen，1991，p.56）

战争经济，为许多人创造了一份轻松稳定的好差事。其中有数以万计的文武官僚，他们每天上班下班的工作内容，不外制造核武器及计划核战争。也有数百万的工人，他们养家糊口的职业，全在于这套核子恐怖行业的存在。还有科学家与工程师，他们的任务，则是找出可以提供百分之百安全保证的决定性“科技突破”。此外，还有绝不轻言放弃其丰厚战争财的军火商，以及推销其恐怖理论，鼓吹战争之必要性的战争专家学者。

——巴尼特（Richard Barnet，1981，p.97）

1

从原子弹落地开始，到苏联解体的45年间，全球历史的走向并非一成不变的单一期。在以后数章的讨论里，我们可以看见45年的光阴，以70年代为分水岭划分为两大时期（参见第九章及第十四章）。不过由于国际上存在的一种特殊状况始终笼罩其间，这两大时期因此熔铸为同一种模式存在：也就是第二次世界大战结束以后，两个超级大国长期对峙的所谓“冷战”。

第二次世界大战战火方熄，人类便又立即陷入了一场可以称作“第三次世界大战”的新战局。正如大哲学家霍布斯（Thomas Hobbes）所说：“战争，并不只限于战斗行为；事实上，只要战斗意愿明白可知，这段时间都可算作战争。”（Hobbes，chapter 13.）美苏两大阵营之间的冷战，显然是“短20世纪”第二阶段的主调，正符合霍氏对战争的定义。一整个时代的人，都在全球核大战的阴影下成长，大家都相信这场核战争随时可能爆发，并将造成人类的大灾难。当然有些人以为，其实双方都无意发动攻击，但是连他们也不得不抱着悲观的想法，因为“墨菲定律”（Murphy's Law）正是人类事务的最有力法则（“如果事情有变糟的可能，迟早一定会变糟的”）。更不幸的是，随着时间流逝，政治上、科技上，一件又一件可能会出问题的事情纷纷出笼。核对抗的状况有增无减，演变成长期存在的对抗；基于“保证同归于尽”（mutually assured destruction，即MAD）的“疯狂”心理，“以核止核”变成防止任何一方揿下按钮造成人类文明自取灭亡的唯一途径。这种自杀动作，所幸并未发生；但是几乎有40年之久，人类每天都生活在其恐怖的阴影之中。

客观而论，冷战之所以特别，就在于世界大战的威胁性其实并不存在。更进一步来看，尽管双方大言滔滔，尤其是美国一方，两个超级大国的政府却已默默接受第二次世界大战结束之际全球武力分布的事实；其分布状况虽然极不均衡，基本上却相当稳定，难以动摇。苏联的势力范围，局限在当时的红军占领区，以及其他共产党武装势力的占领地带，并从此不曾试用武力向外扩张半步。而美方的势力，则涵盖其余的资本主义世界，并加上西半球及诸大洋，一手接收了前殖民势力旧帝国主义的霸权范围。同样，它也尊重苏联的霸权地盘，双方两不相犯，互不越雷池一步。

在欧洲地区，各国边界已在1943—1945年间划定。根据有二：一是基于罗斯福、丘吉尔和斯大林三巨头多次高峰会议的协定；二是基于唯有红军才能击溃德国的政治事实。不过其中也有几处未定界，尤以德奥两国为多。最后的解决办法，是将东西两方占领的德国地界一分为二，同时将各国驻奥部队全数退出。于是从此奥地利成为瑞士第二——一个坚守中立的小国家，欣欣向荣，外人眼红之余，只有以“枯燥无聊”名之（倒也相当正确）。而西柏林则成为苏联在德国的地盘里的一座孤城，苏方虽不情愿，却也不打算坚持，默默接受了这个事实。

至于在欧洲以外的地区，东西方势力的取向就没有这么泾渭分明了。其中只有日本一地例外，从一开始，便由美国一方独占，不但将苏联排除，其余大小各参战国也一律不得染指。至于其他地区，旧殖民帝国的殖民统治已濒临瓦解；1945年时，它们在亚洲大陆更已回天乏术。可是问题就出在这里，旧的势力即将离去，但是在后殖民时期（postcolonial）新起的各个国家却属未定之数。如同我们在以后几章将看见的（第十二章和第十五章），于是这一带便成为两个超级大国的必争之地，终冷战之日，明里暗里，冲突龃龉无时或止。双方在此处的地界始终模糊不定，跟欧洲的泾渭分明完全不同。共产党地盘向外扩张，发生什么很难预料，更别提事先协商予以划定了（即使是暂时性、含糊性的协定也难取得）。因此，虽说苏联并没有让共产党夺取中国政权的打算，[1]事实上却发生了。

---

[1] 1947年9月，共产党情报局（Communist Information Bureau，Cominform）召开成立大会，其世界局势报告书中对中国形势几乎绝口不提——无论从哪一个角度来看都是如此——可是却将印尼、越南列为“加入反帝阵营”的生力军，并把印度、埃及、叙利亚列为对反帝阵营“有好感”的国家（Spriano，1983，p.286）。迟至1949年4月间蒋介石弃守国都南京，各国驻华使节之中，也只有苏联大使一人随其撤往广州。6个月后，毛泽东便宣布了中华人民共和国的成立（Walker，1993，p.63）。

然而，即使在这些很快被称为“第三世界”的地区里，不几年间，促成国际政局趋于稳定的条件也逐渐成形。因为态势越来越明显，后殖民时期的各个新兴国家，多数虽然与以美国为代表的资本主义世界没有共鸣，本身却也不是共产党国家。事实上对于国内政治的处理，多半还持有反共态度，在国际事务上则采取“不结盟”的立场（non-aligned，即不加入由苏联领导的军事集团）。简单地说，从中国共产党革命成功开始，一直到70年代，共产党中国早已不属于唯苏联马首是瞻的社会主义阵营了。

根据事实发展，第二次世界大战结束之后，世界格局便很快地稳定下来，并且一直维持到70年代国际形势进入另一个长期危机时期时，才开始变化。在此之前，两大超级强国都颇安于世界并不均分的现实，并竭力避免以公开的武力冲突去解决任何疆界上的争议，以免一发不可收拾，导致正式开战。双方的行动准则，其实跟一般的想法以及冷战的词汇恰恰相反，都以为“长期和平共存”确有其实现的可能性。即使到了紧要关头，尽管在表面的官方言论上，两边好像快要甚至已经打起来了，事实上，彼此私下却依然相信对方必能自我约束，有所节制。朝鲜战争期间（1950—1953），美国参战，苏联却不曾正式加入，虽然美国政府很清楚，中共方面其实足足有150架由苏联飞行员驾驶的飞机（Walker，1993，pp.75—77），可是这项情报却秘而不宣，因为美国估计得很准，莫斯科最不想做的事，就是被卷入战争。我们现在也都知道，其实在1962年古巴导弹危机期间，双方最担心的事情，就是那些虚张声势的备战姿态被对方误以为真，以为己方真的在为开战做准备（Ball，1992；Ball，1993）。

这种心照不宣，以“冷和”（Cold Peace）代“冷战”的默契，一直到70年代都还颇行得通。1953年，苏联智囊团正悄悄卷土重来，乘民主德国一场严重的工人暴动，开始重建共产党势力。当时苏联就已经知道（或可以说学到了），美国表面上要把共产党势力“席卷”倒转（roll back）回去，事实上这番呼吁，不过是在空中广播上的宣传战罢了。从此以后，凡在苏联地盘发生的事件，西方都完全袖手旁观；这种态度，从对 1956 年匈牙利事件的反应，即可证实。冷战时期，双方虽然都口口声声非要争个你死我活，但在事实上各国政府的基本决策并不遵循这项方针，倒是私下明争暗斗的情报活动，才真正发挥了冷战中决一死战这一口号的精神。于是，描绘谍报谋杀的间谍小说，便成了现实世界国际斗争影响下一项最具代表性的副产品。而此类小说之中，始终又以英国作家的地位最高，例如弗莱明（Ian Fleming）笔下的邦德（James Bond），以及勒卡雷（John Le Carré）笔下的甘苦英雄，两位主人翁都在英国特务机构供职，这些人物形象总算在笔下人间的世界里，为现实权力政治中日渐式微的英国人挽回一点颜面。不过，情报英雄的活动固然比实际的权力游戏具有戏剧性，若认真比较起来，除了在某些第三世界的小国之外，苏联秘密警察（KGB）、美国中央情报局（CIA）等情报机构的影响力还是很小的。

在这么微妙的背景下，这段漫长的紧张对抗期里，到底有没有过真正危险至极，有可能触发世界大战的一刻呢？当然，其中也会有过几回险路走得太多了，难免碰上意外的时候。这个问题很难作答。细想起来，最具爆炸性的时期，可能要从 1947 年 3 月美国总统杜鲁门提出他的“杜鲁门主义”（Truman Doctrine，“本人相信美国的政策，绝对是帮助那些起来对抗外侮的民族”）开始，一直到 1951 年 4 月，这同一位总统把在韩国的美军总司令，就是那位不听主帅调度的麦克阿瑟将军（General Douglas MacArthur）解职为止。在这段时间里，美国极为害怕欧亚大陆的非共区会爆发革命或濒临解体。而这份担忧，可说并非全属过虑——因为环顾现实，岂不见共产党在 1949 年夺取了中国大陆？反过来从苏联这一面看，也正面对着美国在核武器上的垄断，以及其威胁性不断升高的反共叫嚣。1948 年铁托领导南斯拉夫自行其是，成为破坏苏联共产党集团团结的第一道裂口。更有甚者，从 1949 年开始，中国已由这样一个政府来领导，它不但全力投入了朝鲜战争，而且一心一意准备对付一场真正核大战的爆发。[1]这一点，中国与其他国家所持的“以核止核”心态大异其趣。总而言之，形势诡谲，什么情况都可能发生。

原子弹在广岛投放后的第四年（1949年），以及美国氢弹爆炸成功后的9个月（1953年），苏联也分别获得了这两种核武器的制造能力。从这一刻开始，两大超级强权便放弃了以战争对付对方的手段，因为一旦开战，无异为彼此签下一纸自杀协约。至于美苏曾否认认真考虑向第三世界采取核行动，例如1951年美国对朝鲜战争，1954年美国为援助法国之于越南，以及1969年苏联对中国等等，其意向并不分明，不过最后的事实是都不曾采用。但是其中有过几回，虽然双方都肯定没有真正诉诸核武器的用意，却都曾出言恫吓对方：例如美方为求加速朝鲜越南两处的和平谈判（1953年，1954年），以及1956年苏联要挟美法退出苏伊士运河，等等。可恶的是，正因为双方都深信对方无意打仗，自己也从不打算摁那致命的按钮，反而越发虚张声势，动不动便以核武器相威胁以达谈判目的，或借此在国内达到政治企图（此乃美国）。事实证明，这种有十足把握的心理战效果果然不错，但却把整代的百姓给害惨了，天天心惊肉跳，活在核战争的阴影之下。1962年古巴导弹危机，便是一种完全没有必要的动作。一连数日，不但差点把全世界投入一场毫无意义的战火，事实上也把双方的高层决策人士吓得清醒过来，一时之间，总算变得比较有理性了。[2]

[1] 据说毛泽东曾对意大利共产党领袖陶里亚蒂表示：“谁告诉你意大利定会幸存？（如果发生核战争，）中国人也将剩下3亿，但这足以使人类继续延续下去了。”毛泽东对核大战泰然处之，并且认为它还有彻底消灭资本主义的好处。这种想法，真把他在1957年国外的同志吓得瞠目结舌（Walker，1993，p.126）。

[2] 当时美国已经在苏土边界的土耳其境内部署导弹，苏联领导人赫鲁晓夫为以牙还牙，决定如法炮制，打算在古巴部署苏联导弹牵制美国（Burlatsky, 1992）。美国以战争要挟，迫使赫鲁晓夫打消此意，同时美国也撤回自己在土耳其的导弹。其实当时美国总统肯尼迪的左右告诉他，苏联导弹是否进驻古巴，对双方的战略平衡毫无影响，倒是对总统本人的声望举足轻重（Ball，1992，p.18；Walker，1988）。当年美国由土耳其撤出的导弹，事实上已报废。

2

于是40年间，两个阵营不断增强军备以相抗衡。可是这种长期武装对峙的形势，却建立在一项不切实际而且毫无事实基础可言的假定之上：那便是世界格局极其不稳，随时可能爆发一场世界性的战争，只有永久地相互牵制下去，才能防止世界大战于万一。这种心理现象，究竟从何而来？首先，冷战之说纯系一种西方观点，如今回头看去固然可笑不堪，但是当年在第二次世界大战余震之下，却属自然反应。当时众人都认为人类的灾难时期尚未完结，世界资本主义和自由社会的前途依然未卜。多数观察家都认为，基于第一次世界大战后的前车之鉴，此次战后也必有一场严重的经济危机，甚至连美国也难以幸免。某位在日后获得诺贝尔奖的经济学家，便曾于1943年做此预测，警告美国将“遭遇前所未有的大量失业和工业失序的经济低潮”（Samuelson，1943，p.51）。大战胜利以前，华盛顿当局分身乏术，对经济事务自是无暇全神顾及。但是对于战后的国策方针，美国政府用在避免另一场经济大萧条袭击所花费的心血，更胜于为防止另一场战争发生所做的努力（Kolko，1969，pp.244—246）。

华盛顿之所以担心“战后将爆发大乱”，动摇“世界在社会、政治，以及经济三方面的安定”（Dean Acheson，cited in Kolko，1969，p.485），并非杞人忧天。因为当时各参战国家，除了美国之外，战后一片废墟。而且在美国人眼里，各国人民饥寒交迫，很有可能铤而走险投入社会革命的怀抱，走上与提倡自由企业、自由贸易，以及自由投资的国际自由经济体系相反的道路。而美国及全世界却只有在贯彻自由精神的国际经济制度之下才有未来。更有甚者，战前的国际社会，此时已全面瓦解，广大的欧洲大陆之上，以及欧洲以外的更大一片土地，只剩下美国独力面对着声势日益浩大的苏联。全球政局的未来难卜，唯一可以确定的却是在这个紊乱不安、随时可能爆炸的世界上，如果有任何情况发生，资本主义及美国一方只会更加衰弱，而以革命起家的政权却会更加强势。

至于那些重获解放的国家，战事刚停，对于各国中间派立场温和的政治人物来说，情况也好不到哪里去。不论在朝在野，这些人士都为共产党人的壮大而大伤脑筋，唯有向西方盟国可以求得一点支援。而共产党人却在战火中崛起，声势比以往任何时期都大，有时甚至一跃而为国内最大党派，拥有人数最多的选民。法国总理（社会党）便曾前往华盛顿提出警告，表示若无经济援助，他极有可能败于共产党之手。1946 年全欧歉收，紧接着一场酷寒严冬，更令大洋两岸的欧美政坛同感心惊肉跳。

再意气相投的伙伴，战争一旦结束，往往也会分道扬镳。更何况原本就只是一时勉强的结合，一边是资本主义的最大强国美国，另一边是在本身势力范围之内俨然以老大哥自居的苏联，面对战后种种情况，两方势必非决裂不可。但是纵然如此，也无法充分解释美国政策之所以强烈恐共的理由——不过除了英国以外，美国其他友邦及羽翼对反共一事却没有这般热衷——美国的政策，至少在其公开表示的意见里，主要是针对莫斯科将发动全球征服行动这种最坏的打算而定。美国认为苏联心怀不轨，意欲导演一场无神论的“共产世界阴谋”行动，随时准备推翻自由国度。但是在 1960 年美国总统大选之际，当时被英国首相麦克米伦称为“我们现代的自由社会——新形态的资本主义”（Horne，1989，vol. Ⅱ，p.283），其实根本就不曾面对任何可以想见的危机。以此来观照肯尼迪（J. F. Kennedy）的竞选言论，就更令人费解了。[1]

为什么有人把“美国国务院专家”对局势的展望视作替天行道的“天启洞见”？（Hughes，1969，p.28.）为什么冷静镇定的英国驻苏外交人员，在拒绝将苏联与纳粹德国做任何比较之余，却也在报告中

[1]　肯尼迪在竞选时说：“我们的敌人不是别的，就是共产主义制度本身。共产主义贪婪无度，一意孤行，独霸世界之心无日或止。……这不只是一场军备上的竞赛，更是两种完全不同的意识形态的争霸战：也就是在属于天意的神圣自由，与逆天无神的残忍暴政之间的一场殊死决战。”

指出，世界“正面对着一种可以称之为现代版的16世纪宗教危机，在这场现代宗教战争中，苏联的共产主义正与西方的社会民主政治以及美国版的资本主义为敌，共争世界霸权”？（Jensen，1991，pp.41，53—54，Roberts，1991.）如今回溯起来，事实上也极有可能。苏联在1945—1947年间显然毫无扩张之意，也不打算扩大它在1943—1945年间高峰会议为社会主义集团定下的地盘。事实上在莫斯科控制的国家及共产主义运动里面，各个政权往往刻意“不去”依苏联的模式建国，反而在多党制国会民主之下，实行混合性的经济制度。这种做法，不但跟“无产阶级专政”大异其趣，却“更趋于”一党专政的事实。在共产党内部文件里面，甚至将无产阶级专政称为“既无用处又无意义的举措”（Spriano，1983，p.265）。（事实上唯一拒绝遵从这项新路线的共产党，却是如南斯拉夫一类脱离莫斯科的控制，并为斯大林极想搞垮的革命政权。）更有甚者，虽说苏联军队是其最大军事资产，可是苏联军队复员之速却不下于美国，红军人数由1945年最盛时期的1 200万人，到1948年，已经骤降为300万人。这一点甚为外界所忽略（《纽约时报》，1946年10月24日；1948年10月24日）。

因此就任何理性的层面探讨，当时的苏联，其实对红军占领范围以外的任何人都没有眼前的威胁。当时，筋疲力尽的苏联正力图从战争的灰烬中振作起来，它的国民经济一片凋敝，政府的信用除了在苏联以外完全扫地，完全失去了向心力。至于西部边陲一带，更与乌克兰及其他各种民族主义的游击武装多年龃龉不断。它由斯大林独揽大权，而斯大林对外是力避冒险添乱，对内则残酷无情（参见第十三章）。苏联对外援是求之若渴的，因此在短时间之内去冒犯唯一有能力向它伸出援手的超级强权美国，自然无利可图。身为一名共产党人，斯大林当然相信共产主义最终必将取资本主义而代之，这一点毋庸置疑；从这个信仰出发，两大制度之间任何形式的共存必难长久。不过正当第二次世界大战结束之际，斯大林手下的计划专家，却不认为资本主义已经陷入危机。他们显然相信，在美国霸权撑腰之下，资本主义还有好长一段路可走，因为当时美国财富及势力的增幅之大，实在太明显（Loth，1988，pp.36—37）。这一点，其实正是苏联担心的要害。[1]苏方在战后采取的姿态，与其说是野心勃勃的攻势，倒不如说是但求自保的守势更为贴切。

总之，尽管苏联自顾不暇，但是形势使然，双方却不得不都采取对抗的政策。一方是苏联，对自己朝不保夕的地位心知肚明；另一方则是世界超级强国美国，对中欧和西欧瞬息万变的局势，以及亚洲大部分地区扑朔迷离的政局也同样不安。就算没有意识形态牵涉其中，对峙局面恐怕也难避免。1946 年初，美国外交官凯南（George Kennan）首先提出并为华盛顿当局积极采纳的“遏制政策”（containment）。凯南本人，便不相信苏联真的在为共产主义“理想”卖力，而他自己，更不属于任何意识形态战争的先锋，这一点从其日后职业生涯中可见一斑（唯一的例外，是他对民主政治的评价甚低，因此大加反对）。凯南其人，其实只不过是一名由旧式权力政治学派出身的苏联问题专家，美国驻欧人员之中不乏这号人物，在此类人眼中，沙皇俄国派，或是布尔什维克派，都属于一个落后野蛮的社会。而俄罗斯人向来便有一种“缺乏安全感的传统直觉”，其统治者更是一群充满了这种恐外心理的人。这个国家，总是自绝于外面的世界，一向为独裁者所统治，总是处心积虑地从事死亡斗争，很有耐性地等着对手彻底毁灭。既不合作也不让步，判断和行动，从不诉诸理性，只能听凭武力，硬碰硬地解决。在凯南眼里，共产主义无疑火上浇油，更大大地增加了旧俄帝国的危险性，因为它标榜着举世最最无情的乌托邦思想，即垄断全球的思想意识，为这个举世最最凶残的势力添翼。因此依照凯南这套理论实行起来，便意味着唯一能与苏联抗衡的强国美国绝对不能有半分妥协。无论苏联是否信仰共产主义，都得将之“遏制”，以防其毒素影响渗透。

[1]　美国参谋长联席会议曾经提出一项计划，建议于大战结束 10 周之内，在苏联境内 20 个主要城市投放原子弹。此时要是苏联获悉这项消息的话，恐怕更要担心害怕了。

这是美方的观点。反之，从莫斯科的角度看来，为了保全进而利用本身在国际上刚建立却不堪一击的庞大势力，唯一的途径就是跟美方的做法完全一样：绝不妥协。谁都没有斯大林本人清楚，自己玩的这一手其实力量有多单薄。1943—1945 年间，苏联还是对付希特勒不可或缺的力量，甚至也被看作将是击败日本的主力，罗斯福和丘吉尔即曾在数次峰会中，尤其是雅尔塔会议，许下诺言，答应给苏联许多好处。这些在苏联眼中经由历次会议讲定的地区，比如 1945—1946 年间议定的伊朗与土耳其国界，斯大林一口咬定，绝不松口。除了这些要塞地区之外，苏联也许可以考虑撤离，但若妄想重开雅尔塔会议，门儿都没有。事实上在那段时间里，斯大林的外长莫洛托夫（Molotov）无论出席大小国际会议，有名地专会祭出“不”字真诀。当时美国已拥有核武器，虽然才刚起步。直到 1947 年 12 月，虽然制造了 12 颗原子弹，却没有飞机可以运送，军中也没有够格的装配人员（Moisi，1981，pp.78—79）。至于苏联，却仍两手空空。除非苏联先让步，美国绝不会给它任何经济援助。然而这一点却正中莫斯科的要害，就算是为了最迫切需要的经济援助，它也不能有半点示弱让步的表示。而美国呢，本来就不打算给苏联任何好处。雅尔塔会议之前，苏联曾请求美国战后予以借款，可是美国声称这份文件已经“误置”，再也找不着了。

简单地说，正当美国为了未来可能出现的苏联世界霸权而担忧的同时，莫斯科却为了眼前美国在全球除了苏军占领区以外的各个地区显示威风的事实而难以安枕。当时国力远比各国全部加起来还要强大的美国，轻而易举便可以将国疲民乏的苏联收入麾下。面对这种态势，坚持到底绝不妥协，自然是最合逻辑的应对之术。我们不妨称之为莫斯科的纸老虎计吧。

话虽如此，就算两强势不两立，长期对抗不肯妥协，也并不表示战争的危险便迫在眉睫。即使在 19 世纪，英国外交人员虽然同样认为防止沙皇俄国向外扩张的唯一途径，便是凯南式的“遏制”之法；但在事实上他们也都非常清楚，公开对抗的机会甚少，至于开战的危险更微乎其微。相互之间的非妥协性，也不意味着你死我活的政治殊死斗争，或宗教性质的大决战。不过其中有两项因素，却使双方相对抗的局势由理性层面变为情绪层面。跟苏联相同的是，美国也是世界上代表着一种意识形态的大国，多数美国人都深信这种形态是举世皆应风从的典范。跟苏联相异的是，美国是一个民主国家——不幸的是，美国这民主的特征，对世界局势来说却更具有危险性。

原因如下。虽说苏联政府，同样也得努力给自己在国际竞争场上的死对头美国抹黑，不过，它却大可不必费心争取本国国会的支持，也不用管本党是否能在国会和总统大选中赢得选票。可是民主国家的美国政府则不然。于是美国的大小政治人物，不管是否真的相信自己滔滔不绝的反共辞藻，或是像杜鲁门总统的海军部长福里斯特尔（James Forrestel，1882—1949）一般，精神错乱，竟以为苏联人正从他医院的窗口爬进来而自杀；众人纷纷发现，反共预言的夸大口吻不但听起来义正词严，而且其妙用无限，简直难以拒而不用。对于正确认识到自己已经升任为世界级霸权的美国政府而言，国内“孤立主义”之风，或所谓国防上的防卫性主张仍然很盛。因此若外有强敌，不啻提供了打破这种孤立心态的工具，行动起来反而更能得心应手。因为如果连本身的安全都受到威胁，那么美国自然义无反顾，再不能像当年第一次世界大战之后的独善其身，势必非负起世界领导地位的重任不可——当然连带也享受其中带来的好处。说得更实在一点，只有在集体歇斯底里的恐惧心态下，美国总统方可名正言顺地向素来以抗税出名的美国民众大肆开征，以推行其对外政策。在这个以“个人主义”和“私有企业”立国的国家里，在这个连“国家”本身的定义，都以跟“共产”针锋相对的两极意识字眼界定的国度里，即所谓的“美国精神”（Americanism），反共自然受到人民的真心欢迎和相信（我们也不可忽略那些来自苏维埃东欧国家移民选票的意义）。其实当年美国国内会发生那阵污鄙的白色恐怖迫害运动，那股无理性的反共风潮，始作俑者，并非美国政府，而是一小撮微不足道的煽动家。[1]这一群人发现，对内部敌人的大量告发责难，可以在官场上获得极大的政治利益，例如参议员麦卡锡（Joseph McCarthy），本人甚至并不特别反共。其中的好处，美国联邦调查局的局长胡佛（J. Edgar Hoover，1895—1972），更深谙个中三昧。也就是借反共之名，长保个人利益之实。在一手建立冷战模式的人当中，有一位甚至把共产党势力的威胁冠以“原始人发动的攻击”（the attack of the Primitive）之名（Acheson，1970，p.462）。在这种情绪煽动之下，迫使华盛顿当局的政策不得不加速走向极端，尤以中国共产党胜利之后那段时间表现最为强烈。至于造成中国成为共产党领导的国家的罪名，自然也都怪到莫斯科的头上。

与此同时，对选票极度敏感的美国政客们，极力主张美国政府及友邦执行一种既能打退“共党野心”狂潮，又最经济实惠，对美国百姓优裕生活干扰最低的如意政策。这一套政策不但是指一种以“炮弹”，而不以“人员”取胜的核战略，也包括一项于1954年提出的“大规模报复”（massive retaliation）的全面策略。即一旦敌人来犯，即使对方仅采取传统型武器小规模攻击，我方也必须以核武器报复。简单地说，在政客多方钳制下，美国政府发现自己动弹不得，被局限在一种攻击性的地位，最多只能在战术上找到一点变通的余地。

于是双方进入一场疯狂的军备竞赛，最终目的显然只有玉石俱焚、同归于尽一条路。一切行动方针，唯以一群所谓核武器将领或核武器专家的意见是从。而这类人任职的首要条件，就是忽略其中不合理性的现象。行将卸任的美国总统艾森豪威尔（Eisenhower），原是老式的温和派军人，现在却眼见自己坐镇于这个步入混乱的时代。不过艾森豪威尔本人，倒不曾被这个现象冲昏头脑，将之称为“军事和工业的大结合体”（military-industrial complex）。敌我双方，都投入艾森豪威尔所说的狂流，也就是人力物力大集合，夜以继日，以备战一事为生

---

[1]　在这批不名誉的迫害黑手之中，后来唯一有分量的政坛人物只有尼克松，他也是战后美国总统当中，最令人厌恶的一位（1968—1974年任美国总统）。

为谋。这段时期各国在国防工业上的投入胜过以往任何和平时期。与此同时，各国政府自然也鼓励本国的军事工业利用多余的生产力吸引国外客户，武装本国战友。更重要的是，争取利润可观的外销市场，同时却将最先进的军备及核武器留给自己使用。因此就实际而言，超级强国基本上还是有核武器的垄断地位。1952 年英国人发展了自己的核技术，说来矛盾，同时也达到英国的另一目的，即减少对美国依赖的程度。接下来中法两国，也分别在 60 年代进入核国家之列（法国的核武器完全是独力完成，跟美国没有任何关系）。但是终冷战时期，这些国家的核发展对大局都无足轻重。到 70 年代和 80 年代，其他许多国家也掌握了制造核武器的技术，其中以色列和南非（印度或也可以计入）最为引人注目。不过一直到 1989 年两极对立的世界秩序终结以前，核武器扩散不曾在国际上引发任何严重问题。

如此说来，到底该由谁为冷战的局面负责呢？这种辩论，就像一场你来我往始终难分胜负的意识形态网球赛一般，一方把过错全部推在苏联身上，另一方则将罪咎一股脑儿怪在美国头上（说来有趣，持此见解者却大多是美国的异议分子）。既然找不出结论，我们难免就想做和事佬居中调停，认为一切都是因双方彼此疑惧的误会造成。由于相持不下，结果越害怕越抗拒，最后才演变成“两大武装阵营，高举不同大旗，全力动员对抗”（Walker，1993，p.55）。这种说法完全正确，然而却不能道尽全部事实真相。它可以解释 1947—1949 年双方前线的“冻结”（congealing）现象；也可解释从 1949—1961 年柏林围墙建成，德国国土遭到的一步步划分。这项理论也可以解释，为什么西方各国的反共力量，不得不在军事上形成同盟，唯美国的马首是瞻（其中只有法国的戴高乐将军，胆敢不理会美国的指使）；同时也可以解释，为什么在东西方思想分水岭另一边的东欧诸国，同样也无法逃脱向苏联全面臣服的命运（其中也只有南斯拉夫的铁托元帅，可以不理睬莫斯科的号令）。可是这一套说辞，却无法说明冷战中带有替天行道意味的天启口吻。这道“天命”呼声，来自美国。而西欧各国的政府，无论国内共产党势力大小，却都一律井然风从，全心全意反共，誓死抵抗苏联的可能入侵。若要在美苏之间择一而事，无论哪一国都不会有片刻犹疑；甚至连那些向来在传统上、政策上，或经协商决定坚守中立者也不例外。奇怪的是，其实在这些号称民主政治的大小国家里面，所谓“共产世界阴谋论”，跟它们的国内政局并没有什么重要的关系，至少在大战刚结束的几年内是如此。民主国家中，也只有美国总统是因以反共为号召而当选（例如1960年肯尼迪），但在实际上就国内政治而言，共产主义之于美国，正如同佛教之于爱尔兰般风马牛不相及。然而，若要论起所谓的十字军东征精神，并让它在国际强权对抗的现实政治之中扮演一角，这扮演十字军大将者就是华盛顿当局。但是在事实上，肯尼迪的竞选辞藻固然雄辩滔滔，论其中关键深意，其实不在警告共产主义强权将支配全球的危言耸听，却在维系眼前美国独霸实权的呼吁。[1]不过我们也得加上一句，北大西洋公约组织（NATO）的各成员国虽然对美国政策不完全赞同，但是只要那个实行恐怖政治制度的军事强权存在一天，就只有在美国的保护之下，自己的安全才有保障，因此也就心甘情愿地唯美国马首是瞻了。这些国家对苏联不信任的心态，绝不下于美国。总而言之，“遏制政策”固然合乎众人心意，彻底消灭共产主义一事则不尽然。

3

冷战时期最明显的现象，便是双方的军事对抗，以及西方各国日盛一日的疯狂核竞赛。但是这两项却不是冷战造成的最大冲击。竞相制造储存的核武器，从来不曾启用，两个核大国，却曾加入三次战事

[1] “我们将重铸实力，再做天下第一，没有假如，没有但是，第一就是第一，没有任何条件。我不要世人去揣摩赫鲁晓夫先生的动向是什么，我要全世界都急于知道美国的动向是什么。”（Beschloss，1991，p.28.）

（但彼此不曾亲自交手）。美国及其盟友（以联合国为其化身）深为共产党在中国的胜利震撼，于是在1950年介入朝鲜战争，企图阻挡北方的共产党政权向这个分裂国家的南部入侵。结果美方大占上风，得意之余，在越南战场上故技重施，可是这一回却吃了败仗。而苏联在军援亲苏的阿富汗政府，对抗有美国撑腰并由巴基斯坦提供人员的游击队8年之后，于1988年决定退出。简单地说，超级强国在军备竞赛上花费不赀，所得却很有限，并没有任何决定性的成果。战争阴影的不断威胁，反而推动了国际和平运动，但和平运动以核武器为最大的反对目标。在欧洲部分地区，反核风潮不时成为声势浩大的群众运动，却被冷战的推动者视为共产党的秘密武器。不过，解除核军备的成效也不甚明显，只有美国年轻一代的反战分子，在越战时期掀起的反征兵浪潮颇具功效（1965—1975）。但至冷战结束，种种运动的呼声，如今都成了崇高理想的记忆，只留下一点儿当年的新鲜枝节为今人所用，比如1968年后反文化小团体所用的反核符号，以及环保人士对任何核用途一律反对的偏颇态度，这些都是当年运动残留的产物。

冷战效应之中，更为明显的一项则为其政治作用。冷战几乎立竿见影，将两个超级大国控制下的世界，立即分成水火不容的两个“阵营”。当初欧洲各国国内政坛左右通力合作，反法西斯之战终获胜利，到了1947—1948年，却又立刻分为亲共与反共的两大阵营（其中只有三大主要交战国为显著例外，即英美苏三国）。在西方，共产党从此被逐出政坛，成为政治流浪儿。1948年意大利举行大选，如果当时共产党获得胜利，美国甚至计划出兵干预。而苏联也不甘示弱，将非共分子从麾下所谓的“多党制人民民主国家”内全部扫除，重新变成“无产阶级专政”，也就是共产党的专政。同时成立了一个新的国际共产党组织（共产党情报局）以与美方抗衡，不过说来特别，这个新组织比其前身，不但权限大为缩减，对象也仅以欧洲为主。1956年国际局势的紧张局面渐趋和缓，共产党情报局也便悄然解散了。苏联的铁腕紧紧控制着东欧各国，奇特的是，只有芬兰一国得以逃过这个厄运。原来苏联大发慈悲，1948 年竟然让芬兰政府将共产党从政府部门里除名。斯大林为什么放过这个小国，却不在那里建立卫星国政权，其中原因至今是谜。也许芬兰人的好战之气，把他给吓住了，怕他们再度拿起武器反抗吧。芬兰先后曾在 1939—1940 年与 1941—1944 年间起义，斯大林可不想再度卷进一场一发不可收拾的大战。至于桀骜不驯的南斯拉夫，他也曾尝试收编，可是铁托不吃苏联那一套，南斯拉夫终于在 1948 年与莫斯科正式决裂，从此自行其是，哪一伙也不参加。

共产党集团国家的内部政治，可想而知，从此一党专政不容他人置喙，然而一党专政的脆弱性从 1956 年开始越发明显（参见第十六章）。至于与美国联盟的各个国家，内部政局相对来说就没有那么单一；不过大小党派，除了共产党外，对苏维埃制度都深恶痛绝，在这一点上大家倒是意见一致。因此就外交政策而言，无论由谁上台执政都没有什么不同。至于大战中的两个前共同敌国日本与意大利，美国一手替他们把政治问题变得极为简单，在这两国内建立了等于永久一党制的系统。在东京，美国鼓励自民党成立（Liberal Democratic Party，1955）。在意大利，美国则坚持将反对势力从台上扫除，因为这个反对党刚好正是共产党；意大利政权便交到天主教民主党（Christian Democrats）手中，另外则视情况需要，偶尔也拉其他党派进来凑数，例如自由党派、共和党派等等。60 年代开始，意大利除上述党派之外其他唯一的重要党派社会党，自 1956 年跟有多年交情的共产党划清界限之后，便同天主教民主党一同组织联合政府执政至今。如此安排之下的结果是，意大利共产党及日本社会党的势力从此均被镇住，成为国内主要的反对大党。依此体制成立的政府，则贪污腐败至极，终于在 1992—1993 年间东窗事发，内情之丑陋连意日两国的民众都目瞪口呆。丑闻既经曝光，朝野党派跌入冰点，与当初为保持美苏全球势力平衡而支持他们的势力，同时陷入窘境。

一开始，罗斯福的顾问曾经在盟军占领下的德日两国试行过反独占性的政治革新。虽然不久美国即改弦更张，与这项设计反其道而行之，可是幸好还有一件事足可让美国的盟邦大感安慰，那便是一场大战已经将纳粹主义、法西斯主义、明目张胆的日本军国主义，以及其他林林总总各式各样的右派组织或民族主义的政治主张，从众人可以接受的政治舞台上一扫而空。因此在所谓的“自由”对“极权”的纷争中，以上诸般力量固然是对付共产党最有力的成分，如今既然销声匿迹，自然不可能像德国的大企业或日本的大商社大财阀一般，再度被动员为“反共大业”效力了。[1] 主力部队既去，西方冷战派政府的政治基础如今便只剩下战前的左派社会民主人士，以及非民族主义的温和右派。如此一来，与天主教会挂钩便变得格外有用，因为教会的反共立场及保守性格，自是舍我其谁、天下第一。更妙的是，教会出身的“基督教民主党派”（参见第四章）不但拥有可信赖的反法西斯记录，尚有一套（非社会主义性质的）社会改革方案。1945 年后，这些党派在西方政治上扮演了中心角色；在法国为时甚短，在德国、意大利、比利时、奥地利诸国则持续了相当长的时间（参见第九章）。

然而，冷战对欧洲各国内政的冲击，远不及其对欧洲国际政局影响为大。问题重重的“欧洲共同体”因冷战而生。这是一项前所未有的政治构想，借着永久性的安排（至少是长久性的），进而统一各个主权国家经济活动、法律系统（就某种程度而言）。1957 年初成立时，创始国有 6 国（法国、联邦德国、意大利、荷兰、比利时、卢森堡）。到 1991 年，正当其他各种冷战时期的产物也开始摇摇欲坠之时，已经又有另外 6 国（英国、爱尔兰、西班牙、葡萄牙、丹麦、希腊）加入。此时欧洲组织的设计，已倾向在政治经济一体化上更进一步，形成更密切的组合，最终目的是在欧洲建立联邦或联邦式的永久政治联合体。

欧洲组织，跟 1945 年后欧洲出现的其他大小事物一样，原是由美国一手促成，却转而对抗美国。此中情由演变，证明美国势力之盛，同时也反映其模棱两可之处，以及其影响力毕竟有其限度的事实。更

[1]　冷战刚开始，各个情报机构以及其他各种特务组织，就已经开始有系统地着手雇佣前法西斯分子。

进一步，我们也可看出各国因顾忌苏联，竟愿放弃分歧，团结在一起。它们害怕的对象并不只限于苏联，以法国为例，德国始终是它最大的顾忌。此外，各前参战国和被占领国家的担心程度虽然没有法国那么强烈，却也都不愿见到中欧地区重新兴起一个强大国家。现在大家却发现自己被套牢在北大西洋公约组织里面，与强大的美国，以及在经济军事上都再度复兴的德国结成盟友——所幸后者的国土已经大不如前，被截分成了两半。当然众人对美国也有顾虑。说起来美国是对抗苏联不可或缺的伙伴，可是这个伙伴却不甚可靠，更别提——其实这也不足为奇——它总是把自己世界霸权的利益放在第一位，连它盟友的利益也可以退居其次。大家可别忘记，第二次世界大战后在世界各地所做的各种安排和设计决策，都是以"美国经济利益为最高前提"（Maier，1987，p.125）。

但是对美国的盟友而言，幸好1946—1947年间的西欧形势太紧张，华盛顿当局不得不仔细斟酌。它决定当前的第一要务便是复兴欧洲，不久对日本经济也做出同样的结论。于是一个大规模帮助欧洲重整旗鼓的马歇尔计划（Marshall Plan），便在这种背景下于1947年6月正式开锣。这项新计划与以往野心式的经济外交不同，多数是以赠援的形式而非借款。根据美国原本设计的方案，是想在战后建立一个基于自由贸易、自由汇兑以及自由市场的世界经济体系，并由美国当家做主全权支配。还好各国再度红运当头，单就一项因素而论，便使得美国的如意算盘完全不切实际。欧洲和日本资金紧张，对日益稀有的美元求之若渴，自由化的贸易与国际付款方式根本不可能立即实现。而美国一家之力，也无法强人所难，将自己对欧洲一厢情愿的理想强加于人，也就是全面实行单一的欧洲援助计划，依美国的模式，包括其美式政治及繁荣的自由企业经济制度，将欧洲各国塑造为一个单一的欧洲共同体。但美国这个政治理想根本行不通，首先，英国就还把自己视作世界级的大国，法国则日夜梦想跻身强国之列，并且一心一意，务必把德国压得抬不起头来，最好让德国陷于永久分裂。这两国对美国的构想当然咬牙切齿。可是从美国的角度来看，若要完全实行马歇尔计划的构想，欧洲在军事上必须结盟，才能共同对付苏联，北大西洋公约组织就是其结果。但是一个真正有效的欧洲复兴，一个真正能发挥作用的公约组织，少不了强大的德国经济，而强大的德国经济，必须靠德国重整军备才能强化。如此一来，法国唯一的退路便是想法子跟德国纠缠不清，两家搞成一家，世仇死敌才能从此断绝冲突。于是法国便提出自己一套版本来搞欧洲联合，也就是“欧洲煤钢共同体”（European Coal and Steel Community，1950），进一步扩展为“欧洲经济共同体”或一般所称的“欧洲共同市场”（European Economic Community，也称 Common Market，1957），最后简化为“欧共体”，1993 年起，则改名为“欧洲联盟”（European Union）。历来其总部均设于比利时的布鲁塞尔，可是其核心却建立在法德两国的合作之上。欧洲组织，其实是针对美国构想另起炉灶的欧洲统一方案，然而冷战结束，原先欧洲组织及法德合作所依赖的基础便也随之消失。1990 年德国统一，欧洲势力顿然失衡，但德国统一之后经济困难重重，却也是事先不曾预料到的。种种演变，欧洲统一的前途愈发难卜。

美国虽然不能按照自己的心意，完全实现对欧洲政治经济制度设计的细节，不过它的国力毕竟强大，不容许各国在国际政治上不与它同步。欧洲联合对苏是美国的主意，欧洲军事联盟也是它的构想。于是德国获准重新武装了，欧洲渴望中立的念头也被打消了，西欧各国在国际上的动作，都在美国的统一号令之下。只有过那么一次，它们打算自作主张独立行事，也就是 1956 年的苏伊士战争，英法两国准备联手对埃及，可是此战最后也在美国压力之下流产。压在美国气焰之下的盟友或保护国，最了不起的伎俩也只是消极抵制，既离不开美国主导的军事同盟，同时又拒绝充分合作（法国戴高乐正是此中高手）。

但是随着冷战年月一天天地过去，华盛顿虽然在欧洲军事合作和政治动向上始终扮演着主导者的角色，可是美国对欧洲经济的控制却一日弱于一日。世界经济体系的重心，如今渐渐由美国移往西欧和日本，而美国人则觉得，两者都是自己一手拯救并予重建的受惠者（参见第九章）。原本在1947年物以稀为贵的美元，多年来迅速流出美国。再加上美国自己，外则在全球各地用兵（主要的例子当推1965年后美军在越南的行动），内则雄心勃勃，大肆推行各项社会福利措施。如此大的内外开支，却偏好用赤字预算方式贴补，于是美元向外逆流之势越发不可收拾，其中尤以1960年的情况最为恶劣，因此美国用以推动并保证战后世界经济的基石美元，日衰一日。在理论上，美元是由美国诺克斯堡（Fort Knox）金库积存的大量金条保证——诺克斯堡贮藏的金量几乎占全球四分之三——但是实际上，美元根本就只是成堆成打泛滥成灾的纸币及书面上的账目。美元的稳定性既然来自可以与一定黄金兑换的保证，于是行事谨慎的欧洲人，由作风超级谨慎、对黄金特别信任的法国人带头，在国际汇兑上便要求以可靠的黄金，兑换极有贬值可能的用纸印制的美元。如此一来，黄金便如决堤般涌离诺克斯堡。需求既多，金价自然大涨。其实在整个60年代的绝大多数时期，美元及国际货币偿付体系的稳定性，都不能再单靠美国本身的准备金为保障，其中也多亏欧洲各国中央银行的捧场——在美方压力之下——不要求以黄金兑换手中的美元，并参加“黄金总库”（Gold Pool）的运作，稳定市面上的黄金价格。可是这种权宜之计好景不长，1968年“黄金总库”干涸见底宣告解体。就事实而言，美元作为标准兑换货币的地位从此告终，并于1971年8月被正式放弃。国际偿付体系的稳定随之而去，美国或任何一个单独国家的经济力量，再也不能单方面控制全局。

冷战终了，美国的经济霸权也所剩无几，连带之下，甚至连它维持军事霸权的费用，也再不能单靠自己的腰包独力支付。1991年海湾战争爆发，对付伊拉克的军事行动基本上依然以美国为主，可是这一回，掏腰包的却是其他支持华盛顿行动的国家——不管它们是主动慷慨解囊还是勉强被动捐献。这一仗打下来，参战的大国竟然还赚了几文，倒是世界战争史上少见的怪事。所幸对众人而言，除了倒霉的伊拉克人民之外，战事不出几天就结束了。

4

20世纪60年代初期的某一段时期里，冷战似乎向恢复理智的方向走了几步。1947年以来直至朝鲜战争高潮的数个危险年头中，世界总算有惊无险，不曾发生任何爆炸性的事件。即使是斯大林之死（1953年），虽然也在苏联集团引发了一阵大地震，最终毕竟安全度过。西欧各国发现，自己不但不必在社会危机之中挣扎，反而开始进入一个始料未及的到处一片欣欣向荣的时代。下一章将对这段时期做更进一步的讨论。老派的外交人士，专门有个行话用来形容紧张关系的缓和，也就是“缓和”（detente）。现在“缓和”一词已变成家喻户晓的名词了。

缓和现象首先出现于50年代的最后几年，当时正是赫鲁晓夫（N. S. Khrushchev）在斯大林死后的一片混乱中当上苏联最高领导人的时候（1958—1964）。赫鲁晓夫外表看来似乎是一介莽夫，其实骨子里却很能干，令人钦佩。他相信改革，主张和平共处，将斯大林一手建立的集中营清理一空，并在接下来几年里成为国际政治舞台上的领衔主角。他恐怕也是唯一由农村男儿出身，跃登世界大国领袖地位之人。赫鲁晓夫与肯尼迪——肯尼迪是美国20世纪最被称誉的总统（1961—1963任美国总统）——一个喜欢虚张声势，专以大声恫吓冲动行事为能事，另一个则善于故作姿态，喜欢玩弄手段。两人中间有过一段相当紧张对立的时期，“缓和”首先要面对的便是这道难题。于是两个超级大国，由两名超级危险玩家负责掌舵；而这个时候，资本主义的西方国家正充满着危机感，觉得自己在经济上节节败退，输给了50年代突飞猛进的社会主义经济。如今看来实在很难想象，但是在当时人的眼里，苏联在卫星科技、太空领域上的惊人成就，岂不证明了它在科技上已经胜过美国（其实很短暂）？再看，社会主义岂不出乎众人意料，竟在距佛罗里达仅数十公里的古巴大获全胜（参见第十五章）？

反过来从苏联的角度看，它也同样焦虑不已。首先，华盛顿当局的言辞暧昧，不过其中充满了挑衅的意味绝对错不了。其次，苏联本身又与中国在基本路线上决裂，当时中国口口声声指责它对资本主义的态度不强硬。面对这项罪名，原本主和的赫鲁晓夫也只有板起面孔，被迫采取相对来说不与西方妥协的态度。与此同时，各殖民地的解放进程，以及第三世界的革命行动，突然纷纷加速（参见第七、十二及十五章），形势似乎对苏联大为有利。于是美国提心吊胆，同时却又信心十足；苏联信心十足，同时却又提心吊胆。双方为了柏林，为了刚果，为了古巴，相互威胁恫吓，僵持得不可开交。

局势表面看起来惊险诡谲，事实上若为这段时期算一笔总账，却可以得出一个国际局势仍相当稳定的结论。两强之间，还保持着一种尽量不去吓倒对方和世人的默契，而白宫与克里姆林宫之间设立的热线电话，便是此默契的最佳象征（1963 年）。柏林墙的设立（1961 年），则确定了东西双方在欧洲最后一条不确定的界线。对于开在自家门前的共产主义小店古巴，美国也默不作声地接受了。古巴革命及殖民地独立运动的火花，分别在拉丁美洲和非洲点起了星星之火，可是却不曾掀起燎原之势，最后甚至明灭不定奄奄将息（参见第十五章）。1963 年肯尼迪被刺，1964 年赫鲁晓夫被看不惯他鲁莽冲动作风的苏联当权派送回老家。60 年代和 70 年代初期，核武器的管制也大有进展：诸如禁止核试验条约的签订，禁止核扩散条约的签署（赞成国都是已经拥有核武器，或不打算取得核武器的国家；而反对者则是正在建立自己核军备的几国，例如中国、法国与以色列），美苏限制战略武器条约（Strategic Arms Limitation Treaty，SALT）的签订，美苏甚至还针对双方的反弹道导弹（Anti-Ballistic Missiles，ABMs）达成某些协议。更有意义的是，美苏两国之间的贸易，长久以来由于政治上的龃龉本已濒临停滞，随着 60 年代进入 70 年代，却开始欣欣向荣。世界局势一时之间情况大为看好，前途一片光明。

前途其实并不光明。70 年代中期，世界开始进入所谓“二度冷战”的阶段（参见第十三章）。这段时间与世界经济的大变化相始终，也就是 1973 年起绵延 20 年之久的长期经济危机，于 80 年代初期达到最高潮（参见第十四章）。然而超级强国竞赛中的双方，一开始并没有警觉到经济气象起了变化，它们只察觉到一件事：在产油国的卡特尔组织，即石油输出国组织（OPEC）成功行动之下，能源价格出现了三级跳。现在看来，此事加上其他几项事件发展，似乎表示美国控制世界的地位逐渐有下降的迹象。可是当时，两个超级大国毫无察觉，还对本身经济实力的稳固沾沾自喜。比起欧洲，经济发展的减速对美国影响显然小得多；而苏联呢——上帝若要毁灭谁必先令其踌躇满志——还以为自己一路顺风，一切都照着计划顺利进行呢。继赫鲁晓夫而起的苏联领导人勃列日涅夫（Leonid Brezhnev）掌权 20 年间，如今被苏联改革人士冠之以“停滞时期”（the era of stagnation）。可是当时在勃列日涅夫看来，世界形势确有几分值得他乐观的理由，单就其中一项，就可以令他理直气壮：苏联从 60 年代中期开始，陆续发现丰富的石油和天然气蕴藏，请看 1973 年石油危机以来，国际市场价格水涨船高，已经暴涨 4 倍，便是明证。

经济事务除外，当时尚发生了另外两件关系密切的事件，以今观昔，似乎也使超级大国之间势力的平衡产生了波动。首先，美国纵身跃入一场主要战争，出现多种看来显示美国挫败及不稳定的迹象。越战一事，使美国全国人心颓丧，意见分歧，各地混乱的暴动示威反战游行，在电视上频频播映，一位美国总统因此下台。10 年鏖战（1965—1975），美国如众所料，在大败之下无功而退。意义更深远的则是，越战道破了美国的孤立。因为遍数美国之众友邦，竟没有一国派兵前往与其并肩作战，甚至连象征性的助阵也不曾有。美国为什么要去蹚这一趟浑水，为什么不顾敌友的警告——美国盟邦、其他中立国家，甚至连苏联都劝美国不要介入——却要让自己卷入这场注定毁灭的战争呢？此中缘由，实在令人费解，只有把它当作一片扑朔迷离、令人困惑、充斥了偏执的历史浓雾。迷雾中，但闻冷战中众主角摸索的脚步声。

如果说，越战还不足以证明美国孤立，那么 1973 年发生在犹太赎罪日（Yom Kippur）的阿以之战，总可以更进一步地证明了吧。多年来，美国已经让以色列发展为它在中东最亲密的盟友，而这场战争，便发生在以色列与由苏联供应装备的埃及和叙利亚之间，以色列的飞机和弹药都不足，形势紧迫，只有求美国火速支援。然而欧洲各国友邦，除了依然坚持战前法西斯主义的葡萄牙外，竟然一律拒绝伸出援手，甚至不准美国飞机使用美国在其境内的基地进行援以行动，最后美国物资是经大西洋中部葡属的亚速尔群岛（Azores）才运抵以色列。美国政府认为，阿以之战与其利害攸关——外人实在很难悟出其中的道理——事实上，当时的美国国务卿基辛格（Henry Kissinger），甚至还正式做出核战警告。这是古巴危机以来，此类警告首次再度出现。基辛格其人，干练狡诈，而此举正是他一向的标准作风（当时美国总统尼克松，正在白费力气苦战，想要避免不名誉的弹劾下场）。可是基辛格虽巧舌如簧，却并没有动摇友邦的立场，它们担心的是自己对中东石油的依赖，其重要性胜过对美国区域性策略的支持。美国说得再天花乱坠，唇焦舌燥，也不能说服大家相信它的区域性布局与对抗共产主义有何相关。阿拉伯国家经由石油输出国组织的力量，已经发现了一种有力武器，即是用石油供应量的削减，以及石油禁运的恫吓，足可阻止各国不敢前来相助以色列。更进一步，它们还发现自己可以大幅提高世界石油的价格。世界各国的外长，也不得不注意到一向号称全能的美国，对此趋势全然无能为力，束手无策。

超级大国在全球势力上的平衡，以及冷战中双方在各个区域相互对抗的局面，虽然尚未因越南与中东两次事件的本身而改变，美国的力量及地位却因此大为削弱。不过在1974—1979年之间，全球很大一片地区再度吹起一股新的革命大风（参见第十五章），这是“短20世纪”当中的第三次革命浪潮。一时之间，仿佛超级大国间的平衡开始被打破，局势似乎开始变得对苏联有利。亚非各地，甚至包括美洲本土，众多政权纷纷转向苏联——从实际的角度而言，不啻为被陆地包围苦无对外港口的苏联提供了军事尤其是海军的基地。第三次世界革命，适逢美国在国际上遭到挫败，两相激荡，二度冷战于此展开。其中勃列日涅夫领导下的苏联，在70年代踌躇满志的心态，对此更有推波助澜的作用。这段时期的冲突现象，主要由第三世界的大小战争构成，有越南前车之鉴，现在美国不敢再犯当年同样的错误，只在后面间接撑腰。此外，双方更疯狂地加速核军备竞赛。但是两相比较，各地烽火连天的断杀，比起核竞赛更缺乏理性。

至于欧洲局势——虽有1974年葡萄牙革命，又有西班牙佛朗哥政权的结束——至此显示已经完全安定下来，双方楚河汉界，界线分明；事实上两个超级大国，都把它们竞争的场地转移到第三世界。欧洲的“缓和”局面，为尼克松（1968—1974年任美国总统）与基辛格时期的美国提供两大得分良机：一是将苏联势力由埃及逐出，一是非正式地使中国加入反苏联盟；其中后者代表的意义更为重大。而各地兴起的革命浪潮，却都具有对抗保守政权的态势。美国既一向借着这些保守政权自居为全球的保护人，如今形势逆转，正好为苏联提供了机会，一个可以采取主动的好机会。随着葡萄牙在非洲殖民统治的崩溃瓦解，旧有地盘安哥拉（Angola）、莫桑比克（Mozambique）、几内亚—佛得角（Guinea-Cape Verde）等地，一一落入共产党手中。随着埃塞俄比亚国王被革命民众推翻，埃塞俄比亚政治风向转向苏联，苏联海军快速成长，在印度洋两岸获得一个又一个重要基地。随着伊朗国王狼狈下台出逃，美国人情绪大坏，所有舆论民意几达歇斯底里的地步。否则，我们如何解释，为什么美国一看见苏联军队开进阿富汗就以为天下大乱将至，风声鹤唳，认为苏联势力不久即将挺进印度洋岸、波斯湾口？[1]（参见第十六章第3节。其中部分原因，恐怕可以归之于美国人对亚洲地理的惊人无知。）

与此同时，苏联方面毫无道理的扬扬得意心态，助长了美国人的抑郁忧心。其实远在美国宣传家大言不断，事后往自己脸上贴金，吹

[1] 美国对尼加拉瓜桑地诺民族解放阵线也放心不下。美国人的逻辑是这样的：试想，得克萨斯州边界仅在卡车数天行程之外，因此尼加拉瓜造成的威胁性岂不更大？这种看法是美国无知浅陋的又一佐证，也是美国幼稚的课堂地图教育带来的标准政治地理观念。

嘘如何一手赢得冷战，整垮死对头之前，勃列日涅夫政权就已经引导苏联走上败家破产的灭亡之路了。它在军备上投下大笔费用，使得苏联国防支出平均年增长4%—5%，从1964年开始长达20年之久（系根据真实数字统计）。这场军备竞赛毫无意义可言，唯一能够让苏联感到安慰的事情，便是如今自己总算可以在导弹发射台上和美国平起平坐了，这是1971年。到1976年时，它的发射台数字更居于优势，以25%领先美国（不过苏联的实际弹头数目始终不及美国）。其实早在当年古巴危机之时，苏联微不足道的核弹头就已经把美国震慑得不敢轻举妄动，多年疯狂竞赛下来，双方储存的实力早就可以把对方毁灭多次了。苏联更不断努力建立一支强大海军，在全球海面争得立足之点（其实说成在海面以下取得一席之地更为恰当，因为其海军军力是以核潜艇为最重要的主力）。就战略观点而言，苏联此举并不实际，不过作为一个全球性的超级大国，就有在世界各地扬旗示威的权利，因此借海军展现实力为一种政治手段，倒也情有可原。但是苏联不再端坐家中守其地盘的事实，却让美国各位冷战斗士感觉宛如遭到雷击，若不及时展现实力，再度号令天下，此中态势，岂不证明西方霸权时日无多？莫斯科踌躇满志，早将当年赫鲁晓夫下台之后，自己在国际舞台上步步为营的那份谨慎抛到九霄云外。苏联信心不断上升的姿态，越发肯定了美国人的担心。

华盛顿当局这种歇斯底里的反应，当然不是基于实际的理性考虑。虽然美国的声望大不如前，但就实质而言，其实美国实力较之苏联，依然具有决定性的优势。再以两大阵营的经济力量和科技水准相比较，西方（及日本）的优势更是无法估计，差距何止千里万里。粗糙僵化的苏联，也许可以凭它的无比蛮力，比谁都更有办法建造出一个19世纪80年代那种19世纪式的强大经济（Jowitt，1991，p.78），但是在20世纪的80年代，就算它的钢铁产量比美国多出80%，生铁产量比美国多出两倍，发动机产量比美国更胜5倍，如果它不能调整自己，适应并赶上这个建立在以硅晶与软件产业为基础的时代经济，就算传统重工业的产品再多，对它又有什么帮助（参见第十六章）？而当时也没有任何证据显示苏联打算发动战争，其可能性更是微乎其微（唯一的例外，恐怕只是跟中国开战），至于军事进攻西方，毫无实行的可能。所谓苏联发动核攻击之说，全都是80年代西方冷战人士的自我梦呓，以及西方政府的高调宣传。其结果适得其反，反而让苏联人大为恐慌，认为西方很可能先下手为强，对苏联发动核攻击，其中1983年某段时间，苏联甚至以为西方核弹随时便要打来（Walker，1993，chapter 13）。美国的危言耸听，更在欧洲触发了冷战时期以来规模声势最为浩大的反核和平运动，极力反对在欧洲部署新一批的导弹。

未来21世纪的史学家，既远离了20世纪70年代与80年代的亲身经历的记忆，对于这一时代的疯狂军备竞赛、政治预言，以及美国政府在国际上进行的怪诞行为，尤其是里根执政年代（1981—1989）初期发生的怪事必将感到大惑不解。这些史家若想了解其中真相，必须在主观性上从探讨美国人的心理入手。美国连遭大患，种种深刻的失败感、无力感、耻辱感，其痛之深，其耻之烈，实在令70年代美国政要们深感痛心疾首。尼克松为了没有价值的丑闻，名誉扫地黯然下台；继之而起者又是连着两任毫无分量的总统。总统人事的失序，越发使得美国人心上这些重创的痛楚加深。雪上加霜，伊朗人质事件中，美国外交人员竟然被当作人质并用以相胁，让其深感羞辱；中美洲数小国接连掀起社会主义革命；石油输出国组织再次提高油价，造成二度国际石油危机。种种事件，更使美国人的痛苦达到极点。

罗纳德·里根（Ronald Reagan），于1980年当选美国总统。其主政时代的美国政策，完全是以扫除多年铭刻在心的羞辱感为出发点。也只有从这个角度，我们才可以了解里根之所以大耍铁腕，拼命展示美国高高在上、绝不容任何挑战、绝不能动摇其称霸地位的作风。为了重振雄风，美国甚至不惜诉诸武力，以军事行动对付特定目标，例如1983年入侵加勒比海小岛格林那达（Grenada）；1986年发动大规模海空攻势袭击利比亚；至于1989年对巴拿马发动军事攻击，规模更大，但更无意义可言。里根显然摸准了人们的心理，看透了他们自尊受到的伤害之深。这份能耐，也许正和他是二流好莱坞影星出身有关吧。美国人心理的重创，最后在死对头突然暴毙之下得到一点安慰，现在总算又只剩下自家是世界一霸了。但是即使到了这个时节，我们也可在 1991 年美国对付伊拉克的海湾行动中，看出一点蛛丝马迹。美国人是想借着教训伊拉克的机会，为 1973 年和 1979 年两度石油危机所遭受的奇耻大辱，找回一点迟来的心理补偿。想当年，堂堂地球上的最大强国，竟然奈何不了区区几个第三世界弱国凑合的组织，眼睁睁地被它们以断油的威吓要挟。是可忍也，孰不可忍也？

在这种心理背景之下，里根所发动的那场“神圣”战争——至少在表面看来如此——其全力对抗那股“邪恶帝国”势力的种种行动，与其说是为了重建世界权力平衡的实际目的，不如看作帮助美国愈合创伤的心理治疗手段。因为重建世界平衡的这项工程，早在 70 年代末期，便已悄悄进行。当时北大西洋公约组织在美国民主党总统及英德两国社会民主党和工党政府领导之下已经开始重整军备。而且从一开始，非洲地区建立的左翼新政权，便受到美国支持的运动及国家的严密牵制。美国势力在非洲中部和南部一带，进展得颇为成功，并与那实行种族隔离政策俨然锐不可当的南非共和国共进退。在西非一带，美国的锋芒就没有那么锐利了［不过苏联势力在两地则有古巴派遣的远征部队给予重要帮助，证明卡斯特罗（Fidel Castro）忠心耿耿，一心以效命第三世界革命并与苏联联盟为职责］。里根对冷战的努力，却属于另外一种类型，并不在平衡世界霸权。

里根的贡献不在实质意义，却在于意识形态，也就是西方世界对黄金时代之后（参见第十四章），世界总是在层出不穷的麻烦及不确定性中打转的一种反应。黄金时代进行的各项社会经济政策显然宣告失败，长久以来执政的走中间路线的党派及温和派社会民主党派，一一下台，现在换成一批致力于“企业至上”，坚持“完全放任”的右派政府上场。这是 80 年代发生在好几国的情况，其中又以美国的里根以及英国信心十足的铁娘子撒切尔夫人（Thatcher）最为突出。在这批右派新贵眼里，50年代和60年代由国家大力推动，但从1973年开始便不再有经济成就做后盾的福利式资本主义，根本上就是出自社会主义的一截枝丫，正如经济学家暨意识形态专家哈耶克所言，是所谓“通向奴役之路”（the road to serfdom），而苏联，也正是这种社会福利制度的最终产物。里根风格的冷战，不仅是针对外面的“邪恶帝国”而来，对内而言也是为针砭罗斯福的新政思想而发。总而言之，便是坚决反对福利国家，以及国家以任何形式介入社会、经济生活。里根政治的死敌就是共产主义及自由主义。

说来凑巧，苏联也正好在里根年代的末了瓦解，美国宣传家不免大吹法螺，认为这都是美国发动抗苏灭苏之功。美国发动了冷战并大获全胜，如今已经将敌人彻底击溃，令其毫无翻身余地。这是一批老战士对80年代演变所做的阐释，我们其实不必把他们的说法看得太认真。当时根本没有任何迹象，显示美国政府预计到或看出来苏联即将解体。待到苏联真的垮台，也不见美方预先对此事做过任何准备。尽管它的确希望对苏联施加经济压力，可是美国自己的情报却显示苏联的体质还硬朗得很，绝对可以继续与美国进行长期军备竞赛。即使在80年代早期，美国还错估了苏联的境况，以为后者还在得意扬扬地从事全球侵略。事实上就连里根本人，不管他的讲稿代笔人替他撰写的言辞为何，不管他那经常显然不太灵光的脑袋到底在想些什么，在他的心底深处，也相信美苏两国共存是不可避免的现实情况。但是他认为美苏共存的基础，不应该建立在相互以核恫吓的平衡点上，他的梦想，是建立一个完全没有核武器的世界。刚好，另外有人与他共此清梦，那就是苏联新上任的共产党总书记戈尔巴乔夫（Mikhail Gorbachev）。1986年两强在秋意正浓的冰岛相会，在接近极地的萧瑟气氛里，一场奇特却热烈的高峰会议恰好展开。戈尔巴乔夫的心意，在此会中显示得清清楚楚。

冷战结束，因为两个超级大国中的一方或双方俱皆如此，认清了核竞赛邪恶无理性的本质，并且相信对方也真心诚意，愿意结束这场疯狂可笑的竞赛。就某种意义而言，这种建议可能比较容易由一位苏联领袖采取主动，因为莫斯科方面向来不像华盛顿，并不把冷战当作圣战似的一直挂在嘴边；也许是由于苏联不必把民情放在心上之故吧。但是反过来说，正因其言辞不像华盛顿那么激烈，事到如今，谋和之议若出自苏联领袖之口，其诚意恐怕很难取信于西方各国。因此之故，全世界欠下戈尔巴乔夫的情就更重了。因为他不但首倡此议，而且更凭一己之力，成功地说服了美国政府及西方众人相信他心口如一，的确有此诚意。当然，我们也不可低估里根总统所做的贡献，正因为他简单纯粹的理想主义心态，才能突破层层迷雾，冲出围绕在他身边形形色色的各种魔障，例如意识形态贩卖专家、神经错乱的狂热分子、妄想升官发财的野心家、亡命之徒、职业战士等，凭自己的单纯相信了戈尔巴乔夫的诚意。就实质而言，冷战可说在雷克雅未克（Reykiavik，1986 年）和华盛顿（1987 年）两次高峰会议之后便告结束。

苏联之所以解体，是否是因冷战结束而导致的呢？这两大历史事件，虽然在表面上看起来颇有关联，但在过程上却各有其径。苏联式的社会主义，一向自诩为资本主义世界经济体系之外的另一选择。既然资本主义大限未到，而且看起来也丝毫没有将要离世的迹象，那么社会主义若要作为世界的另一种前途、希望，成功与否，就要看它与世界资本主义经济制度竞争实力的高下了——不过，如果 1981 年时所有社会主义和第三世界的债务国一起翻脸不认账，并拒绝履行向西方贷款的偿付责任，我们倒很想知道资本主义将会变成什么模样——但是后者多年来几度推陈出新更上一层楼，当年经济大萧条及第二次世界大战后，分别有过一次鼎力革新。70 年代时，又在传播和信息事业上经历了一场“后工业式”（post-industrial）的革命转型。而社会主义国家却一路落后，这种愈演愈烈的形势在 1960 年后变得极为明显，它的竞争能力已经完全失去。总而言之，只要两者之间的竞争，是以两大政治、军事、意识形态强国对峙的形式出现，任何一方只要技不如人，必将遭到毁灭的下场。

此外，两个超级大国军备竞赛开支之大，均远超出其经济能力负荷。到80年代，美国的债台已经高筑到3万亿美元之巨，其中绝大部分花在军事用途上，但是这个天文数字，幸好还有世界性资本主义的系统提供缓冲。苏联的压力同样也不轻，可是环顾内外，却没有人与之共同分担这个重荷。就比例而言，苏联军费之高，约占其总产值的四分之一。而美国在80年代的战争支出虽也不低，可是却只占其数字庞大的国内生产总值（GDP）的7%。出于某种历史的原因，加上政策运用得当，原本依附于美国生存的各国经济增长壮大，甚至青出于蓝，比美国还要出色。到70年代结束，欧洲组织和日本两方的生产总和，已经超出美国60%。反过来看看苏联阵营的其他国家，却始终无法自力更生，每年尚得耗费苏联价值数十亿美元的巨款补助。从地理及人口分布来说，这些苏联希冀有朝一日可以通过革命压倒资本主义全球垄断的落后国家，总共占全世界总数的80%。可是就经济分量而言，却微不足道，居于可有可无的地位。至于科技的发展，西方更一日千里，以几何级数增长。双方差异之大，判若霄壤。总而言之，冷战从一开始，双方就是势不均、力不敌的。

可是，其原因并不是与资本主义及超级强权对抗削弱了社会主义。造成它如此下场的原因有两层：一是社会主义经济有缺陷，经济结构失衡，超速扩展；二是资本主义世界经济更有活力，更加先进，也更具优势。因为若单就政治观点而言，就像冷战中人，喜欢以“自由世界”对“极权世界”的词汇代表“资本主义”与“社会主义”的分明壁垒，视两者为永远无法也不愿衔接的峡谷深渊之两壁，[1]如果双方只是自行其是，老死不相往来，也不进行自杀性的核战争，其中一方就算再不济也可以支撑下去。因为只要能够一直躲在铁幕后面，就算中央计划式的经济效率再低、组织再松散，也可以勉强苟活，最坏也

[1] 例如美国人把“芬兰化”（Finlandzation）一词（意指向苏联寻求中立的地位），用作反面“滥用”的意思。

不过苟延残喘逐渐衰亡，也不至于猛然崩溃。[1]

可是，在60年代苏联式经济制度开始与资本主义世界经济相互影响之际，便种下了社会主义被挫败的因子。70年代，社会主义国家的领袖还不肯痛下决心，着手改革经济，反而贪图一时方便省事，追逐利用世界市场上出现的新资源（例如借油价上涨大发横财，或因借款得来容易便大量举债等等）；此举无异自掘坟墓（参见第十六章）。冷战中置苏联于死地者并非“对抗”，而是“缓和”。

就某种意义而言，华盛顿当局那批激进的冷战派的看法倒也不失正确。如今回望，我们可以清楚看见，真正的冷战其实已经于1987年华盛顿高峰会议之际便告结束。但是一直要到众人亲见苏联霸势已去，或寿终正寝，全世界才肯承认冷战真的已经终结这一事实。40年来堆积的疑惧仇恨，40年来军事工业巨兽的耀武扬威，不是一夜之间就可消除扭转的印象。双方的战争机器继续运转，情报机构也依然风声鹤唳，把对方的每一个动作，都当成企图勾引己方上当、松弛警觉的诡计。一直到1989年苏联开始发生剧变，1991年苏联宣告解体，大家才不再能假装若无其事，更不能自欺欺人，好像什么变化都没有发生一般。

5

但是，这个世界到底发生了什么变化？总的来说，国际舞台的面貌，因冷战产生了三方面彻底的改变。首先，冷战一举消除了第二次世界大战之前的种种冲突对立，往日的恩怨情仇，在非此即彼的美苏对立之下，全都黯然失色。有的完全消失了，因为帝国时代的大业已经不再，随之而去的自是殖民时期为争地盘的你争我夺。有的风卷云

---

[1]　最极端的例子，可以由实行社会主义的高山小国阿尔巴尼亚为证。阿尔巴尼亚虽然极其贫穷落后，但30余年与世隔绝的日子，还是靠自己一步步活过来了。但一旦那道将它与西方隔离的藩篱倒塌之后，阿尔巴尼亚的经济立刻乱成一摊烂泥。

散了，因为除了两大真正“强国”之外，其余在过去称王称霸的“各大强国”，如今已经沦落为国际政治里的二三流角色。彼此之间的关系，非但不再具有自主性，而且更只限于地区性意义。1947 年后，法德（联邦德国）两国之所以放下世仇深恨，不再刀兵相见，并不是因为法德从此不再翻脸，事实上法国时时想跟德国闹别扭，却由于两国同属美国阵营，一起在华盛顿帐下效命，何况有美国在西欧充当领导者角色，绝不会允许德国再有出轨的行动。但是即使如此，通常在传统上，大战之后各国必定心有疙瘩：胜方唯恐败方死灰复燃，恨不得它永世不得翻身；败方则希望可以重新振作，再世为人。可是第二次世界大战之后的局势，则不是如此。这种胜负双方顾忌心理消失之速，实令人惊诧不已。对于联邦德国与日本迅速恢复战前强大地位并再度武装的事实——不过不是核武装——西方各国很少介意，只要在事实上，这两国都臣服在美国号令之下就行了。就连苏联及其臣属，虽然与德国有过极其痛苦的经验，但是它们对于德国再起造成的威胁，也只在表面上叫骂而已，而非出于真心的恐惧。令莫斯科不能安枕的眼中钉，不是德国军队，而是部署于德国国土上的北大西洋公约组织的导弹。但是如今冷战时代过去，以前各大国间一直隐而不现的冲突，却极可能再起。

其次，冷战也“稳定”了国际局势，并因此使国际上许多未决事务或临时性的安排，呈现一时定格的稳定现象。德国就是最明显的例子：46 年中，德国始终陷于分裂状态，即使不属于法定状态，至少在好长一段时间里也属既成事实。它总共分为四大块：一是于 1949 年成立联邦共和国的西区；二是 1954 年变成德意志民主共和国的中区；其余两地则是奥得河（Oder）和尼斯河（Neisse）以外的东区，此处的德国人尽遭驱逐，土地则被并入波兰和苏联两国。冷战结束，苏联解体，靠西的两块德国国土重新统一；可是原东普鲁士被苏联并吞的地方却成孤立之势，向东与俄罗斯其他地区隔着现已独立的立陶宛遥遥相望。如此一来，只剩下波兰一国面对德国，指望它信守 1945 年的疆界约定，此事实在没有什么把握。冷战时期的稳定假象，并不代表着真和平；除了欧洲是个例外之外，冷战年代不表示战争已被忘怀。从1948—1989年，此起彼落，人世间难得有一年安静而没有重大冲突。不过，大小冲突多少都在控制之下，或被迅即扑灭，因为人人都害怕一发不可收拾，引发超级大国之间一场公开大战，即核战争。原属英国保护国的海湾石油富国科威特（1961年独立），多年来紧邻的伊拉克一再对其重申领土主张。可是这项多年宿怨，却一直要到海湾不复成为超级大国争权的焦点后，方才付诸行动，爆发成一场大战。回到1989年之前，作为伊拉克军火厂的苏联，一定会强烈反对巴格达（Baghdad）在此地区采取任何贸然行动吧。

各国内部的政治情况，自然不及国际情势那般暂时“稳定”，不过在大体上纵有变动，也不改其向超级大国之一靠拢的主要趋势。美国是绝不容许意大利、智利或危地马拉的政府内有任何共产党或亲共人士。同样，若有麾下国家不听指挥，苏联也绝不轻易放弃派兵教训的机会，看看匈牙利和捷克斯洛伐克两国的遭遇便知。诚然，对于麾下友好国家的多元及多样性，苏联的容忍度远较美国为低，可是它对这些国家的控制能力，也同样逊于美国。甚至早在1970年之前，苏联对南斯拉夫、阿尔巴尼亚、中国三国就已经完全失控了。对于古巴和罗马尼亚两国领导人个人色彩极其强烈的作风，它也不能不退让三分。至于其他第三世界的大小国家，虽然由苏联供给武器，并与其一同憎恨美国，但舍此共同利益不谈，苏联也毫无任何真正的控制力量可言。各国之中，甚至没有几国愿意在国内给共产党以合法地位。但是在两极对立及反帝国主义的逻辑下，再加上权力斗争、政治势力、贿赂收买等几项因素的相互运作，敌我双方阵营对峙的局面多少还保持着稳定的状态。除中国外，若非内部发生革命，世界上没有一个重要国家曾经倒戈向敌方靠拢。而革命，依照美国在70年代的经验，往往非两个超级大国可左右。与美国的联盟关系，虽然令诸友邦日感掣肘，并在政策上窒碍难行［1969年东进政策（Ostpolitik）事件，德国政府即深受其苦］，可是它们也始终不曾打过退堂鼓，脱离这个令人感到日益棘手的合作关系。因此一些力量薄弱、政局不安、毫无防御能力的国家靠冷战之赐，竟然也莫名其妙地在夹缝中生存下来。这些小国，置身于国际丛林弱肉强食的险恶环境中，原本恐怕根本没有生存的机会——红海与海湾间，便充斥着这一类的弱国小邦——原子弹蘑菇云的恐怖阴影，不但保障了西欧民主自由国家的生存，附带也使如沙特阿拉伯、科威特之类的政权有了苟活的机会。小国存在的最佳时机，就是冷战年代，因为冷战过去，原本暂时获得解决或一时束之高阁的种种问题便立刻重新摆上台面，无可逃避了。

再次，多年不断的军备竞赛、冲突之下，世界因冷战贮存了令人难以置信的大量军火。40 年来工业大国竞相加强军备，以防随时可能爆发的大战；40 年来超级大国在全球拼命发放军火，争取同志、笼络友人；更何况 40 年来所谓“低强度”（Low Intensity）的战祸不断，偶尔更引发了几场规模较大的重要战争。军火充斥全球是当然后果。于是以军火工业为导向的经济体系，或国防工业在其中具有强大影响力的国家，自然忙于军火外销的经营。因为此中不但有可观的经济利益，至少也可以让本国政府感到心安理得，证明其天文数字的军事预算并非全然浪费，毕竟也有其经济价值。全球各地突然兴起的一股军政府浪潮（参见第十二章），更提供了难得的大好市场。加以自油价革命以来，地表底下的黑金，忽然为第三世界的苏丹酋长们带来以前做梦也难以想象的巨大财富，自此军火业不但有超级大国培植，更有因石油暴富国家的钞票喂食。于是不分社会主义国家，还是走下坡的资本主义国家，例如英国，纷纷投入军火出口。因为除此之外，它们实在没有任何足以在世界市场上竞争的重要产品。“死亡交易”的内容，不仅限于唯有政府才能负担的重型军火，随着游击战和恐怖行动猖獗时代的来临，便携式轻型武器的需求量也大大增加，这些轻武器的重量轻，体积小，其杀伤力却不低。进入 20 世纪后期，活跃于都市丛林的黑社会地下活动，更为军火产品进一步提供了巨大的民间市场。在这种环境下，以色列制造的乌齐冲锋枪（Uzi）、苏联制造的卡拉什尼科夫步枪（Kalashnikov），以及捷克出品的西姆太可斯炸药（Semtex），竟都成了家喻户晓的名词。

于是在竞相购买、生产军火的马拉松竞赛中，冷战之火生生不息。超级大国扶持的当事者之间，继续着它们的零星小战。即使旧有的冲突已结束，即使战争的原始发动者想要罢手，战事却仍在当地继续下去。因此安哥拉全国独立民族同盟（UNITA）的叛军部队，始终留在战场上与该国政府作对。虽说始作俑者的南非与古巴，早已撤离了这个倒霉的国家，而美国和联合国组织，也已经否定游击部队的存在，转而承认对方的合法地位，不过它们的武器供应，绝对不虞匮乏。以索马里为例，其军火武器供应，先有苏联（当年亲美的埃塞俄比亚皇帝还在位时），后有美国（埃塞俄比亚皇帝下台，换由亲莫斯科的革命政权当家）。进入“后冷战时期”的今日，索马里已成哀鸿遍野的饥馑之地，战祸连年，一片无政府部族相残的乱象。粮食生产一片荒芜，要什么缺什么，唯有枪炮弹药、地雷雷管、军用运输设备，源源供应不绝。虽有美国及联合国大量动员进行和平援助，但是粮食及和平的输送却比军火难多了。而在阿富汗一地，美国也曾将大批手持型毒刺（Stinger）防空导弹及发射器，给当地反共的部落游击队，以抵制苏联在该地区的制空权。美方估算果然正确，此举的确有效，最后苏联人撤出了阿富汗。可是美苏势力虽去，当地却战火依然，就像什么变化也不曾发生。唯一的改变是如今心腹大患苏联飞机既去，部族中人开始转售防空导弹发大财，因为国际市场对其需求日大。见此态势，美国大感不安，绝望之余，只有出以 10 万美元一枚的高价，意欲购回自家制造的武器，可是此计竟大大地失败了［见《国际先驱论坛报》（*International Herald Tribune*），1993 年 5 月 7 日 24 版；《共和报》（*Repubblica*），1994 年 6 月 4 日版］。正如歌德（Goethe）笔下魔法师的学徒所叹：“请神容易送神难。”

冷战骤然结束，原本支撑着世界架构的桅梁突然抽去，甚至连各国内部政治结构也因此岌岌可危，只是对于第二项的变化，很多人尚未察觉。旧梁既去，剩下世界半塌半立，一片凌乱，因为能取而代之的新梁尚无踪影。美方的发言人一厢情愿，以为如今唯我独尊，气势必然更胜往昔，必将可以在旧有两极秩序的残墟废址之上，建立起一个“世界新秩序”。这个想法，很快便被证明不切实际。世界再也不可能恢复冷战前的旧貌了，因为太多的人事已经改观，太多的面目已经消失。地表上所有地标，已然倾圮；旧日地图，尽已废去。巨变之下，向来习惯于某种一定世界观的政客和经济专家，如今发现自己毫无能力领会并掌握新问题、新事物的本质。1947 年美国之所以能够一针见血，观察到必须大刀阔斧、迅速恢复西欧经济力量，是因为当时的危险之源共产主义运动和苏联势力界定清楚，面目分明。比较起来，苏联及东欧共产主义世界的倒塌，其突然性及其对政治和经济的震撼效果，远超过当年西欧各国摇摇欲坠之势。而且早在 80 年代末期，这种趋势便已出现——可是各个富有的资本主义国家对此却视而不见，完全不认为全球危机将至，更不知大家必须群策群力，研商紧急应对之计，原因正是其中的政治意义不明，不似当年资本主义与社会主义两极对立般易于界定。因此各国的反应迟钝，只有联邦德国稍有例外，其实连德国人也完全看错并低估了问题的本质，从联邦德国与民主德国合并后的困难重重中即可看出。

冷战结束对世界的影响冲击非同小可。即使其他与冷战同时出现的种种因素不曾发生——如世界资本主义经济体系正遭遇大危机，以及苏联阵营最后瓦解前面临的重重险境——其惊险万状之处，依然不能减于万一。不过史家的任务，既只在描述真实发生过的历史，就不必徒费笔墨，猜想不同情节的假设了。事实证明，冷战只是一个时代的结束，而非国际冲突矛盾的结束。一个旧时代已经过去，不光是苏联及东欧，对全世界也是如此。这个过程中有几处代表一个时代结束的历史性关键时刻，连身在其中的当代人也可以清楚辨认：1990 年前后，显然便是人世间一个如此的转折点。但是人们虽然都看出旧事已了，然而未来如何，是忧是喜，是好是坏，却充满着一片迷茫，无人能够料定。

迷茫之中，似乎只有一事确凿，再也无可逆转：那就是自冷战开始，世界经济遭遇的万般变化，连带着受其影响的人类社会，变化之深、之剧，史无前例。影响所及，彻底改变了世貌人情，再也不可能幡然回头了。种种变化在历史上的意义，在千年之后的历史书上应该占有更多更大的篇幅，其意义必定远比朝鲜战争、柏林事件、古巴危机、巡航导弹种种事件更重大深远。现在，便让我们看一看人类世界从冷战中脱胎换骨的面貌。

第九章

黄金年代

过去 40 年里，摩德纳（Modena）眼见大跃进的发生。从最早意大利统一（Italian Unification）之日起，一直到大跃进发生之前，人们始终陷在一个不断等待、长期等待的处境里，其间偶尔有些短暂的改进。但是猛然间，却开始了彻底的转型，于是一切都以闪电的速度开始进行。而现在一般人享受的生活，以前只限于一小批特殊阶层。

——穆基奥里（G. Muzzioli，1993，p.323）

一个人只要头脑清醒，肚子饿的时候绝不会把身上仅存的一块钱用去买食物以外的东西。可是一旦衣足食饱，他就会开始考虑其他用途。在电动刮胡刀和电动牙刷之间，便可以说动他做一选择了。因此，在价格和成本之外，消费者需求，也成为另一项可以管理并操纵的东西。

——美国经济学家加尔布雷思（J. K. Galbraith，1976，p.24）

1

世人观事探理，往往与史学家相似：只有在回顾往事时，才能认清自身经验的本质。50年代时，众人开始意识到年头的确越来越好，若与第二次世界大战爆发之前的日子相比，更见其佳。持有这种想法者，尤以那些国势蒸蒸日上的“发达国家”的居民为最。1959年，英国某位保守党首相保住首相宝座，赢得大选的口号便是：“你可从来没有过这么好的日子吧。”这句话显然相当正确。但是一直要到这段欣欣向荣的美景过去，进入动荡不安的70年代，等待着的是伤痕累累的80年代，观察家才幡然醒悟——主要是以经济学家为首——恍然了解到一个事实，那就是这个世界，尤其是发达资本主义的世界，结束了一个在历史上可谓前所未有、极为特殊的时期。众人搜索枯肠，想要为这个时期拟一个恰当的名称，于是法国有“光辉30年”，英美社会则有“四分之一世纪黄金年代”（Marglin and Schor，1990）的种种说法。金色的光辉，在随之而来数十年黑暗的危机背景衬托之下，越发显得灿烂。

众人之所以如此迟钝，花这么多年时间才认识到当年美景的特殊之处，其中原因有几个。对美国来说，繁荣不是什么新鲜事，毫无革命性的突破可言，只不过是战争时期经济扩张的持续而已。自从大战时期开始，这个国家就受战争之赐而发达，不但没有遭到任何物质损失，全国国民生产总值（GNP）反而增加三分之二（Van der Wee，1987，p.30）。到战争结束，美国工业生产总值已一跃几乎占全球的三分之二。但也正因为其架构之庞大及跃升之迅速，美国经济在战后黄金时代的表现，相对地也就不如其他国家在此时期增长率惊人，因为后者起步的基础远较美国差。1950—1973年间，美国的增长率均低于其他工业国家（英国除外）；更重要的是，其经济增长较其前期的活力也更见逊色。其他工业国家中，包括即使连增长远较他国迟缓的英国在内，均突破了本国过去的纪录（Maddison，1987，p.650）。事实上就美国而言，从经济和科技的角度来看，这个时期非但没有进步，反呈相对性的倒退。美国人单位工时的生产力，与他国之间的差距缩小了。以1950年这一年为例，虽说美国人均国内生产总值是德法两国的两倍，日本的五倍，并超出英国一半，其他国家却急起直追，追赶之势，一直到70年代和80年代仍未停止。

日本和欧洲各国战后的首要目标，自然一致以恢复在大战中损伤的元气为主。因此1945年后的头几年里，各国衡量本国成功的标准，不是以未来为尺码，而是完全建立在与过去水准接近的程度之上。对于非共产党国家而言，这项疗伤止痛的过程，也意味着必须将心中对战争及战时抵抗运动遗留的害怕心理，即对社会革命与共产党势力的恐惧感抛诸脑后。到1950年时，多数国家（德日两国除外）均已恢复战前的生活水准。但是早期的冷战，加上当时法意两国国内残存的强大共产党势力，却使当时众人不敢稍存安逸之心。总而言之，一直要经过很长一段时间以后，人们才终于真正感受到增长在物质上带来的种种好处。以英国为例，这种感觉直到50年代中期才变得明显起来。在此之前，相信没有一个政治人物能在任何选举当中，以前述麦克米伦的竞选口号获得胜利。即使在意大利北部艾米利亚—罗马涅（Emilia-Romagna）如此富庶的地区，所谓"富裕社会"（affluent society）带来的惠泽，也要到60年代才变得逐渐普遍（Francia，Muzzioli，1984，pp.322—379）。更有甚者，一般在一个普遍富裕的社会中存在的秘密武器，即社会上的全面就业现象，也一直要到60年代，欧洲失业率约为1.5%之际，才成为普遍的趋势。而在50年代，意大利还有8%的失业率。简言之，进入60年代，欧洲各国才理所当然地看待自己无比繁荣的现象。从此开始，"有见识"的观察家都一致认为，经济大势从此只会永远地向前走，向上升。1972年，联合国某位职员曾在报告中写道："60年代的增长趋势，无疑也将于70年代初期与中期继续进行……目前看不出任何因素会对欧洲各国经济的外在环境造成重大影响。"随着60年代的发展，由各发达资本主义工业国家组成的俱乐部“经济合作与发展组织”（Organization for Economic Cooperation and Development，OECD），也将它对未来增长的预估修正为更乐观的数字。到 70 年代，“经济合作与发展组织”对经济增长的预测（“依保守的中等估计”），更被设定为 5% 以上（Glyn，Hughes，Lipietz，Singh，1990，p.39），但是事实发展证明，结果全然不是这样。

如今回顾观察，30 年的黄金岁月，基本上是发达资本主义国家的专利。30 年间，这些国家占了全球总产值的 75%，以及出口总值的 80% 以上（OECD，Impact，1979，pp.18—19）。但是在当时还有另外一层原因，使得这个繁荣时期一时不易为人所察觉。那就是在 50 年代，经济高潮的现象似乎是一种世界性的发展，与特定的经济区域无关。事实上刚一开始，新扩张地盘的社会主义国家仿佛还占了上风。苏联在 50 年代的增长率，胜过西方任何一个国家；而东欧各国经济增长之速，也几乎不下于苏联，尤以过去一向落后的国家最为快速，而已经工业化或半工业化的国家则较为缓慢（不过共产党领导的民主德国却远远落在非共产党领导的联邦德国之后）。到了 60 年代，东欧集团的增长开始失去动力，但是它在黄金年代国民所得的增长，却稍高于（苏联则较低）当时的主要资本主义国家（IMF，1990，p.65）。到了 60 年代，资本主义国家变得明显地领先于社会主义国家了。

然而，黄金年代毕竟仍不失为世界性的现象，虽然对世上绝大多数人口来说，他们生活的国度贫穷落后，这繁荣富裕的景象始终不曾近在眼前（不过联合国有关专家却想方设法，要为这类国家粉饰）。第三世界国家的人口不断激增，1950 年后，非洲、东亚、南亚三地的人口，35 年之间足足增加了一倍有余；拉丁美洲人口增加的速度更为惊人（World Resources，1986，p.11）。到了 70 年代和 80 年代，第三世界更是饥荒频仍，哀鸿遍野。代表着这饥荒的标准形象，就是瘦骨嶙峋的异国儿童，频频出现于西方家庭晚餐后的电视屏幕上。可是回到黄金年代，却没有这种集体大饥荒的现象出现。唯一的例外，只有因战争及政治原因造成的悲惨后果。事实上当时人口数目倍增，平均寿命也延长了7年，若将1960年的数字与1930年相比，更高达17年之多（Morawetz，1977，p.48）。当时粮食产量的增加胜过人口增长的现象，在发达国家及各个主要非工业地区均属事实。50年代，在每一个“发展中的地区”，平均国民粮食生产每年均增加1%。只有拉丁美洲稍为逊色，但亦呈增长之势，只不过速度不及他处辉煌而已。进入60年代，世界各非工业地区的粮食生产依然保持增长，可是速度却异常缓慢（拉丁美洲再度例外，只是这一回它却一反落后姿态，领先其他各国）。总之，穷国于50年代和60年代的粮食生产总和，其增长均胜过发达国家。

到了70年代，在一些原本属贫穷地区的国家之间，也开始出现了极大的差异，因此若再将这些国家的数字混为一谈，便失去意义。如今某些地区，如远东和拉丁美洲，生产力增长之速，远超过其人口的增加；而非洲地区则欲振乏力，每年以1%的速度呈落后之势。到80年代，在南亚和东亚以外的世界贫困地区，国民粮食生产完全停止增长（即使在以上这两个地区，增长率也比70年代为差，如孟加拉、斯里兰卡、菲律宾等国）。至于其他的一些地区，则比其70年代的水平减少甚多，甚至直线下降，其中尤以非洲、中美洲和亚洲近东为最（Van der Wee，1987，p.106；FAO，the State of Food，1989，Annex，Table 2，pp.113—115）。

同时，发达国家的问题却完全相反。它们的烦恼是粮食生产过剩，多到简直不知如何是好的地步。因此到了80年代，它们的对策有二：一是大量减少生产，二是如欧洲国家的做法，因“奶油成山”“牛奶成河”，便将其产品以低于成本的价格向穷国倾销。穷国的生产者无法与之竞争，于是在加勒比海的岛屿上，荷兰乳酪的价钱比在荷兰本地更低。说也奇怪，一边是粮食过剩，一边是饥肠辘辘，这种景象在30年代的大萧条中，曾经引起世人多少愤慨，如今到了20世纪的后半叶，却少有人闻问。此中差异，衬托出60年代以来，贫富两个世界之间差距日益加深。

不分资本主义和社会主义，工业化的步伐自然在世界各地加速进行，这种现象，甚至包括了第三世界。在旧大陆的西方，西班牙和芬兰等地，发生了戏剧化的工业革命。而在“货真价实”的现存社会主义国家里，如保加利亚和罗马尼亚（参见第十三章），也开始建立了大规模的工业部门。至于第三世界，所谓的“新兴工业国家”（newly industrialized countries，NICs），虽然在黄金年代之后才出现，但是其中依然以农业为主的国家却急速减少，一些国家至少也不再偏重以农产品作为换取其他进口商品的手段。到 80 年代末期，只有 15 国仍靠农产品的出口换购半数的进口。除了新西兰之外，这些国家都位于撒哈拉以南的非洲地区和拉丁美洲（FAO，The State of Food，1989，Annex，Table 11，pp.149—151）。

世界经济以爆炸性的速度增长着，进展之快，到 60 年代，已经形成前所未有的繁荣。50 年代初期至 70 年代初期 20 年间，世界各地制造业的总产量一跃增加 4 倍之多。更有甚者，全世界工业品的贸易额则增长了 10 倍有余。而同一期间，全球的农产品总产量虽不及工业产品增幅惊人，竟也大量增加。这一回，农产量的增长，不像以往多靠新耕作面积取得，而是由于现有耕地生产力的提高。每单位公顷的谷物收获量，在 1950—1952 年和 1980—1982 年两个三年之间，增产达两倍，而在北美、西欧，以及东亚三地，则更激增两倍以上。同时，全球的渔业产量于再度萎缩之前，也跃增了三倍（World Resources，1986，pp.47，142）。

爆炸性增长的同时，却造成一项为当时众人所忽略的副作用，如今回首，却早已隐含着危险之势，即地球环境的污染，以及生态平衡的破坏。除了热心保护野生动植物的人士，以及其他人文及自然稀少资源的保护者之外，这两项问题于黄金年代极少为人注意。其中原因，自然是盛行的思想观念作祟，认为衡量进步的尺度，在于人类对自然界的控制力，控制越强，进步越大。社会主义国家尤其深受这个观念的影响，因此完全不顾生态后果，贸然为自己建立起一个就时代而言已属落后，以铁与煤为主的重型工业。但是即使在西方世界，旧有19世纪工业家所持的座右铭，所谓“哪儿有垃圾，哪儿就发财”之说（就是“污染即金钱”），也依然有着强大的说服力。对此深信不疑者，尤以筑路建屋的房地产界为主，再度在土地投机上发现了牟取暴利的机会。这条发财之路绝对不会出错，只要挑对了一块地，然后静坐守株待兔，土地价格自然就会直线上升而达天价。只要地点好，地产投机商几乎无须任何成本，即可摇身一变而成百万富翁。因为他可以以土地上未来的建筑物为抵押，向银行贷款，只要土地的价格持续上升（不管已建未建，有住户或空房），还可以一路继续地借下去。但是到了最后，高筑的债台及泡沫堆积的幻象终有破灭的一天，于是跟以往出现过的繁荣时期一样，随着房地产界连带银行的倒台崩溃，黄金年代画上了句点。终点来临之前，世界各地的许多都市，不论大小，都已因“开发殆尽”而告毁灭。旧有的中世纪大教堂都市文明景观，例如英国伍斯特（Worcester）、西班牙在秘鲁建立的殖民大城利马（Lima），都是被这股开发狂潮毁灭。因为当时东西两方当局都同时发现了一个解决房荒的妙法，就是将大量生产的工厂手段，应用于平民住宅的兴建之上，不仅完工快速，而且成本低廉。于是各个都市的郊外，便充斥着这类面目呆板、缺乏变化、样子咄咄逼人的大批高楼公寓住宅。60年代，恐怕将在人类都市化的历史上永远留下最具毁灭性十年的臭名。

事实上回顾当时的心理，众人不但对生态和环境毫无担忧之心，反而沾沾自喜，大有一种自我满足的成就感。岂不见19世纪污染的后果，如今已臣服于20世纪的科技进步及生态良心之下吗？1953年起伦敦市内禁燃煤炭，区区一举，岂不已将狄更斯小说中熟悉的雾都景象，那时不时席卷伦敦城的茫茫深雾，从此一扫而空？几年之后，岂不见鳟鱼又游于一度曾在那里绝迹的泰晤士河上游？乡野四郊，过去作为“工业”文明象征的一排排大量吞吐着浓烟的巨大工厂，如今岂不也为轻巧安静的新型厂房取代？交通方面，更有飞机场取火车站而代之，成为人类运输的典型建筑。随着乡间人口的疏散，新一批住户开始迁入，多数以中产阶级为主。他们涌向弃置的村庄农场，感到自己前所未有地更接近于大自然。

尽管如此，人类活动对自然造成的冲击极其深远，却是不容否认的事实。而且这方面的变化，并不只限于都市和工业；影响之深广，众人最后终于醒悟，即使农业活动也深受冲击。而这股冲击的影响，自 20 世纪中叶以来，越发显得明显。其中原因，主要是出于地层中石化能源的开发利用（即煤炭、石油、天然气等天然能源）。而自 19 世纪开始，就有人为这些能源的开采耗尽而担忧。事实上新能源却不断被发现，超过人类能够利用它们的速度。当然，全球能源的消耗量自然急剧增加，如 1950—1973 年间，美国一地的用量甚至迅猛增加了两倍（Rostow, 1978, p.256, Table III, p.58）。黄金年代之所以金光灿烂，其中一个原因，是出在 1950—1973 年的整整 24 年间，沙特阿拉伯所产的原油每桶不到 2 美元。在那一段时间里，能源成本低廉得近乎可笑，而且更有日趋走低之势。说来矛盾，一直到 1973 年石油输出国组织的成员国终于决定提高油价，以反映汽车交通所能负荷的真正成本之后，以石油为主要燃料的运输方式大量增长的后果，才开始受到生态观察家们的认真注意及对待。但是为时已晚，汽车保有量多的大都会的天空已经灰蒙蒙一片，尤以美国的情况最为严重，首先最令人担忧的现象，就是都市里含混着黑烟的浓雾。除此之外，大量排出的二氧化碳等温室气体在 1950—1973 年之间足足增加 2 倍，这意味着这种气体在大气层中的密度以每年近 1%的比例增高（World Resources, Table Ⅱ.1，p.318；Ⅱ.4，p.319；V. Smil，1990，p.4，Fig.2）。至于破坏臭氧层（ozone）的化学物质氯氟烃（chlorofluorcarbons）的产量，更呈惊人的直线速度增加之势。第二次世界大战结束时，氯氟烃的使用几乎等于零，但是到 1974 年，每年有 30 万吨以上的单一化合物（one compound），以及 40 万吨以上的他种化合物被排入大气层（World Resources，Table Ⅱ. 3，p.319）。制造这些污染的罪魁祸首，首推西方各个富国，然而苏联也难推其责任。苏联的工业发展，对环境生态的破坏尤重，制造出来的二氧化碳污染，与美国旗鼓相当，1985年几乎达到1950年的5倍（就平均人口制造的污染而论，美国自然遥遥领先）。这段时间当中，只有英国一国，真正做到了降低居住人口人均二氧化碳的排放量（Smil，1990，Table I，p.14）。

2

起初，黄金年代这股惊人的爆炸增长之势，似乎仅是过去增长的重复，只不过这一次幅度尤为巨大而已。1945年前的美国，即曾经历这股蓬勃的增长；如今美国这个资本主义工业社会发展的典范模式，正向全球各地蔓延。就某种层次而言，这个现象的确属于一种国际化的趋势。比如汽车时代早已在北美降临，可是一直要到大战之后方在欧洲地区出现，并在更以后的时间，才以比较缓和的姿态出现在社会主义的世界以及拉丁美洲的中产阶级之中。与此同时，对地球上绝大多数的人们而言，卡车和公共汽车，则在低廉的油价之下成为大众的主要交通运输工具。如果西方富裕社会的兴旺，可以以私有汽车的增长率衡量——以意大利为例，即由1938年的75万辆激增为1975年的1 500万辆（Rostow，1978，p.212；UN Statistical Yearbook，1982，Table 175，p.960）——那么众多第三世界国家经济发展水平，则可由观察其卡车数量的增加速度而得。

世界经济的大繁荣，就美国而言，是继续以往的增长趋势，就其他国家地区而言，则是一路急起直追。亨利·福特提出的大量生产模式，跨洋越海，成为新兴汽车工业忠实遵循的不二法则。而在美国本土，福特式教条则延伸至其他生产和制造行业，从房屋兴建，以至快餐食物，五花八门不一而足（麦当劳的兴起，可谓战后一大成功范例）。过去仅为少数特殊阶层生产或服务的产品，如今开始大量生产，向广大的群众推出，带着大规模人潮涌向阳光海岸的旅游业即为一例。

大战之前人次，北美地区前往中美及加勒比海的观光旅客，每年最多不超过 15 万人次；可是 1950—1970 年 20 年间，这个数字却从 30 万人次暴增为 700 万人次（US Historical Statistical，p.403）。至于前往欧洲地区旅游的数字，自然更为惊人。单以西班牙一地为例，该国直到 50 年代后期为止，毫无大规模旅游业可言，但是到 80 年代末期，每年却迎来 5 400 万人次以上的游客（Stat.Jahrbuch，1990，p.262）。以往被视为豪华奢侈的享受，如今已成为家常便饭，标准的生活舒适条件，至少在富国如此，如冰箱、家用洗衣机、电话等等。1971 年时，全球已有 2.7 亿部电话机，主要是在北美和西欧地区，而其扩展之势，更以加速度的比例增加，10 年之后，即已倍增。在发达国家，平均每两人便有一部以上的电话（UN World Situation, 1985, Table 19, p.63）。简言之，这些国家的居民，如今已经可享用他们父辈中只有极富之人才能拥有的种种享受，其中当然只有一事例外，这些“服务”的提供者，已由机械代替了仆役。

更有甚者，我们对这一时期最为深刻的印象，莫过于其中经济繁荣的最大动力，多是来自科技方面的种种突破与革命。科技不但将众多旧有产品改良，并且进而促成大量新产品的出现，其中许多是闻所未闻，在战前甚至是难以想象的新发明。某些革命性的产品，如命名为“塑料”的合成物质，是于两次大战之间研发而成。有些则已经进入商业生产的阶段，如尼龙（nylon, 1935）、聚苯乙烯（polystyrene）、聚乙烯（polythene）等。另外有些产品，如电视机，以及磁性录音带的技术，此时却才刚刚结束试验的阶段。此外大战时对高科技的需求，更为日后的平民用途开发了众多革命性的处理过程，例如雷达、喷气式引擎，以及为战后电子产品与信息科技奠定基础的各种重要观念与技术。这方面的发展，以英国表现为最强（后由美国接手延续），远胜一心以科学研究为目标的德国人。如果没有这些战时打下的研究基础，那么 1947 年发明的晶体管，以及 1946 年发明成功的第一部民用计算机，必将延后多年方能出现。也许是幸运，首次于战时为人类所开发，却使用于毁灭用途的核能源，就整体而言，始终停留在平民经济的范畴之外，唯一的最大功用，仅在全球电力生产方面略尽其能（至少到黄金年代为止均系如此）——1975年，核能发电约占全球发电量的5%。然而种种发明创新问世的年代与目的，无论是出于两次大战之间或之后的科学研究，或基于两次大战之间的技术甚或商业开发，甚或来自1945年后突然猛进的“大跃进”时期，例如50年代发明的集成电路，60年代的激光技术，以及各项由太空火箭衍生的技术发明，就我们探讨的宗旨而言，其中先后分野其实并不重要。但是有一点不同，那就是黄金年代的繁荣，对种种甚至常人难懂的先进科学研究倚重之深，胜过以往任何一个时期。高深专业的科研技术，如今往往在数年之内，即可于应用领域找到实际用途。两百年来的工业发展，甚至包括农业在内，终于开始决定性地跨越了19世纪为我们设下的技术藩篱（参见第十八章）。

对于一个观察者而言，这段科技大地震时期至少有三件事情值得注意。第一，它完全改变了富国居民日常生活的面貌（贫国亦然，只不过程度较轻）。有了晶体管及体积小而时效长的电池，如今即使在最遥远偏僻的村庄，也可以收听到无线电的广播。又有了“绿色革命”，为稻麦耕作带来了巨大转变（人人脚上一双塑料鞋，取代了以往的赤足）。任何一位欧洲读者，只要看一下自己身边各式各样的物品，即可证明这第一点所言不虚。冰箱里丰富的宝藏，满是前所未有的新奇之物（其实连冰箱本身，也是1945年前很少有家庭拥有的奢侈品）。冷冻处理的各式食品、工厂环境大量饲养生产的家禽产品、加了催生剂及其他各种化学物质以改变味道的肉类，有的甚至是“仿制的无骨上等好肉”（Considine，1982，pp.1164 ff），还有那绕过半个地球空运而来的新鲜产品，在这个时代以前，是绝不可能出现的事情。

与1950年比较，各种自然的或传统的物质，如木材、以传统方式处理的金属制品、自然纤维或填充料，甚至包括陶瓷在内，种种材料在我们各家厨房、家用器具、个人衣物当中所占的比例，的确都呈现急速下降的趋势。然而，在经营者大肆吹嘘推销下（经常是有系统地极尽夸张之能事），个人卫生美容用品的产量之大，及其花样名目之繁多，却往往使我们忽略其中到底含有几分真实性的创新。科技的翻新变化，使得商家认为只有新奇，才是促销的最好手段。这种诉诸新奇的推销手法，从合成清洁剂（是于50年代成形进而成为“一代产品”），到膝上的便携式电脑，应用面之广无所不包。这其中所持的假定是，“新”就是“好”。“新”，不单代表着更上一层楼，“新”，简直就意味着“革命”性的突破。

这一类假新奇之名的产品除外，其他代表真正新科技新突破的产品同样层出不穷：电视机、塑料唱片（1948年问世），其后的大盘录音带（卡式录音带于1960年推出）、磁片CD，以及取代以往那种大而笨重的便携式小型晶体管收音机等等——笔者的第一部携带式收音机，是60年代后期获赠于一位日籍友人。此外尚有数字型手表、袖珍计算器（其动力先为电池，后为日光能源），以及后来各式各样的家用电器、摄影器材，及录像产品。种种新发明共有的一个最大现象及意义，在于这些新产品的体积不断缩小，越来越方便随身携带，其研制销售的范围及市场因而也越发扩大。然而科技革命的象征，在另外一些表面似乎毫无改变的产品上具有更为重大的意义。比如个人休闲用的小艇，自第二次世界大战以来，其实已经从头到脚全部彻底更新。船上的各项设备，无论是桅杆还是船体，风帆还是索具，导航还是航行工具，都与两次大战之间的船只截然不同。唯一不曾改变的部分，只剩下它的外形和功用。

第二，各项发明突破涉及的科技越复杂，从发现或发明到商业生产的过程也同样地越复杂，其间必须经历的程序更是精细繁多，所费不赀。研究与开发（R & D）于是成为经济发展的推动力，然而也正因为如此，“发达市场经济体”超越其他地区的领先优势，便也因此越发强化（我们在第十六章将会看见，科技创新并未在走社会主义经济道路的国家出现）。70年代在这些“发达国家”里，每百万人口便有千名以上的科学家和工程师孜孜不倦致力于科技研发项目。可是同样的人口，在巴西却只有250名科技人员，印度有130名，巴基斯坦60名，肯尼亚及尼日利亚更只有微不足道的30名左右（UNESCO，1985，Table 5. 18）。更有甚者，由于创新已成为一种持续的过程，以至于新产品的开发成本，也变为生产成本中庞大而不可或缺的一部分了。而这项成本，更有与日俱增之势。即以极端的军火工业为例，区区金钱成本一事，已不再是考虑的问题。新研制成功的装备，往往还来不及应用到实际用途上，就得完全毁弃另起炉灶，因为比它更先进的发明已经出炉了（自然也更为昂贵）。这种产品不断推陈出新，对生产厂商却有着极大的利益。至于其他比较以大规模市场为导向的工业，如化学制药而言，一项大众真正迫切需要的新药物的问世，在专利的保护之下，往往可以在没有竞争的状况中为厂家赚取丰厚的利润。如此巨大的利润，被制造商解释为从事进一步研究绝对不可或缺的资金。而其他比较不容易获得垄断性保护的行业，只有尽快大捞一笔，因为一旦类似产品进场竞争，价格势将一落千丈。

第三，种种新科技产品，绝大多数均属于资本密集，并具有减省人工劳动或取代人工劳动的一大特性（当然对于那些具有高层次技术的科学家及技师而言，他们贡献的劳动不在此限）。黄金年代的最大特色，因此便在于它需要不断地投入大量资本；与此同时，它也越来越不需要人力，人在其中所扮演的角色只剩下消费者一角。然而经济冲刺的力量太大、速度太快，终一代人，都不曾意识到这一发展现象。相反地，经济增长如此猛烈，一时之间，甚至在工业国家里面，工人阶级的人口在总就业人口中所占的比例不但未曾改变，有时甚至呈上升之势。在美国以外的各个发达国家中，战前不景气及战后复员累积下来的劳动力，在大量需求之下很快干涸，各国只好不断由本国乡间及国外涌入的移民中，汲取新一批的就业人口。甚至连在此之前一直被隔离在就业市场以外的已婚妇女，也开始纷纷加入，而且数字不断增加。尽管如此，黄金年代追求的最高理想，虽然是在逐步实现之中，却是以“无人”方式进行生产，甚至提供劳务：自动化的机器人，在生产线上组装汽车；一排又一排安静无声的电脑，控制着能源生产；飞驰而过的火车，不见一人驾驶。在这样的一个经济活动里面，人类唯一的重要用途只有一项：就是扮演产品和服务的消费者。可是问题的症结就出在这里了。黄金年代的岁月里，这一切看来似乎犹在遥不可及的将来，一切是如此的不真切，就好像维多利亚时代的科学家，曾警告众人未来宇宙将在“熵”（entropy）之下，进入永久黑暗的死亡一般。

其实正好相反。所有那些大动乱时代困扰着资本主义的噩梦，仿佛都已经迎刃而解，不攻自散。那可怕却无法避免的忽而繁荣、忽而萧条的周期，那在两次大战之间恶魔般撕裂着人类社会的经济周期，如今均已飘然远去，只化作一连串轻微波动的痕迹留在人间。这一切，自然都多亏世人的智慧，开始聪颖地运作着总体经济管理的理论，至少那些如今身为政府智囊的凯恩斯学派专家，对此都深信不疑。大量失业，在60年代发达的国度里，真不知何处去寻。请看欧洲的失业人口，只占劳动力总数的1.5%；日本更仅有1.3%。（Van der Wee，1987，p.77.）只有北美地区的大量失业现象还不曾完全抹去。贫穷？当然，绝大多数人类仍然陷于穷困之中，可是在工业劳动人口的旧心脏地带，《国际歌》里的那一段歌词：“起来，饥寒交迫的奴隶”，尚有何意义可言？这些工业重地的劳动工人们，如今人人不久就可购得自己的汽车，每年还有带薪休假，可以在西班牙的海滨自在逍遥。就算日子难过，不幸陷入经济难关，不也有那一日比一日慷慨、越发无所不包的国家福利，一手接过他们的各项需要，例如生病、事故、灾难，提供在此之前连做梦也难以想象的各种保护，甚至连穷人最恐惧害怕的年老岁月，如今都有福利制度一肩担当。他们的收入，不但与年俱增，而且几乎呈自动理所当然的增加。谁说不是呢？难道他们的收入不会永远地升高下去？生产体系制造提供的种种产品和服务，使得以前视为奢侈的豪华享受，成为每日正常的自然而然的消费项目。

消费的幅度及广度，一年比一年更为扩张。从物质的角度而言，人类还有什么不满足的呢？人们唯一剩下要做的事情，就是将这些幸福国度的子民已然享受的种种好处，扩展至全人类，扩展至那些显然仍占世上绝大多数的不幸子民。他们至今甚至尚未进入“发展”“现代”的阶段呢。

于是，人世间还有什么问题尚待解决呢？一位极为聪颖杰出的英国社会政治学家，曾在1956年如此说道：

> 传统社会学家的思想往往为经济问题所霸占。这些经济问题，有的来自资本主义，有的来自贫穷，有的来自大量失业，有的来自污秽肮脏，有的来自不安定，有的甚至来自整个系统可能面临的完全崩溃……可是如今资本主义经过大量改革之后，已经全然改观，再也认不出它的本来面貌了。除去偶发性的小型萧条之外，以及某些一时的账务平衡危机，全面就业的目标应该可以达到，至少足以维持住某种可以控制的稳定度。而自动化的推行，相信更可以逐渐稳定并解决目前还存在的生产不足问题。前瞻眺望，若依我们目前的生产率继续下去，50年之内，我国全国的总产出即可增至目前的3倍。（Crosland，1957，p.517）

3

面对着这种异常繁荣，可谓人所未料的经济增长，我们到底该如何解释其中发生的原因？更何况在它的前半生里，这个欣欣向荣的经济体系原本似乎一直在近乎毁灭的死亡线上垂死挣扎。这一段长时间的经济扩张与富强康乐，是跟随在同样一段漫长时期的经济萧条、无限烦恼的大灾难之后而来。此中的循环往复，毋庸我们在此解说。因为自从18世纪末期以来，此类高低往返，长达50年的长周期现象，已经成为资本主义经济发展的基调。我们在第二章讨论过，在“大灾难期”的时候，人们便开始注意到循环的经济现象，但是其中原因何在，却始终捉摸不清。长周期理论，一般是以俄国经济学家康德拉季耶夫之名传世。就长期角度而言，黄金时代不啻是康氏长周期上扬的又一例证，正如1850—1873年间维多利亚时期的大景气——说也奇怪，百年前这个景气岁月的年份，与百年之后的景气几乎完全吻合——以及维多利亚后期暨爱德华时期的另一景气一般。几次上扬的时期，其前后也都曾出现过长期的下沉阶段。因此，20世纪的黄金时代，不用在这方面另做解释，我们需要探讨的事物，却是这一次上扬的幅度与深度。因为其中所表现的程度，正好与其之前出现的危机与萧条恰成对比。

资本主义经济此番出现的大跃进，以及因此所造成的史无前例的社会冲击，幅度之广，实在难以找到令人满意的解释。当然从表面看，美国以外的一些国家，有着很大的空间可资发展，以求赶上堪称20世纪工业经济楷模的美国。而美国作为一个国家，既不曾受到战争的破坏，也未受战败或胜利的丝毫影响，只有那经济萧条的大恐慌时期，为它划下了一道短浅的伤痕。事实上，其他国家的确也全力以赴，有系统地企图仿效美国。这个全力仿美的过程，加速了经济发展的脚步。模仿容易创新难，前去适应修正一个已存的科技体系，显然远比重起炉灶从头做起容易得多，有了模拟仿效的基础，发明创新的能力日后便自然随之而来，这一点，日本就是最好的例证。然而急起直追心态提供的动力，并不能全然解释大跃进的现象，因为在资本主义的核心深处，尚兴起了一股重大的机制改革与重组，而在经济活动的全球化方面，同样也掀起了一个极为强大先进的发展浪潮。

资本主义本身的改变，促成了一种“混合式经济制度”的出现，使得国家更易进行现代化经济事务的计划与管理，同时也相对地大大推动了需求的增加。战后发生于资本主义国家经济发展的成功范例，往往是一连串由政府支持、监督、引导，有时甚而由政府主动计划、管理的工业化发展的故事。这一类由政府主导的成功事例涵盖全球，从欧洲的法国、西班牙，一直到远东的日本、新加坡、韩国皆是，例外情况少之又少（例如中国香港）。与此同时，各国政府也信誓旦旦，致力于全面就业的形成，并设法尽量减少社会上生活的不平等，即全力保障社会福利和社会安全制度。经由以上这两项政治承诺，奢侈类产品打开了大众消费的市场，成为民众日常生活的必需品。而通常越是贫穷的阶层，耗费在基本所需如食物一项开支的比例越高，这项极为合理的观察，是以“恩格尔定律”（Engel’s Law）而闻名。回到30年代，即使在富甲全球的美国，家计中三分之一的开销，依然是用在食物上面。可是到了80年代初期，食物开支却一落而为13%，剩下的百分比，都花在其余用项之上。黄金年代来临，“市场”也变得民主化了。

国际化的进步，则大大提高了世界经济体的生产能力，因为如今国际分工愈加精密成熟。刚一开始，这种精细分工的现象只限于所谓“发达国家”的领域，即归属美国阵营的各个资本主义国家。当时社会主义国家仍多处于各自为政的状况（参见第十三章），而50年代第三世界一些最为活跃的发展中国家，则选择了一条隔离式的计划经济工业化之路，全力发展本身的工业生产，取代由国外厂家输入的工业产品。西方资本主义的核心国家，却与海外其余世界进行贸易，而且往往占尽上风，因为交易的条件当然对它们极为有利，也就是它们可以极为廉价的代价，取得所需的原料和粮食。不过真正呈爆炸性增长的贸易项目却属工业产品，以工业化核心国家之间的交易为主。1953年后，20年之间，制造业产品的世界总贸易额跃增了10倍以上。19世纪以来，制造业在全球贸易中始终占有着一个极为稳定、稍少于半数的比例，如今却直线上升，一跃而为60%以上（W. A. Lewis，1981）。此外，即使纯粹以数字而言，黄金年代也反映着核心资本主义国家经济活动之频繁旺盛。1975年中，仅以资本主义阵营的7大国为例（7国为加拿大、美国、日本、法国、联邦德国、意大利和英国），即占据全球汽车总数的四分之三，几乎不下于其电话机的占有比例（UN Statistical Yearbook，1982，pp.95 ff，1018 ff）。不过，尽管如此，新的工业革命的浪头，却不再仅限于地球上某一特定地区了。

资本主义内部的重组，再加上经济事务的国际化，形成黄金时代的核心。至于科技革命带来的冲击，其例虽多，但是否能解释黄金时代的缘由，却不及前面两项显著。我们已经讨论过，这数十年间欣欣向荣的新工业化现象，多数是建立在旧有科技之上的旧有工业经济不断向外扩散于新兴国家的结果。比如社会主义国家，拾起了19世纪西欧各国的牙慧，即后者赖以起家的煤炭和钢铁工业；而欧洲各国，则向20世纪的美国学步，仿效其石油和内燃机的新兴工业。高级研究鼓励的科技生产，恐怕一直要到1973年后的危机年头开始，才对民间工业产生大规模的冲击。1973年后，几项在信息科技和遗传工程方面的突破发展开始纷纷出现，与此同时，科技在其他未知领域也有了重大的进步。各项主要新发明之中，立即在战后发挥其改变世界力量者首推化学制药。它对第三世界人口的影响，可说是立竿见影的（参见第十二章）；它对人类文化的冲击，虽然没有这么迅速，在当时却也指日可待——60年代和70年代在西方世界兴起的性革命浪潮，全靠抗生素出现才成为可能。抗生素的发明，使得滥交等的危险度大为降低，原因有二：其一如今性病轻松可治；其二从60年代开始，避孕药四处供应，唾手可得（但是性放纵的危险性，在80年代又随着艾滋病重回人间）。

总而言之，创新性的高科技发明，迅即成为经济大规模景气当中的一部分。单独来看，虽然不具决定性的力量，整体而言，我们却不可将它由黄金年代成因的解释理由中排除。

战后的资本主义，正如前面所引克罗斯兰（Crosland）之语："已经全然改观，再也认不出它的本来面貌了。"所谓老店新貌，正像英国首相麦克米伦所言，是一个旧系统的"新"版本。黄金年代的种种面貌，绝非只是由两次大战之间的错误中幡然回头，重归旧有世界的"正常"老路，维持住"高比例的就业率……并享有高层次的经济增长"而已（H. G. Johnson，1972，p.6）。从基本核心而言，此番繁荣再来，是经济自由主义与社会民主政治的两大联姻（借用美国人的术语来看，即罗斯福的新政政策），其中向苏联借鉴之处甚多，而后者首开世界各国计划经济之先河。这也就是为什么到了70年代和80年代，当建立于这桩联姻体制的政策不复有经济上的成功保证之际，一批奉自由市场学说如神明的经济学者，开始对计划一词口诛笔伐，恨之如见蛇蝎。因此如奥地利经济学家哈耶克等辈，从来就不属于实际派的人士，虽然我们可以在言辞上勉强说服他相信，一些有悖自由主义原则的经济手段也有其效力可言，但是这派人士会以他们高妙的辩词，全力主张在事实上这种效力根本属于乌有。他们是“自由市场即等于个人自由”的信徒，因此自然便如哈耶克于1944年出版的著作书名所示，《通向奴役之路》（*The Rood to Serfdom*），对任何有悖这项法则的手段大加挞伐。即使在经济恐慌大萧条的深谷之中，他们也坚守着市场理论最纯粹的原则。而随着全球各地不同的市场制度及政体的相互促进影响，世界越发富庶，资本主义（再加上政治上的自由主义）再度繁茂。这些人却继续坚持其书生之见，挞伐着种种使得黄金年代发光发亮的缘由。于是在40年代至70年代之间，再也没有人倾听这些老信徒的喃喃呓语了。

此外，资本主义的改头换面，事实上是经过一批人的深思熟虑才实现的，尤其要靠大战最后几年那些身居要津的英美人士，这是一个不容置疑的事实。两次大战之间的恶劣体验，尤其是经济大恐慌时期残留的恐怖回忆，其创痛巨深，使得没有一个人梦想着重返空袭警报响起之前的战前岁月。这种心态，和上一次大战之后政界人物急欲恢复当年景象的心理恰恰相反。拿着战后世界经济秩序蓝图规划大笔的政坛学界“诸公”（当时女性还不被容许踏入公共事业的门槛），都曾身历大萧条的低谷，例如凯恩斯，自1914年之前开始，他们便已在公共事业的舞台上演出。如果说单靠30年代经济低潮的惨痛记忆，还不足以磨砺他们亟待改革资本主义的欲望，那么刚刚结束的一场政治生死斗，这场与大萧条之子纳粹德国的殊死战，其致命之处，却是再明显不过了。更何况眼前还面对着共产主义运动及苏联势力的西进浪潮，高大的浪头，正卷向失去了作用的资本主义，意欲吞噬这满地的残骸。

对这批决策人士而言，当时一共有四项事情非常明显。第一，两战之间的灾难动乱，绝对不可以让它再临人间。而动乱灾难之所以发生，主要是由于全球贸易和金融制度的崩溃，方使得世界分崩离析，落入奉行独裁的国家经济或帝国之手。第二，全球经济体系在过去确曾有过稳定的局面，而其主控力量则在英国经济的霸权——或至少由其经济上的中心地位——及其货币系统（即英镑）所维系。但是到了两次大战之间的年月，英国及英镑均不复强大，再也不能挑起稳定世界经济的重担，这副担子，如今只剩下美国及美元可以承接了（这个结论自然使得美国人大为兴奋，其他国家人士则不尽然）。第三，大萧条之所以出现，是因为自由市场毫无约束地任意发展所致。因此，当今之计必须经由公共计划和经济管理的帮助，或借此从市场内部的架构着手，方可加强市场经济的生机和活力。第四，从社会和政治的观点着眼，绝不可再容许大量失业现象出现。

至于盎格鲁-撒克逊体系以外的其他地区的决策者，他们对于全球贸易和金融体制的重建自然毫无置喙之地，然而对于旧有市场制度自由主义的扬弃，众人却深有同感。本来由国家主导计划的经济政策，从法国直到日本，在许多国家都非新鲜事，而某些工业甚至根本属于国有或国营，早是众人相当熟悉的安排，1945 年后，也在西方国家更加普遍。国营的趋势完全与社会主义和反社会主义之间的争议无关，不过战时种种地下抗敌的政治活动，自然有为这股风气造势之功，使其在战后一时甚为风行，1946—1947 年间法国和意大利通过的新宪法，即为一例。反之，在社会主义政府执政 15 年后的挪威，不论在绝对数字上还是在比例上，国营企业的规模却都比联邦德国为小，而后者自然绝非再是一个向往专制主义的国家。

至于战后在欧洲甚嚣尘上的社会主义党派，以及各种工会势力，更在这股新兴的改良式资本主义潮流中如鱼得水，因为就实质意义而言，它们并无自己的经济主张。只有共产党人例外，而他们的政策不外夺权上台，然后便一路跟着苏联老大哥的脚印走去。斯堪的纳维亚各国的左派人士相当实际，掌权后始终保持国内私有企业的部门原封不动。1945 年的英国工党政府则不然，可是对于改革大计，却持袖手旁观的消极态度，对于经济计划一事，其漠不关心的程度更使人惊异不已。相形之下，当时非社会主义的法国政府，对计划性现代化大计表现得很积极，与英国政府恰成对比。事实上左派政府的主要心力，都花在改良工人阶级选民的生活条件，以及与此相关的社会改革之上。可是对于经济改革的大事，左派政府除了一味主张彻底铲除资本主义之外，其实并无良方。事实上，就连铲除资本主义一事，社会民主党的政府也不知从何下手，更无一人进行尝试。因此，社会民主党只有依靠强大的资本经济，借着前者创造财富之余，才能进而帮助其达到本身的社会目的。事实上，也只有一个认识到工人及社会民主重要性的改良式资本主义，才能吻合此派政府的中心目标。

简单地说，各人的目的虽然有异，但是在战后的政客、官员，甚至许多企业家的心目中，重归完全自由放任的自由市场经济老路，却是断然不可行的。至于在众人眼中列为首要目标的基本政策，例如全面就业，遏制共产集团，使落后的甚或已遭毁灭的经济迅速现代化，等等，则不但具有列为当前第一要务的急迫性，更需要强有力的政府力量存在。在此先决条件之下，甚至连一向致力于经济政治自由主义的国家，也开始了种种治国手段，而这些手段若在以往施展，必定会被贴上“社会主义”的标签。说起来，这种以国家为先导的经济政策，其实也正是英国甚至美国于战时实行的经济政策，于是人类的未来，便正好靠这种“混合式的经济制度”了。虽然旧式正统学说的主张，如财政的平衡、币制和物价的稳定，仍不时被考虑，但是这些说法的力量却大大不及从前。1933 年以来，一向在经济田地里用以吓阻牵制通货膨胀与赤字财政的稻草人，如今再也不能赶走雀鸟，可是田地里的庄稼却似乎不受侵扰，依然继续蓬勃地生长着。

种种改变，实在非同小可；种种改变，甚至竟使美国资本主义政客阵营中一位顽固派人士哈里曼（Averell Harriman），于1946年对国人做出以下表示："美国的民众，如今对于'计划'一类的字眼再也不会感到畏惧……民众已经接受一个事实，那就是美国的政策一如个人，一定非得计划不可。"（Maier，1987，p.129.）此外还有法国政治经济学家莫内（Jean Monnet，1888—1979），他原是经济自由主义的最大拥护者，并对美国经济制度称羡不已，此时却变成法国经济计划的热情支持者。风气所及，原本力主自由市场的经济学家罗宾斯（Lionel Robbins），一度曾全力维护正统经济学说与凯恩斯派大战，并在伦敦经济学院（London School of Economics）与哈耶克一同主持讲座，如今却摇身一变，成为英国战时半社会主义式经济制度的领导人物。30年间，"西方"思想界与决策者中有着一种共识，尤以美国为著；这种共识，不但决定着资本主义国家该有的行动方针，更操控着它们不该从事的绝对禁忌。它们共同的目标，是要创造出一个生产日增的世界，一个国际贸易不断增长的世界，一个全面就业、工业化、现代化的世界。它们全力以赴，意欲实现这个经济大同的世界。如有必要，它们甚至愿意诉诸混合经济，以政府控制管理的手段，有系统地实现这个目标。它们也愿意与有组织的工会运动合作，只要后者不与共产党同路。资本主义的黄金岁月，若无这个共识，势无可能成形。而这个共识，就是众人意识到"私有企业"的经济体制（"私有企业"另有一较受欢迎的名词，即"自由企业"[1]）必须从它自己形成的困境中拔出，方才能够存活。

然而从另一方面来看，资本主义虽然进行了自我改革，但是在检讨这个以前不能想象的大变革的积极意愿的同时，这家经济新饭馆的大厨们开出来的新菜单到底效果如何，却值得我们慎思明辨。其中的

[1]　"资本主义"一词，正如"帝国主义"一样，往往在公开讨论中回避使用，因为在公众心目中，此词原本带有着反面印象。一直要到70年代，政治人物及宣传家才开始骄傲地公开宣称自己为"资本主义者"（capitalist）。开此新风气之先者，首推企业杂志《福布斯》（*Forbes*）。该杂志于1965年开始，即在其出版宗旨中以"资本家的工具"自居——这句话原出于美国共产党的用语，《福布斯》杂志却故意将其取来反其义用之。

分野线，实在很难判别。因为经济学家就像政治人物一般，往往善于将成功的案例归功于自己政策的聪明睿智，而在黄金年代的时期里，即使连当时最软弱的经济体如英国，也呈现一片欣欣向荣之貌。如此一来，更使众人沾沾自喜，庆贺自己妙计成功。不过，其中虽然也许有几分表功的暧昧，我们却也不可因此便忽略其政策的精心设计之处，自有其足可骄傲的地方。以1945—1946年间的法国为例，即开始推动一连串有意设计的计划，将法国工业经济带上现代化的大道。这个将苏联式经济理想综合而成一个资本主义混合式经济制度的构想，必有其可圈可点之处。因为在1950—1979年的20余年间，法国从原本代表着经济发展迟滞、饱受众人嘲笑的形象摇身一变，竟然在追赶美国生产力的经济竞赛里，取得远比其他任何主要经济国家为佳的优异表现，甚至比起德国也要更胜一筹（Maddison，1982，p.46）。但是归根结底，各个政府各个不同政策之间孰优孰劣（这些政策，往往与凯恩斯的大名有不解之缘，但是凯恩斯本人却早已于1946年谢世），这个话题我们还是留待经济学家辩论吧。要知道经济学家一族，素来就以好激辩、好争论而闻名。

4

宏观的立意与微观的应用之间存在的差异，在国际经济重整一事上特别显著。所谓从大萧条中得到的“教训”（这个名词在40年代经常被人挂在嘴边），成为战后国际经济制度改革的前事之师。美国的霸权当然已是既成的事实，有的时候，虽然改革的构想是来自英国，并由英国首先发起，但是要求众人付诸行动的政治压力却往往来自华盛顿。遇到意见相左时，例如凯恩斯与美国发言人怀特（Harry White）[1]，

[1] 矛盾的是，日后怀特本人却遭到迫害，成为美国白色恐怖事件的牺牲者，被人带上共产党秘密同路人的帽子。

即曾在新成立的国际货币基金组织（International Monetary Fund，IMF）一事上各持己见，但占上风的也往往是美方的意见。在原始的构想里，新自由主义的世界经济秩序，是属于国际新政治秩序的一部分，而国际新秩序的实现，乃是经由大战末期筹划成立的联合国。但是到冷战期间，联合国的原始模式开始崩溃，此时各国才依1944年的“布雷顿森林协约”（Bretton Woods Agreements），正式成立“世界银行”（World Bank），又名“国际复兴开发银行”（International Bank for Reconstruction and Development），以及国际货币基金组织。这两个国际组织，至今仍然存在，并在维持汇率稳定上发挥作用，同时也负责处理国际上债务支付平衡的问题（balance of payment）。除此之外，各国却不曾成立任何机构专管其他方面的国际经济事务（比如基本民生物资价格的控制，以及维持全面就业的国际性方针等等），即使有所拟议，往往也未能彻底实施。原本曾建议成立的“国际贸易组织”（International Trade Organization），最后却仅以“关税暨贸易总协定”（General Agreement on Tariffs and Trade，GATT）的形式出现，这个组织只能经由定期协商的手段降低各国之间关税的壁垒，比起当初构想的规模及范围均逊色许多。

简单地说，计划这一片美丽新世界的衮衮诸公，原本打算借着一系列的经济组织来实行他们远大的构想，就这一方面而言，他们的理想算是失败了。从战火中重新建设的世界，并未按他们所想的方式运作。这个世界，并没有形成井然有序的国际体系，环绕着多边自由贸易及偿付系统生生不息地运转。美国在这方面所做的努力，在大战胜利后不到两年便告瓦解。然而，寄托于联合国的政治理想虽然失败了，国际贸易及兑付的制度却开始发生作用，虽然与原始预期的构想并不尽然吻合。事实上黄金年代的确不失为一个自由贸易、资本自由流动，及货币稳定的时代，就这一点而言，战时制订计划的人的理想总算获得实现。而这方面的成功，毫无疑问，主要得归功于美国及美元在国际经济上占有的压倒性支配地位。而美元的稳定，很大一部分的功劳却要靠其与黄金维持一定的兑换比例之赐——一直到60年代后期70年代初期，美元与黄金固定的关系宣告破灭为止。我们切切要记得一件事情：在50年代，美国一国，便分别独占全球发达国家资本总额及总产量的60%左右。即使到了资本主义世界欣欣向荣的黄金年代高潮时期（1970年），美国也仍然持有发达国家资本额总数的50%，其产量也接近各国总产量的半数（Armstrong, Glyn, Harrison, 1991, p.15）。

对共产主义运动的恐惧则是另外一大主要原因。与美国人的想法正好相反，自由贸易资本经济的最大障碍其实并不在于其他国家实行保护主义，却在美国本身传统的关税制度，以及美国人一心一意，务必大量扩展本国出口额的心态所致。而华盛顿当局在战时的计划专家们，认为美国出口扩张，是“达到美国全面有效就业的必要手段”（Kolko，1969，p.13）。于是大战刚结束，制定美国政策的人们，便野心勃勃地打算开始大肆扩张。结果冷战开始，才迫使他们重新考虑，从更长远的角度看问题。冷战改变了他们的心意，使他们发现唯有尽快帮助未来的竞争对手加速发展，才能对付眼前刻不容缓的政治需求。有人认为，从这个角度观察，我们甚至可将冷战视为推动全球大繁荣的主要动力（Walker，1991）。虽说这种想法也许有失夸张之嫌，但是马歇尔计划巨额的慷慨援助，对于被援国的现代化显然有不可磨灭的功劳，如奥地利和法国。美方的援助，对联邦德国和日本的转型增长更有加速之功。当然，即使没有美国相助，德日两国迟早也将成为经济强国，其中关键所在，单看一个事实足矣：作为战败国家，它们既无法决定自己的外交方针，自然便无须往军费的无底洞里倒钱，反而因此大占便宜。但是反过来看，美援在德日两国复兴上所扮演的角色也绝对不可忽略，我们只消问一句，如果德国的复兴必须仰欧洲的鼻息，德国经济将会变成什么模样？要知道欧洲各国就怕德国势力再起。同样，如果美国先不曾于朝鲜战争，后不曾在越战这两次战争时期将日本建成它在远东的工业基地，日本经济恢复之速度能与事实上发生的状况相比吗？日本生产总值于1949—1953年间（朝鲜战争时期）能够加倍，全靠美国资金资助；13 年后的 1966—1970 年间（越战时期），日本再度进入增长巅峰，自然更非巧合——这段时间日本的年增长率不下于 14.6%。因此，我们绝不可低估冷战对全球经济的贡献。虽然就长期观点而言，各国将宝贵资源浪费于军备竞赛之中，对经济自然造成了破坏性的负面影响，而其中最极端的例子首推苏联，最终对该国经济造成致命的打击。同理，即使是美国，也因为强化军事力量的需要而导致经济力量的萎缩。

总而言之，战后的世界经济是一个以美国为中心运转的经济。从维多利亚中期以来，国际上各项生产因素自由移动所遭遇的阻碍，从未比现在更少过。其中只有一项例外，那就是国际上移民潮的恢复似乎异常缓慢，仍然陷在两次大战之间的紧缩状况之中。其实这也只是一种假象。因为促成黄金年代大繁荣的动力，不仅来自原本失业如今重返就业市场的劳动人口，更包括内部移民的大洪流。这股洪流从乡村移向都市，从农业移向工业（尤其来自高地的贫瘠地带），从贫穷地区移向富庶地区。于是意大利南部居民涌入伦巴第（Lombardy）和皮德蒙特（Piedmont）两地的工厂；而意大利中西部的托斯卡纳（Tuscan），20 年间，更有高达 40 万的佃农离弃了他们的田地。东欧地区的工业化过程，基本上也是这样一个建立在大批移民之上的过程。更有甚者，某些地方的内部移民，其实从根本上可以列入国际性的迁移，因为当初这批外来人口初到此地，并非出于谋职求生的动机，却是 1945 年后大批难民流离失所，被迫离乡背井远赴异地的结果。

然而，尽管存在着以上这种人口大量移动的事实，在这种经济迅速增长、劳动力急剧短缺的年代里，在这个西方世界致力于资源和产品自由流动的经济体系里，各国政府的政策却汲汲于抵制移民，全力反对人口的自由移动，此番现象就更值得我们注意了。通常当这些政府发现自己在无形中允许移民流入时（例如加勒比海及其他英联邦地区的居民，因具有合法英国子民的身份有权在英国本土定居），便举起铁腕关上大门，断绝外来人口的移入。而且在多数情况下，这一类的移民——多数来自开发程度较为落后的地中海一带国度——往往只能获得有条件的暂时居留，以备一旦有事，可以轻易将其遣返。不过随着“欧洲经济共同体”成员国的日益增多，许多移出国也开始加入这个合作组织（如意大利、西班牙、葡萄牙、希腊），使得遣返工作日渐困难。总之，到 70 年代初期，约有 750 万人口流入发达的欧洲国家（Potts，1990，pp.146—147）。但是，即使在黄金年代的岁月里，移民始终是一个极为敏感的政治问题；到了 1973 年后日子转为艰难的 20 年里，移民问题更在欧洲民众当中掀起一股公开仇外的心理。

尽管如此，黄金年代的世界经济，却一直停留在“国与国间”（international）而非“跨国”（transnational）的活动层次。世界各国相互贸易的活跃，超过以往任何一个时期。甚至连美国，这个在第二次世界大战之前以自给自足为主的国家，此刻也开始伸出触角。1950—1970 年间，美国向世界各地输出的总额不但一跃而增 4 倍；而且从 50 年代起，它也成为消费产品的一大进口国，到 60 年代末期，美国甚至开始从国外进口汽车（Block，1997，p.145）。然而，各个工业国家虽然彼此交易采购，它们绝大多数的经济活动却仍然在本国之内。即使在黄金年代的最高潮期，美国的出口总值也不及国内生产总值的 8%。更令人惊讶的是，甚至以出口为主的日本，其出口总值的比率也只比美国的比率略高而已（Marglin and Schor，p.43，Table 2.2）。

然而，跨国性的经济活动，此时也开始崭露头角，这种趋势从 60 年代起尤其显著。在跨国性的经济活动里面，政治范畴的国家疆域，以及国与国的界线，不再能规范经济活动的范畴，最多只是跨国活动中错综复杂的因素之一。在最极端的情况下，一个所谓的“世界经济”开始成形，其中不但没有任何特定的国家地区与疆界领域，相反地，反而进一步为各国经济活动界定了所能施展的极限，甚至连最强盛的国家也无法逃出它的掌握。70 年代中期的某段时间里，像这样一种超越国界的经济体，逐渐开始成为一股笼罩全球的强大势力。1973 年后开始的危机 20 年里（Crisis Decades），这股势力不但继续发展，而且发展得愈发快速，事实上，说起这20年的重重问题，其实大可怪罪跨国经济的兴起。当然，跨国经济是与“国际化现象”的增长同时并进。1956—1990年间，全球产品的出口比率一跃增加两倍（World Development，1992，p.235）。

在这股跨国之风里，共有三个层面特别明显，即跨国性的公司（又称为“多国公司”）、国际性分工的新组合，以及所谓境外融资的兴起（offshore finance）。其中又以最后一个层面境外融资，不仅是跨国现象崛起的最早形式之一，也是最能生动展现资本主义经济活动逃避国家控制或其他任何控制的高明手法。

所谓“境外”一词，大约于60年代开始进入公众词汇，是用以描述企业钻法律漏洞，一种将总部在海外小国注册的逃税手段。这些大企业所在的境外小国或领地，往往异常大方，给予企业充分自由，允许它们不必受在本国境内必将面临的各项限制和税金等。因为到20世纪中叶，只要是正常的国家或领地，不论其立国宗旨如何致力于保护追逐个人利润的最大自由，此时为了全民整体利益着想，均已对合法企业的经营行为设下某种程度的控制及限制。在这种情况下，仁慈大方的小国，例如库拉索岛（Curacao）、维尔京群岛（the Virgin Islands）、列支敦士登（Liechtenstein）等，便在其企业及劳动法上大玩法律漏洞的高招，这种复杂却高明的手法，正合大公司的口味，可以在后者的财产损益表上制造出惊人的奇迹。因为“境外性质的最高精神，即在于将众多的法律漏洞，一变而为生机蓬勃毫无管束的企业结构”（Raw，Page and Hodgson，1972，p.83）。当然，这种境外手法的运用，在金融交易方面可以发挥最大的功用。至于巴拿马和利比里亚两国，长久以来在船只注册上大发其财，因为其他国家商船的船主，觉得本国对工人及安全管制的规定太过烦琐，于是纷纷前来，巴拿马和利比里亚两国政客因此获得莫大的收入。

60年代中期，有人小小地动了一个脑筋，立刻便使国际金融旧中心的伦敦，摇身一变也成为全球境外活动的一大重地。这项手法，便是“欧洲货币”（Eurocurrency）——也就是“欧洲美元”（Euro dollars）——的发明。这些欧洲美元留在境外不归，存进美国境外的银行，主要目的是避免美国银行法的诸多限制。自由流动的所谓“欧洲美元”，成为一种可流通转让的金融工具。再加上美国在海外日渐增多的投资，以及美国政府在军事上的巨大开支，其数额开始大量累积，并开始形成一个毫无管制的全球性市场，其中主要是以短期借款为主。“欧洲美元”市场的净值，由 1964 年的 140 亿美元左右，到 1973 年增加到约为 1 600 亿美元，5 年之后，更几乎高达 5 000 亿美元。当石油输出国组织的成员国忽然发现自己的钱多得不知如何投资是好，欧洲美元市场便成为产油国家资本投注的游戏场地，大笔金钱宛如个人牌戏般，循环往返（参见第十六章第 2 节）。于是美国首先发现，自己成了这场国际金融游戏中任人摆布的牺牲者，只见一笔比一笔更盛的巨额独立资金，绕着地球一周又一周地由一种货币换成另外一种货币，一路追逐快速的利润回收。最终，各国政府都在这场游戏下牺牲，因为它们不但无法控制汇率，也无法管制全球货币的供应量。到 90 年代初期，各国中央银行联手出动，也无法起任何作用了。

总部设在一国，经营却遍布多国的公司，自然越发要扩展它们的业务。这一类“跨国公司”其实也不是什么新鲜事，在美国便有很多，从 1950 年计有 7 500 家，到 1966 年已增长为 25 000 家，而它们的分公司绝大多数位于西欧及西半球（Spero，1977，p.92）。但是其他国家也逐渐开始跟进，比如德国的赫希斯特化学公司（Hoechst），在全球各地 45 个国家与 117 家工厂有直属或合伙的关系，其中除了 6 家工厂之外，其余均是 1950 年后才建立（Fröbel，Heinrichs，Kreye，1986，Table IIIA，p.281 ff.）。跨国性企业的新鲜之处，在于其经营规模的庞大。80 年代初期，美国跨国大公司的出口总值即占美国全国总出口的四分之三以上，而其进口总值也几达美国总进口的半数。英国境内的数字更为惊人（包括英国本国及外来的跨国企业在内），竟然占据英国出口总量的 80%以上（UN Transnational，1988，p.90）。

从某种角度来看，其实这些进出口数字并无任何意义，因为所谓跨国企业的主要功能，即在“整合内化跨越国境的众多市场”，即独立于政治国家及国界限制之外的作业。一般有关进出口的统计数字（多数仍是由各国分别搜集统计），事实上等于跨国性企业内部的贸易数字，例如美国的通用汽车公司，在全球各地 40 个国家设有业务。跨国企业既然能够跨国经营，自然愈发强化了资本集中的趋势。这种现象，自马克思以来即为世人所熟悉。1960 年时，据估计全世界非社会主义国家中最大的 200 家公司的营业总额，等于非社会主义集团国民生产总值的 17%；1984 年更升高为 26%。[1] 而这一类的跨国公司，多数是在“发达国家”设总部；事实上在名列所谓“两百最大”的公司当中，85%将总部设于美国、日本、英国和德国 4 国，余下的 15%则分布于其他 11 个国家。然而，这些超级巨型公司与本国政府之间联系的密切程度，到黄金年代末期，除了日本公司及某些以军火为主的企业，它们简直可以被视同为本国政府及国家的利益。当年底特律某位介入美国政界的汽车大亨曾经对此有过一句名言：“凡是利于通用汽车的事，必然也利于美国。”可是随着时间过去，这种利益息息相关的联系也开始模糊。因为如今本国的市场、本国的业务，以“美孚石油公司”（Mobil Oil）为例，不过是该公司在全球上百个市场中的一个，再以德国奔驰汽车公司（Daimler-Benz）为例，更只是畅销全球 170 余国当中的一国而已。母国市场的地位，怎么可能再在跨国公司遍及全球的业务中占有举足轻重的分量？对一个国际性的石油公司而言，在其企业经营的策略逻辑里，无论是母国、沙特阿拉伯，还是委内瑞拉，在它经营的天平上必将一视同仁。即一方面计算利益得失，一方面比较公司本身与各个政府相对力量的大小，依此制定公司决策的方针。

企业的交易活动与企业的经营，逐渐脱离传统的国家界限，这种

[1]　这一类估计数字的使用必须尽量小心，最好的方法是只将其看作大致的参考。

趋势，并不仅限于少数几家巨型公司。随着工业生产逐渐由作为工业化资本化先锋的欧美地区向外迁出——迁出的速度一开始相当缓慢，后来越来越快——跨国性的生产经营方式也随之愈发显著。诚然，终黄金年代，欧美各国始终保持其主要经济引擎的地位。50年代的中期，工业国家制成品的出口总数中，有五分之三是在工业国家圈内相互销售，到70年代，比例更上升为四分之三。但是也就从此刻起，情况开始有了转变，发达国家向世界其余地区输出制成品的比例开始增加，而意义更为重大的是，第三世界也开始向发达工业国家输出工业成品，而且数额比例不低。随着落后地区传统的主要出口项目开始减弱（除了能源是一大例外，这还多亏石油输出国家起来闹了一场价格革命），它们开始向工业化的路途转进，虽然只是拼拼凑凑，速度却奇快无比。1970—1983年间，以前在全球工业品出口总值一直仅占5%的第三世界突飞猛进，一下子增加了一倍以上（Fröbel et al，1986，p.200）。

新的国际分工从此开始，旧秩序便难以维持。德国的大众公司（Volkswagen）在阿根廷、巴西（三家工厂）、加拿大、厄瓜多尔（Ecuador）、埃及、墨西哥、尼日利亚、秘鲁、南非及南斯拉夫各地设立了汽车工厂，这些海外工厂都是于60年代中期之后开始建立的。第三世界的工业不但满足本地日渐增长的需求，同时也行销全球。它们的产品中，有的完全由本地生产（例如纺织产品，到1970年，其生产中心已由旧工业国纷纷转移至“发展中国家”），有的则成为跨国生产作业中的一环。

国际分工的新现象，可说是黄金年代特有的一项发明，不过这个趋势一直要到后来方才完全发展成熟；而交通运输传播方面兴起的革命，更是其中不可或缺的要素。因为唯有进步的交通运输，才能在符合经济效益之下，将一样产品的制造分在多地进行，比如说休斯敦、新加坡、泰国等，同时利用航空货运，将半成品转运于三处完成，并利用现代信息科技控制整个流程的进行。60年代中期开始，各主要电子工业的厂家便投入这种国际化生产线的潮流。生产线上移动的路径，不再只限于单一地点的厂房之内，却环绕着地球进行，其中的某些生产线则终止于特设的“自由加工生产区”（free production zones），或一些境外工厂之内。这一类特殊的作业区，如今在各地纷纷兴起，尤以有大批廉价年轻妇女劳动力的穷国为最，而这也是跨国企业逃避单一国家管束的另一新手法。南美亚马孙丛林（Amazon）深处的马瑙斯（Manaus），便是此类“自由生产区”的先驱之一，为美国、荷兰、日本众多厂家生产纺织品、玩具、纸类制品、电子产品、电子表等各式各样的消费产品。

世界经济的政治层面，因此在结构上产生了一种矛盾的改变。随着全球作业日益演变成一家，大国的国家经济体系逐渐拱手向境外中心让步，而境外中心的所在地却往往以小国甚或超级小国居多。旧殖民帝国的解体，自然促成这一类小国数字的增加。根据世界银行的资料统计，到1991年结束时，全世界少于250万人口的经济体共有71个之多（其中18处的人口甚至不到10万）。这个数字表明，全球具有独立经济体身份的政治实体当中，有五分之二属这一类的超小单位（World Development，1992）。在第二次世界大战爆发之前，它们的经济力量原本被世人当作取笑的对象，根本不将其当作真正的国家看待。[1]事实上不论过去或现在，面对着现实面目狰狞的国际丛林，这些小国也不具任何足以捍卫自己名义上独立地位的实力。可是进入黄金年代，却开始出现一件不容否认的事实，那就是军事上它们虽不足自保，在经济上却毫不逊色，借着直接投入全球经济的生产行列，它们也可以像大国般欣欣向荣，有时其表现甚至比大国更佳。于是便有诸如中国香港（地区）、新加坡一类的城市国家兴起，在此之前，人类历史上第一次见到这类政治体繁荣的时代，必须回溯到中古时期。还有海湾沙漠地带的一角小地，摇身一变，成为国际投资市场上的一大玩家（科威特）。更有那一处又一处的境外藏身之地纷纷出现，保护着众

---

[1] 欧洲地区历史悠久的几个小国，例如安道尔（Andorra）、列支敦士登、摩纳哥（Monaco）、圣马力诺（San Marino）等，直到1990年初才为联合国同意未来有可能成为成员国。

家公司逃避国家法律的约束。

如此一来，20 世纪晚期在各地甚嚣尘上的民族主义运动便越发站不住脚。因为一个独立的科西嘉（Corsica）或加那利群岛（Canary Islands），势必无法单独生存。它所能获得的唯一独立，只不过是在政治上脱离了原来的国家而已。在经济上，如此小国势必将对跨国性的经济实体依赖更重，而后者对经济事务的影响多年来更是有增无减。对于这些巨大的跨国公司而言，一个最合乎其心意、最方便其运作的世界，自然便是一个充满着小国或根本不成其为国的世界。

5

任何一项工业，一旦其生产作业的转移在技术上实际可行，并在成本效益上得到肯定，势必由高成本地区迁至劳动力低廉的地带。与此同时，经营者也发现（其实并不意外），原来其他肤色种族的工人，在技术层次和教育水平上至少并不比白种工人逊色。这点发现，对于高科技的工业来说，自然是锦上添花，又一样绝妙好处。但是除此之外，黄金年代的景气之所以由旧工业地带的核心国家扩散至其他地带的原因，还有一项特别值得考虑的因素，是由“凯恩斯派”资本主义经济增长特有的几项组合造成。即所谓资本主义式的经济增长是建立于一个大众消费的基础之上，在这样一个社会里，劳动人口不但全面就业，工资也与日俱增，而且更受到越来越好的保障。

这种组合之所以成形，我们在前面已经看见，纯系一种政治性的结构所致。其立足点在于多数“西方化”国家左右两派产生共识，因而形成一种极为有效的政策。法西斯极端国家主义的右派余孽，已经被第二次世界大战从政治舞台上一扫而光；共产主义左翼，也被冷战远远抛在后面。这个组合，同时也奠基于劳资双方某种有形无形的默契，双方同意，将工人方面的要求保持在一定的限度之内，以免因成本过高导致利润的亏损。同时，众人也认为未来必可持续一定程度的高利润，因为唯有如此，方可解释不断投注巨大资金的必要性。若无这些庞大资金的投入，黄金年代的生产力不可能出现突飞猛进的增长。事实为证，市场经济中最先进最工业化的16国里，其投资额每年以4.5%的比率增加，比起1870—1913年间，增长速度差不多是3倍。这个增长率，由于包括了增长较为缓慢的北美地区在内，不然还会更为惊人（Maddison，1982，Table 5. 1，p.96）。事实上，这种劳资关系的安排组合，是以三角关系呈现，由政府居间妥协，正式或非正式地帮助劳资双方进行制度化组织性的谈判活动。而在这个新时代里，工人一方已经被习惯性地称为资方的“社会伙伴”，至少在德国如此。但是黄金年代黯然结束，这类安排开始受到自由市场经济神学一派的肆意攻击，贴上了旧词新用的“统合主义”标签。不过这个莫须有的无稽之名，不但早已快被世人淡忘，而且跟两次大战年间的法西斯主义根本毫无关联（参见第四章第1节）。

回头再看黄金年代的劳资谈判安排，基本上是一种皆大欢喜为各方面所接受的最佳状况。对当时的雇主而言，业务是如此兴隆，利润是如此丰厚，长期的景气繁荣之下，自然对谈判协商的方式大表欢迎，因为如此更有助于企业从事前瞻性的计划安排。至于工人方面，既有固定上涨的工资及公司福利可得，又有政府从旁不断扩充更为慷慨的社会福利，当然是何乐而不为。政府也有好处，首先，政治大为稳定，共产党元气大伤，失去了着力点（意大利则为例外）。其次，经济环境条件的可测性也因此增加，有利于如今各国开始奉行的总体经济管理。黄金年代的岁月里，资本主义工业国家的经济表现的确优良，单看其中一项因素足矣，那便是随着全面就业的实现，以及实际收入的不断增加，再加上社会安全福利的推动（需要时自有国家财源支付），大众大量消费的时代终于第一次降临（至于北美地区则早已开始，大洋洲一带可能亦然）。更有甚者，在这个众人陶醉自得的60年代，某些政府甚至莽撞到保证提供失业者（当时很少有人失业）高达原收入80%

的救济金的地步。

黄金年代的政策制定，直到60年代末期，仍然考虑以上的政策方针。大战后的各国政府，纷纷走上改革之路。美国有罗斯福主义者；西欧的各原交战国，则一片由社会主义主导或倾向社会民主路线的新气象。其中只有联邦德国例外，因为该国直至1949年才有独立的政治组织及选举出现。1947年以前，甚至连共产党也在各国政府中插上一脚（参见第八章第3节）。而地下抗战的悠悠年月，更使得此时开始崭露头角的保守党派也难逃改革影响，如联邦德国的基督教民主联盟。直至1949年，该党仍认为资本主义的体制不利于新生的德国（Leanman，1988）。但改革之风如此巨大，保守人士若想逆风而驶必然难上加难。英国的保守党，甚至将1945年工党政府的改革功劳归为已有。

但是有一点很奇怪，那就是改革的风潮虽然盛于一时，但是却迅速停息，不过各国的脚步并不一致。到了50年代的大景气时期，全球各地几乎均由温和保守派的政府所主导。美国（1952年起）、英国（1951年起）、法国（除了一段短期的联合政府时期之外）、联邦德国、意大利、日本六国的政坛之上，左派完全偃旗息鼓。只有斯堪的纳维亚的政权，依然握在社会民主党派的手中，至于其他小国，也有社会主义党派继续在联合政府中共同执政。左派撤退之势，明显可见，它们的退却，并非由于失去社会主义人士的支持，更不是出于法国和意大利共产党势力的衰退，共产党在法意两国仍是工人阶级的最大党派。[1]它们的销声匿迹，更与冷战的兴起无关。极少的例外可能是在德国及意大利，前者的社会民主党认为德国统一不靠谱儿，后者的社会民主党则依然与共产党同声出气。当时的每一个人，除了共产党以外，当然都坚决反苏。十年景气里，人们都一致反左，这实在不是一个进行任何重大变革的时刻。

---

[1]　但是从整体而言，左派终究是小党小派，甚至连其中大党也不例外。它们最高的得票记录，是由英国工党于1941年创下的48.8%。可笑的是，在这场左派最光荣的一役里，胜利的果实实际上却由保守党以微弱优势夺走；这得怪英国特有的奇特选举制度。

但是到了60年代，各国共识的重心却又开始向左转。这个转变之所以出现，其中部分原因，也许出在自由主义的经济思想在凯恩斯式的管理学说下日渐退却，甚至在坚持古典阵营的死硬派国家，例如比利时和联邦德国，也不例外。另外一个原因，可能是因为上一辈的老先生开始退出舞台——这些曾经照管过资本主义一代稳定复兴的前辈：美国的艾森豪威尔于1960年（生于1890年）、德国的阿登纳于1965年（Konrad Adenauer，生于1876年）、英国的麦克米伦于1964年（生于1894年），甚至连伟大的法国戴高乐将军（生于1890年）也不例外，均在这段时期一一告别政坛。一时间，世界政坛上一片返老还童、青春重现之象。事实上对温和左派的人士而言，50年代与他们是如此不投机，而黄金年代的巅峰时期则与他们真正是情投意合，此时，只见他们再度在西欧各国的政府中活跃起来。这股又开始向左转的趋势，部分原因来自选票方向的转移，如联邦德国、奥地利、瑞典等国的选民。到70年代末80年代初期，其势更猛，法国的社会主义者，以及意大利共产党，均于此时达到他们的最盛时期。不过就一般而言，各地选举结果多半仍极稳定——选举的方式，往往过分夸大了规模其实很小的转变。

然而，在政治风气向左转的同时，这十年间的公众生活也出现了一种极大的转变，即在实质意义上完全符合“福利国家”字眼的国家开始正式出现。在这些名副其实的福利国家里，社会福利开支的项目，包括收入水准的维护、民众医疗和教育的提供，成为国家总开支的最主要部分；而社会福利工作者的人数，也是国家机构里人数最多的。以70年代的英国为例，社会福利人员占全国公务员的40%，瑞典更高，达47%（Therborn，1983）。以此为大致衡量标准出发，第一批真正的福利国家约在1970年出现。在冷战缓和的年代里，军费开支的降低，当然也自动促成了其他方面比例的提高，其中尤以美国的例子，最能显示出这项改变的真实性。1970年越战最高峰时，美国学校教职员的人数却首次开始大量多于“国防人员”（Statistical History,

1976，II，pp.1102，1104，1141）。到70年代结束，所有发达资本主义国家均变成真正的“福利国家”，其中6国的福利开支占全国总支出的60%以上（分别为澳大利亚、比利时、法国、联邦德国、意大利和荷兰）。黄金年代终了，如此庞大的福利负担自然造成相当的问题。

当时，“发达市场经济”国家的政治生活，如果还不算沉寂到令人昏昏欲睡的程度，起码也似乎是一片宁静祥和。说来也是，除了共产主义，以及帝国主义在海外争权夺利造成的危机与核威胁之外（1956年有英国在苏伊士运河冒险，1954—1961年法国在阿尔及利亚掀起战火，1965年后美国在越南战场上鏖战多年），还有什么让人提起精神的事呢？正因为如此安静的背景，1968年间全球突然冒起的激进学生运动，才会让政客及老一派知识分子大感吃惊，一时之间措手不及。

学生运动的突如其来，显示出黄金年代的平衡稳定开始出现动摇的迹象。在经济上，生产力和工资不断增长，其间的平衡全赖两者之间的协调配合，才能保持住稳定的利润。但如今生产力不再持续增加，工资却依旧不成比例地继续上升，无可避免，自然会导致不稳定的失衡后果。黄金年代的出现，全凭生产力与消费者的购买力之间，两者同在增长上维持着一种微妙的平衡，这是一种在两次大战之间，可说完全不曾存在过的奇妙现象。工资增加的比例，必须快到使市场上始终保持活力的气象，可是却不能快到对企业的利润造成损害。然而，在一个劳动力短缺的年代，该如何控制工资？更概括地来看，需求如此活跃，市场如此繁荣，如何控制物价也是一门学问。换句话说，到底该如何驾驭通货膨胀这匹难驯的野马，或至少将之约束在一定的范围之内？此外，黄金年代的存在，也靠美国在政治经济各方面高高在上的地位。美国主控世界——虽然有时并无意义——成为世界经济的稳定剂及保证人。

60年代时，黄金时代的各个环节都开始露出疲态。美国霸权的地位衰退，以黄金美元为基准的世界货币体系也随之瓦解。在一些国家里，劳动生产力增长开始减缓，而以前推动着工业大景气的内部移民——这个提供劳动力来源的贮水槽——更有干涸见底的迹象。20年时光流转，新一代已经长成，对这些成年男女来说，两次世界大战之间的悲惨经验，如大量失业、没有安全感、稳定不变甚或直线下落的物价等，都只是历史书上的文字，而非他们切身经历。这群人对生活、对未来的期望，完全根据自己这个年龄层的实际经验及感受，即全面的就业，以及持续的通货膨胀（Friedman，1968，p.11）。60年代，全球爆发起一阵工资猛涨的狂潮，不论引发这股风暴的原因为何——劳动力短缺、雇主努力压住实际工资上涨的幅度，或如法意两国的例子，因学生反抗的大浪潮引发，但关键所在，是这一代已经习惯于不愁没有工作的工人们突然发现，长久以来，虽有工会为他们定期谈判谋得固定的加薪，但是实际的上涨幅度，却远比他们自己在外面市场上议价所取得的为少。市场性供需的真相披露——在此，我们或可察觉到一股向劳资斗争回归的古典趋势（1968年后“新左派”即据此振振有词）。然而无论如何,1968年前那温和冷静的谈判场面，至此已不复存，黄金年代末期的人心的确大有改变了。

劳动人口的心理现象，与经济事务的动作有着极为密切直接的关系。因此工人心理一旦变化，震撼力远比学生风潮为大——虽然后者的运动风潮为媒体提供了更有戏剧性的素材，也为唾沫横飞的评论家提供了更多的话题。学生的反抗运动，实质上是属于政治经济生活之外的现象，动员的对象只是人口中极小的一群。这群天之骄子，甚至不被视为公众领域中的特定群体，而且既然他们多数仍在就学，根本就在经济生活的领域之外，唯一可以沾得上边的角色，只是作为摇滚唱片的购买者而已。总而言之，这是一群（中产阶级的）青少年，他们的文化意义远胜于政治意义。西方学生运动展现的政治意义，倏忽而逝，与第三世界和极权国家不可同日而语（参见第十一章第3节和第十五章第3节）。但是反过来说，却也具有一种象征性的警告意味，向那些以为已经将西方社会问题永远解决了的成人，提出一个“记得你终将一死”的警告。因为黄金年代改革派大家克罗斯兰的著作《社会主义的前途》(*The Future Socialism*)，美国社会经济学家加尔布雷思（J. K. Galbraith）的《富裕社会》(*The Affluent Society*)，瑞典经济学家诺贝尔奖得主米尔达尔的《超越福利国家》(*Beyond the Welfare State*)，以及贝尔（Daniel Bell）的《意识形态的终结》(*The End of Ideology*)，均出版于1956—1960年之间。他们的立论，也都一律建立于同样的假定，即在如今这个基本上差强人意的社会里面，靠着不断的改进，内部必将愈发和谐。总而言之，他们都对组织性的社会共识深具信心。然而，事实发展证明，这种协调共识局面的寿命，并没有活过60年代。

因此，1968年并非一个时代的结束，也非一个时代的开始，却只是一个信号。它与工资暴涨不同，与1971年布雷顿森林体系的崩溃也不同，与1972—1973年间的谷物大景气，1973年石油输出国家掀起的石油危机更相径庭。而在经济史家搜索枯肠，企图为黄金年代的倏然结束找出一个理由的努力里面，也不占有任何重要的地位。黄金年代的结束，其实并不完全在学者的意料之外。70年代初期，在急速上升的通货膨胀影响下，又有全球货币供应不断增加，及美国赤字大量上升，经济扩张的脚步疯狂加速。情况开始变得不可收拾，借用经济学家的术语来说，世界经济体系有“过热”(overheat)的危险。1972年7月起的12个月之中“经济合作与发展组织”各成员国的国内生产总额跃增了7.5%，而实质工业生产力则增长了10%。对那些犹未忘记维多利亚大景气年代是如何结束的历史学家而言，当时很可能都在担心，眼前的疯狂景气不久就要进入直线下落的时期。他们的顾虑也许不无道理——不过作者非常怀疑，当时可有何人曾预见到1974年的大崩溃。而且即使在它发生之后，恐怕也没有人把它当作真正的危机处理。因为当时先进工业国的国民生产总额虽然的确出现大幅度的滑落——这是大战以来从未发生的现象——可是在人们心里，只把它类比为1929年的经济危机。而且当时也并未出现任何真正大动乱的征兆。一如往常，当时的人震惊之余，连忙从过去旧景气崩溃的原因中寻找答案，把它解释为“一时不幸的混乱所致，未来即使重复，规模也将小得多。目前的种种冲击，主要是因某些可避免的错误造成”。以上是引自“经济合作与发展组织”的报告（McCracken，1977，p.14）。头脑简单的人，更把一切罪过都怪到“石油输出国组织”大小酋长的贪婪头上。作为一个历史学家，如果徒然把世界经济结构里发生的重大变化，归于运气不佳，或只是可以避免的意外，这种想法实在有必要重新检讨。而这一回，世界经济结构的确面对着一个大变化，崩溃之后，再也无法恢复过去大步前进的姿态了。一个时代宣告结束，1973年以后的10年，世界再度进入一个危机的时代。

于是黄金年代的光彩尽失。然而在它发光发亮的日子里，黄金年代却为人类带来了有史以来变化最富戏剧性、最迅速、影响最为深远的革命。下面，我们就要进一步探讨这些革命。

第十章

1945—1990 年社会革命

莉莉：我奶奶老爱跟我们谈大萧条的日子如何如何。书报杂志上也常有这一类的话题。

罗伊：他们老是喜欢告诉我们，我们应该庆幸自己有饭吃，有这个那个的。因为说到 30 年代呀，他们总是爱跟我这么说，大家都快饿得活不下去了，又没有工作，又这个那个的老一套。

巴奇：我从来没有不景气过，所以我才不在乎它怎样呢。

罗伊：照我们听的那一套，你不会喜欢活在那个时代的。

巴奇：反正，我又不活在那个时候。

——美国广播名人暨作家特克尔

（Studs Terkel，*Hard Times*，1970，pp.22—23）

（戴高乐将军）上台之际，全法国共有 100 万台电视机……到他退隐时，全法国已有 1 000 万台电视机了。法国这个国家就好像在做娱乐事业一般；可是昨天的戏院之国，与今日的电视之国，却完全是两码子事。

——德布雷（Regis Debray，1994，p.34）

1

每当人类遇到从未经历过的新事物时，虽然他们完全不能理解，更看不出其中的所以然来，却往往搜索枯肠，想要为这未知的现象找出一个名目。就在20世纪的第三个25年里，我们可以看到西方的知识分子正陷入如此的困境之中。一切新名词当中，都少不了一个“后”(after)字，通常是以拉丁字衍生的同义字“后”(post)字出之。几代以来，用以厘定20世纪人类生活精神领域的各式各样的名词，便纷纷被冠上了一个“后”字。于是这个世界，以及其所有的相关层面，成为后工业（post-industrial）、后帝国（post-imperial）、后现代（post-modern）、后结构主义者（post-structuralist）、后马克思主义者（post-Marxist）、后谷登堡（post-Gutenberg），后这后那，凡事皆“后”。这些加在字首的前缀，就像葬礼一般，正式承认了一代一事的死亡。但是对于死后来生的性质，人们却不但缺乏共识，甚至根本不能确定。人类历史上变化最富戏剧性、最迅速也最为普遍的一场社会大变革，便在这样一种气氛之下，进入了身历其境的当代人的意识深处。对这场变革转型的记录，即是本章的主旨。

综观这场社会转型的最大特色，就是其前所未有的高速度与普遍性。诚然，在此之前，发达国家——就实际意义而言即中西欧和北美地区，以及其他地区俨然世界骄子的少数富人——长久以来，便已生活在经常的变化之中，在他们的世界里，科技不断进步，文化不断更新。对这一类人而言，进一步的全球性大变革，不过是加速并加强他们原已熟悉的变化罢了。说起来，30年代中期的纽约客，不是已仰首瞻望着那座傲视全球的摩天大楼帝国大厦（Empire State Building, 1934）？帝国大厦稳坐世界第一楼的宝座，直到70年代才被取而代之，而挑战者的高度，也不过多出仅仅三十几米而已。因此，物质增长的量变，到底对生活造成何等质变的冲击，这个问题不但要经过好一段时间方引起世人注意，更别说如何去有效测量其中的程度了。而此种迷茫现象，即使在前述的优越地区也不例外。但在全球性的层面上，这番变动却突如其来，宛如地震似的排山倒海。因为在50年代，地球上80%的人突然结束了中古时代的生活。更确切的形容是，世人在60年代，开始感受到中古时代的确寿终正寝了。

就许多层面看，亲身经历这种种蜕变的人，往往无法掌握其中变化的全部意义。因为这些经验对他们本身而言，仅仅属于渐进式片断性的变化，正如同在个人生活当中，无论发生多么巨大的变化，但在变化发生的当时，却很少将其视为影响整个人生的大变革。一个乡下人决定进城找工作了，此事在他的心里，比起从军，或与两次大战中战时经济生活对英德两国男女的影响比较，在变化上又有什么更持久的意义呢？他们进城时，不曾打算从此永远改变生活方式，虽然在事实上结果却是如此。当局者迷，只有局外人每隔一段时间重返前者生活的场景时，才能感受出其中变化的巨大。即以西班牙东岸大城瓦伦西亚（Valencia）为例，笔者上一次到此地是50年代初期，到80年代初，这方地面已经发生了多么巨大的变化！想想看西西里一名50年代入狱的来自农村的囚犯，服刑数十年后出狱，重返巴勒莫。只见当年的乡间，已在房地产开发之下变得面目全非，真有着恍如隔世之感。“以前的葡萄园，现在全都变成堂皇的大建筑了。”这位老兄满脸迷茫，不敢相信地对我大摇其头。世界变化之快，连历史的时间长河，也得用更短的间隔来度量了。不到10年（1962—1971），远离城市的库斯科（Cuzco，位于秘鲁）地区已经变成两个世界：10年前，那里的印第安人原本都穿着传统服饰，10年后却都已改穿西服。70年代末期，墨西哥某小镇市场上的众多摊贩，纷纷使用日本造的小型计算机为客人结账，10年之前，根本还没有半个当地人听说过这个东西呢。

于是1950年以来，世人便生活在如此高速变化的历史之中。如果你年纪不太大，并在各处经常有一定程度的走动，便可以感到此中经验的独特。自60年代之后，西方年轻人更发现如今前往第三世界国家旅行，不但可行，更成为一种时尚。此时若欲观察全球的蜕变，只需睁大一双眼睛即可。然而作为史家，却不可以片段的印象及零星的见闻为满足——不管这些印象见闻的意义多么重大——必须一一深入记录，并予厘清方可。

20世纪下半叶中变化最巨大、影响最深刻的社会变革，首推传统小农经济的死亡，这一变化，永远切断了我们与过去的血脉联系。自从新石器时代以来，绝大多数人都依土地或海洋为生，地上的禽畜、水里的鱼虾，供应了人类。即使在工业化的国家里，甚至进入20世纪，农牧业人口仍然在就业人口中占有极高的比例，只有英国一地除外。记得在笔者的学生时代，也就是30年代，小农阶级迟迟不去的现象，往往被人用来反驳马克思的预言——马克思认为小农阶级必将从地球消失。即使到了第二次世界大战前夕，农渔业人口低于总人口20%的国家，英国除外，全球也只找得出一个比利时而已。甚至连美国与德国这两大经济强国——当时世界上工业化最彻底的两个国家——其农业人口虽然已呈稳定性的下降，此时却仍占总人口的四分之一左右。法国、瑞典、奥地利三国的比例，更在35%—40%之间。至于其他落后的农业地区，以欧洲国家保加利亚和罗马尼亚为例，每5名居民里，就约有4名依然靠土地为生。

现在再来看看20世纪第三个四分之一的年代，情况全然改观了。80年代初期，每100名英国人或比利时人当中，只有不到3名仍然从事农业方面的生产。因此对一名普通的英国人而言，在他每天的生活里面，碰上一位一度在印度或巴基斯坦务农之人的机会，远比碰上曾在英国本土务农者的概率为高。这种情况实在不足为奇。而美国境内农牧业人口的数目，也不断下降至相同的比例。不过由于长久以来，美国务农的人数本来就在急剧减少，此刻的超低数字自然也就无甚令人吃惊。相形之下，在劳动人口中占有如此低的比例的美国农民，却能够生产出难以估量的粮食，流往美国本土及世界各地，才是最令人惊诧不已的事实。回到40年代，没有人能预想到待到80年代初期，凡是在“铁幕”边界以西的国家，已经没有一国仍有10%以上的人口在从事农业，只有爱尔兰共和国，以及伊比利亚半岛上的西班牙、葡萄牙两国除外（爱尔兰的比例也只比这个数字稍高而已）。但是即使在1950年农业人口约为半数的西班牙、葡萄牙，30年后的此刻，也分别降为14.5%和17.6%。此中意义，不言而喻。西班牙的农民人数，在1950年后的20年间减半；葡萄牙则在1960年后的20年间走上同一道路（ILO，1990，Table 2A；FAO，1989）。

种种数字比率，实在令人咋舌。以日本为例，农业人口从1947年占总人口的52.4%，急速降为1985年的9%。换句话说，这段时间等于一名年轻士兵由第二次世界大战的战场归来，到他由普通职位退休时的长度。再看看芬兰的一位小姑娘——这是笔者亲闻的一个真实人生故事——生下来是农家之女，第一次结婚嫁作农人之妇，但是她从中年开始，却已经彻底改头换面，变成一名世界都会的知识分子及政治人物。回到1940年间，当她父亲在那个寒冷的冬天在对苏战争中不幸牺牲，留下孤儿寡母无所依靠时，全芬兰还有57%的人口从事农林牧工作。待到她45岁时，这个比例却已经不到10%了。个人生涯与国家发展，两相对照，芬兰人由农牧始，终而却进入一个完全相异的生活环境，也就实在不足为奇了。

于是在这些于工业化大道上一路往前猛冲的国家里，马克思的预言似乎终于实现了，也就是工业化的结果，果然使得小农阶级一扫而空。但是真正令人惊奇的发展，却发生在其他显然远远落后的国家里面，因为它们的农业人口，也同样出现空前的下降趋势。这些国家贫穷落后，联合国不得不千方百计想出种种名目称呼，用以粉饰它们贫穷落后的状态。就在那些“前途光明远大”的左派年轻人口口声声引用毛泽东的策略，大事庆祝广大农民百姓终于围剿都市安于现状保守派的革命成功之际，这些广大的农民百姓，却一个个静悄悄地抛弃了他们的家园，前往城市谋生去了。在拉丁美洲一地，20年间，哥伦比亚（1951—1973）、墨西哥（1960—1980），甚至包括巴西在内，农民人数急速减半。而多米尼加共和国（1960—1981）、委内瑞拉（1961—

1981）、牙买加（1953—1981）三国变化更剧烈，锐减了三分之二。这些国家在第二次世界大战结束之际，除了委内瑞拉外，其农民人数都高占全部就业人口的半数，甚或绝大多数。但是很快地到了 70 年代初期，拉丁美洲全境除了中美一带的小国和海地外，没有一国的农民没有变成少数。西半球伊斯兰世界的情况也大同小异。30 年间，阿尔及利亚的农民由 75%锐减为 20%，突尼斯从 68%降为 23%。摩洛哥的例子虽然没有如此戏剧性，其农业人口却也于 10 年（1971—1982）内失去原本的多数地位。至于叙利亚和伊拉克两地，50 年代中期仍有半数人口在土地上胼手胝足；可是 20 年间，前者的比例却已减半，后者也降为不到三分之一。伊朗则从 50 年代中期的 55%左右，进入 80 年代中期降为 29%。

与此同时，欧洲的农业地区农民自然也早已停止耕耘土地了。到 80 年代，甚至连东部及东南欧历史最古老、最悠久的小农经济占主导地位的农业区（罗马尼亚、波兰、南斯拉夫、希腊），农民人口也减到不足全部就业人数的三分之一。有的比例甚至更低，如保加利亚便是其中一个显著的例子（1985 年只占 16.5%）。欧洲及中东一带，只剩下土耳其一个国家仍旧坚守着农业文化不放，土耳其的农业人口虽然也呈下降之势，可是进入 1980 年，却依然占有绝对多数的地位。

如此一来，全球只有三大地区，依旧被村庄和田地所占有：撒哈拉沙漠以南非洲、南亚及东南亚的大陆地带，以及中国。只有在这些地区，才可以找到那些不曾为农耕人口下降之势的裙角掠过的国家。这些地方，在举世风云变幻的几十年间，从事种植庄稼及饲养牲畜的人口，仍旧保持着相当稳定的比例，尼泊尔为 90%，利比里亚为 70% 左右，加纳约为 60%。甚至印度——实在令人不得不有点惊讶——竟然在独立后的 25 年间，还维持着高达 70%的比例；即使到了 1981 年，也不过稍微下降而已（66.4%）。无可否认，到“极端的年代”结束为止，这些以农业为主的地区，仍占全人类人口的半数。但是，即使在这些地区，农业经济也在经济发展的压力下濒临破灭的边缘。以印度为例，它坚实的农业人口虽是中坚力量，如今都在周围国家农业人口快速流失的包围之下，例如巴基斯坦、孟加拉、斯里兰卡三国的农民，早已经不再占有多数地位了。同样，自80年代开始，马来西亚、菲律宾、印尼等国，也已走上了同一途径。至于东亚新兴的工业地区例如中国台湾、韩国，当然更不例外——而就在1961年，中国台湾地区、韩国两地犹有60%以上的人口在田间操作。更有甚者，南部非洲一些国家以农业为主的现象，更属于种族隔离下的班图幻象［编者注：班图人（Bantu stan）为非洲中、南部黑人之总称］。以妇女为主的当地农业，实际上仅只是一个依赖大批外移男性劳动力的经济的表象；这些男性劳动人口，在白人城市及南部矿区里工作，他们的所得，才是当地经济活动的中坚。

于是静悄悄地，世界上绝大多数大陆上的农业人口向外大量移出，农业岛屿的这种现象更为严重。[1]但是这个现象中最显眼之处，便是这种农业上大变化的出现，只有部分是因为农业技术的进步，至少在这以前属于小农经济的地区如此。我们曾经在第九章中看到，发达国家已经摇身一变（只有一两个例子除外），成为世界粮食的主要供应国；与此同时，它们实际的农业人口却持续下降，一减再减，其比例有时甚至减少到不可思议的地步。这种现象，纯粹只是在资本密集下造成的单位人口生产量激增所致。其中最立即可见的因素，首推发达富有国家农民个人拥有的农耕机械。其数量之大，不但是其生产力激增的最大佐证，也是年轻苏联共和国的宣传图片里，那些袒胸露背驾驶着耕耘机械的农人的象征。不幸的是，苏联自己却在这方面一败涂地，彻底地失败了。至于另外一个表现虽然没有如此明显，意义却同样重大的因素，则属农业化学、选种育种，以及生化科学方面的突飞猛进。种种背景之下，农家不但不再需要过去科技发展前农忙时不可或缺的大批帮手，甚至连农家本身及长工的数目也随之减少。若有需要，在

[1] 农业人口向外大量移出的现象，除去无人的南极大陆不算之外，约占全球陆地的五分之一。

进步的现代交通运输帮助之下，也无须将这些雇工长年留在乡间。于是在70年代苏格兰牧羊业的珀斯郡（Perthshire）里，短暂的剪毛季节中，最划算的方式莫过于由新西兰运来一批批剪毛的专业工人。南北两半球季节相异，苏格兰与新西兰的剪毛季节正好错开，皆大欢喜。

至于世界上其他的贫苦地区，农业革命也同样如火如荼，虽然较为零星。事实上，若没有所谓"绿色革命"[1]输入的灌溉技术改良和"科学"农业帮助——虽然其长期影响至今仍有争议——南亚及东南亚大部分地区的粮食生产，势将无法供应当地大量快速增加的人口。再从整体而言，第三世界各国，以及第二世界以前属于社会主义或现仍为社会主义的部分国家，在粮食上不但不能自给自足，更无法扮演作为一个农业国家，一般而言粮食生产应该大量有余，足可用于出口的角色了。这一类的国家，最多也只能从事以出口为目的专门性的农产品生产，以供应发达国家的需要。至于本国人民的粮食所需，若不是来自北美粮食生产过剩的对外倾销，就只有在田间的泥泞里以最古老原始的方式继续以挥镐拉犁的劳力密集型的方式生产了。既然田里的劳动依旧需要他们，他们显然没有理由抛离这样一个农业环境他去。唯一的原因，恐怕便是人口大量的爆炸激增，使得可耕作的田地日渐稀少吧。但在事实上，许多小农外流的地区里，例如拉丁美洲，土地开垦的比例却往往很低，一大片未开拓的广阔地域里，只有屈指可数的乡人移往垦殖，哥伦比亚与秘鲁便是其中两个例子。这以外的地方，往往成为当地游击活动的根据地。反之，在亚洲农业依旧兴旺的土地上，却有着世上人口最稠密、耕作最密集的地带，每平方公里的人口密度，从250人至2 000余人不等（南美的平均人数仅为41.5人）。

农村的人口日渐稀少，城市却开始被人潮挤满。20世纪的下半叶，世界出现了空前的都市化现象。80年代中期开始，全球人口已有42%居于城市。若不是由于中国和印度的广大人口仍然居于乡间之故——中

[1] 所谓绿色革命，是指有系统地将高收成作物的新品种引入第三世界地区，并配以专门适合这些新品种的方式耕作。这项革命主要于20世纪60年代后开始。

印两国占亚洲农村人口的四分之三——都市人口的比例势必已成为多数（Population，1984，p.214）。可是即使在农业世界的心脏地带，人口也开始从乡间流向城市，往大城的集中之势尤为明显。1960—1980年间，肯尼亚的都市人口倍增，虽然1980年的都市总人口比例依然只有14.2%，可是该国每10名城市居民当中，却几乎有6名是住在首都内罗毕（Nairobi），而20年前，这个比例只有10 ：4。在亚洲地区，人口动辄数百万的大都市更如雨后春笋般兴起，通常多为所在国的首都。例如汉城（首尔）、德黑兰、巴基斯坦旧都卡拉奇（Karachi）、雅加达、马尼拉、新德里和曼谷等大都市，1980年的人口均已突破500万，有的甚至高达850万。以此趋势估计，公元2000年时，将会分别增加到1 000万至1 350万之间。可是回到1950年时，除了雅加达外，以上诸城没有一地的人口数在150万以上（World Resources，1986）。80年代人口狂潮大量拥向都市的现象，事实上确以第三世界为最：开罗、墨西哥城、圣保罗和上海四大都市，人口均超过八位数字。矛盾的是，发达国家的都市化程度，虽然仍旧远胜于贫穷地区（除了拉丁美洲部分地区和伊斯兰世界外），它们内部超级大城的人口却开始纷纷消解。早在城市居民向郊区逃散，向城外社区开始迁移之前，发达国家的都市便已在20世纪之初达到了它们的巅峰时期。如今这些旧都市中心，在夜晚便成了寂然一片的空城，白天在其间工作、购物、娱乐的人潮都已出城返家。当墨西哥城的人口在1950年后的30年间几乎暴增5倍之际，纽约、伦敦、巴黎三地的人口却开始慢慢离开都市，向都市的外郊逐渐迁去。

然而，却在一种相当奇特的情况下，西方地区城乡之间的新旧两个世界，人潮却开始交融。发达国家所谓的标准型“大都市”，如今是由一大片市区性聚集点面相连而成。其间往往有工商业或行政中心，若从空中俯瞰，可以看见这里的高楼大厦鳞次栉比，仿佛一片山脉连绵，除非如巴黎等地，不准摩天大楼兴建是为例外。两地之间的连接，始自60年代开始在公共运输上发生的一场新的革命——或可视为在个人拥有汽车风气的压力之下，私有汽车交通文化面临的一大挫败。自从第一条市内电车路线和第一个地下铁路系统于19世纪后期兴建以来，都市人从未见过如此盛况——如此之多的新地铁，如此众多的郊区大众运输系统，在如此之多的城市出现——从维也纳到旧金山、从汉城到墨西哥，新系统纷纷建立起来。与此同时，都市中心向四郊分散的现象，也在各地持续进行，各地社区及郊区的新兴地带，纷纷建立起自己的购物及娱乐设施，其中最有名、最显著的便是由美国首开风气之先，兴建于都市周边地带的室内型“购物中心”。

然而在第三世界，城乡之间的交通连接却极不完善，虽然也有大众运输系统存在（多数是难担重任的过时系统），以及无数破旧不堪的私营老爷车充当长途汽车及“集体搭乘式”的计程车，运送着人潮来往。第三世界都市内部的发展，单看在突然之间，人口暴涨至1 000万甚或2 000万的疯狂事实，自然便难逃七零八落、杂乱无章的混乱现象。更何况在这些新兴都市里的各个社区，原本都是由七拼八凑临时搭盖的陋室起家，十之八九，是拣到空地便盖起来的违章建筑。这一类城市里的居民，每天恐怕得耗费数小时的时间往返于工作和住家的地点（因为固定的差事难找，一旦找着必须紧紧抓住）。与此同时，为了一享难得的娱乐，他们也愿意花上同样长的时间，不辞长途跋涉，前往几处稀少的公共场地朝圣。例如巴西旧都里约热内卢（Rio de Janeiro）市内足可容纳20万名观众的玛拉卡那（Maracaná）球场便是一例，在那里，市民可以一睹各路足球英雄各显神技。事实上，在新旧世界里，交相融合的现象，已经不断地演变为一组又一组在表象上依旧独立自足的大小社区的连接，不过就西方国家而言，社区的独立自足性往往更为正式。此外，西方富裕社会的绿地空间——至少在市郊一带如此——也远比贫困拥挤的东方和南方世界为多。于是在都市贫民窟及违章建筑里面，人类与顽强的蟑螂、老鼠共居着。发达国家“内城”（inner city）残存的废墟之外，城市之间是一片广大无人区的奇异地面，如今则成了鼬鼠、狐狸、浣鼠等众生出没活跃的野生世界。

2

这段时间里，世界同时兴起了另一种趋势，其变化之大不下于小农阶级的没落，其普遍性则更有过之而无不及，就是需要受过中高等教育的人从事的职业的出现。初级教育的普及，即国民基本的识字能力，事实上等于是世界各国政府一致追求的目标。因此到了80年代末期，只有那些实在无药可救或是诚实得不得了的政府，才有勇气承认本国的半数人口仍为文盲。其中更只有10个国家——除阿富汗外，全部位于非洲——承认国内只有不到20%的国民能读能写。识字率的提高，的确有着惊人的成就；共产党革命政权统治下的国家，在这方面的成就更给人印象深刻。当然，若依它们所称，在如此短暂的时间之内竟能全数扫除文盲，速度之快，有时难免有点不可思议。但是基础教育的普及程度，其中尽管不无疑问，中级教育甚或高等教育工作人员的需求量，却的确在以惊人的速度增长。至于已经毕业，或是正在就学的人口数字，自然也同样快速增加。

大学生人数的激增尤为显著。在此之前，接受大学教育者犹如凤毛麟角，少之又少，只有在教育普及、大学林立的美国是一例外。第二次世界大战以前，甚至德、法、英这三个国力最强大、发展最先进、教育最普及的国家，三国加起来1.5亿的人口里，大学生的人数只有微不足道的10万多，即占三国总人口的千分之一。然而到80年代后期，法国、联邦德国、意大利、西班牙、苏联等国的学生已以数百万计（这只是欧洲数国而已），更别提巴西、印度、墨西哥、菲律宾，美国这个大众高等教育的先驱增长之速自然更不在话下。到了这个时期，凡是推广教育不遗余力的国家，大学生人数均占总人口——男女老少尽在内——的2.5%以上。少数几个特殊的例子当中，大学生的比率甚至达到3%。在这样的国家里，20—24岁的年龄层中往往有20%的人仍在就学，这种比率并不稀奇。甚至那些对推广学校教育一事一向比较保守的国家，例如英国和瑞士，大学生的比率也升至1.5%。但是，学生群数字最大的比率，却出现于经济上离发达水准尚有一段遥远距离的国家，例如厄瓜多尔（3.2%）、菲律宾（2.7%）、秘鲁（2%）。

这一切不但是全新的现象，而且其势更突兀。“根据60年代一项针对拉丁美洲大学生所做的研究调查显示，其中给人印象最为深刻的事实即为学生人数的稀少。”（Liebman，Walker，Glazer，1972，p.35.）当时美国学者曾经下过如此结论，认为这个现象反映了美墨边界格兰特河以南的拉丁美洲世界，对于高等教育的立场，沿袭了欧洲主张少数精英精神——虽然拉丁美洲各国的大学生人数，每年其实在以8%的速度增长。事实上，一直要到60年代，学生的地位才比以前有显著的上升，逐渐演变为一支不可否认的重要政治和社会力量。1968年，世界各地掀起了一片学生激进主义的狂潮，而学生的声势，远比他们在总人口中所占真正统计数字的比例为大。话虽如此，学生人数激增却也是铁的事实，绝对不可忽视。1960—1980年的20年里，单在名校云集的欧洲一地，一般国家的学生人数普遍呈3—4倍的增长之势，而联邦德国、爱尔兰、希腊三国，更有4—5倍的增加，芬兰、冰岛、瑞典和意大利则为5—7倍，至于西班牙和挪威两国，增长更高达7—9倍（Burloiu，Unesco，1983，pp.62—63）。整体而言，社会主义国家学生朝大学窄门挤入的现象却没有如此显著，乍看之下，似乎让人不由不生起好奇之心，因为它们特别以本身大众教育的普及为骄傲。到70年代至80年代，社会主义国家的问题日益深重，高等教育学生的人数更遥遥落在西方国家之后了。而匈牙利和捷克斯洛伐克两国的高等教育人口，更比欧洲其他所有国家为低。

但是进一步探讨一下，这种现象还值得奇怪吗？答案也许是否定的。高等教育不断扩张的结果，到80年代初期，至少已经在7个国家里面产生了10万名以上的大学教职人员。西方高等教育扩张的现象，其实是由于需求的压力所致，而社会主义的经济制度，却无须对需求产生任何回应。对于计划人士及政府官员来说，现代经济对行政人员、师资力量和技术专家的需求量，自然远比过去任何一个时期为高。这些人员，都需要经过训练方可产生，而大学及其他类似形式的高等学府，传统上便是提供这类训练的最佳场所，是公职人员及特殊专家的培养场所。人才上的需求，以及一般对教育民主的迷信，固然为高等教育的扩张提出了最好的理由，但与此同时，学生人数暴增的速度，却远超过纯粹理性计划本身所能设想的程度。

事实的发展是，但凡有能力、有机会的家庭，都迫不及待地把子女送入高等学校之门。因为唯有高等教育，才是子女未来的最佳保证。他们可以因此获得较好的收入，最重要的是，他们可以经由教育晋升较高的社会地位。60 年代中期，美国调查人员曾访问拉丁美洲各国学生，其中认为大学教育可以在未来 10 年之内提高其社会地位的人数，高达 79%—95%。相对的，只有 20%—38%的学生以为，大学文凭可以为他们带来比其家庭现有情况更高的经济地位（Liebman，Walker，Glazer，1972）。事实上有了大学文凭，收入水准势必比非大学生为高，而在那些教育不甚普及的国家里，毕业证书更好比是铁饭碗。毕业生不但可以在国家机器里获得一份工作，权势、影响力及金钱上的强取豪夺，更随仕途而来。总而言之，毕业证书便是一把打开真正财富之门的金钥匙。诚然，多数学生的家庭背景，原本均胜过大部分家庭，否则明明是养家糊口的工作年龄，父母又哪能供得起他们多年的学费呢？但是也不见得他们全是出自富贵人家，通常父母都为子女的教育做出极大的牺牲。韩国的教育奇迹，据说便奠基于农家父母的卖牛所得，才尽力让子女跻身尊贵的学人之列（1975—1983 年的 8 年间，韩国学生人数由总人口的 0.8%一跃而为 3%）。凡是成为一家中第一位大学生的孩子，有谁不能体会其中的良苦用心？全球景气使得无数小康家庭，包括白领阶层、公务人员、店家、小生意人、农家，在西方甚至连收入丰厚的技术工人在内，也有能力供子女求学。西方的福利国家，1945 年由美国首开风气，以各种助学金的方式，大量提供退伍军人学费补助——不过多数学生还是准备过着极为简朴的求学生涯。在讲求民主平等的国家里，更把中学毕业后继续进修一事，视为学生理所当然的权利。以法国为例，即使到了1991年，依然认为国立大学应该完全开放，认为选择性招收学生不合法（社会主义国家的人民可没有此等权利）。于是青年男女纷纷涌进大学之门，政府便得尽快兴办更多的新大学容纳他们——美国、日本，及其他少数国家除外，大专院校几乎普遍为公立，少有私立大学。兴办新大学的热潮，以70年代为最盛，几乎倍增。[1]此外，60年代纷纷独立的前殖民地新兴国家，也都坚持设立本国学府。大学，就如国旗、航空公司、军队一般，都被这些新兴国家认为是一种不可或缺的独立象征。

除了一些极小的国家或极度落后的国家之外，各国的男女青年学生及教职员等，动辄数以百万计，少则也有数十万。他们或集中于广大却与外界隔绝的校园里，或潮涌入大学城内，众多大学生随之在文化和政治上成为一种新兴力量。大学生这个现象是超国界的，他们跨越国界进行交流，分享沟通彼此的观念经验，其势从容，如鱼得水，交换的速度却又极为迅速，对于新科技的传播及运用，他们比起政府部门也更为得心应手。60年代发展的情况证明，学生群不但在政治上具有爆炸性的激进作用，他们向国内外表达其对社会政治不满情绪的方式也颇为不凡。在一些极权国家里，学生更是唯一能够采取集体政治行动的群体。因此，当其他拉丁美洲国家的学生人数不断膨胀之际，在军事独裁者皮诺切特治下的智利，1973年后的学生人数却被迫下降，由全部人口的1.5%减少为1.1%。其政治意义不可不谓深远。1917年以来，革命者昼思夜想，希望有一天各地同时爆发世界性的社会运动，而在1945年后的黄金年代里，最接近这个梦想的一刻恐怕就要数1968年。那一年，全球学生发起运动，从西方世界的美国和墨西哥，到社会主义的波兰、捷克斯洛伐克、南斯拉夫，各地一片学生运动浪潮，其中多数是受1968年5月巴黎学生暴动事件的刺激。当时的巴黎，可说是一场撼动全欧的学生运动的震中。老一代的观察家，如

[1]　就这一点而言，社会主义国家的政府也没有任何选民压力的问题需要考虑。

阿隆（Raymond Aron）一辈，对学生的行动颇不赞同，斥之为一场街头闹剧，不过是一种为发泄情绪的所谓“心理剧”罢了。然而，学生运动虽然算不上革命，但也绝非如阿隆眼中所视，只是一种儿戏。算算1968年这一年的总账，法国有戴高乐将军时代的结束，美国有民主党政府时代的终止，中欧共产党国家则对自由派共产主义的希望幻灭。随着特拉泰洛尔科（Tlatelolco）的学生大屠杀事件，墨西哥政治也从此静静地展开了新的一页。

然而，1968年的骚动（其风波一直延续到1969年及1970年），最终却不能变为一场革命，事实上也从来不曾有过发展成为革命的趋势。其中原因，即在始作俑者是学生。因为学生人数再多，动员力量再大，单凭这批学生，毕竟不能成事。学生在政治上所能发挥的作用，主要是为另一股人数更多却极易引爆的团体——工人，扮演了发出信号或引爆雷管的角色。于是在1968—1969年间，学生运动在法意两国引发了巨大的罢工浪潮。但是20年来，全面就业的经济美景，为工薪阶级的生活带来了前所未有的改善；此刻虽然罢工，但“革命”一事，却是这些工人脑海里最不曾想到的一件事情。这之后一直要到80年代，学生运动才再度出现，但是这一回出现的地方，却是在彼此相距不下千里的几个国家，例如韩国、捷克斯洛伐克等。而且这一回，学生们的反抗运动非同小可，似乎确有引爆革命的架势。至少，他们的声势之大，使得政府也不得不予以正视，把他们当作一种真正的威胁看待。1968年的伟大梦想失败以后，某些激进学生确也曾诉诸小团体的手段，进行恐怖活动以达革命目的。这一类的活动，虽然在宣传上形成了相当轰动的效果（至少也满足了他们最主要的动机之一），但是对实际政治发展，却少有重大的影响。而且，若真有任何实质影响的迹象，政府也说做就做，往往立刻采取手段。70年代，在那场所谓的“肮脏战争”（dirty war）里，南美一些政府便曾无所不用其极，对学生进行有系统的迫害和残杀。在意大利，也发生过幕后贿赂谈判的丑事。20世纪最后10年唯一能够逃过这种悲惨下场的，只有西班牙巴斯克（Basque）民族主义恐怖分子团体自由党（ETA），以及在理论上属于共产党的秘鲁农民游击组织“光辉道路”（*Sendero Luminoso*），后者乃拜阿亚库乔（Ayacucho）的大学师生所赐方才问世成形，是他们送给该国人民的一项可怕礼物。

在此，我们就感到几分困惑了。黄金年代众多的社会因子当中，为何独独这个新起的社会群体学生，会选择一条左派激进的道路呢？一直到80年代，甚至连民族主义一派的学生也爱将马克思、列宁、毛泽东的红色头像，缝制在他们的旗帜上（只有反共产党政权的学生暴动例外）。

这种现象显然远超出社会层级的范畴。新兴的学生族群，基本上属于一组青少年龄群，即漫长的人生旅途当中，一个短暂停留驻足的时期。学生中，更包括人数快速增长、比例甚大的女学生。学生时期，是女性在短暂的青春及永远的性别之间一段暂停的时间。稍后，我们将探讨某些特殊的青少年文化现象，这些文化不但将学生与其他他们同龄的族群相结合，也与新女性的意识息息相关——后者影响之广，甚至远在大学校园之外。年轻的族群，尚未在成人世界定居下来，传统上便有着饱满昂扬的精神，更是狂乱无序的所在，试问中古大学校长对年轻学子的印象，答案也必定没有两样。于是一代又一代资产阶级的欧洲父母，便劝诫一代又一代对长辈充满不信任的儿子说（后来更包括女儿）：一个人在18岁的时候，固然充满了革命热情，但等到35岁时，就不是这么回事了。事实上，这种热情随着年龄退去的观念，在西方文化里如此根深蒂固，某些国家，也许多数是大西洋两岸的拉丁系国家，甚至完全不把学生的好战习性放在心上，有时连年轻一辈武装游击的行动也轻描淡写。年轻的心是活泼的，是激动的。有个笑话说得好：（秘鲁首都）利马的圣马科斯（San Marcos）大学的学生，在进入社会从事与政治无关的中产阶级专业之前，必须先在一些激进的队伍“为革命服役”——不过这是在所谓正常生活还能在这个国家进行的年头（Lynch，1990）。墨西哥学生也学到两样功课：一是机关吸收新人的对象，往往来自大学生，而二是学生时代的革命表现愈激烈，毕业后得到的差事就愈好。甚至连我们可敬可爱的法国，到了70年代初期，也有某位前激进分子在政府中出类拔萃，成为家喻户晓的人物。

然而以上种种现象，依然不能解释为什么这一批天之骄子，这一群有着比其父母、比其非学生的同辈更好前途的年轻学子，竟然会受到政治激进路线的强烈吸引——只有极少数例外。[1]当然，事实上绝大多数的学生都在安心求学，他们对激进的政治路线毫无兴趣，专心一致，只求取得将来可以帮助自己飞黄腾达的学位。可是听话的多数学生，比起好闹事的少数，所受到的关注却远为逊色，不过，后者的比例虽低，论其绝对数字却也不可小觑。这些在政治上活跃的少数，借着各式各样的公开活动，往往独霸了大学校园生活的焦点，他们在墙上贴满海报，信笔涂鸦乱画，又举办一连串的会议、游行、罢课，有声有色。这种左翼激进的程度，在落后国家虽不少见，在发达国家却是极为新鲜的事情。因为回到第一次世界大战之前，中欧、西欧和北美三地的多数学生，通常若非右派，便是对政治漠不关心。

学生人数暴增一事的后果，也许可以为此事提供一个答案。第二次世界大战结束时，法国学生人数不足10万。到1960年，已经暴涨一倍，超过20万人；10年之内，又再度呈三级跳升到65.1万余人（Flora，p.582；*Deux Ans*；1990；p.4）（这10年间，学习人文学科的学生人数增加几乎3.5倍，学习社会科学者更增加4倍之多。）学生暴增之下第一个最直接的后果，便是学生与校方的冲突。一批又一批涌入大学之门的学生，许多都是一家几代以来才出的第一位大学生。校方措手不及，不论在硬件设施、软件师资，以及治校观念上，都无法应付这一股暴涨的洪流。此外，随着这一年龄层继续求学人数的增加，如在法国一地1950年为4%，1970年则上涨为15.5%，上大学已经不

[1] 在这些极其少数的例子中，苏联是其一。苏联学生与东欧及中国学生不一样，他们作为一个群体，在社会主义分崩离析的年代毫无分量。相反地，苏联的民主运动被认为是一场“四十来岁的革命”。年轻一代已经道德颓丧，士气低落，只在一旁扮演观众的角色。

再是什么非同小可的特权及奖赏，大学校规加在这些年轻（通常两袖也清风）“小大人”身上的约束便自然难以忍受了。学子们对于校方权威的憎恶，很容易便扩张延伸，变成对任何一种权威都产生反抗的心理，因此，（西方）学生往往倾向左派。于是60年代，便成为学生运动“超水准”（*par excellence*）演出的时代，此事实在不足为奇。再加上各个国家又有其他种种特殊的原因火上加油，学生运动愈演愈烈，如在美国有反越战风潮（事实上即反兵役），在秘鲁则有种族仇恨事件（Lynch，1990，pp.32—37）。不过学生骚动不安的现象实在普遍，一一个别解释反显多余。

再从另一个更广泛的角度来观察，这一个学生新群体，却与社会上的其他族群以一种相当尴尬的角度相对立。与其他历史悠久、地位已经确立的阶层或社群相比，学生在社会上既无确定的地位，与社会之间也无固定的相关模式，学生者，至多只不过是中产阶级生活的少年时期而已——这一股学生暴增的新浪潮，在战前微不足道得简直可怜（号称教育程度优良的1939年德国，仅有学生4万名）。就许多方面而言，学生大众的存在，正暗示着孕育出这批新大众的社会本身的问题。从问题到批评，不过一个跑步的距离。这批新人类如何适应社会？这社会又是怎样一种社会？学生群体如此青春年少，这些青春之子与其父母之间的鸿沟如此深阔，问题待解答的程度便越发紧急，年轻人的态度便越重要。年轻的孩子属于战后一代，他们的父母则难忘当年惨痛，时时不忘比较，当前的美景，大大超出他们的所想所望。而年轻人的心中，对战后惊人的增长却缺乏亲身经历与渐入佳境的意识，他们心中的不满，便毫无缓冲的余地。新的世界，新的时代，是这些校园年轻男女经历的全部，是他们所知道的一切。他们对现状的想法与父母一辈截然相反，他们只觉得凡事都应该更美好、更不同，即使他们自己并不知道怎样反叛达到这个目的。而他们的老一辈呢，习惯了过去失业恐慌的日子，至少也永生难忘，如今情况大为好转，对于大规模的暴动事件自然便毫无兴趣。学生群的不安，正好在全球不景气达到高潮的节骨眼上爆发，因为在学生的心目中，他们要反抗的事件，尽管模糊盲目，却正是这个现存社会具有的种种特质，而非由于社会的进步不够。矛盾的是，这起运动的始作俑者，原是一批与经济利益不相关的学院中人，但是他们起来骚动的结果，却触动了另一批向来以经济动机为其出发点的群体。后者受学生运动启发，发现原来自己在这个社会中，可以索取远比目前所得更多的东西。于是欧洲学潮的直接影响，便是一连串工人罢工的活动，他们要求提高工资，并且改善工作条件。

3

工人阶级，与徜徉于城郊校园或城中校园的大学学子不同，当时并没有出现任何重大变化。一直迟至 80 年代，工人人数才开始呈大幅度的下降。然而，甚至早自 50 年代开始，人们高谈阔论、交口相谈的都是人类将如何进入一个“后工业的社会”。在这个后工业的社会里，革命性的科技更新转化，不但将使生产达到新的经济规模，而且完全无须人工操作。凡此种种对工人阶级的不利预言，自然使得以工人群众支持起家的政党及政治运动，在 70 年代以后开始大为恐慌。但是在事实上，这种普遍误以为工人阶级将逐渐凋零的现象，其实是一种统计上的错误，至少从全球性的角度而言是如此。

虽然自 1965 年开始，美国从事制造业的人数开始下降，到 1970 年后，下降之势愈趋明显，但是除了美国外，整个黄金年代，全球各地的劳动工人阶级其实相当稳定，甚至连老牌工业国家也不例外，平均约占就业总人口的三分之一。[1] 事实上经济合作与发展组织的 21 国当中，有 8 国的工人人数，即 8 个最发达国家，在 1960—1980 年间继续增长。在新兴的非共产党欧洲工业国家里，工人自然更是有增无减，

[1]　这些老牌工业国家包括比利时、联邦德国、英国、法国、瑞典和瑞士。

到 1980 年才进入稳定状态。日本的增长更为快速，进入 70 年代和 80 年代，开始保持相当平稳的数字。至于那些全速工业化的共产党国家，尤以东欧为著，工人阶级的人数更以前所未有的倍数激增。这种情形，自然也出现在第三世界全力追求工业化的国家，如巴西、墨西哥、印度、韩国等等。简单地说，直到黄金年代结束，全世界的工人数字不但大增，在全球人口当中，制造业人口的比例也比这以前高出很多。除了极少数的例外，例如英国、比利时和美国等，1970 年时各国工人在总就业人口中所占的比例，均比无产阶级意识觉醒、社会主义党派激增的 19 世纪 90 年代为高。只有到了 20 世纪 80 年代和 90 年代，工人阶级的数字才开始出现大量萎缩的现象。

在此之前，世人之所以会产生劳动阶级正日趋解体的错误印象，主要是因为工人阶级内部，以及生产过程当中发生的种种转变，而非由于工人实际人数的大量减少。如今 19 世纪及 20 世纪初叶的旧工业已经渐走下坡，当时这些工业是整个工业活动的代表，给人印象之深刻，更使其衰落的现象愈发引人注目。以煤矿工人为例，一度号称以数十万计，在英国更以百万计，如今却比大学生的人数更为稀少。美国钢铁工人的人数，甚至少于麦当劳快餐连锁店的员工人数。而一些传统工业即使未曾消失，也由旧工业重镇移往新兴的工业国家，例如纺织、成衣、制鞋等工业均出现大量外迁的现象。联邦德国境内，纺织及制衣业的工人人数，在 1960—1984 年之间跌落一半以上。到了 80 年代初期，德国制衣业每雇 100 名德国工人，便在海外雇有 34 名，但是在不过 14 年前的 1966 年，每 100 名中却还不到 3 名。至于钢铁和造船工业，根本上便从早期工业国的土地上消失，纷纷转移地盘，改在巴西、韩国、西班牙、波兰和罗马尼亚等国。旧有的工业带，如今变成了“生锈带”（rust belts）——这个名词首先发明于 1970 年的美国——而原本与旧工业如同一体的老工业国家，例如英国，多数却走了工业解体的道路，工厂旧地，不是变成现身说法的活博物馆，就是垂垂欲死，记录着一个已经消失的过去，商场上的新兴冒险家借此招徕游客，生意还颇为兴隆。在南威尔士一地，第二次世界大战之初原有 13 万人以采煤为生，当最后一处煤矿在此地消失，硕果仅存的老煤矿工人开始充当导游，带着游客下矿井一窥他们当年工作的黑暗深渊。

于是新兴工兴取代了旧有工业，两者的面貌完全不同；不但出现的地点经常有异，在结构上也往往大异其趣。80 年代的流行术语，例如“后福特时代”[1]，便透露了其中玄机。由生产线连接的大量生产的自动工厂，整个城市或地区投入某一单一工业（例如底特律和都灵的汽车工业），工人阶级住家在一起，工作在一起，形成一股紧密连接的力量——以上种种似乎均是古典工业的特征。虽然不尽正确，其中的真正意义却并不仅限于象征的意义。进入 20 世纪，凡是旧工业结构复苏活跃的地方，例如新兴的第三世界国家和社会主义经济，在有意追求“福特式作业”时，其与两次大战之间，甚或 1914 年前的西方工业世界相同之处往往极为明显——类似之处，还包括以汽车（例如巴西圣保罗）或造船［例如波兰格但斯克（Gdansk）］工人为主干的工人组织，在工业都市中心的兴起壮大——正如当年美国的汽车业联合工会（United Auto Workers）和钢铁业工会（Steel Workers' unions）的兴起，是由 1937 年的大罢工而发轫。于是旧工业进入 90 年代继续存活下来，只是如今均已进入自动化，并有其他一些改变。相反的，新型工业与旧工业却完全不同。在标准的“后福特”工业地带，如中北意大利一带的威尼托（Veneto）、艾米利亚—罗马涅、托斯卡纳等地，均不见旧工业特有的大型工业城市特征，如独霸一方的厂家或巨大工厂的踪影。这些新工业地区，往往是由散布乡内及镇上的工厂组成，其网络从郊外的作坊到外表极不起眼（却属高科技）的工厂到处都是。某家欧洲数一数二的大公司即曾问过博洛尼亚（Bologna）市长，可否愿意考虑让该公司一大工厂进驻该市。对此建议，市长很有礼貌，却断然地敬

[1] 后福特时代，这个名词的兴起，是左派企图对工业社会重新思考而出现的，并由利比兹（Alain Lipietz）使之流行。他是从意大利马克思主义思想家葛兰西（Gramsci）那里借得此语。

谢不敏。[1]他表示，他的博洛尼亚，繁荣进步——刚巧也属共产党的治下——很知道如何照顾自己以农业性工业为主的社会及经济：还是让都灵、米兰这些大城，去担心它们这类工业大城必有的问题吧。

于是工人终于成为新科技之下的牺牲品，进入80年代尤其如此，生产线上缺乏特殊技术及半技术的男女工人，更难逃这个命运，自动化的机器生产，轻易便可取代他们的地位。随着50年代和60年代全球大繁荣进入尾声，70年代和80年代便成为世界普遍不景气的年代。回想当年极盛时，生产作业虽然愈来愈节省人力，工人人数却不断膨胀（参见第十四章），如今好景不再。80年代初期的经济危机，使得40年不见的大量失业状况重现人间，至少在欧洲尤为严重。

对一些缺乏远见的国家来说，一场工业大屠杀于此时开始。1980—1984年仅仅5年时光，英国制造工业损失了25%。欧洲六大老牌工业国从事制造业的人口，从1973年到80年代后期之间，减少达700万之众，几乎等于四分之一；其中半数在1979—1983年间消失。到80年代末期，旧工业国的工人阶级更见减少，新工业国却日渐兴起。此时西方发达国家的平民就业总人口当中，从事制造业者只占四分之一；美国损失更重，已不到20%（Bairoch，1988）。原来在马克思主义者的说法里，随着工业的发展，人口势必日趋工人阶级化，以至绝大多数都将成为（体力劳动）工人。这种臆想，与事实的发展变化相去甚远。其实除了英国是最显著的一大例外之外，从事工业生产的劳动阶级始终在各国居于劳动人口的少数。然而，至此工人阶级及工人运动的危机已出现，在旧工业世界尤为严重。它的败象，远在其问题趋于严重、转向世界性之前便已出现。

这个危机不是阶级本身的危机，却属阶级意识的危机。在19世纪末叶（参见《帝国的年代》第五章）的已开发国家中，各行各业工人大众在出卖自己的力气以求糊口之余，发现众人原来可以结成一个

[1] 该市市长曾亲口对笔者转述此事。

工人阶级组织。他们也发现，原来这个事实可以作为他们生而为人、在社会上求生存奋斗中最重要的一件大事，至少，他们当中有相当数目的人得出这个结论，便起而支持以工人为主体的党派及运动（这些党派及运动的意向宗旨，从其名称即可一览无遗，如工党等），数年之间，便成为声势浩大、举足轻重的政治力量。工人们不但结合在一双双为劳动弄脏的粗手及微薄的工资之下，他们绝大多数，更属于完全缺乏经济安全感的贫苦大众。虽然工人运动的主要人物并不至于穷到无立锥之地，但是他们对生活的要求是朴素的，离中产阶级的需求甚远。事实上在 1914 年以前，世界各地的工人阶级与耐用消费品的享用完全沾不上边，即使到两次大战之间的年代，也只有北美、澳大利亚和新西兰 3 地的工人享有这个福气。英国共产党的一名党员曾于战时被派往考文垂（Coventry）的兵工厂进行考察。只见考文垂军火生意兴隆，市场繁荣。这位同志回去之后，张大着嘴巴对伦敦友人——作者本人正在其中——惊讶地说道："你想得到吗？在那里，连同志们也有小汽车！"

工人阶级之所以自成一体，一方面也因为他们与社会上其他阶级隔膜太多所致。他们有独特的生活方式、穿着打扮，他们人生的机会受到极大限制。与白领阶层相比，虽然后者在经济上也同样感到拮据，在社会的阶梯上却享有较大的流动性。工人子女从未想进入大学深造，事实上也鲜有人跻身学府，一旦达到停学的最低年龄（通常为 14 岁），多数便不打算继续求学。实行君主制的尼德兰，在战前 10 至 19 岁的年龄层中，过此年纪继续进入中等学校者只占 4%。至于实行民主的瑞典和丹麦，比例甚至更低。工人的生活、工人的住家、工人的预期寿命，均与他人不同。当 50 年代工人阶级与众不同的痕迹依然相当明显之际，最早几位由（英国）工人家庭出身，有幸获得大学学位的少数幸运儿当中的一位，曾如此表示："这一类人的住家往往有一定模式……他们没有自己的房子，往往是租房子住。"（Hoggart，1958，p.8.）

工人生活里尚有一项中心要素，也是他们自成一体的重要原因，即在其生活中处处可见的集体性的气质，一切都是多数的"我们"，支配取代个别的“我”。当年的工人运动及党派，之所以能够打动工人阶级的内心，其中力量就在工人中间一个普遍的信念：像他们这样的人，若要改变命运，个人无能为力，只有靠集体的行动才能奏效；而最有效的集体方式，便是通过组织，不论是经由相互救济的手段，还是罢工、投票均可。反之，他们也相信，正因为劳动工人数字的庞大及情况的特殊，集体行动便成为他们唯一可以掌握的方式。工人发现，凭一己之力，挣脱本身“阶级”网罗（在美国，则为其“阶级意识”网罗）的机会虽然也非绝无仅有，但是却不甚符合其阶级特有的自我意象。此外，“我们”支配“我”的现象并不仅出于功能性的理由，事实上，工人阶级私人的空间如此狭小，根本便无所逃遁于公众的方式，尤其是已婚妇女，她们悲苦的一生、狭小的生活范围局限于一家四壁之内，必须在市场上、街巷中、公园里与邻里共过公共生活。由于家中缺乏空间，孩子们必须在街头或公园嬉戏，年轻男女得出外跳舞或约会，男人们则在大众酒馆（public house）里闲扯瞎混。直到两次大战之间的年代，无线电广播问世，才彻底转变生活空间只能局限在家内的工人妇女生活——但也只有少数幸运国家的妇女有此福气。在此之前，除了私人性质的小聚会之外，各种形式的娱乐都是以公众的方式，甚至在某些贫穷国家里，早年连电视也放在公共场所供民众共同观赏。于是从足球大赛、政治集会，一直到假日出游，生活中的娱乐，往往均以众人“共襄盛举”的方式进行。

从各种层面综合来看，在较发达的国家里，工人阶级凝聚一体的意识，在第二次世界大战结束时达到高峰。到黄金年代，由于造成工人意识的各种因素遭到破坏，便一路渐走下坡。市面的繁华，市面的就业，以及一个真正大量消费社会的来临，彻底地改变了发达国家工人阶级的生活面貌。而且转变之势，一直在持续进行之中。从当年他们父母的标准来看——如果年岁大一些，甚至与本身的记忆对照——他们实在不能再算穷人了。不论由哪一方面衡量，生活上处处可见水准的提高，远超出美国、澳大利亚等国以外的民众从前的想象。科技的进步，以及市场运作的原则，使得生活空间愈发地私人化。有了电视，无须再亲临球场看比赛；有了录像机，不必再挤进电影院看电影；有了电话，不用上广场或市场也可以与朋友交流。在过去，工会会员或政党成员往往喜欢出席支部会议或政治集会，因为开会时除了讨论正事以外，也是一种生活休闲的方式。如今娱乐方式都变得平民化、私人化了，除了极端好勇斗狠者外，众人开始把时间转移到其他更有趣的事物上去（以往在竞选活动中，不可或缺的与民众面对面的接触，如今效果也不再突出。这种活动之所以继续实行，只是基于传统，并为了给愈来愈趋少有的党团活跃分子打气而已）。贫穷与集体化生活为工人凝聚起来的共同意识，便在民生富裕与私人化之下解体了。

解体的缘由，并非出于工人阶级的面目难以辨别——事实上自50年代末期开始，下一章将介绍的新兴青少年文化，其独特之处，不论服饰音乐，都是向工人阶级学的（参见第十一章第2节）。真正原因，在于富裕如今已是多数人能力可及之事。说起来，拥有一辆“甲壳虫”大众轿车，比拥有一辆奔驰轿车，两车车主的差异，显然远胜有车无车的分野，更何况就从理论上说，甚至连昂贵的轿车，也可以用分期付款的方式买到。如今的工人，尤其在进入婚姻生活必须把开支全用在柴米油盐之前的最后单身阶段里，也可以把钱花在奢侈品上了。面对这个现象，60年代兴起的时装和美容用品工业立刻做出反应，紧抓住这个趋势不放。于是在新开发出来的高科技奢侈品市场上，从最高价位到最低价位，其间的距离不过是程度上的差异而已，如最贵的哈苏（Hasselblad）相机，与最便宜的奥林巴斯（Olympus）或尼康（Nikon）相机之间，两种都能拍出相片，不同处只在地位象征而已。总之，从电视开始，以往只有百万富翁才能享有的个人用品及服务，如今在最普通人家里也可见到。简单地说，全面就业及实质性大众消费社会的影响，已使旧有发达国家内工人阶级的生活水准大为提高，至少就部分层面而言，远超过其父辈当年胼手胝足方才勉强糊口的生活上限——老一辈的收入，主要都用在基本生活所需上。

更有甚者，当时尚有其他几项发展趋势，更进一步扩大了不同行业工人阶级之间的差距。不过这些现象，要到全面就业的黄金时代结束，在70年代和80年代的经济危机中，在新自由主义向福利政策及“统合主义”体系施压之际，方才转趋明显。此前工人阶级中较弱的一环，已经在福利政策的资助下得到极大的庇护。一旦经济景气转劣，工人阶级中的最上一层，即技术工人及管理阶层，往往比较容易适应现代化高科技的生产事业。[1]他们所在的地位，事实上也可以帮助他们从自由化市场中获得实际的利益——尽管另一群运气比较不佳的兄弟，却从此受挫而不支。因此在撒切尔夫人领导下的英国，若将最下层五分之一工人群众的生活与其他工人比较，相去之远竟比一个世纪以前还要严重。英国的例子虽然极端，也可见其转变之一斑。而最上层十分之一的工人，收入总值却高达最低层十分之一的3倍。这些位居顶层的工人阶级，沾沾自喜于本身境况蒸蒸日上之余，逐渐开始有一种想法：作为国家及地方上的纳税人，自己等于在补助那些依赖社会福利维生的“下层阶级”（underclass）。下层阶级这个带有恶意的名词，于80年代出现，于是这些完全靠公共福利制度维生的人，便成为前者的眼中之钉；除了一时紧急的必要救济之外，对于长期性的补助必欲除之而后快。过去维多利亚时代贫穷即等于“无品无格”的老观念，此时又死灰复燃，而且壁垒分明远比前更甚。因为在早先全球一片景气的美好时光里，全面就业照顾绝大多数工人的物质所需，福利金额便也水涨船高。到了依赖救济人数大增的今日，比起当年维多利亚时代的贱民“残渣”，这一大堆由“福利”供养的“无耻之徒”，日子舒适的程度比以前简直有天壤之别。看在其他认真工作的纳税阶层眼里，这种舒服日子，根本就不是这些不劳而获者配得的待遇。

因此，那些有技术在身的，“人格应得尊重的”人，便发现自己的

[1] 20世纪50年代至90年代，美国技术工人及工头的人数由就业总人口的16%降至13%。同一时期的“劳动工人”比例却由31%降为18%。

政治立场——而且可能是破天荒第一遭——开始右转。[1]更何况传统的工人和社会主义团体，有鉴于急需公共救济的人数不断上升，此刻更致力财富的重新分配及社会福利，因此对上层工人的右倾更有火上浇油之势。英国撒切尔夫人政府的成功契机，主要有赖技术工人脱离工人阶层所致。工人阶级的凝聚力量日渐离析，或可看作工人结合形式的转变，更促成了工人阶层的分崩解体。于是有技在身之人，以及有能力往上爬者，纷纷迁出都市内城，更有公司行号、大小企业向四郊及乡区迁移的助长，市内原本一度以工人住户为中坚的老社区，或所谓的“红色地带”（red belt），不是一落而为特定人群的聚居地，便是重新装修更新变成中产阶级的新住处。而新起的卫星城镇及绿色城郊，其单一阶级集中的程度，则远逊以往都市里的状况。留在都市内城的平民住宅，过去原是为工人阶级的坚实核心所建，住户也多是有能力定期支付租金的房客；如今却沦为社会边缘人、问题人，以及寄生于福利者的移居地。

与此同时，大量的移民潮流，也带来一股至少自哈布斯堡王朝的帝国以来，一直局限于美国境内，在某种程度之下也包括法国的现象，即工人阶级种族的多元化及多元化造成的种种后果和冲突。但是其中问题的症结，并不全在种族多元化本身，不过不同肤色者的移入（或肤色原为相同，却被硬分为不同的情况，如北非人在法国），则往往将人脑子里潜意识的种族歧视恶性激发出来；甚至连一向被认为对种族主义具有免疫能力的国度，如意大利和瑞典也不例外。传统社会主义工人运动力量的式微，愈使种族主义冒头；因为前者向来激烈反对此类歧视，往往极力阻止其群众内部出现带有种族主义心态的反社会言论。然而，除去纯粹的种族主义的因素不谈，传统上——甚至于19世纪——外来的劳动力很少引起工人阶级里不同族裔之间的直接冲突。

[1] 主张重新分配、福利国家的社会主义……遭到70年代的经济危机严重打击，中产阶级的重要成员，以及工资较高的工人阶层，便因此与民主社会主义这项选择分道扬镳，转而形成支持保守政府议案的新多数。（Programma 2000，1990.）

因为各个特定的移民群在整个经济中都有其特有的专门行业，他们在自己的活动领域里进一步扩大势力，甚而有独霸之势。多数西方国家里的犹太移民，均大量从事于制衣业，却从来不曾进入其他行业，比如汽车制造业。再举遍及世界的印度菜为例，其从业人员来源集中特殊之处更为罕见。伦敦和纽约两地，以及全球各处印度餐馆里的人手，多数是聘自孟加拉某特定区域的移民圈锡尔赫特地区（Sylhet），这种现象，即使到了 90 年代依然不衰。即使不曾形成独霸的局面，移民群也往往聚居于一定地区，或集中在一定的工厂作坊或行业工作，而不涉及其他地区及行业。因此，在如此这般的“区隔化的劳动力市场”之中（套句时髦的流行行话），个别族裔工人内部便油然产生坚强的团结意识，并得以长期维系。既然族裔团体之间没有竞争，除了极少数的例外，[1] 本身境况的好坏自然难以归罪于他族他群。

但是时过境迁，在众多因素影响下，加上战后西欧的移民政策多是由政府主导，以应付劳动力匮乏之需，新一批的移民开始进入移居国原居民从事的行业，并拥有同等同样的工作权益。不过例外的情况也有，如官方特意将外来工人与本国工人正式隔离，使前者自成一级，作为短期且地位也较低的“客工”（guest-worker）。但是无论哪一种处理方式，压力都因而升高。法定权利劣于他人的外来男女工人，对本身利益的看法自然与那些享有优惠待遇者截然不同。反之，英法两国的本地工人，一方面虽然不介意与摩洛哥工人、西印度群岛工人、葡萄牙工人，以及土耳其工人在同样的条件之下并肩工作，但在另一方面，他们却绝不愿意看见这些外国佬，尤其是那些一向被认为集体上先天便属于劣等的国籍之人升级加薪，爬到自己的头上指手画脚。同理，不同的移民族群之间，也有着类似的紧张存在，虽然他们都共同憎恨着移居国对外来者的态度。

简言之，回溯当年传统性质的工人政党与运动成形的年代，各行

---

[1] 爱尔兰的天主教徒，便往往被有组织地排挤于技术工人行列之外，后者则日益发展为新教徒独霸的职业。

各业的工人（除非因不可克服的民族或宗教因素分裂），可以假定同样的政策、策略及制度的改变将同使他们受益，这种情况如今不再自动发生。再加上生产方式的改变，所谓“三分之二的社会”的出现，“劳动性”与“非劳动性”工作之间日益模糊的分野，使得此前无产阶级大众分明可见的轮廓日渐模糊。

4

女性扮演的重要角色，是另一影响工人阶级和发达国家社会的一大因素，其中尤以已婚妇女的角色为最，这不啻为革命性的新现象。这方面的改变实在惊人，1940 年，全美女性工作人口中，只有不足 14%的比例为有夫有家的已婚妇女。到 1980 年，却已超过半数，仅在 1950—1970 年间便已倍增。不过女性进入劳动力市场人数日增的现象，自然绝非自今日起始。自 19 世纪末叶开始，女性便已大批进入办公室、店铺，以及其他某些服务业，如电话接线员、看护性职业等等。这一类工作形成所谓“第三产业”（tertiary occupation）的大量扩张，相对地便侵蚀到作为第一及第二产业的农工业，并将对前两类产业造成绝对性的损害，事实上第三产业的兴起，正是 20 世纪最令人瞩目的发展趋势。至于女性就业人数在制造业方面的演变，则发展不一。在旧有的工业国家里，传统上女性就业人口大量集中的劳动密集工业，例如纺织及制衣业，此时已衰退。在新近变成“生锈带”的国家及地区里，那些向来由男性为主的机械工业，更别说充满着男性意象的其他行业，如矿业、钢铁业、造船业、汽车制造业，此时也同样步上衰途。反之，在新兴的发展中国家及第三世界增长的制造业里面，对女工求之若渴的劳动密集型工业则开始兴旺（女工在传统上不但工资较低，也较男工易于管理）。于是女性在当地就业人口中的比例大增，不过非洲毛里求斯（Mauritius）由 70 年代初的 20%到 80 年代一跃而超过 60%的例子也是绝无仅有。至于在发达工业国家里的增减，则依各国情况而定，一般而言，即使增加也多以服务业为主。事实上女性无论在制造业或第三产业就业，其工作性质并无多大分别，因为她们多数是充任次要的职位。而某些以女性为主的服务性行业，也有极为强大的工会组织，尤以公众及社会服务单位为主。

此外，女性也以极为惊人的比例追求更高的教育；因为时至今日，唯有教育，可能指引一条迈向高级专业之门的坦途。第二次世界大战刚结束时，在多数发达国家之中的女学生比例，仅为全体学生总数的 15%—30%，只有芬兰这个女性解放的国度例外，当时该国女学生的比例已经高达 43%。但是即使到了 1960 年，女学生在欧美两地从未超过半数，唯一的例外为保加利亚，这是另一个较不为人知的亲女性国度（就总体而言，社会主义国家鼓励女性求学较为积极，例如民主德国的增长速度便胜过联邦德国）。可是除教育外，在其他增长女性福祉的项目上的成就则不甚精彩。然而，到 1980 年，在美国、加拿大及 6 个社会主义国家里——由民主德国和保加利亚占鳌头——半数或半数以上的学生已为女性。此时全欧只有 4 国的女性学生不及总数的四成（希腊、瑞士、土耳其和英国）。一言以蔽之，女子接受高等教育的现象，如今已与男子一样普遍。

已婚妇女大量进入劳动力市场——多数均兼母职，及高等教育的惊人扩展，为 60 年代起女性主义运动的强力复苏（至少在发达的西方国家如此）提供了发展背景。事实上若不考虑这两大因素，妇女运动将无法理解。从第一次世界大战和俄国革命爆发以来，女性已在欧洲北美一带众多的地区，争取到了投票权及平等民权等莫大成就（参见《帝国的年代》第八章）。可是从此之后，虽然法西斯及反动政权一时甚嚣尘上，也未破坏她们已有的成就，但女性运动却从阳光之下移入阴影之处。其后反法西斯斗争的胜利，以及东欧和东亚部分地区革命的成功，女性 1917 年以来争得的权利终于普及世上多数国家。其中尤以法国和意大利的妇女终获投票权一事最引人注目，事实上此时在所有的新兴共产党国家、拉丁美洲（战后10年），以及除了极为少数的前殖民地外，妇女均开始获得这项权利。到60年代时，但凡有选举之地，妇女们均已获得投票权利，只有某些伊斯兰国家，以及——说也奇怪——瑞士是个例外。但是，妇女运动却始终未从阴影中重新走出。

因为以上种种改变，并非由于女性主义者的压力，对于妇女权利地位的伸张也无任何直接的重大影响，即使在投票确有其政治效果的少数国家之内也不例外。然而60年代起情况开始改观，首先由美国发难，紧接着便迅速普及西方其他富裕国家，并延伸入第三世界受过教育的高级妇女圈内——不过一开始，社会主义世界的心脏地带却未受到影响——女性主义再度出现惊人的觉醒。这一类运动现象，虽然基本上属于具有一定教育程度的中产阶层，但是进入70年代，尤其在80年代，一股空前的趋势却在酝酿进行之中，成就之大远非第一波女性主义运动所可比拟。新一波女性意识的觉醒，在政治及意识形态上较不具特定的形式，可是却遍及女性大众的全体。事实上作为一个族群，如今妇女已是一大政治力量，这是前所未有的重大改变。女性性别意识的觉醒，最早也是最惊人的范例，首推罗马天主教国家内传统上原本虔信不移的女性信徒的反抗。她们起来抗争以期打破教廷不再受人拥戴的教条的限制，最显著的事例即意大利公民投票赞成离婚（1974年）及较为开放的堕胎法（1981年）。其后又有虔诚的爱尔兰共和国选出一名女性玛丽·罗宾逊（Mary Robinson）就任总统。罗宾逊原为律师，与罗马教会道德准则自由化（1990年）有极为密切的关系。到90年代初期，两性之间政治意见的分歧愈发显著，此事由多国举办的政治民意调查结果可见一斑。政客们开始追逐讨好这股新女性自然不足为奇，其中尤以左派为著，因为工人阶级意识的衰退，已经使左翼党派的传统选票大量流失。

女性新意识及其利益的影响甚广，单就女性在经济活动中就业角色的改变一事并不足涵盖全部。这场社会革命造成的改变，不仅限于妇女本身在社会上活动的性质，更重要的变化，却包括她们扮演的角色，即传统对其角色的期待，尤其是她们在公众事业中的地位及成就。因为纵有众多重大的改变，如已婚妇女大量进入劳动力市场，却不一定会有预期中随之而来的其他转变，在苏联就是。在20年代初期革命乌托邦的热情理想幻灭之后，俄国已婚妇女发现自己一肩双挑，不但得负起负担家庭收入的新职责，还要照常操持原有的家务，可是公私两面的两性关系及地位却毫无改变。总之，妇女虽然大量涌入受薪工作，一般而言却与她们对本身社会地位及权利看法的改变并无一定关系。真正的推动原因，或许是出于贫穷，或许出于雇主对女工的偏好（因为她们不但比男工便宜，也比他们听话），又或许纯系由于女性为家长的家庭数目大量增加所致。本国及本地的男子大批移往外地求生，例如南非乡下人纷纷进城，亚非地区男性不断涌进海湾国家皆是。最后，不可避免留下女性单独持家，独力支撑一家支出所需费用。此外，我们也不可忘却几次大战造成男性大量惨遭杀戮的可怕后果，1945年后的俄罗斯一地，便因此变成五女对三男的不平衡局面。

然而，女性在社会中的地位确实也起了莫大的变化。她们对本身角色的期待，以及世界对她们的看法，都有了重大甚至革命性的改变，此中事实俱在无可否认。然而，某些妇女在政治上获得的新成就，固然有目共睹，不过这个现象却不能用来直接衡量该国妇女在整体上的地位。以由男性文化为主导的拉丁美洲为例，80年代中，拉丁美洲妇女被选入各国国会的比例为11%，远胜于妇女地位更为“解放”的北美。此外，在第三世界的国家里，也有相当数量的妇女开始执掌国家及政府的领导职位，但是其权力来源，却袭自家庭中的男性，例如印度的甘地夫人（Indira Gandhi，1966—1984）、巴基斯坦的贝·布托（Benazir Bhutto，1988—1990；1994），以及要不是军方否决，将已出任缅甸领袖的昂山素季（Aung San Auu Kyi），她们都是因为大人物千金的身份，才有这份地位。至于以遗孀资格执掌国事的女性，则有斯里兰卡的班达拉奈克夫人（Sirimavo Bandaranaike，1960—1965；1970—1977）、菲律宾的克拉松·阿基诺（Corazon Acquino，1986—

1992），以及阿根廷的伊莎贝尔·庇隆（Isabel Peron，1974—1976）。这些新一代女强人的接班掌权，在意义上与多年前神圣罗马帝国的玛丽亚·特里萨（Maria Theresa）和英格兰的维多利亚分别接管哈布斯堡王朝和大不列颠帝国的宝座并无二致。事实上在以上所述由女性治国的印度、巴基斯坦、菲律宾等国度里，女领袖高高在上的地位，与其国中妇女所受的压制正成鲜明对比，大大表现出女领袖的出现非属常态。

但是话虽如此，若回到第二次世界大战前的年代，在任何情况之下，在任何共和国里，由任何女性接任国家领导地位一事，在政治上皆属不可想象的。可是1945年后却开始全然改观，1960年，斯里兰卡的班达拉奈克夫人成为全球第一位女总理，到1990年，先后已有16国由女性担任或曾经担任政治首脑（World's Women，p.32）。90年代，非托父荫或夫荫之赐，却由自身努力通过常规政治途径跃登国家领导人地位的女性，虽属少数，也开始在政治地平线上出现，前后有以色列（1969年）、冰岛（1980年）、挪威（1981年）、立陶宛（1990年）、法国（1991年），英国更不在话下（1979年），此外更有与女性主义距离无比遥远的日本，竟然有女性出任最大反对党（社会党）的党魁。虽然女性在政治团体中的地位仍多属象征性的（最多可作为一种具有政治压力的群体），即使在最“先进”的国家内也不例外，但是世界政治的面目，的确在急速变化。

尽管有此改变，世界各地妇女变化的脚步却不一致。不论是公众生活，或是相关的妇女运动政治目标，在第三世界、发达国家，以及社会主义或前社会主义世界三者之间，仅可做勉强的比较。在第三世界里，犹如当年沙皇治下的俄国，纵然正在发展或已经造就出一批少数格外解放和“先进”的妇女（正如沙皇时代女性的知识分子及行动家，多数是固有上层阶级和资产阶级家庭出身的女性），但是从西方的角度而言，低下阶层教育贫乏的妇女大众却依然被排斥在公众生活的门外。像前述这一类稀有的少数妇女精英阶层，即使在殖民帝国时代的印度便已存在，甚至在伊斯兰激进主义者势力再度将妇女推回不能抛头露面的地位之前，连几处宗教限制较不严的伊斯兰国家也有她们的踪影出现，其中尤以埃及、伊朗、黎巴嫩、西北部非洲阿特拉斯山地的马格里布一带为著。对这些获得解放的少数而言，本国的上层社会有一块可供她们活动的公众生活天地。在那里，她们可以悠然行动与感受，一如她们（或她们在西方的妇女姊妹）在欧洲北美的生活一般。唯一的不同，也许在她们对其文化中传统性别习俗及家庭义务方面，放弃的速度不及西方女性，至少不及西方非天主教的女性为快。[1] 从这个角度看，“西方化”第三世界里已经获得解放的妇女的条件，就远比非社会主义的远东国家为优越。远东国家传统力量深重，连上层的妇女也得依然屈从。日韩两国受过教育的妇女，一旦在解放的西方生活一段时日，往往对回归故国后文化的拘束深感畏惧。在她们固有的文化里面，妇女隶从男子的社会意识此时方才稍有动摇。至于社会主义世界的情况，则有诸多矛盾之处。就事实而言，东欧的妇女已一律进入领薪的就业人口，至少就业男女两性的数目相当（各为九成），远比世界其他地区为高。作为一种意识形态，共产主义一向视男女的地位平等及女性解放为己任，而其主张的层面更是无所不包[2]——列宁及其妻克鲁普斯卡娅（Krupskaya）是少数几位特别赞成男女分担家务的革命者。更有甚者，从民粹派开始，一直到马克思派的革命运动，始终热情洋溢欢迎妇女，尤其是知识女性的加入，更为她们提供了格外宽广的活动空间。这种现象，到70年代依然显著，由左派恐怖主义运动里妇女成员之多可见一斑。但是尽管如此，除了少数例外，例如罗莎·卢森堡、菲舍尔（Ruth Fischer）、波克尔（Anna Pauker）、拉帕修娜莉亚（La

[1] 在几个天主教国家里，例如意大利、爱尔兰、西班牙、葡萄牙，80年代的离婚及再婚率远比西欧、北美其他国家为低。此事绝非偶然。这4国的离婚率为0.58‰，而其余9国（比利时、法国、联邦德国、荷兰、瑞典、瑞士、英国、加拿大、美国）的平均则为0.25‰。至于再婚数字在全部婚姻中所占的比率，则前4国为2.4‰，后9国平均为18.6‰。

[2] 因此堕胎是德国共产党极为看重甚至可以因而起来反对的一项权利。民主德国的堕胎法令，因而远比深受基督教民主联盟影响的联邦德国为宽。德国于1990年统一，但是德国民法绝对禁止堕胎，进一步使得其中的法律问题愈发麻烦。

Pasionaria）、蒙塞妮（Federica Montseny）等，女性在党内最高层中却依旧无闻，有时甚至毫无踪影。在新成立由共产党统治的国度里，她们的地位甚至更不显眼，[1]事实上女性在领导班子中似乎于革命成功后完全失踪。虽然偶尔也有一两个国家，例如保加利亚和民主德国，的确也为妇女同胞提供了高等教育等格外良好的机会，帮助其在公众生活中出人头地，可是就整体而言，共产党国家妇女的地位与发达的资本主义国家并无二致，即或有一些重大改变，益处也不见得随之而来。每当妇女涌入某些对她们开放的行业之后，例如以苏联为例，在女医生成为多数之后，该行业的地位及收入却也同时降低。苏联妇女与西方的女性主义者一般，长久以来习惯于工作，如今却梦想回到家中，享受只需担负一项责任的“奢侈”生活。

事实上也的确如此。原始的革命理念，是以转变两性关系为目标，希望能够从此改变传统由男性主导的制度与习俗。可是这个理想一如沙滩上城堡般瞬间消散，甚至连认真追寻它的国度也不能幸免，例如早年的苏联。一般而言，1944年后成立的欧洲共产党新政权，根本从未朝此方向真正努力过。在落后国家里，事实上多数共产党政权都建立于落后国家之内，提升女性地位，改变两性关系的尝试，往往为传统人士以被动不合作的态度抵制。不管法律如何规定，这些人都坚决认定女性的地位就该比男子低。不过女性解放活动中的种种英勇事迹，当然也非全然徒劳。法律及政治上的同等权利，教育及职业门径的开放，甚至包括揭开面纱随意出入公共场所的自由在内，种种解放妇女的成就绝非小可。此中差异之大，与激进主义者治国或复活的国家相比较，即可见一斑。更有甚者，在某些妇女实际地位远不及理论允诺程度的共产党国家里，甚至在一些政府推行不道德的做法，打算重新将妇女定位为生儿育女的传统角色时（30年代的苏联即是），单看新体制赐予她们个人的选择自由，包括性行为的选择自由在内，就已是

[1] 1929年，德国共产党中央委员会63名正式或候补成员当中，只有6名女性，1924—1929年间，党内504名主要人物里，也只有7%是女性。

空前未有的盛举，远比新政权成立以前为大。真正限制此中理想彻底体现的原因，不全在法律或风俗习惯的抵制，却出于物质上的短缺，例如避孕药物的不足。诸如此类的妇科需要，往往不是计划经济考虑的重点，其供应量往往微不足道甚至到稀有的地步。

社会主义世界在提高妇女地位的努力上，纵有其成功、失败之处，却始终不曾造成特定女性主义运动的出现。事实上仅看共产党国家在80年代中期以前的特性，任何政治活动，若非由政府发起势不可能成气候的情况，即可得出女性主义自然也无法生存的结论。更进一步来看，即使将这项考虑除外，在此之前西方女性运动关心的话题，事实上也难以引起社会主义国家妇女的认同与回应。

一开始，西方女性，尤其是开女性主义风气之先的美国妇女，她们关心的重点主要是与中产阶级女性息息相关的议题，至少是那些在形式上影响她们的事物，这一点在美国尤为显著。美国是女性主义者夺城破寨，首先施压获得突破性成功的第一站，美国女性的就业状况，便大大反映了这番努力的程度。1981年之前，美国女性不但将男子由非管理性质的办公室及白领工作中扫地出门（不过这些职务虽然受人尊重，地位甚低却是事实），同时更大举进攻房地产经纪人要塞（几乎达半数），以及约为40%的银行和财务经理的职衔。至于在知识性的专业方面，传统的医药行业和法律行业，则依然将女性限制于桥头堡一带活动，不过她们的收获虽然不尽理想，却也不容忽视。此外，尚有30%的大专院校教职员，25%以上的电脑专业人员，22%左右的自然科学从业人员，如今是由女性担任。然而在男性独霸的劳动性职业方面，无论技术性或非技术的工作，女性却始终没造成任何显著的突破：仅有2.7%的卡车司机、1.6%的电气工人，以及0.6%的汽车修理工是女性。这些行业对女性攻势的抗拒之强，不下于男医生和男律师的作风，后者仅挪出14%的空间让与女医生和律师。不过女性对这一类男性独占的行业攻势甚强，其全力以赴之势绝对不可小觑。

我们只消将几本有关60年代新女性主义先锋的著作随意浏览一

下，即可发现女性问题背后潜存的阶级意味（Friedan，1963；Degler，1987）。这些问题主要围绕着同样一个议题，那就是“女性该如何兼顾事业与婚姻家庭”。但是只有拥有这种机会的女性，才会面临这种困扰，而世界上绝大多数妇女，以及所有的贫穷女子，却没有这种机遇。这一类议题的宗旨为男女平等，而1964年的《美国民权法案》（American Civil Rights Act）原意只为防止种族歧视，但从加入“性别”一词后，平等观念便成为促进提升西方妇女法律及制度地位的最佳武器。可是“平等”一词与“平等待遇”或“机会均等”不同，前者假定不论在社会或其他方面，男女之间毫无差异。可是从世界绝大多数妇女，尤其在贫穷女子的眼中看来，女人在社会上之所以居于劣势的理由，主要就是由于性别差异，即她们不是男子。因此，“性别的问题”要用“性别的手段”来解决，比如对怀孕和母职的特殊照顾及保障，或保护妇女不担心受到另一性的暴力攻击等等。然而，对于如产假一类与工人阶级妇女切身相关的问题，美国的女性主义却迟迟不曾顾及。虽然女性主义发展到后来阶段，也开始注意到“性别差异”与“性别平等”两事具有同等重要的地位，然而女权运动者在强调带有自由主义精神的抽象个人主义，并使用“权利平等”法律以为武器之余，一时之间，却难与“男女之间不必完全相同”的观念相协调。[1]

更有甚者，50年代和60年代女性要求走出家庭、进入职业市场的呼声，事实上在经济状况良好、受过教育的中产阶级已婚女性中间，还带有着一股极为强烈的意识动机，是其他阶层妇女所没有的。因为对于前者而言，其中的心理因素与经济动机无关。反之，贫穷人家或

---

[1]　因此美国的反歧视行动（affirmative action），即在某些社会资源及活动的取得上，给予某一群体优惠的待遇，只能在以下的假定下才能代表平等精神的真意义：这只是暂时的帮助手段，一旦在获取上建立了真实的平等，优惠待遇便应逐步解除，换言之，此种优惠的目的，应该旨在祛除于同一竞争手段之中加诸某些竞争者身上的不公平障碍因素，而反歧视行动有时确也在此假定上完成了任务。可是论到永久性的差异，反歧视的意义便不适用了。比如让男子拥有优先修习花腔女高音（coloratura）课程的权利；或坚持根据理论上的可取性，军队应该依照人口的比例，将50%的将领名额保留给女人担任。诸如此类的建议自是可笑已极。然而，从另一个角度来看，不论男女，只要他或她有意愿并有资格演唱歌剧《诺尔玛》（*Norma*）中的女角，或在军队中带兵，我们都不应剥夺他（她）们实现其愿望的机会。

家计拮据的已婚妇女，在 1945 年后出外工作的原因没别的，残酷一点来说，则是因为如今儿童不再工作了。童工现象如今在西方几乎完全消失，相反的，让儿女接受教育，因而改善增加其人生发展机会的期望却给为人父母者带来比以前为重的财务负担。简单地说，“在过去，儿童必须工作，使母亲待在家中负起持家育儿的责任。而如今，当家中需要额外收入贴补家用之际，出外工作者则是母亲而非儿童。”（Tilly / Scott，1987，p.219.）新一代妇女虽有家用电器助一臂之力（洗衣机功劳尤大），并有各色现成食品解决炊事之苦，但出外工作一事，若非子女数减少势无实现可能。但是对于中产阶级的已婚妇女而言，丈夫已有了适合其身份、地位的可观收入，妻子再出外工作，其实对家用并无太大助益。只看一项事实便知：在当时开放给女性从事的工作里面，女性所得的待遇往往比男人低许多。尤其当妻子出外之际，还得另雇人手代劳家务并照顾子女（例如清扫女工；在欧洲，则有帮忙做家务以交换食宿和学习语言的外籍女学生）。扣除这项开支之后，所余之数就变得微不足道了。

因此，在这些中产阶级圈子里面，妇女若依然出外工作，最大动机便出于自由及自立的需求了。已婚妇女要有自己的地位，她不要只做丈夫及家庭的附属品，她要世界将她当作一个个人看待，而非只是某一族类的一员（“只不过是人妻、人母而已”）。至于收入的重要性，则不在实质的经济意义，却在其中代表的独立精神：她可以自由花用这笔钱或将之储存，无须再请示丈夫。但是随着双薪中产阶级家庭的增加，家中预算自然也开始建立在两份收入之上。中产阶级子女进入大学的现象日趋普遍，父母为子女提供财务帮助的时段也愈长，可能一直延长到 25 岁以上甚至更久。至此中产阶级已婚妇女的职业便不再是宣示独立的象征，转而与穷人的需求相同，成为一项贴补家用的经济来源。但是与此同时，工作代表的解放意义依然存在，从“通勤式婚姻”（commuting marriage）事例的增多即可见其中一斑。夫妻二人在遥远两地工作的代价甚高（不只是财务上的代价），但在交通和传播革命的帮助下，如今这种相隔两地的婚姻在专业界如学术圈中，自 70 年代始却日益普遍。在过去，中产阶级的妇女往往毫无二话，一定会随丈夫工作的调动而迁移（不过子女一旦超过某个年龄，却不见得跟随父亲搬家）。如今则不然，妻子的事业，妻子对自己事业地点的决定权，都是神圣不可侵犯的领域，至少在中产阶级的知识人士圈内如此。因此就这个层面而言，男女之间，最后总算平等相对待了。[1]

在发达国家里，属于中产阶级的女性主义，以受过教育的知识女性为对象的女权运动，最终开始向外扩散，成为一个涵盖面更为广泛的呼声，那就是“妇女的解放”，至少是“妇女自我认定”这个时刻终于来到了。早期的中产阶级女性主义，对象面纵然狭窄，有时并不能直触西方社会上其余女性关心的焦点，但是它毕竟为所有女性提出了她们共同关心的议题。社会的动荡，触发了种种道德、文化上的大革命，促进了许多社会及个人行为习俗的大变革，妇女课题也随之变得日益紧急。在这场空前未有的文化革命中，妇女扮演的角色非同小可，因为这关系着并标志着传统家庭形式定义的变化。而妇女，一向就是家庭最核心的成员之一。

下面，我们便来看看这是一场怎样的文化革命。

---

[1] 另外一种情况虽然不大常见，出现频率却也在日益增加，那就是丈夫面临随妻子工作他迁的难题。90 年代任何一位学术界的人，交往圈中应该都有人经历过此种情况。

第十一章

文化革命

莫拉（Carmen Maura）在片中扮演一名接受过变性手术的男子，由于与他 / 她的父亲有过一段不愉快的异常关系，因此对男性绝望，改而与另一名女子建立了女同性恋（我猜想）的关系，后者由马德里一位有名的男性易装癖者所扮演。

——保罗柏曼，《村声杂志》影评（*Village Voice*，1987，p.572）

示威行动之成功，不在动员人数之多寡，而在其吸引媒体注意的强度。只要有 50 名聪明家伙制造声势成功，在电视上有 5 分钟的报道，其政治效果也许稍微有点夸张，不亚于 50 万名的示威群众。

——布笛厄（Pierre Bourdieu，1994）

1

探索文化革命的最佳途径，莫过于从家庭与家族关系入手，也就是从性别与家庭的角色结构上着眼。虽然在多数社会里面，人伦与两性关系，对各种骤变的抗拒性极强，但是也非一成不变。此外，世界各文化的外在表现虽有不同，但是一般而论，在广大地区之内，基本模式都大同小异。不过也有人认为，就社会经济和科技层面而言，在欧亚大陆（包括地中海左右两岸）与非洲其他地区之间，却有着极大的差异（Goody，1990，XVII）。因此如一夫多妻之制，虽说几乎已经在欧亚大陆全然绝迹（除某些特权团体和阿拉伯世界），却依然在非洲大陆方兴未艾，据说其中四分之一以上的婚姻，属于多妻制的婚姻关系（Goody，1990，p.379）。

话虽如此，人类种族虽多，却依然有几项共同的特征，比如正式婚姻制度的存在，以及依此享有与配偶进行性关系的专属特权（所谓“淫乱”，是全世界共同声讨的莫大罪行）。此外尚有婚姻关系中丈夫对妻子（“夫权”）、父母对子女以及长辈对晚辈的优势支配地位，家庭组合包括数位主要成员等等，诸如此类，都是人世间普遍存在的现象。不论亲族关系网涵盖的亲疏远密，不论其中相互的权利义务复杂单纯，基本上，内部都存在着一种核心的关系——也就是一对夫妻加上子女——即使在外部大环境里，一同生活的家族或群体比此为大。一般以为，核心家庭是在资产阶级和各种个人主义思想兴起的影响之下，才于19世纪至20世纪逐渐脱离原有较大的家庭与亲族单位，进而演变成西方社会的标准形式。其实这是对历史的认识不够，对工业时代之前的社会合作关系及其理论基础更有着极大的误解。核心家庭之存在，不始于现代工业社会，即使在具有标准共产性质的社会制度里面，如巴尔干半岛斯拉夫国家实行的所谓“共同家庭”（*zadruga*），“每位妇女勤劳操持的对象，均以家庭为最基本的定义，即其夫其子。除此之外，她们才轮流挑起照顾邻里大家庭中未婚者及孤儿的责任”

（Guidetti / Stahl，1977，p.58）。诚然，核心家庭存在的现象，并不表示外围的亲族关系便也大同小异。

然而到了20世纪的下半叶，源远流长的核心式基本安排，开始有了剧烈的改变，尤以在“发达”的西方国家为烈（不过即使在西方世界，各地分布也呈不一之势）。英格兰和威尔士，可列为变化最剧的特例——1938年时，每58对夫妇中，只有一对以离婚收场（Mitchell，1975，p.30—32），到80年代中期，每2.2对新婚夫妇就有一对分手（*UN Yearbook*，1987）——这股趋势，在自由放任的60年代开始加速，70年代结束，前述两地的已婚夫妇，每千对便有十对以上离婚，其数字为1961年的5倍（*Social Trends*，1980，p.84）。

这个现象自然绝不限于英国一地。事实上，在一些传统道德具有强烈约束力（如天主教）的国家里面，其中改变愈发明显。在比利时、法国和荷兰三地的离婚率数字（每千人中的年离婚数）于1970年至1985年的15年间，几乎跃增3倍。更有甚者，即使在一向对这一类束缚限制较轻的国家，如丹麦、挪威，同时期的离婚率也增加近两倍。西方人的婚姻，显然发生了什么不寻常的转变。根据70年代美国加利福尼亚州某家医院妇科的病历记录显示，前往就诊的妇女之中，“已婚者显然大为减少，生育意愿也大为降低……对两性之间的关系适应，显然也有态度上的改变。”（Esman，1990，p.67.）由这个横断面看到的女性新现象，即使回到离当时10年之前的加州，恐怕也难找到。

独居者（即没有配偶，也不为任何较大家庭成员的人）的人数，也开始直线上升。20世纪前三分之一时期，英国独居人数一直保持不变，约居全国总户数的6%，之后便开始缓缓增加。但是从1960年开始直到1980年，20年间，独居比率竟由12%一跃而为22%。到1991年，更高达全国总户数的四分之一（Abrams，Carr Saunders，*Social Trends*，1993，p.26）。在西方许多大城市里，独居人口甚至占其总户数的半数。反之，传统的西方核心家庭模式，即由已婚的父母带着子女同住的家庭，显然呈败落之势。在美国一地，核心家庭的比例，20

年间（1960—1980）由44%猛降为29%。在瑞典，80年代中期出生的婴儿，几乎有半数是由未婚妈妈所生（Worlds Women，p.16），核心家庭比例也由37%降至25%。甚至在其他于1960年时犹有半数为核心家庭的发达国家内（加拿大、德意志联邦共和国、荷兰、英国），到了1980年，核心家庭的比例也剧降，变为绝对的少数。

就某些极端的例子而言，甚至连核心家庭名义上的典型模式地位也失去了。1991年时，全美58%的黑人家庭，是由单身妇女支撑门户，70%的黑人儿童，由单身母亲生养。相较于之前的数字，核心家庭大为减少。如1940年，全美“非白人家庭”之中，只有11.3%是由单身母亲主持，甚至在城市里也只占12.4%（Franklin Frazier, 1957, p.317）。甚至在1970年，也只有33%而已（New York Times, 1992年5月10日）。

公众对性行为、性伴侣及生殖关系观念的巨大改变，与家庭危机有着极大的关系。这方面的变化，可分为正式与非正式两方面，两者中的重大转变，都有确定的年代可考，并与60年代和70年代的社会变动相始相生。从正式的改变看，这是一个两性关系大解放的年代，不论是异性关系（主要是就女性自由而言，过去一向比男性少许多），还是同性恋者，以及其他各种形式非传统性关系，都大大地解脱了桎梏。英国绝大多数的同性恋行为，于60年代下半期开始，不再构成犯罪理由，比美国稍迟几年——伊利诺伊州是美国最先对鸡奸解禁的一州，于1961年判为合法（Johansson / Percy，p.304，1349）。即使在天主教的意大利，也于1970年宣布离婚为合法，并于1974年以公民投票再度认定。1971年，避孕药物及生育控制资料在意大利开始合法销售，1975年，新家庭法取代法西斯时期以来一直残存的旧法律。最后，1978年堕胎正式变为合法，1981年全民投票加以确认。

随着法律限制日益减少，一些原本被列入禁止的行为，如今实行起来自然更为方便，获得的宣传效果因而也非同小可。可是在法令与日益松弛的性关系之间，与其说前者使后者放宽限制，不如说后者追认这股新氛围的存在。1950年时，只有1%的英国妇女曾于婚前与未来的丈夫同居过一段时间，80 年代初期，这个数字跃升为 21%（Gillis，1985，p.307）。可是不论多少，未婚夫妻同居与否，都跟当时的立法没有任何关系。以往三令五申视为禁忌的行为，现在不但被法律及宗教所许可，同时也为风俗道德并邻里议论所接受。

种种潮流，当然并未以均等的程度向全球流动。虽说凡在准许离婚的国家，其数字都有上升（这是假定以正式形式解除婚姻的行为，在各国都具有同样意义而言），可是婚姻制度本身，在某些国家却特别地不稳定。80 年代，凡罗马天主教会的（非共产党）国家，婚姻关系均比较稳定。伊比利亚半岛和意大利的离婚率，甚至连拉丁美洲在内，都较一般为低。甚至在以世故自诩的墨西哥和巴西，前者每 23 对夫妇中，也仅有一对离婚；后者更低，为 33 ∶ 1（不过古巴更低，为 40 ∶ 1）。此外尚有亚洲的韩国，以其经济发展之速而言，婚姻观念可说依然出奇保守（11 ∶ 1）。日本更奇，甚至到了 80 年代，离婚率还不及法国的四分之一，比起随时准备离婚的英美两国男女，更有天壤之别。即使在当时的社会主义国家里，离婚数字高低也依国情不同，不过一般均比资本主义国家为低。其中只有苏联与众不同，倒是一大例外：苏联人民急于打破其结婚誓约的心理，仅次于美国（UN World Social Situation，1989，p.36）。各国变化程度不一，倒不值得人们大惊小怪。但是同一种变化，却能跨越国界普遍渗透“现代化”世界的现象，才是真正值得我们探讨的课题。其中最惊人的现象，莫过于全球的大众通俗文化，或更确定一点，其中的青少年文化，所展现的面貌类似精神相通之处。

2

如果说离婚、非婚生子女、单亲家庭（绝大多数是单身母亲）泛滥的现象，显示着两性之间的人伦关系陷于危机，那么全球各地兴起的一股青少年强势文化，则显示世代之间人伦关系的重大转变。青少年作为一支具有强烈自我群体意识的族群，年龄层从青春期发育开始一直到25岁左右，已经发展为一股独立的社会力量，而发达国家少年男女的青春期萌动，更比上几代提早数年（Tanner，1962，p.153）。60年代和70年代最惊人的政治现象，就是这一年龄层的社会总动员。在政治意味比较没有那么浓厚的国家，这一代为唱片业带来了巨大财富，75%—80%的总出片量，基本上是摇滚音乐，全部被14岁至25岁之间的消费者买去（Hobsbawm，1993，pp.28，39）。60年代，各种对正统文化持异议的人士期待的政治激进活动，也由这个年龄层的男女一手包办。他们向下排除儿童，甚至连青年期也一概排除（对他们来说，青年期之意，即意味着还不太成熟的半成人）；向上除了几位大师级人物尚能豁免之外，更完全否定30岁以上众人的一切人性地位，天地之间，唯我族群独尊。

各地激进极端的青年男女，除了在中国是由年迈的毛泽东领军之外（参见第十六章），其他都是由同龄的群体带队。当时覆盖全世界的学生运动浪潮，更是如此，即使连学生运动引发的工人事件，如1968—1969年间法意两国的工人运动也往往由青年工人发起。也只有从来不曾有过半点实际人生经验的年轻人，才会提出如1968年巴黎“五月风暴”和意大利次年“炎热的秋天”那般大胆可笑的口号：“我们什么都要，而且现在就要！”（‘*tutto e subito*’）（Albers / Goldschmidt / Oehlke，pp.59，184）。

青少年作为追求“自治”地位的新族群，一个独立的社会阶层，更因某种现象，大大扩展其象征意义。其象征意义之丰富，可说自19世纪初浪漫时期以来所未有：英雄的年轻岁月，与其肉体生命同时终结。这种生命倏忽而逝的英雄形象极为普遍，在50年代便以早逝的歌星詹姆斯·迪安（James Dean）开其端。其后成为青年文化宣泄口的摇滚乐坛，更找到标准的理想象征：巴迪·霍利（Buddy Holly），贾尼斯·乔普林（Janis Joplin），滚石乐团的布赖恩·琼斯（Brian Jones），鲍勃·马利（Bob Marley），吉米·亨德里克斯（Jimi Hendrix），以及其他多位广受崇拜的偶像人物，都成为早夭生活方式下的牺牲者。他们的死亡，之所以沾染上浓烈的象征气息，是因为他们代表的青春，先天就拥有永恒的意味。演员这份行业，也许可以从事一生，可是作为一名“青春偶像”（*jeune premier*），却注定只能发出片刻的光芒。

青少年一族的成员虽然一直在变，通常一个人能够跻身所谓学生“代”的年限，往往只有三四年极短的时间，但是后浪推前浪，它的座位始终不空，一定有人填。青年人认识到自身是促进社会的一个因子，这种青年自我意识增长的现象，也日益为社会所觉察。而其中的商人自是不遗余力，大为欢迎。至于老一辈人，虽不情愿，也只有勉力接纳。市面上充斥着针对青少年的产品，为凡是不愿意在“儿童”与“成人”之间选择其一者，开辟了另一个广大的空间。到60年代中期，甚至连巴登·鲍威尔（Baden Powell）自己一手创建的英国童子军组织（English Boy Scouts），也不得不把组织名称的男童部分去掉，作为向时代气氛低头的表示。他还将制服中原有的宽边圆帽，换成强制意味比较不那么强烈的法式贝雷帽（Gillis，1974，p.197）。

其实社会中分出年龄层团体，此事并不自今日始，即使在资产阶级式的文明中，社会也一直承认有这样一群人。他们在性功能的发育上已臻成熟，可是在心智及其他生理方面仍在继续成长，对于成人生活也毫无实际接触与经验。现在则由于青春发育期提前开始，身高体形也提早达到成人期的身量（Floud et al，1990），这一群人的年龄日益降低，但是并不能改变社会一向便有他们存在的事实。唯一造成的改变，在于青少年与父母师长之间的紧张关系因此升高，因为后者依然坚持将他们当作小孩看待，可是青少年自己却觉得已经长大了。传统资产阶级往往以其青年男子会度过一段喧嚣狂乱的成长期为理所当然，在这段“年轻放荡”的日子过去之后，必将“安定”下来。新时代兴起的新青少年文化，却在三方面与以往的看法大异其趣。

首先，所谓“青春期”，如今不再被视作成人的预备时期，却意味着完成人生成长的最后一个阶段。人生，就像运动一样，以青少年时为其高峰（在今天，又有多少数不清的少年希冀在运动场上扬名），一过30岁，便显然开始走下坡路了，对运动的兴趣也大为降低。可是社会的现实正好相反，权势、成就、财富，却随着年龄增加（只有运动界及某些演艺界是例外，又或许纯数学也可算作其一吧）。这个现象，毋宁说是人世间不合理安排的又一佐证。直到70年代，战后世界可谓完全掌握在老人手里，“老人政治”现象之盛，甚至比前代有过之而无不及。换句话说，这些在位的老人——绝大部分是男性，女性少之又少——早在第一次世界大战结束时，有的甚至在大战开始时便已成年。这种老人当道的现象，不独资本主义世界（阿登纳、戴高乐、佛朗哥、丘吉尔），甚至连共产党世界也不例外（斯大林、赫鲁晓夫、毛泽东、胡志明、铁托），并包括各前殖民地的大国（甘地、尼赫鲁、苏加诺）。即使在军事政变出身的革命政权当中，也少见40岁以下的领袖——而事实上以军事政变达到政治改变的，往往多由低级军官为之，因为比起高级将领，前者的行动就算失败，损失也比较少。因此当年仅32岁的卡斯特罗夺得古巴政权时，少年英雄，意气风发，一时间在国际上引起不小冲击。

但是，世界虽然仍握在老人手里，他们却已经默默地，也许甚至不觉地，将位子一点一点地让给年轻一代了。至于欣欣向荣的化妆品业、护发用品业、个人清洁品业，更受年轻消费者欢迎。这些行业的繁荣兴旺，绝大多数得益于少数发达国家的财富积累。[1]60年代末期开始，各国兴起一股将投票年龄降至18岁的趋势，即美英德法四国。对于青年男女开始（异性）性交的年龄，社会上也有普遍认可降低的迹象。另一个趋势却是，随着人类平均寿命的延长，老人比例大增，以及——至少在幸运的上层阶级和中产阶级里——老化现象的延后，退休年龄却提早来到，到了公司经营拮据之时，“提前退休”竟成了裁员

[1] 1990年全球“个人用品”市场上，34%是为欧洲非共产党国家所消耗，30%为北美，19%为日本，剩下的16%—17%，由世界其余85%的人口中（比较富有的）成员所分享。

的最佳渠道。大公司主管年过40，一旦失业，会发现处处碰壁，觅职之难不亚于白蓝两领职工。

青少年文化的第二项新特征，直接由第一项而来：这项新文化运动成为“发达市场经济”的主力部队。一是因为当今年轻一代，代表着一股极为集中强大的购买力量；二是由于如今每一代新起的成人，本身也都曾是具有自我意识的青少年文化的一部分。他们既走过这段社会化的路程，精神上自然接受其洗礼，带有其标志。而其中最重要的原因，莫过于科技惊人发展，吸收学习能力强的年轻人，自然比年长保守者占上风，或至少比适应能力已渐僵化的年龄层占有极大的优势。美国的国际商用机器公司（IBM），日本的日立（Hitachi），不论其管理阶层的年龄分布如何，新电脑、新软件的设计人员，却都在二十多岁的年龄段中。虽说这些机械程序的设计，都是以“人人都能用”为原则，可是对那些不曾和新科技一起成长的那代人来说，显然比新生一代吃亏多了，孩子们如数家珍，父母却完全没有概念的新事物、新知识越来越多，相形之下，父母所能教给儿女的东西仿佛越来越少。两代之间的角色，似乎来了一个大翻转。美国大学校园更首开风气之先，来来往往的青年学生人人一条破牛仔裤，他们要学工人百姓的穿着，故意不要像他们的长辈那么高贵讲究。这副打扮，逐渐向外传播开来，于是不分上班放假，处处可见到牛仔裤。在某些所谓“创意型”或嬉皮式的工作圈里，甚至可以看见牛仔裤的主人，顶着一头灰白的头发。

都市青少年文化还有第三项与众不同的特质，即其惊人的国际化现象。牛仔裤与摇滚乐，成为现代摩登少年的标志，成为注定将变为多数的少数人的记号。这种现象，不独在一般正式容忍它们存在的国家存在，就连苏联的青少年，从60年代开始至今，也纷纷追逐这股牛仔摇滚之风（Starr，1990，chapters 12—13）。有的时候，摇滚歌曲中的英文歌词甚至无须翻译，同样可以令青少年如痴如醉。此情此景，固然反映美国通俗流行文化及生活方式风靡全球所向无敌的霸权地位，我们同时却也要注意一个真相：其实西方青少年文化的心脏重地本身，也是与文化沙文现象持相对立场。这种反文化沙文的心态，尤其可以从他们对音乐趣味的取舍看出来。他们非常欢迎来自加勒比海、拉丁美洲的风格，80年代开始，更对非洲风情情有独钟。

文化霸权的现象并非自今日始，但是其中的运作方法已经全然改观。在两次大战之间的年代，美国电影业是其主要的传播媒介，事实上也是当时唯一拥有全球发行网的行业。二次大战之后是电影观众人数的鼎盛时期，高达数亿。随着电视及各国电影事业的兴起，以及好莱坞影棚作业体制的结束，美国电影业的霸势稍有失色，也流失了许多观众。1960年美国电影的年产量，即使将印度日本两大电影王国除外，也不及全球影片总产量的六分之一（*UN Statistical Yearbook*, 1961），不过后来它还是扳回几许颓势，再振雄风。至于电视事业，由于市场分布甚广，语言类别过多，美国倒从来不曾计划在国际上建立与电影独霸程度相当的王国。因此它的青少年文化风格，乃是借着某种非正式的渗透直接散布；或者也可以这么说，它的信号乃是经由英国转送，对外扩大传播。其中媒介，先为唱片，后是录音带；而两者的行销渠道，不论今时还是以往，却都是以有年头的古老方式，即无线电广播。年轻人中日盛一日的国际旅行风气，将一小群一身牛仔衣裤的青年男女——人数虽少却日渐增多——连带着他们的影响力，川流不息地送往世界各地。各国大学之间，从60年代开始，也建立了快速交流传播的设施。于是借着向世界各地传送的文化形象，借着徒步天涯年轻旅人的亲身接触，借着各国大学生日益密切的联络网路，更重要的，借着广大消费社会时尚流行的强大力量及侪辈压力，青少年文化向世界各地传送，一个国际性的青少年文化于此诞生。

这股新文化可能会在更早以前产生吗？答案是绝对的否定。因为若不到这个节骨眼儿上，青少年文化的皈依人口定将减少许多，不论就绝对数字或相对数字而言，皆是如此。因为只有到了这个年代，就学年限才大为延长，大学里也才开始同时广收男女学生。同年龄的青年男女，从此在校园里共同生活，青少年文化的人数，因此大为扩张。更有甚者，那些提早离开学校，加入全职就业市场的少年男女（在一般发达国家中，多为 14 岁至 16 岁之间），在金钱上也远比先辈拥有更为独立的支付能力。这还得多亏黄金时代百业兴盛、全面就业的繁荣所赐，也得感谢他们父母一辈经济能力的好转，子女收入对家用负担贡献的比例，自然也相对减轻。青少年市场于 50 年代中期首度被商人发现，掀起了流行音乐工业的革命。在欧洲，则彻底改变了以大众市场为导向的时尚工业的面目。英国的“青少年潮”（teen-age boom），即在此时开始，其主要基础，是来自都会中骤然集中的一批收入颇丰的年轻少女，她们涌入不断扩增的写字楼和商店工作，手上可支配的收入往往比少男为多，再加上当时女孩子尚未染上传统男性特有的花费习惯如烟酒等，因此她们用在其他消费上的能力自然更为可观。少女们“雄厚的消费实力，首先在以女性为主要对象的行业上显现出来，如女衬衫、裙子、化妆品，及流行歌曲唱片等等”（Allen，1968，pp.62—63）。至于流行歌曲演唱会广受少女的欢迎更是不在话下，她们是会场上最招人注意也是嗓门最高的一群。青少年的购买实力，可以从美国唱片的销售量一窥究竟，从 1955 年摇滚乐问世时的 2.77 亿美元开始，飙升为 1959 年的 6 亿美元，再到 1973 年的 20 亿美元（Hobsbawm，1993，p.29）。在美国 5 至 19 岁的年龄层中的每一个人，他们在 1970 年时用来购买唱片的费用，至少是 1955 年的 5 倍。而且国家越富，唱片业越兴隆，美国、瑞典、联邦德国、荷兰、英国等国的青少年，平均每人花费在唱片上的金钱，高达其他财力不及但也在快速发展中的国家如意大利、西班牙的 7 至 10 倍。如今既可以独立恣意遨游于五光十色的市场之间，青少年自然更易为自己找到物质和文化的认同标记。但是在这个认同新象征的背后，却愈发横亘着两代之间巨大的历史鸿沟，或可说存在于 1925 年之前与 1950 年后出生者间的重大差距。这一代父母子女之间的代沟，远比以前任何一个时期为深，从 60 年代开始，家有青少年的父母都深深感受此中问题的尖锐及严重性。新时代青少年所居住的社会，与旧时代割断了脐带关系，有的因革命而改头换面，例如中国、南斯拉夫、埃及；有的由于被外来势力占领，例如德国、日本；有的则因为自殖民统治之下解放出来。年轻的一代，没有大洪水以前的世界记忆。上下两代，老少之间，他们唯一的共同经验，可能是一起经历了一场国家大战，例如英俄两国的老少曾经一度团结，共度时艰。除此之外——即使当老辈人愿意谈谈过去，就像多数的德国人、日本人和法国人勉强为之一般——少年人对长一辈的经验、感受，可谓完全懵然不知。对一名印度的年轻人来说，国会之于他，只不过是一个政府或一架政治机器而已，怎么叫他去了解老一辈曾经将国会视作一国奋斗争取自由之象征的感受？纵横世界各大学经济系的印度青年学子才俊，又怎么能够了解课堂上老夫子的感慨万千？对于年长的后者来说，想当年自己在殖民时代的最大野心是能够向大城里面的榜样“看齐”就已经心满意足了。

黄金时期的到来，加深了这条代沟，至少到了70年代方才中止。生长于全面就业光明时期的少男少女，如何能体会挣扎于30年代经济萧条黑暗中的苍老心境？反之，满身创伤诚惶诚恐的老一代，又怎吃得消年轻浪子的洒脱？对后者来说，工作一事，不再是多年漂流于暴风海上好不容易才寻得的避风港（特别是一份既安定又有养老金保障的工作），工作随时唾手可得，如果忽然想去尼泊尔充电一阵子，工作更是随时可弃之物。这种代沟，并不只限于工业国家，因为农民人口的大量减少，也在农工两代与人力机器之间，裂下一道断层深痕。法国老一辈的历史教授，都生长于每个法国孩童均来自农村或至少在乡间度过假期的时代，如今却发现自己得大费周章地向1979年的学生解释，挤奶女工的活儿是怎么回事，堆着粪堆肥料的农舍庭院又是什么模样。这道巨大代沟，甚至波及一向居于20世纪惊涛骇浪边缘的众多人口——世界人口的绝大部分——一向以来，政治上的各项骚动只是远远扫过他们。其中种种热闹纷扰，除了对个人生活造成很少影响的部分，他们都兴趣索然不予置评。可是如今，这份安静清闲却不再有了。

诚然，不论新事物的裙角是否再度掠扫他们而去，世界上绝大多数人口都比以往年轻了。在大多数人口出生率始终居高不下的第三世界国家里，于 20 世纪下半期任何一个时期当中，都有五分之二到半数国民的年龄在 14 岁以下。不论他们家族之间的关系有多亲密，生活中传统网络的制约有多强大，新一代人口如此众多，两代之间在人生的经验期望上，无法不存在一道巨大的鸿沟。90 年代初期，海外流亡多年的南非政治人士重回祖国，虽然飘舞着同样的旗帜，同为南非非洲人国民大会党效命，可是他们的心情，与南非各地城镇新起的年轻“同志”，却有着极大的不同。相反地，索韦托（Soweto）的多数群众，这些在曼德拉（Nelson Mandela）入狱多年后才出生的一代，除了把他当作一个象征或圣像之外，实在难有相通之处。就许多方面来说，这些国家的代沟其实比西方更大，因为后者的老少之间，至少还有永久性的制度，以及政治上的延续性为之相连。

3

青少年文化就广义而言，更成为新时代人类文化革命的母体，其内涵包括了风俗活动的规则、休闲方式的安排，以及日渐形成的都市男女主要的商业艺术。因此这项文化革命有两个最重要的特色：一方面它是通俗的、平民化的；一方面它却又是主张废弃道德的。这两点在个人行为上尤为显著，每个人都可以“做他自己的事情”，外界的限制规范处于最低点。但在实际上，人人却又摆脱不了同辈及风尚的压力，众人的一致性反而不比以往低。这一点，至少在同辈之间或次文化群体中是如此。

上流社会从“庶民百姓”中撷取灵感获得启发的事例，其实也不是今天才有的新鲜事。当年法国有玛丽皇后（Queen Marie Antoinette）突发奇想，以假扮农家女挤奶为乐。这且不论，浪漫人士也对农村的民俗文化、民歌、民舞大为欣赏，崇拜不已。在他们时髦善感的同好之中，则有一批知识分子，如波德莱尔（Baudelaire），对贫民生活突发幽情（nostalgie de la boue）。此外，尚有维多利亚的上流人物，特别喜欢跟社会阶层比自己低下的人发生关系，他们觉得此中趣味无穷，至于其对象的性别为何，则视个人喜好而定（这种心态直至20世纪末期仍未绝灭）。在帝国时代，经由平民艺术的兴起，及大众市场性的娱乐精华电影，这两项新艺术形式的蓬勃发展冲击之下，文化影响首次有系统地自下而上发动（参见《帝国的年代》第九章）。不过在两次大战之间的年代里，大众与商业娱乐的风向主流，主要仍以中产阶级的趣味为先导，或至少也以其名行之。古典的好莱坞电影界，毕竟是“受人尊敬”的行业，它颂扬的社会理想，遵循着美国强调“家庭价值”的路线；它揭露的意识形态，充满了爱国情操的高尚口吻。诸如《安迪·哈代》（*Andy Hardy*，1937—1947）等“促进美国生活方式”的“好电影”成为好莱坞制片的道德标准模式（该片连出15集，曾因以上优良主题赢得一座金像奖）（Halliwell，1988，p.321）。凡是与这个道德世界相违的作品一如早期的匪盗电影，即有将宵小之徒理想化的危险——好莱坞在追求票房之余，便得赶紧恢复这个小世界中的道德秩序。其实它的自我设限已经很严格了，好莱坞制作道德规范里规定（1934—1966），银幕上的亲吻镜头（双唇紧闭式的亲吻），最多不得超过30秒。好莱坞最红、最轰动的作品，比如《飘》（*Gone with the Wind*），是根据中产阶级大众的通俗小说摄制。这些电影里描绘的文化世界，完全吻合萨克雷（Thackeray）笔下的《名利场》（*Vanity Fair*），或罗斯丹（Edmond Rostand）《西哈诺》（*Cyrano de Bergerac*）一剧中的众生相。只有那轻松歌舞剧或马戏团杂耍小丑出身的喜剧电影，才能坚持其凌乱无秩序的平民风格，不被这一股中产阶级之风所同化。可是到了30年代，连它也站不住脚了，在明灿亮丽百老汇大街型喜剧，也就是所谓的好莱坞“疯狂喜剧”（crazy comedy）的压力之下溃退。

于是在两次大战之间的年代，百老汇“音乐剧”脱颖而出，一鸣惊人。这种花团锦簇的音乐喜剧，以及点缀其间的舞曲歌谣，事实上依然属于资产阶级的趣味——不过我们很难想象，如果没有爵士音乐的影响，此风是否还能成其气候。这些作品的写作对象，是纽约中产阶级的成年观众，其中的词情曲意，也都是为这一群自以为是都会新秀的男女而作。我们若将百老汇大家波特（Cole Porter）所作的词曲，与滚石乐团随便比较一下，即可发现两者之间大异其趣。好莱坞的黄金年代，与百老汇的黄金年代相互辉映，都建立在一种市井平民与体面人物共生的混合趣味之上。

50 年代与众不同的新奇之处，在于上层与中间阶层的年轻男女——至少在对世界风气日起领导作用的盎格鲁-撒克逊青年中间——开始大量模仿并吸收都市底层社会的人或被他们以为属于这一阶层者的行为事物，诸如音乐、衣着甚至语言皆是。摇滚音乐是其中最突出的例子。50 年代中期，摇滚乐突然横空出世，从原本被美国唱片公司列入专以贫穷黑人为对象的“种族类”（Race），或“蓝调类”（Rhythm and Blues）音乐当中，一跃而成全球年轻族类——尤其引人注目的是——白人青少年的世界语言。工人阶层中的时髦小伙子，过去模仿上流社会的高级时尚，或向中产阶级次文化，例如波希米亚式艺术家，暗自效仿，工人阶级里的姑娘更擅此道。可是现在形势逆转，奇怪的现象发生了。平民阶层的年轻男女，在市场上有了自己独立的地位，而且反过来，开始领导贵族的时尚。随着牛仔裤的风头大健（男女皆然），巴黎的高级流行时装（haute couture）若不是暂时偃旗息鼓，就是干脆接受失败事实，挟带着自己的响亮名号，或直接或授权，下海做起大众市场的生意——附带一句，1965 年，是法国女装业裤装产量超过裙装的第一年（Veillon，p.6）。英国年轻的上流男女，纷纷改掉去原本一出口即可证明自己身份的纯正无误的口音，改用一种接近伦敦一带工人阶级的腔调。[1] 体面的上等男子——上等女子也不甘示弱，急起直追，也开始模仿劳动工人、士兵等职业的粗犷口吻，喜欢偶尔在说话当中带起脏字。这种说粗话代表男性气概的作风，原本绝对是受人鄙夷的下流行为。文艺界也绝不居于人后，某位颇有才气的剧评家，即在广播中用起“干”（fuck）这个脏字。有史以来第一次，在童话世界的历史上，灰姑娘化身的美女，从此不再需要凭华服丽饰于舞会中夺魁了。

西方世界中上等阶层青年男女的品位，忽然一下子大转弯，改向平民风格涌去。即使在第三世界也有这种趋势，巴西的知识分子即领一时风骚，大力推动原源自平民的“桑巴舞”[2]。数年之后，则有中产阶级的学生，涌向革命理念的政治及意识形态。两者之间，若有似无，也许有也许没有连带的关系。但是也不知道怎么回事，也没有人知道答案，时尚流行却常常有预言作用。自由主义气息重新点燃之下，同性恋亚文化慢慢抬头，对流行时装及艺术风尚起了重大的带头作用，影响所及，在年轻男性中间尤为显著。然而不论是性别取向的改变，或喜好品位的日趋平民化，两者都可看作是年轻一代向父母辈价值观反抗的手段；更精确一点说，这是他们在一个上一代的规则价值已经不再适用的世界里，为自己摸索方向的新语言方式。

新青少年文化中带有的强烈废弃道德意识，一旦化为理性语言，其精神面表达尤为清晰，如1968年5月巴黎的口号：“严禁禁止”（It is forbidden to forbid）；以及作风激烈的美国流行歌手杰里·鲁宾（Jerry Rubin）的名言：“凡是没在牢里蹲过的家伙，都不值得相信。”（Wiener，1984，p.204.）照传统的思想来看，乍听之下，这些好像是属于政治性的宣言，其实不然，他们想要废弃的对象，其实跟法律也没有半点关系。政治法律，都不是他们反抗的目标。年轻一代的

[1] 不过这种口音的改换，在伊顿（Eton）公学一位副校监的建议下，该校的贵族子弟早于50年代末期便已开始。

[2] 巴西流行音乐乐坛的祭酒奥兰达（Chico Buarque de Holanda），他的父亲是一位有名的前进史观学者，并曾是该国30年代知识文化圈中的重要人物。

口号，不过是个人心声、私人感情欲望的公开流露，正如同1968年5月的另一句口号："我把我的欲望当真，因为我相信我欲望的真实性。"（Katsiaficas，1987，p.101.）他们的欲望，也许以示威、群体运动的方式表达；他们的要求，有时也许甚至造成群众暴动的效果。可是这一切表象的核心，却是强烈的主观感受。"我个人的事就是政治的事"，成为新一代女权主义的重要口号，其效果可能也是多年激进运动中持续最久的一环。其中意义，不只限于政治行为是以个人动机成就为满足，更指出政治面的成功标准，系于其对个人的影响。对某些人来说，所谓政治的定义很简单："凡是让我烦心的事，都可以算作政治。"70年代一本书的书名，便将此中奥秘一语道破：《胖也是女权主义的论题》（*Fat is a Feminist Issue, Orbach*, 1978）。

1968年5月还有一句口号："一想到革命，就想要做爱。"这句话要是落在革命前辈列宁耳朵里，甚至连当年因主张滥交而被列宁痛斥的维也纳共产党人菲舍尔听了必定也会大惑不解（Zetkin，1986，pp.28ff）。反之，60年代和70年代的新一代，即使是那些具有强烈政治观念的激进青年，也一定不能了解布莱希特笔下，早年献身共产国际之士的心情与作为——奔走世界各地传播共产主义，"连做爱时脑子里也想着心事。"（Brecht，1976，II，p.722.）到了60年代和70年代，年轻革命者的心中大事，绝对不在自己能为革命带来什么成就。他们关注的焦点，是他们自己的行为本身，以及其中的感受。做爱与搞革命纠缠不清，难分难解。

因此，个人的解放与社会的解放，自然相辅相成，是为一体的两面了。而其中最能够打破国家、父母、邻里加诸我们身上的限制、法律、习惯的，莫过于性与毒品。不过性这件事，源远流长，其五花八门、多种多样由来已久，其实用不着年轻人费心发掘。尽管保守派诗人忧心忡忡地吟道"性交，始于1963"（Larkin，1988，p.167），可是这句话并不表示，在60年代以前性交是什么稀奇事。诗人的真意，在于性交一事的公众性质与意义从此开始发生改变。他举了两个例子为佐证，一是《查泰莱夫人的情人》（*Lady Chatterley's Lover*）一书的解禁，二是披头士的第一张唱片问世。然而，对于以前一向遭到严禁的事物，反抗的姿态其实不难表明；凡是在过去受到容忍的事物，无论是正式或非正式地被容忍，例如女子的同性恋关系，就特别需要点出来，如今正有一种反抗的姿态产生。因此同性恋者公开现身，表明态度，便变得特别重要。可是吸毒一事却正相反，除了烟酒是广为社会接受的癖好而外，麻醉药物一向仅限于小团体与次文化中（虽然这次文化的分布，三教九流都有），并没有包容性的法令。毒品的风行，当然不只是一种反抗姿态，因为吸食毒品本身带来的感官刺激便有莫大的吸引力。可是正因为吸毒是非法行为（通常也属于一种社交行为），吸毒，便不但具有高度挑衅叛逆的痛快意味，更使人有高高在上，不把那些严令禁止者看在眼里的满足心理。西方年轻人最盛行吸食的毒品是大麻（marihuana），其实大麻对人体的伤害恐怕还不及烟酒为害之烈，此事更证明其中所涉心理的微妙。60年代，在摇滚歌迷和激进学生汇集的美国海岸，吸食毒品与示威抗议往往似乎是不可分离的事物。

各种行为的解禁，社会规范的松弛，不但愈发推动种种此前被视为禁戒行为的实验与频率，也大大地增加了这些行为的曝光率。因此在美国，即使在一向带动全美风气的旧金山和纽约两地（两地又相互影响），同性恋公开，到60年代方正式开始。至于其形成有政治压力的团体，则要到70年代（Duberman et al，1989，p.460）。种种激烈变化，其中最大意义在于有形无形之间，推翻了长久以来根深蒂固于社会和历史当中，经由社会规范、传统、禁令所传达、认可、象征的人类伦理关系。

更有甚者，这股推翻旧秩序的力量，不来自任何一种条理井然的社会新秩序，虽然有人觉得必须正名，硬把功劳归在“新自由意志主义”（new libertarianism）名下。[1]其中真正的动力，是来自个人欲望巨

---

[1]　要知道此“自由意志”，与传统巴枯宁（Rakunin）或克鲁泡特金（Kropotkin）无政府主义主张的“自由意志”大不相同，更绝非后者的复燃。无政府主义相信借着自发性、无组织、反权威的自由意志行动，可以为众人带来一个没有国家、没有国界的公平新社会。不过比起当时甚为流行的马克思主义，无政府主义却又较为接近60年代和70年代叛逆学生群的理念了。

大无比的自律力量，其假定是建立一个人人自我规范的个人主义世界并推展至极限的境地。传统禁令的叛逆者对人性的假定竟然与消费社会的理论基础如出一辙，至少对于人类心理动机的看法，他们与出售货物的劳动者极为一致。后者认为，最有效的办法，便是攻心为上。

根据这个共识，世界上数十亿芸芸众生的存在，均是基于其个人欲望的追求。这些欲望，包括了各式各样在以往被禁止被反对，可是在现在都一一被社会允许并存在的大小欲望。如今被默许的原因，非因道德的解禁，却由于世人心中充满了它们。直到90年代，官方均不再试图将毒品合法化，而继续以不同程度的刑罚加以禁止，虽然效果始终很差。60年代开始，市场上对可卡因的需求量突然大增，尤以北美的中产阶级需求最大，此风其后也迅即传至西欧。这股趋势，跟不久前海洛因在劳动阶层中流行的现象极为类似（也以北美为主要市场）。贩毒的暴利，首次使得作奸犯科变成大手笔经营的大事业了（Arlacchi，1983，pp.215，208）。

4

20世纪后期的文化革命，是一场个人战胜社会的革命，换言之，是一场打破了人类与社会交织的纹理的革命。长期以来，社会的纹理不但界定了人类之间真正的关系与组织形态，也决定了人类关系的一般规范，以及人与人之间相互对待的预期行为模式。社会中人的角色，虽然不一定正式以成文规定，但事先都有脉络可循。因此，一旦旧有的行为成规被打破或失去其理性基础，人的心中便感惶惶不安、无所依凭。上一代熟悉这套法则，如今深感所失；下一代不谙人事，只知道眼前这个变调社会。两代之间，自然难以沟通理解了。

在这种变异的氛围之下，自然便出现了80年代一位巴西人类学家笔下的冲突情境。通常作为一名巴西中产阶级的男性，在其强调荣誉与羞耻心的传统地中海文化熏陶教化之下，面对现代社会日渐增多的抢劫强暴事件，照理，身为一名绅士，他应该宁死也会挺身保护自己的女友或钱包。而一名淑女，也应宁死不屈，绝不愿遭到这种“比死更可怕”的厄运。但是到了20世纪末期大都市的生活现实里面，任何抵抗恐怕也挽回不了女子的“名节”与口袋里的钱财。于是最理性的处理方式，便是屈从听命，以免激怒了盗匪，反而会使恶人真正出手伤人，甚至置人于死地。至于妇女名节，所谓婚前保持处女之身，婚后矢志忠贞不贰，在20世纪80年代受教育开放影响的男男女女当中，在他们对性行为所持的假定及现实的行为之下，名节到底又是在为什么而持守呢？但是正如人类学家的研究显示，尽管在新思想、新道德的冲击之下，这一类经历依然使受害人创巨痛深，在心头烙下不可磨灭的伤痕。即使是其他程度比较轻微的遭遇，也往往带来精神上的不安与折磨，比如一般非暴力性质的正常性交等等。旧的规范就是再不合理，一旦不存，取而代之者也不一定就是某种合理的新秩序，既无法则，又缺乏共识，反使众人惶惶不可终日。

所幸世界上绝大部分的人类社会里，旧有的社会纹理与风俗，虽经四分之一世纪以来史无前例的动荡变革，虽有损毁，却尚未完全解体，不可不谓人类大幸。旧秩序脉络的存在，对贫苦人尤其重要，因为亲族邻里的济助扶持，是人在变动世界中生存成功不可或缺的助力。在第三世界多数地区里，亲族邻里的网络更是一切资源的汇集，包括信息的提供、劳力的分工、人力与资本的共同来源、储蓄功能的机制，以及保障社会福利安全的合作系统。事实上，若除去家族之间亲密的合作关系，地球上某些地区的经济成就范例，如远东一带，恐怕根本无法解释。

在比较传统的社会里，由于新时代企业经济的成功，旧有基于不平等关系建立的社会秩序的合法性因而遭到破坏，一方面是因为如今机会均等，人人可以力争上游，另一方面则出于原有不平等结构的理论基础已遭蚀损。因此在过去，家财万贯、放浪形骸的印度王侯，向来可以为所欲为尽情享受，不担心臣民觊觎或憎恨（正如英国皇家拥有纳税豁免权从来无人质疑，一直到90年代才改变）。因为王公贵族属于并代表了社会阶级中甚或宇宙间的特殊角色，他们的地位身份，被人以为是维护安定其王国不可或缺的力量及象征。在稍微有点出入的类似情况下，日本企业大亨所享有的特权及豪奢，也同样比较不为人所非议。只要他们拥有的荣奢并非专供其个人享用，而是伴随着他们在经济社会中扮演的功能角色附带而来即可。就像英国内阁成员的轿车、官邸等特权享受，是属其职位而非个人，一旦去职，不出数小时内这些豪华物品也随其职务而去。日本的财富分配，其贫富不均处事实上远不及欧美社会严重，可是80年代日本在经济大繁荣之下，个人财富累积之巨，以及毫无隐讳地招摇展示，却使日本有钱人生活水准高的现象，及其与一般日本国民之间的对比愈显突出——日本人民的生活条件，远逊于欧美——这种强烈对比的印象，即使在远处遥观也可以深刻感受到。其中原因，或许是由于有史以来，日本大众第一次开始认为日本有钱人对国家社会的贡献，已经不足以保障他们理所当然的特权享受之故。

至于西方，数十年的社会革命造成了影响更为深重的大破坏。其极端之处，可以从西方对意识形态的公开讨论中一窥究竟。尤其是那不经深思熟虑，缺乏任何分析深度，只因众人作如此想便公开宣示中更可一见。信手即可拈来的例子，就是曾在女权主义者圈中流行一时的一项主张，认为妇女的家务劳动，也应该以市场价格估算（必要时甚至该以此为准付酬）；或以极其抽象兼且毫无限制的个人“选择权利”为由（所谓个人，是指女性），[1]主张堕胎改革一事的正当性。而新古典经济学派（neo-classical）的势力无孔不入，在西方世俗社会中

[1] 任何一种主张本身的合法性，绝不可与其支持论点相互混淆。一家之中丈夫、妻子、儿女的夫妇亲子关系，怎么能与市场上买主卖主的交易关系相提并论，连在纯理论的观念上也不可类比。同理，生育与否，即使出于单方面的决定，也绝非一个仅仅关系决定者本人的重大问题。但是以上两项论点，却也绝不能损害以下主张的正当性，即对于改变妇女家庭地位的努力，以及堕胎权利的主张，可以同时成立，绝无相违背处。

愈发取代了神学的传统地位，加以在有极端个人主义倾向的美国法律影响之下（美国文化霸权自有推波助澜之功），诸如此类的言论更受到鼓励，愈发甚嚣尘上。甚至连英国首相撒切尔夫人，都为其提供了政治言论的出口，她曾说过："只有个人，没有社会。"（There is no society，only individuals.）

理论固然偏激，实践行为也毫不落后。70 年代，盎格鲁-撒克逊国家的社会改革家，见到精神病患者及弱智者在病院受到的可怕对待，惊骇之余，发起运动，尽力将患者从隔离中解放出来，改由"社区邻里来照顾他们"。可是在西方社会的都市里，如今已经没有共同生活、彼此扶助的社区邻里挑起这个责任了。家族关系也荡然无存，谁也不认识这些被人遗忘的可怜人，于是只有像纽约一类的街头，收容这些社会的弃儿，大街小巷，充斥着无家可归的流浪人，每日自言自语，乞讨为生，一只破塑料袋，便是他们的全部家当。如果运气不好（也许可以算作运气好，看你从哪一个角度而言），总有一天，他们会从当初赶他们出来的医院迁到监狱里去。而在美利坚，监狱已成了美国，尤其是美国黑人中，有社会问题的人的主要收容所。1991 年，高居全球人口比例第一的美国监狱囚犯——每 10 万人中便有 1 人在狱中——据报告有 15% 为精神病患者（Walker，1991；Human Development，1991，p.32，Fig. 2. 10）。

新道德标榜的个人主义，对西方传统家庭以及组织性的宗教体系造成了最大的破坏，两者皆于 20 世纪的后三分之一时期崩解。过去将罗马天主教社会结合在一起的凝聚力量，如今以惊人的速度裂为碎片。终 60 年代，加拿大魁北克（Quebec）地区参加弥撒的人数，由占总人口的 80% 骤降为 20%；该地法裔加拿大人传统上偏高的出生率，也一降而竟至低于加拿大的平均数（Bernier / Boily，1986）。女性的解放运动，或更明确一点，女性对节育一事的要求，包括堕胎及离婚的权利，更在教会与作为 19 世纪教会信徒主体的女性之间，划下最为深刻的裂痕（参见《资本的年代》）。这个歧异不和的现象，在天主教国家如爱尔兰、教皇自家门内的意大利，甚至在共产主义失势后的波兰，都一天比一天更为显著。献身神职或其他宗教形式生活的人数，连年锐减；真心或表面愿意信守独身圣洁的人，也一日少于一日。简言之，不管其中转变是好是坏，教会对信徒道德物质生活的辖制权势大减；教会对道德与生活设下的戒律，与 20 世纪后期人的现实行为之间，有了一个深邃的黑洞。至于其他对信徒支配力一向不及天主教的西方各教会，甚至包括某些古老的新教教派在内，其数量势力之衰退更为迅速。

从经济学角度而言，传统家庭凝聚力松弛之下所造成的后果更为严重。我们都知道，家庭不仅是传宗接代的工具，更是社会合作的经济机制，是维系农业社会，以及早期工业经济（地方性与全球性）的主力。因为 19 世纪末期，资本尚未大量集中；而现代大公司组织前身的大型企业，即那只将要在市场活动上补充亚当·斯密那只“无形之手”的“有形之手”（Chandler，1977），当时也还没兴起，因此社会上缺乏一股“不具个人性”的资本企业结构。[1] 可是家庭之所以在经济活动上扮演着主要角色，还有一个更重要的原因，即当时的市场，依然缺乏任何一个私有利润制度作业中不可或缺的主要成分，即对权利义务的信任——或其法律的化身，合同执行力的保障。这方面的工作，在过去一向需要靠国家（17 世纪主张个人主义政治学说者，对此知之甚详），或亲族社区的力量来完成。因此国际贸易、银行金融等在远地的操作经营涉及的巨大利润及高度风险，往往得靠家族方式的结合始能获得成功，若由具有共同宗教团结意识的群体进行则更佳，如犹太人、教友派信徒（Quakers）、胡格诺教徒（Huguenots，编者注：法国加尔文派教徒之称）等等即属此例。事实上即使到了 20 世纪后期的今天，这一类的关系组合，依然是犯罪组织不可或缺的要素，因为黑社会集团经营的生意，既属违法，自然便没有法律来保护或保障它的合同契

[1] 大公司企业组织的资本主义世纪到来之前，大型企业的运作模式（垄断性资本主义），并非汲取私有企业的经营经验，而是师法国家或军队的庞大官僚系统，这一点从铁路员工穿着制服一事上即可证明。事实上，这些大型企业往往是由国营或非营利性质的公营，例如邮电服务等。

约，唯一可以信任的，只有家族的关系及死亡的威吓。黑社会组织中最成功者，首推卡拉布里亚（Calabrian）黑手党，其成员就包括一家数名兄弟在内（Ciconte，1992，pp.361—362）。

时移势迁，非经济性群体的密切团结逐渐受到破坏，其中的道德关系也随之不存。固有道德体系存在的时间，也比资产阶级工业社会为早，已被接受成为其密不可分的一部分。然而如今旧有的道德词汇，凡权利责任、相互义务、罪恶美德、牺牲奉献、良心道德、奖赏处罚等，种种定义人际社会关系的观念，已经无法再转译为满足新时代人类的新语言了。一旦这些观念制度不再被人视为规范社会秩序的方法，不再能保证社会合作及社会生命的延续，它们对人类社会生活的实际规范组织能力也就消失于无形。它们的身价一落千丈，从制约社会行为的真实力量，缩减成为个人观点，最多也只能要求法律承认其所占有的至高意义。[1]生活之中，充满了不确定性与不可预期性。社会人生的罗盘针上，不再指向永远的北方；地图地标，也一无所用。从60年代开始，茫然无主的现象在多数发达国家愈为显著，促成了各种五花八门新理论的诞生。从主张极端市场开放的自由主义，到“后现代主义”，形形色色不一而足，通常却都避开价值判断的重心不谈。充其量，也只把价值判断贬为无限制个人自由之下唯一仅存的公约数而已。

社会大解放，一开始自然广受众人欢迎，认为其好处无限，付出的代价甚低，只有根深蒂固的顽固反动派，才对之深恶痛绝。众人也丝毫不曾将社会解放的意义，与经济自由化联想在一起。而几个幸运国家，繁荣浪潮不但为它们的人民带来了富庶，更因其极为慷慨且包罗万象的社会福利而愈加强化。一时之间，社会解体残留的痕迹似乎尽去。单亲家庭（以母职为主），虽然依旧意味着可能一辈子不得从贫穷翻身，可是在现代福利国家的制度下，却也保证其基本的生活受到终身保障。退休金、福利措施，以及人生晚年的养老院，替社会照顾

[1]　这表明在失去控制的个人主义社会之下，至少在美国，所谓作为其中心观点（法律或宪法上）的“权利”一词，与传统观念里一体之两面的权利与义务，有着极大的悬殊。

了它的老人；因为儿女若不是不能，就是不再感到有义务抚养自己年迈的双亲。同样，传统上其他原属于家庭的责任，如抚育婴儿的任务，也由母亲移转到托儿所、育婴院，一如社会主义人士所愿，照顾了工作妇女的需要。

于是在形形色色先进思想的号角指挥下，不论是基于理性的计划推论，还是实际人生的历史走向，都朝同一个方向迈进。其中包括对于传统家庭的各种批评——或因其置女人、儿童、青少年于屈从的地位，或从普遍性解放的观点为之。总之，理论与事实同时并进。物质上，集社会之力提供的公众帮助，显然优于多数家庭所能为自己准备的（或因贫穷或其他原因）。单看民主国家的孩童，历经两次大战，却比以前更为健康，营养也更为均衡，显然足以证明此说的正确。20 世纪末，尽管主张自由市场的政府及人士频频攻击，福利制度却依然存于最富有的数国而不坠。更有甚者，社会学家及人类学家都观察到一个普遍的现象，即“政府主导的制度越多，一般而言，亲族角色的重要性也随之降低”。好也好坏也好，“家族的地位，的确因工业社会中经济与社会愈发个人化而降低”（Goody, 1968, p.402—403）。简而言之，早就有人预言，共同体（*Gemeinschaft*）正拱手让位给共有的社会（*Gesellschaft*）——社区与个人，在一个彼此不知姓名的社会中相互关联。

就物质所得的益处而言，现代的社会经济，显然远胜建立于社区及家庭组织的传统经济活动。一般人恐怕不曾认识到一个事实，那就是到 20 世纪中期以前，现代工业社会仍然大量依赖旧有社区及家庭价值与新社会的共生共存。因此前者迅速崩解造成的冲击，自然非同小可。这种现象，在新自由主义意识开始流行的年代尤为明显，也就是 80 年代，这时，所谓形容社会最底层的“下层阶级”（underclass）[1] 一词进入了社会政治科学的词汇。下层阶级，意指全面就业的发达市场社会里，那群无法或不愿在市场经济中取得本身及家人生计者。而这

[1] 这些下层阶级，在 19 世纪后期的英国被称为“社会渣滓”（residuum）。

个市场经济，在兼有社会福利安全制度补助之下，显然运作良好，起码可以满足社会上三分之二这类人口的需要，至少一直到90年代都如此。德国社会民主派的政治人士格洛茨（Peter Glotz），对此情况甚感忧心，因此发明了一个新名词："三分之二的社会"（the Two-Thirds Society）。"下层阶级"一词本身，正如"下层社会"（under world）一般，意味着一种排除于"正常"社会的地位，往往需要接受公共的供给（贫民住宅与福利救济）。不足之处，唯有从黑市甚或灰色经济谋取，也就是政府财政以外的经济活动与来源。然而，由于家庭关系的破裂在这些社会层级中尤为显著，它们所能进入的地下经济极为有限与不稳。因为即使在官方管制范围以外及非法的经济活动当中，若无亲密的亲族关系，也难有效运作。这一点，我们从第三世界及其大量涌入北美的移民当中可以证实。

美国的黑种人（Negro）[1]，绝大部分是都市贫民，因此便成为此类"下层阶级"的代表性人口。他们被逐于正常社会之外，既不属于这个社会，就许多黑人年轻男性而言，也无法进入劳动力市场。事实上，多数年轻黑人，尤以男性为主，根本就将自己视为法外之民或反社会的一伙。但是这种现象与肤色无关，并不只限于黑人。随着19世纪和20世纪初期以劳动力为主的工业日渐衰败，这一类不幸的"下层阶级"开始在许多国家陆续出现。政府主管单位为照顾一般民众居住需要而兴建的平民住宅，如今住满了"下层阶级"的住户，可是这里的居民却毫无社区意识，更缺乏亲人之间提供的互助关系。在这个霍布斯笔下的暴民丛林当中，充斥着行为暴力嚣张的青少年，居民日夜生活在恐惧之中，甚至连传统社区意识残存的最后一线——邻里关系——也几乎消磨殆尽了。

只有在家族关系解体尚未影响到的国度里，社区意识总算有某种

[1]　本书写作时，美国黑人的正式名称已经改为"非洲裔美国人"（African-American）。不过这类名称往往一再改换，就作者有生之年，已经改变几次：有色人种（Coloured）、黑种人（Negro）、黑人（Black）等，而且我相信仍会继续变换下去。种种名目的演变，无非是向美洲黑奴后裔表示尊重之意，作者在此采用的黑种人一词，乃是众多善意称呼中沿用最久的。

程度的残留。在那里，比邻而居的众人，依然有着社会动物以外的其他关系，社会秩序也因而得以保留，只是他们多数却生活在赤贫的经济情况下。巴西的“下层阶级”即为一例。80年代中期，该国60%以上的收入，由20%的上层人口尽数囊括；而社会最底层的40%人口，却仅得总收入的10%甚至更少（UN World Social Situation，1984，p.84）。生活中，不但社会地位不平等，经济地位也不相符。但是巴西的下层社会，就一般而言，却不像发达国家都市里的贫民那般茫然，后者在旧有的行为规范解体、取而代之的却是一片不确定的空白之下，生活中普遍存在着深刻的不安全感。20世纪末最悲哀的奇怪现象就是在20年内战不断的北爱尔兰地区，尽管其社会经济落后，加上烽火连天，失业严重，可是就一般衡量社会安宁及稳定的标准而言，北爱尔兰居民的生活，却不但胜于英国绝大多数的都市，甚至更为安全。两相比较，岂不矛盾悲哀至极。

传统价值崩溃所带来的最大冲击，不在其失去了过去由家庭与社区提供的各项经济扶持，因为这些功能，在富庶的福利国家里往往可以获得替代品，不过在贫穷的国度里，绝大多数的人口却依然只有亲族之间的相助可以依靠（有关社会主义国家的状况，参见第十三章及第十六章）。传统价值崩溃带来的最大危机，在于规范人类行为的价值体系及传统习俗的解体。传统规范的消失，普遍为众人所感受，因此在美国有所谓“认同性政治意识”（identity politics）的兴起，以取代传统性认同的不复存在（这一现象于60年代末期开始变得相当显著）。认同所系者，一般以族裔、民族或宗教为主。此外尚吹起一股火药味很强的怀旧运动，意图恢复一个安全有序的假想年月。诸如此类的新风气，反映了人心缺乏导向的惶惑。但是这些运动只是绝望求救的呼声——在茫茫人海中找得一个“社区”归属，在孤独世界中寻得一个家庭投靠，在无情丛林中觅得一处藏身之地——而非积极实行的计划。通常徒用重刑，显然难以解决或吓阻日益猖獗的犯罪现象。可是每一个深谙政海三昧的政客都知道，循规蹈矩的老百姓已经对种种反社会的行为忍无可忍，因此不管他们要求处罪犯以重刑的呼声是否理性，聪明政客自然得向其压力屈服。

旧社会结构及价值的解体，对人类政治的危险之处即在于此。更有甚者，随着80年代时光的进展，在纯粹市场经济的大旗之下，兴盛的资本主义经济也开始受到震撼。

亚当·斯密以为，个人利益的追求，需要几项动力。其中包括他认为是人类行为动机本源的“工作劳动习惯”（the habit of labour），以及延后取得劳动回债的意愿，即为将来报酬所做的储存及投资，相互信任的习俗，以及在寻求个人利益最大化的理性行为当中的其他种种外显态度。这些因素，是资本主义体系运作的需要，可是与个人利益的追求却没有实质关系。家庭为早期的资本主义提供了以上所提的各项动机。因为所谓的“工作劳动习惯”，服从与效忠的习性（包括公司主管对公司的效忠），以及其他各种与个人利益极致化之理性选择无关的行为，都成为早期资本主义不可或缺的整体之一部分。这些条件若不存在，资本主义依然可以运作，可是却会变得极为怪异，甚至对企业经营本身也会造成困扰。这种异常现象，从盛行一时的大企业“收购”行动（take over）中可以看出。此外80年代曾经兴起一股席卷超级自由市场经济国家（如英美两国）金融界的投机之风，彻底破坏了以生产为主体的经济体系与利润追求之间的一切关系，更可让我们一窥此中怪象之一斑。增长，不能只建立在利润的追求之上；因此在其他凡是没有忘记这个原则的资本主义国家里（德国、日本、法国），前述英美两国风行一时的怪焰狂潮，便无法轻易兴风作浪。

波拉尼（Karl Polanyi）曾对第一次世界大战期间19世纪文明的倾圮加以研究，并从中获得一个结论。那便是19世纪文明赖以建立的各项前提，具有极为特殊并为前人所未见的特性，即有关于市场经济自律性和普遍性的各项前提。他认为，亚当·斯密所主张的“人类交易天性”，促成了“一个以此交易天性为一切活动之源的工业制度，人类在其中的经济、政治、知识，以及精神层面的各种活动，都受此天性支配”（Polanyi，1945，pp.50—51）。此说诚然有一定道理，可是波拉尼对他那个时代的资本主义现象，却难免有过度夸张之嫌。同样，众人对个人经济利益的追求，往往也不能一定保证国家的富强；两者相关的程度，亚当·斯密也有过誉之处。

人类生存活动的必要条件——空气——往往被我们视为当然；同理，资本主义也忽略了其生存于斯，运作于斯，承袭于以往的环境条件。只有一旦忽然空气质量产生问题，我们才发现它是多么重要。换句话说，资本主义之所以成功，即在于它不仅仅只是资本主义。最高利润的追求与积累，是资本主义成功的必要条件，而非充分条件。三分之一个世纪以来发生的文化变革，不但侵蚀了资本主义承袭的历史环境资产，也证明了一旦这些资产荡然无存，资本主义的运作必将遭遇困难。70 年代和 80 年代，新自由主义开始风行，最终终于站在共产主义政权的废墟上宣布获得胜利。然而历史很有讽刺意味，胜利的一刻，也就是其运转开始不灵的一刻。市场经济胜利了，但是它的缺陷，它运转的不灵，却再也无法粉饰了。

文化变革冲击之大，居于旧资本主义心脏地带的都市型“工业市场经济”自然感受最深。但是这场 20 世纪末叶文化动乱散发出的无比冲击，同时也彻底改换了“第三世界”的社会和经济面貌。以下，我们就对这所谓的“第三世界”进行探讨。

第十二章

第三世界

（我以为）无书可读，夜来在他们（埃及）乡间大宅的日子一定很不好过。一把舒服的椅子，一本好书在手，坐在凉快的阳台上，那才叫惬意生活。可是我有位朋友却提醒我道："你确实以为，那些乡下大地主吃过晚饭，不会出来坐在阳台上，头上一盏大灯照着，是吗，而不是推测？"这一点，我倒从没想过。

——拉塞尔·帕夏（Russell Pasha，1949）

每回只要话锋转到互助的话题上面，提到以贷款帮助村民，大家就一定同声感叹，哀叹村民之间越来越不合作了……一面感叹，一面少不了提到另一种世风日下的现象，那就是村子里的人对金钱越来越计较。于是大家又异口同声，一起对"过去的好时光"思念不已：想当年那个时节，同村有难，众人随时都乐意相助。

——阿卜杜勒·拉希姆（M. b. Abdul Rahim，1973）

1

殖民地独立运动及各地的革命，将世界的政治地图全然改变。在亚洲一地，为国际社会承认的独立国家如今一下子跃增5倍。1939年时只有一个独立国家的非洲，此时也暴增为50国左右。甚至在19世纪第一次殖民解放风潮下出现了20多个拉丁共和国的美洲，新一起的殖民解放大潮又为此地添加了一打新成员。这些数字固然惊人，但其中最重要的意义则不在此，却在这些新国家大量且不断增长的人口所代表的分量和压力。

第二次世界大战之后，依附性地区的人口开始爆炸性地增长，不但改变了世界人口的平衡，而且这项改变还在不断进行之中。自从第一次工业革命以来，也许是始自16世纪，人口增长的重点一向多以发达世界为主，即欧洲本地或源自欧洲的地区；其人口总数1750年不足全球20%，到了1900年已一跃几乎达到人类总人口的三分之一。人口的增长虽在“大灾难时期”暂告中止，可是自20世纪中叶以来，世界人口又再度以前所未有的三级跳大量增加，而这一回增加的来源，却集中在以前受少数帝国治理或征服的地区。我们若以“经济合作与发展组织”的成员国作为“发达世界”的代表，其人口总和到80年代，仅占全人类的15%而已；且其比例下降之势，已成无可避免之势（幸亏还有移民人口撑场面），因为其中好几个“发达国家”的出生率，已经减到来不及补充其自然淘汰的速度了。

就算我们假定，世界人口最终将在21世纪某段时间于100亿大关（姑且按目前的推算估计）稳定下来，[1]贫穷国家人口暴增的现象，也堪称20世纪最根本的一项改变，并在“黄金年代”末期首度引起国际人士一片忧心。1950年以来，世界人口于40年间激增两倍；而非洲一地

[1] 如果20世纪人口暴增的趋势继续持续，人类一场大难必不可免。200年前，人口数字首次突破第一个10亿大关，第二个10亿花了130年，第三个10亿35年，第四个10亿15年。到20世纪80年代，世界人口总数已达52亿。

的人口，更有可能在不到30年间便能倍增。如此高速的增长，实属空前现象，引起的实质问题，自然也无先例。试想，在一个60%人口均为15岁以下的国家里，会有什么样的社会及经济状况，问题之棘手便可想而知了。

贫穷地区人口的暴增，之所以造成如此重大的震动及引起如此强烈的关注，其中原因有二。一是与“发达国家”过去在历史上的同一发展阶段相比，如今穷国的人口增长率高出太多；二是一向以来保持人口稳定的死亡率，自40年代以来开始直线下降——比起19世纪的欧洲，减少百分之七八十（Kelley，1980，p.168）。当初欧洲地区死亡率降低甚缓，生活和环境逐步改善后方才变得快些；可是“黄金年代”则不然。现代科技像飓风一般扫及贫穷国家。在这股现代化药物及运输革命的浪潮之下，自40年代以来，医药上的种种创新突破开始挽回大批人命（比如滴滴涕及抗生素）。于是有史以来第一次，人力仿佛可以回天（过去唯一的成功案例，只有天花疫苗可以比拟）。出生率居高不下（经济繁荣时更持续上升），死亡率则直线下降（墨西哥的人口死亡率在1944年后的25年之间减半），人口数字开始急剧增加，可是外在环境的条件、经济，以及各项制度，却未必有同等程度的相应改变。人口的暴增，同时更造成贫富之间更大的差距，发达国家与发展中国家的差距也越来越大——尽管两处的经济正以同等的速率增长。同样是比30年前增加两倍的国内生产总值，对于一个人口稳定的国家来说，若与另一个人口同时也暴增两倍的国家如墨西哥相比，两者之间，国民分配所得自然便是两个截然不同的结果了。

有关第三世界的任何记述，都必须以其人口数字为首要大事，因为人口的暴增，正是第三世界之所以存在的中心事实。根据发达国家的经验，第三世界迟早也必将走上人口专家所谓的“人口组成转变”（demographic transition）阶段，即由低出生率和低死亡率双管齐下，达到人口数字的稳定；也就是进入子女数减少，两个恰恰好，一个不嫌少的家庭模式。这种“人口组成转变”的趋势，果然如所料开始在某些国家出现，尤以东亚地区为著。可是，到“短20世纪”告终为止，绝大多数贫穷国家却还不曾在这条路上走得太远——只有前苏联集团国家例外——而这也就是为什么在这些国家里，贫穷迟迟不去的主因。某些国家人口负担之重，每年必须为新生的千万余张小口张罗粮食。在沉重的人口压力之下，政府不得不强制节育，或限制每家子女的人数（其中最著名者即数70年代印度的绝育政策）。可是，这种手段显然无法真正解决任何国家的人口问题。

2

人口问题固然头痛，可是当战火甫息，殖民的枷锁刚刚解除，贫穷国家首要考虑的却不是它们的人口问题。它们的心事，是自己该采取何种姿态立于世界？

有几分不出所料，它们多数都采取了或被迫采取了由旧殖民主子体系衍生出来的政治形式。而少数由社会革命或长期解放战争之中诞生的新政权（两者最后的效果相同），则多半遵循苏联革命立下的模式。因此就理论而言，新世界里逐渐出现了无数实行国会制度并实行选举制的共和国度，再加上一小部分由一党制主导的所谓“人民民主共和国”（理论上说，这些国家都民主了，可是只有共产党国家及社会革命政权，还要强调“人民”当家做主，在其正式国名上再加上“人民”或“民主”的头衔）。[1]

“民主”也好，“人民”也罢，可是就实质而言，这类名号却名不副实，最多只能表达新国家想在国际上扮演的角色而已。在事实上，

[1] 在社会主义阵营解体以前，下列国家均在国名上缀以“人民”（people's）、“民众”（popular）、“民主”，或“社会主义”的称号：阿尔巴尼亚、安哥拉、阿尔及利亚、孟加拉、贝宁、缅甸、保加利亚、柬埔寨、中国、刚果、捷克斯洛伐克、埃塞俄比亚、民主德国、匈牙利、朝鲜、老挝、利比亚、马达加斯加、蒙古、莫桑比克、波兰、罗马尼亚、索马里、斯里兰卡、苏维埃社会主义共和国联盟、越南、也门人民民主共和国（PDR Yemen）、南斯拉夫。圭亚那（Guyana）则独树一帜，自称为“合作共和国”（cooperative republic）。

更如拉丁美洲国家的宪法般不切实际，其中原因如出一辙，即它们往往缺乏足够的物质和政治条件帮助它们达到理想。这种情况，连社会主义形态的新国家也不例外，虽然它们基本上属于极权政治，又有一党制的结构，事实上也较自由性质的共和国政体更适合其非西方背景下的国情。因此在社会主义的国度里，最基本的原则之一，便是（文人的）党高于军队。可是到了80年代，几个由革命党领导而诞生的政权，例如阿尔及利亚、贝宁（Benin）、缅甸、刚果共和国、埃塞俄比亚、马达加斯加，以及索马里，再加上有几分古怪的利比亚，均是在政变的军人统治之下。正如叙利亚和伊拉克也是在阿拉伯复兴社会党的政府治下一般，虽然两者版本不同、彼此敌对。

事实上，也正是军政府的泛滥或动辄便有陷入军政府的倾向，使得宪法也许不同、结盟地位各异的第三世界，表现出同一面貌。我们若不计第三世界的几个主要共产党国家（朝鲜、中国、中南半岛数国，以及古巴等等），并将墨西哥革命以来已经长久建立的墨西哥政权除外，1945年以来恐怕很难找到几个没有出过几个军人政权的共和国来（至于其余少数君主国家，除了某些例外如泰国外，倒好像还安全一点）。只有印度，到本书写作为止，是第三世界国家中最令人印象深刻的一个国家。它不但始终如一，不曾打破民选政府主政的局面，而且其政府，也一直由经常性并具相当公正性的普选选出——不过印度是否便配称全世界“最大民主国家”，则要看我们如何诠释林肯“民有、民治、民享”的理念了。

世人对军事政变及军政权已经如此习以为常，即使在欧洲也不例外，我们在此不得不提醒读者，其实就当时军政权甚嚣尘上的规模而言，实属一股前所少有、极为新奇的现象。1914年，全球的主权国家里，除了拉丁美洲外，没有一国是在军政府的统治下。但是军事政变，在拉丁美洲诸国是传统的一部分，更何况其时其地，唯一不在文人政府治下的主要共和国家也只有墨西哥一国而已，而墨西哥则正在革命及内战的战火中鏖战不已。当时，好战黩武的政权固然不少，也有许多国家的军方拥有超过分内应有的政治影响，更有如法国军官般对其政府极为不满的国家，可是在一般正常稳定的国家里，军人还是坚守其服从天职，以及远离政治的传统。说得更精确一点，即或他们确有参政的事实，但也只像上层阶级妇女一般，于幕后暗施手腕，在表面上却无声无息。

因此军事政变性质的政治文化，完全是一种充满着不安定的政局与非法政府的新时代下的新产物。有关军事统治的认真探讨，首先出现于 1931 年，是由意大利记者马拉帕尔泰（Curzio Malaparte），援当年马基雅维利（Machiavelli）思维提出；他的大作《军事政变》（*Coup d'État*）写出时，正值大灾难时期的中途。到 20 世纪下半阶段，超级大国之间的权力一时获得平衡，国际局势似乎转安，各国政权也同样近乎稳定，军方参与政治的现象便更普遍了。单单是因为全球新国林立，多数均缺乏合法传承政统，加上政治路线不定，政局经常不安，便可以解释这种强势军方的现象。在这种情况下，武装部队往往是环视国内唯一可以发动政治行动（或任何行动）的力量。更有甚者，由于超级大国在国际上进行的冷战，多数是由盟邦或附属政权的军队出面的，两强自然以金钱及武器多方补给己方帐下的成员。有的时候，更是你去我来，轮流供应，如索马里，便有美苏两强先后分别予以武装。如此一来，坦克开上了政治舞台，军人在政治上大展身手的空间就更多了。

共产主义的核心国家在党的领导下，在理论上，军方臣服于文人政府的治下。至于西方阵营里的核心国家，由于极少出现政局不稳的现象，加上国家具有充分控制军队的机制，军人参政的机会大受限制。因此佛朗哥将军谢世以后，西班牙在新国王的支持下，各方能协商成功，开始迈上一条自由民主政治的大道。与此同时，那批顽固守旧的佛朗哥派曾于 1981 年酝酿一场政变，也被立时平定，因为国王断然拒绝接受。在意大利，则有美国幕后支持的力量，如当地强大共产党势力组成政府，将随时准备起来推翻，因此意大利的文人政府始终得以保全。不过 70 年代时，该国军方、情报单位，及地下恐怖组织的重重黑幕后面，却出现过一连串各种无从解释的政治活动。遍数西方世界的军官，只有在老大帝国无法忍受殖民地纷纷脱离统治的心头恨之下（即惨败于殖民地之痛至巨至深），才会受到诱惑，对军事政变产生跃跃欲试之心，如50年代法国在中南半岛和阿尔及利亚两地的失守，以及70年代葡萄牙帝国在非洲地域的崩溃（不过葡萄牙之变带有左倾意味）。然而，法葡两国军方旋即又回到文人政府控制之下。欧洲地区唯一有美国做后盾（但可能是由当地主动发端）的军政权，事实上只有希腊一地，是于1967年由一群极右派上校军官发动建立。当时的希腊，仍陷于早年内战的阴影之下（1944—1949），共产党人和反共分子双方阵营之间的尖锐对立依然未休。这个由一群蠢军官发动成立的政权恶名昭彰，专以残忍手段对付异己为能事，7年之后，便因其政治智商太低而倒台。

相反地，在第三世界的国度里，却存在着军人随时干政的诱因，其中尤以新成立的小国为最，它们国小势微，数百名武装军人便有举足轻重的作用，何况枪杆子又有国外势力来支援，有时根本就由国外势力出马代劳。再加上政府经验不足，能力不够，于是混乱腐败层出不穷，一片狼狈之象。其实，通常在多数非洲国家出现的典型军人统治者，往往是真心打算收拾这一乱七八糟局面的有心人，而非冀求个人飞黄腾达的独裁者。他们本身虽然一时掌权，却希望文人政府不久便可接手，可是这份心愿常常陷于惘然。最后，治国与文人当政的理想两皆落空，这也就是为什么非洲军事头目的政权难以长久的原因。但是不管何人主政，只要当地政府有落入共产党之手的可能，尽管机会极为微小，保证便有美国前来相助。

简单地说，军事政治正如军事情报一般，往往崛起于正常政治力量及情报系统出现真空的时间地点。这种政治形态往往并无一定名号标志，却出于周围环境不安定所致。然而，对这些出身于前殖民地或依附型经济的国家来说，它们致力的国策，往往需要本身有安定的政局并有有效率的政府机构才能成事。可是这却偏偏正是它们所缺乏的条件，因此军事统治便在第三世界成为政治主调。它们一心一意，追求经济的独立“发展”，因为在第二次世界大战战火之后，在世界革命及全球殖民解放之下，过去建立在农产品原产地上的繁荣已经没有前途，再也不能专靠供应帝国主义国家的世界市场为出路了。这一类旧有的经济楷模，有阿根廷和乌拉圭两国的大牧场为先例，墨西哥的迪亚兹和秘鲁的莱古亚（Leguía），曾满怀希望地仿效。但是自从一场世界经济大萧条的不景气后，这类老路显然已经行不通。更何况在民族主义以及反帝国主义的呼声下，一国之政策自然是以脱离对前帝国势力的依附为当务之急。于是，便有苏联出头为新生国家的“发展”另辟蹊径，作为各国仿效的楷模。1945 年后数年之间，正是苏联最为神气活现的时刻。

野心比较大者，便大声疾呼，意图进行有系统的工业化，以结束落后的农业经济体系，其手段或以中央计划式的苏联为师，或发展国内工业以取代进口。其间手法或许有异，却同样需要政府的行动与控制。野心较小者，虽然不似前者志向远大，例如梦想着建立起自己庞大的热带钢铁工厂，巨型水坝下筑起巨型水力发电设施，源源不绝带动工厂的巨轮运转，却同样一心一意打算用自己的力量，控制并开发本国资源。在过去，石油往往是由与帝国强权关系密切的西方私营企业一手把持，如今各国纷纷效法 1938 年墨西哥的先例，一律收归国有国营。至于那些避免国有化政策的国家，也发现国境之内，“一油一气在手”，不啻是与外国大公司谈判的最佳筹码——1950 年后，阿拉伯美国石油公司（Arabian American Oil Company，简称 Saudi Aramco）首开先例，二一添作五答应与沙特阿拉伯平分收益，尤其让其开始尝到甜头——事实上到了 70 年代，“石油输出国组织”根本便以全球为目标，大幅提高原油价格。此事之成为可能，全是因为世界石油的所有权此时已由大公司手上移到为数甚少的几个产油国家所致。但是简单地说，即使是这些快活享受外来新旧资本家扶持的国度——所谓“新”者，是指当代左翼所指的“新殖民主义”——也是在国家控制的经济体系下为之。终 80 年代，以此手法经营最为成功的国度首推法属科特迪瓦。

推动现代化最失败者，则数那些过分低估本身落后所造成的限制的国家。它们技术落后，经验不足；技术人才、行政人员、经济专家都缺乏；人口大多为文盲，对推动经济现代化的方案既不熟悉又无回应。因此，理想定得愈高，失败相对愈惨。某些国家好高骛远至极，定下的目标连发达国家都难达到，比如由中央全面计划的工业化目标。与苏丹同为撒哈拉沙漠以南非洲最先获得独立的加纳，便在这种不切实际的理想下，企图建立起一个由国家控制的经济体系，而浪费了自己积累的两亿美元家底（来自高涨的可可价格及战时收益。这个数字，甚至比独立印度的英镑库存还高）。恩克鲁玛一手倡导的“泛非联盟”，更是野心勃勃地高调。结果雄心不果，一败涂地。而 60 年代可可价格大幅滑落，雪上加霜。到 1972 年，加纳的宏图完全失败，这个小小国度内的工业，仅能靠各种保护手法如高关税、价格管制，及进口执照而苟存。黑市经济盛行，贪污腐败泛滥，至此一发不可收拾，在该国长存，成为无法根除的祸害。工薪阶层有四分之三都在国家单位就业，自给生存所依赖的基本农业却完全受到忽略（许多非洲国家亦然）。1966 年，恩克鲁玛政权为第三世界司空见惯的军事政变推翻，这个国家随之继续朝幻灭路上走去，途中但见此起彼落，军人上台下台如家常便饭，偶或有文人政府昙花一现地点缀其间。

这些位于撒哈拉沙漠以南诸非洲新国的记录虽然不堪回首，但若论及其他地区的前殖民地及依附型国家，其发展成就却不容忽视。这些地区和国家，选择了一条由国家主导计划的经济发展之路，因此自 70 年代以来，国际人士间便开始有了所谓新兴工业国家（Newly Industrialized Countries，NICs）的流行用语，而除了中国香港之外，这些新工业国的形成，都是建立在国家领导的经济政策之上。但凡对巴西和墨西哥两国国情有些了解的人都知道，政府插手的结果，往往是极端的官僚化，无比的腐败及浪费，可是与此同时，几十年来也为巴西和墨西哥两国创造了7%的年增长率。总而言之，尽管官僚腐败，两国却如愿地转型成功，成为现代化的工业经济。事实上，有一度巴西甚至高居非共产党世界中的第八大工业经济国家。此外，巴西和墨西哥两国人口众多，足以提供广大的国内市场，因此发展国内工业取代进口的政策，在此可以发挥作用，至少在很长一段时间里是如此。巴西的国营事业，一度曾经达到该国国内生产总额的近半数，全国最大的20家公司里，国营单位即占19家。而墨西哥的国营事业人员，更为总就业人口的五分之一，公有单位的薪资账册总额，占了全国总工资的五分之二（Harris，1987，pp.84—85）。至于远东地区的国家，由国家直接经营的程度则较轻，多是由一些蒙政府许可的私人企业集团运作，但是信用和投资的控制则操纵在政府手上。因此表面的方式虽然不同，其经济发展对政府的依赖则如一。50年代和60年代，全球各地可说都吹着计划及国家主导的经济风，在新兴工业国家地区里面，此风甚至一直吹到了90年代。至于风行之下产生的经济效益，其成败则要看个别状况及人为因素而有异。

3

可是增长的情况，不论是否由政府控制，对第三世界绝大多数自给自足的老百姓而言，都没有重大的利益可言。因为即使在某些靠一两样大宗出口商品为主要财源的殖民地或国家里（例如咖啡、香蕉、可可等），这些经济作物也往往集中于有限的几个地区。于是在非洲撒哈拉沙漠以南地区，以及南亚和东南亚的绝大部分地方，连中国在内，广大的人口依然以农业为生。只有在西半球一带，以及西部伊斯兰世界的乡间，在几十年间，才戏剧性地由农业社会蜕变成为大都会（参见第十章）。其实只要土地肥沃，人口不致过度拥挤，如黑非洲，一般而言，老百姓多能自给自足，无须外求。这些土地的居民，多数根本不需要政府来帮倒忙，因为当地的政府多半力量太弱，起不了什么作用。但是如果官府势力变得苛扰太重，老百姓也可以不去惹它，或干脆退而采用自力更生的老法子。环顾各地，少有其他地方拥有像黑非洲这么好的优势，可以轻轻松松地走进独立年代。可惜不旋踵间，这个大好条件却被糟蹋掉了。与非洲相比，亚洲及伊斯兰世界农民的日子往往穷苦得多，至少在粮食等食物方面，贫穷到苦不堪言的地步，而且其境况自古以来，从来就没有改善过，例如印度地狭人稠，生存的压力自然远比非洲为大。然而，对许多平民百姓而言，解决之道却是越少和那些倡导经济改革致富者接触越好。长久以来，他们的祖先，以及他们自己本人，都已经学到一个经验，那就是“外头来的绝对没有好事”。一代又一代默默的思索中，他们领悟到了一个事实：与其多求利润，不如减少风险，才是上上之策。不过，这些老百姓并不因此便成为全球经济革命中的“化外之民”，因为这股革命浪潮泛滥四方，不论远近，连最偏僻与外界缺乏联系的地区，也难逃其浪头侵袭——塑料瓶、汽油桶、老古董的卡车——当然更少不了政府的机关衙门，而其功能便是制造公文。但是这个办公室写字间世界的出现，充其量不过将人口分成截然不同的两大族群：一边是一个生存行动于其间的统治阶层，另一边则是完全与其无涉的小民。因此在第三世界的绝大部分地区里，最大的分野便在“沿海”与“内地”（或都市与边区）的区别。[1]

麻烦的事却正出在这里。现代化往往与政府携手而来，因此“内地”被“沿海”管辖，边区为都市治理，不识字者自然也只有受制于识字之人了。太初有“道”，“道”即“文字”。在加纳独立前不久成立的议会，其 104 名成员中，68 名有某种程度的小学以上教育程度。南印度特伦甘纳地区（Telengana）106 名的立法委员里，则有 97 人有中等以上的教育程度，并有 50 位大学毕业生。可是这两地绝大多数的居民，当时却多属目不识丁的文盲（Hodgkin，1961，p.29；Gray，

[1] 在社会主义的国家里，类似的城乡对比同样可循，例如苏联境内哈萨克的原住民，便坚守着祖传的畜牧业不肯放弃，以致工业化及城市生活几乎为俄罗斯裔移民所独占。

1970，p.135）。更有甚者，凡想在第三世界“国家级”政府出人头地者，只会当地通行的语言还很不够，还得通晓几种国际语言当中的一种（英文、法文、西班牙文、阿拉伯文，或中文），至少也必须懂得新政府将当地方言混合而成的“国语”才成，例如斯瓦希里语（Swahili，东非、刚果等地的语言）、印尼官话（Bahasa）、混杂语言等。唯一的例外，只有在拉丁美洲地区，官方的书写文字与一般民众的通行语同属一种语言（葡萄牙文或西班牙文）。试观印度一地，1967 年海得拉巴（Hyderabad）举行的公职选举中，34 名候选人里只有 3 人不谙英语（Bernstorff，1970，p.146）。

因教育程度好而占的优势，甚至连最落后、最偏僻之民也逐渐感受到了。他们自己不一定能分占这个优势，尤其在他们享受不起这个条件的时候，更特别感受到其中的不同。知识就是权力，这句话不但具有象征意义，在事实上根本就是如此。在某些国家里，所谓政府，所谓国家，对其子民而言，无异于一部庞大的机器，其目的即在榨取他们的资源、血汗，以供国家雇用的员工享用而已。因此知识即权力的意义，在这些国家愈发明显。有了教育，往往意味着有可能在国家机关谋得一份差事，有时甚至十拿九稳，保证可以得到一个职务，[1]运气好的话，更可以变成一辈子的铁饭碗，从此吃喝不尽，招权纳贿，公物私用，将某些职位私下给家人或朋友。一个小村庄——比如说，姑且在中非吧——投资在村里一名年轻人身上，培养他受了教育，从此全村的指望便在这项教育投资所保证的回收之上，也就是公职的所得及公务员身份的保护。一份公务生涯如果经营得成功，收入极为可观，是一国当中待遇最好的职业。在 60 年代的乌干达（Uganda），一个公务人员的薪水（指其合法正当的收入），高达其国人平均收入的 112 倍（英国的比数则为 10 : 1），其中意义可想而知（UN World Social Situation，1970，p.66）。

---

[1] 举例来说，到 80 年代中期为止，例如贝宁、刚果、几内亚、索马里、苏丹、马里（Mali）、卢旺达（Rwanda）、中非共和国等国都是如此（World Labour，1989，p.49）。

凡是乡下穷人（或他们的下一代）也有可能受惠于教育的地方，便可见众人普遍有着强烈的学习欲望（例如拉丁美洲，第三世界中以此地区与现代化距离最近，离殖民时代也最遥远）。“大家伙都想要学点什么东西。”1962年时，某位在马普切印第安族（Mapuche Indians）中搞活动的智利共产党人，便曾对笔者如此表示：“可是我本人并不是知识分子，没法子教他们书本上的玩意儿，便教他们踢踢足球。”求知若渴的欲望，自50年代起，是推动南美居民大量由乡村迁往都市的一大原因。迁徙的惊人结果，是乡间为之一空。各项调查都显示，都市生活的吸引力，极大成分在于可为子女的教育和训练提供更好的机会。在城里，他们“可以变得不同”。多种新机会中，首先自然是学校教育为未来提供了最佳的前景，可是退而求其次，即使如开车这种简单技术，到了落后的农村地区，也可以成为改善生活的重要技能。驾驶技术成为成功之本，这是一位来自安第斯山脉克丘亚族（Quechua）村落的乡人的心得；也是他教导效法他的脚步进城、到现代世界打天下的表兄弟及侄儿外甥的第一课。岂不见他本人一份救护车司机的工作，正是一大家族迈向成功的基石吗（Julca，1992）？

至于拉丁美洲以外的农业人口，也许一直到了60年代，甚至更后的时期，才开始逐渐有系统地认识到现代文明代表着希望，而非威胁。不过在为促进经济发展而制定的改革政策当中，领导者可能对其中一事特别寄予厚望，认为它可以对农民造成吸引力，因为它直接影响着五分之三以上以农业维生的人口：即土地改革。这项概括性的政治口号，在农业国家里却包罗万象，从大规模土地所有权集中到重新分配给农民及没有土地的劳动者，一直到封建领地及佃户制度的扫除，地租的减低，租耕制度的改良，以及革命性的土地国有化及集体化，等等。

这一类活动在第二次世界大战结束后的10年内风起云涌，是为行进步伐最为激烈紧凑的10年，因为政治光谱上不论左右及幅度，都可见向这个方向的行动。在1945—1950年间，世上半数人口居住的国家，都在进行着某种程度的土地改革——在东欧，以及1949年后的中国，进行的是共产主义式的土地改革；原在大英帝国统治下的前印度，则是因为殖民解放而起的改革；在日本、中国台湾地区，以及韩国，则是出于日本战败的结果，或可视为美国的占领政策所致。1952 年埃及爆发革命，土地改革之风开始吹进西方的伊斯兰世界：伊拉克、叙利亚、阿尔及利亚，纷纷先后跟上开罗的脚步。1952 年玻利维亚掀起革命，南美地区从此也走上土地改革之路。不过墨西哥仍可算作首开风气之先的国家，自 1910 年革命以来，或者更为精确一点，自 30 年代革命在墨西哥再起以来，便已经大力鼓吹土地均分（*agrarismo*）。不过，政治上的呼声虽然很多，学术上的统计研究尽管不断，拉丁美洲的革命事例毕竟不足，加之殖民岁月遥远，战败经验稀少，真正的土地改革终究难以兴起。一直要到卡斯特罗在古巴发动革命（为古巴带来了土地改革），使土地改革进入了中南美洲的政治进程，情况才改观了。

对于主张现代化的人而言，土地改革的好处不止一个方面：政治上的意义自不待言（不论是革命政权，或正好相反的反革命政权，双方均可借此赢得农民支持），在思想上更为动听（例如“土地还给劳动人民”等口号），有时甚至还可以达到某些真正的经济目的，虽然绝大多数的革命人士或改革家，对于仅仅将土地重新分配给穷人的手段究竟能造成几分改善，并未抱着太大期望。事实上在玻利维亚和伊拉克两国分别于 1952 年和 1958 年实行土地重新分配之后，农业总产量反而急剧下降。不过为求公平起见，我们也得指出，在其他农业技术及生产力原本便已极高的地方，以前对土改诚意抱怀疑态度的农民，一旦获得自己的田地，很快便发挥极高的生产潜能。埃及、日本、中国台湾地区便是最好的例子，其中又以中国台湾的成就最为惊人（Land Reform，1968，pp.570—575）。维持一个广大农民群体的存在，其动机其实与经济无关，过去如此，现在亦然。因为现代世界演变的历史证明，农业生产的大量提高，恰好与农业人口的减少成反比；自第二次世界大战以来，这种逆向增减的现象尤为明显。不过土地改革的意义，不可因此抹杀，因为它毕竟也证明了在自耕农制度下，尤其是以现代化手段经营农作物的较大型农家，其效率绝对可以与传统大地主佃户制度，或帝国主义的大规模农庄运作媲美，而且具有更大的弹性空间。比起其他某些半工业化集中经营的办法，例如1945年后，苏维埃式巨型的国营农场，以及英国在坦噶尼喀（Tanganyika，今坦桑尼亚）生产花生的手法，更有过之而无不及。在过去，咖啡之类的农作物，甚至连橡胶及糖在内，一向被认为只能以大规模农庄的方式栽植经营。这种手段，虽说如今比起某些缺乏技术的小农，依然占有极为明显的优势，却已绝非必要的经营方式了。不过归根结底，自大战结束以来，第三世界在农业上获得了重大进展，所谓科学选种的“绿色革命”，毕竟还是由具有企业经营头脑的农家开始的，印巴边境的旁遮普即为一例。

尽管如此，土地改革的经济动机却绝非出自生产力的提高，而是着眼于平等的考虑。就长期并整体的观点而言，一开始，经济成本往往会扩大国民所得分配不均的状况，但是最终必将缩短其间的距离。黄金时代末了，发达西方国家人民在经济生活上达到的平等程度，高于第三世界，即可见其真实性的一斑。不过近年来由于经济衰退，以及一些人士对自由市场抱着近乎宗教神学的迷信，所得不均的现象又再度在某些地区出现。拉丁美洲的贫富不均最为严重，非洲居次，但是在一些亚洲国家里面，贫富的差距却相当接近。这几个地区，都曾在美国占领军的协助或直接经营之下，进行了一场极为激烈的土地改革，包括日本、韩国和中国台湾地区（Kakwani，1980）。贫富不均的现象少，自有其社会性及经济性的好处，往往被观察家们视为这些国家工业化成功的一大动力。观察家们也同时认为，巴西经济的发展忽冷忽热，几度前进却又跌倒，往往欲达“南半球美利坚”的经济宝座而不得。巴西人民的贫富严重不均，到底应为其欲进不得的挫败担负几分责任——贫富不均，可容国内工业增长的市场因此受限，自不可免。拉丁美洲社会不平等的现象如此严重，各国又缺乏大规模组织性的土地改革，两者之间，实在很难说没有任何关联。

土地改革，当然为第三世界的小农阶级欢迎，至少在土改还未转变为集体或合作农场的形式之前是如此——这种转变，是共产党国家的常例。然而，欢迎归欢迎，在个体小农与倡导现代化的城市改革家之间，双方对土改的期待却南辕北辙。前者对总体性经济面对的问题毫无兴趣，与国家政治的观点不同，对土地的需求也非建立在一般性的大原则之上，而自有其个别特定的主张。秘鲁改革派将领组成的政府曾于1969年推动激进的土改，企图一举摧毁该国大地主的田产制度（haciendas），即因此而失败。原来秘鲁印第安高地的牧民，一向为安第斯山脉大农场提供劳力，双方共存的关系虽然不甚稳定，可是改革对这些牧民的意义，却仅仅意味着重返祖传的“本土”，回到这一直被大地主隔离的原有牧场。多少个世纪以来，他们始终牢记着祖先传下来的家园疆界，这份损失，他们永远也不曾忘怀（Hobsbawm，1974）。改革前旧有的生产运作方式，他们无意维护，事实上现在都归入合作社区（*comunidades*）及原有员工的所有权下了；对于改革后合作式经营的实验，或其他任何新奇的农业制度，也都不感兴趣。他们急于保持的东西，乃是过去传统生活圈（虽不平等）中，所存有的传统互助手段。因此在改革进行之后，他们却回头“入侵”合作制下的共有田产（其实现在他们都具有共同经营者的身份），仿佛在大田庄与其族人社区之间（以及各个社区之间），土地的冲突纠纷犹存，一切都未改变（Gómez Rodríguez，pp.242—255）。对这些边区的牧民而言，改革与否，其实没有任何实质性改变。仔细探讨起来，真正最接近小农理想的土地改革，恐怕要属30年代墨西哥的尝试，这场改革将共有土地的权利给各个村落，完全交由农民照自己的意愿决定土地共有方式（ejidos），究其立意，是假定小农均从事于自给性的生产耕作。这一措施在政治效果上获得极大成功，可是在经济上与墨西哥日后的农业发展却没有任何关联。

4

第二次世界大战之后由前殖民地蜕变而成的数十个新国家，再加上一向也是依赖旧帝国主义工业世界生存的拉丁美洲绝大多数国家，很快发现自己被聚集在统称“第三世界”的名号之下，此事原不足为奇——有人认为这个称号是于1952年诞生（Harris，1987，p.18）——与第三世界相对，则有发达工业国家组成的“第一世界”，由共产党执政的国家为成员的“第二世界”。虽说这种将埃及与加蓬（Gabon）、印度与巴布亚新几内亚（Papua-New Guinea），一股脑儿归作同类社会的方式极为可笑，可是在情理上也非完全不通。因为这些国家都一穷二白（与“发达”世界相比），[1]且无独立生存能力，经济上处于依附地位。它们的政府也都一心一意想要“发展”，同时却也都不信任外部资本主义的世界市场（即经济学家所主张的“相对利益”结构），或在国内实行任由私有企业自行发展的政策，能够帮助它们达到发展的目标。且看第二次世界大战前那场经济大萧条及大战本身的历史教训，就值得它们警惕，作为其后事之师。加上冷战的无情铁腕紧扼全球，只要还有任何自由可以掌握本身行动步调的国家，自然都小心翼翼，避免加入两大联盟的任何一方。总而言之，也就是极力避开人人闻之色变的第三次世界大战。

然而，不向一边倒去，并不意味着“不结盟”国家便对冷战双方持有完全相同的反对立场。“不结盟运动”的倡导者——1955年在印尼万隆（Bandung）首次国际大会之后，即开始采用此名——往往属于前殖民时代的激进革命人士，例如印度的尼赫鲁、印尼的苏加诺、埃及的纳赛尔，以及脱离共产党阵营的南斯拉夫总统铁托等。这几位人士，正如其他众多由前殖民地兴起的新政权中人一般，都将自己定位为具有自我特色的社会主义者（即非苏联式的社会主义），包括柬埔

[1] 只有极少数几个例外，例如阿根廷。不过，阿根廷虽然在大英帝国的荫庇之下，一直到1929年间都得以食品出口国的身份夸富，可是自英国势力衰微后，元气始终不得恢复。

寨的王家佛教社会主义（Royal Buddhist Socialism）在内。因此它们都对苏联具有某些同情认可，至少愿意接受苏联提供的经济与军事援助。这原不足为奇，因为冷战开始，在东西两个世界相分隔的一刻，美国便急忙放弃过去的反殖民主义传统，开始在第三世界寻求其中最为保守政权的支持，动作极为明显。美方寻求的对象，包括（1958年革命前的）伊拉克、土耳其、巴基斯坦，以及伊朗国王治下的伊朗——此四国组成“中央条约组织”（Central Treaty Organization，CENTO）——加上“东南亚条约组织”（South-East Asia Treaty Organization，SEATO）中的菲律宾、泰国、巴基斯坦三国。这两个组织成立的目的，都是为了完成以“北大西洋公约组织”为主体以防堵苏联势力的军事体系（不过前两个组织却未曾发挥重要作用）。1959年古巴革命之后，原以非洲、亚洲为主的不结盟圈，至此形成三洲共同势力，其拉丁美洲的成员，自然来自西半球国家中对北半球苏联最不痛快的几国。不过万隆不结盟运动的非共产党国家，如实际加入西方联盟阵营的第三世界亲美国家一般，并没有任何实质亲苏的行动。它们并不想蹚超级大国在全球对峙的浑水，因为如朝鲜战争、越南战争，及古巴导弹危机等事例所呈现出来的，若有冲突发生，它们将永远是战火中倒霉的第一线。两大阵营之间的疆界（即在欧洲的界线）越稳定，一旦枪起炮落，弹头就越有可能落在亚洲某处的山头，或非洲某地的丛林里。

然而超级大国的对峙，虽然主导着世界各地国与国的关系，有时甚而有助于稳定国际形势，却始终无法完全操纵全局。第三世界中即有两个地区，当地固有的紧张关系，基本上与冷战本身毫不相干，但是其压力不但演变成长期的冲突，并导致该地间歇性的战火。这两个地区即中东和印度次大陆的北区（两地冲突都非偶然，均源于帝国主义离去前故意将该区分割的安排）。印度北部的冲突局面，还比较容易独立于全球的冷战之外，虽然巴基斯坦一心一意想把美国卷进来——不过一直到80年代阿富汗的战争爆发，巴基斯坦的企图始终未能得逞（参见第八章及第十六章）。因此，该地区先后爆发的三场地区性战争，西方所知甚微，记忆更少：1962年中印两国为未定边界掀起的战火（中国获胜），1965年印巴之战（印度轻松大胜），以及1971年印巴两国再次的冲突——起因是东巴基斯坦（今孟加拉）在印方支持下独立。在这几场战争中，美苏双方都扮演着友好的中立调停角色。可是中东局势却无法如此隔离，因为其中直接关系着很多美国盟邦：以色列、土耳其，及国王治下的伊朗。而当地接连不断的革命——1952年的埃及、50年代和60年代的伊拉克和叙利亚、60年代和70年代的南部阿拉伯，以及1979年伊朗国王巴列维政权的被推翻——不论是军人或文人政变，都证明该地区社会状况的不稳。

尽管如此，这些地区性的冲突，在基本上却与冷战没有必然的关系：第一批承认以色列这个新国家的国家中便包括苏联，可是以色列日后却定位成为美国最主要的盟友。而阿拉伯世界或其他信奉伊斯兰教的国家，其国际路线不分左右，对内则一致联合打击共产党。造成该地区分裂的原因，是以色列的犹太移民在那里建立了一个比英国蓝图设计为大的犹太人国家（Calvocoressi，1989，p.215）。以色列此举，使得70万名非犹太裔的巴勒斯坦居民被迫流离失所，这个人数，恐怕比1948年的犹太人口为多。以色列为达到开疆辟土的目的，每10年便打场战争（1948年、1956年、1967年、1973年、1982年）。历史上与以色列强行建立国土的行动最接近的前例，便是18世纪普鲁士的国王腓特烈二世（Frederick Ⅱ）。腓特烈从奥地利手中夺取了西里西亚（Silesia），从此连番作战，以求取得各方承认他对该地的所有权。多年战争下来，以色列将自己建设成中东地区最强大的一支军事力量，同时也取得了核国家的地位。可是它却与邻国永远交恶，不但无法与邻邦建立起稳定的关系，居住于其延伸国境内或流亡于中东各地的巴勒斯坦人，更是心中疾愤，永难与其修好。苏联解体，虽使中东地区从此不再成为冷战前哨，可是其爆炸性的局势却一如从前。

另外三个次级的冲突中心，也使中东一地的冲突动力不断：东地中海，波斯湾，以及土耳其、两伊、叙利亚四国的边境地带。三者中最后一个地区的冲突之源，是几度寻求独立未果的库尔德人（Kurds）——1918年美国威尔逊总统曾经轻率提出建议，鼓励库尔德人争取国家独立。可是多年来库尔德族始终无法找到一个强有力的盟国支持，结果只把自己跟该区各国的关系搞得一塌糊涂。库尔德族人骁勇善战，向以山间游击作战能力闻名天下。它的邻人也一有机会，便想方设法欲将其赶尽杀绝，包括80年代的毒气攻击。至于东地中海区的状况，由于希腊与土耳其两国同属北大西洋公约组织成员，相比之下尚属宁静。不过希土两国也有冲突，二者的冲突甚至曾导致土耳其人1974年一度侵入并重新划分塞浦路斯（Cyprus）。可西方强国、伊朗、伊拉克三方在波斯湾称雄争霸的结果（伊朗此时已由革命政权当政），却造成8年残忍的血战（1980—1988），并于冷战结束之后，依然掀起了美国及其盟邦在1991年与伊拉克的一场闪电大战。

第三世界中却有一个地区，即拉丁美洲，与全球及地区性的冲突可称距离甚远，这隔离的局面一直到古巴闹起革命为止。拉丁美洲，除了加勒比海上的一些小岛和南美大陆上几小片地区外——如圭亚那，以及当时仍叫英属洪都拉斯（British Honduras）的伯利兹（Belize）——一般脱离殖民的年代甚早。就文化和语言的层面而言，此地的居民属于西方人。甚至连其穷苦民众，也多为罗马天主教徒。除了安第斯山脉某些地区及中美一带，其居民也都能说或懂一种欧洲语言。从伊比利亚半岛的征服者手中，拉丁美洲社会沿袭了一套复杂精细的种族等级制度；同时，却也因其以男性为主的征服历史，开始了一段种族杂婚的传统。中南美洲大地之上，鲜有纯正的白种血统，只有在原住民稀少的南美南端一带（阿根廷、乌拉圭、巴西南部），由于拥有大量的欧洲移民是为例外。但是不论混血或纯种的社会，个人成就及社会地位的因素，都使种族区别不明显。早在1861年，墨西哥便选出了一位显然具有萨波特克印第安（Zapotec）血统的胡亚雷斯为总统。就在笔者写作本书之际，阿根廷和秘鲁两国，也分别由黎巴嫩伊斯兰教移民和日本移民出任总统。相比之下，这种选择在美国却依然无法想象。

到今日为止，在其他各大洲饱受种族政治和种族建国主义荼毒之下，拉丁美洲始终能免于这种恶性循环。

更有甚者，拉丁美洲的大部分地区，虽然了然于自己身处所谓“新殖民”的依附地位，但是其所依附的唯一帝国美国，毕竟识时务，不曾以坚船利炮对付拉丁美洲的几个大国——不过对其他国微势弱的小国，美国却毫不犹豫立即动武，丝毫不曾假以辞色。而从美国南部边境的格兰特河开始，一直到南美南端的合恩角（Cape Horn）止，中南美洲各国也都相当识相，深谙向华盛顿看齐靠拢，方为立国上策的真谛。成立于1948年的美洲国家组织（Organization of American States，OAS），总部即设在华盛顿，向来对美国言听计从。于是当古巴竟敢起来革命时，美洲国家组织便连忙将它扫地出门。

5

然而，就在第三世界及基于其理念起家的各种思想意识正如日中天之际，第三世界这个观念本身却开始破碎瓦解。各国分野差距之大之巨，到了70年代愈加明显。事到如今，已经不是一名一词所能涵盖包括。虽说第三世界之名依然相当好用，足可以区分世界上众多穷国与富国。当时被称为“南”与“北”两大区域之间的贫富鸿沟，显然仍在日渐深阔之中，区别差异自不可免。“发达”世界（即“经济合作与发展组织”[1]诸国）的平均国民生产总值与落后国家（“低度”和“中度”经济发展地区）的差距也在逐渐拉大：1970年，前者为后者的14.5倍；到1990年，更扩大到高于24倍（*World Tables*，1991，Table 1）。但是尽管如此，第三世界的成员显然已经不再具有单一同种的属

[1] OECD由大部分“发达的”资本主义国家组成，包括：比利时、丹麦、联邦德国、法国、英国、爱尔兰、冰岛、意大利、卢森堡、荷兰、挪威、瑞典、瑞士、加拿大、美国、日本、澳大利亚。出于政治上的原因，后又容纳了希腊、葡萄牙、西班牙及土耳其。

性了。

造成这种“一种尺码”不再符合各家身量的最大原因，来自不同的经济发展状况。石油输出国组织在1973年的价格战中获得胜利，使得世界上首次冒出了一批以前不管以任何标准衡量，都属于贫穷落后的第三世界国家，如今它们却摇身一变，成为世界性的超级富国；其中更以那些人烟稀少，由酋长苏丹（多为伊斯兰教）统治的沙漠或丛林小国为最。以阿拉伯联合酋长国的50万名国民为例（1975年），在理论上，他们每人都拥有13 000美元以上的国民生产总值，几乎为同一时期美国的两倍（*World Tables*, 1991, pp.595, 604）。像这样一类国家，如何再与——比如说巴基斯坦，那种鸽子笼式的国家继续相提并论？穷困的巴基斯坦，国民平均生产总值仅有可怜的130美元。至于其他人口较多的产油国，自然无法达到如此暴富的程度。可是石油致富毕竟证明了一个新现象：这些只靠单宗商品出口的国家，即使其他方面再落后不足，却可以因此变为极富。就算这些得来容易之财，千篇一律都被任意挥霍，[1]也不能改变这个事实（来得容易去得快，到90年代初期，沙特阿拉伯已经把自己搞成债务国了）。

其次，众所共睹，第三世界中某些国家已经快速地转变成为工业国家，加入第一世界阵营——虽然相比之下，其财力依然逊色许多。以韩国为例，该国工业建设的成果虽然惊人，其国民平均生产总值（1989年），却仅比欧共体最贫穷的成员葡萄牙稍高而已（*World Bank Atlas*, 1990, p.7）。但是，即使不论质的差异，韩国也不可再与巴布亚新几内亚相提并论。两国的平均国民生产总额于1969年完全相同，到70年代中期，依然相去不远，同属一个等级；但如今双方差距则已有5倍之遥（World Tables，pp.352，456）。我们在前面已经介绍过，于是一个新类别，所谓“新兴工业国”的称号于此时诞生，上了国际术语的名册。这张榜，并没有一定的版本及定义，可是入榜者一定都包括

[1] 浪掷石油收入的现象，却绝非仅限于第三世界国家。法国某位政界人士闻悉英国北海发现石油，即曾预言性挖苦道：“他们一定会把它胡乱花掉，最后搞得一塌糊涂。”

了“亚洲四小龙”（中国香港地区、新加坡、中国台湾地区、韩国）、印度、巴西和墨西哥。第三世界工业化突飞猛进，因此马来西亚、菲律宾、哥伦比亚、巴基斯坦、泰国，以及其他某些国家，也曾经榜上有名。事实上这一类快速兴起的工业力量，跨越了三大世界的界限，因为若严格而论，原有的“工业化市场经济”国（即资本主义国家），例如西班牙和芬兰，以及东欧的前社会主义国家，也应包括在新兴工业国的行列之内。至于70年代末期以来的中国，自然更不在话下。

事实上在70年代，观察家开始注意到一种“国际分工的新秩序”，也就是以世界性市场为对象的工业生产，开始由此前独霸此业的第一代老工业经济地带，向世界其他地区大量转移，这种现象的形成，一方面是跨国经济体出于精打细算，刻意将其生产及供给的作业，由旧有工业中心转向第二世界和第三世界国家所致。而转移的结果，最终连高科技工业中一些极为精密的高级技术作业，例如研究发展的工作，也随之外流。现代交通运输及通讯上产生的革命性进步，更促成全球性生产作业的可行性及经济效益。此外，第三世界国家的政府，也用心良苦，不断以征服出口市场的手段，以达到本国工业化的目的。有时甚至宁可放弃对本国市场的固有保护，也在所不惜。

有心人只要往北美任何一个购物中心，勘查一个其中琳琅满目的商品的原产地，即可见经济全球化现象之一斑。这股趋势，自60年代起慢慢展开，1973年后，在世界经济遭遇困难的20年中开始突飞猛进。其进展程度之快，可以再次以韩国为例佐证。50年代末期，该国80%的就业人口仍在从事农业，而其四分之三的国家总收入，也由农业收入而来（Rado，1962，pp.740，742—743）。1962年，韩国开始第一个五年发展计划；到80年代后期，农业生产在其国内生产总额中所占的比例仅为十分之一。至此，韩国已经一跃而为非共产党国家当中第八大工业经济力量。

对于另外一些国家而言，它们在国际统计数字的排行榜上却敬陪末座（有些甚至一落千丈），其落后的程度，甚至连国际盛行的委婉掩饰，所谓“发展中”一词，也难以为它们粉饰打扮。因为它们不但穷不堪言，而且还在不断退步落后之中。于是一批超低收入的发展中国家被分出来归为一类，用以涵盖 1989 年时，人均国民生产总值只有 330 美元的 30 亿人口（这么点钱还不知道他们是否真的有幸拿到手）。这个新归类法，是用以区别这些超级赤贫国家，与其他境况比较没有如此凄惨的第二类国家，以及境况更为宽裕的第三类国家作一区分。前者如多米尼加共和国、厄瓜多尔、危地马拉，其平均国民生产总值是第一类的 3 倍。后者包括巴西、马来西亚、墨西哥等国，其生产数字则为第一类的 8 倍之多。至于世上最富裕的一群国家，其 8 亿人口在理论上平均每人可分得 18 280 美元的国民生产总值。换句话说，他们的收入，为位居全球最底层的五分之三人口的 55 倍（World Bank Atlas，1990，p.10）。事实上，随着世界经济在实质上越发趋向全球化——尤其在苏联集团解体之后，世界经济的性质转变得更为市场化及以赢利为取向——投资人及企业家纷纷发现，对他们的赢利目的而言，世界上有很大一片地区其实根本无利可图。除非，或许吧，他们可以靠贿赂的手段，诱使当地的政客及公务员，将后者从可怜的老百姓身上榨取得来的公款，浪费在军备或无谓的虚名建设之上。[1]

上述这一类国家，许多都在非洲这块不幸的大陆上。冷战结束，外来的经济援助也告断绝。过去几十年间，这些多以军事援助形式出现的外援，却已经将它们其中某些国家例如索马里，变成了军营及永远的战场。

更有甚者，随着贫国之间的差距愈深，人类在地表上的移动，跨越各个不同的地区和国别，也出现了最频繁的全球性高潮。富国的观光客，以前所未有的人潮涌入第三世界。以伊斯兰教国家为例，80 年代中期（1985 年），1 600 万人口的马来西亚，每年接待 300 万名游客；

[1] 一般而言，以下标准大概八九不离十。一项 20 万美元的交易额，用其中 5%，可以买得一位高级事务官员的帮助。交易额提高到 200 万时，同样的比例，可以有常务副部长为你卖力。进入 2 000 万之级，部长或高级幕僚可以为你出力。达到 2 亿时，便可得到国家元首的关照了。（Holman，1993.）

700万人口的突尼斯，招待200万名；300万人口的约旦，有200万的游客（Din，1989，p.545）。反之，穷国的劳动者也源源不绝地向富国移去，只要客居国不曾筑坝阻挡，涓涓之水便汇成浩浩之流。到1968年，来自马格里布地区的人数（突尼斯、摩洛哥，尤以阿尔及利亚为最），近达法国外来人口总数的四分之一（1975年5.5%的阿尔及利亚人口向外移出）；而进入美国的移民当中，则有三分之一来自拉丁美洲——当时主要多来自中美洲国家（Population，1984，pp.109）。虽然这些工人多来自附近同一地区，但也有相当人口，由南亚甚至更远地方而来。不幸的是，在苦难的70年代和80年代的年月里，各地天灾人祸频仍，饥荒、族群清算、内战外患，造成了男女老少的大流亡，这股难民潮与劳工移民开始混淆不清。第一世界各国的态度，在理论上致力于帮助难民，在实际上却一心一意阻止穷国人口移入，于是在政策法律上都形成严重的矛盾。因此除了美国真正允许甚或鼓励第三世界大量移民之外——加拿大和澳大利亚也差强人意——其余各国，都屈服于本国国民日盛的惧外心理，采取了闭门拒纳的政策。

6

资本主义世界经济“大跃进”的成就惊人，再加上其日趋国际化的现象，不仅使得旧有的单一第三世界观点不再适用，更将第三世界的所有民众有意识地带进了现代世界。面对这个新世界，他们不见得喜欢，事实上如今风行在某些第三世界国家的所谓“激进主义”团体——以伊斯兰地区为著，但也并不仅限于伊斯兰国家——以及其他一些在名义上属于传统派的运动主张，根本上便是向现代化挑战反抗的一种行动。（需要正名的是，并非所有激进主义派别都如此。[1]）不

[1] 拉丁美洲常有改宗皈向的“激进主义派别”出现。它其实是当地教徒反对天主教会的古老不变状况的一种“现代派”运动。另一种“激进主义”则带有“种族国家主义”的味道，如印度。

过反对尽管反对，他们却都知道，如今自己身处的世界已经跟其父辈面对的世界完全不同了。这个新世界，是随尘土满天的乡间小路上的巴士及卡车，以及石油泵和装电池的晶体管收音机来到他们面前的。晶体管收音机将一个崭新的世界带到他们眼前——对那些不识字的人来说，传入耳中的广播电波，有时甚至还是以他们没有文字的方言形式出现——虽然收听广播是移居都市者才能享有的特权。可是在这里基本上每个人都曾在都市工作过，即便自己不曾在城里打过工，几乎也都有三亲四友住在大城市，在那儿讨生活打天下。因为乡间人口以百万计地拥向都市，甚至在以农村为主的非洲，动辄人口达三四十万的都市如今也不少见，例如尼日利亚、扎伊尔、坦桑尼亚、塞内加尔、加纳、科特迪瓦、乍得、中非共和国、加蓬、贝宁、赞比亚、刚果、索马里、利比里亚等。于是村镇与城市密不可分，紧紧连接在一起。甚至连最偏远的地方，如今也生活在塑料板、可乐瓶、廉价电子表、合成纤维的世界中了。而在奇妙的历史逆向反转之下，落后的第三世界国家，竟然也开始在第一世界国家里推销它们本土的技能或物品。于是欧洲城市的街头，可以见到一小群一小群南美安第斯山脉来的印第安游民，吹弄着他们的感伤的笛乐。纽约、巴黎、罗马的人行道上，则有西非的黑人小贩，售卖各色小玩意儿给西方大城里的居民；正如这些大城市居民的先祖，曾前往非洲大陆经商一般。

凡是大城市，自然便成了变化汇集的中心点，别的姑且不论，大城市照定义天生便代表着现代。一位来自安第斯山区的移民，便经常指教子女道："利马更先进，诱惑也多。"（Julca，1992.）也许进城之后，乡下人还是用老家带来的工具为自己建立起遮风避雨之地，盖起一片片跟在种田的家乡无异的破屋茅舍。可是城里毕竟太新奇了，充满了他们从未经历过的事物，眼前的一切，都与过去如此地不同与矛盾。在年轻女人身上，这种变化的感受尤其显著。于是从非洲到秘鲁，都对女人进城之后行为就变了样的现象发出同声悲叹。一位由乡下进城的男孩子，便借用利马一种老歌（*huayno*）唱出了抱怨之声：

当年你由家乡来，是个乡下小姑娘；
如今你住在利马，秀发梳得像个城里妞；
你甚至还说"请"等等，我要去跳个扭扭舞；
别再装模作样，别再自以为神气，
你我眉梢发际，其实半斤八两。[1]
（Mangin，1970，pp.31—32.）

其实就连乡间，也挡不住这股现代意识之流（即使连尚未被新品种、新科技、新企业组织及营销方式改变的农村生活，也不能幸免），因为从60年代起，亚洲部分地区，已有因科学选种而兴起的谷物耕植"绿色革命"，稍后，又有为世界市场研发成功的新外销农产品。大宗商品航空货运的兴起，以及"发达"世界消费者的新口味，是这一类易腐坏产品（热带水果、鲜花）及特殊作物（可卡因）成为外销农作物新宠儿的两大原因。农村因此所受的影响，绝对不容低估。新旧两面的冲击，在哥伦比亚亚马孙河边区一带最为强烈。70年代，该地成为玻利维亚和秘鲁两国大麻的中继站，大麻在此炼制成可卡因。这一新天地的出现不过几年工夫，它是由不堪国家及地主控制而迁移至此的拓荒者所开辟的。他们的保护神，则是一向以小农生活捍卫者自居的哥伦比亚革命武装部队（FARC）。这个无情残酷的新市场，自然与向来以一枪、一狗、一网即可自给自足的农耕生活方式发生冲突。试想一小片丝兰（yucca）地、香蕉田，怎能与那虽不稳定但一本万利的新作物相抗衡？这个暴利的诱惑怎能抗拒？旧式的生活又怎能抵挡那毒贩横行、酒吧歌厅充斥的新兴城市？

于是乡间的面貌也改变了，可是其转变却完全依赖城市文明及城市工业的动向。乡间的经济状况，更常视本乡人在城里所能挣得的收

[1] 尼日利亚的奥尼夏市井文学又对非洲女子有了新形象的描绘："女孩子如今再也不是依偎在父母膝下那样传统的安静、乖巧、朴实的好宝宝了。她们开始写情书、忸怩作态，向男朋友要礼物，甚至会欺骗男人了。她们再也不是唯父母之命是从的小姑娘了。"（Nwoga，1965，pp.178—179.）

入而定。如种族隔离下的南非，所谓“黑人家园”的经济，即建立在这种模式之上。当地 10%—15%的经济来源，来自留守原地者的收入，其余则完全依靠外出打工者在白人地域工作所得（Ripken and Wellmer，1978，p.196）。乡下男女进城，发现人生原来另有一片天地，不管是本人亲身体验，或邻舍辗转相告。矛盾的是，第三世界的情况与第一世界部分地区一样：正当农村经济在城市的冲击下被乡民遗弃之际，城市却可能反过来成为农村的救星。如今大家发现，生活并不一定得永远像祖先那么艰苦惨淡，并不是只能在石头地上筋疲力尽，讨得那最基本的糊口之资。在风光无限旖旎但也正因此收成太少的农村大地之上，从 60 年代起十室九空，只剩老人独守。与此同时，以南美高地的村庄为例，村人虽然纷纷进城谋生，在大都市里觅得生存之道，如售卖水果（或更确切一点，在利马贩卖草莓），家乡村庄的牧野风光，却因此得以保存，甚至重生。因为综合外出户与留居户农业收入与非农业收入，农村收入已由农业性质，转为非农业性质（Smith，1989，chapter 4）。更重要的是，我们在秘鲁高地这个极有代表性的个案研究里发现，许多出外乡民并未改行从事工业生产活动，他们谋生的选择是成为小贩，变成第三世界“非正式经济”活动网中的一员。因此在第三世界里，社会变革的媒介，极可能便是这一群由外出人组成，以某种或多种方式挣钱的中层及中低层新兴阶级。而其经济生活的主要形式，尤以在最贫穷的国家为最，就是上述往往官方无法统计的非正式经济活动。

因此，在 20 世纪最后三分之一的年代里，原本存在于第三世界少数现代化或西方化的统治阶级，与其广大群众之间的那道巨大鸿沟，开始在社会的转型下逐渐缩小。至于这项转变何时以何种方式发生，以及转变过程中新的意识形态为何，我们不得其详。因为这些国家的政府，多数连像样的统计机构都不具备，也缺乏市场及意见调查研究，更没有社会科学的院所及学人的研究资料可供参考。不过，即使在文件记录最进步完善的国家里，凡是由基层群众发动的社会活动，刚开始往往难于察觉。这也就是为什么年轻人的新文化、新时尚初起之时，往往难于预料掌握之故。有时，甚至连那些靠年轻人赚钱的人，如流行文化行业从业者，对于新萌芽的趋势走向也懵然不觉，更别说父母辈了。然而话虽如此，在少数特权精英阶层的意识层下，在第三世界的城市里，显然毕竟有一种不明的因素在激发、在萌动。甚至在那完全沉寂，有如一泓死水的比属刚果（今扎伊尔）亦然。否则，除此之外，我们又如何解释，在那死气沉沉的50年代，该地却兴起了一种于60年代和70年代非洲最有影响力的流行音乐（Manuel，1988，pp.86，97—101）？讲到这里，我们又如何解释，这个一直到当时为止，不但对当地人受教育一事抱反感，对任何内部政治活动也厌恶有加的殖民地；这个在外人眼中，无异于“明治维新前的日本，闭关自守，对外界敬谢不敏”的刚果（Galvicoressi，1989，p.377），竟会在1960年，突然政治觉醒，使得比利时人赶紧拱手让出，任其独立？

不管50年代多么纷乱，到60年代和70年代，社会转型的大势已经明显，在西半球如此，在伊斯兰世界情势确凿，在南亚及东南亚几处主要国家也是。矛盾的是，在社会主义国家中，居于第三世界地位的地区里，即苏联的中亚及高加索区，改变的迹象却最为微妙。其实世人往往不知，共产党革命也是一种保守动因。共产主义的革命，是以转变人类社会中特定的层面为目标，如国家的权力、财产的关系、经济的结构及类似的项目等等。除此而外，却将其他事务冻结在革命以前的状态，至少也严防谨守，绝不容资本主义社会不断地渗透，倾覆动摇其半分。共产党政权最有力的武器国家权力，其实对改变人类行为相当无力，远不及吹捧或批评它的正反两面辞藻（所谓“社会主义新人”，或相对的“极权暴政”）想象的厉害。一般以为，居住在苏联与阿富汗边境之北的乌兹别克（Uzbeks）和塔吉克（Tadjiks）两族，其教育文化和经济生活，显然要比他们居于南方的族人要高出许多。其实不然，居于南部的族人并不比居于北方在社会主义制度下生活了

70年的族人差到哪里去。同样道理，1930年以来，民族之间的流血斗争似乎也已式微，而且可能从来就不曾需要共产党统治当局烦恼操心（不过在这数十年的集体社会生活中，骇人听闻的事件却仍难免：苏联法律年鉴中，就曾记载过一起因集体农庄上打谷机意外绞死人而引发的仇杀事件）。但是时光流转，到了90年代初期，往日旧观再现，使得观察家必须提出警告，认为“车臣地区（Chechnia）大有自我灭族之虞，因为绝大多数的车臣家庭，都卷入了某种家族仇杀或复仇的纠纷之中。”（Trofimov / Djangava，1993.）

因社会转型而产生的文化效应，有待未来的史家作春秋，眼前我们尚无法细究。但是有一个现象却很明显，那就是即使在传统性极强的社会里，过去用以维系向心力的相互义务与习俗关系，如今都面对着日愈增加的压力。学者发现：“加纳以及非洲各地固有的家族关系，在巨大的负荷之下勉力支撑运作。就好像一道旧桥，多年来在高速往来的交通重压之下，年深日久，桥基已经崩裂……农村的老一代，与都市中的年轻人，相隔着数百英里破旧难行的道路，以及数百年来的新发展，彼此深深地隔离着。”（Harden，1990，p.67.）

至于政治上的矛盾比较容易厘清。随着大量人口——至少就年轻人及都市居民来说——涌入现代世界，对于过去一手创造殖民后第一代历史的一小撮西化精英阶层而言，他们的垄断地位自然开始遭到挑战。同样受到挑战的，还有当初新国家赖以建立的建国章程、思想意识，以及公共事务言论使用的词汇、语法。因为这一批又一批的都市或都市化的新居民，尽管受过极好的教育，但单就人数众多一点而言，他们毕竟不是旧有的精英阶层。后者来往的对象，是外来的殖民者，或自己留洋归来的同类。多数时候，尤以在南亚为最，前者对后者极为忌恨。总而言之，贫苦大众对西方19世纪追求世俗成功的人生观不表同感，在西方的几个伊斯兰国家，在原有的非宗教领袖与穆斯林民众的新兴力量之间，冲突日显，而且爆炸性愈为严重。从阿尔及利亚到土耳其，凡是实行西方自由主义思想的国家，有关宪政法治的价值观念，尤其是保障妇女权利方面，其捍卫者多属领导该国由殖民政权解放出来的世俗政权，或其一脉相传的继承者（如果至今还存在的话）。因此，政府以军事力量，与民意相抗衡着。

这类冲突发生的地区，并非仅限伊斯兰教国家；与进步观念敌对的人士，也不只是贫苦大众。印度人民党印度教徒的强烈排他性，即获得新兴的企业和中产阶级的支持。80年代，一股意外的种族宗教国家主义潮流，更将原本平静繁荣的佛教国家斯里兰卡，一转而成杀戮战场，其野蛮程度，只有萨尔瓦多可以相比。其争端植因于两个社会转变的因素：一是旧有的社会秩序瓦解，农村产生巨大的自身定位危机；二是社会上出现了一批教育程度较高的年轻群体（Spencer, 1990）。广大的乡村地面，因人潮的出入而改变；现金式交易的经济，使得贫富差距愈深；教育带动的社会流动分布不均，带来了动荡不安；过去虽然划等分级，却至少能使人人各得其所的固有阶级地位，其具体的表征、语言，也日渐消失淡去。凡此种种，都使乡间人们忐忑不安，天天生活在对家园前途未卜的焦虑之中。于是一些具有强调“集体结合”意味的新象征新仪式，开始纷纷出现，其实即使连这种“集体结合”意识的本身，也属于前所未有的新现象，例如70年代在佛教界突然兴起的会众膜拜活动，取代了过去固有的私人性质的家庭祈祷。此外在学校运动会上，以借来的录音机播放国歌的开幕典礼，也属于这种心理。

凡此种种，都是一个变动中的世界，一个随时可以点燃爆炸的社会的政治百态。而所谓国家政治这个玩意儿，原是法国大革命以来西方人的发明和认知。在第三世界许多国家里，根本是前所未有，或至少不曾获准实行的外来之物，于是更使其变幻莫测。至于其他地区，如果向来便有基层群众运动性质的政治传统，或安静的大多数一向默认统治阶级的合法性，那么某种程度的社群意识，便多多少少得以延续，如哥伦比亚人，生来都有一丁点儿这类意识，不是自由派便是保守党，这项传统，已经延续了100多年——马尔克斯

（García Márquez）的读者都该知道这种情形。旧瓶新酒，也许瓶中的内容被他们改变，瓶外的标签则无二致。印度的国大党亦然，印度独立以来半个世纪之间，该党几度分裂、改革，但是一直到 90 年代，除去少数几次短暂例外，印度大选的得胜者，始终属于那些以该党历史目标及传统为对象的人。同样，共产主义在他处也许宣告解体，可是在印度教派的西孟加拉地区，左派传统根深蒂固，加上良好的政绩，使得共产党在该区几乎等于永远执政。在那里，抵抗英国争取国权的象征及代表，不是甘地，也不是尼赫鲁，却是恐怖分子及武装抗英领袖博斯。

更有甚者，基本结构本身的改变，则使第三世界某些国家的政治，走上同样为第一世界熟悉的老路。例如工人阶级的兴起，争取工人权利及组织工会，即在“新兴工业国家”重现，巴西、韩国，以及东欧国家的发展就是证明。虽说并不一定成为 1914 年前出现在欧洲的大规模社会民主运动的翻版，也不见得可以成立政治性的工人党派；可是 80 年代的巴西，毕竟也成功地产生了一个类似的全国性政党，即工人党（Workers' Party，PT）。不过在巴西工人运动的总部，圣保罗的汽车工业里，其政治传统则由民粹劳动法及共产党好战派组合而成。支持其运动的知识分子，也持坚定的左派立场。而帮助工人运动站稳脚跟功不可没的当地天主教神职人员，同样也属于左派传统。[1]

同理，工业的快速增长，也造就了大批接受良好教育的专业人员，他们的颠覆性虽然较小，却也对领导现代化建设的原有权威统治阶层走上平民化的道路表示欢迎。他们对开放的渴望之切，可以在 80 年代的拉丁美洲、远东的新兴工业国家和地区（韩国、中国台湾），以及苏联集团的国家里窥得一斑。其争取开放的背景成果或有不同，其心意则如出一辙。

---

[1] 巴西的工人党与波兰的团结工会，除了一个倾向于社会主义，一个反对社会主义之外，两者相似之处颇为惊人。两党都拥有极具诚意的领袖人物（前者是造船厂的电气工人，后者是汽车厂的技术工人），一个由知识分子组成的智囊团，并拥有社会的强烈支持。甚至，巴西工人党也打算取代反对它的共产党组织。

然而在第三世界里，依然有着广大地区前途未卜。社会变化究竟将对它们产生何种政治影响，仍是未知数。唯一可以确定的是，第二次世界大战结束以来，半个世纪的动荡不安必将继续存在。

下面，我们就得转过头来看看另外一个世界。这一部分的世界，对于殖民地独立以后形成的第三世界而言，似乎提供了一个较西方模式合宜，激励性也较强的典范：苏联模式的社会主义体系，所谓的“第二世界”。

第十三章

“现实中的社会主义”

十月革命，建立了人类史上第一个社会主义国度与社会，不但为世界带来历史性的分野，而且也在马克思学说与社会主义的政治之间，划下一道界线。……十月革命之后，社会主义人士的策略与视野改变了，开始着眼于政治实践，而非徒穷于对资本主义的研究。

——瑟伯恩（Göran Therborn，1985，p.227）

今天的经济学家……对于实质性与形式性经济功能运作之间的对比，较以前有更完备的认识。他们知道社会上有一种“次级经济”（second economy）的存在，说不定还有“三级经济”呢。他们也知道，有一组虽非正式却普及的实务暗地流传。若没有这些居间补缀，就什么都不灵光了。

——列文（Moshe Lewin in Kerblay，1983，p.xxii）

1

当20年代初期大战及内战的尘埃落定，尸体及伤口上的血迹终于凝结，1914年前原为沙皇统治下的东正教俄国，此时绝大部分领土，又以一个大帝国的姿态完整再现。但是这一回，新的帝国却在布尔什维克政权的统治之下，并且一心一意为建设世界性的社会主义而努力。苏维埃俄国，是众家古老王朝暨古老宗教帝国之中，仅存于第一次世界大战战火下的硕果。奥斯曼帝国灰飞烟灭了，它的苏丹，原是虔诚穆斯林的哈里发。哈布斯堡王朝倾成废土了，它的帝王，一直与罗马天主教会有一层特殊的政教关系。两大帝国，都解体在战败的压力之下。只有俄国，依然维持其多民族的面貌，从西边的波兰边界，向东延伸，直至与东方的日本为邻。它之所以得以独存，十月革命显然是绝对因素。因为20世纪90年代末期，在1917年以来维系联盟的共产党体系废弛之后，以前迫使其他大帝国溃散的因素，也开始在苏联境内出现或复现。当时前途未卜，但是在20年代早期站起来的苏俄，却毕竟仍是一个统一的单一国家，而且疆土广阔，占全世界六分之一的土地，并决心致力于建设一个与资本主义迥异且坚决反对资本主义的社会。

1945年时，退出资本主义社会的地区大幅增加。在欧洲，自德国易北河（Elbe）到亚得里亚海一线以东，以及整个巴尔干半岛，除了希腊和土耳其的一小片土地之外，尽入其版图。波兰、捷克斯洛伐克、匈牙利、南斯拉夫、罗马尼亚、保加利亚、阿尔巴尼亚，以及战后为红军占领，并于日后成立“德意志民主共和国”的德国地区，都投往社会主义帐下。俄国于第一次世界大战及1917年革命后失去的领土，以及以前属于哈布斯堡王朝的部分地区，也在1939—1945年间分别为苏联收回或占领。同时，社会主义阵营更在远东一带大有所获，先后有中国（1949年）、朝鲜北部（今朝鲜民主主义共和国，1945年）加入，前法属中南半岛（越南、老挝、柬埔寨）于漫长的30年间（1945—

1975），政权易帜投入共产党治下。除此之外，共产党势力沿着另几处扩展，包括西半球的古巴（1959年），以及70年代的非洲，不过基本上到1950年社会主义在全球的地盘已经大致划定。而且，多亏中国人口众多，第二世界一下子便拥有了全世界三分之一的人口。但是如果不算中国、苏联、越南三国（越南人口也有5 800万），一般而言，社会主义国家算不上人口众多的国家，从蒙古的180万到波兰的3 600万不等。

以上各国于60年代实行的社会主义，套用苏联意识形态的术语，属于“现实中的社会主义”——这个名词其实有点含混不清，好像意味着另外应该还有着别种较好的社会主义，只因基于事实，目前真正在实行的只有这么一种。而这一地区，也正是欧洲在告别80年代进入90年代之际，其社会经济系统及政权纷纷崩溃离析的国家。至于东方的社会主义国家，其政权目前仍在进行改革，其中以中国为最。

社会主义地区第一件值得我们观察的事，便是终其终结之日，基本上都自成格局，单独存在。政治上、经济上，成为一个自足自存的自我天地，与外界的资本主义，或由发达资本主义国家控制的世界经济往来甚少。即使在黄金时期的大景气里，国际贸易高峰的年代，已开发市场的出口货物中，也只有4%输往所谓的“中央计划型经济”地区。甚至到了80年代，由第三世界输往该地区的比例也不过如此。至于社会主义经济本身的出口数额虽然有限，它们向外界输出的比例，倒比后者输入的为高。不过论其60年代的国际贸易额（1965年），还是以社会主义集团内部的相互交易为多，约占三分之二[1]（UN International Trade，1983，vol. 1，p.1046）。

60年代起，东欧国家虽有鼓励旅游事业的政策，第一世界向第二世界的人口流动却依然甚低，其中原因显而易见。至于向“非社会主义”的移民及短期旅行，也受到严格限制，有时甚至完全不可能。论

[1] 这项数据纯系以苏联及与其结盟的国家为准，不过从中也可获得大致参考。

起社会主义世界的政治体制，基本以苏联模式为师，其独特之处可说举世难匹。它们是建立在绝对的一党统治之上，阶级严格，层次分明——经济事务由中央计划，统一支配号令；政治意识由马克思、列宁思想主导，全民高度统一。所谓“社会主义阵营”（借用1940年起苏联的用语）的隔离或自我隔离状态，在70年代和80年代开始解体，但是两大世界之间隔膜的程度，仍令人惊诧不已——更何况这还是一个传播及旅行发生革命性进展的时代。很长一段时间里，这些国家的消息几乎完全对外封锁，对内也同样严密封锁外面的世界动态。如此的封闭隔离，甚至使得第一世界中有一定文化水平的居民，对这些国家的事物也感到隔膜困惑。因为这些国家的过去及现在，它们的语言与行动，跟自己的距离实在太远，太没有办法了解了。

两大“阵营”的隔绝，根本原因自然出于政治原因。自十月革命以来，苏联视世界资本主义为其头号敌人，一旦世界革命实际可行，务必灭绝铲除。但是梦想中的革命并未实现，苏联反遭隔离，为资本主义的世界所包围。资本主义国家中最为强大的几国政府，也多致力于防范苏联这个全球社会主义制度中心，日后且必欲去之而后快。苏联政权直至1933年才为美国正式承认，足以证明它在后者心中一直存在的非法地位。更有甚者，当一向作风实际的列宁，在事实上已经紧急到准备大让步，以求国外资金帮助苏俄重建经济之际，这番努力却全告惘然，因此年轻的苏联，事实上非走上自足式的发展之路，与其余的世界经济体制隔绝不可。矛盾的是，经济隔绝的事实，却在政治意识形态上为它提供了最有力的论点。它的与世隔绝，使得它幸免于1929年华尔街崩溃带来的世界性经济衰退大灾难。

到了30年代，政治再度影响经济，强化了苏联经济的隔绝性。更有甚者，1945年后连苏联翼下的世界，也被卷入这同样的孤立形势。冷战开始，东西两大阵营的政治经济关系宣告冻结。事实上双方之间的经济关系，除了最微不足道（或绝密）的事情之外，事无巨细，均需经过彼此政府的严密控制，因此两边贸易全为政治关系所左右。一直到70年代和80年代，“社会主义阵营”才与外界更广的经济世界有所交流。如今回望从前与外隔绝的经济天地，我们可以看出这个变化正是“现实中的社会主义”结束的开始。然而从纯理论的角度看，当年历经革命洗礼及内战重生的苏联经济，其实并非没有理由与另一世界经济体系产生较事实发展更为密切的关系。纵观全球，就有芬兰的实例证明，中央计划经济也有与西式经济密切联系的共存可能——芬兰从苏联进口的比例，一度即曾高达其进口总额的四分之一，并以同样比例输往苏联。然而史家在此所关心的“社会主义阵营”，并不是“可能”“或许”的理论假设，却是真正发生过的历史事实。

事实上俄国的新主人布尔什维克党人，当初从不认为自己可以在孤立隔绝之中求生，更不曾将自己设想为任何一种自足性集体经济的核心。在马克思及其追随者所认为社会主义经济建设不可或缺的各项条件之中，在这个硕大的“现实中的社会主义”碉堡里面一样也没有，反而成了欧洲“社会经济落后”区的代名词。马克思主义者往往以为，俄国革命，势必引发先进工业国家的革命之火，因为后者已经具备建设社会主义的先决条件。一如本书前面所述，1917—1918年，这种形势似乎的确蓄势待发。而列宁当时惹人争议的举措——至少马克思主义者之中，曾为此争论不休——看来也不无几分道理。列宁认为，在社会主义的革命斗争路上，莫斯科只是暂时的指挥中心，一旦时机成熟，其永久总部应该迁往柏林。同理，难怪1919年成立的世界革命参谋总部共产国际的工作语言，并不是俄语而是德语了。

但是形势急转直下，一时之间，看来无产阶级革命的唯一得胜地盘就只有苏俄一处了（不过苏联的共产党政权显然也不短命）。全球革命大业既不可期，眼下布尔什维克党人的努力目标自然只剩一件，那就是尽快将其落后贫穷的祖国改造成一个进步的经济社会。为完成这项使命，第一任务便是打破迷信，扫除文盲，加快进行科技及工业的现代化革命。于是乎，建立在苏维埃制度之上的共产主义，其目标基本上便成为改造一个落后国家使其成为现代化国家。如此全力集中快速发展的经济建设手段，即使在发达的资本主义世界眼里，也颇有几分吸引力。当时，后者正陷于莫大的灾难，惶惶然寻找重振雄风之路，苏联模式对于西欧、北美以外地区的问题而言，更有直接意义，因为苏俄落后的农业社会，正是这些国家的影子。苏联提出的经济发展方案——在国家统筹和中央计划之下，超高速发展现代工业社会不可或缺的各项基础工业及基本建设——似乎正是针对其难症的良方。莫斯科的模式，不仅在本质上比底特律或曼彻斯特模式为佳（因为它正代表着反帝国主义的精神），事实上也更为合宜，尤其适合那些缺乏私有资本及大量私人企业的国家。于是“社会主义”从这个角度发挥，大大鼓舞了第二次世界大战后许多才脱离殖民地位的新国家，其政府排斥共产主义之余，却拥抱社会主义（参见第十二章）。加入社会主义阵营的各国，除捷克斯洛伐克、未来的民主德国，以及匈牙利（匈牙利的开发层次，较前二者稍低），一般属落后的农业经济，因此苏联这一张经济处方，看来也很合用。于是各国领导人物纷纷行动，真心实意，热情地投入这场经济建设的时代大潮之中。同时，苏联的处方似乎也颇为有效——两次大战之间的年代，尤其在 30 年代，苏联经济增长之迅速，胜过日本以外的所有国家。而第二次世界大战后的第一个 15 年间，“社会主义阵营”的增长速度，也远较西方为快。其势之盛，使得苏联赫鲁晓夫得意之余，以为只要其国经济增长曲线继续以同等比率上扬，社会主义生产领先资本主义之时，指日可待，甚至连英国首相麦克米伦，也不得不如此相信。回到 50 年代，持相同看法的人其实不止一位，很多人相信这种趋势不是没有可能。

有趣的是，遍寻马克思和恩格斯的著作，却从不见两位导师在任何一处，提及日后成为社会主义中心指导原则的“中央计划”，以及以重工业为第一优先的超高速工业发展。当然“计划”，在社会主义性质的经济制度里原属理所当然的内在属性，此事自不讳言。不过回到 1917 年前，当社会主义者、马克思主义者，以及其他各色人等正忙着与资本主义对抗之际，对于代之而起的经济制度究竟该采取何种路线，根本无暇多顾。即使在十月革命之后，列宁自己虽然已经一脚踏进社会主义，却并不急于冒险深探，冒入那不可知的深处。只因紧接着内战烽起，形势骤然逆转，大势所趋之下，才促成1918年的全国工业国有化，以及接下来的“战时共产主义”(War Communism)，而布尔什维克政府才得以筹措资源，指挥全军，与反革命和国外势力进行一场生死决斗。凡是战时经济——连资本主义国家也不例外——必不可免和国家的计划与控制联系在一起。事实上列宁的计划灵感，得自德国在1914—1918年间的战时经济榜样(不过我们也已看见，德国模式恐怕并不是当时这一类经济模式的最佳案例)。共产党的战时经济政策，自然在原则上便倾向公共财产及公共管理的手段，并废除市场及价格的经济机制。更何况一场全国性的战事骤来，在毫无准备之下，资本主义特征根本没有多大用处，完全不具备仓促应战的能力。再加上当时共产党内，的确也有几名理想派的人士存在。如布哈林(Nikolai Bukharin)，便认为内战是建立共产主义乌托邦基本架构的绝佳时机。危机时期经济的严重衰微，普遍性的物资短缺，基本生活所需物资，如面包、衣服、车票等的限额配给，种种斯巴达式的一面，也都成为社会主义理想的先兆。事实上，待苏维埃政权在内战(1918—1920)战火中得胜再生之际，不管眼前的战时经济一时之间多么管用，再往前继续走去，这条路子显然就行不通了。部分原因，是由于农民反抗军队征用粮食(枪杆子是战时经济之本)，以及工人反抗生活的艰难。另外部分原因，则在于战时经济的手段，根本无法使这个等于已经毁灭的经济复苏：几年的兵荒马乱，苏联钢铁产量从1913年的420万吨，跌为20万吨。

列宁其人，行事作风一向实际，于是从1921年他宣布了“新经济政策”(New Economic Policy，NEP)，等于重新引入市场原则。事实上——套用他自己的话——从“战时经济”退出，进入“国家资本主义”(State Capitalism)阶段。然而这个时候，苏俄本不如人的经济再受重挫，规模一落为其战前十分之一(参见第二章)。大规模工业化，以及由“政府计划”达到这一目标的双重需要，自然便成为苏维埃政府的首要重任。“新经济政策”虽然解散了“战时共产主义”，但是由政府强行控制一切的手段，却成了社会主义经济的唯一模式。第一家主持计划的机构，“俄罗斯电气化国家委员会”（the State Commission for the Electrification of Russia），即于1920年成立，其任务自然是科技的现代化。可是次年成立（1921年）的“国家计划委员会”（State Planning Commission，Gosplan）的目标却极为广泛，该机构一直以此名存在，直到苏联解体。它不但是所有国家级计划单位的主管单位及指导者，且成为20世纪国家宏观经济的总枢纽。

“新经济政策”在20年代，曾在苏联引起激烈的争论，到了80年代戈尔巴乔夫掌权的初期，再度掀起争论高潮——不过这一回争端的原因却完全相反。20年代的“新经济政策”，显然被众人视为共产主义败退的标志，至少也表示在高速大道上前进的队伍，被迫一时逸出正路。至于如何再重回正道，路径方向却不甚明确。激进派人士，例如和托洛茨基一路之人，主张尽快与新经济政策分道扬镳，并提倡进行大规模的工业化行动，这项意见最终在斯大林统治时期得到采用。而中间一派的温和人士，以布哈林为首，则将战时共产主义年代抛在脑后。对于苏联的现状，他们深刻认识到一个事实：革命之后，这个国家比以前更受小农文化的主宰，布尔什维克政府在这样一个环境氛围中运作，在政治经济上的受限可想而知，因此这派人士赞成“渐变”。而列宁本人的看法，自1922年他突遭病变之后，便无法再清楚表达，他1924年初便谢世了。可是在他难得可以表示一些意见的时候，看来似乎是站在“渐变”一边。而另一方面，80年代的辩论，却属于一种回溯性的探索，想从历史的角度，为当年实际继“新经济政策”而起的斯大林路线，另外找换一条社会主义的可能选择，即一条新路，一条与20年代左右两派不同的社会主义之路。抚今追昔，当年的布哈林俨然便是日后的戈尔巴乔夫的原型。

不过这些争论都已经没有意义了。如今回头想，我们发现一旦“无产阶级革命”不能攻克德国这块重地之后，在苏联境内建立社会主义力量的立论也便失去效用。更糟糕的是，内战下残存的国家，比革命之前沙皇统治下的境况还要落后。诚然，沙皇、贵族、士绅，还有资产阶级和小资产阶级都被扫地出门了，200万人逃到国外，造成人才流失，苏联国内知识分子中坚元气大伤。在革命的浪潮之下，一扫而空的还包括沙皇时代累积下来的工业建设。连带而去的，尚有大量工厂工人，他们所提供的社会及政治实力，是布尔什维克赖以起家的基础。革命和内战接连而来，工人伤亡惨重，不幸未死者也四下流散，或由工厂转而坐上了国家和党的办公桌。残留下来的国家，是一个灾难更深于以往的国家。苏俄大地上，是死守一隅，完全缺乏革命动力的无数农民，居住在一个又一个回头走老路的农村里面。对于农民大众而言，革命则赐他们以土地（此事根本与早期马克思派的判断相违）。更干脆一点的说法是，1917—1918年间土地为农民所分配占有的事实，被革命视为胜利及存活必须付出的代价。然而就许多方面而言，“新经济政策”时期不失为这个农业国家一个短暂的黄金年月。高悬在农民大众之上的，则是已经不能再代表任何人的布尔什维克党。列宁观事一向清楚，深深体会到当时布尔什维克党唯一可恃者只有一个事实，即是苏维埃政权有可能继续作为被众人接受的既存政府。除此之外，它一无所有。甚至在这样的情况下，当时真正在治理国家的中坚力量，却是一群能力不足的大小官僚，而且平均而论，这些官僚的教育和其他水平都比以往为差。

如此政权，能有什么选择？更何况它还在国外政府和资本家的重重隔离之下。国家的资产及投资，也被革命尽数征用。说起来，“新经济政策”在重建已经毁于1920年的苏联经济上，成就极为出色。到1926年，苏联的工业产量大致已恢复战前水平——虽然事实上其战前水平也没有多了不起。一般而论，它还是如它在1913年般，仍是一个以农业为主的国家（农业人口前后均占82%）（Bergson/Levine，1983，p.100；Nove，1969）。这个比例庞大的农民人口，他们想向城里卖什么，买什么；他们打算把多少收入存下来；那些数以百万计留在农村生活，而不愿进城做穷人的民众，又有多少打算离开田地：他们的动向意愿，左右着国家的经济前途。因为除了所得税外，这个国家毫无其他任何投资资本及劳力资源。政治考虑除外，“新经济政策”若继续实施下去，不论修正与否，最多也只能达到差强人意的中度工业建设。更有甚者，在工业发展更上一层楼之前，农民百姓可向城市购买的货品极为有限，自然情愿坐在老家吃喝，也懒得将所余售出。这种情况称为“剪刀危机”，两刃齐下，终于把“新经济政策”活活扼死。60年后，一把类似的剪刀，不过这一回却是一把“无产阶级”牌剪刀——同样窒息了戈尔巴乔夫的“改革”政策。苏联工人问道：为什么去卖力提高生产，去挣更多的工资？工资再多，国内经济也做不出足够的像样东西，吸引他们购买。可是相反地，苏联工人若不提高他们的生产力，又哪有这些东西生产出来呢？

因此，“新经济政策”注定会走上一个死胡同。这个由国家掌舵，靠农村市场经济发展的策略，注定不能长久。身为一个社会主义政权，其内部与“新经济政策”不合的政策实在太强：新社会才成立，如果现在又回头推动小规模商品生产及小型企业，难保不又走上老路，把大家刚刚推翻的资本主义唤了回来。然而，布尔什维克党人却犹豫不决，不愿意采取另一途径——若舍“新经济政策”不用，就只有以高压手段达到工业化了，即意味着第二轮的革命风暴。这新的革命，将不是由下而上发动，而是国家权力从上向下强制推行。

接下来在苏联的钢铁年代里，手操大权的斯大林可谓一个极为少见的统治者——也许有人会认为他与众不同，其严厉统治施展之广，历史上少有。相信当时的苏联若是由布尔什维克党内其他人领导，老百姓的苦头一定较少，受难人数也必然较少。然而其时其国其民，苏联若采取任何急速的现代化政策，残酷无情必然难免，人民的牺牲必重，手段也难逃强制。中央号令支配式的经济，以重重“计划”推动建设，其结果必不可免会趋向军事型的管理，而非企业式的经营。

但是从另一方面而言，正如军事行动往往有民众精神拥戴，苏联第一个五年计划（1928—1933）的拼命工业化行动，就在它为人民带来的“血汗与泪水”之中得到支持。丘吉尔深知一理：牺牲的本身，可以化为最大的鼓舞力。说来也许难于相信，即便是斯大林式的苏联经济，也的确拥有着相当的支持——虽然其再度迫使可怜的小农转为牢牢套于土地的农奴，并将其重要的经济环节建筑在400万到1 300万劳改营（古拉格）狱工身上——但这份支持拥护，显然绝不来自小农阶级。

众多的“五年计划”，从1928年开始取代了“新经济政策”。这种“计划经济”难免粗糙——远比20年代那批首开计划之风的国家计划委员会经济学者的精密计算为粗糙；而较之20世纪后期政府及大公司企业的计划工具，国家计划委员会的学者自然又拜下风。基本上，这些五年计划的功用仅在创造新工业。至于如何经营，都不在考虑之列。而开发次序，则基本以重工业及能源生产为优先，二者同为大型工业经济的基石，即煤、钢铁、电力、石油等等。苏联矿产的资源富饶，因此前述的开发方向既合理又方便。一如战时经济——其实苏联的计划经济也可以算作一种战时经济——其生产目标的设定，往往可以不顾实际成本及成本效益的考虑（事实上必须经常如此）。在这种非生即死的拼命情况之下，最有效的方法，便是突然发布紧急命令，不管三七二十一，命令大家竭力赶工交卷。“危机处理”“紧急作业”，便是它的管理方式。于是苏联经济，便在经常性的作业之中，突如其来，每隔一阵子便来一下抽搐，全民总动员“发狂似的超额劳动”一番，以完成从上而下的紧急命令。斯大林时代终于过去，继之而起的赫鲁晓夫，竭力设法另寻他途，使苏联经济形成制度化作业，而不要只在“咆哮”之下才能发生作用。总之，斯大林深谙“狂风突袭”之道，将其奥妙发挥得淋漓尽致，他一再定下不合理的天文数字为目标，激使国人付出超人式的努力。

更有甚者，目标定了之后，还必须让负责人等明白其中的意义、细节，进而彻底遵照施行。如此一个命令一个动作，深入各地，连亚洲内陆的遥远边区村落也不例外——但是这些负责宣传及执行任务的行政管理人员、技师工人，却多数经验少、教育程度低，他们一向习惯的工具，是木制的犁耙而非机器——起码第一代是如此。卡通画家大卫·洛（David Low）在30年代访问苏联时，曾画了一幅漫画：一名集体农庄女工，“心不在焉地在给一台拖拉机挤奶”。基层人员素质低，更使整体计划质量降低，于是全部重任便落在仅有的上层少数人身上，中央集中化的程度日益加重。当年拿破仑手下的将领技术欠佳，参谋人员挑起重担。同样，苏联所有的决策，也愈来愈集中于苏联体系的最顶端。国家计划委员会的高度集中化，虽然弥补了管理人才的短缺，可是却使苏联经济体系以及各个方面形成严重的官僚化。[1]

如果说，苏联经济仅以维持半自给状况为满足，并只求为现代工业奠定基础，那么这个主要于30年代赶工出来的粗糙体制，倒也发挥了它的作用。更有甚者，在同样粗糙的方式之下，它还发展了自己特有的伸缩余地。通常在现代经济那套繁复精密且相互关联的体制之下，牵一发即动全身，设定一套目标甲，往往会影响另一套目标乙的施行。可是苏联则不然，事实上就一个落后原始、外援断绝的国家而言，号令式支配型的工业化措施，虽然不乏生产浪费及效率低下之处，却能够发挥令人叹服的惊人效果。在它的指挥之下，数年之间，便将苏联一变而为数一数二的大工业国，并能一洗当年沙皇憾事，不但熬过对德苦战，最终还击垮了两次大战的敌人德国。当然战争期间，苏联的损失也很惨重，一时曾失去了包括占其总人口三分之一的广大土地，苏联各大工业领域的工厂也在战火下毁了半数。苏联人民的牺牲，更是举世无匹。世上少有几个国家，赶得上苏联在这场战事中，尤其是30年代间所遭受的惨重损失。苏联经济始终将国民消费所需列为最低优先，1940年间，苏联鞋袜产量低到全国平均每人仅一双略多，但它

[1]　“要是计划中心得向每个主要生产团体、每个生产单位，都发出指导细则，再加上中间计划层缺乏，中心的工作负担，必然重不堪言。”（Dyker，1985，p.9.）

却保证人人可以获得最低额度的供应。这个系统，由控制（贴补）价格及房租的手段，给众人工作，供众人吃、穿、住，还有养老金、健康保险，以及原始粗陋的众生平等地位。直到斯大林死后，特权阶级才一发不可收拾。更重要的是，这个体制还给予众人教育机会。像这样一个文盲普遍的国家，竟能转变成现代化的苏联，如此成就，无论以何种尺度来衡量都非同小可。对数以百万计出生于村野的人来说，即使在当年最艰苦的年代，苏联的发展之路也意味着新视野的开启，代表着由无知的昏昧走向光明先进的城市。至于个人的启迪、事业的开发，自然更不在话下。新社会证据确凿，不由得民众不信服。更何况，除此之外，他们又哪里认识第二个不同的社会呢？

然而苏联现代化的成功故事，却不包括农业部门，以农业为生的人口遭到了遗弃。因为工业化的发展，是踩在被剥削、被利用的农民大众的脊梁上走出来的。苏联的农民及农业政策，实在乏善可陈，几乎一无是处。倘若尚有一处可堪告慰，那便是他们负起“社会主义初级积累”[1]的大业重任。其实并不止农民群体，苏联工人，同样也挑起开发资源、为未来打基础的沉重任务。

小农大众，也就是苏联人口的大多数，不仅在法律上、政治上均列于次级地位（至少直到1936年的宪法制定为止，不过这部宪法根本没有任何效力），他们的税负较他人为高，生活的安全保证却不如。更有甚者，取代“新经济政策”而起的基本农业政策（便是集体化的合作农场和国营农场制度），不但造成农业的大灾难，而且始终未从灾难状况中脱离出来。最直接的打击，是谷类产量的锐减，牲口数目也顿失其半，造成1932—1933年间的大饥荒。原本就甚低的苏联农牧业生产力，在集体化制度推波助澜之下，愈发陷入低谷，直到1940年时，才逐渐恢复“新经济政策”时期的水平。同时，也更助长了未来第二次世界大战期间及1950年的灾难。苏联当局为挽救这一股低落之势，

[1] 根据马克思的说法，以征收和掠夺达到的“初级积累”，原是资本主义获取原始资本的必要手段。由此起步，资本主义才进一步发展其内部的资本积累。

便大力地推动机械化，但却同样成效不明显，始终没有起色。战后苏联农业虽曾一度振作，甚至有余粮可供出口，可是却永难恢复当年沙皇统治下的出口大国地位。到这段复兴时期过去，其农产品再也无法供应国内人口所需。于是自 70 年代初期开始，苏联必须依赖世界谷物市场的供给，有时甚至高达其总需求的四分之一。要不是集体制度还为小农开了一扇方便门，留下了一线生机，允许他们耕作少量的个体自留地，并可在市场出售其田间所得（1938 年间，个体地只占总耕地的 4%），苏联的消费者除了黑面包外，恐怕就没啥可吃的了。简而言之，苏联付出了极高的代价，却只将一个极无效率的小农农业，转换成一个同样极无效率的集体农业而已。

但是苏联的种种弊端，其实往往反映着国家社会政治状况，而非布尔什维克设计的本质目的。合作制度及集体作业，若以不同程度与私有耕耘制相互混合运作，本也可以获得成功，如以色列实施的集体农业屯垦制度（*kibbuzim*），就比苏联制度更具共产主义特色。而纯粹的小农制度，却往往将精力投往向政府索取补助，反而不肯多花力气，改善增加土地生产。[1] 然而苏联的农业政策，毫无疑问，是一场彻头彻尾的大失败，可是后起的社会主义政权里面，拾其牙慧者却不乏其国，至少在刚起步时是如此。

苏联发展之路上还有另外一大弊端，那就是它硕大无比、膨胀过度的官僚体系，即在其政府集中号令下的畸形产物。其庞大繁复，连斯大林本人也对付不了。事实上甚至有人认为，30 年代后期由斯大林一手导演的“大恐怖”，其实是他走投无路情急之下想出来的对策，用以克服“官僚阵营的重重障碍，对政府控制禁令的种种回避伎俩”。至少，他的用意也在防范官僚系统演变成僵化的统治阶级。到勃列日涅夫时代，这个僵化的结果终于出现。可是政府每次欲改进行政效率

[1]　在 80 年代上半期，以集体农业为主、耕地面积仅略低于法国四分之一的匈牙利却有比法国高的农产品产量。而波兰的耕地面积约为匈牙利 3 倍，农产品总值仅及后者的半数。法波两国均非集体农业制度。（FAO Production，1986;FAO Trade，Vol. 40，1986）

及弹性的尝试，却都难逃失败命运，反使行政系统愈加臃肿，其存在更不可少。到30年代的最后几年，行政人员每年以二倍半于总就业人口的速度增长，战争逐渐到来，苏联已经发展成每两名蓝领工人，就有一名行政人员的头重脚轻之势。于是在斯大林的高压统治之下，这一批领导精英的最上层，如人所说，不啻一群“拥有权势的特殊奴隶，随时随地都在大难边缘。他们的权势、他们的特权，永远笼罩在一股‘记着，你总逃不了一死’的阴影之下”。斯大林死后，或者说在最后一位“大老板”赫鲁晓夫于1964年被赶下台后，苏联体系内，便再也没有什么可以阻挡沉滞僵化的发生了。

最后使得苏联制度陷于绝亡的第三项缺陷，却是它缺乏弹性的僵化。苏联式的生产，一味致力于产量的提高，而产品的种类和质量，则完全于事先决定。其体系内部，毫无一种变换“产量”及“品质”的调节机制（其产量目标只有一个方向：就是不断上扬）。创新发明，更非此制度所长。事实上，在苏联的经济制度中，“发明”根本不能为其所用，而且也不会用在与“军事-工业复合体”（military-industrial complex）不同的民间经济之上。[1]至于消费者需要的供给，既非通过反映其喜好的市场环境，也非基于以消费为取向的政治经济制度。在这里，国家计划机器扮演了决定一切的角色。充其量我们只能这么说：虽然苏联工业结构本身，继续偏向于生产资料生产，它同时却也提供了更多的消费品。只是其分销系统实在太过糟糕，更有甚者，组织性的功能几乎完全不存在。因此要没有“次级”或所谓“黑市”经济，苏联境内的生活水准，根本不可能有效提高。40年代至70年代之间的改善很惊人，而黑市经济的增长之快，自60年代结束以来尤为快速。地下经济的活动规模，自然缺乏官方文件的统计，在此我们只能大略猜测。但是到70年代后期，据估计，苏联都市人口花费在私人经营的消费、医疗，及法律服务方面的支出，约有200亿卢布，另外还要花

[1] 所有发明之中，只有三分之一在经济领域内找到应用途径。即使如此，进一步的普及推广也极少。（Vernikov，1989，p.7.）以上所引大概是指1986年的情况。

掉70亿卢布的保安“小费”（Alexeev，1990）。这个数字，几乎可以与当时苏联的进口总额相等。

简单地说，苏联体系的设计用意，在于尽快将一个极落后、开发度极低的国家，早早送上工业化的大道。它也假定，它的人民将满足于一种最基本的生活水准，只要有足以保证其生存所需的最起码的社会物质条件，一切都好说话。至于这些基本生活水平的高低，则全看这个进一步工业化的经济体系，在其全面总增长的巨流当中，能够疏漏下多少给人民消费了。说起来，尽管这个体系极其缺乏效率，极其浪费，却毕竟达到了上述目标。1913年在沙皇治下的俄国，虽有着全世界9.4%的人口，却仅占全球“国民生产总值”的6%，以及工业生产总值的14.6%（不过其农业产量，却只比其人口比例稍高而已）（Bolotin,1987,p.148—152）。苏俄已经摇身一变，成为一个工业大国，而它维持近半世纪之久的超级大国地位，事实上也靠工业化的成果所赐。然而后来的发展，却有违共产主义者先前的期望。当苏联经济发展大车向前走了一段距离之后，由于其引擎结构设计的特殊，驾驶人虽然一再猛踩油门意欲加速，引擎却不快反慢。它的动力设计，本身便包含着将其力量消耗殆尽的结构。这么一个制度，却是1944年后，世界上将近三分之一人口所在的国家经济沿袭的范本。

苏联革命，同时也发展出一个极为特殊的政治制度。欧洲左派的群众运动，包括布尔什维克党隶属的马克思主义工人社会主义运动在内，都从以下两项政治传统出发：自法国大革命以来，一脉相传的雅各宾时期革命传统——选举式，有时甚至直接式的民主——以及集中式的行动导向。19世纪末叶在欧洲各地风起云涌的工人群众及社会主义运动，不论是以党派、工会、合作组织，甚或以上三种结合的面貌出现，其内部结构及政治志向，都具有强烈的民主气息。事实上，凡在普遍选举权宪法尚未存在的地方，以上这些运动，往往就是促其出现的主要力量。马克思主义者与无政府主义者不同，前者在根本上，便一心以政治行动为主要任务。苏联的政治制度，却扬弃了社会主义运动的民主性质（与其经济制度一般，后来也纷纷为社会主义世界的国家提供范本），虽然在理论上不断保持着它的科学内涵，不赞同个人独裁。[1]简而言之，正如苏联经济是一个统制式的经济，苏联政治也是统制式的政治。

苏联政治制度的演变，部分反映出布尔什维克党本身变化的历史，部分反映了当时年轻苏维埃政权面对的重重危机及紧急形势，部分还反映出独裁者本人的怪异性情——这个格鲁吉亚地区一名酒鬼鞋匠的儿子，早先曾读过神学院，后来则在自封的“铁人”政治称号之下以铁腕统治苏联。首先，由列宁精心设计，并以一批训练精良的职业革命干部组成，专在中央领导分配下从事任务的先锋党团组织，其本身便极具发展为强权的性质。关于这一点，其他众多革命热情不下于布尔什维克的苏俄马克思主义者，早在当时便已提出警告。因为如此一来，党便可以取代它口口声声领导的人民；（被选出来的）委员会，则可以取代一般党员，甚至取代固定代表大会的意见；以至于最高领导者大权在握，一人号令天下。（理论上虽经由选举诞生）实际上定于一尊的元首，取代了一切。这种层层“取而代之”的危险趋向，有什么法子可以制止呢？当时列宁本人虽然不想也不能做个大独裁者，而布尔什维克党，也从来不像个军中幕僚单位，反而倒更像一个永远争辩不休的学社社团（其实凡属左翼意识形态的组织，都爱争爱辩），可是这种“取而代之”的危险性，却不因此而有所减少。十月革命之后，这种趋势愈发接近事实，党由一个不过几千人的组织，摇身一变，成为拥有数十万，最终甚至数百万专业组织者、行政官员、管理者、监督者的庞大政党。这些人声势浩大，成为主流，压倒了原有“老布尔什维克”的声音，也盖过了 1917 年前加入他们合作的其他社会主义人士，如托洛茨基。他们与传统左翼原有的政治文化毫不相通，他们只

---

[1] 因此，最能表现共产党特色的中央集权，始终保持着“民主集中制”的官方称号。1936 年出炉的苏联宪法，在纸面上也属于典型的民主宪法，对于容纳多党选举的内容，更不下于美国宪法的规定。其实这部宪法的内容也非虚饰门面，因为其大部分是由 1917 年之前老马克思主义者布哈林执笔起草。布哈林显然深信，这种宪法适用于一个社会主义的社会。

知道党永远正确，只知道上级的决定务必执行。因为唯有如此，革命的果实方能得以保存。

革命之前，不论党内外对于民主、对于言论自由、对于人民自由、对于宽容异己，对以上种种事项的态度看法为何，1917—1921年间的政治社会氛围，却使得任何一个意欲挽救苏维埃政权于危机之中的政党，都不得不陷于愈发走向权威统治模式的境地。其实一开始，苏联并非马上便成为一党政府，它也不排斥反对力量的存在。可是它却以一党独裁的姿态，靠着强大情报安全工作，以及全力打击反革命的恐怖，赢得了一场内战。同样，它也放弃了党内民主的原则，于1921年宣布，禁止党内对政策之外其他的政策进行集体讨论。在理论上指导它的“民主集中制”精神，如今“民主”不存，只剩下“中央集权”。它甚至不再遵照自己的党纲行事，原定每年举行的代表大会越来越时有时无，到斯大林时代，更变成无固定时间，偶一为之的稀奇大事。“新经济政策”年代虽然缓和了非政治层面的气氛，然而就党的形象而言，却没有多大好处。一般的感觉认为，党已成为了饱受攻击的少数分子，虽然也许有历史站在它的一边，可是眼前的行事方向，却不合国家现状及民众的心意。从上而下发布的全面工业化革命号令，遂使整个系统愈发走向强制权威，比起内战年代，其残忍无情，也许有过之而无不及，因为这套连续实行权力的机制，如今更具规模。于是在“权限分离”之中剩下的最后一项成分，即“党”与“国”之间的分野，苏联“政府”最后留下的运作空间日益缩小，这个卑微存在的狭小空间，最终也全部消失。只见一党垄断，定于一尊的领导高高在上，绝对的权力在握，其他所有的一切，都屈从在他的号令之下。

就在这个时候，苏联体系在斯大林手中变成了一个独断专制政权。这个政权无孔不入，不但要全面整体地控制其人民生活、思想的各个层面，人的存在，人的价值，但凡可以控制之处，也完全受制于整体制度的目标与成就。至于目标为何，成就何在，则由至高无上的绝对权威界定指令。这样一个世界自然绝非马克思、恩格斯两人设想的未来，也非发展自马克思路线的“第二国际”（Second International）及其旗帜下的众多党派所期。因此与卢森堡同任德国共产党领袖，并与她同于1919年被反动军官暗杀的李卜克内西，虽然其父为德国社会民主党的创始人之一，却从不认为自己属于马克思派。而奥地利马克思派（Austro-Marxists）虽然名列马克思的门下，并且也戮力于马克思的学说，可是却毫不犹疑地别出心裁，另辟蹊径。甚至连被共产党官方正式视为异端者，也依然被人视为理所当然，合乎法统的社会民主派人士——如伯恩斯坦（Eduard Bernstein），即因其“修正主义”（revisionism）而被戴上这顶异端帽子（事实上，伯恩斯坦也始终是马克思、恩格斯著作的正宗编辑人）。所谓社会主义国家应该强制每个人思想统一的主张，领导们拥有绝对不会出错的圣质（单个人拥有这种天才已难以想象），这种论调，若回到1917年前，根本不可能在任何社会主义者的脑海中出现。

就马克思派社会主义的信徒来说，它在根本上便属于一种激情的个人承诺，它是一组希望，一组信仰，具有某种世俗宗教的特点——不过论其宗教性，并不见得多于那些非社会主义群体的意识形态。更重要的是，马克思社会主义一旦变成一股洪流，成为广大的群众运动，原本微言大义的精幽理论就难免变形。最佳，也只不过流于僵化独断的教条；最糟，则幻化成人人须敬而礼之、认同效忠的旗帜象征。这一类的群众运动，正如某些深具真知灼见的中欧社会主义人士早已指出的，往往具有敬仰甚至崇拜领袖的倾向。不过大家都知道，左翼党派内部素来喜欢争辩，因此个人崇拜多少受到抑制。在莫斯科红场上兴建列宁陵墓，将这位伟大领袖的遗体防腐处理，永存于此以供瞻仰。这番举动，与革命甚至与俄国本身的革命传统都毫无关系，显然是为了苏联政权，意欲在苏联落后的农民大众之中，激发出类似对基督教圣者及遗骨遗物的崇拜热情。我们也可以说，在列宁一手创建的布尔什维克党中，所谓正统性的思想，以及对异己的不容忍，多少是以实用性的理由出发，而不仅是作为基本的价值观。列宁就如同一名杰出的将领——其人基本上属于计划行动的好手——他可不要队伍里人人有意见，个个议论不休，因而造成实际效率的损失。更有甚者，正如所有讲求实际的天才们一般，他也深信，唯有他自己的意见最对最好，因此没有多余的工夫去听他人纠缠。就理论上而言，列宁属正统派，甚至可说是一名激进主义的马克思门徒。因为他很清楚，像这样一个以革命为基本要义的理论，若对其要义文字有任何瞎搞胡掰，都可以促使“妥协修正”意见的出现。但是在实际上，他却毫不迟疑，着手修改马克思的观点，并任意增添内容；同时却为自己辩称，实质上始终忠于伟大导师的教诲不变。在1917年前的岁月里，列宁不但一直领导着俄国左翼路线内（甚至在俄国社会民主圈内）饱受攻击的少数，而且更是这一支力量的代表，因此获得了一个不容异己的名声。可是一旦情况改变，他却毫不踌躇，一如他往年坚决地排除反对者一般，立刻便伸出手来欢迎他们。即使在十月革命成功之后，他也从不倚仗自己在党内的权势压人，反而一直以立论为出发点来说服众人——我们甚至看见，虽然他位高权重，却也不是从来不曾面临挑战。要是列宁后来没有早死；相信他一定会继续激烈抨击反对者，就像在当年内战时期一样，他那以实际为用、不容异己的作风，必将没有止境。不过尽管如此，却没有任何证据显示，列宁预想到甚或能够容忍自己身后竟会发展出那一种无孔不入、全面性、强制性的国家暨个人全民信仰的共产主义宗教。斯大林也许并不是自觉地创设出这个宗教，他可能只是懵懂地跟随着当时自己所见的主流现象：一个由落后农民组成的国家，一个权威独裁、讲求正统教理的巨大传统。但是若无斯大林，这个极权新宗教很可能不会出现；若无斯大林，这个新宗教模式绝对不会强加于其他社会主义政权，或为它们沿袭模仿。

一个资产阶级的政权，也许可以接受保守政府下台，由自由分子接班的念头。因为后者纵使上台，仍将不改社会上的资产阶级本质，可是资产阶级政权，却绝对不能容忍共产党接手。同样，一个共产党政权，也同样不能忍受被一个必定动手恢复旧秩序的力量所推翻。可是这个假定，却不意味着苏联一定会出现个人的独裁，是斯大林其人，一手将共产党的政治制度，转换成非世袭的专制君主制。[1]

就许多方面而言，这个矮小[2]谨慎、缺乏安全感、永远疑心重重的斯大林，活脱脱就是罗马传记大家苏埃托尼乌斯（Suetonius）笔下《罗马十二帝王传》（*Lives of the Caesars*）中帝王的再现，而不是一名现代政治世界的现代人物。他外貌平凡，一般不易给人产生深刻印象，斯大林一直使用八面玲珑的斡旋手段，一直到他升至顶层为止。当然，即使在革命之前，他就已经凭着这项了不起的天赋，进入党的高层；在临时政府垮台之后的首任政府里，斯大林就出任民族部部长。然而在他最后过关斩将，终于登上顶峰，成为无人挑战的党内领袖（事实上也是国家领袖）之后，则一概使用令人恐惧的手段，来处理党务或其他任何他个人权力所及之事。

同样，他将“马列主义”简化为简单绝对的教义问答、教条式口号的做法，也不失为将新观念灌输给第一代识字人的上乘方式。[3]而他的恐怖作风，也不可仅视为暴君个人无限度权力的滥用。诚然，斯大林本人一定颇享受那种大权在握、得以呼风唤雨的乐趣，那种令人恐惧，定人生死的权力感；但是他对本身地位所可带来的物质收获，却漫不经心。而且，不管心理上、精神上，斯大林并无乖僻怪诞之处，他的恐怖手段其实和他的谨慎作风一样，都是他在面对难以控制的局面时，一种同样理性的应对策略。不论是恐怖还是谨慎，都是基于他避免风险的原则考虑。两者分别反射出他的缺乏自信，不能肯定自己的“评估状况”能力（套用布尔什维克的术语，即对状况“进行马克思主义分析”的能力）。这一点，却正是列宁的极大优点，两个人的个性气质可谓大相径庭。斯大林恐怖“立业”的唯一意义，只能表示

[1] 某些共产党国家，甚至朝世袭的方向发展，与君主制之间的神似就更强烈了。若在早期社会主义及共产主义人士眼里看来，此势必可笑至极，难以想象。

[2] 斯大林涂抹香膏的遗体，原存放于红场寝陵，后于1957年移走；在此之前，作者曾于该处亲眼看过。其人权力极大，而看到其体形之矮小，当日的震撼我至今犹记。然众多电影和照片，却都隐去斯大林身高只有5.3英尺的事实。其中含义，值得玩味。

[3] 以1939年出版的苏联共产党《简史》（*Short History*）为例，就教学角度而言，却是一部上乘之作。

他终身不悔，顽固追求那想象中的乌托邦的世界。甚至在他死前数月，在他最后出版的书中仍致力于这一目标的再坚持、再主张。

统治苏联的政治权力，是布尔什维克党人在十月革命中取得的唯一收获，而权力，也是他们可以用来改变社会的工具。但是这项权力，却不时遭逢来自不止一方，并且不断再现的困难夹击。斯大林曾有一套理论，他认为在“无产阶级取得权力的数十年后”，阶级斗争反而会变得愈加激烈。他这套说法的真正意义即在于此，否则换作其他任何角度，都是讲不通的。只有前后一贯地、残忍无情地、坚持地使用权力，才能除去各种可能的障碍，走上最后成功的阳关大道。

基于这套假设而决定的政策，其中有三项因素促成其走向无比凶残的荒谬境地。

其一，斯大林相信，只有他才知道前途如何，而且一心一意、全力为之。诚然，无数的政治家及将领们，都有这种“舍我其谁”的心态，可是只有那些真正绝对权力在握之人，才能迫使众人也一起相信只有他才最行。因此在30年代掀起的大清算高潮，与此前的恐怖捕杀不同，这一回清洗的对象，是针对党内而言，尤其是它的领导阶层。原因在于许多原来支持斯大林的强硬派党员开始后悔（包括那些20年代全力支持他对付反对人士，并且真心拥护集体大跃进及五年计划的人）。他们如今发现，当时手段的无情，造成牺牲的惨重，已经超过他们所愿接受的程度。这些人当中，相信有许多人都还记得，当年列宁便不肯为斯大林撑腰，不愿让他接班，理由就在他行事作风太过残暴。苏联共产党第十七届大会揭幕，会中形势，即显示党内对斯大林有着相当的反对力量存在。这股反对势力，对他的威胁究竟几何，我们永远都无从得知。因为从1934—1939年，有四五百万党员及干部因政治理由被捕，其中约四五十万未经审判即遭处决。到1939年春天，第十八届党代表大会召开，当初1934年参加第十七届会议的1827名代表中，只有37名侥幸仍得以再度出席（Kerblay，1983，p.245）。

这种难以形容的恐怖，不是出于什么“为求伟大目的，可以不择手段”的信念，也非基于“这一代的牺牲再大，与未来世代因此得受的福祉相比，却又算得什么”的理想。它是一种不分时空永远全面作战的原则的体现。列宁主义，基本上是从军事角度思考——就算布尔什维克所有的政治词汇均不能证实此点，仅看列宁本人对普鲁士军事家克劳塞维茨（Clausewitz）的崇敬，即可证明这是不争的事实。也许正因为列宁思想中带有着强烈的“唯意志论”气息，使得其他马克思人士极不信任列宁，将其斥为布朗基派（Blanquist）或“雅各宾”之流。“谁胜谁负？”是列宁的处世箴言。这场斗争，是一场不是全输就是全赢的战争，胜者赢得全部，输家倾其所有。我们知道，在两次世界大战之际，即使连自由国家也采取这种心态作战，准备不择手段，对敌方人民毫无保留地施以任何苦难折磨（回到第一次大战时，无尽苦难的承受对象甚至在自己的部队内）。于是没有事实基础，毫无理由地便将整批人送去牺牲的做法，也的确成为战争行为的一部分：比如第二次世界大战期间，美国政府将所有日裔美国公民，英国将境内所有德奥籍居民，一律关入拘留营内即为例。美英两国的理由，乃是基于这些人当中可能潜有敌方奸细。这场不幸的变调，是在19世纪以来文明进步之下忽然有野蛮复萌的悲剧。此情此景，却像一股黑暗势力的漫漫长线，一直贯穿着本书涵盖的悠悠岁月。

所幸在其他实施宪政民主、拥有新闻自由的法治国家里，体制中自有某些对抗牵制这类思想的力量存在。可是在绝对极权的国家就没有这种力量，虽然最终也会发展出某种限制权力的规定。不为别的，单单为了求生存的本能，以及当全面权力的使用扩展到无限的时候，它自然会生出自己毁灭的苦果来。偏执妄想，就是滥用权力到极致的最终结果。斯大林死后，陆续登场的接班人等，相继都有一种默契，决定要为这段血腥年月画上句号。然而斑斑血迹，斯大林岁月究竟一共付出了多少人命代价，（一直到戈尔巴乔夫年代）只有内部的持不同政见者，以及海外学者和宣传家去细心追查。从此，苏联政界中人总算能寿终正寝，有时甚至得享天年，进入50年代，古拉格牢狱逐渐空去。虽然以西方标准而言，苏联仍是一个未能善待其国民的社会，但是至少，这个国家已经不再大规模地逮捕处决自己的人民了。事实上到80年代，苏联人民死于犯罪事件、民间冲突，以及国家之手的风险率，甚至低于亚非美三洲的许多国家。但是尽管如此，它毕竟仍是一个警察国家，一个权威统治的社会，而且依据任何实质标准，也还不是一个自由的国家。只有官方认可或批准的信息，才可传达一般人民，至少从法律意义上讲，传达其他任何的信息均属触犯法律。这一切到戈尔巴乔夫实行“公开性”政策才改变。至于行动及居住自由，更要看官方的准许而定。这项规定在苏联境内虽然越来越有名无实，可是到了边境地带，甚至与另一个同属“社会主义”的友好国家相邻之地，却变得真实无比。从这些角度而言，苏联实际上不及沙皇时代。更有甚者，虽然就日常事务而言，苏联社会是以法治为准，可是行政当局的特殊权力，即任意逮捕、下狱，及境内流放的情况，却依然存在。

苏联铁幕时代付出的人命代价，恐怕将永远无法确切估算，因为甚至连官方对处决人数及古拉格囚犯的统计，不论是现有的或日后可能面世的数字，都无法涵盖所有的死难损失。而且依人不同，估算的差距更有极大出入。有人曾如此说过：“对于这段时期里苏联牲口的死伤数目，我们知道的反而比被苏联政权滥杀的反对派人数更清楚。”（Kerblay，1983，p.26.）1937年人口普查的数字始终秘而不宣[1]，更使这项估算工作难上加难。但是不论各项估计使用的假定如何，前后直接间接的死难人数绝对高过七位数，甚至达到八位数。在这种情况下，不论我们是否采取“保守”估计，将其定位于1000万，而非2000万甚或更高，实在都无关紧要了。面对这种骇人的天文数目，只能令人感到不可饶恕，完全不能理解，更不要说为杀人凶手做任何辩解。在此作者还要添上一笔，不带任何评论：1937年，苏联总人口据称为1.64亿，比起第二个五年计划（1933—1938）原先预估的人口总数，一共

[1]　种种估计程序，都存在许多不肯定的地方（详情参见Kosinski，1987，pp.151—152）。

少了1670万。

不过，尽管如此，苏联体制绝不是一个“极权”政体。“极权”一词，是在第二次世界大战后，才开始在共产党的批评者中盛行起来。究其源流，此词是意大利法西斯党于20年前发明的“夫子自道”，用以形容自己追求的目标所在。可是自此之后，却被外人挪借，专为批评意大利法西斯及德国纳粹之用。“极权”代表着全方位无所不包的中央集权体制，不但对其人民施以外在的全面控制，甚至更进一步，以对宣传及教育机制的垄断，成功地将它所推动的价值观念，在人民心中内化。奥威尔（George Orwell）的《1984》（1948年出版），即为西方世界描绘出极权社会达于极点时的画面：一个平民大众都被洗脑的社会，在“老大哥”无所不在的严密监视下生活作息。偶尔只有一两个寂寞的孤人，才会发出不同的异议。

这个最高境界，自然是斯大林意欲达到的目标。可是若换作列宁及其他老派的党员，闻此必然大怒，更不要说马克思了。就将领袖“神化”而言（“神化运动”，日后被人美其名曰“个人崇拜”），或将他塑造成集美德于一身的圣人斯大林大致有一点成就，正如奥威尔在《1984》中的讥讽描述。但是说来矛盾，斯大林在这方面的成果，却与他个人的绝对权力无关。当1953年斯大林的“噩耗”传来，某些在社会主义国家阵营之外的共产党人，的确流下了满怀真情的伤心泪，这种人还不少。他们认为，斯大林象征并且激发了他们投身的运动大业，而且他们也都是真心自动地投入斯大林阵营。这些外国人不知真相，可是苏联老百姓却都心知肚明，只有他们才知道自己命中已经吃了多少苦头，而且还在继续受煎熬。然而尽管如此，只因为斯大林是这片大地上铁腕的合法统治者，只因为他是现代化了的这片大地的领导人，就某种意义而言，他也便代表着他们自己的某一部分。更何况，在最近一次战争的经验里面，斯大林又作为他们的领袖，至少对苏联而言，真正为国家赢得了一场艰苦胜利。

然而，不论从哪个角度评断，苏联式的体制实在谈不上“极权”

二字，因此不得不让人怀疑“极权”一词，到底有几分确切的用处。这个体制，一未能实现有效的“思想控制”，二更不曾造成“思想改宗”。相反地，反而使人民对政治隔阂到令人惊异的程度。马列主义的官方学说，与广大民众之间没有任何明显关系，因此在他们身上自然发生不了感应。这门奥秘难懂的学问，只有那些打算在这条路上成就功业之人，才会对它发生兴趣。在经过40年马克思主义教育的匈牙利，当问及途经布达佩斯马克思广场上的路人“马克思何许人也”时，他们的回答是：

> 他是位苏联哲学家，恩格斯是他的朋友。我想想看，还什么可以讲的？噢，他死的时候年纪很大了。

对大多数苏联人民而言，高层对政治及意识思想发表的公开谈话，除非与他们日常生活问题有切身关系（但是这种情况很少），恐怕很难有意识地吸收。只有知识分子，生活在这样一个建筑在号称理性“科学”的意识形态之上的社会，才不得不对其仔细聆听、认真看待。这种制度迫切需要知识分子，只要他们乖乖听话，不公开表示异议，体制便赐予他们丰富的特权与优惠。矛盾的是，也正因为这个事实，总算在国家严密的控制之外制造了一个社会出口。也只有如斯大林般的残忍凶暴，才能封杀住非官方的知识思考。一旦恐惧的冰封开始融化，不同的声音便立刻于50年代在苏联境内出现——《解冻》便是才气纵横的爱伦堡（Ilya Ehrenburg，1891—1967）魔掌余生所作的一本极具影响力的寓意小说。在60年代和70年代，不同的声音百花齐放，成为苏联舞台上的首要场景。这些声音，包括共产党内部的改革分子，在不肯定的情况下开始试探地表达包括纯粹知识性、政治性，以及文化性的不同意见。不过在表面上，苏联官方仍然维持着口径一致的“单一文化”（monolithic）——这个名词，是布尔什维克党人最爱用的。这种现象，进入80年代变得更为明显。

2

除了苏联，其他共产党国家，都是第二次世界大战之后才出现的，而在它们内部执政的共产党，也都是师法苏联模式，即斯大林的模式。就某种程度而言，甚至连中国共产党也不例外，虽说早在30年代，在毛泽东的领导之下，中共便已从莫斯科获得了实际的自治地位。至于那些位于第三世界的“社会主义阵营”新会员，与其接近的程度也许较轻，例如卡斯特罗的古巴，以及70年代崛起于亚非及拉丁美洲试图正式与苏联模式同化的大小短暂政权。在所有这些国家里，都可见到一党制中央集权的政治制度、官方审定推行的文化思想、中央集中式的国家计划经济。此外，甚至也不乏在苏联军队及特务人员直接占领的国家里，当地政府往往被迫遵循苏联榜样，比如依照斯大林的模式，对地方上的共产党分子进行公审清算。可是这种司法闹剧，当地共产党并没有自动自发的参与热情，在波兰和民主德国，甚至想办法完全避免，因此当地始终没有共产党要人被杀或被送交苏联情报单位。不过在与铁托决裂之后，保加利亚和匈牙利的当地领袖——保加利亚的柯斯托夫（Traicho Kostov）、匈牙利的莱耶克（Laszlo Rajk）分别遭到处决。斯大林在世最后一年，捷克斯洛伐克共产党内部也发起一阵令人难以置信的大审判之风，许多重要人物遭劫。这股清算狂潮，带有强烈的反犹气息，当地共产党原有的领导阶级被粉碎。这些现象，与斯大林本人愈来愈严重的妄想症状有多大关系，很难判定。因为这个时候，他的健康与精神状态，都已日走下坡路，他甚至还打算把自己最忠诚的拥戴者也清除掉呢。

40年代出现的新政权，虽说在欧洲地区都与红军的胜利有关，可是其中只有4国，波兰、苏联占领的德国部分、罗马尼亚（当地原有的共产党，最多不过数百余名，其中多数还不是罗马尼亚本族人），再算上匈牙利，其政府是由红军直接扶上台的。至于南斯拉夫和阿尔巴尼亚两国，其共产党政权可算是自家成长。捷克斯洛伐克共产党则在1947年获得40%的选票，证明当时人民对他们真心拥戴。至于保加利亚共产党的影响力，受到该国普遍亲苏感情而强化。而中国、朝鲜，及前法属中南半岛的共产党势力——或者说，在冷战阵势摆明之后，位于这些国家北方的共产势力——则与苏军无关。1949年后，其他一些较小的共产党政权，有一段时间甚至曾受惠于中国的支持。至于日后以古巴为始，陆续加入“社会主义阵营”的新成员，也都是靠自己的力量，方才挣得入会资格。不过非洲地方的游击解放运动，却有苏联集团的大力帮助。

然而，即使在完全靠红军扶持的共产党国家，刚一开始，新政权也享有过一段短时间的合法地位，并获得民众相当时期的真心支持。我们在第五章曾经看见，在一片触目所见尽皆废墟的焦土上重建新世界，激发了许多青年人及知识分子。不论党及政府多么不受欢迎，但是它们投入战后重建工作的那股精力、决心，毕竟赢得众人也许勉强但是一致的赞同。事实上新政权在这方面获得的成就，的确不容否认。我们已经看见，在一些落后程度比较严重的农业国家里，共产党政府全力进行着代表进步与现代的工业化运动，这些举措获得的回响，绝不只来自党内的高官。谁敢怀疑，像保加利亚和南斯拉夫这一类的国家，竟然会以在战前看来不可思议的速度进步。只有那些原本就比较不落后，却为苏联占领或强征的地区，或是那些拥有发达都市的地带，如1939—1940年间移交与苏联之处，以及德国的苏军占领区内（1954年成立德意志民主共和国），在好长一段时间内，由于1945年后苏联本土急需重建之故，对它们的资源大加掠夺，才使得这些地区在复兴的平衡表上赤字一片。

政治上，这些共产党国家无论是自发或被外力强加，基于反西方势力的团结理由，都在苏联的领导下，结合成一个集团。甚至连1949年由共产党人全面掌权的中国，尽管自30年代中期毛泽东成为中共一致拥戴的领导人后，莫斯科对它的影响已相当薄弱，对此也表示支持。毛泽东一方面向苏联表示友好，一方面却坚持独立自主。而重实际的斯大林呢，也小心翼翼，不愿与这位其实极为独立的东方兄弟大党搞坏关系。到 50 年代，赫鲁晓夫却把双方关系搞僵，结果招来了一场大决裂，中国随之在国际共产主义运动里开始向苏联的领导地位挑战——虽然不大成功。不过，对于欧洲地区为苏军所占领的国家及共产党政权，斯大林的态度却没有那么怀柔了，一部分原因自然因为他有恃可凭，苏联的部队还驻在东欧，另外则由于他也以为，自己可以依赖当地党对莫斯科以及对他个人的真心效忠。因此当 1948 年南斯拉夫共产党领袖竟然敢违抗苏联旨意，甚至快到公开决裂的地步，斯大林自然大吃一惊。要知道，南斯拉夫领导层向来十分忠诚，南斯拉夫几个月前才获殊荣，被指定为重组后的冷战共产国际总部（共产党情报局）所在地。苏联越过铁托，试图向忠实于它的南斯拉夫的好兄弟直接呼吁，可是没有什么重大回应。斯大林此惊非同小可，典型的反应，当然便是向其他卫星政权的共产党头目们开刀，掀起一场大清算。

然而，南斯拉夫的拂袖而去，并未影响共产党圈内的其他成员。一直要到 1953 年斯大林死去，苏联集团才逐渐出现政治溃散的现象。等到苏联官方也开始对斯大林大肆抨击，并于 1956 年在苏“二十大”上也对斯大林谨慎地试探评判之后，这个现象更为明显。攻击的内容，虽然仅对苏联国内一群极少数的听众发布——赫鲁晓夫的秘密演讲，对其他国家共产党一律保密——可是苏联政治已告分裂的风声，不久便传到外面。此事在苏联控制的欧洲地区，立即引起了回响。不到几个月，由波兰改革派共产党组成的新领导班子，为莫斯科当局平和接受（也许是中国忠告之故）。匈牙利却爆发了一场革命，改革派纳吉（Imre Nagy）宣布结束一党统治，这项主张苏联也许可以容忍，因为苏联自己内部对此也意见不一。可是纳吉的动作太过火，竟然同时宣布匈牙利从此中立，退出华沙组织。此举苏联可绝对不能容忍，1956 年 11 月，匈牙利革命被苏联军队大举镇压平息。

苏联集团发生的这场内部大危机，却不曾为西方联盟趁火打劫（只不过趁机大肆宣传而已），证明东西双方关系的稳定，两边都心照不宣，接受了彼此的势力范围。50年代和60年代间，除了古巴以外，[1]全球各国均不曾出现过任何足以扰乱这种微妙平衡关系的重大革命变化。

政治层面既被牢牢控制，其与经济之间的发展便也难于分野。因此在波兰和匈牙利，人民既已清楚表示对共产主义缺乏热情，政府就不得不在经济上做出让步。波兰重新解除了农村的集体化政策，虽然此举并不见得提高该国农业的效率。最重要的是，工人阶级的政治势力，在冲向工业化的大浪中获得极大的强化，同时也被政府所默认。说起来，1956年一连串发生在波兹南（Poznan）的事件，就是因工业化运动造成的。从那个时候开始，一直到80年代末期团结工会的最后胜利，波兰的政治经济动态，都处在与那无可抗拒的力量（共产党政权），以及与那无法制服的工人阶级的对峙中。一开始并没有有组织的工人阶级，工人阶级最终终于组成一股古典式的工人运动洪流，并与知识分子结为联盟，最后并发展成政治运动，正如马克思的预料一模一样。可惜的是，马克思门徒不禁哀叹，这场运动的意识形态非但不反对资本主义，反而掉过头来倒打社会主义一耙，反对政府减轻对基本生活成本的大量津贴负担。于是工人便起来罢工，最后往往在一场政治危机之后，由政府让步打消此意。至于1956年革命被镇压之后的匈牙利，苏联在该国设立的领导阶层，倒具有比较真诚并有效果的改革。首先，卡达尔（János Kádár，1912—1989）有系统地将匈牙利政权进行自由化的改革（多半也有苏联重要人物的默许），并与反对势力讲和。于是在实际上，在苏联许可的限度之内，不费一兵一卒，完成了原先1956年的革命目标。就这一点而言，直到80年代，匈牙利可以说相当成功。

可是捷克斯洛伐克的发展就完全两样。自从50年代初期凶残的

[1]　50年代的中东革命——埃及1952年、伊拉克1958年——虽然为苏联外交带来较大的活动余地，事实上却与西方的担忧相反，并未改变两方势力的均衡，主要是由于几处共产党势力活跃的政权，对内都大肆清共，如叙利亚和伊拉克。

清算风暴结束之后，人民变得政治冷淡，不过却小心翼翼，开始试着解除斯大林套上的箍咒。进入60年代下半时期，这一发展如滚雪球般加速扩大（包括共产党内的斯洛伐克人），为党内提供了潜在的反对力量。1968年党内发生政变，当选党的书记的是斯洛伐克人杜布切克（Alexander Dubček），因此也就不足为奇。

但是另外一个不同的问题，即经济改革刻不容缓的重大压力，以及如何在苏维埃式的体系里，注入一点理性和弹性，在60年代也成为难以抗拒的洪流。我们在以下将会看见，这种感觉，此时普遍感染了整个共产党集团。经济上解除中央极权，这项要求本身虽然不具政治爆炸力，可是一旦与知识解放甚至政治解放的呼声相结合，就立刻变得极具爆炸性了。在捷克斯洛伐克，这项要求的呼声尤其强烈，一方面固然由于斯大林作风在捷克实行得特别残酷且长久，再一方面也因为眼前政权的真相，与自己心中依然保有的理想差距太大，令许多共产党员感到心惊不已（这种感受尤以党内知识分子为强烈。当初纳粹统治前后，共产党的确拥有过民众的真心拥戴）。正如许多被纳粹占领过的欧洲地区，共产党曾是地下抵抗运动的核心，吸引过无数年轻的理想分子，他们的奉献承诺，在那时候是一种多么无私的保证。希望的明灯，加上可能面对的苦难与死亡，除此之外，一个人在加入共产党时（就像笔者的一位友人，于1941年在布拉格参加共产党时的心情一般），难道还会有其他什么期望吗？

一如常态，改革的动力往往来自上层，即来自党内，其实看看各共产党国家的结构，这种情况根本无法避免。1968年“布拉格之春”（Prague Spring），在政治文化动荡骚乱的先导之下，与当时全球性学生运动同时爆发（参见第十章）。这一场全球学生运动，属于极少数能够跨越地理阻隔及社会阶级鸿沟的事件。于是从加州、墨西哥，到波兰、南斯拉夫，各地同时发动了多场社会运动，多数以学生为中心。捷克斯洛伐克当局的“行动纲领”，本来是否会为苏联接受，很难论定，不过它当时试图由一党独裁转向多党民主的举动，的确相当危险。

东欧苏维埃集团的凝聚力量（恐怕甚至连其基本存在在内），都似乎处于风雨飘摇之中，“布拉格之春”愈发暴露并进而深化了这道内部裂痕。一边是缺乏群众支持的强硬派政权（比如唯恐捷克斯洛伐克的影响，将导致自己国内也趋不稳的波兰与民主德国），它们对捷克斯洛伐克事件批评甚激；另一边则是为多数欧洲共产党，并为改革派匈牙利人热烈支持的捷克斯洛伐克民众。后者的支援力量，尚来自集团之外，包括南斯拉夫有铁托领导的独立共产党政权，以及1965年来以齐奥塞斯库为新领导的以民族主义立场与莫斯科渐远的罗马尼亚（但是对于国内事务，齐奥塞斯库却与共产党改革派完全背道而驰）。铁托与齐奥塞斯库均曾访问布拉格，受到当地民众英雄式的欢迎。此情此景，是可忍孰不可忍，莫斯科内部纵有分歧迟疑，也决定当机立断，以武力推翻布拉格的政权。苏联此举，为以莫斯科为中心的国际共产主义运动画上了句点——其实它早已于1956年出现裂痕——但是也帮助苏联集团再度苟延了另一个20年。不过从此开始，它的结合只能在苏联军事干预的恐吓之下勉强存在。在苏联集团的最后20年里，甚至连执掌政权的共产党领导人，也对自己的作为失去了真正信仰。

与此同时，独立于政治事件之外，对苏联式中央计划经济体制进行改革的要求，变得更为刻不容缓。就一方面而言，非社会主义的发达经济在此时开始突飞猛进，繁荣景象前所未见（参见第九章），越发加深两大体系之间的差距。这种现象，在一国之内两制并存的德国尤为明显。就另一方面而言，原本直到50年代一直领先西方的社会主义经济，此时却明显地开始落后。苏联的国民生产总值，由50年代5.7%的年增长率（几乎与1928—1940年间头12年的工业建设同速），一路下滑，先降为60年代的5.2%，70年代前半期的3.7%，以及后半期的2.6%，到戈尔巴乔夫掌权之前的5年（1980—1985），已经陷入2%的低谷（Ofer，1987，p.1778），东欧国家的记录同样悲惨。为了使系统变得比较有弹性，60年代，苏联集团各国纷纷开始进行改革的尝试，基本上是解除中央全盘计划的手段，甚至连柯西金为总理的苏联也不例外。可是除了匈牙利外，一般都并不特别成功，有些甚至起步维艰，毫无成效，或像捷克斯洛伐克那样由于政治上的理由，根本不让实行。至于社会主义大家庭内的独行侠南斯拉夫，出于对斯大林主义的敌意更一举废除了中央计划型的国有经济，在 70 年代进入一段茫然不定的新时期。东西双方，已无人再对“现实中的社会主义”经济抱有任何期待，人们都认定它绝对不可能迎头赶上非社会主义的经济了，而且，恐怕连并驾齐驱都难办到。不过当时，虽然张望前路，路上云雾似乎比以前为多，但是短时间内，似乎也无足堪忧。然而，不久这个状况就要改变了。

第三部分

天崩地裂

第十四章

危机20年

前些日子，曾有人问我对美国的竞争力有何看法。我答复道，这个问题根本不在我的考虑之列。我们NCR（纽约证券交易所）公司的人，只把自己看作一个在国际上竞争的公司，只是本公司的总部刚好设在美国而已。

——谢尔（Jonathan Schell，NY Newsday，1993）

特别令人感到痛楚的是，（大量失业的）后果之一，可能会造成年轻人与社会上其他部分人日渐疏远。根据当代的调查显示，年轻人还是愿意工作，不管工作多么难找，他们也依然希望建立一番有意义的事业。更广泛地说，如果未来这10年的社会，不但是一个“我们”与“他们”渐行渐远的世界（这他我之别，大致上代表着资方与劳动者一方之分），而且更将是一个多数群体本身也日趋分裂的世界。即工作人口之中，年轻及保障较不足的一群，与经验较多、保障较全的另一群人，彼此之间极为不合。这样一个社会，当中一定会有某种危险存在。

——经合组织秘书长（Investing, 1983，p.15）

1

1973年后的20年间的历史，是一页世界危机重重、失去支点大举滑落入不安定的历史。但是一直要到80年代，世人才明白黄金时代已经一去不返，当年的基石已经粉碎，再也不能成形。直到世界的一部分全面倒塌之后——实际“现实中的社会主义”的苏联与东欧集团——这次危机的全球性方才为人认识。在此之前，发达的非共产党地区自然更不承认危机的存在，多年来，众人都仍将每一次的经济难题，称为过渡性的“景气萧条”（recessions）。半个世纪以来，令人联想起大灾难时期的“不景气”（depression）和“大萧条”（slump）二词，于是成为至今犹未完全解禁的禁语。更有甚者，只要提一下这个字眼，就可以使人不寒而栗，回想起当年那个恐怖的阴魂。甚至当说80年代的“景气萧条”是“50年来最为严重的一次”时，连这句话也得小心使用，不敢直指那段相对照的时期，即30年代。（广告人的文字魔术，已经被人类文明提高为人类经济活动中的基本一环；可是文明本身，如今却陷落在它自己这个专长构筑幻境的机制之中。）只有到了90年代初期，才有人敢开始承认（例如在芬兰），目前的经济难题，确实比30年代还要糟糕。

就许多方面而言，这种情形实在令人困惑不已。为什么世界经济变得不再稳定？正如经济学家的观察一般，各项有助经济稳定的因素其实比以前更强——虽然一些自由市场国家的政府，例如美国的里根与布什、英国的撒切尔夫人与她的后继者，试图将其中几项因素的力量减弱（World Economic Survey，1989，pp.10—11）。旧有的大量生产制度中的一大关键所在——难于控制的“存货周期”（inventory cycle）——在电脑化的存货管理以及更好更快的通信传输下，影响力已经大大降低。如今生产线上可以配合需求变化，随时调整产量：扩张期“刚好赶上”（just in time）大规模的生产，缩减期“原地不动”静待存货销清。这项新方法是由日本人首先试行，并在70年代科技的帮助下成为事实。其宗旨是减少存货，只需生产足够数量，“刚好赶上”经销商的所需即可。总之，生产能力的弹性大幅度升高，随时根据需求变化，在极短的时间内灵活调度。这不再是一个亨利·福特的时代，而是贝纳通（Benetton）的时代。与此同时，政府开支之大，以及名列政府支出项目下的私人收入——社会福利金及救助金等转移支付（transfer payments）——也有助于经济的稳定。前述两项政府开支的总和，如今已高居国内生产总额的三分之一。如果说，在这个危机时代里有什么东西上涨的话，恐怕就数这两项了。单是失业救济金、养老金，以及医疗费用的增加，就足以推动它们的上涨。这个危机时代，一直延伸到“短 20 世纪”末期。我们大概得再等上数年，才能等到经济学家也拿起历史学家的最后武器——后见之明——为这个时期找出一个具有说服力的解释。

诚然，将 70 年代至 90 年代之间的经济困难，拿来与两次世界大战之间的难题相比，在方法上自然有其缺陷；虽然在这个新的20年里，另一场“经济大萧条”的恐惧时时萦绕人们心头。“有没有可能再来一次？”许多人都这样问。尤其是在 1987 年时，美国（及世界）股市一场极具戏剧化的大跌，以及 1992 年国际汇兑发生危机之后（Temin，1993，p.99），忧心之人更多了。1973 年开始的数十年危机，其实并不比 1873 年后的数十年间更接近 20 世纪 30 年代“大萧条”的意义（虽然 1873 年那段时期也被人视作大萧条），这一回，全球经济片刻也未崩溃——不过当黄金时代于 1973—1975 年结束时，的确有几分类似古典的循环性萧条。当时发达市场经济体的工业生产在短短一年之内骤降一成，国际贸易则跌落 13%（Armstrong，Glyn，1991，p.225）。黄金时代过后，发达资本主义世界的经济虽然持续增长，可是比起之前的大好时光，速度显然缓慢许多，只有某些“新兴工业国家”（多数位于亚洲，参见第十二章）是例外，后者进行工业革命的历史甚短，自 60 年代才开始。但是总的来说，一直到 1991 年，先进经济地区的国内生产总值始终在增长，只有在景气萧条的 1973—1975 年和 1981—

1983年间，两度稍微受到短暂停滞的干扰（OECD，1993，pp.18—19）。世界经济增长的主要动力，即国际工业品贸易，也在继续增加之中，进入80年代的大发展时期，其加速增长之势甚至可与黄金年代媲美。到“短20世纪”的末期，发达资本主义世界国家的富庶程度与生产力，总体来说，甚至远超过70年代初期，而依然在其中扮演着重要角色的全球经济，此时也比当年更为活跃。

但在另一方面，世界上另有一些角落的状况就没有这么乐观了。在非洲、西亚，以及拉丁美洲，人均国内生产总值完全停止增长，到了80年代，多数人反而变得比以前贫穷。这10年当中，非洲及西亚的产量多数时候都在走下坡路，而拉丁美洲则在最后几年也陷入同样境地（UN, World Economic Survey，1989，pp.8，26）。对这些地区而言，80年代无疑是它们严重不景气的时代。至于在西方原为“现实中的社会主义”的地区，80年代始终保持着差强人意的增长幅度，可是1989年后完全崩溃。它们陷入的危机险境，若以“大萧条”命名倒很合适。进入90年代初期，这些国家的状况甚至更惨。从1990年开始到1993年4年之间，俄罗斯的国内生产总值年年跌落，其跌幅分别为17%（1990—1991）、19%（1991—1992）、11%（1992—1993）。波兰经济到了90年代初期虽然开始多少转趋稳定，可是纵观1988—1992年间，波兰的国内生产总额总共锐减了21%以上。至于捷克，则减了20%；罗马尼亚和保加利亚更惨，损失高达三成甚至更多。综观这些国家在1992年中期的工业生产，只有1989年的半数到三分之二之间（Financial Times，1994年2月24日；EIB papers，November 1992，p.10）。

焦点转向东方，情况则完全相反。就在苏联集团经济纷纷崩溃解体之际，中国经济却开始了惊人的增长跃升，对比之强烈，再没有比这个更令人称异的现象了。在中国，事实上再加上自70年代开始，成为世界经济地图上最充满活力的一个角落（东南亚及东亚的大部分地区）在内，“萧条”一词，可谓毫无意义——说来奇怪，90年代初期的日本却不在这些幸运国家之列。然而，尽管资本主义的世界经济在繁荣增长，其中的气氛却不轻松。凡是资本主义在战前世界最为人指责的缺陷，如“贫穷、大量失业、混乱、不稳定”等，本来在黄金时期已被扫除长达一代时间，1973 年后却开始重现。经济增长，为严重的不景气一再打断，先后计有 1974—1975 年、1980—1982 年，以及 80 年代结束时三次，规模之大，绝非“小小的景气萧条”所可形容。西欧地区的平均失业率由 60 年代的 1.5%猛升为 70 年代的 4.2%（Van der Wee，p.77）。在 80 年代末期景气繁荣的最高峰，欧共体的失业率，竟然平均高达 9.2%，1993 年更爬升到 11%。半数失业人口的赋闲时间甚至超过一年，更有三分之一长达两年以上（Human Development，1991，p.184）。问题是黄金年代的战后婴儿潮已经过去，潜在的就业人口本应不再继续膨胀，而且不论年头好坏，通常年轻人的失业率也都高于年纪较长者。在这种情况下，永久失业率若有任何变化，照常理应该呈缩减之势。[1]

至于贫穷混乱，到了 80 年代，甚至连许多最富有、最发达的国家，也发现如今自己“又开始”习惯于每日乞丐流连街头的景象了。更骇人的是，流浪者栖宿檐下、藏身硬纸板的镜头，大家也都变得习以为常、熟视无睹——如果警察尚未干涉，把他们从众人视线之内移走的话。1993 年，无论在哪一个夜晚，纽约市内都有 23 000 名男女露宿街头或栖身收容所内。这个数字，实在只是小意思——要知道从 1993 年开始倒数回去的 5 年之中，全纽约市更有 3%的市民，头上一度没有片瓦遮盖（*New York Times*，1993 年 11 月 16 日）。在英国（1989 年），则有 40 万人被正式列入“无家可归”之列（UN Human Development，1992，p.31）。回到 50 年代，甚至 70 年代早期，有谁能预想到今天这般惨状？

---

[1] 1960—1975 年间，在“发达的市场经济”之内，15 到 20 岁之间的人口暴增约有 2 900 万之多。但是到 1970—1990 年间，却只增加了 600 万人左右。附带说一句，80 年代欧洲年轻人的失业率惊人地高，只有实行社会民主制的瑞典和联邦德国例外。欧洲年轻人的失业率相差幅度很大（1982—1988），从英国的 20% 以上，到西班牙的 40% 以上，以至挪威的 46%（World Economic Survey，1989，pp.15—16）。

无家可归贫民的重现，是新时代里社会及经济愈发严重不平等现象的一环。其实根据世界性的标准，“发达市场经济”富有国家在收入分配上，其实并不至于太不公平——至少尚未达到极为不公。在这些国家中，分配最不均的如澳大利亚、新西兰、美国和瑞士四国，20%居于最上层的家庭所得，平均为20%最下层的8—10倍。至于那高居顶尖的10%的家庭，他们带回家中的收入，通常更高达全国总收入的20%—25%。而瑞士、新西兰最顶端的天之骄子，以及新加坡与香港的富人，其所得比例更高。但是上述差距，若与菲律宾、马来西亚、秘鲁、牙买加或委内瑞拉的不平等状况相比，自然更属小巫见大巫，后者的富人收入，高达其本国总收入的三成以上。至于危地马拉、墨西哥、斯里兰卡、博茨瓦纳（Botswana）等国，贫富差距之大，更是不在话下，有钱人收入的比例，占全国总收入四成之多。至于有着举世贫富悬殊冠军头衔的巴西，[1]在这个社会不公达到极致堪称“社会不公纪念碑”的国度里，最下层的20%人口中，一共只得全国总收入的2.5%以供分用；而最上层的20%，却几乎享有三分之二。至于那居于顶端的10%，更掠去高达半数之多（UN World Development，1992，pp.276—277；Human Development，1991，pp.152—153，186）。[2]

然而，在这“危机20年”里，贫富不均的现象即使在“发达的市场经济”国家也愈发严重。原本黄金时代众人都已习以为常的“自动加薪”（即几乎等于自动增加的实际收入），如今也已黯然终止，更使人有雪上加霜之感。贫富两极的比例都开始增加，双方差距的鸿沟也随之扩大。1967—1990年间，年收入在5 000美元以下，以及在5万美元以上的美国黑人人数都有增多之势，牺牲者自然是居于中间的一层（New York Times，1992年9月25日）。不过由于资本主义富

[1] 真正的冠军，也就是基尼系数（Gini coefficient）高于0.6的，都是一些比较小的国家，但是也同样位于美洲。所谓基尼系数，是一种衡量贫富不均程度极为方便的指标，其量表刻度，由代表收入分配均等的0.0开始，一直到极端不平等的1.0为止。洪都拉斯在1967—1985年的系数为0.62，牙买加为0.66（UN Human Development，1990，pp.158—159）。

[2] 某些贫富最为悬殊的国家，往往缺乏相应的比较数据，这些国家，自然也少不了非洲和拉丁美洲一些国家，以及亚洲的土耳其和尼泊尔。

有国家的实力比以前更为雄厚，同时整体而言，如今其子民也有黄金时代慷慨设置的社会安全福利系统垫底，因此社会不安的程度比原来可能为低。可是社会安全福利的负担太沉重，如今的经济增长却远较1973年前为低。在出快于进、入不敷出的情况下，政府财政自然日见拮据。然而尽管百般努力，富国的政府——多数为民主国家——却始终无法削减这方面的巨大支出，甚至连有所抑制都感到极难，[1] 即使那些对社会福利救济最不存好感的国家亦然。

回到70年代，可没有半个人会预料到——更不可能有所打算——日后竟会一变至此。到90年代初期，一种缺乏安全感、愤恨的气氛开始弥漫，甚至连多数富国也无法幸免。我们将会看见，这种氛围，造成这些国家的传统政治形态的解体。到了1990—1993年间，人们再也无法否认发达资本主义世界的确已经陷入不景气的事实。但是如何救治，却没有人敢认真地拍胸脯儿，只能暗暗希望霉头赶快过去。然而，有关危机20年的最大真相，倒不在资本主义好像不如当初黄金年代灵光，问题却出在它的整体运作已经完全失控。世界经济不稳定，大家都束手无策，不知如何修理，也无人有仪表可以操纵。黄金时代所用的主要仪表，即由国家或国际上协调拟定的政府政策，现在已告失灵。危机20年，是一个国家政府失去其经济掌控力的时代。

这个现象，一时之间并不很明显，因为大多数的政治人物、经济学家、企业人士，（照例）看不出时代经济已经走在永久性的转向关头。多数政府在70年代提出的对策，只是短期的治标方法，他们以为，不消一两年的工夫，大局必会好转，重回往日繁荣增长的景象；已经灵验了一代之久的锦囊妙计，何必无事生非随便乱改？于是这10年的故事，事实上根本就是寅吃卯粮，举国向未来借光的故事——就第三世界和社会主义的政府而言，它们的对策便是对外大笔借债，

[1] 1972年，14个名列这些富国行列国家的政府年度支出，平均约有48%是用在平价住宅、社会安全福利、社会救济及医疗费用上，1990年时更增加为51%。这14国为澳大利亚、新西兰、美国、加拿大、奥地利、比利时、英国、丹麦、芬兰、联邦德国、意大利、荷兰、挪威、瑞典（依据UN World Development，1992，Table II计算而得）。

希望短期之内即能归还——并祭起凯恩斯派经济管理的老方子来治新症。结果，在 70 年代绝大部分时间里，世界上最发达的资本主义国家中，均是由社会民主政府登台（或在保守派失败之后，再度复出），如英国于 1974 年，美国于 1976 年。它们自然不可能放弃黄金时代的当家法宝。

当时提出的另外唯一一项对策，来自主张极端自由主义一派的经济神学。这一群长久以来属于孤立地位的少数，笃信绝对自由的市场制度，早在股市崩溃之前，就开始对凯恩斯学派及其他主张国家计划的混合经济与全面就业的阵营展开攻击。这个长久以来因循套用的政策显然不再灵光，1973 年后尤其严重，愈发使得这批个人主义门下老打手的信念更加狂热。新增设的诺贝尔经济学奖（1969 年），于 1974 年颁给了哈耶克，更促使新自由主义（neo-liberal）风气在此后的盛行。两年后，这个荣衔再度归于另一位极端自由主义的名将弗里德曼（Milton Friedman）。[1] 于是 1974 年后，自由市场一派的人士开始转守为攻——不过一直要到 80 年代，他们的论调才成为政府政策的主调。其中只有智利例外，该国的恐怖军事独裁政权在 1973 年推翻人民政府之后，曾让美国顾问替它建立起一个毫无限制、完全自由的市场经济。可见在自由市场与政治民主之间，本质上并无真正关联（不过，在此得为哈耶克教授说句公道话，他可不像那些二流冷战宣传家一般，硬说两者确有关联）。

凯恩斯学派与新自由主义之间的论战，论其内容，并不是两派经济专家在纯粹学术上的对峙；论其动机，也不是为当前种种前所未见的经济困境寻找答案。[比如说，当时有谁曾经考虑过，那种迫使 70 年代必须造出一个新经济名词“滞胀”（stagflation）来形容的现象——经济增长停滞，物价却一味上涨，两种完全意想不到的意外组合？] 根本上，这是一场两派完全不相容的意识思想之战，双方都提出自己

---

[1] 诺贝尔经济学奖于 1969 年设立，一直到 1974 年以前，获奖者显然都不属于主张“自由放任政策”的一派。

的经济观点。凯恩斯派认为：多亏有优厚薪金、全面就业，以及福利国家三项特色，才创造了消费需求，而消费需求则是经济扩张的能源。经济不景气，就该加入更多需求打气。新自由主义一派则反驳道，黄金时代的自由政治经济气候，使得政府及私人企业不致采取控制通货膨胀和削减成本的手段，才使得资本主义经济增长的真正动力，也就是利润，得以不断上升。总而言之，他们主张，亚当·斯密所说的那只自由市场上“看不见的手”，必能为“国富”（wealth of nations）带来最大幅度的增长，国内财富收入的分配亦能因此维持长久。这套说法，却完全为凯恩斯学派否定。两方唇枪舌剑你来我往，可是双方的经济理论，却都将某种意识形态，即对人类社会持有某种先验性的看法，予以理性化了。比如说，实行社会民主制的瑞典，当年曾是 20 世纪一大经济成功典范，可是新自由主义分子对它却既不信任又有反感。厌恶的原因，并非由于瑞典不久就会一头撞入危机 20 年——其实当时无论哪一类型的经济，都将不免于这个噩运——却因为瑞典的成功，乃是奠定于“瑞典著名的经济模式，以及其中集体主义性质的平等观及合作论”上（Financial Times，1990 年 11 月 11 日）。相反地，撒切尔夫人领导的英国政府，即使在其经济颇获成功的年代，也为左派不喜，因为她的政府，乃是建立在一个没有社会观念，甚至反社会的自我中心观念之上。

这方面的潜在立场，基本上根本无法提出讨论。比如说，假定我们可以证明，医用血液最好的获取途径，乃是来自那些愿意以市场价格交易的自愿卖血者。像这样一种说法，有可能驳倒拥护英国义务献血制度的正统言论吗？答案当然是否定的。蒂特马斯（R. M. Titmuss）在其《赠予关系》（*The Gift Relationship*）一书中，即曾为献血制度慷慨陈词。他也同时指出，其实英国这种非商业性的献血方式，论效率并不比商业性差，安全度则更有过之。[1] 在其他相同条件下，社会成

[1] 90 年代初期，部分国家的输血单位就发现（当然不是英国），某些接受商业来源输血的病人，不幸被带有免疫失调 / 艾滋病毒（HIV / Aids virus）的血所感染，蒂特马斯这项立论便获得实证。

员若愿意慷慨伸手，帮助其他不知名的同胞，像这样一个社会，对我们许多人来说，总比众人袖手旁观为佳。正如90年代初期，由于选民起来反抗当地猖獗的贪污现象，意大利政治体系为之崩溃——唯一不曾为这股正气大雪崩埋陷者，只剩下那些体制外的党派。选民的愤怒，并非因为许多人真正身受贪污之害，其实相当数目的人，甚至绝大多数，都从中受惠，而是出于道德立场。总而言之，挥舞绝对个人自由大旗的旗手们，面对着无限制市场资本主义社会的种种不公不义，却能视若无睹（如80年代绝大多数时间里的巴西），甚至当这样一种制度无法对经济增长做出贡献时，依然不改其坚持的主张。反之，相信平等和社会公平的人（如笔者），却一有机会就表示，即使如资本主义式经济的成就，也唯有在国民所得维持相当平衡的基础之上，才最能稳固，例如日本。[1]同时，双方还将自己的基本信念，进一步转换成实用观点。比如说，以自由市场价格决定资源分配，是否合乎理想，或只应属次要手段，等等。然而唾沫横飞之余，两边还是要提出实际处理“经济发展减缓”的适当办法，才算得上真本事。

从政策层面观之，“黄金时代经济学”支持者的表现并不甚佳。部分原因，是因他们被自己的政治主张及意识倾向所束缚，即全面就业、福利国家，以及战后的多数议会政治。进一步说，当黄金时代的增长再不能同时维持“企业利润”和“非企业所得”的增加时——两项目标中，势必非有一边牺牲不可——这批人士便被资本和劳动者两边的需要夹在中间了。以瑞典为例，在70年代和80年代，这个社会民主政治的楷模国家，靠着国家对工业的补助，并大量分配及扩张国家与公共的就业机会，于是全面就业获得相当成功，因此成为整体福利制度的一大延伸。但是全面就业的政策，依然得依赖以下的手段才能维

[1]　80年代，日本最富有的20%人口的总收入，是为最贫穷的20%的4.3倍。这个比例，比其他任何（资本主义）工业国家都低，包括瑞典在内。反观欧共体内工业最发达的8个国家，其贫富收入的比例平均则为6倍，美国更高达8.9倍（Kidron/Segal，1991，pp.36—37）。换个角度来看，即1990年的美国，拥有93名10亿级富豪，欧共体有59位——这还不包括寓居瑞士和列支敦士登的33人——日本则仅有9名（出处同上）。

持：限制就业人口的生活水平，对高收入采取惩罚性的税率，以及庞大的财政赤字。一旦“大跃进”的年代一去不返，这些自然便都成为治得了一时、救不了永久的暂时手段。于是从 80 年代中期开始，一切都颠倒过来，等到“短 20 世纪”之末，所谓“瑞典模式”，即使在原产国也黯然撤退了。

然而，其中的最大打击，莫过于 1970 年后世界经济的趋于全球化，国际化浪潮所过之处，各国政府莫不在这个难于控制的“世界市场”之下低头——恐怕只有拥有巨大经济实力的美国不致受其摆布。（更有甚者，这个“世界市场”对左派政府的不信任，显然远超过右派。）甚至早在 80 年代，富有的大国，例如法国（当时在社会党政府领导之下），也发现仅凭自己单方面的手段，已经无法重振经济。在密特朗总统上台两年之内，法国便面临财政平衡（balance-of-payments）危机，法郎被迫贬值，凯恩斯派的“需求刺激”理论也只好束之高阁，开始改弦更张，改用“带人情味儿的节约政策”。

而在另一方面，“新自由主义”的人们也感到一片迷茫，到了 80 年代末期更明显。一旦黄金时代不断上涨的繁荣浪潮退去，那些原本在政府政策掩护之下的浪费、低效，自然一一暴露，新自由主义人士开始对它们不遗余力地大加攻击。而许多“混合号”经济大船，确实也有不得不改头换面之处，它们生了锈的船体，经此“新自由”清洁剂大加刷洗之后，确实颇有一番焕然一新的姿态。最后，甚至连英国左派都不得不承认，撒切尔夫人对英国经济大刀阔斧所下的猛药可能有其必要。80 年代时的人们，对国营事业及行政效率普遍感到失望，并非没有道理。

然而，一味把企业当成“好的”，政府看作“坏蛋”——根据里根之言“政府，不是解决问题的方法，根本就是问题的本身”——事实上不但对经济无济于事，而且也行不通。即使在里根执政的年代，美国中央政府的支出也高达全国生产总值的四分之一；而同一时期的欧共体国家，平均更达四成（UN World Development，1992，p.239）。

如此庞大的开销，固然能以“成本效益”观念进行企业化的经营（虽然事实上常常相反），但是它们既不是也不能以“市场”的方式运作——即使一般空唱意识高调者硬要如此。总而言之，新自由主义派的政府在现实需要之下，也不得不插手管理指挥，同时却振振有词，表示自己只不过是在刺激市场的活力罢了。更有甚者，国家在经济事务里扮演的角色，事实上根本不能减少。看看所有自由市场意识形态性格最强的政权中，首推英国撒切尔夫人的政府，在其执政 14 年后，英国人的税负反而远比当年工党时期为重便可知晓。

事实上遍观全球，并没有任何一个所谓完全建立在新自由主义之上的经济政策——唯一的例外，恐怕只有 1989 年剧变之后的前苏联集团社会主义各国。它们在一些西方“经济天才”的指点下，梦想一夜之间，便变成自由市场，其结果自然可想而知灾情惨重。反之，执新自由主义政权牛耳的里根时的美国，虽然表面的正式政策是全力看紧国库——预算平衡（balanced budgets）——并遵从弗里德曼的“货币供需政策”（monetarism），但事实上，却是采用凯恩斯派的方法，以花钱为手段，通过惊人的赤字与军备支出，才从 1979—1982 年的不景气中脱身。同样在货币政策方面，华盛顿非但不曾任由美元依本身的价值及市场的运作决定，反而自 1984 年后，重新通过外交压力刻意操纵（Kuttner，1991，pp.88—94）。种种事实证明，最坚持自由放任经济制度的国家，在骨子里，却往往是国家主义观念最深刻，也最不信任外面世界的国家。里根治下的美国，及撒切尔夫人的英国，便是其中两个最显著的例子，史家在此，无法不注意其中莫大的矛盾之处。总之，进入 90 年代初期，世界经济再度受挫，新自由主义的凯歌也只有悄然中止。尤其在众人愕然发现，当苏联共产主义落幕之后，如今世上活力最足、增长最快的经济，竟然是共产党中国。西方那一批专门在企业管理科系发表高论，写作“管理学新章”的所谓专家学者（企业管理丛书是现今出版最多的宠儿），于是都急忙浏览孔老夫子的教训，或许他老人家对此等成功的企业精神，有何秘密指示也未可知。

危机 20 年的经济困境，不但格外恼人，而且极具社会颠覆的危险，因为其荣衰起伏，恰好又碰上结构上的大变动。70 年代和 80 年代的世界经济问题，与黄金时期的问题完全不同，乃是当时的特殊产物。那时的生产体系，已经在科技革命下全然改观，而且更进一步，已然以相当程度的“全球化”（或所谓“跨国化”）获得惊人成果。此外，我们在前几章已经有所讨论，黄金时期产生的革命性潮流，对社会文化、生态环境造成的影响，甚至早在 70 年代就已不容忽视。

以上种种现象，可以从工作场景及失业现象获得最好的了解。工业化过程中一个最普遍的趋势，便是以机器技术替代人工技术，以机器“马力”取代人的体力，结果自然是把人赶出工作场所。它也“正确地”假定，在不断的工业革命下，经济增长规模庞大，必将自动产生足够的新工作，取代不再需要的旧行业——不过像这样一种经济运作，到底要多少人失业，才称得上是有效率，各方对此，却意见不一。黄金时期的发展，显然为这种乐观看法提供了实据。我们在第十章曾经看见，当时工业的增长之猛，甚至在最工业化的国家里，工人的数目和比例也未曾严重下降。然而进入危机 20 年，工人需求的减缩开始以惊人的速度出现，即使连扩张程度平和的国家也不例外。1950—1970 年，美国长途电话的通话次数增加 5 倍，接线员人数只减少了 12%。可是到了 1970—1980 年，通话次数增加 3 倍，接线员却锐减四成（Technology，1986，p.328）。不管是相对地或绝对地，工人人数都在不断减少之中，而且速度极快。这数十年间日益升高的失业不仅是周期现象，而且更属结构性的失业。年头不佳时失去的工作，到了年头变好也不再见找回。而且，它们永远也不会回来了。

永久性的失业，并不只是由于工业大量转移，从旧工业国家及地区转向新生地带，将旧工业中心变成“生锈带”（rust-belts）而已——有时甚至仿佛彻底蜕皮一般，将原有的工业遗迹从都市景观中连根拔去——事实上，一些新兴工业国家本身的兴旺现象更可观。80 年代中期，第三世界内部就有7个这类国家，[1]囊括了全球24%的钢铁消耗量，以及15%的产量（钢铁的产用量依然不失为工业化的极佳指数）。更有甚者，在经济潮流穿越国界，自由来去各国之间的世界里（劳工移民的流动却属例外，乃是这个时代特有的现象），劳动密集的工业自然只有向外发展，从高工资国家移向低工资地区，即由资本主义的核心富国如美国，走向周边的穷国。若能以得克萨斯州工资十分之一的工钱，在对岸墨西哥的华雷斯市（Juárez）雇得人手，即使程度较差，也比留在河这一边的埃尔帕索（El Paso）合算。

甚至在尚未工业化或刚起步的国家里，机械化的规律也成了最高原则。于是原本最为廉价的人工，由于迟早被机器取代，反而变成一项最昂贵的成本。这些国家，同样也难逃世界性自由贸易竞争规律的控制。以巴西为例，当地工人比起底特律或沃尔夫斯堡（Wolfsburg）虽低廉，可是圣保罗的汽车工业，却同样步上密歇根和下萨克森（Lower Saxony）的后尘，面对机械化之后劳动力过剩的难题（至少在1992年，作者即听当地工会领袖如此说）。就实际目的而言，机器的效率及生产力，可以经常地，甚至不断地靠科技更新提高，而它的成本却可以同时大幅度下降。可是人类则不然，将航空交通的万里高速，与短跑选手的百米纪录两相比较，即可一见端倪。总而言之，无论在任何一段长度的时间里，人工成本都不能减低到该社会所认可——或以任何标准衡量——足以维持人类基本生存所需的水准以下。人体的功能，在根本上就不是为了资本主义式的效率化生产而设计。科技越进步，人工成本与机械相比就越为昂贵。

这场危机20年的历史悲剧，即在于生产线上抛弃人工的速度，远超过市场经济为他们制造新工作的速度。更有甚者，这个过程，在全球愈演愈烈的竞争，在政府（政府也直接或间接是最大的单一雇主）肩上日重的财政负担等因素作用之下越发加速。更严重的是，1980年后，更

[1]　这7国分别是中国、韩国、印度、墨西哥、委内瑞拉、巴西、阿根廷（Piel，1992，pp.286—289）。

被当时那一批仍占上风的自由市场神学不断施压，要求将工作机会，移转为以追求最大利润为目标的企业经营形式；其中尤以将就业市场转往私营公司一事，造成的影响最大。这些以营利为目的的集团，除了自己的金钱利益，当然天生就对其他一律不感兴趣。大势所趋之下，意味着政府及其他公营事业单位，不再扮演着一度被称为“最后可以投靠的雇主”角色（World Labour，1989，p.48）。而行业工会的力量，在经济不景气中及新自由主义政府的敌视之下，也日渐衰落，越发促成人工淘汰趋势的演变，因为会员工作的保障，一向是工会最宝贵的任务之一。总之，世界经济在不断地扩张，可是扩张之中，原本可以为劳动力市场上缺乏特定条件的男女自动制造工作的机制，此时的运转却显然失灵了。

换句话说，当年农业革命来到，一向在人类历史记载上占有绝大多数的农民，开始成为多余的一群。在过去，这些不再为土地所需要的数百万劳动力，只要愿意工作，只要他们做惯农活的身手（如挖土筑墙）可以重新适应，只要有能力学习新技能，随时都可以被他处求人工若渴的职业所吸收。可是，当这些职业也不再被需要时，他们将何去何从？即使其中的某些人，可以经过再训练，转行至信息时代不断扩张的高层次工作（这些工作往往越来越需要较高的教育程度），其数量却不足以吸收由旧生产线上淘汰下来的人潮（Technology，1986，pp.7—9，335）。就这个层面而言，那些仍在继续涌出乡间的第三世界农村人口，真不知下场将是如何？

至于富裕的资本主义国度失业者，如今都有福利制度可以依靠，然而，那些变成永久性寄生福利的一群，却被其他认为自己是靠自己工作糊口的人所憎恨鄙视。而穷国的失业人口，只好加入庞大却暧昧隐蔽的“非正式”或所谓“平行”（parallel）经济，男女老少，做小工、当小差、交易买卖、因利就便，也不知靠些什么法子生活着。这些人在富有的国度里则形成（或可说再度形成）愈发与主流社会隔离的“下层阶级”。他们的问题，被视为无法解决的“既成事实”，而且是无关紧要的次要问题，因为他们反正只是一群永久的少数。于是美国本土黑人在自己国境内形成的“种族聚居社会”（ghetto），[1] 就是这种地下世界社会的教科书标准实例。其实“黑市经济”（black economy）现象，在第一世界也并非不存在，研究人员曾经惊讶地发现，90 年代初期，英国的 2 200 多万户人家，竟持有 100 亿英镑现金，平均每家 460 英镑。这个数字如此之高，听说是因为“黑市只以现金交易”（Financial Times，1993 年 10 月 18 日）。

2

不景气的现象，再加上以排除人力为目的的经济结构重整，使得危机 20 年的时代充斥了一股阴霾的政治低压。一代人以来，人们已经习惯于全面就业的繁荣，就业市场上信心饱满，大家都相信找工作不难，自己所要的差事随时就在那一个角落等待。80 年代初期的萧条乌云初起，也只有制造业工人的生活受到威胁。一直要到 90 年代初，这种工作不保、前途未卜的忧虑，才开始降临到如英国等国白领阶层与专业人员的心头。英国境内，最繁荣的行业中，有半数人担心丢掉工作。这是一个人们迷失方向、不知所措的年代，他们原有的生活方式，更早已遭到破坏，纷纷崩溃粉碎（参见第十章及第十一章）。“美国史上十大谋杀案件……八件是于 1980 年后发生”，通常犯案者多是三四十岁的白人中年男子，“在长久孤寂之后，挫折已极，充满着愤怒感”，因而在遭到人生重大打击如失业或离婚之后，一触即发犯下滔天大案。[2] 这种现象，难道是巧合吗？或许，甚至连对其有推波助澜之“功”的“美国境内那种日益猖獗的仇恨文化”（Butterfield, 1991），可能也不尽属偶然吧？这股恨意，在 80 年代开始通过流行歌曲歌词公

[1]　至于由加勒比海及拉丁美洲移往美国的黑人移民，基本上则与其他移民社区没什么不同，也不似美国本土黑人，如此自外于劳动力市场的门槛。

[2]　“对于数百万迈进中年，重新打起精神振作起来的人来说……尤其真切。他们好不容易走到这一步，如果又忽然失去工作，真是无人可以投靠。”

然唱出来，更显露在电视、电影日益明显的暴力镜头中。

这股失落不安的感觉，对发达国家的政治地层造成巨大的裂痕。甚至在冷战告终，西方几家国会民主政治赖以稳定的国际势力平衡状态也从此遭到破坏之前，即已出现。碰上经济不顺的年头，不管谁当政，选民自然会把罪过怪到他们头上，可是危机 20 年政治生态的最大特色，却在于当政者的受挫，不见得就能使在野者获利吃香。其中最大的输家，是西方的社会民主党和工党，它们借以赢取支持民众欢心的最好武器——以政府为主导的社会、经济措施——如今一一失去了它的效力。而它们的选民基石——工人阶级——也一溃而成碎石片片（参见第十章）。在跨国性的经济世界里，国内工资暴露于外国竞争冽风之下的程度更甚以往，而政府插手庇护他们的能力也更趋减低。同时，萧条气氛下，人心涣散，传统集结在社会民主大旗下的各方人士开始离心离德：有人工作暂稳（相对地），有人饭碗不保，有人仍守住带有强烈工会色彩的老区和老企业，有人则迁移到比较不受威胁、不属于工会的新区和新企业去。至于那批在坏年头里到处不受欢迎的倒霉受害者，则一沉到底，沦落为“下层阶级”。更有甚者，自从 70 年代开始，许多支持者（主要是年轻人或中产阶级）离开了左派阵营，转向其他运动——其中尤以环保、女性运动，以及其他所谓的“新社会运动”为著——更进一步削弱了社会民主党派的力量。90 年代初期，工人和社会民主性质的政府，再度成为如 50 年代般稀有的现象，因为甚至连那些由社会主义人士象征性领导的政府，不管是出于自愿或勉强，也放弃了它们的传统政策。

踏进这个政治真空的新力量，是一个各色掺杂混合的大拼盘，从右派的惧外症与种族主义开始，经过主张“分离主义”（secessionism）的大小党派，一直到比较左的各种名目“绿”党及其他种种“新社会运动”，五花八门，不一而足。其中有部分在本国建立了相当的地盘，有时甚至在一地一区成为一霸；不过到“短 20 世纪”之末，尚无一支新军，能够真正取代原有确立的旧政治势力。至于其他群体获得的支持，则强弱不定、波动甚大。然而，多数有影响力者，均放弃普遍性公民民主政治的标签，改投向某种个别群体性的认同，因此对于外国及外人，以及美法革命传统代表的全盘接收的民族国家体制，有着发自心底的敌意。我们在后面将讨论这类新“认同性政治”现象的兴起。

然而，这些运动之所以重要，不光在其积极内容，而且在其对“旧政治”的驳斥。其中某些势力最庞大者的主要基础，便建立在这种否定性之上，例如意大利主张分离主义的“北方联盟”（Northern League），以及1992年竟有两成的美国选民，在总统大选中将选票投给了党外怪胎——一名得克萨斯州富佬。1989年和1990年，巴西和秘鲁，甚至真的基于“此人名不见经传必然值得信任”的原因，分别选出了新的总统。而英国则全亏采取“非比例代表制”的选举制度（unrepresentative electoral system），才免于70年代以来不时有第三大党诞生的危机。英国的自由派人士，先后或是独立，或与由工党分出的社会民主派联合出击，或双方合并，一度获得足与其他两大党之一旗鼓相当的民众支持——甚或更胜一筹。自从30年代那前一个不景气的时期以来，发生于80年代末期和90年代初期那种具有悠久执政记录的老政党却大量流失支持基础的崩散状况，可谓闻所未闻——如法国的社会党（1990），加拿大的保守党（1993），意大利政府党派（1993）。简单地说，在危机20年里，资本主义民主国家固有的稳定政治结构开始分崩离析。更有甚者，很多新兴的政治力量中，最有增长潜力的，往往属于以下成分的结合：民粹性质的煽动渲染，高度曝光的个人领导，以及对其他国家或人民的敌意心理。面对这种情景，活过两次世界大战之九死一生的幸存者，有几个能不感到心灰意冷？

3

1970年起，类似的危机其实也开始侵蚀属于“中央计划经济”的“第二世界”，只是这个趋势，一时尚未为人注意。病状开始时被极度缺乏弹性的政治制度所隐蔽，其病情随后却因同样原因而成沉疴，因此当变局来临时，其势更感突兀，例如70年代末期毛泽东去世后的中国，以及1983—1985年间勃列日涅夫死后的苏联（参见第十六章）。经济上，从60年代中期开始，国家中央计划式的社会主义经济显然已迫切需要改革；进入70年代，更处处出现退化迹象。此时此刻，也正是这个制度的经济——跟世上其他国家一般，即使程度不及——开始曝晒于跨国性世界经济烈日之下，饱受其难于控制的流动与无法预期的波动之苦。苏联大举进入国际谷物市场，以及70年代石油危机造成的巨大冲击，更为“社会主义阵营”的临终场景添上戏剧化的一笔。社会主义国家，从此不再与外隔绝，不再是不受世界市场风吹草动影响的自给性地区经济了。

东西两大阵营，不但在任何一方都无法控制的跨国经济下奇妙地结合起来，冷战局势下权力系统间的相互依赖，愈使其密不可分。我们在第八章已经看见，两个超级大国，以及夹在它们之间的世界，曾因此获得一个稳定的局面，因此当平衡不复之际，双方便都先后陷入混乱。而乱子不只在政治上出现，也包括经济层面。当苏联领导的政治体系突然倒塌，原先在其势力范围内发展出的各区经济分工与网络，便也随之崩离零落。原有的队伍既散，其中的国家及地区，如今便只好一个个独自面对它们根本不具备任何条件应对的世界市场。同样，西方世界也措手不及，不知如何将这一批新来乍到的大批游勇——旧共产主义“平行世界体系”（parallel world system）的残余——整编入自己的世界市场之中。而且就算后者有心加入，欧共体却拒不收纳。[1]芬兰的经济，是战后欧洲最成功的实例之一，到苏联体系垮台，也随之陷入严重萧条。联邦德国，拥有欧洲最强大的经济实力，也由于其政府完全低估了吸纳人口达 1 600 余万的民主德国所需的经济实力及难度（其实，民主德国还只是社会主义经济中比例相当小的一支），而为自己及欧洲全体带来了莫大的负荷及挫伤（应该强调的是，德国银行曾有警告，政府却一意孤行）。然而这一切，却是未曾预料到的后果，事实上一直到苏联集团真正解体之前，事先谁都未料到此事竟会发生。

总而言之，过去想也不曾想过的事情，如今在西方发生了，也在东方出现了；而过去隐而不现的问题，如今也开始一一浮现。于是无论东西方，环境保护运动成为 70 年代的重大议题，从鲸鱼到西伯利亚的贝加尔湖（Lake Baikal），保护的对象五花八门。由于在苏联集团社会内，公共讨论受到限制，我们无法精确地寻索出其种种重大观念发展的过程，不过到 1980 年，这些政权内部一流的前改革派经济学者，例如匈牙利的科尔奈（Janos Kornai），就已对社会主义经济制度提出值得注目的负面分析，并对苏联式社会体系的缺陷进行探讨。这方面的批评著作，在 80 年代开始对外发表，可是其酝酿却显然早在新西伯利亚（Novosibirsk）及其他的学术圈内进行多时，至于各共产党领导人物本身，到底在何时也真正放弃了对社会主义的信仰，其时间表更难拟定。因为自从 1989—1991 年后，这些人都喜欢将自家改宗的日期向前提早。经济上如此这般，政治上的发展更难逃此路，如戈尔巴乔夫的改革政策即为一例，至少在西方的社会主义国家均如此。不管它们对列宁的历史崇敬与历史感情多深多厚，若能从头再来，相信众多的改革派共产党人士，都希望放弃列宁留下的政治遗产，虽然在表面上，少有人愿意如此公开承认（为改革派所赞赏的意大利共产党，却是例外）。

---

[1]　作者还记得 1993 年某次国际讨论会上一位保加利亚人的痛苦呐喊："你们要我们怎么办啊？我们已经失去了以往社会主义国家的市场，我们出口的东西，欧共体又不要。作为联合国的忠实成员国为了配合对波斯尼亚的封锁，我们也不能把东西卖给塞尔维亚。我们无路可走，到底还有何处可去？"

社会主义世界的改革家们，他们的希望是将社会主义转变成类似西方社会民主性质的制度。他们所欲效法的对象，乃是斯德哥尔摩（Stockholm）而非洛杉矶——在莫斯科或布达佩斯，可看不见多少私下仰慕哈耶克和弗里德曼自由化学说的人。但是说起来，这些改革派的运气实在不佳，社会主义体制的危机，正好碰上资本主义黄金年代的危机期，同时也是社会民主制度的危急时刻。更倒霉的是，社会主义国家突然遭难，使得渐进的改革计划非但不受欢迎，事实上也难实行。更何况此时的西方，又碰上鼓吹纯粹自由市场之流的激进意识（暂时），刚摆脱苏联阵营的各个政权，便不幸地误撞上这股理论大风，从中寻求灵感。殊不知在实际上此路不通的真相，各地皆然。

不过，尽管东西两方的危机并行，而且同样都因政治、经济原因被卷入同一股国际危机风暴之中，其中却有两项极大的不同。对共产党世界来说，至少在苏联翼下的世界如此，它们的制度如此僵硬，这场危机就成了生死大事，结果是难逃一劫。可是经济存亡，在资本主义发达国家里却始终不是疑问，其政治系统虽呈崩离之状，其体制的存活则不成问题（至少目前尚无问题）。这个事实，或许能解释——虽然却不能证实其正确性——美国某位作家何以在社会主义阵营解体之际，令人难以置信地公然宣称，人类未来的历史将从此走上永远的自由民主之路。总之，资本主义体系只有在一件事上出现不稳的状况：它们作为单一领土的国家开始受到动摇。不过在 90 年代初期，遭受分离主张威胁的西方民族国家中，还没有一国真正走上分裂之路。

回到当年大灾难的时代，资本主义反而似乎接近末日，那一场经济大萧条，当时一本书的名字曾将其形容为“这场最后的危机”（*This Final Crisis*，Hutt，1935）。然而却少有人对发达资本主义的未来，做出任何末世预言。不过法国有位历史学家暨艺术经纪人，倒曾坚定预测西方文明将在 1976 年寿终正寝，因为以前一直肩负资本主义前进重担的美国经济，如今已经气衰力竭（Gimpel，1992）——这种说法，不无几分道理，他同时又表示，目前不景气的衰退现象，将“一直继续，进入下一个千年”。对此，我们只能公平地加上一句，其实直到80年代末期为止，也难得有人以为苏联已近末路。

然而，也正因为资本主义经济流动性较强，同时较不易控制，西方社会所受的破坏，也因此远较社会主义国家为重，所以就这一方面而言，西方的危机更显严重。而苏联与东欧社会的组织形态，乃是因制度本身的崩溃而告支离，却不是造成制度崩溃的原因。以民主德国与联邦德国这两个可以相比较的社会为例，传统德意志的习惯及价值观念，似乎在共产主义的密遮严盖之下，反而比在联邦德国的经济奇迹里保存得较为完整。而由苏联移入以色列的犹太人，则让以色列出现了古典音乐复兴的场景，因为听现场演奏会的习惯，至今还是他们之前所在国家中再正常不过的文化生活之一，至少对犹太人是如此。事实上那里喜欢音乐的人，并未缩减成一小群以中老年人为主的少数。[1]莫斯科和华沙的居民，也较少有纽约或伦敦市民的心头烦恼：明显升高的犯罪率、公众的缺乏安全感，以及种种难以预料的问题，例如青少年暴力等。在共产党的社会里，自然也少有人公然展示那些甚至连西方也会大感愕然，为保守人士怒斥为文明败坏的例证，并黯然叹息为“魏玛”的怪行为。

东西社会之间的差异，究竟有几分可归因于西方社会巨大的财富以及东方严格的管制，答案很难料定。其实就某些方面而言，东西方进展的方向颇为一致。两方的家庭规模都变小了，婚姻的破裂更自由了，人口的增长也几乎趋于零（至少在都市和工业化地区如此）。西方传统宗教在两边的影响力也急剧减弱——不过上教堂的人数一时倒未减少——虽然调查显示，在前苏联的俄罗斯地方，宗教信仰似有复兴之象。1989年后，波兰妇女也显然开始像意大利女性一样，不再愿意让天主教会指定她们婚配的对象——虽然在共产党统治时期，波兰人曾经基于民族主义及反苏心理，对教会拥有强烈的依恋之情。简单地说，在共产主义的政权里，可供形形色色次文化、反文化、地下文化生

---

[1]　在世界两大音乐都会之一的纽约，据说90年代初期前往观赏古典音乐的观众，只占城市全部人口1 000万中的2万—3万。

存的空间有限，不同的声音往往受到压制。更何况在这些国家里，经历过真正无情的恐怖时期的人们，即使在统治之手变得比较宽松时，也倾向于保持顺从的姿态。不过，社会主义国家的人民显现的相对平静，并非由于惧怕所致；它的人民，完全因体制而与外界隔绝，既不曾受到西方资本主义的影响，这种隔离状况自然也使其免受西方社会转型的全面冲击。他们经历的变化，都是经由国家行为或自身对国家行为的反应而来。但凡国家不打算进行改变的层面，通常便也维持着大致不改的旧观。社会主义国家权力上的矛盾之处，即在于它其实是保守防腐的。

4

在第三世界的广大地区（包括那些如今正走上工业化的地区），却没有一个概括性的词句可以完全形容。凡是可以从整体出发探讨的现象，笔者均已在第七章和第十章中有所交代。危机 20 年对第三世界地区的影响，正如我们在前面已经看见的，在不同地区具有非常不同的表现。我们怎可将韩国，这个在 1970—1980 年间电视机拥有率从总人口 6.4%跃升为 99.1%的国家（Jon，1993），与一个如秘鲁般半数人口生活在贫困线下——比 1972 年还要多——而且平均消费水平也在直线下降的国家相提并论（Anuario，1989）？更何况撒哈拉沙漠以南那些饱受战争摧残的非洲国家？浮现在印度次大陆上的不安定状况，原是经济发展与社会转型过程中出现的一种社会现象，而到了索马里、安哥拉和利比里亚等地，其紧张状态，却属于一个濒临毁灭的世界，一个少有人对其前途感到乐观的离乱大陆。

对于异多同少的第三世界，其中只有一种概括性的叙述还算恰当：这些国家几乎都陷入债台高筑的境地。1990 年，它们的巨额债务从国际债务国的三大巨头开始：巴西、墨西哥和阿根廷（从 600 亿到 1 100 亿美元不等），到各自欠下上百亿美元的 28 国，乃至欠有一二十亿的“小债务国”。在世界银行（World Bank）监察的96个“中”“低”收入经济地区之中，只有7国外债被列为显著低于10亿美元以下（世界银行职责所在，对此一定得打听清楚）。这7国名单，包括如莱索托（Lesotho）、乍得等国家，其实就连它们的外债，也比数十年前超出几倍。1970年时，外债在10亿美元以上的国家只有12国，在百亿以上的没有一国。但是到1980年时，以实际名目而言，却已有6国欠下的债务之高，几乎等于它们的国民生产总值，甚或更高。到了1990年，更有24国的“所欠”多于他们的“所产”，包括撒哈拉沙漠以南的全部非洲地区。债务相对最高的国家，通常多位于非洲——莫桑比克、坦桑尼亚、索马里、赞比亚（Zambia）、刚果、科特迪瓦——自然不足为奇，它们有些饱受战争摧残，有些则受到产品外销价格下跌的冲击。然而肩负这笔巨大债务最为沉重的地方，即外债高达全国总出口四分之一或以上的国家，却不只非洲一地，而是遍布于其他各大洲。事实上以全球的角度而言，撒哈拉以南的非洲大陆的外债对出口比例，倒没有恶劣到以上所说的程度，比起南亚、拉丁美洲及加勒比海，以及中东地区，可算好得多了。

这笔惊人的庞大数字，事实上没有一文将予偿还，可是银行只要一直有利息可赚——1982年的平均年息为9.6%（UNCTAD，1989）——就不在乎是否拿得回本金。80年代初期，国际金融界确实出现过一阵恐慌，因为从墨西哥开始，拉丁美洲几个主要的债务国家一贫如洗，连利息钱也付不出来。西方银行体系几乎濒于崩溃，几大银行在70年代肆意放债（正当石油收入如洪水涌进，急于寻找投资去处时），如今利钱落空，就严格技术而言已经形同坏账。好在拉丁美洲的巨型债务国不曾共同采取行动，富国经济总算大难不死，经由个别安排，重新定下了还债的时间表。银行也在各国政府及国际组织的支持之下喘过气来，逐步将坏债从账面勾销，在技术上维持住了偿付能力。债务危机虽未就此终止，至少不再有致命危险。当时，恐怕是自1929年以来资本主义世界经济面临的最险关头。这一页故事，其实至今尚未终结。

债务高涨，这些贫穷国家的资产，或潜在的资产却并未增加。在危机年代里面，以利润或可能利润绝对挂帅的资本主义世界经济，显然决定将第三世界的一大部分从投资地图上完全抹去。1970年时，在42个“低收入经济”的地区里，19国的外来净投资全部为零。到1990年，更有26国全然失去了争取外商直接投资的吸引力。事实上在欧洲地区之外几乎达100个“低”“中”收入的国家里，只有14国有5亿美元以上的外来投资额，10亿以上者更只有8国，其中4国在东亚及东南亚一带（中国、泰国、马来西亚、印尼），3国在拉丁美洲（阿根廷、墨西哥、巴西）。[1]不过愈发走向跨国整合的世界经济，也并没有完全忽略了那些境外之地，一些面积较小、风景较美的地区，都有成为旅游胜地，以及避开政府管辖的境外天堂潜力。此外，原本乏人问津的地方，如果忽然发现了可资利用的资源，情况也会大为改观。然而就整体而言，世界上有极大部分地区完全从世界经济的队伍中退出；苏联集团解体之后，从的里雅斯特（Trieste）到符拉迪沃斯托克的广大地区，似乎也加入这个“化外”行列。1990年，吸引了任何外来净投资的东欧社会主义国家，只有波兰和捷克斯洛伐克两国（UN World Development，1992，Tables 21，23，24）。至于前苏联的广大地域之内，显然也有某些资源丰富的地区或共和国，引来像样儿的真正投资。同时，却另有一些运气不佳的地带，只能自己挣扎了。但是不管命运如何，前第二世界的多数国家，如今正一步步向第三世界的地位“看齐”。

因此危机20年的主要影响，即在于贫富国家之间的鸿沟日阔。在撒哈拉以南的非洲，其1960年的人均实际国内生产总值，仅为工业国家的14%，到1987年更跌落为8%。而那些“最不发达”（least developed）国家的境况更惨（包括非洲和非非洲的国家），竟由原来的9%，一降而至5%[2]（UN Human Development，1991，Table 6.）。

---

[1]　8国中剩下的另一个引起投资者兴趣的国家，说来有些奇怪，竟是埃及。

[2]　“最不发达国家”这一类别是由联合国确定，多数仅有300美元以下的“人均国民生产总值”。“人均实际国内生产总值”则是另一种衡量方式，根据“国际购买力平价”（international Purchasing power parities）量表而定，显示“人均国民生产总值”可在当地所购之值，而非单以官方汇率为准。

5

随着跨国性经济控制世界的密网渐趋收紧，同时也严重地毁坏了人类社会的一大制度，即自从1945年来属于普遍性的一大制度：建立在领土主权之上的民族国家。因为如今这些国家，对其事务控制掌握的范围日渐缩小，凡是其行动运作是立足于领土疆界之内的各类组织，如行业工会、国会、国家公共广播系统等等，从此失灵。反之，其行动运作不为领土疆界所局限的另一类组织，例如跨国公司、国际货币市场，以及卫星时代的全球媒体传播事业，却开始高唱凯歌。过去可以操纵附庸政权一举一动的超级大国，例如今也失去踪影，更加强化了这种国界模糊化的趋势。甚至连民族国家在20世纪中所创设的那个最无可取代的重大功能：经由社会福利、教育，或医疗以及其他各项资金分配的“转移性支付”手段，所达到的“收入再分配”的功能，如今在理论上也无法于国界之内自足了——虽然在实际上多数会继续如此——不过，超国家组织，如欧共体，目前已开始在某些方面予以补助。在自由市场神学家如日中天的时节，国家观念甚至更遭到进一步的破坏，因为其时兴起了一股大风，使得许多原本在原则上由公共事业从事的活动，均被分解“回归”于“市场”之手。

矛盾的是，或许无足惊讶的是，民族国家衰颓的现象，却与一股将旧有领土切割成很多新的小国的热潮并进。这些分割领土的主张，多数是基于某些群体对民族语言文化独立的要求。一开始，这股自治分离运动之风的兴起——主要自1970年后——多属于一种西方国家的现象，在英国、西班牙、加拿大、比利时，甚至瑞士、丹麦均可见到；70年代初期以来，更在中央集权色彩最淡的社会主义国家南斯拉夫境内出现。共产主义的危机来临，遂将此风吹至东方，在那里，1991年后方才成立的名义上的新民族国家（new and nominally national states），较20世纪的任何一个时期为多。不过直到90年代，加拿大边境以南的西半球并未受到此风半点动摇。至于在80年代和90年代一些国家瓦解的其他地区，例如阿富汗及非洲部分，取代旧有国家而起的新形态，却多是无政府的混乱局面，而非分离成众多的新国家。

这种发展的确充满了矛盾，简单地说，这些新的小国面对的种种烦恼，论其源头，与旧国时代来自同一缺陷，而如今国小势弱，毛病却反而更大。但是它同时又无甚惊奇，因为时至20世纪末期，世上唯一现存的国家模式，只有划疆立界、拥有自主机制的一种类型——简而言之，即革命时代以来的民族国家模式。更有甚者，自从1918年以来，世界上所有政权都在“民族自决”大原则的旗下，而其定义更日益局限在语言文化的种族范畴之内。从这个角度出发，列宁与威尔逊总统的看法不啻一致。《凡尔赛和约》之下的欧洲，以及后来成为苏联的广大地界，都建立在由民族国家形成的组合之上。以苏联为例（南斯拉夫日后也仿苏联前例），则由这一类民族国家联合而成，后者在理论上——然非实际——有从联合中分离的权利。[1]这类联合体一旦解体，自然沿着事前划定的界限而分裂。

然而在事实上，危机20年的分离民族主义，却与19世纪和20世纪初的民族国家草创期大有不同，它根本属于三种现象的结合。其一，现有民族国家对本身降格为区域成员之事极力抗拒。这种现象，在80年代欧共体成员国（或准成员国）努力保有自主权一事上愈发明显。这些国家的政治性格也许相去甚远——如挪威和撒切尔夫人治下的英国——但是在与本国攸关重大的事务方面，它们却如出一辙，同样想在泛欧全体的标准化中，保持自己一地一国的自主性。然而，传统上作为民族国家自卫的主要支柱，即保护主义，在危机20年里显然比当年大灾难时期脆弱许多。全球性的自由贸易，此时依然是最高理想，令人惊讶的是，甚至也不失为当代事实——在国家统一号令的经济制度崩溃之后，更是如此——虽然某些国家暗地保护自己对抗外来竞争，据闻日本与法国就是个中高手。不过意大利人竟然也有高招，

[1] 这一点它们与美国联邦大不相同。自从1865年南北内战结束以来，美国各州即无单方面退出联邦的权利——或许，得克萨斯州是一例外吧。

始终能让自家汽车——菲亚特（Fiat）——占住国内市场大饼的特大一块，尤令人印象深刻。不过，这些都只能算作后卫性的防守，虽说愈战愈烈而且有时颇为成功，但是最激烈的火线，往往是在经济以外并涉及文化认同之处。法国人——德国人在某些程度之内亦然——就拼命争取，意图保全为自家农民提供的高额补助。其中原因，不但是因为农家握有攸关的选票，同时也由于法国人真心相信，一旦小农式的农业不存在——不管这种方式多么不经济，多么缺乏竞争力——那田园风光，那悠久传统，那法国国家特征的一部分，也将随之毁灭。而美国也一再要求法国，开放影片及视听产品的自由贸易，可是法国人却在欧洲其他国家的支持之下大力抗拒。因为若应美国所请，美国娱乐事业挟着好莱坞的旧日雄风，在大有重建世界影视霸权的气势之下，其产品必将泛滥法国的公私银（屏）幕（虽说这些以美国为基地的娱乐事业，如今已为多国所有并控制）。但是真正原因还不止此一端，法国人还觉得——倒也不失正确——岂可让纯粹以赢利为目的商业化经营，导致法语影片生产的末日。不论经济的理由为何，人生当中，毕竟还有一些必须刻意保护的东西。如果说，就算我们可以证明，在原地兴建豪华旅馆、购物中心、会议厅堂，将为国民生产总值带来较原有观光旅游更大的增值，任何一个国家的政府，难道便会因此认真考虑，竟把自己的沙特尔圣母大教堂（Chartres Cathedral）或泰姬陵（Tai Mahal）铲为平地吗？像这一类的问题，只需提出，答案便不言而喻了。

其二，最可以用富者的集体自我中心做一番描述，同时也反映了各个大陆之内，国家之间，以及地区之内贫富差异愈大的现象。老式的各民族国家，不论是中央或联邦性质，以及如“欧盟”类的超国家联合实体，通常都负起开发其整体区域的责任，就某种程度而言，也平摊了它们之间总体的负担与利益。这种举动，意味着比较贫穷落后的地区，可以从比较进步富有的地区获得补助（经由某种中央分配的机制体系），有时甚至予以优先投资，以求缩小差距。但是欧共体组织实际得很，它的成员资格，只授予贫穷落后程度不致造成其余成员国过度负担的国家。这种挑肥拣瘦的实际作风，却不见于 1993 年的“北美自由贸易区”（North American Free Trade Area，NAFTA）。美国和加拿大（1990 年人均国民生产总值为 2 万美元），只好挑起人均国民生产总值只有其八分之一的墨西哥这一重担。[1] 而一国之内，富区不愿意补助贫区的心态，一直为研究地方政府的学者所熟悉，美国就是最佳例证。美国的“都市内城”（inner city）贫民汇集，更由于原居民纷纷迁离，向郊区出奔，以致税收不足，其中的问题即多肇因于以上所述心理。谁愿意替穷人出钱？洛杉矶的富裕郊区，如圣莫尼卡（Santa Monica）和马利布（Malibu）两地，即因此选择退出洛杉矶市；90 年代初期，东岸的史坦登岛（Staten Island）也出于同样理由投票主张脱离纽约。

危机 20 年里的分离立国运动，有一部分即起因于这种集体的自我中心心态。南斯拉夫的分离压力，来自“欧裔”的斯洛文尼亚和克罗地亚；捷克斯洛伐克的分裂力量，源于大声叫嚣的位于“西部”的捷克共和国。加泰罗尼亚与巴斯克两地，是西班牙最富裕、最发达的地区；拉丁美洲一带唯一最重大的分离运动，也出自巴西最最富庶的一州南里奥格兰德州（Rio Grande do Sul）。而其中最可代表这种自扫门前雪心理的，当属 80 年代末期兴起的伦巴第联盟——日后改称北方联盟——其目标，乃是将以意大利“经济首都”米兰为中心的地区，自政治首都罗马的统治分离出来。该联盟不断提及过去中古时代的荣光，以及伦巴第当地的方言，这是民族主义者常用的煽动性辞藻。可是真正的关键所在，却在于富区不愿自家的肥水外流。

其三，或许主要是属于一种反应，一种对 20 世纪文化革命，即在传统社会常态、纹理即价值的解体之下，产生的回音。发达世界中有许多人，在这场惊天动地的社会文化变革中成为弃儿。“社群”

[1] 欧盟中最贫穷的成员葡萄牙，其 1990 年的人均国民生产总值为欧共体会员平均数的三分之一。

（community）一词，在这数十年间被滥用得如此空洞抽象，不切实际——例如“公关族”“同性恋族”等等——因为原有社会学意义的所谓社群，在现实生活中已经再难找到。于是所谓“认同群体”（identity group）兴起，即一个人可以毫无疑惑，确实肯定地“归属”于某种“族类”；这种现象，自60年代末期开始，即在一向擅长于自我观察的美国境内为人指出。其中绝大多数，自然都诉诸共同的“族群”背景，不过但凡以集合性分离主义为目标者，都喜欢借用类似的民族主义式语言，比如同性恋捍卫者即爱用酷儿族（the queer nation）一语。

这种“新族”现象，在最具有多族群结构的国家里也层出不穷，显示所谓认同群体的政治性质，与传统的“民族自决”大相径庭。后者追求的目标，是创造出一个拥有一定国土的国家，与特定的“人群”认同，基本上属于民族主义者的思想。可是分离国土的要求，对于美国黑人，或意大利人而言，并不是他们“族群政治”的一环。同样，加拿大境内乌克兰裔的政治属性，也不属乌克兰而是属加拿大。[1] 事实上，在天生便属于异质社会的都市内部，其族群政治或类似政治的本质即在相互竞争，即不同的族群在一个非族群的国家里面，各自发挥效忠己群的心理为政治作嫁，共为分食那一块资源大饼而较劲。如纽约市政客操纵改划选区，以为拉丁裔、东方裔及同性恋团体选出代表，这种人一旦当选，所求于纽约市者自然更多。

族群认同政治，与世纪末的种族国家主义具有一项相同之处，即两者都坚称，在一个人对群体的认同里，包含着某种关系到生存和所谓与生俱来、不可更易而因此属于永久性的个人特质。而这些特质只与群体中的其他成员所共有，除此之外，别无他人拥有。绝无仅有的排他性，便成了最高定义，因为各个人类社会之间的相异性，事实上

[1] 通常当地的移民社区，至多只能形成某种所谓的“远距离民族主义”（long-distance nationalism），以代表它们的来源或所选择的国家，不过这一类行动都属相当极端的民族主义政治倾向。北美的爱尔兰人和犹太人，是这一派的开山始祖。但是随着国际上移民带来的离乡背井现象日渐增多，这一类组织大有愈发衍增之势，如来自印度的锡克教移民圈即是一例。远距离民族主义，在社会主义阵营解体之后，更有蒸蒸日上的气象。

已经极为稀薄。于是，美国的犹太年轻人迫切寻“根”，因为当年指认他们为犹太族的鲜明印记已经失去效力，第二次世界大战之前的隔离歧视更不复见。加拿大的“魁北克”，虽然口口声声力主自己是一个“截然不同的社会”，但是魁北克之在加拿大成为一支主要力量，却正在它褪下了直到 60 年代以前始终“截然不同”的鲜明色彩之后方才发生（Ignatieff，1993，pp.115—117）。都市社会中的种族成分变迁流动，若高举种族分辨群体的绝对依据，实有专断造作之嫌。以美国为例，除黑人、西班牙语裔，以及具有英国及德国血统者是为例外之外，在美国当地出生的各个民族女性，至少有六成是与外族通婚（Lieberson，Waters，1988，p.173），于是“个人的认同性”愈发需要建立在“他人的不同”之上。若非如此，我何以存？德国的新纳粹光头党，穿制服、理光头、踏着四海皆同的青少年文化的音乐起舞，若不痛打当地的土耳其人和阿尔巴尼亚人，如何确立他们的德国属性？若不尽数剪除那些“不属于”我们的人，又如何在那有史以来的多数时间里面，即为各民族、各宗教混居为邻的地面上，建立起我们克族（Croat），或塞族（Serb）的“特有”性格？

这种高度排他性的认同政治，不论其终极目标为何，不论其是否要求建立独立国家，其悲剧性却在于它根本就行不通，众人只能在表面上佯装它是可以实现的事实。布鲁克林（Brooklyn）的美籍意大利人，对本身的意大利特色极为强调（可能还日益强烈），他们喜欢用意大利语彼此对谈，为自己对本来应该是母语的语言不甚流利感到抱歉。[1] 可是他们生活工作的所在，明明是美国经济社会，意大利语除了对某些极小的特殊市场而言，根本无关紧要。至于所谓黑人、印度人、俄罗斯人、或女性、或任何一种认同群体，自有其本身不可对外言喻、不可为外人了解的心理，这种说辞，只有在其唯一功能，即为鼓励这种观点的机制里，才能生存，一旦出外根本站不住脚。伊斯兰激进主

[1] 作者曾在纽约百货公司无意听到这类对话。其实他们当初移民来美的父母或祖父母辈，讲的多半是那不勒斯语、西西里语，或卡拉布里亚语（Calabrian），而根本不是意大利语。

义者研究的物理学，并不是伊斯兰物理学；以色列工程师学的工程学，也不是犹太哈西德派（Chassidic）专有的工程学。甚至连文化民族主义观念最强烈的法德两国，也不得不承认身在科技专家学者共同合作的地球村里，势必需要一种类似中世纪拉丁文般的国际共通语言；而今世的国际语言，恰好是英语。也许在历代的种族屠杀、集体驱逐、“种族净化”之下，在理论上，这个世界已经依种族被分裂为许多同质性的领土。然而即使在这样一个世界里，由于人口的大量流动（工人、旅客、生意人、技术专家，等等），时尚的风行，以及全球性经济无孔不入的触角，而无可避免再度变成异质性的社会，此情此景，于中欧历历在目；而此地于第二次世界大战期间及战后，却曾遭过“种族净化”的毒手。此情此景，也必将发生在一个日益都市化的世界里面。

因此，认同式的政治，以及世纪末的民族主义，并不是用来处理20世纪末期种种困境难题的方法，它只是面对这些难题时产生的情绪反应。然而在20世纪接近尾声之际，解决这些难题的机制何在，方法何在，却显然越来越成问题。民族国家不再能挑起这个任务。可是谁能呢？

自从联合国于1945年成立以来，世人不知设立了多少机构以处理这类问题。联合国的创立，乃是建立于美苏两强继续肩负国际事务的假定上，可是这个美梦不久便破灭了。不过比起它的前身国际联盟，联合国毕竟还有一项成就差强人意。它总算历经了20世纪下半叶的时光而始终存在；而它的成员资格，也逐渐成为国际上正式承认一个国家独立主权的身份证明。然而根据其本身宪章所定，联合国的权力来源及资源全部来自成员国的授予，因此它并没有独立行动的权力。

国际间对协调的需要既然日增，危机20年里，新国际组织纷纷出现的速度便比之前任何一个时期快。到80年代中期，全球已有365个官方的国际组织，而非官方的不少于4 615家，比70年代初期增加两倍有余（Held，1988，p.15）。更有甚者，对于诸如环境生态保护等重大事宜，人们也愈发认识到有立即采取国际共同行动的必要。可惜唯一能够达成以上目标的程序，却旷日废时，拖泥带水，因为国际协定必须经过各个国家分别签字认可方能生效。在保护南极大陆及永久禁止猎鲸二事上，其效率之迟缓即可见一斑。而 80 年代的伊拉克政府，竟然将毒气用在自己国民身上，等于从此打破了世界上少有几项真诚的协定之一，即 1925 年禁止使用化学武器的《日内瓦公约》，更进一步削弱了现有国际手段的效力。

幸好除此之外，国际行动的保证还有两条路子可走，而这两项方法在危机 20 年里也获得了相当程度的强化。其一，许多中型国家纷纷将国家权力交出，自动让给超国家的权力机构掌握，因为它们感到本身的力量不足，无法继续单独在世上屹立。80 年代改名为“欧洲共同体”，再于 90 年代改为“欧洲联盟”的“欧洲经济共同体”，于 70 年代成员加倍；进入 90 年代，也极有再度扩张的可能，同时并不断强化它对成员国事务的决定权力。其成员数目的增加，以及欧盟本身权力的扩大，虽然难免引发各成员国政府及国内舆论的不满及抗拒，可是其权力规模的增长，却是不容置疑的事实。欧盟的力量之所以如此强大，是因它非经选举设立的布鲁塞尔中央机构，可以独立裁定决策，完全不受民主政治的压力左右。唯一极为间接的影响，只有经由各成员国政府的代表举行定期会议及协商（各成员国政府则是由选举产生）。欧盟特殊的办事方式，使得它可以以一个超国家权力机构的方式有效运作，只需受到某些特定的否决权牵制而已。

联合国际行动的另外一项武器，同样是在免除主权国家及民主政治的牵制之下运作，其程度或无过之，但起码旗鼓相当，即第二次世界大战之后设立的国际金融组织，其中以国际货币基金组织及世界银行最为重要（参见第九章第 4 节）。这两家机构是在主要资本主义国家的寡头垄断支持之下，于危机 20 年里获取了日益强大的决定权力——这几大国是以“七大工业国”（Group of Seven）的模糊头衔命名，而“七大工业国”的寡头势力，自 70 年代以来，渐有成为正式制度化存在之实。国际汇兑的风云变幻，第三世界的债务危机，以及 1989 年后苏联集团经济的瓦解，使得世界上越来越多的国家，必须仰赖富国鼻息，倚仗后者是否同意出借贷款的意愿行事。而种种借款，更日益走上一个先决条件，即债务国的经济政策，必须合于国际金融组织的心意。80 年代正值新自由经济神学意气风发之际，其主张表现为政策是有系统地走向私营化，以及实行自由化市场的资本主义。这两项政策，被强行加诸那些已经倾家荡产，根本没有丝毫力量抗拒的政府身上；也不管它们对这些国家的经济问题，能否产生直接影响（苏联解体后的俄罗斯即是一例）。凯恩斯和怀特，若见到当初自己建立的这两个世界金融组织竟然一变至此，将不知做何感想。他们当初怀有的目的——更别说两人在各自国内达到全面就业的目标——与今天的演变完全不同。然而，这项疑问纵然有趣，但是却没有任何意义了。

然而，这些却是极为有效的国际社会的权力机构，尤其是富国将政策强加于穷国之身的最佳利器。20 世纪即将结束，这些政策的后效如何，对世界的发展将有何种后果，答案依然尚未完全出现。

世界上有两大地区，将对它们的效果进行检验。一个是苏联地区及与它相关的欧亚地带的经济，它们自共产制度解体之后已经衰败。另一个是充满了社会火药库的第三世界。我们在下一章将会看见，自从 50 年代以来，第三世界已成为地球上政局不安定的最大来源。

第十五章

第三世界与革命

1974 年 1 月，阿贝贝（Beleta Abebe）将军于视察半途，顺路在戈德（Gode）营部停留……不想次日竟有报告抵达皇宫，将军已被那里的士兵拘捕，并强迫他吃下士兵伙食。那些伙食腐坏到无以复加，有些人担心将军恐怕会因此生病死去。（埃塞俄比亚）皇帝连忙派遣贴身禁卫军的空军前往，总算把将军救出，送往医院诊治。

——《皇帝大人》

（Ryszard Kapus'ciński，*The Emperor*，1983，p.120）

咱们把（大学实验农场上）能宰的牛全都宰了。可是正在动手大宰的当儿，那里的农妇却开始痛哭失声：为什么要这样痛宰这些可怜的牲口？它们到底干了什么错事？太太小姐们这么一哭，噢，可怜的东西，咱们也只好停手不干了。可是咱们大概早已经宰掉了四分之一，差不多有 80 头左右。咱们的意思是把它们全部宰光，可是不行哪，因为农家妇女们都开始哭了起来。

咱们在那儿待了一会儿之后，便有一位先生骑上他的马儿，跑到阿雅库乔那一头去，他是去告诉大家这里发生了什么事情。因此，到了第二天，整件事都在空中之声电台（Las Voz）的新闻里播报出来。新闻播出，咱们刚好就在回去的路上，有些同志正巧带着那种小不点儿的收音机。大伙便都听着，哈，这可让咱们感觉挺好受的，可不是吗？

——“光辉道路”某位年轻成员语（Tiempos，1990，p.198）

1

发生于第三世界的种种变迁及逐渐解体的现象，与第一世界有一点根本上的不同。前者形成了一个世界性的革命区域——不管其革命已经完成、正在进行，或有望来临——而后者的政治社会情况，一般而言，在全球冷战揭幕时大多相当稳定。至于第二世界，也许内部蒸汽沸腾，可是对外却都被党的权威及苏联军方可能的干预严密封锁。只有第三世界，自1950年以来（或自它们建国以来）很少有国家未曾经历革命、军事政变（其目的也许是镇压革命、防范革命，或者甚至是促成革命），或其他某种形式的内部军事冲突。到本书写作为止，唯一能够避免这种命运的只有印度，以及几处在长寿的家长式权威人物统治之下的前殖民地，例如马拉维（Malawi）的班达（Dr. Banda）——前身是尼亚萨兰（Nyasaland）殖民地——以及（一直到1994年为止）科特迪瓦那位仿佛异常长寿的乌弗埃·博瓦尼（M. Felix Houphouet-Boigny）。这种持续性的政治动荡不安，便成了第三世界共有的一大现象。

这种现象，美国自然也看得很清楚。作为“保持国际现状”的最大护法师的美国将第三世界的动荡种子归咎于苏联；至少，它也把这种骚乱状态，看作对方在全球霸权争夺战中的一大资产。几乎自冷战开始，美国便全力出击对抗这一威胁，从经济援助开始，到意识形态宣传，正式与非正式的军事颠覆，一直到发动战争，可谓无所不用其极。它采取的方式，以与当地友好政权或收买当地政权合作为上策，可是如有必要，即使没有当地拥护也不惜为之。于是在两次世界大战战火告息，世界自19世纪以来进入最长一段和平时期的同时，第三世界却成了一片战区。到苏联体系瓦解以前，据估计，1945—1983年间发生过100次以上“大型战争、军事行动与军事冲突”，死亡人数高达1 900万人——甚至也许达2 000万人——这些大小战事几乎全部发生在第三世界：其中900万死在东亚，350万在非洲，250万在南亚，50余万在中东。这还不包括当时刚开火，堪称残酷至极的两伊战争（1980—1988）；只有拉丁美洲的死难人数较少（UN World Social Situation，1985，p.14）。1950—1953年的朝鲜战争，牺牲者据统计为三四百万人（该国总人口也不过3 000万人）（Halliday / Cumings，1988，pp.200—201），而长达30年的几次越南战争（1945—1975），其惨烈更列所有之冠。朝鲜战争和越南战争，是美国军方大规模直接参与的仅有战事，各有5万名美军因此阵亡。至于越南百姓与中南半岛其他居民的人命损失，更是难以估算，最保守的统计也应有200余万。然而除此以外，其他间接与反共有关的战争，其残酷程度也与此不相上下，尤以非洲地区为最。据估计1980—1988年间，在莫桑比克和安哥拉共有150万人死于反政府的战争（两国人口共为2 300万），另有1 200万人则因此流离失所，或濒临饥饿威胁（UN, Africa, 1989, p.6）。

第三世界的革命潜力，也多具有共产党属性，不为别的，单就这些殖民地独立运动领袖均自认为是社会主义者一事即可看出，他们从事的解放手段及现代化运动，也以苏联为师，采取同一路线。这些人若受过西式教育，可能甚至将自己视为马克思与列宁的追随者。不过，强有力的共产党派在第三世界相当少见，而且除在蒙古、中国和越南以外，共产党在本国的解放运动中均未扮演过主要角色——然而，毕竟也有几处新政权看出列宁式政党的长处，并借鉴或移植挪用，如1920年后孙中山在中国。另有一些获得相当势力及影响的共产党派，则不是靠边站（例如50年代的伊朗和伊拉克），就是惨遭大肆荼毒。1965年的印尼，在一场据说有亲共倾向的军事政变之后，约有50万名共产党或有共产党嫌疑者遭到处决——可能是有史以来最大的一场政治屠杀。

几十年来，基本上苏联都采取相当实际的态度，来处理它与第三世界革命派、激进派，或解放运动的关系，因为苏方并不打算，也不期望，扩大它现有在西方世界的共产党地盘，以及中国在东方一带的介入范围（不过它对中国的影响力无法全盘控制）。这种政策，即使在赫鲁晓夫时代（1956—1964）也不曾改变。当时各地有许多“国产”革命，乃是靠着自己的力量取得政权，共产党却不曾在其中扮演任何重要角色，最著名的例子首推古巴（1959年）和阿尔及利亚（1962年）。而非洲殖民地纷纷独立，也将当地各国领袖人物一一推上权力舞台，他们的野心目标，最多不过是“反帝国主义者”“社会主义者”，及“苏联之友”的头衔。尤其在苏联伸出援助之手，提供科技等各项不带旧殖民主义腐败气息的援助时，更愿与苏联交好。倾向此道者不乏其人，例如加纳的恩克鲁玛、几内亚的杜尔、马里的凯塔（Modibo Keita），以及比属刚果以悲剧收场的卢蒙巴（Patrice Lumumba）。卢蒙巴不幸被刺身亡，因此成为第三世界的烈士神明，苏联为纪念其人，特将1960年为第三世界学生成立的“人民友谊大学”（People's Friendship University）改名为“卢蒙巴大学”。莫斯科同情这类新兴的非洲政权，并且予以协助，可是没有多久，就放弃对他们过度乐观的期望。例如比属刚果这个庞大的前殖民地，在匆忙被授予独立之后，立刻步上内战之途。苏联于内战中为卢蒙巴派提供军火援助，对抗美国和比利时的代理或傀儡政权（刚果内战并有联合国部队介入，为两个超级大国所不喜），结果令人失望。[1]而各地新政权中的一支，卡斯特罗的古巴，出乎众人意料地正式宣布自己是共产党政权时，苏联虽将之收编旗下，可是与此同时，却不打算因此永久地破坏它与美国的关系。一直到70年代中期，都没有任何明显证据显示，苏联意欲借革命将共产党阵营地盘向前扩展。即使到了70年代中期以后，苏联的动作也表示它只是无心栽柳，刚巧从中得利罢了。老一辈的读者也许还记得，赫鲁晓夫一心一意，只指望社会主义在经济上的优越性，可以把资本主义埋葬而已。

事实上，当1960年苏联在国际共产主义运动的领导地位受到中国以革命之名挑战时（挑战者还包括各种名目的马克思派别），第三世界

[1]　一位出色的波兰记者，当时从（理论上属于）卢蒙巴派的省份发回报道，对于刚果当地的无政府现象有着极为生动的描述（Kapuszinski，1990）。

遵从莫斯科号令的各家政党，也始终维持其刻意的修正路线。在这一类国家里，资本主义——就其存在而言——不是它们的敌人，它们的敌人是资本主义的前身（pre-capitalism）的利益，以及在背后支持这些邪恶势力的帝国主义（美国）。武装斗争，并非向前跃进，却是携手“民族”资产阶级或小资产阶级的广大人民或民族阵线。简单地说，莫斯科的第三世界策略，延续着30年代的共产国际路线，反对一切说它背离十月革命宗旨的指责（参见第五章）。这项政策，自然激怒了那些主张枪杆子打天下的人，可是有时却颇为奏效，例如60年代初期在巴西和印尼，以及1970年在智利。但是也许无足惊讶的是，一旦这个策略达到目的，却立刻为继起的军事政变所中断，随后而来的便是恐怖统治。1964年后的巴西，1965年后的印尼，以及1973年的智利，就是明证。

尽管如此，第三世界毕竟成为那些依然深信社会革命之人的信仰希望基石。它拥有世上绝大多数的人口，它仿佛一座遍布全球，随时等待爆发的火山，它是一处稍有震动，便预示大地震即将来临的地震带。即使是那位认为意识形态已经在黄金时代自由安定的资本主义西方世界里告终的学者（Bell，1960），也承认千禧年与革命的希望并未就此消失。第三世界的重要性，并不限于有十月革命传统的老革命家，或对50年代虽兴旺却世俗的平庸现象感到灰心的所谓浪漫人士，整个左翼路线，包括人道主义的自由派，以及温和派的社会民主党人，都需要一样东西赐予他们理想——单单是社会安全制度立法，以及不断升高的实际所得，哪里足够——第三世界，可以保存他们的理想；而遵循启蒙运动伟大传统的党派，除了理想之外，也需要实际的政治以供他们行动。少了这些，他们便无法生存。否则，我们如何解释那些主张非革命性的进步楷模斯堪的纳维亚、荷兰，以及那相当于19世纪宣教团使命的20世纪后期（新教）“世界基督教会协会”（World Council of Churches），种种热情支援第三世界的举动？就是这股热情，在20世纪后期引导着欧洲各地的自由派人士，扶持着、维系着第三世界的革命者与革命活动。

2

最使革命正反两方同感惊讶的事情是，自从1945年后，游击战，似乎成为第三世界革命——也是世界各地革命——的主要斗争形式。第二次世界大战以来，共有32场战争名列1970年编的“游击战大事年表”，除了其中3项以外——40年代末期的希腊内战、50年代塞浦路斯，及1969年北爱尔兰对抗英国——其余全部发生在欧洲、北美以外的地区（Laqueur，1977，p.442）。自此之后，这张名单很快又加长了。但是革命都是从山林草莽间发动的印象，并不尽然正确，这未免低估左翼军事政变在其中扮演的角色。后面这种方式，在葡萄牙于1974年戏剧性地创下首例之前，在欧洲似乎不能发挥作用，可是却是伊斯兰世界的家常便饭，在拉丁美洲也非意料之外。1952年的玻利维亚革命，便是在矿工与军方叛变分子携手之下发起；而秘鲁社会最激烈的改革，则是由60年代后期与70年代的军事政权推动。同样，都市民众具有的革命潜力，也是一支不可忽视的旧力量，1979年的伊朗革命，以及日后的东欧社会，就是最佳例证。不过回到20世纪的第三阶段，世人的眼光都以游击战为焦点，游击战术的优越性，也一再为不满苏联路线的激烈左派思想家所鼓吹。与苏联交恶分裂以后的毛泽东，1959年后的卡斯特罗——更确切地说，应该是卡斯特罗那位英俊潇洒的同志、天涯浪子格瓦拉（Che Guevara，1928—1967）——即是其精神领袖。至于实行游击战术最成功的头号队伍越南共产党，先后击败法国和强大的美国，受到举世热烈推崇。可是，这些共产党却极不鼓励各家崇拜者在左派意识的内斗中自相残杀。

50年代的第三世界，充斥着层出不穷的游击战，而这些战事，几乎全部发生在殖民势力（或移居当地的殖民者）不愿放手让前殖民地轻易和平独立的国家里——例如分崩离析的大英帝国治下的马来亚、肯尼亚茅茅运动和塞浦路斯。至于其中最严重的战事，则发生在日薄西山的法兰西帝国，例如阿尔及利亚与越南。但是说也奇怪，最后将游击战推上世界头版地位的事件，却是另一桩规模小得多的行动——肯定比马来亚叛乱为小（Thomas，1971，p.1040）——不按常理出牌，结果却大获成功，于1959年1月1日取得加勒比海古巴岛政权的一场革命。卡斯特罗其人，其实倒也不是拉丁美洲政治场上不常见的人物：年轻、强悍、充满领袖魅力、出身良好的地主家庭；政治观点模糊，却决心一展个人英勇——管它是在哪一种自由抗暴的旗帜之下，只要恰当时机出现，就决心在其中成为一号英雄。甚至连他提出的口号，也属于旧的解放运动，虽然可敬，却缺精确的内容（“没有祖国就是死”——原为“不是胜利，就是死亡”，以及“我们会出头”）。在哈瓦那大学（Havana University）舞枪弄棒的少年当中，度过一段默默无闻的政治学徒期后，卡斯特罗投入对抗古巴独裁者巴蒂斯塔将军（Fulgencio Batista）政府的阵营——巴蒂斯塔当年以士官身份，于1933年军事政变中首次登场后，就是古巴政坛上家喻户晓的残暴人物，并于1952年再次夺得政权，一手废除宪法。卡斯特罗以积极行动的姿态进行抗争：1953年攻击一处军营，然后坐牢、流亡，再度率领游击队打回古巴，并在二度进击之际，在偏远的山区省份巩固了势力。这场准备并不充分的赌博，竟然大获回报——其实就纯粹军事角度而言，挑战的难度并不高。那位游击战的天才领袖，阿根廷医生出身的格瓦拉，只带领了148名士兵，便继续前往征伐古巴其余地方，最后大功告成时，全体人马也只增加到300人而已。而卡斯特罗本人的部队，则只在1958年12月，占领了第一座拥有千名人口的村镇（Thomas，1971，pp.997，1020，1024）。一直到1958年前，卡斯特罗的最大成就——不过的确也非同小可——在于他显示了小小一支非正规的军队，却可以控制一个广大的“解放区”，而且能抵挡正规军的攻击——当然后者士气低落，已是公认事实。卡斯特罗之所以获胜，在于巴蒂斯塔的政权本身脆弱不堪，除了为自己利益者外，别无真诚拥护，其领导人物本身，又在腐化之下怠惰懒散。于是从民主资产阶级到共产党，各方政治路线联合的反对力量一兴起，独裁者自己的左右军警爪牙也认定他气数已尽，这个政权便立刻垮台了。卡斯特罗提供了这个气数已尽的证明，他所率领的势力自然便成了正统。叛军胜利的一刻，多数古巴民众均真心感到解放来临，从此希望无穷；而这个解放与希望的象征，就体现在那位年轻的叛军指挥者身上。“短 20 世纪”，是充满了天生领袖气质人物，站在高台之上、麦克风前，被群众当作偶像崇拜的年代。在这些天才英明的领袖当中，恐怕再没有第二个人能像卡斯特罗一样，拥有如此众多深信不疑、满心爱戴的听众。这名身材高大、满脸胡须的英雄，一身皱巴巴的军装，毫无时间观念，一开口就能够滔滔不绝地讲上两个小时。虽然内容复杂，思绪紊乱，却能赢得群众毫无质疑的全神倾听（包括笔者在内）。终于有这么一回，革命成为众人的集体蜜月经验。它会带我们往哪里去？一定是什么更好的所在吧！

50 年代拉丁美洲的各路反叛人士，最后难免发现，革命不能单靠本大陆历史上解放英雄的教诲，例如全拉丁美洲的革命英雄玻利瓦尔（Bolívar），以及古巴自己的伟人马蒂（José Martí），1917 年后的反帝社会革命传统，即左派理论，显然也不可缺。两者都主张“农业改革”——不管它代表什么意思——而且，（至少在表面上不曾说明）都具有反美的情绪。尤其是贫穷的中美地带，“离上帝太远，离美国太近”——套用墨西哥老一辈强人迪亚斯（Profirio Díaz）的话。而卡斯特罗一帮人虽激进，但是除了其中两人，他本人及他的同志们都不是共产党，甚至也不曾表示得到任何马克思流派的同情和支援。事实上，古巴当地的共产党——是智利以外拉丁美洲的唯一这类大党——不但与他们毫无渊源，一开始甚至不表同情，直到相当晚才有部分人参与卡斯特罗的活动。双方关系显然极为冷淡，害得美国外交人员及政策顾问常有争议，搞不清楚卡斯特罗这一股人马到底赞成还是反对共产党。如果的确是共产党，美国中央情报局成竹在胸，很知道该怎么处置——它已经在 1954 年解决过一个危地马拉改革派的政府了——可是现在，却显然认定古巴这帮人不是共产党。

但是当时发生的各种状况，却在促使着卡斯特罗的运动一直往共产主义方向走。从那些倾向于拿起枪杆子打游击的人开始，他们所鼓吹的一般性社会革命理论，到麦卡锡参议员在美国掀起反共高潮的10年间，都使得反对帝国主义的拉丁美洲起义者，与马克思主义较为情投意合。全球性的冷战局面，更使整件事水到渠成。如果新政权讨厌美国——十之八九，一定如此——只消对美方投资造成威胁，保证可以得到美国头号大敌的同情支援。更有甚者，卡斯特罗经常在数百万民众前独白式的治理作风，也不是治天下的方式，就连任何一个小国或革命也不能长久。即使是民粹主义，也需要某种形式的组织；而共产党则是唯一站在革命一方，并可以提供给他这种组织的团体。双方彼此需要，不久便结为一体。不过，到1960年3月，早在卡斯特罗发现古巴必须走社会主义路线，自己也得变成共产党之前（但是他这个共产党，自有其别具一格的风格），美国便已经决定把他当作共产党来处置，中央情报局被授命进行推翻他的任务。1961年中央情报局策动古巴流亡人士进攻猪湾（the Bay of Pigs）失败，一个共产党政权的古巴便在美国最南端小岛基韦斯特（Key West）的百余公里外存活下来，并在美国封锁之下，对苏联的依赖日深。

当保守主义的气焰在全球兴盛了10年之后，再也没有另一场革命能像古巴一样，令西半球及发达国家的左翼人士欢欣鼓舞了，也只有这场革命，为游击战做了最佳宣传。古巴革命里什么都不缺，要什么有什么：有山林草莽的英雄浪漫；有学生出身的年轻领袖，贡献出他们青春岁月的慷慨无私——年纪最长者也仅过而立之年。一个快乐喜气的民族，在一个热带的旅游天堂，带着伦巴韵律的脉动气息。更重要的是，它的成就、它的作为，可以被举世的左派人士欢呼。

事实上，古巴的成功，最可能向它欢呼的是批评莫斯科的人。长久以来，这些人对苏联决定与资本主义和平共处为第一优先的政策极为不满。卡斯特罗的榜样，激励了拉丁美洲各地好战派的知识分子。这片大陆，一向充满了随时准备扣动扳机，以英勇无私为荣，更爱展现英雄作风的热血人物。一段时间过去，古巴开始鼓动南美大陆上的叛变行动，格瓦拉更不断鼓吹他是泛拉丁美洲革命的头号斗士，大力主张应该制造出“两个、三个、更多的越南”来。至于思想方面，则有一位年轻聪颖的法国左派（舍此其谁？）提供了合用的理论。他整理出一套理论，即在一个革命成熟的大陆上，唯一所缺的，就是将小队武装送入山区，据山为营，形成群众解放斗争的“中心焦点”（focus），便能水到渠成（Debray, 1965）。

于是这股游击风遂席卷了拉丁美洲，一群群热情激昂的青年男子，纷纷在卡斯特罗、托洛茨基或毛泽东的旗帜之下发动了他们的游击战争。可是只有在中美洲及哥伦比亚，由于当地拥有农民支持武装斗争的基础是为例外之外，这些游击武装都同遭立即覆灭的下场，只遗下无名英雄及赫赫人物的尸骨遍地——包括格瓦拉本人死于玻利维亚，以及另一名与他同样英气勃发、教士出身的叛军领袖托雷斯（Camilo Torres）神父死在哥伦比亚。这项战略的策划效果实在欠佳，尤其是如果条件得当，在这些国家进行持久并有效果的游击战其实不无可能。1964 年以来，具有正式共产党身份的“哥伦比亚革命武装力量”（Armed Forces of the Columbian Revolution，FARC）一直延续至今，其活动到本书写作时仍在进行就是证明。80 年代在秘鲁兴起的信仰毛泽东思想的“光辉道路运动”，则是另一例证。

然而，虽然农民也走上了游击之路，游击战本身却绝非一个农民运动——“哥伦比亚革命武装力量”是极为罕见的例外。游击运动进入第三世界的乡间，主要是年轻知识分子的作为，而这些年轻人的来源，先为本国已有身家基础的中产阶级，随后又有一批农村小资产阶级的青年男女为新鲜血液（男性为主，女性较少）。日后当游击战由内陆的农村转到都市，例如 60 年代后期某些第三世界左派革命的做法（例如阿根廷、巴西、乌拉圭及欧洲），[1] 其成员也不外以上两种来源。

[1] 其中最大的例外要数所谓“隔离聚居”型（ghetto）的游击战争，如北爱尔兰的爱尔兰共和军、为期短暂的美国黑人运动“黑豹党”（Black Panthers），以及由难民营中产生的巴勒斯坦游击队。它们的成员多为或全为街头之人，而非来自学术研讨会的殿堂，在隔离聚居处缺乏显著的中产阶级。

事后的发展显示，在都市里，游击队反而比农村容易行动，因为前者（多为中产阶级）无须借助其他力量。这些“都市游击队”或“恐怖分子团体”发现，在都市中可以达到更震撼的宣传效果，杀伤力也更为惊人——例如 1973 年佛朗哥元帅指定继承人海军上将布兰科（Garrero Blanco）之死，即是分离运动组织巴斯克自由党所为；以及意大利总理莫罗（Aldo Moro）于 1978 年被刺，是意大利红色旅（Red Brigades）所为——而这些攻击行动的能力，更是不在话下。总之，在都市进行游击战，战果比在本国乡间推动革命辉煌多了。

即使在拉丁美洲，政局变化的主力也是来自文人政客以及军方。60 年代，一个个右翼军政权席卷南美大部分地区，其原因其实并非针对武装叛乱——至于中美一带，军政府始终流行，只有革命时代的墨西哥及小国哥斯达黎加是例外，后者甚至在 1948 年一场革命之后，一举将它的军队消灭了——阿根廷的军方推翻了民粹派首领庇隆，庇隆的势力，则来自工人组织及穷人的力量（1955 年）。自此之后，阿根廷军人间歇执政，因为一方面庇隆派的群众运动始终难以摧毁，另一方面却再也没有稳定的文人政府起而代之。1973 年庇隆自国外流亡返国，这一回，则有当地许多左派抓着他的裤脚助阵。庇隆之归，再度显示其支持者的实力。于是军队又一次发动流血行动，标榜爱国而夺回大权，一直到他们输掉了那场短暂、无谓却具有决定性的马岛之战（1982 年），被赶下台为止。

巴西军方在 1964 年接管政权，赶走的也是类似敌人。巴西伟大的民粹领袖瓦加斯（1883—1954），他的传人在 60 年代初期开始左转，提倡民主化及土地改革，并对美国政策提出质疑。其实出现于 60 年代末期的小规模游击活动，对军政权根本不具威胁，却成为后者大肆无情镇压的借口。不过 70 年代初期以后，当局的铁腕渐有放松之势，到 1985 年，并将政权交还文人，这一点不可不提。至于智利军方的大敌，则是社会主义、共产主义，以及其他进步派人士的左翼联盟——欧洲人（对此智利亦不例外）所称的“人民阵线”（参见第五章）。这个联合阵线，早于30年代便曾在智利赢得选举，当时华盛顿对此没有如今紧张，智利也被一般公认为文人执政的宪政体制。联合阵线的首脑，社会主义人士阿连德（Salvador Allende），于1970年当选总统，但是政权不稳，随即于1973年为一场背后有美国支持（恐怕是美方主谋）的军事政变推翻。智利从此又是1970年军政权的当家行为盛行——处决、屠杀（官方或半官方式），有系统地折磨虐待监狱犯人，政治反对人士相继大批流亡。军方首脑皮诺切特将军执政的17年里，在经济上却执行极端的自由主义。因此再度证明，别的不论，政治的自由民主，与经济的自由主义，在现实上并非绝对的天生伙伴。

1964年后，玻利维亚的革命政权被军方推翻，此举也许和美国担心古巴在玻利维亚的影响日盛有关。当年浪子英雄格瓦拉，便在一场时机不成熟的游击行动里于玻利维亚不幸身亡。可是玻利维亚这个国家，不管其统治者多么残忍，却不是一个能让任何当地军人长久统治的地方。于是在一连串将军上台下台更替执政之间，在他们对毒品贸易的暴利越来越眼红心动之际，玻利维亚军政权于15年后结束。至于乌拉圭的军队，则利用当地一场极为高明的“都市游击”运动为借口，进行司空见惯的残杀，可是最后在1972年造成军方夺权的最大原因，却是“广义左派”（Broad Left）人民共同阵线的兴起，直接与该国传统的两党政治相抗衡。但是这个可称为南美唯一民主政治最为悠久的国家，总算保住其一定的传统，最终毕竟否决了军事统治者赐予他们的那部戴着手铐脚镣的残缺宪法，并于1985年重由文人执政。

在拉丁美洲、在亚洲、在非洲，游击战术堪称成就非凡，并且有可能再上一层楼。但是若将战场移到发达国家，游击之路则无甚意义。不过在第三世界农村与都市游击战双管齐下之际，第一世界年轻的叛逆者和革命者——或只是文化上的持不同政见者——受到的激励日深，自是无足惊讶。有关摇滚乐的报道，便将当年伍德斯托克（Woodstock）的音乐节（1969年），比作“一支和平的游击队”（Chapple and

Garofalo，1977，p.144）。格瓦拉的画像，则被巴黎东京的示威学生当作偶像般举来抬去；他那头戴贝雷帽、满脸络腮胡、显然充满男性气息的模样，打动了每一颗心，甚至连“反文化”圈中最不具政治色彩的心灵，也因此为之跳跃不已。虽然第一世界的左派在实际示威活动之中，较常用的口号往往是越南领导人胡志明的名字，但是全球“新左派”在1968年曾有过一场极为完备的调查，格瓦拉的大名却是最常被提起的一个——仅次于哲学家马尔库塞（Marcuse）。于是在对第三世界游击队的支持之下，以及1965年后，美国青年反抗被政府送去与第三世界游击队作战的抗议声中，左派因此产生了大联合的声浪；唯一能与这两股凝聚力相媲美者，只有反核一事。《地上的可怜人》（*The Wretched of the Earth*）一书的作者，原是加勒比海地区一名心理学者，曾参与阿根廷的解放战争。书中讴歌暴力，认为它是被压迫者的一种精神解放形式。知识圈中的某些行动派阅此深受震撼，此书随之便成了他们的重要经典，影响日大。

简而言之，身穿迷彩服出没于热带丛林的游击形象，成为60年代第一世界激进派的中心印象，甚至是他们最主要的灵感。“第三世界论”者相信，世界的解放，将由周边穷苦的农业地带发动完成，这些被剥削、被压榨、被众多文献称为“世界体系”里的“核心国家”所迫、沦于“依附地位”的广大地区，却要回头来解放全世界。这个理论，抓住了第一世界左派理论家的心。如果说，根据“世界体系”说，世上的烦恼之源，不是出于现代工业资本主义的兴起，却在于第三世界于16世纪陷于欧洲殖民主义之手，那么，只要在20世纪，将历史的过程反转过来，第一世界感到束手无策的革命人士，便能有突破之路，冲出这个无能为力的困境了。难怪有关这方面最有力的言论，往往来自美国的马克思派，因为想要靠美国的内部力量，产生赢得社会主义胜利的希望，实在太渺茫了。

3

时至今日，在繁荣兴旺的资本主义工业国度里，若以叛乱骚动，以及群众运动的古典模式引发社会革命，这种可能性如今根本没有人认真考虑了。然而就在西方繁荣的最巅峰里，在资本主义社会的最核心内，各国政府却忽然意外地——刚开始甚至大感不解地——发现自己竟面对着一种仿佛类似旧式革命的现象。此中现象，透露了貌似稳固却实有漏洞的政权的弱点。1968—1969 年间，一股反叛狂飙，吹遍了三个世界（至少其中的一大部分）。暴动的浪头，为一股新生的社会力量——各地学生——送往各个角落。此时甚至在中型的西方国家里，学生人数也已经数以十万计，不久更要高达以百万计（参见第十章）。更有甚者，学生除了人数众多，更有三项政治特征助其威风，愈增其政治要求的效力。其一，他们全部聚集在硕大无朋的知识工厂中，动员容易，比起社会真实大工厂里的工人，空间时间绰绰有余。其二，他们通常都在各国首都大城之内，随时在政客的耳目及媒体的照相机紧盯之下。其三，身为受教育的阶级，经常也是殷实的中产阶级之后，而且更是供本国社会擢取统治新秀的来源（举世皆然，尤以第三世界为最），当局对他们自然多有容忍，不会像对付下等阶级般轻易开枪扫射。在欧洲，不论东西，甚至在 1968 年 5 月的巴黎，那场惊天动地的大暴乱及街头冲突当中，学生都不曾遭到严重的伤亡。有关当局小心谨慎，全力避免造成伤亡。至于在确有重大屠杀事件发生的地方，如 1968 年的墨西哥城——在军队驱散一次公共集会的骚乱中，根据官方统计，共有 28 人死亡，200 人受伤（González Casanova，1975，vol. Ⅱ，p.564）——墨西哥政治日后的轨道，因此而永久地改变了。

学生人数的比例虽然不高，但是由于以上缘故却极有影响。尤其在 1968 年的法国，以及 1969 年“炎热秋季”的意大利，学生暴动引发了巨大的工人罢工浪潮，甚至造成全国经济暂时瘫痪。然而，它们毕竟不是真的革命，也不可能发展成真正革命。对工人来说，他们加入这些行列，只是从中发现一个机会，原来自己在劳动力市场具有讨价还价的能力；而这个议价实力，他们已经默默积聚了20年而不自觉。工人，不是革命者。至于第一世界的学生骄子，他们对推翻政府、夺取权力这类锱铢小事，更不看在眼里。不过1968年5月法国的一场学生大乱，却也差点使戴高乐将军跌下宝座；事实上，也的确缩短了他的统治生涯（戴高乐于一年后告老退休）。而同一年美国学生的反战示威，则将约翰逊总统（L. B. Johnson）拉下台来（第三世界的学生，对权力的现实面看得比较清楚；至于第二世界的学生，则深知自己对权位最好敬而远之）。西方学生的叛乱行动，文化革命的色彩较浓，是一种抗拒的表现，排斥社会上由"中产阶级父母"价值观所代表的一切事物，其中细节已在第十章和十一章内有所讨论。

尽管如此，这一代反叛学生里面，毕竟有相当数目之人因而开始注意政治，他们自然都接受了激进革命及全面社会转型的教导，以他们的精神领袖为导师——非斯大林派的十月革命偶像马克思，以及毛泽东。自从反法西斯的时代以来，马克思主义第一次走出家门，不再限于莫斯科正统理论的禁锢，吸引了西方大批年轻的知识群众（对于第三世界来说，马克思主义的魅力自然从来没有停息）。这是一个奇怪的马克思学说现象，不以行动为战场，却在讨论会中、学术场上喋喋不休，再加上当时学术界流行的各类思潮，有时还凑上其他形形色色的意识思想、国家主义、宗教学说。这一片大千世界的声音，完全从课堂上迸发而出，而非工人生活的实际体验。事实上，这些思想、讨论，与这一群马克思新门徒的实际政治行为毫不相干。他们大声疾呼，主张进行激进的战斗手段，而这种战斗行为，其实根本不需要任何研究分析。当初的乌托邦理想如泡沫破灭之后，许多人又回到——或可说转向——左派的老路上去（例如法国的社会党，即在此时重整，意大利共产党是另外一例），而如今的左翼党派，在年轻新鲜血液的注入后，也颇有部分振兴的气象。这既是一场知识分子的运动，自然也有许多成员被拉入学术圈的阵营，在美国的学术界里，便因此造成政治文化激进分子空前众多。另有部分人，则视自己为继承十月革命传统的革命者，遂纷纷参加或重建列宁式训练有素的小团体，最好是秘密性质的“先锋”型干部组织为佳，以向大型团体渗透，或以恐怖行动为目标。于是在这方面，西方与第三世界合而为一，后者也有数不尽的非法战将，摩拳擦掌准备以小团体的暴力，补偿前线大规模的败退。70年代的意大利，曾出现各种名目的“红色旅”，可能便属于布尔什维克一系在欧洲最重要的劲旅。于是一个奇特的秘密世界从此冒出，在这里，国家主义的行动团体，与社会革命意识的攻击部队，共同在国际密谋网中相结合。其中有“红军”（一般规模甚小）、有巴勒斯坦人、有西班牙巴斯克叛乱分子、爱尔兰共和军，以及其余形形色色各路人马，并与其他非法地下网络相重叠，同时又为情报组织所渗透，受到阿拉伯与东方国家所保护，必要时甚至予以援助。

这是一个大千世界，是谍报小说恐怖故事作家笔下最好的素材，对后者来说，70年代真不啻黄金时光。这是西方历史上残暴与反恐怖行为并行的最黑暗时期，这也是现代残暴势力横行的黑色时代。死亡与绑架者的魔爪伸延，还有那标志不明、使人“神秘失踪”的汽车横行——可是人人都知道那些车辆来自军警，来自特务谍报单位，来自已经脱离政府掌握，更别说民主手段能控制的超级组织。这是一场难以启齿的“肮脏战争”。[1]甚至在拥有深厚宪法程序传统的国家，例如英国，也可见到这种不堪手段的运用。北爱尔兰冲突初起的早年，便曾出现过相当严重的状况，引起“大赦国际”（Amnesty International）关切，纳入其有关虐待状况的报告书中；而最恶劣的例子则来自拉丁美洲。至于社会主义国家的情况，虽然并没有太多人予以注意，不过它们却并未受到这股邪恶风气的感染，它们的恐怖时代已经抛在背后，国境内也没有恐怖分子活动。只剩下一小群持不同政见者深知，在他们的处境之下，笔的力量远胜于剑。或者可以说，打字机的威力（再

[1] 有关阿根廷“肮脏战争”（1976—1982年）中的“失踪”与被害人数，最正确的估计约为1万人左右（Las Cifras，1988，p.33）。

加上西方公众的抗议支援)，远胜过炮弹的破坏力量。

60年代末期学生的反抗运动，是旧式世界革命的最后欢呼。这个运动，从两方面看皆具有革命意义。其一，在于其古老的乌托邦理想追寻，意欲将现有价值观做永久性的翻转，追求一个完美的新社会。其二，在其诉之以行动的实际运作方式：走上街头，登上山头，架起防栅，爆炸袭击。这也是一股国际性的革命运动，一方面因为革命传统的意识思想，从1789—1917年，始终是普遍性国际性的追求——甚至连巴斯克主张分离运动的自由党，这种具有强烈民族主义色彩的团体及60年代的标准产物，也宣称自己与马克思有些瓜葛。而另一方面，也因为有史以来第一次，这个世界真正成了一个国际性的社会——至少在那些高谈阔论思想意识的学生圈里，世界的确是一家了。同样的书刊，纷纷在布宜诺斯艾利斯、罗马、汉堡各地的书店出现，而且几乎同时出现——1968年时，马尔库塞的著作，更是这些书店架上必备的一本——同样的一群革命者，穿过大陆，横渡大洋，从巴黎到哈瓦那、到圣保罗、到玻利维亚。60年代末期的学生，是将快速廉价的电传视为理所当然的第一代人。索邦(Sorbonne)、伯克利(Berkeley)、布拉格，无论何地有事，学生群都能毫无困难地立刻体会，因为这是同一个地球村发生的同一事件的一部分。而根据加拿大大师麦克卢汉(Marshall McLuhan，60年代的又一时髦人物)的指示，我们都生活在这同一个地球村中啊！

然而这一场仿佛像是革命的运动，却不是1917年那一代革命者所认识的世界革命。它只是一个已逝的春梦，梦想的事物其实早已不存在了。其中的所作所为，只是一种自欺的假象，好像只要我们假装战斗的壁垒已经筑起，它就真的筑起，在共鸣的魔力下自动筑起。难怪那位保守派的才子阿隆(Raymond Aron)，会将巴黎的“1968年5月事件”打趣成一出街头大戏，或是一场心理实验剧罢了(psychodrama)。

再没有人指望西方世界会真的爆发社会革命了。多数的革命者，甚至不认为工人阶级——那被马克思誉为“资本主义掘墓人”的一群——在根本上属于革命的同路人；只有那些对正统教条依然忠心的人，才会抱着这个说法不放。在西半球，无论是拉丁美洲坚守理论的极左派，还是北美学生的实际行动派，旧有的“无产阶级大众”甚至被他们嗤之以鼻，被视为激进主义的大敌。因为在他们的眼里，“无产阶级”者，如今若不是享有优惠待遇的工人阶层中的贵族，就是爱国心迷的越战拥护者。革命的前途，现在只在第三世界（人口正在迅速减少之中的）农民手里了。然而这些小农百姓，必须靠远处而来的武装福音使徒——在卡斯特罗、格瓦拉们的率领之下——才能觉醒，才能将他们从过去的被动服从中摇撼出来。这个事实，却显示旧有的信念似乎已露疲惫：所谓“地上被诅咒的一群”（damned of the earth）——那被《国际歌》颂扬的一群——必将“全靠我们自己”挣开他们的锁链的说法，这种历史必然性的推论，显然不大说得通了。

更有甚者，即使在革命已经成为事实，或极可能发生的地方，它还真能保有它的世界性吗？60 年代革命者希望所寄的各种运动，事实上根本与传统革命的普遍性背道而驰。越南、巴勒斯坦，以及各式殖民地的游击解放运动，其关心焦点，都只集中在本国本民族。它们之所以与外面较大的天地有所关联，只是因为其领导人或许是共产党之故。而只有共产党人，才有较为世界性的任务在身。另外一个原因，则是由于冷战世界体系之下的两极结构，自动将它们归位——敌人的敌人，就是朋友。旧有的普遍取向，如今已经变得微不足道，从中国即可明证。而目标超越国界的革命，只在某些区域性的行动中保存下来，例如泛非、泛阿拉伯，尤其是泛拉丁美洲等注过水的运动。这一类运动，倒也拥有某种普遍程度的真实性，至少对于讲同一种语言（如西班牙语、阿拉伯语），并能在各国之间自由游走的好战派知识分子是如此，例如那些流亡者及叛变行动的策划人。我们甚至可以说，他们之中某些人的确具有国际性的色彩——尤以卡斯特罗一路为最。格瓦拉本人，便曾在刚果作战；而古巴也曾于 70 年代，派军队往非洲合恩角及安哥拉协助当地的革命政权。但是出了拉丁美洲左派的大门，到底有多少人真心期待社会主义的解放，能获得一场全非洲或全阿拉伯的胜利？由埃及、叙利亚，加上附带的也门，三角组成的短命“阿拉伯联合共和国”（United Arab Republic，1958—1961），不久即解体。叙利亚和伊拉克，虽由同样主张“泛阿拉伯主义”与社会主义的阿拉伯复兴社会党执政，两国间却时起摩擦。岂不恰恰证明，超国家的革命主张的脆弱，及其在政治现实上的不实际吗？

世界革命已然褪色，最戏剧性的证据，却正来自致力于世界革命的国际运动的解体。1956 年后苏联以及在它领导之下的国际运动，开始失去独家控制，不再能一手掌握革命目标，及其目标背后具有团结效力的理论意识。如今已有许多不同类型的马克思主义者，几种马克思列宁主义者，甚至连那少数于 1956 年后，依然在旗帜上保留斯大林肖像的共产党，也有了两三种的不同模式（中国、阿尔巴尼亚，以及与正统印度共产党分家的印度共产党）。

以莫斯科为中心的国际共运，在 1956—1968 年间瓦解。1958—1960 年间，中国与苏联正式决裂，并呼吁其他各国效法，退出苏联集团，另行组织共产党派与之较劲（不过成果甚微）。而其他共产党派（以西方为主），则在意大利领头之下，公开表示与莫斯科保持距离。甚至连最初的 1947 年“社会主义阵营”，如今也开始分裂成对苏联效忠程度不一的各种队伍，从全面效忠的保加利亚起，[1] 一直到完全自己当家做主的南斯拉夫。1968 年苏联军队入侵捷克，其目的在于以另外一套政策，取代当时捷克斯洛伐克共产党实行的新政策。苏联此举，最终断送了“无产阶级国际主义”。从此之后，甚至连执行莫斯科路线的共产党派，也开始公开批评苏联，并采取与莫斯科意见相左的政策——例如“欧洲共产主义”（Eurocommunism）。种种唱反调的现象，便成为正常状况。国际共运的落幕，也是其他任何一种主张国际

[1] 保加利亚好像还真的要求过苏联收它成为正式一员，加入苏维埃社会主义共和国联盟，可是苏联却以国际外交为由拒绝。

路线的社会主义或社会革命的尾声，因为这些异议分子与反莫斯科人士，除了各成一派之外，再也无法组成有效力的国际组织。唯一尚能模糊唤起全世界解放传统印象的机构，只剩下社会主义国际（Socialist International，1951）。这个组织，如今代表的却是已经正式放弃任何一种革命路线的政府和党派，其中多数在西方；更有甚者，多数甚至连对马克思思想的信仰也完全放弃了。

4

1917 年 10 月的社会革命传统早已丧失——有人甚至认为，连革命的老祖宗，1793 年法国雅各宾派一脉的传统也已完全失传——促成革命爆发的社会政治动荡却始终存在，社会不安的火山依然活跃。70 年代初期，资本主义的黄金时代告终，新的革命浪潮，开始席卷世界大部分地区。紧接着进入 80 年代，苏联共产党集团发生危机，最终导致它们在 1989 年间发生剧变。

70 年代的革命事件，虽然大多数发生在第三世界，但事实上其地理分布及政治体制的牵涉范围极广。令人惊奇的是，序幕的揭起却首先发生于欧洲：1974 年 4 月，欧洲大陆寿命最长的右派政权葡萄牙先被推翻；不久，相比之下极为短命的希腊极右翼军事独裁也宣告倒台。1975 年，佛朗哥元帅总算尽享其天命谢世，西班牙政权在和平转移下由权威统治走上国会政治，这个南欧国家回归宪政民主的漫长之旅至此终于完成。以上这些转变，其实都可以看成法西斯主义与第二次世界大战时代在欧洲留下的未了之账的最后清算。

葡萄牙革命政变中的激进军官，是在葡萄牙与非洲殖民地独立运动的游击部队的多年作战之下，徒劳无功的挫败感中产生。葡萄牙军队从 60 年代初期开始，就在那里征战不休，虽然葡军并未有重大战局，可是在小小的殖民地几内亚比绍，却碰上了恐怕名列非洲解放领袖能干之首的卡布拉尔（Amilcar Cabral）。60 年代末期，竟能打成了两军对峙、僵持不下的局面。刚果冲突之后，又有南非当局为加强“种族隔离政策”（apartheid）火上浇油——划出一块黑人“家园”限其居住；以及沙佩维尔（Sharpeville）大屠杀等——非洲游击运动在 60 年代遂迅速繁衍。不过一般而言却不甚见成效，加以部落互斗，中苏对抗，其势更形衰颓。进入 70 年代初期，苏联的援助大增，游击战又再度死灰复燃。可是，最后还是由于葡萄牙本国起了革命，各殖民地才于 1975 年获得独立。莫桑比克与安哥拉却马上投入了一场更为血腥残暴的内战，起因又是由于南非与美国从中介入之故。

正当葡萄牙帝国崩溃之际，另一个非洲独立资格最久的古老国家，也同时爆发重大革命。为饥荒所苦的埃塞俄比亚，老皇帝于 1974 年被赶下宝座，政权最终为一个与苏联密切合作的左派军人集团所把持。苏联因此也将它在这一地区的支持对象，由索马里的巴雷军事独裁政权身上转开，当时，后者正热情地对马列主义心向往之。而埃塞俄比亚的新政权在国内一直有人挑战，终于也在 1991 年被推翻，取而代之者，则是同样走马克思路线的地区性解放或分离运动。

这一类变化，为投效社会主义（至少在纸面上投效）的政权创造了新的流行。达荷美（Dahomey）宣布自己是一个“人民共和国”，虽然它还是在军人统治之下，同时也已将国名改为贝宁。同样在 1975 年，马达加斯加，即马拉加西（Malagasy），在司空见惯的军事政变之后，宣布致力于社会主义。军人当政的刚果，更强调自己作为一个“人民共和国”的特色——此小刚果非彼大刚果。后者是前者的巨大强邻，现已改名扎伊尔的比属刚果，执政者是贪婪出名的亲美军人蒙博托（Mobutu）。而南方的罗得西亚，即今津巴布韦（Zimbabwe），白人移民企图在此建立一个由白人统治的独立政权，11 年尝试未果之后，终在两大游击运动日增的压力下于 1976 年画上句号。但是两股游击势力，则因部落认同及政治倾向有异而分裂不合（一方亲苏，一方亲中）。1980 年津巴布韦在其中一名游击首领的统治之下宣告独立。

在纸面上，这些运动都属于1917年革命世家的一员；在事实上，它们却是截然不同的一支异类。这种变调是无可避免的后果，尤其因为当初马列主义者精心研究设计的社会，与今日撒哈拉沙漠以南后殖民世界的非洲国家之间，有着极大的分野。唯一符合他们分析条件的非洲国家，只有那个由移民建立的资本主义国度，经济发达、工业发达的南非。于是一股跨越部落种族界限的真正群众解放运动——非洲人国民大会——开始在南非出现；为其助一臂之力者，有当地另一股真正的群众工会运动，以及效能极高的共产党。到冷战结束，甚至连坚持种族隔离的政权也不得不向其低头。但是即使在此地，革命的运动力也非普遍存在，某些部落对革命的使命感特强，有些却相形甚弱——例如祖鲁族（Zulus）——这种状况，自然也为种族隔离政权从中利用某些力量，发挥了某些效用。至于非洲其他地区，除了一小群受过教育及西方化的都市知识分子之外，一般建立于所谓“国家民族”或别种因素之上的动员目标，根本上，其实只是基于向本部落效忠或部落之间的联合而已。于是愈发给帝国主义者以可乘之机，鼓励其他部落向新政权发出挑战——安哥拉就是最著名的例子。像这一类国家，若与马列思想有任何关联，充其量也只是借用它的秘方，以组成训练有素的干部党团及权威体制罢了。

美国从中南半岛的撤退，更加强了共产主义的挺进。越南全境，如今已经在共产党政府独一无二的完全统治之下，类似政权也在老挝与柬埔寨出现。

70年代末期，则见革命的大浪直接扑向美国。中美洲及加勒比海一带，原是华盛顿铁腕独断的禁脔，如今却似乎迤逦向左驰去。1979年的尼加拉瓜革命，推翻了这个小共和国内的首脑人物索摩查家族（Somoza）；萨尔瓦多的游击队势力日益猖獗；坐镇在巴拿马运河旁的托里霍斯将军（Torrijos），更是一个问题人物。可是这些状况，对美国在此地的独霸其实都没有造成严重威胁，至少绝不比当年古巴革命的冲击为大。至于1983年发生在小岛格林纳达（Grenada）让里根总统动员全军一击的革命事件，更微不足道。但是这些成功的革命事例，却与60年代的失败恰成强烈对照，因此，一时之间，确让华盛顿在里根总统的年代（1980—1988），兴起了一小阵歇斯底里的恐慌。这些事件都属革命，自是毋庸置疑，不过其中却带有极为眼熟的拉丁美洲风情。最令传统老左派惶惑不解的新鲜事是其中竟有马克思派的天主教士支持，甚而领导叛乱行动。传统的左派，向来是反教士的世俗运动，看到这种新现象自是匪夷所思。这股风气的始作俑者，起于古巴革命，[1]在哥伦比亚一场圣公会大会（1968年）支持的“解放神学”下，进而有了法理基础。这种趋势在最最意想不到的圈子当中——饱学的耶稣会教士——得到了有力支持。至于梵蒂冈的反对，自是意料中的事。

这些貌似与十月革命传统有裙带关系的70年代革命，事实上却与十月革命相去甚远。史家固然能看出这中间的差异，然而换在美国眼里，却难免把它们一律视为共产党强权的全球攻势。这种推理，一部分是出于冷战年代的游戏规则：一方所失，必为另一方所得。既然美国已经与第三世界的保守势力站在一边——进入70年代尤甚——自然愈发发现，如今自己站在革命的输家一方。更有甚者，华盛顿认为，应该对苏联核武器的进展提高警觉。总而言之，资本主义的黄金年代已经落幕了，黄金年代里美元扮演的主角也随之下台。在越南战场上，美国果然如世人早已料定般终告败退；世界上最强大的军事力量于1975年撤出越南，美国的超级强权地位遂大为动摇。自从巨人歌利亚（Goliath）被年轻大卫的弹弓击倒以来，人间还未见过这等大不敌小的败仗。1973年石油输出国组织大搞石油政变，要是当时的美国信心强一点，说不定就不会如此不加抵抗，便轻易屈服了。看到1991年对伊拉克的海湾一战，更令人不得不有此一问。石油输出国组织是啥玩意儿？不就只是一群阿拉伯的轻量级国家，在政治上无足轻重，在军事上也尚未装备到家，只不过靠着它们的油井，向世人强索高价罢了。

---

[1] 作者记得曾在哈瓦那亲耳听见，卡斯特罗本人对此也感到惊异。在他又一次长篇大论的伟大独白演说里，对于这种新发展大表愕然，不过他敦促听众们张开双臂，对这一批新战友表示欢迎。

美国眼看着自己在全球霸权的滑落，自然视这一切为向它的最大挑战，更认为这是苏联独霸世界野心的信号。70年代的革命，因此带来所谓的“二度冷战”（Halliday,1983）。这一回，跟以往也没有两样，是由双方的代理政权披挂上阵拼死斗活，主要战场便在非洲，后来又延伸到阿富汗——阿富汗战争，是第二次世界大战以来，苏联第一次亲自出马，派军队跨出自家地盘作战的战争。但是苏联自己，想必也看出新的革命形势一片大好，对它极为有利——这个说法，我们也不能一概抹杀。至少，苏联一定觉得，眼前局势可以为自己的损失扳回一局。当时它在中国和埃及两地的影响力，由于华盛顿大拉交情从中作梗，遭到重大的外交挫败。此外，苏联虽然不曾去蹚拉丁美洲的浑水，可是却在别处大染其指，尤以非洲为最，其牵涉程度比以往都要为甚，且有相当程度的收获。单看苏联竟允许卡斯特罗的古巴派军队前赴埃塞俄比亚和安哥拉，分别对抗美国在索马里新出炉的代理政权（1977年），以及有美国在背后撑腰的叛军行动安哥拉全国独立联盟（National Union for the Total Independence of Angola，UNITA）与南非军队，即可看出个中蹊跷。于是在苏联发表的各项声明中，除了百分之百的共产党政权以外，现在也把“倾向社会主义”的国家包括在内。于是安哥拉、莫桑比克、尼加拉瓜、南也门和阿富汗等国，便都顶着这个称谓参加了1982年勃列日涅夫的葬礼。这些革命政权并非由苏联起，也不控制在苏联手中，可是苏联无疑对它们大表欢迎。

然而接下来各个政权纷纷垮台，或被推翻，却证明不论是苏联的野心，或是“共产党的世界阴谋”，都与这些天翻地覆的大变动扯不上真正关系。不看别的，就连苏联自己也难逃命运的掌握。1980年起，它也开始趋于不稳，到80年代结束更完全解体。“现实中的社会主义国家”的瓦解，以及其瓦解本身有几分可以视为革命，均将在另一章有所讨论。不过在东欧各国出现危机之前，曾发生的另一场惊天动地的革命，对美国打击之重，比70年代其他任何变化更为深刻——然而却与冷战毫无关系。

这就是发生在1979年的推翻了国王的伊朗革命，这是70年代最大的一次，也势必被历史记载为20世纪最重大的社会革命之一。革命发生，是针对当时伊朗国王急进激变的手段而爆发。伊朗国王一有美国坚定的撑腰，二有该国石油的财富做后盾（1973年石油输出国组织大闹油价革命之后，伊朗也因而暴富），还推动闪电式的现代化与工业化建设（其大肆扩充军备，更是不在话下）。作为一名拥有强大恐怖秘密警察力量的绝对君主，该有的夸大狂特征伊朗国王都有了；除此而外，他显然也希望成为西亚地区的一方霸主。就他的观点而言，现代化即意味着农业改革，于是众多的小户佃农，被改变成众多缺乏经济规模的小农；或变成失业劳动力，只好往大都市另寻生计，德黑兰（Teheran）人口由180万（1960年）骤增为600万。而政府特别看重的资本密集高科技农业，却使得劳动力愈加过剩，对平均农业产值却毫无好处，于60年代和70年代间一直下降。到70年代末期，伊朗所需的粮食多需要依赖进口。

农业既然不行，国王遂愈发倚重靠石油收入养活的工业，而伊朗工业在世界无法竞争，只有靠国内保护推动。农业衰退，工业不行，巨额的进口——军火自是大宗——再加上高涨的油价，伊朗通货膨胀不可避免。对多数与现代经济部门或都市新兴工商阶级没有直接关系的伊朗人民来说，他们的生活水准，在革命前数年间极可能不升反降。

伊朗国王大力推动的文化现代化运动，也产生了反弹作用。国王伉俪确有心改善妇女的生活地位，可是在一个伊斯兰教国家里，这种做法很难得到民众的支持——日后阿富汗共产党也会有同样发现。至于伊朗国王对教育的热情诚意，却为他自己制造出相当人数的革命学生与知识分子（不过伊朗半数人口仍为文盲）。而工业化则加强了工人阶级的战略地位，尤以石油工业为最。

伊朗国王得到王位，是于1953年在美国中央情报局策划下重返宝座的一场返国政变，当时曾与极具规模的群众运动对抗，因此国王并没有太多的民意基础及合法地位可资倚仗。他本人出身的巴列维王朝（Pahlavis），其实也是源于早年发动的另一场政变，开朝始祖礼萨王（Reza Shah），原只是哥萨克旅的一名士兵，于1925年僭夺了皇室的头衔。不过在60年代和70年代，旧有的共产党和民族主义者，都在秘密警察的铁掌下动弹不得，地方上及族群性运动遭到镇压，而左派的游击团体——无论正统的马克思派或伊斯兰式马克思主义——自然也难幸免。以上这些势力，都无法提供革命爆发的火花，因此这一场惊天动地的大爆炸，基本上属于都市性的群众运动——颇有回归1789年巴黎及1917年圣彼得堡古老传统的意味——而伊朗乡间，则始终一片沉寂。

那一朵火花，来自伊朗大地上的特殊风土，即素有组织并在政治上极为活跃的伊斯兰宗教导师，他们在公共政坛上占有的积极地位，是其他伊斯兰教世界所未有，即使在什叶教派（Shiite）内部也属少见。宗教导师，加上集市上的商人工匠，向来在伊朗政治中扮演着行动派的角色，现在又动员上新起的都市群众，后者人数庞大，有充分的理由起来反抗。

这一股综合大力量的领导人霍梅尼（Ayatollah Ruholla Khomeini），年高望重，充满了报复心理。他曾在一处名为库姆（Qum）的圣地领导过多起示威，抗议一项就土地改革进行公民投票的提案，以及警察对宗教导师活动的镇压。于是60年代中期起他流亡国外，并公开抨击伊朗王朝违反伊斯兰教义真谛。进入70年代中期，他开始宣传一种完全采取伊斯兰形式的政府，鼓吹宗教导师有责任起来反抗暴政，甚至进一步取得权力。简单地说，就是发起一场伊斯兰式的革命。这种观念，的确是一项极端的创新，即使对政治行动一向积极的什叶教派宗教导师也不例外。霍梅尼的教诲，通过后《古兰经》时代的新工具——录音机——传播给穆斯林大众，而大众也侧耳倾听。于是虔诚的年轻学生在1978年于圣城库姆付诸行动，发动示威，抗议据说是为秘密警察策划的一起暗杀。游行的学生惨遭枪杀。更多的示威，更多的游行，为牺牲的烈士举行哀悼。这类活动每四十天便重复一次；人数愈增愈多，到同年底，已有上百万人走上街头向当局抗议示威。游击队也开始采取行动，在一场极具成效的关键性罢工里，石油工人关掉油田，集市商人关上店门，全国陷入瘫痪，军队不是无法便是拒绝镇压暴动。最终，1979 年 1 月 16 日国王逃亡，伊朗革命获得胜利成功。

这场革命的新奇之处，在于其意识形态。世界各处的革命原本一直到此时为止都遵循同一种思想，在基本上，也都基于同一种词汇，即 1789 年以来的西方革命传统。更精确一点，始终在某一种世俗左派，即社会主义或共产主义的路线上。传统性的左派的确也曾在伊朗出现，并且极为活跃，而它在推翻国王一事上所扮演的角色——例如策动工人罢工——事实上也不容小觑。但是革命新政权一起，左派势力便立刻被扫除。伊朗革命，是第一次在激进主义旗帜下发起并获胜的革命，也是第一起靠民粹神权取代旧政权的革命。而这项民粹神权宣示的计划目标，乃是要返回公元 7 世纪的社会——或者换句话说，既然我们所谈的是一个伊斯兰的世界，它所要重返的乃是神圣的《古兰经》撰成之际，穆罕默德出奔（hijra）之后的社会环境。对老一派的革命者来说，这种新发展就如同教宗庇护九世（Pius IX），竟然起来领导 1848 年的罗马革命般不可思议。

伊朗革命虽然成功，然而这并不表示从此革命的大纛就将在宗教呼声之下挥舞。不过从 70 年代起，在人数日增的伊斯兰世界里，宗教运动的确也成为中产阶级与知识分子群中的一大政治力量，并受到伊朗革命的激励而转趋公开叛乱。伊斯兰激进主义者的教众，在阿拉伯复兴社会党当权的叙利亚起来反抗，被残酷地予以镇压；在虔诚的沙特阿拉伯，拥向那最神圣的神座之处；在埃及由一名电机工程师的领导，刺杀了该国总统；这一切，都发生在 1979—1982 年间。[1] 然而除此之外，毕竟没有任何革命教导能够取代 1789 年和 1917 年传下的革命传统；除了将旧政权推翻以外，毕竟没有任何主导计划，从事世界性的改造。

---

[1] 至于同时期显然也属于暴力型政治的宗教运动，则缺乏普遍性的取向目标（事实上根本刻意排除），因此通常应视为种族性质的动员较为恰当，例如斯里兰卡僧伽罗族的佛教好战派，以及印度境内的印度教及锡克教激进主义等。

伊朗革命的现象，甚至也不代表旧有的传统从政治场上消失，或就此失去了推翻政权的力量。不过苏联共产主义的瓦解，的确将传统革命的角色从世界极大部分抹去。但是在拉丁美洲，它依然有着相当的影响，当地在80年代爆发的最大叛乱行动，秘鲁的所谓“光辉道路”，即以毛泽东思想为帅旗。它在非洲，在印度，也还是生气勃勃。更有甚者，出乎冷战一代意料的是，苏维埃式的“先锋”统治党派，即使在苏联解体后犹存世间，尤以落后国家及第三世界为最。它们不但在巴尔干南部的选举中赢得胜利；在古巴，在尼加拉瓜，在安哥拉，甚至在苏联部队退出之后的喀布尔，它们也证实自己并非纯粹扮演苏联的傀儡。然而，就是在这些地方，旧革命传统的精神也遭侵蚀，而且常常从内部毁坏。例如在塞尔维亚，当地的共产党一改本来面目，变成主张大塞尔维亚沙文主义之党。又如在巴勒斯坦运动里，世俗左派的领导地位正不断受到伊斯兰激进主义者的侵蚀。

5

20世纪末期的革命，因此具有两个特征：一是既有革命传统的萎缩，一是群众力量的复兴。我们已经看到（参见第二章），1917—1918年以来的革命，很少有建于基层群众基础之上者。多数由行动派的少数推动，全力投入，组织有素；或从上层发动，强制实施，如军事政变或军方占领——虽然这并不表示在适当的状况之下，它们就没有真实的群众基础（只有当变动是来自外来的征服者时，情况才会有所不同）。但是到20世纪末期，“群众”再度回到舞台上，这一回，不再只是充任背景的角色，反而一转身担纲演出。而少数人的行动主义，则以农村或都市游击队及恐怖分子的姿态出现，继续在发达世界活动，而且甚至成为当地固有的现象。在南非的重要地带，在伊斯兰教的区域，它们也是经常不断的景观。根据美国国务院的统计，国际恐怖事件已由 1968 年的 125 起，增加到 1987 年的 831 起，牺牲的人数则由 241 人增为 2 905 人（UN World Social Situation，1989，p.165）。

政治暗杀的名单也愈来愈长——埃及的萨达特总统（Anwar Sadat，1981）、印度的甘地母子（Indira Gandhi，1984；Rajiv Gandhi，1991）不过其中一二。爱尔兰共和军在英国，巴斯克自由党在西班牙，这两个团体的活动也都属于典型的小群暴力行为。它们的优点是，可以凭很少的数百人，甚至数十人完成任务，因为有兴隆的国际军火贸易源源供应的爆炸力超强、价格低廉、携带方便的武器炸药相助。这是三大世界日趋野蛮的一大征候，生活在 20 世纪末期的都市人群，愈发学会如何日日生活在为恐怖不安浸染的气氛之中。但是这些行动，对政治革命的真实贡献却极小。

但是群众的力量则不然。正如伊朗革命所显示的，数以百万的百姓，随时愿意走上街头，对革命有很大影响。10 年后的民主德国亦然，民主德国的民众，打定了主意，用他们的双脚，用他们的汽车投票，纷纷向联邦德国方向出发，显示其反对民主德国政权的决心。这一场大迁移，事先没有任何组织，完全是自发性的现象——不过匈牙利决定大开门户，自然也有加速促成的作用。短短两个月内，在柏林墙倒塌之前，即有 13 万民主德国人踏上这条西奔之路（Umbruch，1990，pp.7—10）。还有罗马尼亚，是电视媒体第一次抓住革命那一刻镜头的地方。被政权召集来到公共广场上的民众，不但没有鼓掌喝彩，反而开始嘘声四起，独裁者松弛下垂的老脸，反照的正是群众显现的革命意志。更有在巴勒斯坦被以色列占领之处，掀起了大规模的不合作运动（intifada），从 1987 年发起之时开始，便显明从今而后，以方只能用全力镇压，方能维持它的占领。按兵不动，默许接受，已经镇不住澎湃汹涌的巴勒斯坦民情。一向缺乏活力的迟钝黎民，到底是受到什么刺激忽然翻身采取行动？——现代传播科技，例如电视、录音机，使得即使最偏远隔离之人，也难自外于世局冲击——但是归根结底，群众蓄势待发准备上阵的态势，才是决定一切的关键所在。

但是群众运动，并不曾也不能单靠自己便推翻政权。某些实例显示，这股力量，有时甚至立即被高压挡了回去。民众大规模运动的最大成就，在于凸显出政权已经失去其合法的代表地位。在伊朗，以及在1917年的圣彼得堡，政权合法性的失去，是以最古典标准的形式展示，即军警拒绝继续听命于政权。在东欧，群众运动则让已经在苏联拒伸援手之下锐气大挫的旧政权认清事实，恍然之间自己的气数已尽。这真是列宁教科书的标准范例：人民用脚投票，可能比真正的选票更为有效。当然，单单靠老百姓不能成事，革命不会因此便成功。他们不是军队，只不过是一群民众而已，或是各个人在统计上的聚合。他们需要有人领导，需要有政治上的结构或策略才能使革命奏效。伊朗民众之所以能够动员是出于一场反对国王政权的政治抗议运动，但是将这个运动转化成革命的关键，却在数百万人欣然从之。群众应上层政治号召，直接大规模地介入。众多先例，也都符合这同一类的模式——例如20年代和30年代印度国大党呼吁民众对英国采取不合作运动（参见第七章），以及阿根廷有名的“效忠日”（Day of Loyalty）上，庇隆总统的支持者，在布宜诺斯艾利斯的主广场（Plaza de Mayo）要求释放他们被捕的英雄（1945年）。更有甚者，最重要的因素并不在其人数，却在如此众多的人数可以在一个让他们高度发挥效果的状况下行动。

为什么用脚投票的现象，在20世纪最后10年当中成为政治场上如此重大的一部分，对此我们还不甚了解。若试探其原因，其中之一，必定由于在这段时期里，统治者与被统治者之间的距离，几乎在世界各处都加大。不过在设有政治机制经常了解民意，并有方式让民众表达其政治倾向的国家，差距日重的现象，不足以造成革命，或导致上下之间完全断层。全民一致丧失信心最有可能发生的地方，是在早已失去或从来不曾拥有合法基础的政权（例如以色列在其占领地），而在当权者极力掩饰事实真相的地方更为显著。[1] 但是即使在国会体制稳定

[1]　即使在德意志民主共和国垮台前的4个月，当地选举还依然给执政党高达98.85%的选票。

的民主政体内部，大规模反抗现实政治或政党体系的示威活动也经常发生。如1992—1993年意大利的政治危机，以及诸多国家出现的新选民力量。这股强大新趋势的共同现象，即在其对任何固有的政党都不予以“认同”。

然而群众运动的复苏还有另外一项因素，即全球的城市化，尤其在第三世界为最。在早期古典的革命时代，从1789—1917年，旧政权都是在大都会中遭到推翻；可是后来新起的政权，却是在话都讲不清楚的乡村草民拥戴之下成为永久。20世纪30年代之后的革命，其新奇之处，即在于革命是从乡间发动，一旦胜利之后，再进入城市。但是到了20世纪后期，除了几处实在落后的地区之外，革命又开始从城市发动，甚至在第三世界也不例外。这种趋向，势无可免，因为如今任何一个大国家的人民大多居于城市（至少看来如此），而且，也由于权力中心所在的大都市，足以抵挡农村来的挑战（现代科技之功，自然绝不可没）——只要当权者尚未失去民心。阿富汗战争（1979—1988）即证明，一个以城市为基地的政权，依然可以在农村反叛力量层出的典型游击战乡间继续生存。因为它有人撑腰，有人给资金，更有现代高科技的武器装备，甚至在它一度完全依赖的外国军队撤出之后，也依然可以不为所动。纳吉布拉（Najibullah）总统的政府，出乎众人意料，在苏联军队撤退数年之后依然残存。即使它最后终于垮台，也不是出于喀布尔不再能对付农村武力，而是因为他自己麾下的职业士兵倒戈。1991年海湾战争之后，萨达姆·侯赛因（Saddam Hussein）也照样屹立于伊拉克而未倒，虽然军队元气大伤，却依旧能够南征北战，对付其国内的反叛势力，其中原因，即在他未曾失去巴格达市（Baghdad）。20世纪后期的革命，必须在都市起事才能成功。

这一都市革命会否继续进行？20世纪的四大起革命风云：1917—1920年、1944—1962年、1974—1978年、1989年至今，是否还会有另一波排山倒海的洪流？回头望去，世间不经过几场革命、武装反革命、军事政变、平民武装冲突，[1]而能存在于今的政权屈指可数。看过了这样一个流血革命的百年，谁还敢下赌注，担保和平宪政式的转变，真能在普天之下胜利成功？——1989年时，某些深信自由民主宪政的人士欣喜若狂之余，便曾有此等空想预言。然而进入第三个千年阶段的世界，可并不是一个拥有安定国度与社会的世界。

不过，虽然世界肯定将继续充满狂乱不安——至少极大一部分地区将会如此——这些变乱的本质却依然不明。在“短20世纪”行将结束之际的世界，是处于一种社会崩溃而非革命危机的状态，虽然其中难免也包括如70年代伊朗般的国家。在那里具备起来推翻已然失去合法性并为民众所憎恨的政权的条件，在足以取而代之的领导带动之下，民众掀起革命反抗；如本书写作时的阿尔及利亚，以及在种族隔离政权下台之前的南非（不过，即使革命的条件潜在或已存在，革命也非必然成功）。然而在今天，像这样一鼓作气、集中焦点对现状不满的现象并不很多，一般较普遍的情形，多为分散式的排斥现有状况，或政治组织不存在，或对政治组织感到极端的不信任。总而言之，也许根本就属于一种解体的现象，各国的国内外政治也只有尽其所能，竭力地适应。

这个新现象也充满了暴力不安——罪恶之重，比前更甚——同样关键的是，并有各式武器横流。以希特勒夺得德奥两个政权之前的几年为例，当时种族之间的紧张与仇恨虽重，却很难想象他们会恶化到如同今天的新纳粹青少年光头党（neo-Nazi teenage skinheads）一样，纵火焚毁一户土耳其移民人家，烧死了其中6人。然而到了1993年，当这种激烈行动发生在德国的宁静深处，特别恰好又是在其工人阶级社会主义传统最为深厚的索林根（Solingen）城内，却已是司空见惯、

[1] 若除去那些人口不足50万的小国不计，世界上持续实行“宪政”政体的国家只有美国、澳大利亚、加拿大、新西兰、爱尔兰、瑞典、瑞士，以及大不列颠（除去北爱尔兰不算）。至于第二次世界大战期间和之后遭到占领的国家，则不被列入宪政连续未断之列。不过若真要计较起来，倒也有几处前殖民地或落后地区，从不知军事政变或国内武装挑衅为何物，因此也可视为“无革命”国家：如圭亚那、不丹（Bhutan）、阿拉伯联合酋长国等。

令人见怪不怪的常事了。

更有甚者，具有高度爆破力的武器弹药，如探囊取物，随手可得，以致一度为发达社会独霸的军备优势，也不再是世间的理所当然。前苏联集团境内，如今是一片贫穷不堪、贪欲横流的混乱现象。核武器的拥有甚至制造方法，极有可能流入政府以外的团体手中——这种骇人的可能性，也不是难以想象的事情了。

因此，进入第三个千年的世界，显而易见，必将仍是一个充满了暴力政治与激烈政治剧变的人间。唯一不能确定的是，我们不知道这一股乱流，将把人类引向何处。

第十六章

社会主义的失势

（革命俄国的）状况，全靠一个不可或缺的关键因素：绝不容许任何地下权力的市场存在（就好像一度曾发生于教会的情况一般）。要是一旦欧洲那种金钱与权力相结合的现象也渗透进了俄国，那么败亡的恐怕不是国家，甚至也不是党，而是共产主义本身了。

——德国哲学家本雅明（Walter Benjamin，1979，pp.195—196）

单单靠一个官方党纲，再也不能作为指导行动的方针。不止一种的意识思想，各种混合的想法与参考架构，如今一起并存。不但在社会上如此，甚至在党内，在领导阶层中亦然……除了官方的辞令以外，一个教条式的“马列主义”，再也不能适应这个政权的真正需要了。

——卢因（M. Lewin in Kerblay，1983，p.xxvi）

我们要实现现代化，关键是科学技术要能上去……靠空讲不能实现现代化，必须有知识，有人才……现在看来，同发达国家相比，我们的科学技术和教育整整落后了 20 年……日本人从明治维新就开始注意科技，注意教育，花了很大力量。明治维新是新兴资产阶级干的现代化，我们是无产阶级，应该也可能干得比他们好。

——邓小平，《尊重知识，尊重人才》，1977 年

（《邓小平文选》第 2 卷）

1

70年代有一个社会主义国家，特别忧心其在经济上相当不如人的落后状态。不论别的原因，单看紧邻它的日本，竟然是一个最为辉煌灿烂的资本主义成功范例，就令它着急不已。中国共产党，事实上绝不只能看作苏联共产党的一个分支，而中国作为苏联卫星集团一员的色彩更浅。即以一点来论，中国的人口便远比苏联为多，事实也比世界上任何一个国家为多。中国的实际人口数也许不能肯定，但是一般估计，地球上每五个人里，便有一人是住在中国（东亚及东南亚一带，也有大量的华裔人口移居）。更有甚者，中国民族的同一性不但远超过其他许多国家——94%的人口为汉族——并且作为一个单一的政治实体（虽然其间或有分裂中断），至少可能已有2000年历史之久。更重要的是，在2000年的绝大多数时间里，并在绝大多数关心天下事的中国人心目当中，中国是世界文明的中心与典范。反之，在所有其他由共产党政权获胜执政的国家中，除了极其少的例外，由苏联开始，都是自认为文化边区，相比于先进文明中心显然落后的不毛之地。斯大林年代的苏联为什么极声尖叫，一再强调自己不必依赖西方的知识科技，大力坚持自力研制从电话到飞机所有先进的创新发明，就是它自认不如的心态的明显流露。[1]

但是中国可不这样想。它认为——相当正确的看法——自己的古典文明、艺术和文字，以及社会价值观系统，是其他国家公认的精神鼓舞及模仿对象，对日本尤其恩深泽重。像这样一个文化大国，不论由集体角度看，或从个人地位与其他任何民族相比，自然毫无半点知识文化不如人的自卑感觉。而中国周围的邻近国家，也没有一国能对它造成丝毫的威胁；再加上中国发明了火药，更可高枕无忧，轻而易

---

[1] 俄国在1830—1930年百年间的知识暨科学成就实在惊人，并在科技上有数项极为辉煌的创造发明。然而俄国的落后，却使这些成就很少能转化为经济生产。然而，少数几名俄国人的才智，与其在世界上的名气，愈使俄国不及西方的巨大差距更为突出。

举将犯境的野蛮人拒之境外。于是中国人的优越感，更获得进一步的肯定，虽然这种心态，曾使得它在面对西方帝国的扩张时一时措手不及。19世纪时，中国在科技上的落后，变得再明显不过——因为科技不如人，直接便表现为军事上的不如人。但是这种落后现象，事实上并非由于中国人在技术或教育方面无能，寻根究底，正出在传统中国文明的自足感与自信心。因此中国人迟疑不愿动手，不肯像当年日本在1868年进行明治维新一样，一下子跳入全面欧化的“现代化”大海之中。因为这一切，只有在那古文明的捍卫者——古老的封建国家——成为废墟之上才能实现；只有经由社会革命，在同时也是打倒孔老夫子学说的文化革命中，才能真正展开。

中国共产党，因此既具有社会主义性质，又兼有民族主义气质——希望这个字眼不致有反答为问的嫌疑。点燃共产主义火把的爆炸物，是中国人民极端的贫困受压。首先是中南部沿海大城市帝国主义租界（有时并有不失现代的工业）里的工人群众（上海、广州、香港），其后则有占中国90%人口的小农加入。中国农民的状况，甚至比都市人口更惨，后者的平均消费是前者的两倍半还有余。中国之贫穷，西方读者难以想象。在共产党取得政权时（根据1952年的数据），中国平均每人每天只有半公斤的粮食得以糊口，每年也仅有0.08公斤的茶叶可享用。至于他或她的足下，则每约五年才有一双新鞋上脚（China Statistics，1989，Tables 31，15.2，15.5）。

中国共产主义的民族性格，既通过上层与中层出身的知识分子体现，他们为20世纪的中国政治运动，提供了大多数的领导人才，也透过中国民众普遍感受的情感体现。中国人民认为，那一批批野蛮的洋鬼子，不论对与他们有过接触的中国人个人而言，或对中国作为国家整体来说，都没有半点好处。自从19世纪中期以来，每一个有点实力的外国势力，中国都受过它们的欺压，曾被它们击败，惨遭它们瓜分，受到它们的剥削和利用。因此，中国人这种深恶痛绝的感受，自然绝不是无的放矢。早在封建王朝覆灭之前，中国便已经掀起过数次带有传统意识色彩的反帝国主义运动，例如1900年的义和团。而共产党的抗日，无疑是共产党翻身的关键时刻，使它由一个被看作是业已溃败的社会乱源（即这个党30年代所处的地位），摇身一变，成为全中国人民的领导和代表。共产党同时呼吁对中国的穷苦百姓进行社会解放，自然使得它对国家民族进行解放复兴的政治目标，在以农民为主的大众眼里更为可信。

因此在这一点上，共产党比它的对手占有优势。1911年封建王朝覆灭后的中国，到处是军阀割据。（早期的）国民党，打算在这满地残破上重建一个强大单一的新共和国，一时之间，两党的短期目标似无不同之处。双方的政治基础，都在中国南方较先进的几处大城市（共和国便定都其中之一）；双方的领导阶层，也都由颇为类似的知识精英组成——不过一方较亲企业，另一方则贴近农工大众——比如说，两边都拥有同样比例的传统地主与士绅阶级出身的男子，即中国的传统精英分子，不过共产党内，西式教育程度较高者似乎较多（North / Pool，1966，pp.378—382）。双方发起运动之始，也都出于20世纪初年的反帝国主义思潮，并经过"五四运动"（1919年北京学生教师发起的一场民族思想浪潮）愈发强化。国民党的领袖孙中山，是一位爱国者、民主人士，同时又是社会主义者，他接受苏维埃俄国的教导及支持——当时唯一的革命及反帝国主义力量——同时发现布尔什维克式的一党模式，比西方模式更适合他完成任务。事实上，共产党之所以在中国成为主要大党，多半是通过这个与苏联携手的路线之故。中共不但由此进入正式的国家政治生活中，到孙中山于1925年逝世后，更进入民国政府，将其势力延展至国民革命军的北伐大军。孙中山的继承人蒋介石（1887—1975），始终不曾在全中国实现全面控制，虽然他在1927年与苏联闹翻，并且进行清党，镇压共产党人。而后者当时拥有的群众基础，主要仅是一小群都市工人阶级而已。

于是共产党不得不将注意力转向农村，在那里，掀起了一场对抗国民党的游击战，但是整体而言，成效甚微——共产党内部的斗争混乱，以及莫斯科对中国现状的不了解，显然有损害作用。1934 年，在那场英雄式的“万里长征”之后，中共军队被迫退居西北部边区的遥远角落。种种形势，使得长久以来即赞成采取“农村包围城市”策略的毛泽东，在中共扎根延安年间，跃居而成为无可置疑的当然领袖。但是就共产党本身的发展而言，新形势却没有提供任何前景。相反地，到 1937 年日本发动全面侵华战争为止，国民党却逐步确立了它对中国大部分地区的统治。

但是国民党毕竟缺乏吸引中国人民大众的真正目标，再加上它当时放弃了同时也具有现代化及复兴民族意义的革命路线，因此不是共产党的对手。蒋介石终究没有成为另一个凯末尔——凯末尔同样也领导了一场现代化、反帝国主义的民族战争，一方面与年轻的苏维埃共和国为友，一方面又利用本地的共产党为己用，然后再一脚踢开；只是凯末尔的手段没有蒋介石那么咄咄逼人罢了——蒋介石跟凯末尔一样，同样拥有一支军队，可是这却不是一支向国家效忠的军队，更无共产党军队具有的革命气节。这支军队的成员，是那些知道大可凭一杆枪、一身制服，在动乱中打出天下的一帮人。而带队的军官，则是一群深谙“枪杆子可以出政权”同时也深信“枪杆子出财富”的家伙。蒋介石在城市中产阶级中，拥有相当的拥护基础，海外华侨对他的支持恐怕更大。可是中国的老百姓，却有九成住在城市之外，中国土地亦有九成属于乡间。这些广阔的地域——如果有半点控制的话——都在当地有势力的人手中，从拥兵自重的军阀，到前朝遗留的士绅，不一而足，而国民党则与他们达成妥协。日本人大规模发动侵华，国民党军队无法抵御日军对其精华力量所在沿海各城市的猛烈攻击。而在中国其余各地，国民党则终于成为它一向有可能变成的又一个地主加军阀的腐化政权，就算它从事抗日，效果也极其有限。与此同时，共产党却动员了群众，在敌后进行抗日，卓有成效。待到一场几乎毫不留情大败国民党的短暂内战之后，共产党于 1949 年全面接收中国，封建王朝结束之后 40 年的统一中断的局面，总算告一段落。对于所有中国人民来说——除了逃到他处的国民党残余是例外——共产党才是中国的合法政府，是中国政权正统的真正继承人。在众人眼里，它也被如此看待。因为凭着多年实践马列主义党纲的经验，共产党的统治足以通令全国，建立一个全国性的严格体系，从中央开始，一直到庞大国土最偏远的乡野——在多数中国人的心目里，一个像样的国家就该如此。组织纪律，而非教条学说，是列宁布尔什维克主义对这个变化中的世界的最大馈赠。

然而，共产党中国绝非只是旧式帝国的复兴。当然，中国文明的千年不坠，共产党受惠良多。因为在这绵延不断的悠久历史当中，中国老百姓学会了如何面对应“天命”而生的政权统治；而那些当政主事之人，也娴熟了治理之道。世界上找不出第二个共产党国家，竟会在其政治辩论中，引用16世纪某官员对嘉靖皇帝的忠耿进言。[1]50年代有位老牌中国观察家——《泰晤士报》特派记者——当时即语出惊人（包括本书作者在内）做此预言：到21世纪时，除了中国以外，世界将再无共产党国家；而共产主义，也将在中国成为民族性的意识思维。他的意思即在于此。因为对多数中国人而言，这场革命，主要也是一场“复旧”：回归和平秩序与福利安康，重返袭自唐代的政府制度，恢复伟大国家与文明的旧观。

刚开始的头几年里，这似乎也是中国老百姓得到的赏赐。农民的粮食生产，在1949—1956年间，增产了七成之多（China Statistics，1989，p.165），大概是因为他们尚未受到太多干扰之故吧。到中国开始介入1950—1953年的朝鲜战争，虽然难免引起相当一阵恐慌，但是面对强大的美军，中共军队竟然能先挫其势，后又能拒其于雷池之外，这份力量实在不容小觑。而工业与教育的发展计划，从50年代中期也已开始。从1956年起，中国与苏联的友谊迅速恶化，1960年两大共

[1] 见1959年《人民日报》载《海瑞谏帝书》。该篇作者吴晗，并于1960年为北京京剧团编了一出名为“海瑞罢官”的戏。几年后，这出戏却为“文化大革命”提供了发动的借口（Leys，1977，pp.30，34）。

产党政权终告决裂，于是莫斯科尽撤其重要的科技与各项援助。但是中国人民的磨难并不由此而起，援助的撤退只使其加深罢了。他们遭受的磨难主要来自三个方面：一是1955—1957年间农村的高速集体化；二是1958年的工业“大跃进”运动，接着有1959年至1961年的三年大饥荒，恐怕也是20世纪史上人类最大的一场饥荒；[1]三是十年的“文化大革命”浩劫，随着毛泽东在1976年去世才告结束。

几场浩劫性的冒进，一般以为，在一定程度上归因于毛泽东本人。他的政策，在中共中央内部往往只得到勉强地接受，有时甚至面对公开坦率的反对——“大跃进”中便可见最显著的例子。他对付这些反对意见的手段，就是掀起“文化大革命”。但是我们必须先了解中国共产党特有的本质，才能对这些事件做进一步的认识；而毛泽东本人，就是党最佳的代言人。它是一场“后十月革命”的运动，是通过列宁才接触了马克思，或者更精确地说，它是经过斯大林的“马列主义”才知道了马克思。毛泽东本人对马克思学说的认识，看来几乎全部袭自斯大林派所著的《联共（布）党史简明教程》（1939年）[History of the CPSU（b）: Short Course of 1939]。直到他成为国家领导人之前，毛泽东始终未曾跨出国门，其理念知识的形成，全是植根于中国本土。但是即使是这种理念，也有与马克思主义接近之处，因为所有的社会革命梦想，都有其共通之处，而毛泽东呢——毫无疑问具有十分诚意——正好抓住了马列主义中几点符合他见解的地方，用以证明自己理论的正确。然而他所设想的理想社会，是一个众人异口同声，意见完全一致的社会，“个人全面自我牺牲，全面投入社会集体，最终将止于至善……一种集体主义的神秘思想”，事实上正好与古典马克思主义完全相反，至少在理论及终极目标上，后者的主张，乃是个人全面的解放与自我的完成（Schwartz，1966）。中共以为，一个人可以经

[1]　根据中国官方统计，1959年全国人口为6.7207亿。依照前7年每年至少20‰的自然增长率推算（确切数字是21.7‰），1961年时中国人口应该到达6.99亿。可是事实上却只有6.5859亿，换句话说，即比预期数字少了4 000万（China Statistics，1989，Tables T 3.1 and T 3.2）。

由改造，产生精神的变革力量。这种强调心灵变化能力的看法，虽然是先后得自列宁和斯大林两人对意识知觉与自由意志力量的信仰，可是未免发挥得过火了。尽管列宁对政治行动决心的作用深信不疑，可是他却从不曾忘却现实——他怎么能？——他知道行动的效力，受到现实状况的局限；甚至连斯大林，也清楚其权力的行使有其限制。然而，若非深信“主观意志”的力量无限，若不是以为只要愿意，人定可以移山胜天，“大跃进”这种过火行为，根本难以想象，又怎么可能发生？专家可以告诉你，什么事办得到，什么事办不到；可是只要有了革命狂热，却可以克服一切物质障碍，意志力能够转变外物。因此“红”的意义，并不在其比“专”重要，而在它指出了另一条路。1958 年间，中国各地同时掀起一阵热情高潮，这股热情，将使中国“立即”工业化，一跳跃过好几个年代，进入未来。而在未来，共产主义必将“立即”全面实现。于是无数劣等的自家后院高炉，纷纷投入了生产洪流；靠着土法炼钢，中国的钢铁产量在一年之内翻番——到 1960 年时，甚至还真的增加 3 倍以上。可是 1962 年，却又跌回比“大跃进”之前还要低的程度。这些土高炉，只是转型中的一面。另有 24 000 个“人民公社”，于 1958 年中短短不到两个月内成立；公社内的农民，代表着另一面的转型。这些公社，是地地道道十足的“共产”，不但将农民生活所有的内容都全部集体化了，包括家庭生活在内，例如公社一手包办的幼儿园和食堂，解脱了妇女家务和育儿的操劳，反之，却将她们编成队伍送下田去——并以六项基本供应，全面取代农家的劳动所得与金钱收入。这六项供应是：粮食、医药、教育、丧葬、理发和电影。显然，这一套并不灵。不出数月，在众人的消极抵制之下，公社制度中最极端的例子终于被放弃，不过一直要到 1960—1961 年间，天灾人祸一起造成了大饥荒（正如斯大林推动的集体化行动一般）方才结束。

就一面来说，这种对意志力量的信仰，其实主要来自毛泽东对“人民”的信仰：人民随时愿意接受转变，因此也愿意带着他们的创造力，以及所有固有的智慧与发明能力参与这项伟大的大跃进工程。基本上，这是艺术家浪漫的观点，就是这股浪漫心态，引导他不顾党内其他领导人士提出的疑虑与务实忠告，径自于1956—1957年间，发动“百花齐放，百家争鸣”运动，呼吁旧精英分子出来响应，自由发表他们的看法。毛泽东发起这个运动，是基于一项假定，他以为这些老知识分子，或许已经在革命中（甚或由于他本人的感召），完全改造了。结果，正如其他“感召力量比较欠佳”的同志所担心的一般，这股自由思想的突然奔流，反证明众人对新秩序毫无一致认同的热情。毛泽东心中对知识分子天生具有的那股不信任心理，于是获得证实；他对知识分子的怀疑和不信任，在10年“文化大革命”中达到最高表现程度。10年之间，中国的高等教育等于完全停摆，原有的知识分子纷纷被送到乡间劳动。[1]然而毛泽东对农民群众的信任却始终不变，“大跃进”期间，在同样的“百家争鸣”（即发挥各地的本土经验）原则之下，他力促后者找出种种办法解决生产问题。毛泽东在根本上深信，斗争冲突、紧张压力，不但是生命中不可或缺之事，而且唯有如此，方能避免中国重蹈旧社会的覆辙。因为旧社会坚持的和谐不移，正是中国的弱点所在——这一点，其实是毛泽东在马克思学说中找出论点支持自己想法的又一章。革命，以及共产主义本身，必须靠不断的一再斗争，方能保持血脉畅通而不阻塞。革命，永远不能停止。

毛泽东路线的奇特之处，即在其“既是极端的西化，却同时又局部地回归传统”。传统模式，事实上正是毛泽东政权甚为倚重的基础。至于以苏联为师，具有高度重工业倾向的工业化发展，更是绝对的第一优先。“大跃进”的荒谬，主要来自一种盲目的看法——这一点中苏相同——认为不但要以农业养工业，与此同时，农业还得想法子自力更生，因为所有的资源都必须投入到工业中。这种重工轻农的做法，

[1] 1970年时，全中国“高等学校”的学生总数仅有48 000人，技术学校学生23 000名（1969年），师范学校15 000名（1969年）。研究生人数资料的缺乏，显示出当时中国根本没有研究所的设置。1970年，一共只有4 260名学生进入“高等教育机构”学习自然科学，学习社会科学者仅90名。这是一个当时拥有8.3亿人口的国家（China Statistics，Tables T17.4，T17.8，T17.10）。

意味着以“精神”回馈，取代“物质”诱因。转为现实，在中国就变成以无止境的“人力”替代不可得的“科技”。中国乡间，始终作为毛泽东体系的基石，正如同当年游击年代以来，一直未曾改变。“大跃进”运动排山倒海而来，中国乡间又成为工业化的最佳场所，这一点则与苏联不同。在毛泽东的统治之下，中国不曾发生过任何大规模的都市化发展——又与苏联不同——一直要到 80 年代，农村人口才降到 80%以下。

毛泽东执政的 20 年间，掺杂着超现实的幻想。对这种混乱，世人自然感到震惊。但是我们也要看到，若以饱受贫穷折磨的第三世界标准而言，中国老百姓的日子其实不算坏。毛泽东时期结束时，中国人平均粮食消耗额（以卡路里计）刚好居世界各国的中等（median）以上，并高于美洲 14 国、非洲 38 国，在亚洲也属居中——远超过新加坡、马来西亚两国以外的南亚及东南亚全部地区（Taylor / Jodice，Table 4.4）。中国人出生时的平均预期寿命，也由 1949 年的 35 岁，增加为 1982 年的 68 岁——死亡率则持续下降（Liu，1986，pp.323—324）。而即使将大饥荒考虑在内，从 1949 年到毛泽东去世，中国人口还是由 5 亿左右增长为 9.5 亿多，可见得中国经济毕竟有法子喂饱大家——比起 50 年代的水平略见增长——衣物类的供应也比前稍有进步（China Statistics，Table T15.1）。至于中国教育，却同时遭到饥荒与“文化大革命”的波及，甚至连初级教育也不例外。天灾人祸之下，分别使入学人数锐减 2 500 万左右。但是不能否认的事实是，在毛泽东去世的那一年里，全中国进入初小的学童人数，比起当年他取得政权时多出 6 倍，即高达 96%的注册率，比起即使在 1952 年还不及 50%的比例，当然更见成就。诚然，纵使到了 1987 年，20 岁以上的全部人口当中，仍有超过四分之一目不识丁或属半文盲——女性中不识字的比例，更高达 38%——但是我们不要忘记，读书识字，在中国是一件极为困难之事；1949 年以前出生的 34%的人口当中，有幸完全就学者可谓少之又少（China Statistics，pp.69，70—72，695）。简单地说，在持怀疑心理的西方观察家眼里——其实有很多人根本缺乏怀疑的精神——毛泽东时期的成就也许不堪一提；可是换作印度人或印尼人来看，他的成就却相当不凡。对于80%属于农民阶级、与外界隔绝的中国老百姓而言，自然也比较满意了。他们的期望，最多也就同其祖先一般。

不过在国际舞台之上，中国自革命以来显然大为落后，尤其与非共产党的邻国相比，表现更见不如。它的平均国民经济增长率，虽然在毛泽东执政期间颇为出色（1960—1975），可是比起日本、中国香港、新加坡、韩国，以及中国台湾地区这几个中国政府必然密切注意的东亚国家和地区，显然相形失色。中国的国民生产总值固然庞大，却只与加拿大的总值相当，比意大利要少，更只有日本的四分之一（Taylor/Jodice，Table 3.5，3.6）。总之，50年代中期以来，在伟大舵手带领下的这趟迂回之旅，险象环生，之所以尚能持续进行，是因为毛泽东于1965年在军队支持之下，发动了一场刚一开始是由学生领头的无政府“红卫兵”运动，借以对抗已经在默默跟他唱反调的党中央领导人士，并用以对付所有知识分子。这就是陷中国于10年浩劫的“文化大革命”。到了最后，毛泽东必须调动军队入场，方能收拾残局，重新恢复秩序。同时发现他自己也不得不稍作妥协，将党的控制力做某种程度的恢复。毛泽东本人显然已到了生命的晚期，没有了毛泽东的极左路线，便缺乏实质支持。于是1976年伟大的领袖毛泽东去世后不久，由其遗孀江青领头的“四人帮”便几乎即刻被捕。紧接着邓小平率领的实用主义路线，便马上登场了。

2

邓小平在中国实行的新路线，不啻为最坦白公开的承认：“现实中的社会主义”的构造需要改革。而且除了中国而外，当世界由70年代步入80年代时，凡是世上自称为社会主义的制度，显然都出了极大的弊病。只见苏维埃式的经济动力渐缓，所有可以计算的重要增长数字，也随着1970年后的每一个五年计划逐期降低：国民生产总值、工业产品、农业生产、资本投资，实际平均所得，都是如此。就算没有在真正的退化之中，苏联经济毕竟露出疲态，宛如牛步进行。更有甚者，苏联不但未变成世界贸易里的工业巨人，反而在国际市场上倒退。回到1960年，它的输出品还以机械设备、运输工具，以及金属及其产品为大宗；到了1985年，却转以能源为主（53%，即石油及天然气）。反之，它如今的进口货物中，几乎有60%为机械及金属类等，以及工业消费产品（SSSR，1987，pp.15—17，32—33）。换言之，苏联的地位已经宛如专事生产天然资源的殖民地一般，为其他较先进的工业经济提供能源——事实上，后者主要就是它本身在西方的附庸国家，尤以捷克斯洛伐克与德意志民主共和国为主。而后两国的工业，也可以依赖苏联无限制且要求不高的市场供应，[1]无须从事重大改进以弥补自身不足。

事实上到70年代，社会主义国家不但经济落后，连一般性的社会指标，例如死亡率也停止下降，对于社会主义的信心打击之重，莫此为甚——因为根据社会主义的精神，它应无须过度倚重其创造财富的能力，即可经由社会正义，改进一般人民的生活质量。苏联、波兰、匈牙利三国人民于出生时的平均预期寿命，在共产主义体系瓦解前的20年内几乎毫无变化——事实上还时有下降之势。这实在是一个值得严肃深思的问题，因为同时间在其他多数国家里面，平均预期寿命却在延长（值得一提的是，甚至连古巴，以及一些可以获得数据的亚洲共产党国家，此时都在增长之中）。1969年时，奥地利、芬兰、波兰三国人民，平均可享同样寿数（70.1岁）；但是到了1989年，波兰人的预期寿命却比奥芬两国少了4年。也许这表示活着的人比较健

---

[1] “在当时这些制定经济政策的人眼中，苏联市场仿佛是一块取之不竭，用之不尽的宝地。苏联可以保证必要的能源及原料产量，为全面不断增长的经济发展做后盾。”（D. Rosati and K. Mizsei, 1989, p.10）

康，例如人口学家即如此认为，但是那也只是因为在资本主义国家中可以继续救活的病人，换到社会主义国家就只有死路一条了（Riley，1991）。各地的改革人士，包括苏联在内，对此趋势都不免忧心如焚（World Band Atlas，1990，pp.6—9 and World Tables，1991，passim）。

就在此时，另一个有目共睹的现象，反映出苏联制度的日趋衰败，即“特权阶层”（nomenklatura）一词的出现（此名似乎是通过持不同政见者的文字传到西方）。直到那时为止，共产党的干部，即列宁国家的统治系统骨干，在国外一向为人敬重，并享有几分不情愿的艳羡之情。虽然其手下败将的本国反对派，例如苏联的托洛茨基派，或南斯拉夫的德热拉斯，曾指出这支队伍也颇有官僚腐化的潜在危险。不过在50年代，甚至进入60年代，西方一般的看法——尤其是美国——却认为共产主义向全球挺进的秘密法宝正在其中，在共产党严密的组织系统，及它那完全不容派别歧见、无私无我的干部队伍，忠心耿耿地执行着党的“路线”（Fainsod，1956；Brzezinski，1962；Duverger，1927）。

但在另一方面，“特权阶层”一词（这个名词在1980年以前几乎默默无闻，只在苏共行政体系的词汇中出现而已），却正好暗示了勃列日涅夫时期那种自私自利的官僚系统的弱点所在：也就是无能与腐败的混合体。事实上情况也愈来愈明显，苏联本身的经营，的确是在一个走后门、拉关系、照顾自己人等充满了营私舞弊的系统之中进行。

除了匈牙利，自从布拉格之春以后，欧洲的社会主义国家在气馁之余，事实上都放弃了认真改革的努力。至于偶尔有几个企图重拾中央计划经济旧路的例子，或以斯大林式（例如齐奥塞斯库治下的罗马尼亚），或采用毛泽东式以精神力量及道德热情取代经济理论（例如卡斯特罗），有关它们的后果在此还是少提为妙。勃列日涅夫的年代，最后被改革人士冠上“停滞时期”的称号，原因就在其政权根本放弃了任何认真的尝试，以挽回这个显然走下坡的经济。在世界市场上购买小麦喂饱百姓，比在自家努力解决农业生产问题容易多了。靠无所不在的贪污贿赂，为这部生锈的经济引擎上油润滑，也比大加清洗、重新校正——更别提把整部机器换掉——简单多了。将来会怎么样，谁又知道呢？至少在眼前，能保持着让消费者高高兴兴地过日子——最不济，不要让他们太不高兴——显然是比较重要的。因此在 70 年代的前半期里，苏联居民可能还觉得日子过得不错，最起码，比起他们记忆中的其他任何时候都要好得多。

欧洲“现实中的社会主义”最头痛的问题，在于此时的社会主义世界，已经不像两次世界大战之间的苏联，可以置身于世界性的经济之外，因此也免疫于当年的“大萧条”。如今它与外界的牵连日重，自然无法逃遁于 70 年代的经济冲击。欧洲的“现实中的社会主义”经济，以及苏联，再加上第三世界的部分地区，竟成为黄金时期之后大危机下的真正牺牲者；而“发达市场经济”虽然也受震荡却终能历经艰难脱身而出，不曾遭到任何重大打击（至少直到 90 年代初期是如此）。这实在是历史的莫大讽刺。事实上直到 90 年代初期以前，某些国家如联邦德国、日本，更是一路冲刺毫无半点踉跄。相比之下，“现实中的社会主义”国家不但得面对自身日益棘手的制度问题，同时还得应付外面那个问题丛生且在不断变化的世界；它们自己，则越来越成为这个世界的一部分。个中情况，也许可以用国际石油危机的暧昧例子解释。一场危机，改变了 1973 年后的世界能源市场，论其影响，因正反两面俱在，因此极为暧昧。在全球产油国的卡特尔组织——“石油输出国组织”——压力之下，当时极低廉的油价（其实就实际价格而言，自大战以来甚至一路下降），于 1973 年间几乎猛涨 4 倍，到了 70 年代末伊朗革命之后，又再度做三级跳。涨幅之大，实在超出想象：1970 年时每桶油价为 2.53 美元，到 80 年代后期，每桶已经高达 41 美元左右。

一方的石油危机，对另外一方却显然福星高照，其中好处有二：对包括苏联在内的产油地而言，黑油摇身一变成为黑金，就好像一张保证每周中奖的彩票一般，不费吹灰之力，数以百万的钞票滚滚而来。一时之间，腰包鼓胀的苏联不但可以省却经济改革的麻烦，也可以靠石油进账支付它向西方日益增多的进口。在1970—1980年的10年间，苏联输往发达国家的出口总额，由原本占其总出口的不足19%的比例，跃升为32%（SSSR，1987，p.32）。有人认为，就因为忽然有了这股意想不到的财富，才使得勃列日涅夫政权在革命浪潮再度扫遍第三世界的70年代中期，跃跃欲试，意图与美国在国际上一争短长（参见第十五章）；而也正因如此，使它一头撞进了自杀性的军备竞赛（Maksimenko，1991）。

石油危机带来的另外一项机遇，在于不断由亿万富豪产油国（这些国家的人口通常极少）向外奔流出去的油元，如今正在国际银行体系手中，以借款形式存在，等着任何想借钱的人开口。发展中国家当中，鲜有几国抗拒得了这股诱惑，于是纷纷伸手将一笔又一笔的巨款塞进口袋，终于引发了80年代初期世界性的债务危机。至于向这股铜臭风屈服的社会主义国家——最显著者为波兰和匈牙利——这些钱仿佛天赐神助，不但可以用来投资刺激增长，同时也可提高人民的生活水平。

然而，种种现象却只使得80年代的危机愈发严重，因为社会主义的经济制度——花钱如流水的波兰又是最佳例证——实在缺乏弹性，根本不具备利用这股资源的能力。为了对付上涨的油价，西欧国家的石油消耗量降低四成（1973—1985），可是同一时期的东欧，却只减少了两成稍多一点。两者之别，非常分明（Köllö，1990，p.39）。苏联的生产成本猛升，罗马尼亚的油田干涸，能源经济化的利用愈发艰难。到80年代初期，东欧陷入了严重的能源危机，继而造成粮食及制造品的极度短缺（除了如匈牙利这类债台高筑，通货膨胀愈烈，实质薪金走低的国家之外）。这就是当"现实中的社会主义"步入最终证明为其最后10年的时刻所面临的状况。唯一能够解救这种危机的方法，便是返回斯大林的老路，严格实行中央号令及约束——至少在"中央计划"尚能作用的地方是如此（但是如匈牙利和波兰两国，中央计划早就不灵了）。这项老法子，在1981—1984年间，倒也起了一些作用，债务普遍降低35%—70%（只有波匈两国例外）。一时之间，仿佛点燃了一种幻觉，认为可以无须进行基本改革，便能重新恢复经济增长的动力。结果却更促成了一场“大跃‘退’”，债务危机再现，经济前景愈发黯淡（Köllö，p.41）。这就是当戈尔巴乔夫登上领导人宝座时苏联的状况。

3

谈过了经济，现在我们转过来看看“现实中的社会主义”的政治。因为正是政治问题，造成了东欧与苏联走向1989—1991年的剧变与解体。

政治上，东欧是苏联体系的致命要害，而波兰（匈牙利亦然，不过程度较轻）更是它最脆弱的部分。我们已经看见，自从“布拉格之春”以后，这一地区的大小卫星国，显然都已失去其正统的合法地位。[1]它们之所以继续维持，完全是在国家的高压之下，并有苏联干涉的威吓作为后盾——或如匈牙利那种属于最好的情况，赐予人民远超东欧其他国家的物质生活条件，以及相当程度的自由，才得以苟延残喘，可是很快又在经济危机的压力之下瘫痪。然而，除了波兰之外，各国却难有重大的组织性政治力量或公开反对派出现。波兰因有三项因素汇合，使得这个力量得以产生。其一，该国舆论甚为一致，因为众人不但憎恨当朝政权，并且有反苏（并反犹）情绪，故能在罗马天主教意识挂帅的波兰民族主义下联合。其二，教会在波兰境内，始终有独立的全国性机构。其三，波兰的工人阶级，从50年代中期以来，先后靠大规模罢工多次证明自己的政治实力。长久以来，波兰政权早就

[1]　巴尔干半岛上发展较落后的地区，例如阿尔巴尼亚、南斯拉夫南部、保加利亚等，也许是例外。因为那里的共产党，仍然在1989年后的第一次多党选举中获得胜利。但是好景不长，共产党制度在此地显露的衰落，不久也变得极为明显。

听任民情，默许容忍其行动，甚至有撤退屈服的迹象。例如 1970 年的罢工，即令当时的共产党领袖下台，只要反对者不会形成组织性的力量即可。政权本身施展的范围，事实上已经缩小，濒临危险关头。可是 70 年代中期起，波兰当局却要开始面对一股具有政治性质的组织化工人运动，这股势力，不但有精于政治运动的持不同政见知识分子作为后盾——主要以“前马克思主义者”为主，还有企图日益扩大的教会支持。而教会之所以受到激励，是因为 1978 年罗马天主教选出了历史上第一位波兰裔的教皇，即保罗二世所致。

1980 年，行业工会的运动“团结工会”大奏凯歌，事实上它也是一股以大罢工为武器的全国性公开反对运动。它的胜利，证明了两件事：波兰的共产党政权已山穷水尽，但是它却又不可能被群众骚动的方式推翻。1981 年教会曾与国家默默合作，悄无声息地抑制了一场苏联武装干涉的危险（苏方其实正在认真考虑插手），双方同意实行几年戒严，由武装部队司令维护政局。后者既有共产党的身份，又拥有国家合法地位，应该可以说得过去。于是由警察而非军队出面，治安迅速恢复。但是对经济难题始终一筹莫展的政府当局，却没有任何良策对付那继续存在并作为有组织的舆论宣泄口的反对势力。眼前只剩下两条路：不是苏联人决定插手，就是当局让位，放弃一党执政的局面。但是当其他卫星国一面紧张地注视波兰局势的发展，一面也徒劳地力图阻止本国人民起而效尤之际，有一件事很重要：那就是苏联再也没有干预的打算了。

1985 年，一位热情的改革者戈尔巴乔夫，出任苏联共产党中央总书记。戈尔巴乔夫的出现，其实并非偶然。若不是重病缠身的前总书记安德罗波夫（Yuri Andropov，1941—1984）之死，改革的时代早在一两年前就开始了（安德罗波夫本人，也早在 1983 年就已经与勃列日涅夫时代划清界限）。苏联的轨道内外，所有其他共产党国家政府都很清楚，重大的转变势在必行。然而，即使对这位新的总书记来说，改革会带来什么样的后果，却依然一片朦胧。

为戈尔巴乔夫所声讨的“停滞年代”，事实也是苏联精英阶层处于激烈政治文化动荡的年代。这些人不但包括那一小群高居苏联阶梯顶层（即真正决定并唯一能决定政治方针的人），以及自我选拔诞生的共产党领导；同时也涵盖人数相当多、受过教育及技术训练的中产阶级；以及实际负责国家运转的经济管理人员，包括各种学术界的科技知识分子、专家、主管等等。就某一方面而言，戈尔巴乔夫本人，也代表这新一代受过教育的骨干——他学的是法律。而斯大林派干部一步步爬上来的老路，却是由工厂出身，经由工程或农经学位进入党和国家的大机器（令人惊讶的是，这条正统老路似乎依然不衰）。而且这股大骚动的深度，并不能以如今公开出现的持不同政见者实际人数为准——后者至多也许只有数百人。各种被禁或半合法的批评或自我批评，在勃列日涅夫时代即渗透进苏联都市的文化圈，包括党和政府内部的重要部门，尤以安全和驻外机构为著。否则，当戈尔巴乔夫高声一呼“开放”，那种四方响应的现象，实在很难找出其他可能的解释。

然而政治和知识阶层的响应，却不可与苏联广大人民的反应混为一谈。因为苏联老百姓跟欧洲多数共产党国家的人民不同，始终接受苏联为他们的合法政权。最起码，也许是因为他们不知道，也无从知道，还会有其他政府存在（除了1941—1944年间，在德国占领下是例外。德国的统治，当然不可能让他们欣赏）。1990年时，但凡60岁以上的匈牙利人，多少都有共产党统治之前的记忆，也许是青春岁月，也许是成年时期。可是遍数苏联原有国境之内，却找不出一名88岁以下的人有这类第一手的经验。如果说，苏联政府当政的历史悠久，可以一直回溯到内战时期，始终不曾中断；那么苏联作为一个国家，其延续性更为长久，几乎无时或断（1939—1940年间，那些新获或重得的西部边界领土例外）。如今的苏联，不过是旧有的沙皇俄国换人经营罢了。这也是为什么在80年代末期前，苏联境内均不曾出现过任何重大的政治分离主义的原因，只有波罗的海沿岸一带，以及西部的乌克兰例外，或许也包括比萨拉比亚（Bessarabia）——今摩尔多瓦。（波罗的海沿岸诸国在1918—1940年间曾为独立国家，乌克兰在1918年前属于奥匈帝国而非俄罗斯帝国，比萨拉比亚于1918—1940年间则为罗马尼亚的一部分。）但是即使在波罗的海沿岸诸国，公开的不同意见，也比俄罗斯境内多不了多少（Lieven，1993）。

更有甚者，苏维埃政权不但是根于斯长于斯，土生土长的本国货（随着时间过去，甚至连起初带有强烈大俄罗斯风味的党本身，也开始向其他欧洲及外高加索地区的共和国吸收新人），就连其中的人民，也借着种种难以确切描述的方式，同样地调整自己，与政权配合；当然政权也试着适应他们。正如讽刺家和不同政见者季诺维也夫（Zinoviev）所指出，世上的确有一种所谓“新苏维埃人”存在——虽然正如苏维埃境内的一切事物一般，这个新人的表里之间，与他外在公开形象差异甚大（当然，这个他换作她也是一样，不过新苏维埃“女”人少之又少）。他或她在这个体制里安之若素，自在得很（Zinoviev，1979）。在这里，生活有保障，福利又完全，虽然水准平平，但是货真价实、丝毫不假。这的确是一个在社会上、经济上，众生都平等的社会，至少也是社会主义传统理想之一的实现，也就是拉法格（Paul Lafargue）所说的“什么都不做的权利”（Right to Idleness，Lafargue，1883）。更有甚者，对大多数苏联人民而言，勃列日涅夫年代可不是什么“停滞时期”，却是他们本人，以及他们的父母，甚至他们的祖父母，所知道所生活过的最好时代。

难怪改革家们发现，自己面对的顽敌，不只是苏联的官僚系统，更包括苏联的人民大众。某位改革派即以那种反庶民阶级的典型口吻，满腔不快地写道：

> 我们的制度，已经制造出一批由社会供养的个人，他们对“索取”的兴趣，可比“给予”高得多。所谓平等主义，已经完全侵蚀了苏联，而这就是这种政策之下产生的结果……社会分成了两个部分，一边是做决定、做分配的人，另一边则是听命于人、

> 被动接受的人。这种状况，对我们社会的发展大车，形成了一个主要的刹车效果。苏维埃人种（Homo sovieticus）……既是压舱底的底货，又是停止前进的刹车。就一方面来说，他反对改革；就另一方面而言，他同时又是维系现有体系的基础（Afanassiev，1991，pp.13—14）。

社会上与经济上，苏联社会大部分维持着相当大的稳定。其中缘故，无疑部分来自高压及言论的检查，以及苏联人对其他国家的无知，可是这却绝对不是全部原因。不像波兰、捷克斯洛伐克或匈牙利，苏联始终不曾发生过类似1968年学生暴动一类的事件。即使在戈巴尔乔夫的领导下，其改革运动也不能将年轻人大举动员（除了在西部主张民族主义的地区之外）。这一场改革运动，正如有人所说，乃是"三四十岁者的叛变"，即生于第二次世界大战之后，可是却又在勃列日涅夫那倒也不难过的麻痹年代之前出生的一代。种种情况，可是偶然？苏联境内要求改革的压力，无论来自何方，肯定不是由基层群众而起。

事实上，它的动力来自上方，而且也唯有来自这个方向。这位热情洋溢、诚意十足的共产党改革家，到底是在怎样一种情况之下，继承了斯大林的宝座，于1985年3月15日成为苏联共产党的领袖？个中情由，外界仍不甚了然。这段秘密，恐怕要到苏联最后数十年的历史成为史学界研究的对象时——而非仍为互相攻讦或自我辩护的现在——才能真相大白。但是无论如何，重要的并不是谁在克里姆林宫里党同伐异、上台下台，而是其中存在的两项条件，才使得像戈尔巴乔夫这类人得以上台掌权。其一，是勃列日涅夫时代共产党领导阶层中日益严重而且越发遮掩不住的腐败现象，看在党内依然笃信共产主义思想的一群人眼里（不管这种信仰是以多么扭曲的形式出现），自然会感到愤怒不已。而一个共产党，不管堕落到什么程度，如果其中缺少一些社会主义者的领导人，那就像一个罗马天主教会，没有由天主教徒出任主教及枢机主教一般；因为两者都是建立在真实信仰的体系之上。其二，那些受过教育、有科技能力、真正保苏联仍运作不息的一群人，他们都深深感到，若不再用激烈手段，进行根本上的变革，苏联经济迟早会完蛋。不单单因为体制内天生缺乏效率弹性，同时也由于它意欲登上军事霸权宝座，越发深化了它的弱点——像这样一个衰退中的经济，根本就不可能支撑它的军事需求。自从 1980 年以来，军事需求对苏联经济造成的压力，已达危险境地，因为忽然之间，苏联军队发现，多年以来自己头一次直接投入战场——苏方派军队前往阿富汗，以援助当地建立稳定局面。阿富汗从 1978 年开始，便在信仰共产主义的人民民主党（People's Democratic Party）统治下，然后又陷入冲突分裂。但是冲突两方都提倡土改与女权，得罪了当地的地主阶级、伊斯兰教神职人员，以及其他相信维持现状是上策的人士。50 年代初期以来，阿富汗一向都安安静静地坐在苏联的影响圈内，不曾发生过任何令西方人士血压升高的大事。但是美国却选择了视苏联行动为大规模向自由世界军事进犯的看法，于是通过巴基斯坦，美国的金钱、武器，开始源源不绝涌入，将先进武器装备，送到伊斯兰激进主义派别的高山战士手中。结果不出所料，在苏联大举支援之下，应战的阿富汗政府轻易地守住国内各大城市，可是苏联为这场战争付出的代价却非同小可。最终——华盛顿方面，显然有人极有此意——阿富汗变成了苏联的越南。

可是，除了立即跟美国结束二度冷战——而且越快越好——终止这个令苏联经济大出血的对峙局面之外，苏联这位新领袖还有什么其他法子可想？这项决定，当然是戈尔巴乔夫短期需实现的目标，也是他的最大成就。因为在令人惊讶的极短时间之内，他甚至说服了多疑的西方政府，使它们相信苏联确有此意。这项成就，为他在西方赢得了莫大好评及持久名望，却恰与苏联国内对他日益缺乏热情的状况成对比，最后在 1991 年，他终于成了这种局势之下的牺牲品。如果说，有谁只手结束了 40 年的全球冷战，那么，这项荣誉当然非戈尔巴乔夫莫属。

50年代以来共产党经济改革者的目标，均为通过市场价格，以及企业利润得失计算的手段，企图使中央控制计划的经济更为理性化及弹性化。匈牙利的改革家们，就在这个方向上走了相当路程：要不是苏联于1968年派军进占，捷克斯洛伐克的改革者也将有更大成就。两国也都希望，这一手段，同时可以有助于政治制度的自由及民主化。这也是戈尔巴乔夫的立场，[1]他认为如此才能恢复或建立一个比“现实中的社会主义”为佳的社会主义制度。至于全然放弃社会主义，苏联境内有影响力的改革家们也许有过如此想法，然而事实上极不可能。不论别的，单政治方面就极难实行。80年代，苏联内部首次开始对自己的缺点失误进行有系统的研究分析，但是为时已晚，在别处曾有过改革经验的经济学家们，此时已经看出，这个体制已经不可能由内部改革了。[2]

4

戈尔巴乔夫以两个口号，发动他改造苏维埃社会主义的运动，一是“重建”，政治经济并行；一是“公开性”（信息自由）。[3]

结果证明，在重建与公开性之间，却有着不可调解的冲突存在。因为唯一能让苏联体制运作或转型的事物，就是沿袭斯大林时代的党政合一发号施令的结构。这种结构，即使回到沙皇年代，也是俄国历史中熟悉的景象。改革从上而来，可是与此同时，党和国家本身的结构，却成为进行改革的最大障碍。这个系统是由它所造，它也为此调整适应，它在其中有着极大的既得利益，现在要它为这个系统找出第

[1] 甚至在他正式当选之前，戈尔巴乔夫即曾公开表示，他对极为“广义”而且实际上等于社会民主派的意大利共产党的立场甚表认同。

[2] 其中最重要的论著，是匈牙利学者科尔奈的大作，尤以其《短缺经济学》（*The Economics of Shortage*）一书最著名（Amsterdam，1980）。

[3] 官方改革人士与民间不同政见之间，在勃列日涅夫时代的相互渗透的状况，由此可见一斑。文学家索尔仁尼琴（Alexander Solzhenitsyn）即曾在他被逐离开苏联之前，于1967年致苏联作家协会代表会议（Congress of the Union of Soviet Writers）的公开信中呼吁开放。

二条路，实在是勉为其难。[1] 当然，现实的障碍绝对不止这一项；而且历来的改革派（不独苏联），都喜欢把国家人民反应冷淡的原因，怪罪到“官僚体系”身上。但是有一件事却不能否认，那就是对于任何重大改革，国家机器都多半反应迟钝，骨子里更藏着一股敌意。“公开性”的目的，即在动员国家机器内外的支持，以对抗这种反抗势力。但是如此一来，却正好毁掉了唯一还可以行动的一股力量。我们在前面也曾提过，苏维埃的制度及运作方法，基本上是军事性的，军队民主化，并不能改进它们的效率。而另一方面，如果不再需要这个军事化的系统，那么在动手毁掉之前，就应该仔细筹划，先把替代的文人系统建立起来，否则改革非但不能带来重建，反而会导致崩溃。戈尔巴乔夫领导下的苏联，便是陷在“公开性”与“重建”之间，日益深刻的断层中了。

更糟糕的是，在改革人士的心目中，“公开性”远比“重建”更具有确定的内容。公开意味着引进——或重新引进——一个建立于法治与公民自由之上的宪政民主体制。背后的含义，便是党与政的分离，并将加大政府的作用，由党还政于国家（这一点当然与斯大林主政之后的发展完全背道而驰）。如此一来，自然导致一党专政系统的结束，党所扮演的领导角色从此告终。这种结果，显然也意味着“苏维埃制度”将在各个层级复活——可是这一回，却将通过真正选举诞生的代表组成，层层相沿，一直到位于最上一层的“最高苏维埃”。后者则将是一个具有实权的立法议会，而强大的行政部门的权力由它所授，同时也受它控制。至少，在理论上如此。

事实上，新的宪政体制最后也真的设立了。可是新经济的改革系统，在 1987—1988 年间却几乎不见成形。因为第一，私营小企业——“次级经济”的多数形态——合法化的推行不见诚意。第二，原则上却

[1] 1984 年，时值某次类似的改革中，一名中国官员曾如此告诉作者：“我们正在重新把资本主义的成分带进我们的体制里，可是我们怎么知道，我们打开门让自己走进去的，到底是什么世界？自从 1949 年以来，大概除了上海有几位老人家以外，全中国没有半个人有过经验，知道资本主义这玩意儿是怎么回事。”

又决定让那些永远亏损的国营事业自行破产。经济改革的高调，与日走下坡的经济现实的鸿沟只有越来越深。

这种状况实在危险已极。因为宪政的改革，只是徒然将现有的一套政治机制换掉，改成另外一套而已，至于新制度到底该做些什么事情，这个问题却未获得解答。不过可想而知，民主政治的决策过程，显然比军事号令系统累赘多了。对多数人来说，如今有了新的制度，一方面表示每隔一阵子就有一次选举，大家可以照自己的意思做出真心选择；而选举之间，也有机会听听反对派人物批评政府。而在另一方面，“重建”所依据的准绳，并不在于经济的大原则为何，却在它日复一日的日常表现，其成效可以轻易指明并测量——判断的标准，完全在其成果。就大多数苏联人民而言，所谓成果，就表现在他们的实际收入、为收入所必须付出的代价、接触范围之内商品劳务的数目种类，以及获取的难易程度之上。不幸的是，经济改革家们对自己所反对、所要扫除的事物，虽然界定得很清楚，但是在积极的另一面上，即他们所提出的“社会主义市场经济”之路——那个由公私或合作经营的大小企业，在经济上有生存力，在运作上有自主权，并在“经济决策中心”的总体统筹之下配合无间的经济社会——却终始只是空论的高调而已。这徒然是一种理想，表示在鱼与熊掌之间，改革派想要两者兼得，一方面得到资本主义的好处，另一方面又不失去社会主义的优点。但是实际的方法为何，如何才能把一个由国家主导、中央号令的经济体制，过渡成为理想中的新制度，却没有人有半点主意。同样重要的是，在这个可想见的未来必然有公私营制度并行的经济体系里，到底该如何运作，同样也无人知晓。撒切尔夫人和里根派的极端自由市场主义，之所以吸引年轻的改革知识分子，就在于它提供的处方不只是一剂猛药，同时也许诺他们，所有的毛病都将迎刃而解，自动痊愈（结果它并没有这种灵效——其实事先就该料到）。

最接近戈尔巴乔夫一派改革家理想的蓝图，恐怕要数1921—1928年间的“新经济政策”了。当年的模式，留下了几许模糊的历史记忆。

说起来，这项政策毕竟“卓有成就，在农业、贸易、工业、财政诸方面都颇有一番复兴气象，于1921年后维持了几年的好时光”。同时它也“靠市场之力”，重新使一个已经崩溃的经济恢复健康（Vernikov，1989，p.13）。更有甚者，从结束极左路线以来，一项极为类似的市场自由化和地方分权化政策已在中国开花结果，获得了惊人成就。80年代中国的国民生产总值的增长，仅次于韩国，年均几乎高达10%（World Bank Atlas，1990）。反观20年代的苏联，民不聊生、科技落后，且大部分为农业；而到80年代的苏联，却已经高度都市化和工业化。但是国内最为先进的工业部门，即军事-工业-科学的大结合体（包括太空计划在内），却只能依赖那独一无二的唯一顾客。如果说，假定80年代的苏联一如当年，80%的人口仍为农民（就像80年代的中国一样），“重建”效果可能就会大不相同。因为在一名农村居民的心里，今生对财富的最大野心，恐怕便只是拥有一台电视机——可是早在70年代，苏联就已经有七成的人民，每天平均观看一个半小时的电视了（Kerblay，pp.140—141）。

但是中国固然在时间上有着落后，这一点却不能完全解释两国在“重建”效果上的显著对比。至于中国人依然小心翼翼，保持着他们的中央号令体制原状不变，也非造成两个差异的全部原因。中国的文化传统，到底对中国人有何帮助，使其能够在无论哪一种社会之下，都对经济发展产生动力，这个问题，就得留待21世纪的史学家去探索了。

1985年时，有没有人严肃地认为，6年之后，苏维埃社会主义共和国联盟以及它的共产党，即将不存于世？事实上，连欧洲其他所有的共产党政权，也都会一起消失？从西方政府对1989—1991年间共产党世界的失败完全没有准备的迹象看，他们所做的种种预言，所谓西方的意识思想大敌即将覆灭云云，其实只是把平常的公开辞令小做修改而已。事实上将苏联加速逼近断崖绝壁的真正原因，是“公开性”导致的权威解体，以及“重建”对原有机制造成的无尽破坏，两者相乘，却不曾提供另外一个替代之道，人民生活水平因而愈发下降。同时，苏联却又走上多党制的选举政治，全国终于陷入无主的经济混乱：自从计划经济问世以来，苏联头一回不见五年计划（Di Leo，1992，p.100n）。种种因素凑在一起，造成强大的爆炸力，苏联政治经济一统的薄弱基础，至此完全破坏无遗。

因为此时的苏联，正在结构上快速地步向地方化，尤以勃列日涅夫长期执政时发展最快。它的各个共和国之所以还能联合，主要是由于集合全苏联存在的党政军制度及中央计划所致。然而在事实上，苏维埃联盟只是由“自治封建领主”组成的一个体系，各个地方上的首领们——共和国的总书记、其手下的地方司令，以及维持经济运转的大小生产单位主管——只有在对莫斯科党中央机器的依赖这一点上结成一家。后者对他们具有提名、调职、罢黜、选举的权力，以视需要完成莫斯科“精心设计”的计划任务。在这些极为宽泛的权限之内，各地首脑其实拥有相当的自治权力。事实上，要不是有着那些负责实际业务者发展出一套作业网络，在中央之外建立了侧面的横向关系，苏联经济根本无法动作。在苏联名义上的中央计划表相内部，实际进行的手法，却是各地同病相怜的地方干部，以协商、交换、互惠的方式彼此帮忙，这套系统也可称为另一个“次级经济”。我们也可以这么说，在苏联日趋成为一个复杂的工业化与都市化社会之际，那些担任实际生产、分销及民生任务的事务中坚，对于高高在上的政务官及纯粹党的官员，显然越来越离心离德。因为后者虽然是他们的上司，但是除了中饱私囊以外，职务及功能却不清楚——勃列日涅夫当政时代，这些人当中营私舞弊者大有人在，而且其索求无度，常令人叹为观止。人们对特权阶级贪污现象的反感越来越重，于是促成要求改革的原始动力。而戈尔巴乔夫的“重建”政策，也获得经济部门的干部支持，尤其是那些在军事-工业生产单位服务的人，更衷心希望这个在效率上停滞不前、在科技上麻痹不灵的经济体系，在管理上能够有所改进。没有人比他们更清楚，事情到底已经恶劣到了什么地步。更有甚者，这些人也不需要党来继续干扰，就算党的官僚系统不存在了，他们依然会存在。他们才是不可或缺之人，党却不是。事实上果不其然，苏维埃联盟解体了，他们却存留下来，如今，在新组成的“工业科学联盟”（Industrial-Scientific Union，NPS，1990）及其后继者中，扮演着中坚的角色。其后并于共产主义破产之际，在自己原先负责管理却没有合法所有权的企业里面，获得成为合法所有人的可能。

然而，党领导的中央指令制度虽然腐化，虽然没有效率，甚至几乎全然僵化，可是它毕竟是一个以控制为基础的经济之所系。如今党的威信既失，一时之间，取而代之的却不是宪政民主的权力，反而是国中无主的茫然。事实上，这正是当时发生的真实情况。戈尔巴乔夫，以及他的继位者叶利钦（Boris Yeltsin），均将其权力基础由党转向政府。作为一个宪政总统，他们更合法地积累自己的统治权力，有些时候，甚至比苏联任何一位前任享有的权威都大，连斯大林也不例外（Di Leo，1992，p.111）。但是除了在新成立的民主议会（或所谓宪政公共议会）内部以外，会外根本没有人给予“人民大会”（People's Congress）及“最高苏维埃”半点注意。苏联境内，已经无人管事，也没有谁听谁的了。

于是就像一个破损的巨型油轮驶向暗礁一般，无人掌舵的苏联逐渐漂向解体的命运。而最后终将造成崩离的裂缝，其实早已在了：一边是联邦制度之下的地方自主权力系统，一边则是拥有自主动力的经济体系。而苏联制度所赖以存在的官方理论，一向建立在民族自治之上，其中包括15个加盟共和国[1]，以及各个共和国内部的自治地区，因此民族主义的罅隙，早就暗存在系统之内——不过在1988年之前，除了波罗的海沿岸三国之外，各地倒不曾在“分离”上起过念头。直到1988年时，才有第一家民族主义“阵线”及运动，在“公开性”的呼声下成立（爱沙尼亚、拉脱维亚、立陶宛、亚美尼亚四国）。然而，即使在这个阶段，分离的主张也不见得是对中央而发——甚至在

[1]　除了俄罗斯是幅员最广的一员之外，还有亚美尼亚、阿塞拜疆、白俄罗斯、爱沙尼亚、格鲁吉亚、哈萨克、吉尔吉斯、拉脱维亚、立陶宛、摩尔多瓦、塔吉克、土库曼、乌克兰、乌兹别克。

波罗的海沿岸诸国亦然——主要是反对能力不济的戈尔巴乔夫派地方党团；或如在亚美尼亚，是与隔邻的阿塞拜疆对抗所致。它们当时的目标，均非独立，不过到1989—1990年间，民族主义的呼声却迅速趋向极端。原因有三：其一，各地匆匆赶搭选举式民主列车所造成的冲击；其二，现存的党的势力集中全力顽抗，与激进派之间冲突日烈，两方势力在新选出的议会中激烈斗争；其三，戈尔巴乔夫与他的眼中钉——原为他手下的败将、后为他竞争对手、最终成为他接任者的叶利钦——两人之间的嫌隙也日益加深。

激进派的改革人士，为击破各级党组织的高垒深沟，基本上只有向各加盟共和国的民族主义者寻求支持，于是就在这个过程当中，愈发巩固加强了后者的力量。在俄罗斯本地，大声疾呼俄罗斯利益第一的新目标，于是也成为激进派的一个有力武器，在他们赶走躲在中央权力机构壁垒背后的党官体系的斗争中，发挥了极大作用。这种俄罗斯利益高于周边共和国利益的主张颇具吸引力，因为后者不但接受前者补助，日子也过得比俄罗斯本身舒服。不平感觉，在俄罗斯民众心中越来越强。而叶利钦其人，原是旧有社会出身的党内老干部，手腕高明，左右逢源，不但会玩老一套的政治把戏（作风强悍、个性狡猾），也懂得新政治中的一切手段（善于煽动、制造气氛、深谙面对媒体之道）。对他来说，爬上顶峰之路，即在攫得俄罗斯苏维埃联邦社会主义共和国（RSFSR）大权，如此即可越过戈尔巴乔夫掌管的苏联体制。因为截至当时为止，在苏联与其最大成员俄罗斯联邦之间，实无太大区别。但是叶利钦一手将俄罗斯也变成跟大家一样的共和国，等于在事实上敲响了苏联的丧钟，并改由他统治的俄罗斯来取代。其后于1991年发生的实际情况，的确如此。

经济上的解体，加速了政治上的解体；而经济解体之所以发生，却是由政治解体促成的。随着五年一度“计划”的停止，以及党中央命令的告终，苏联根本没有一个可以有效运作的“全国性”经济体系。取而代之的，只见各个社区、各个地方、各个单位，只要力能为之，便都一窝蜂地赶紧坚垒自保、寻求自足，或进行双边交易。对拥有庞大事业单位的地方城镇党政军负责人来说，这其实是他们惯有的生存手法。生产单位与集体农庄之间，一向靠物物交换，以工业产品换取粮食。举一个给人印象深刻的事件为例：列宁格勒的共产党领导人吉达斯波夫（Gidaspov），即曾以一通电话，解决其市内严重的粮食短缺危机。吉达斯波夫打电话给哈萨克的领导人纳扎尔巴耶夫（Nazarbayev），双方议定以前者的鞋类和钢铁，换取后者的谷物（Yu Boldyrev，1990）。但是即使这一类由旧有党的首脑人物安排的交易，事实上也等于国家指令式的分配系统。结果实施“地方经济自由化法令的真正效果，似乎便是造成‘地方独立运作意识’（Particularism）及自主自治的兴起，并回归以物易物的原始交易行为”（Di Leo，p.101）。

一条漫漫的不归路，终于在1989年后半期，正当法国大革命200周年那年，到了再也不能回头的最后关口。当时，法国“修正派”史学专家正忙着证明当年的一场革命，事实上根本不存在或与20世纪政治无甚关系。然而正如18世纪的法国，20世纪末叶的苏联政治体系，也是在新建立的民主（或大致上可算民主）议会于夏天召开之后，随即于同年出现瓦解现象。1989年10月到1990年5月的数月之间，经济解体也成无法挽回的定局。不过这个时候，世人的目光却正紧盯着另一场虽属相关，事实上却为次要的突发事件：欧洲共产党卫星政权的骤然垮台，这同样是一场事先完全不曾预料的演变。从1989年8月开始，至同年年底，欧洲地区的共产党势力相继瓦解，不是被逐下台，便是从此消失。波兰、捷克斯洛伐克、匈牙利、罗马尼亚、保加利亚、德意志民主共和国，纷纷加入行列；除了罗马尼亚之外，甚至不曾发一枪一弹。紧接着，巴尔干半岛上两家非苏联门下的共产党国家，南斯拉夫与阿尔巴尼亚，也退出了共产党政权之列。德国实现了统一，南斯拉夫则很快陷于分裂内战。这一连串惊人的发展过程，不但天天在西方世界的电视屏幕上频频出现，而且也受到其余各洲共产党政权的密切注视。这些一旁严密观察的共产党国家，从激进改革派的中国（至少在经济事务上是如此），一直到强硬坚持旧式中央集权的古巴（参见第十五章）。对于苏联当局贸然放手，纵身便跳进全面开放、削弱权威的大胆作风，它们恐怕都心存疑虑，不以为然。自由化及民主运动的风潮袭至中国，中国政府决定以最明确的手段——显然是在相当的迟疑与激烈的内部争执之后——重建它的权威。1989 年后共产党政权的相继倒台，于是只局限于苏联及其轨道上绕行的卫星政权（并包括在两次大战间选择了苏联羽翼而非中国支配的蒙古）。三家犹存的亚洲共产党政权（中国、朝鲜、越南），以及遥远孤立的古巴，则未曾受到直接影响。

5

1989—1990 年间发生的演变，其实可以看成一场东欧革命。这种观点似乎相当合理，更何况时间上正当 1789 年的 200 周年。至于就这些事件彻底推翻了当政政权而言，确也有其革命性质可言。然而革命这个字眼，虽然不失恰当，在此却难免有几分误导作用。因为事实上，这些东欧政权没有一个是被人民“推翻”的。除了波兰外，也没有一国内部拥有一股力量，不论是有组织或临时聚合，足以对当局造成严重的威胁。更有甚者，正因为波兰有一支强大的政治反对势力，反而愈发保证其共产制度不会于一夕间突然倒闭。相反地，波兰是通过不断协商改革的过程，才取代了原有制度；这种情况，与 1975 年佛朗哥将军去世之后，西班牙过渡到民主政体的安排颇类似。而当时各东欧卫星国面对的最大威胁，只可能来自莫斯科，可是后者已经将心意表露无遗，绝不会再像 1956 年和 1968 年那样，插手管它们的闲事了——也许是因为冷战已近尾声，它们对苏联的战略地位已经不再那么重要了吧。如果这些国家还打算生存下去，照莫斯科看来，它们最好赶紧追随波兰和匈牙利共产党的自由化、弹性化改革路线。同理，莫斯科也不会跑到柏林或布拉格，帮它们强迫死硬派屈服。总而言之，它们现在全得靠自己了。

苏联撒手不管，越发造成东欧共产党政权的破产。它们之所以依然在位，只不过因为多少年来，它们已经在自己周围制造了一个真空地带。持不同政见者除了移居国外（如果有可能的话），或由知识分子组成一些微不足道的群体之外（人数极少），在现有状况之下，共产党政府的权力并没有第二种势力可以取代，众多的东欧百姓只有接受眼前一切，因为他们没有第二条路可供选择。但凡有活力、有才干、有野心之人，都只能在体制内工作，因为所有需要这些能力的职位，甚或任何能让他们公开发挥才能的途径，都只在体制内部存在，或得到体制的允许方可进行。甚至那些与政治无关的活动，如撑竿跳或下棋等技能也不例外。这项原则，甚至延伸到登记在案注册许可的反对团体，主要是一批文人（共产党的体制渐衰，才允许这些势力公开存在）。可是这些不曾选择移民之途的不同政见者，却在共产主义失势之后吃了苦头，发现自己被人列为旧政权的同谋。[1]难怪多数人宁愿安安静静地过日子——虽然如今权威已逝，不满的声音不再受到严厉处罚——这种过日子的方式，包括表现出对体制依旧支持的行动，例如投票或游行。但是在骨子里，只有天真的小学生还相信这个体制。旧政权倒台之后，饱受众人愤怒抨击，其中原因之一，即在于：

> 在那些装饰门面的选举中，大多数人之所以去投票，主要是为了避免不愉快的后果——虽然并不很严重。他们参加硬性规定的游行活动……因为警方轻而易举，就可以招来告密者。只需施以小惠，再加上一点小小压力，后者便同意从命了（Kolakowski，1992，pp.55—56）。

[1] 甚至连坚决反对共产主义的作家，例如索尔仁尼琴，其写作生涯也是始于体制内。为了推动改革派的目的起见，索尔仁尼琴最初几部小说曾为当局允许或鼓励出版。

但是尽管表面屈从，却少有人真心信任这个体制，也无人对它保持忠诚，甚至连当政者也不例外。但是当最后群众终于不再被动，开始喊出他们的不满，当局显然大吃一惊——这惊愕的一刻，已经被捕捉到并被永远记录在录像带上，即1989年12月间，罗马尼亚总统齐奥塞斯库面对众多群众，不想众人发出的竟是嘘声，而非忠实掌声——可是令共产党首脑惊奇的事情，并不是人民的不满情绪，而是他们竟然付诸行动。于是当出现民意难违的那一刹那，没有一个东欧政府下令开枪，各政权都自动悄然让出大权。只有罗马尼亚例外，其实即使在那里，临垮台前的抵抗也极短暂。事实上，它们也许再不能重夺政权，而且也没有一国做此尝试。各地的极端共产党派，更没有一人起来为他们的信仰——甚至为了这40年来成绩其实不算平平的几处共产党统治——战死在壕沟里面。因为如果他们起来作战，到底是为了捍卫什么呢？是事实摆在眼前，他们已经远落后于西方邻国，如今更一路下滑，证明完全不可救药，连认真改革及高明处方都回天乏术的经济呢？还是那一套在过去，曾经支持其共产党前辈奋斗，如今却已然失去的存在理由，即所谓“社会主义优于资本主义，并注定取而代之”的那个体制呢？事到如今，还有谁再相信这个天方夜谭？——虽然回到40年代甚或50年代，这段理论看来并非不可行。如今即使连共产党国家，也不再联合一致，有时甚至还彼此交战（例如1979年的中越之战），因此还可以再谈什么“共产主义阵营”？旧日理想如今仅存的希望，只有那十月革命的国度——苏联——依旧是全球两个超级大国之一的事实了。也许只有中国除外，其他所有的共产党政府，以及第三世界众多的共产党派、政权及运动，大家都很清楚，幸亏有这位大哥撑场面，才能与对方阵营的经济及战略霸势相抗衡，挽回一点平衡局面。可是如今的苏联再也不能承担，显然决意卸下这项政治军事重担。甚至连那些并不依靠莫斯科为生的国家，例如南斯拉夫和阿尔巴尼亚，也顿然感到若有所失。这才发现苏联一解体，损失多么重大。

无论如何，在东欧，一如在苏联，过去一直靠旧信仰支持的共产党人，如今已成过去。1989 年时，但凡年纪在 60 岁以下者，已经没有几个人还有着把共产主义与爱国情操并为一体的经验了，即第二次世界大战与地下抵抗运动；至于 50 岁以下的人，更少有人对那个时代有第一手的亲身记忆。因此当政者的合法地位，完全要靠官方辞令及老一辈话说当年事迹来维持。[1] 上一代之外，甚至连党员本身，也可能不再是旧意义的共产党了；他们只不过是一批事业有成的男男女女（哦，女性实在很少），而他们所在的国家，刚巧是由共产党统治罢了。时辰一变——如果情况允许——他们二话不说，立刻便会改投门派，换上不同的行头。简单地说，主管苏维埃卫星政权的人们，早已失去了对本身制度的信心——也许从来就不曾有过。如果这套系统还能运转，他们就继续运转它。待到形势明朗，连苏联老大哥自己都砍断缆绳，任它们漂流而去，改革派政权便试着谋求和平转移（例如在波兰和匈牙利）。强硬派则仍然坚持到底（例如在捷克斯洛伐克和民主德国），一直到大势已去，人民显然不再服从听话，才弃械投降——虽然事实上它们依然可以指挥军警。但是不管是哪一种情形，原有的共产党政权一旦认清自己气数已尽，便都静静地自行下台。这一招，无形中却正给了西方宣传家一记耳光。因为后者早就一再辩称，要“极权政权”自动地和平交出大权，无异于缘木求鱼。

短时间内，取而代之者是一群代表着不同声音的男女（在此，女性再度极少），或是那些曾经组织过，甚或成功地号召过群众起来示威，向旧政权发出和平退位信号的人。除了拥有教会和行业工会作为反对力量基石的波兰之外，上述人士多为某些极有勇气的知识分子，并属于阶段性的领袖——而且正如 1848 年革命时（作者正好想起这个先例），多属于学界中人或文人——一时之间，发现自己忽然变成一国人民的领导，于是属于不同政见的匈牙利哲学家、波兰的中古历史

[1] 这显然不是第三世界共产党国家，例如越南的情况。在那里，解放战争一直到 70 年代中期还在进行。可是解放战争中造成的内战分裂，恐怕却在民众脑海中留下更鲜活的印象。

学者，便都被列入总统或总理的考虑人选。在捷克斯洛伐克，甚至有一位剧作家哈维尔（Vaclav Havel）真的当上总统，身边则围绕着一群奇奇怪怪的顾问，从丑闻不断的美国摇滚乐手，到哈布斯堡贵族家族成员——施瓦岑贝格王子（Prince Schwarzenberg）。有关“市民社会”（civil society）的讨论，在各地掀起一股如海啸般的浪潮——由市民志愿团体或私人性质活动的大结合，取代以往权威政府的角色。此外，众人也纷纷谈论，如何重返起初的革命原则，恢复它的本来面貌。[1]啊，就像在1848年一般，这一刻自由与真理的火光却不曾久存！新气象一闪即逝。各国政治，以及它们的执政职务，不久便复归那些通常原来就会占有这些职位者的手中，担负特殊使命而起的“阵线”或所谓“市民运动”，正如它倏忽而生一般，便昙花一现地倏忽谢去。

这种情况，同样也出现在苏联。苏联共产党及政府的倾覆，一直到1991年8月之前，进展都较缓慢。“重建”政策的失败，以及随之而来戈尔巴乔夫的遭民众反对，都一天比一天更为明显。然而西方对苏联国内的现象却不曾认识清楚，对戈尔巴乔夫始终保持着极高（其实也应当）的评价。种种演变，使得这位苏联领袖不得不退而求其次，在背后密谋行动，不时在苏联政治走上议会化之后兴起的不同政治群与权力群中，改换并选择战友。这种做法，使他失去了早先与他并肩作战的改革派的信任（后者在他一手扶持之下，已经成为一支对国事举足轻重的力量），而权力已经被他一手击破的党的集团，对他也同样疑惧丛生。戈尔巴乔夫，在过去与未来的历史上，都是一名悲剧人物，是一名如“亚历山大二世”（Alexander II，1855—1881）般的共产党版“解放者沙皇”（Tsar-Liberator）。他摧毁了他所要改革的事务，最终，连他本人也在这个过程中遭到毁灭。[2]

---

[1] 作者记得，1991年某次华盛顿研讨会上曾对此进行讨论。西班牙驻美大使便一语道破个中情况，他还记得1975年佛朗哥将军死后，西班牙年轻学生（当时主要是自由派的共产党）及以前的学生们也有过类似感觉。他认为，所谓“市民社会”，只表示一时之间，那些发现自己真的在为民请命的年轻的热心人们，却误以为这是一种永久现象。

[2] 亚历山大二世解放农奴，并采取一连串的改革措施，结果却被在他统治期间第一次成为一大势力的革命党人暗杀身亡。

风度迷人、态度诚恳、真心为共产主义理想所动，却眼见它从斯大林兴起以来彻底失败的戈尔巴乔夫，说来矛盾，事实上却是一个个人色彩强烈的组织者，与他自己一手创造的民主政治格格不入。他坐在委员会里计划研讨的作风太强，不容易采取果断行动；他与都市和工业性格的俄罗斯经验相距太远——他从来没有这方面的管理经历——无法如老共产党领导人般，深刻地体会现实的基层群众的一面。戈尔巴乔夫的问题，并不完全在于他缺乏一套有效的经济改革策略（自从他下台以后，也不曾有人有过），却在于他与本国民众的日常经验距离太远。

他这方面的缺陷，若与另一名同一代人的共产党领袖相比，便可一目了然。年纪也是50余岁的纳扎尔巴耶夫，于这一次改革风潮中在1984年接掌亚洲的哈萨克加盟共和国。但是他正如苏联其他许多政治人物一般（却与戈尔巴乔夫，事实上更与非社会主义国家任何一名政坛人士不同），乃是由工厂基层起家，然后才一路升至完全的公职生涯。他从党务转为政府工作，成为其共和国的总统，大力推动必要的改革，包括地方化及市场化。并先后度过戈尔巴乔夫下台和苏共解体的两起风波——可是这两项发展，他都不表欢迎。苏联解体之后，他也依然是空虚苍白的“独联体”（Community of Independent States）中最有影响力的人物之一。纳扎尔巴耶夫一向是个实际派，他不遗余力，有组织地推动各项可以改善人民生活的改革政策。他也小心翼翼，确保市场性的改革不致造成社会混乱。市场运作是必要的，但是毫无控制的价格上涨则绝对不行。他最青睐的策略，就是与苏联（或前苏联）其他加盟共和国进行双边交易——他赞同组成一个“中亚苏维埃”共同市场（Central Asian Soviet common market）——并与国外资金一同创办企业。他也不反对激进派的经济主张，因为他不但从俄罗斯招来一批这一派的学者，甚至远赴非共产党国家，请来一位创下韩国经济奇迹的智囊人物。种种举措，显示他对第二次世界大战后真正成功的资本主义经济范例颇有认识。生存之道，甚至迈向成功之道，其主要成分，恐怕不多在动机的善良，却在靠现实主义的坚定行动吧。

苏联在其最后几年的光景，就仿佛一场慢动作的大灾难。1989 年欧洲卫星政权纷纷瓦解，再加上莫斯科勉为其难接受了德国统一的事实，证实苏联已不复为国际上的一个大国，更别提其超级霸权的世界地位了。1990—1991 年间海湾危机风云突起，苏联依然无能为力，无法扮演任何一种角色，只不过再度强调它无可挽回的败落之势。就国际观点而言，苏联就好似经历了一场大战，遭到全面溃败——只是事实上并没有这场战争。但是它仍然保留着它作为前超级大国身份的军力及军事工业复合体（military-industrial complex），这反而对它的政治活动造成某些局限。然而，苏联国际地位的下降，虽然助长了某些民族主义情感强烈的加盟共和国的分离主张，尤以波罗的海沿岸诸国和格鲁吉亚为最——立陶宛首先一试，于 1990 年 3 月挑衅地先行宣布独立[1]——苏联最后的解体，却不是来自民族主义的压力。

苏联的瓦解，主要是由于中央权力的解体，迫使境内各个区域或下级单位，不得不开始自己照顾自己，并全力抢救眼前这已一塌糊涂的残存经济。苏联最后两年发生的大小事情，背后都有饥饿和短缺两项因素存在。改革派失望灰心之余（他们多数是开放政策下最明显的受惠者——学者们），被迫走上预言式的极端：除非旧系统完全瓦解，有关它的一切全部毁去，否则将一筹莫展。就经济角度看，即以完全私有化彻底粉碎旧的一套，并以百分之百的自由市场立即取而代之，而且不计任何代价，务在必行。于是在数周或数月之内，迅速推动这项计划的惊人蓝图出笼了。当时甚至有一个所谓“五百天计划”之说。可是这些政策，并非基于对自由市场及资本主义经济的任何认识，但是来自英美经济学界的访问学者及金融专家，对此却热烈推荐。后者的高见，同样也不是基于对苏联经济真相的任何了解。双方都认为，现有的制度（或者换句话说，目前还存在着的那个中央指令制度），远

[1] 亚美尼亚的民族主义者，虽然曾因向阿塞拜疆伸张对喀拉巴克（Karabakh）山区的主权，因而引发了联邦的解体危机，它却还不敢过分造次到希望苏联消失，因为若非苏联，根本不会有亚美尼亚加盟共和国的存在。

不如以私有财产制及私人企业为基础的经济制度。他们也同时看出，旧有的系统即使再经修补，也必将注定灭亡。以上看法固然相当正确，但是他们却不曾处理实际上的问题，即如何将这样一个中央计划指令型的经济，转型变成任何一种的市场驱动经济。相反地，他们只一味抽象论证，证明在5年经济期内，市场经济将带来何等好处。他们声称，一旦供需法则得以自由发挥，届时货架上将自动堆满一度为厂商积压的商品，而且价格实惠合宜。可是长久以来受苦受难的苏联百姓，知道这种好事不会发生——等到旧系统消失之后，这种震荡式的自由派疗法，也曾获得短期施行，结果好梦果然没有成真。更有甚者，当时凡是态度严肃的观察家，都相信到了公元2000年时，苏联经济的国营部门，还将占有极大比例。这种公有制与私有制并行的混合经济，根本就为哈耶克和弗里德曼的信徒所驳斥。他们毫无操作或转变这种经济的良策。

但是最后的关头来临，却不是一场经济危机而是政治风暴。因为在苏联现有的整个体制里，从党开始，计划人员、科学家，一直到政府、军队、安全机构、体育单位，根本无法接受所谓苏联体系全面分裂的说法。至于除了波罗的海沿岸三国，其他任何民众有无如此冀求，甚至曾经臆想过这种情形——即使在1989年后——我们也不能臆测。不过，事实上却不大可能，因为在1991年3月的一场公民投票里，毕竟仍有76%的苏联选民，依然希望维持苏联架构——虽然我们对这个数字也许有所保留——“以更新的联邦形式，由各个具有主权且平等的加盟共和国组成，不分国籍种族，人人自由的权利都有保障。”（Pravda，1991年1月25日）。苏联的解体，当然也不是联邦内任何一名重要政治人物的正式政策。但是中央权力的解散，终究不免加强了离心势力的力量，分裂势成定局，何况又有叶利钦从中搅和，随着戈尔巴乔夫的主星渐黯，他的幸运明星直入中天。事到如今，联盟已成一个影子，只有各加盟共和国才是千真万确的实物。4月底，在9个主要加盟共和国的支持之下，[1] 戈尔巴乔夫开始协商一纸“联盟条约”（Treaty of Union），颇有 1867 年“奥匈帝国协议”（Austro-Hungarian Compromise）的折中风味，其主要精神在于维持一个中央联邦的权力所在（并设立直选诞生的联邦总统），主管军事外交，并与世界各国协调有关经济事宜。条约于 8 月 20 日生效。

对于旧有的党政势力而言，这又是戈尔巴乔夫另一次的纸上谈兵，跟他以往开出的处方一样注定失败，因此这股势力视这纸条约为联盟的墓碑。于是就在生效两天之前，几乎包括苏联中央所有重量级人物在内：国防和内政部长、苏联国家安全委员会（KGB，克格勃）的头目、苏联副总统和总理，以及党内要人，宣布总统暨总书记不再管理国家事务（度假时遭到软禁），改由一个紧急委员会（Emergency Committee）接管国家政权。这其实不太算是一场政变——莫斯科无人被捕，甚至连广播电台也未被接收——却是一种宣示，表示真正的权力机器现在又回来当家了，重回秩序与大政，相信民众一定会热烈欢迎，至少也会默不作声静静接受事实。而此举最后失败，其实也不是因为民众起来革命或骚动，因为莫斯科市民始终保持安静，那一项吁请众人共同罢工，反对政变的要求也无人理睬。正如苏联过去许多页历史一样，这是一场由少数演员踩在长期受苦的民众头上的演出。

不过也不尽然——短短 10 年之前，只消一声令下，宣布实权谁属，即可大事敲定。但是反过来说，即使到了 10 年后的此时，多数苏联民众还是低首服从，一声不吭。根据一项调查，48％的苏联百姓，以及 70％的党委（这一点倒不必惊讶），支持这一“政变”（Di Leo，1992，pp.141，143n）。同样重要的是，虽然嘴里不肯承认，事实上国外也有许多政府以为政变将会成功。[2] 可是旧式党政军权力的认定，在

[1] 即除去波罗的海沿岸三国，以及摩尔多瓦、格鲁吉亚、吉尔吉斯 3 个加盟共和国以外的 9 国。吉尔吉斯不曾支持的原因不明。

[2] “政变”发生的第二天，芬兰政府的官方新闻摘要，仅在共 4 页的公告第 3 页的下半截处，简略提及戈尔巴乔夫遭到软禁的消息，却没有附加任何评论。直到政变企图显然失败时，芬兰才开始表达一些观点。

于全面普遍自动地赞同，而非一一清点人头。然而到1991年时的苏联，中央权力已不复存在，全民服从也无踪迹。如果这是一场货真价实的真政变，倒有可能在苏联多数地区成功，获得多数民众支持。而且，纵使军队及安全部门内部有裂隙、情况不稳，应该也可以召集足够的部队，在首都进行一场成功叛变。可是今天的情形已然改观，徒然在形式上象征性宣布权力，已经不够了。戈尔巴乔夫毕竟没错："重建"政策，改变了这个社会，打垮了阴谋叛变者的企图。可是，也同样击垮了他自己。

象征性的政变，可以用象征性的反抗击退。因为主谋者最没有准备也最不希望发生的一件事，就是出现内战。事实上他们的举动，其用意正好与民意不谋而合，即在于制止民众最害怕发生的变故，即演变成一场冲突。因此，当灰影朦胧的苏维埃联盟，与主谋者采取同一步调之时，灰蒙色彩不及联盟的俄罗斯共和国——如今在刚由相当多数选票选为总统的叶利钦当政——却没有随之而去。数以千计的民众，赶到叶利钦的指挥部捍卫助威，而叶利钦本人则为了全球电视观众大做表演，故意向驻扎在他门口的坦克部队挑衅，部队大感尴尬。主谋者经过这一场对抗，除了自认失败，还有何计可施？叶利钦的政治禀赋及决断能力，与戈尔巴乔夫的风格恰成对比。此时见机不可失，他便大胆地并且也很安全地解散了共产党，并将苏联仅余资产尽纳俄罗斯腰包。数月后苏维埃联盟正式告终，戈尔巴乔夫本人也被推到为世人遗忘的角落。原本准备接受那场政变的外面世界，现在自然接受了这个显然有效的叶利钦政变，并将俄罗斯视为已故苏联在联合国以及其他所有组织的当然继承人。原本打算抢救苏联老骨架的企图，反而比任何人所能想象的更为突兀、更无可挽回地被完全拆散了。

但是，经济、国家、社会，各种问题却一项也未解决。就某方面而言，现在反而比原来更糟，因为其他共和国，都开始害怕起俄罗斯——在此之前，它们根本不用担心不讲民族主义的苏联。更何况俄罗斯民族主义，正是叶利钦手上最有用的一张好牌，可以用来笼络以大俄罗斯人民为核心的军队，而且，由于其他共和国内住有大量的俄罗斯族居民，叶利钦也暗示可能有重划版图的必要，于是更加速了全面分离的脚步：乌克兰立刻宣布独立。突然之间，原本被中央集权一视同仁的广大人口（包括大俄罗斯本土人民在内），现在却头一回开始担心莫斯科会以大欺小，为本国利益欺压他们。事实上，这份心事也终结了在表面上维持一个联盟的假象，因为继苏联而起的“独联体”幻影，不久便失去所有的真实性。甚至连苏联所余的最后一支队伍，那支在 1992 年奥运会上击败美国、极为成功的联合代表队（United team），也注定不能长久。于是苏联的瓦解，逆转了几乎达 400 年的俄罗斯史，使得这个国家重返彼得大帝（Peter the Great，1672—1752）之前的领土与国际地位。自从 18 世纪中期以来，不论是在沙皇抑或共产党治下的俄国，一直是世界上一大强国。因此它的解体，在的里雅斯特与符拉迪沃斯托克之间，造成一个现代世界史上前所未有的国际权力真空，除了 1918—1920 年俄国内战的一段短时间是例外。这一片浩大无垠的地域，充满着混乱、冲突与潜在的巨变。而这也是这个千年将尽之际，有待世界上外交家与军事家处理和解决的课题。

6

我们可以以两项观察，作为本章的一结论。其一，自从伊斯兰创教的那个世纪以来，共产主义固然是唯一能在短时间内，快速地建立起广大地盘的一种信仰，然而它拥有的实际支配力，却如此表面。虽说西起易北河，东到中国南海，马列主义曾以一种简单化的面目，成为这一片大地上民众的正统教条。可是一旦推行这个信仰的政权不存在，它也于一夜之间立刻消失。像这般惊人的历史现象，也许可以用两个原因来解释。共产主义并不是一个基于多数人信仰的宗教，却是一个“基本干部骨干”的信仰，或借用列宁之语，乃是靠“先锋队”

杀敌陷阵。而且，甚至连毛泽东那有名的比喻，所谓游击队在农民大众中成功活动叫“如鱼得水”，这也暗指着两种不同的成分：一是主动的“鱼”，一是被动的“水”。非官方的工会及社会主义运动（包括某些大规模的共产党派），也许与他们所在的社区或选民共息共存，如煤矿村镇之例。可是另一方面，共产党的管理阶层却全都是——经由挑选和限定的——少数精英。“群众”是否赞同共产主义，并不在于他们本身的信仰，却在于他们对共产党的评价——共产党政权能够为他们带来什么样的生活，而他们的生活，与他人相比又如何。一旦共产党不再能掩盖事实，不再能将民众与外界隔离起来，那么不需直接接触，只消听到外头一点风声，就足以动摇人民之前对共产党的评价。更进一步，共产主义也属于一种工具式的信仰：“目前”之所以有价值，完全在于它是达到尚不明确的“未来”的手段。除了极少数的例外——如为爱国而战，眼前的牺牲可以换得将来的胜利——这种将目光放在未来的理想式信仰，比较适合少数宗派或精英群体，却不适合作为普世教众的原则。因为后者的运作范围——不论它终极的盼望多么伟大——却落在，也一定要落在平常人日常生活的范畴之内。即使对共产党的干部而言，一旦他们献身的目标，那普世得救的千禧年国度，变成不可望也不可即的未来时，便也得将目光投注在世俗生活的平凡满足之上。但是一旦这种转变发生——相当常见的情况——他们到底该怎么做，党已不再给予他们任何指导。简单地说，依照共产主义本身的意识形态，它要求的判断标准，是眼前立即的成功；对失败，则竭力反对。

可是，到底苏联和东欧社会主义为什么会失败？矛盾的是，苏联的瓦解，却正好为马克思自己所做的一番评析，提供了最有力的论点之一。马克思在1859年写道：

> 人类为求生存，在他们社会生产的手段中，进入一种独立于其意志之外的绝对必要关系，即一种与其物质生产力特定发展阶

> 段密切相关的生产关系……可是发展到了某一阶段，社会中的物质生产力，却开始与现有的生产关系，或换用法律观点表示，即与此前运作的财产关系，发生了矛盾。因此，原本作为生产力发展形式的这些关系，此时却成为手铐脚镣。于是我们便迈进了革命时期。

马克思笔下所述，即在社会、制度及意识形态的超结构下，落后的农业社会转型成先进的工业社会，此时却与旧有的生产力发生冲突。原本是生产力的力量，反而转变成生产力的桎梏——再也没有比社会主义革命更清楚明白的实例了。于是依此理论发动的“社会革命时期”，它的第一项结局便是旧系统的解体。

可是旧的垮了，有什么新的可以替代吗？在此我们却不能如19世纪的马克思那般乐观。他认为一旦旧制度灭亡，必能引进更好的新制度，因为“人类只会提出自己有能力解决的问题”。可是“人类”，或可说布尔什维克党人，在1917年提出来的问题，却是在他们的时空环境之下无法解决的问题，至少不能完全解决。而在今日，恐怕也要很有信心的人才敢宣称，在可预见的将来，将会有显而易见的答案，解决苏联社会主义失败后产生的种种问题。同样，又有谁敢夸口，在下一代的时代里，灵感将会从天而降，使前苏联及巴尔干半岛上前共产党政权的百姓们，忽然找到解决问题的答案？

随着苏联的解体，“现实中的社会主义”的实验也到此告终。因为即使在社会主义依然存留甚或成功的地方，例如中国，也放弃了原有的理想，不再从事以完全集体化为基础——或可说集体共同拥有而毫无市场机制——由单一中央计划控制的经济社会。“现实中的社会主义”是否会再度复活？答案是绝对不会照着苏联的发展模式复活，恐怕也不会以任何形式复活。唯一的例外，只有全面的“战时经济”，或其他类似的紧急状况。

因为苏联的实验，并非建立在取代全球资本主义的规模上，却是一组在特定时空的历史场合下产生的特定反应，用以解决一个广大无垠却惊人落后的国家的特殊状况。这个历史时空，不可能再回头出现。而革命在其他各地的失败，更迫使苏联只得独力发展社会主义。可是苏联，依照1917年马克思主义者的一致看法（包括俄罗斯本国的马克思派别在内），却是根本不具备建立社会主义的条件。结果强行尝试之下，虽然达到相当了不起的成就——能在第二次世界大战中击败德国就非同小可——可是却付出了昂贵的代价：令人无法原谅的惨重人命牺牲、最终陷入死胡同的瘫痪经济，以及一个令人不知该说些什么才好的政治制度。［“俄国马克思思想之父”普列汉诺夫（George Plekhanov）不是就曾预言，十月革命的成就再大，最多也只能造成一个红色的“中国式帝国”而已？］至于其他在苏联羽翼下兴起的“现实中的社会主义”国家，也面对着同样不利的条件，也许程度较轻而且人民代价远没有苏联惨重。因此这一类型的社会主义，若想再复生或振兴，机会不但渺茫，而且也没有人想要它，更毫无必要可言——甚至在有利条件存在时也无必要。

苏联实验的失败，对传统社会主义的大计划有何影响？令世人对它产生几许怀疑？这却是另外一个不同的大问题。所谓传统社会主义，在基本上，乃是建立于一种社会对生产、分配及交换手段拥有主权，并从事计划性经济的制度。这种经济理想，在理论上自有其合理性，早在第一次世界大战之前，就已经为经济学家所接受——奇怪的是，这套理论的创始者，却不是社会主义者，而是非社会主义的纯经济学家们。不过实行起来，难免会有实际上的明显缺陷——至少，官僚化就是一种。此外，如果社会主义也打算考虑消费者本人的喜好，而非只是一味告诉他们何者对他们有益，就势必得从“价格”入手——至少一部分地——由市场价格与“会计价格”（accounting prices）两者并进。这个话题，在30年代自然非常热门，事实上，当时西方的社会主义经济学家也已假定，必须通过“计划”（最好是非中央集权式的计划），配合“价格”双管齐下。但是去证明这样的一个社会主义经济能够实际运作，当然并不是要证明——比如说，比起黄金时期混合经济年代某些比较公平的经济制度，前者一定比较优越。而且即使可行，世人也不一定愿意采纳。在此，提出这个问题的目的，主要是将整体性社会主义的问题，与特定性的“现实中的社会主义”经验做一区分。苏联社会主义的失败，并不表示其他形式的社会主义便不可行。事实上，就因为苏联式中央指令计划的死胡同经济走不通，无法将它自己改造成“市场性社会主义”，更证实两者之间存在着极大的差异。

十月革命的悲剧，就在于它只能制造出自己这一种支配型社会主义。记得30年代最成熟、最有智慧的社会主义经济学家之一朗格（Oskar Lange），离开美国重返祖国波兰，为建立社会主义鞠躬尽瘁，到最后进入伦敦一家医院死在病床上。临终前，他曾对友人及前来看望他的仰慕者说过一些话，作者也在其中。根据我的记忆，以下便是他的感想：

> 如果说20年代时我在俄国，我会是一名布哈林派的渐进主义者。如果有机会为苏联的工业化进言，我会建议一套比较有弹性的特定目标，就像那些能干的俄国计划工作者所做的一样。但是现在回想起来，我却要问我自己，反复地问：有没有可能，会有另一条路，可以取代当时那种不分青红皂白、凡事一把抓、冷酷无情、实际上等于没有计划的、胡乱冲刺的第一个“五年计划”？我真希望我可以回答：“有。”但是我不能。我找不到任何答案。

第十七章

先锋派已死——1950年后的艺术

艺术可以作为一项投资，是20世纪50年代初期才兴起的一种新观念。

——《品位经济学》

（G. Reitlinger，1982，vol. 2，p.14）

白色系列的大件商品，例如电冰箱、电炉，以及过去那一切雪白的磁制器具，那些在以往推动着我们经济运行的白色玩意儿，如今都上了淡彩了。这是一种新现象。而且市面上也有很多普通艺术品跟它们搭配。非常好的东西。你打开冰箱取橘子汁，就有魔花曼德拉（Mandrake the Magician）从墙上走下来看着你。

——《分隔的大街：美国》

（Studs Terkel，1967，p.217）

1

历史学家总喜欢将艺术和人文科学的发展单独处理，与其所在的背景分离开来——包括作者本人在内——却不管事实上的根源与社会联结得有多扎实、有多深刻。我们总将艺术人文，当作一支拥有自身特定规则的人类活动，因此也可以在这种隔离的条件下加以评价。然而在革命为人类生活面貌带来重大改变的时代里，这种对某层面的历史进行单独研究的老法子，虽然现成，虽然方便，却显得越来越不合实际了。其一，这不只是因为“艺术创造”与“人工巧制”之间的分野越来越趋模糊——有时甚至完全消失。或许是因为在20世纪末的时刻，那群颇具影响力的文学批评家们认为，若硬要决定莎士比亚的《麦克白》(*Macbeth*)与《蝙蝠侠》(*Batman*)孰优孰劣，不但是不可能也是没有意义的做法，而且有反民主的嫌疑。其二，同时也由于种种决定艺术事件产生的力量，也越来越起于艺术本身之外。在这个科技革命高度发展的时代，许多因素更属于科技性的一面。

科技为艺术带来的革命，最明显的一项就是使艺术变得无所不在。无线电广播已将音波——音乐与字词——传送到发达世界的家家户户，同时也正继续向世界的落后地区渗透。可是真正让无线电广播普及全球的却是晶体管及长时效电池的发明。前者不但缩小了收音机的体积，也使其更便于携带；而后者则使收音机摆脱了官方正式电力网的限制（即以都市为主的限制）。至于留声机及电唱机都是老发明了，虽然在技术上经过改进，可是使用起来，却仍然显得笨重不便。1948年发明的LP唱片（long-playing record），在50年代很快便受到市场欢迎（Guiness，1984，p.193）。它对古典音乐的爱好者来说，乐趣良多，因为这类乐曲的长度往往很长——与流行乐曲不同——很少在旧式78转的35分钟限制之内结束。可是真正使得人们走到哪里，都可以欣赏自己爱好的音乐的发明，却是盒式录音带，可以放在体积日趋缩小、随处携带并用电池供电的录放机内播放。盒式录音带于是在70年代风靡全球，而且还附带有便于复制的好处。到了80年代，音乐便可以处处飘送处处闻了。不管进行什么活动，人人都可以戴着耳机，连接到一个其尺寸可以放进口袋的装置，静静地私下享受由日本人首先发明（经常如此）的这项玩意儿了。或者正好相反，从装有大功率喇叭的手提式大型收音录音机（ghetto-blasters）——因为厂商还未成功地设计出小型喇叭——向所有人的耳朵强迫传送。这个科技上的革命，有着政治和文化两方面的影响。1961年，戴高乐总统成功地呼吁法国士兵，起来反对他们司令官策动的政变。到了70年代，流亡在外的未来伊朗革命领袖霍梅尼的演说，也以此传进伊朗，广为流传。

电视机则始终未曾发展成收音机那么便于携带——也许是因为一旦体积缩小，电视机所损失的东西远比声音为多——可是电视却将动态的音像带入家庭。更有甚者，虽然电视远比收音机昂贵笨重，却很快就变成了无边无界、随时可看的必要家电，甚至连某些落后国家的穷人，只要都市里有这份设备网络，也都可以享受。80年代时，例如巴西就有八成人口可以看到电视。这种现象，远比美国50年代、英国60年代，分别以电视新媒体取代电影和无线电收音机作为标准大众娱乐方式的情况更为惊人。大众对电视的要求简直难以招架。在先进国家里（通过当时仍算比较昂贵的录像机），电视更开始将全套电影视听带入家庭。为大银幕制作的影像效果，虽然在家中的小屏幕上打了一点折扣，可是录像机却有一项优点，那就是观者几乎有着无穷无尽的选择（至少在理论上如此），包括什么片子以及什么时候观看。随着家用电脑的日趋普及，这方小屏幕似乎更变成了个人与外界在视觉上的连接点。

然而科技不但使得艺术无所不在，同时也改变了人们对艺术的印象。这是一个以流行乐的标准制作方式制作电子合成音乐的时代；这是一个随便哪个儿童都会摁下按钮定格、倒带重放的时代（而过去唯一可以倒退重读的东西，只有书本上的文字）；这也是一个科技出神入化，可以在30秒电视广告时间之中，就尽述一则生动故事，使传统舞台效果相形见绌的时代。对于在这样一个时代中长大的现代视听大众来说，现代高科技可以让他在数秒之内转遍全部频道，怎么可能再叫他捕捉这类高科技出现之前的那种按部就班、直线式的感受方式？科技使得艺术世界完全改观，不过受其影响最大最早者，首推流行艺术与娱乐界，远胜于“高雅艺术”，尤其是较为传统的某些艺术形式。

2

可是，艺术界到底发生了什么？

乍看之下，给人印象最深刻的变化，恐怕要数以下两项：一是大灾难时期过后，世界高雅艺术的发展发生了地理上的变化，由精粹文化的传统中心地带（欧洲）向外移出；二是基于当时全球空前繁荣的景象，支持高雅艺术活动的财源也大为增加。但是若再仔细研究，却可发现，其实情况并没有看起来那么值得欢欣鼓舞。

“欧洲”不再是高雅艺术的大本营（对 1947—1989 年间的多数西方人而言，所谓欧洲即指“西欧”），已是众所周知的共同认识。纽约，以它取代了巴黎艺术之都的地位而骄傲。这一转变，表示如今纽约才是艺术市场的中心，换句话说，艺术家们在这里成为高价商品。意义更为重大的变化，则在诺贝尔文学奖的评委们——其政治意味，似乎比其文学鉴赏的品位更令人寻味——从 60 年代起，开始认真考虑非欧洲作家的作品。在此之前，这方面的作品几乎完全被他们忽略——只有北美地区例外，自 1930 年辛克莱·刘易斯首次得到这项桂冠以来，便陆续有其他得主出现。到 70 年代，凡是严肃的小说读者，都应该接触过拉丁美洲作家的作品。而严肃的电影欣赏者，也一定都会对自 50 年代起由黑泽明（Akira Kurosawa，1910—1998）领衔，先后征服世界影坛的多位日本大导演，或印度孟加拉的导演萨耶吉雷（Satyadjit Ray，1921—1992）崇敬不已，至少也得在嘴上赞不绝口。1986 年，第一位撒哈拉沙漠以南的非洲人士，尼日利亚的索因卡（Wole Soyinka，1934—　）获得诺贝尔文学奖，更没有人感到大惊小怪了。

艺术重心由欧洲远移，在另一项绝对视觉艺术上，也就是建筑上，表现更为显著。我们在前面已经看见，现代派建筑艺术于两次大战之间甚少建树；到第二次世界大战结束，“国际派”才声名大噪，在美国达到巅峰，在这里出现的作品最大又最多，而且还更上一层楼，主要是通过美国于70年代在世界各地密如蛛网般的连锁酒店，向全球输出它仿佛梦幻宫殿的奇特形式，为仆仆风尘的高级经理及络绎于途的游客提供服务。通常这种典型的美式设计，一眼即可认出，因为它入门处一定有一间大厅，或宛如一处大温室的通道，里面花木扶疏，流水潺潺，并有室内或室外型的透明电梯上下载客，只见随处都是玻璃，满眼都是剧院式的照明。这样的设计，是为20世纪后期的资产阶级所建；正如传统的标准歌剧院建筑，是为19世纪的资产阶级而造一般。可是现代派流风所及，不止美国一地，在别处也可见到其知名的建筑：柯比西耶在印度建起了一整座都城昌迪加尔（Chandigarh）；巴西的尼迈耶尔（Oscar Niemeyer，1907—　）也有类似伟业——新首都巴西利亚（Brasilia）。至于现代派潮流中最美丽的艺术品（也是由公家委托而非私人投资兴建），大概首推墨西哥城内的国立人类学博物馆（National Museum of Anthropology，1964）。

而原有的艺术中心欧洲，显然在战火煎熬下露出疲态。只有意大利一地，在反法西斯自我解放的精神鼓舞下（多由共产党领导），掀起一股文化上的复兴，持续了10年左右，并通过意大利“新写实”（neo-realism）电影，在国际上留下其冲击的印痕。至于法国视觉艺术，此时已不复具有两次世界大战之间巴黎派的盛名，其实就连两次世界大战间的光彩，也不过是1914年前霞光的余晖罢了。法国小说家的名气，也多建立在理性而非文采本身上：不是徒然玩弄技巧，例如50年代和60年代的新小说（nouveau roman），就是像萨特那种非小说性质的作者，以其丰富的创造性作品闻名。1945年之后法国从事纯文学的

“严肃”小说家们，一直到70年代，有哪一位在国际文坛上获得声名？大概一位也没有吧。相形之下，英国的艺术界就活跃多了，其最大的成就可能要属伦敦于1950年后转型为世界乐坛及舞台的主要表演场地之一。此外，英国也出了几名前卫建筑家，他们凭着大胆创新的作品，在海外，例如巴黎、德国斯图加特（Stuttgart），闯出比在国内更大的名气。然而，虽说战后英国在西欧艺坛所占的地位比战前高几分，可是它向来最擅长的文学成就却不甚突出。即以诗而论，小小的爱尔兰在战后的表现，就可胜过英国而有余。至于德意志联邦共和国，以其丰富的资源与其艺术成就相比，或者说，拿它辉煌的魏玛时代，与今天的波恩相比，反差可谓惊人。这种令人失望的表现，不能只用希特勒12年统治留下的创伤一味搪塞。尤其值得注意的是，战后50年的岁月里，联邦德国文坛上最活跃的几名才子［策兰（Celan）、格拉斯（Grass），以及由民主德国来的众多新秀］，都不是联邦德国本地出生，却来自更向东去的几处地方。

众所周知，德国，在1945—1990年间陷于分裂状态。两德之间的强烈对比，却反映出高雅文化流向的奇特一面——一边是积极实行民主自由、市场经济、西方性格的联邦德国；另一方则是教科书上的标准实例，典型的共产党中央集权。但是在共产党政权之下，它反而花叶繁茂（至少在某些时期如此）。不过这种现象，显然并不能应用于所有艺术项目，当然也不会出现在某些国家。

更有甚者，艺术既然由官方赞助，可供艺术家选择发挥的空间自然因而缩小。空旷的广场，矗立着一排又一排“新维多利亚式”的建筑物——一提及此，莫斯科的斯摩棱斯克广场（Smolensk Square）便马上映入我们脑海中——这种50年代的标准风格，有一天也许会有人欣赏，可是对建筑这门艺术究竟有何贡献，恐怕只有留待将来评定吧。不过另一方面，我们也得承认，在某些国家里，当地共产党政府对文化活动的补助极多，出手甚为大方，显然对艺术恩惠良多。80年代西方的前卫歌剧导演，便是自东柏林罗致的人才，这应该不是没有缘故吧。

而苏联呢，则一直保持着化外之地的状态，与1917年以前的那段辉煌岁月相比，实在今非昔比，甚至连1920年前后的动乱时代也不如。只有诗坛例外，因为唯有诗，是最可以在私下进行的一项艺术；而且也唯有靠诗，伟大的俄罗斯传统，才能在1917年后继续保持——阿赫玛托娃（Akhmatova，1889—1966）、茨维塔耶娃（Tsvetayeva，1892—1941）、帕斯捷尔纳克（Pasternak，1890—1960）、勃洛克（Blok，1890—1921）、马雅可夫斯基（Mayakovsky，1893—1930）、布罗斯基（Brodsky，1940— ）、沃兹涅先斯基（Voznesensky，1933— ）、阿赫玛杜琳娜（Akhmadulina，1937— ）。而苏联的视觉艺术，却因受意识形态、美学、制度等多方面的严格限制，再加上长期与外隔绝，受到极大伤害。狂热的文化民族主义之风，于勃列日涅夫时期在苏联部分地区开始兴起，例如索尔仁尼琴所表现的正统及崇尚斯拉夫风格，以及帕拉加诺夫（Sergei Paradjanov，1924— ）电影中所传达的亚美尼亚中古神秘主义气息等。其中原因，即在艺术家无路可走，他们既然反对政府及党标榜的一切事物（正如许多知识分子一样），便只有向本土的保守风格吸取传统。更有甚者，苏联的知识阶层，不但完全隔离于政府体系之外，与苏联一般平民大众也格格不入。后者接受了共产党统治的合法地位，并调整自己，默默配合这个他们唯一所知的生活方式；而事实上在60年代和70年代，他们的生活可以说有着长足进步。知识分子憎恨统治者，鄙视被统治者，即使在他们讴歌农民，将理想化的俄罗斯精神寄寓在苏联农民形象上时也不例外（例如那些“新尚斯拉夫派”）。其实，他们理想中的农民化身早就不存在了。对于富有创意的艺术工作者而言，这实在不是理想的创作氛围；矛盾的是，一旦加诸知识活动的高压禁锢销蚀崩散，却反使种种创作才情萌动。极可能以20世纪伟大文学家盛名传世的索尔仁尼琴，却还得写小说来谆谆教诲——《伊凡·杰尼索维奇的一天》（*A Day, in the Life of Ivan Denisovich*）、《癌病房》（*The Cancer Ward*）等等——正因为他还不能自由说教、随意批判历史与现实。

至于共产党中国，10年动乱，中国的中等和高等教育等于完全停滞，西洋古典音乐及其他各类音乐活动也全面停止（有时甚至将乐器破坏殆尽）。全国的影剧剧目，也削减得只剩下数部政治意识“正确”的样板戏，一再重复上演（由伟大舵手的妻子，曾是上海二流明星的江青亲自挑选编排）。

但是在另外一面，创作力的光辉却在共产党政权下的东欧大放光彩，至少在强调正统的禁锢稍有放松之际便立即光芒四射。波兰、捷克斯洛伐克和匈牙利的电影界，在此之前，即使在本国也默默无闻，自50年代末期开始，却出人意料突然遍地开花，有段时期甚至成为奇片的重要来源之一。一个如电影这般依赖政府资金的艺术，竟然能在共产党政权之下卓有成就，实在比文学创作的表现更让人惊讶。因为文学作品，可以私下写就“藏之柜底”，或写给圈中密友传阅。[1]事实上，多名共产党国家的作家即在国际上享有殊荣——尽管当初他们执笔之初，设定的读者群也许甚小——包括民主德国，以及60年代的匈牙利。民主德国产生的文学人才，远比富庶的联邦德国为多；匈牙利的作品直到1968年后，才通过国内外的移民流动而传到西方。

这些人才有一项共同条件，是发达市场经济的作家及电影人少有的，更是西方戏剧工作者梦寐以求的理想，即一种被公众需要的感觉（美英两国的戏剧工作者，从30年代开始，就染有政治激进主义的癖好）。事实上，在没有真正的政治民主及新闻自由的情况下，也唯有从事艺术工作的人，才能为老百姓——至少为其中受过教育者——表达心声。这一类感受，并不限于共产党国家的艺术家，同样也出现于那些知识分子也与当前政治制度不和，虽然并非毫无限制却多少可以公开畅所欲言的国家里面。以南非为例，便因种族隔离制度的刺激，使得反对者当中产生了许多优秀的文学作品，这是这块土地上前所未有的现象。50年代中，墨西哥以南拉丁美洲的多数知识分子，一生中恐

[1] 不过复制的工作仍然工程浩大，因为唯一的工具，只有手动打字机和复写纸，比这先进的科技还完全没有。为了政治上的理由，“重建”前的共产党世界不使用复印机。

怕也都曾经历过某段时期成为政治难民的日子。他们对西半球这一地区的文化贡献，自是不容忽略；土耳其知识分子的情况亦然。

然而，某些艺术在东欧开花吐蕊，其中意义，并不仅限于在政府的容忍下扮演反对角色。年轻的艺术家们，事实上是受到希望之火的激扬；他们希望在战争的恐怖岁月终于过去之后，自己的国家能够步入一个新纪元。他们当中某些人——虽然如今再不愿提起——当初甚至真正感觉到青春之帆，正在理想国的清风下饱满颤动，至少战后初年如此。少数几位，甚至一直受到所处时代的激励，例如第一位引起外面世界注意的阿尔巴尼亚作家卡达瑞（Ismail Kadaré，1930—　），与其说他是霍查（Enver Hoxha）治下强硬派政权的传声筒，不如说是这个小小山国的代言人，为它在世界上第一次赢得一席之地（卡达瑞后于 1990 年移居外国）。但是大多数人，却很快走上程度不一的反对之路。不过反对归反对，在这个政治系统二元相对的世界，他们却也常常拒绝了眼前唯一的另一条路——不论是穿过联邦德国边界出奔，或是通过“自由欧洲电台”（Radio Free Europe）的广播，都非他们所愿。即使在如波兰之类的国家，纵使当前政权已经遭到全面反对，但是除了年轻人外，一般人对本国自 1945 年来的一段历史清楚至极，所以他们知道在宣传家不是黑便是白的两极对比中，还有那深浅浓淡不同的灰色地带。这份对现实无奈的辨识能力，使得捷克导演瓦伊达（Andrzej Wajda，1926—　）的影片增添了一份悲剧色彩。60 年代 30 余岁的捷克导演，以及民主德国作家沃尔夫（Christa Wolf，1929—　）、穆勒（Heiner Müller，1929—　）等人的作品，那种暧昧难明的气氛，便是因为他们的梦虽已碎，却始终不能忘却。

一个奇怪的现象却是，在社会主义第二世界及第三世界的某些地区，艺术家和知识分子往往享有极大的尊荣，并比一般民众拥有较好的生活条件及某些特殊权利。在社会主义国家里，他们甚至可能位列国中最富裕的一群，并享有出国的权利，有时甚至有机会接触国外文学。在各个第三世界国家里，身为知识分子，甚或艺术家，却是国家的代表。拉丁美洲首屈一指的优秀作家们，不论其政治立场如何，几乎一律有外放出使的机会，尤以巴黎为最理想的地点，联合国教育科学文化组织（UNESCO）的总部在此，但凡有意的国家，都可以派驻好几名人员，来到这人文风流的“左岸”（Left Bank）咖啡胜地。而大学教授，也有加入政府组阁的指望，其中又以经济部门为首选。80年代艺术界人士纷纷艺而优则仕，摇身一变成为总统候选人，真的登上总统宝座的现象似乎最近才有（例如秘鲁某位小说家即出马竞选；而共产党下台后的捷克和立陶宛总统大位，则真的由文人出任），事实上早在几代以前，在欧洲、非洲两洲某些新生国家即已有过先例。它们往往将尊位荣衔，授予本国少数几位能在国外享有大名的杰出公民——多半是钢琴演奏家，例如1918年的波兰；或法文诗人，例如塞内加尔；或舞蹈家，例如几内亚。但是反过来，大多数发达西方国家的小说家、戏剧家、诗人、音乐家等艺术人士，则往往与政治完全扯不上关系，甚至连他们当中具有理性倾向者亦然。唯一的例外，可能只有文化部门的职位，例如法国、西班牙两国文化部长一职，即由作家马尔罗（André Malraux）和森普隆（Jorge Semprún）分别出任。

在这个空前繁荣富裕的时代，投注于艺术的公私资金自然远胜以往。甚至过去从来不甚积极照顾艺术的英国政府，80年代后期也以极大手笔，在艺术项目上足足花去10亿多英镑，相形之下，它在1939年却只有90万英镑的艺术类支出（*Britain：An Official Handbook*，1961，p.222；1990，p.426）。至于私人赞助的比重则较低，只有美国例外。在财务优惠的鼓励下，美国的亿万富豪热心捐助教育、学术、文化，出手比世上任何一处都为大方。这一方面是出于对生活中更高层次事物的真心喜爱，尤其是那些白手起家，第一代的企业大亨，另一方面，也因为美国社会缺乏正式的社会等级，能够有一点文化世家贵族的地位，总是聊胜于无了。于是这些大手笔的艺术豪客们，不但纷纷将自己的收藏品捐献给国家或市立艺术馆（这是过去的老做法），更竞相成立以自己命名的展览场地，至少也在已有的博物馆内，拥有一处自己的画廊。而其中的艺术品，则根据拥有者或捐献者规定的形式展出。

至于艺术市场，从 50 年代起，更发现将近半世纪之久的不景气已经解套。艺术品的价格，尤其是法国印象派、后期印象派以及近世最出名的早期巴黎现代画派（modernism）的作品，开始暴涨直达天价。直到 70 年代时，国际艺术品市场的重心，首次由伦敦转至纽约。此时国际艺术品市场的价位，已与《帝国的年代》一书中记录的时代的最高纪录相等，进入 80 年代疯狂暴涨的市场，更屡破纪录一路狂升。印象派和后期印象派作品的价格，于 1975—1989 年 15 年之间，暴涨了 23 倍（Sotheby，1992）。不过从此开始，艺术品市场的面貌已经再不能与过去等同。不错，有钱人依然继续收藏——一般来说，世禄旧家的银子，偏爱老一辈大师的珍品；而新出炉的富贵人，则追逐新奇的名作。不过时至今日，越来越多的人是为了投资而购买艺术品，与过去竞购金矿股份是同一动机。“英国铁路养老基金”（the British Rail Pensions Fund），就在艺术品上大赚几笔（听从了最佳的建议）。像这样一个出购对象，当然不能视为艺术品的爱好者。而最能凸显 80 年代末期艺术品交易特色的一宗买卖，则首推澳大利亚西部一名暴富的大亨，以 3 100 万英镑的价钱，购得一张梵高（Van Gogh）作品。购买艺术品的一大部分资金是由拍卖单位借贷，双方自然都希望价钱可以继续上涨，这样，不但作为银行贷款抵押品时的身价可以更高，经纪人也可从中获得更丰厚的利润。结果，两方都大失所望：珀斯（Perth）的邦德先生（Bond）落得破产下场，投机风造成的艺术品市场景气，也于 90 年代初期全面破灭。

金钱与艺术之间的关系，往往暧昧难明。20 世纪后半期的重大艺术成就，是否有几分归于金钱推动，殊难料定。不过只有建筑除外，在这个领域里，一般来说大就是美，至少也比较容易获得入选旅游手册。但在另一方面，还有另一项经济上的发展，对艺术显然产生了莫大影响，即艺术融入学术生活，进入高等教育的学府——后者的快速扩充，前文已经有所讨论（第十章）。这种现象，具有普遍及特定的两种层面。总的来说，20世纪文化的决定性发展，首推以大众为对象的通俗娱乐事业，其革命性的蓬勃增长，不但将传统高雅艺术推往局限于精英阶级的小圈子内；而且自20世纪中期开始，这个精英文化圈的成员也多属有较高教育程度之人。戏剧和歌剧的观众、本国文学经典及纯文学诗作散文的读者、博物馆及艺术的参观者，绝大多数都是至少完成中等教育的人。只有社会主义世界例外，因为它始终不向以最大利润为取向的娱乐事业越其雷池一步——不过一旦共产党政权倒台，它却再也不能拒其于门外了。任何一个20世纪末期的都市文化，都是以大众娱乐业为基础，例如电影、广播、电视、流行音乐等，不一而足。精英阶层虽然也分享这一通俗文化（自然由于摇滚乐攻城略地所致），但是作为知识分子，同时却难免为它添加几分学院派的气味，以便更合乎自己的高品位。除去这一点交流之外，这两类群众完全隔离。因为大众市场工业争取的大多数人，只能在极偶然的机会下一窥艺术门径，亲身接触所谓“高雅文化族”夸口的艺术类型。如1990年的世界杯足球大赛，竟有帕瓦罗蒂（Pavarotti）演唱普契尼（Puccini）的咏叹调开场；或亨德尔（Handel）、巴赫（Bach）的古典乐，成为电视广告的背景配乐。因此如果一个人不打算加入中产阶级，就不必费事观赏莎士比亚名剧。反之，若真有意跃身中产之列（最当然的途径就是通过中等学校的规定考试），就无法避免跟莎翁笔下的主人翁照面了，因为他们都是学校考试的指定科目中的。最极端的情况，可以以阶级分明的英国为例：那里的报纸分为两种，一种以受教育阶级为对象，另一种以未受教育者为对象；视其内容，宛如两个星球的产物。

而就特定一面而言，高等教育的惊人发展，提供了就业机会，为原本不具商业价值的男女学人，也带来了市场天地。这种情况，尤其在文学上最为突出。诗人在大学开课，至少也成为驻校诗人。在某些国家里面，小说家与教授的职业甚至重叠到极大的程度，一种全新的文学类型随之于60年代活跃起来。因为在可能的读者群中，大多数都对培养出这种类型的氛围极其熟悉，即学院文学。它不以一般小说的主题，即男女的情爱为素材；却转而处理其他更为奥秘难解的题目，进行学术的交流、国际的对话，表达校园的絮语、学子的癖好性格。更危险的是，学术的需要，反过来也刺激了合乎这一类解剖式研讨分析的创作的出现，并学大文豪乔伊斯，靠作品中的复杂性——如果不是由于其费解度——而身价十倍。乔伊斯日后作品拥有的评论人数，恐怕不下于真正的读者数。于是诗人的诗，是为其他诗人而作，或者说，是为了可能研讨其作品的学人而作。于是在学校薪水、研究补助金，以及修课必读书单的保障之下，这一群非商业的艺术创作骄子，虽然不见得有富贵荣华的指望，至少也可以过一份舒适的生活。学院吹起的这股新风，却又造成另一种附带效应，破坏了已取得的地位。因为这些皓首穷经、追究每一个字义、不放过每一个意象的现代训诂学者，竟然主张文字独立于作者之外，只有读者的领会，才是决定作品内容的真正尺码。他们认为，阐释福楼拜（Flaubert）作品的评论者，其对《包法利夫人》（*Madame Bovary*）拥有的创作者地位，不下于福楼拜这位作者本人——恐怕更胜作者本人。而且，因为一部作品的流传，只能经由他人的阅读，尤其是出于学术目的的研读，才得以存世。其实长久以来，这项理论即为先锋派戏剧工作者所拥戴，对他们来说（也是老一派的演员经纪人及电影大亨的意料之中的事），不论莎士比亚或威尔第（Verdi），只不过提供了原始素材，至于真正的阐释，则有赖他们大胆发挥，具有刺激的挑动性发挥更佳。然而这一类做法有时固然极为成功，却同时更加深了高雅艺术难以领会的晦涩。因为如今它们成了评论的评论，阐释的阐释，对前人的批评的批评，为他人的意见提意见；除了同行之外，很难解其中之妙。这一风气，甚至影响到民粹派类型的电影新导演，因此在同一部影片里，一方面向高品位的精英推介自己广涵厚蕴、博大精深的电影修养——因为只有后者，才能了解影片中所要传达的暗喻，另一方面却只要拿那些血腥色情的东西满足通俗大众（当然最好连票房在内）就可以了。[1]

21世纪的文化史家，对20世纪下半期高雅艺术的成就，将会有何种评断？这个答案显然很难猜测。不过，他们一定会注意到一个变化，那就是曾绚烂于19世纪并延续至20世纪上半叶的“标准艺术类型”进入20世纪的下半叶时，却开始出现至少是地区性的凋零现象。雕塑，便是会立即进入我们脑海的一个例子。不论别的，单看这门艺术最主要的形式，即公共性的纪念建筑物，在第一次世界大战后几乎等于完全死亡，即可见其一斑。只有在专政的国度里，还可见到新作品处处耸立——只是质和量之间，并不能画上等号，这是世人都同意的观点。至于绘画，即使与两次世界大战之间的年代相比，也难免会让人立刻产生今非昔比的印象。细数1950—1990年间的画家，恐怕很难找出一位举世公认的大师级人物（比如说，其作品值得本国以外博物馆收藏的艺术家）。可是若拿出两战之间的名单，浮上心头的马上便有好几位世界级大师，至少可以列出巴黎派的毕加索、马蒂斯、苏蒂恩（Soutine，1894—1943）、夏加尔（Chagall，1899—1985）、鲁奥（Rouault，1871—1958），以及克利等两三位苏（俄）和德国大家，再加上一两位西班牙及墨西哥的画家。像这样一份重量级的名单，20世纪下半期如何与之相比？就算把纽约“抽象表现派”（abstract expressionism）的几位代表人物，如培根（Francis Bacon），以及几位德国人包括在内，恐怕也是小巫见大巫、不堪一比吧。

至于古典音乐，老风格的日走下坡，也被外表的欣欣向荣所蒙蔽；因为演出的人数及场次虽然大增，演出的剧目和曲目却始终限于古典作品。1950年后创作的歌剧新剧目，有多少在国际或本国的剧目中奠定地位？事实上世界各地的歌剧，一直在不停地循环重复演出老戏，它们的作者当中，最年轻的一位也出生于上一世纪的1860年。除了

---

[1] 因此德帕尔马（Brain de Palma）的《铁面无私》（*The Untouchables*，1987）一片，在外表看来，好像不过一部刺激热闹的警匪片，描写黑道分子卡彭（Al Capone）横行的芝加哥。但是片中却原样引用了爱森斯坦导演的《战舰波将金号》的一节。对于不曾看过原片那一段有名镜头，婴儿车一路跌撞冲下敖德萨阶梯的观众来说，便一定不解其意。

德英两国而外——亨策（Henze）、布瑞顿，以及最多再加上其他两三位——一般作曲家根本很少尝试创作大型歌剧。而美国人，如伯恩斯坦（Leonard Bernstein，1918—1990），则偏爱风格比较不那么正式的另一类型：音乐剧。此外，除了俄国人外，如今世上还有多少作曲家在谱写曾在19世纪被称作器乐演奏之王的交响乐？[1]音乐天赋依旧很高、音乐人才仍然充沛的今天，这些人才却纷纷放弃了传统的表现途径——虽然古典音乐，在“高雅艺术”市场上依然占有支配的地位。

19世纪另一项艺术类型——小说，显然也有类似的全面退却迹象。不错，小说依然在大量地生产着，并且被人购买。但是，我们若要为20世纪下半期的文学界，仔细寻找其中的伟大小说及伟大小说家——那种以整个社会横剖，或整个时代历史纵深为主题的作品及作者——却得向西方文化中心地区的外围勘察——唯一的例外，恐怕又是苏联。随着索尔仁尼琴早期作品的问世，小说再度浮上台面，成为苏联作家整理其斯大林时期生活经验的主要创作方式。苏联而外，小说的伟大传统则在几处西方文化的边陲地带出现，例如西西里的兰佩杜萨（Lampedusa），其作品是《花豹》（*The Leopard*），南斯拉夫的安德里奇（Ivo Andric′），克尔莱札（Miroslav Krleža），以及土耳其等地的作家。至于拉丁美洲，当然更可以找到它的踪迹。50年代以前，此地的小说除了在作者本国以外，在外界都默默无名。可是自此开始却脱颖而出，声名鹊起，从此紧紧地抓住了文坛的注意焦点。马尔克斯的《百年孤独》（*A Hundred Years of Solitude*）这部立即被全球公推为传世杰作的伟大小说，就来自哥伦比亚，一个小到连发达国家受过教育的人，都很难在地图上指认的国家——直到它与可卡因连为一体、相互为伍为止；可是它却为世人创造了一部伟大作品。而犹太裔小说的地位，在多国境内也值得瞩目——尤以美国和以色列为著——它的兴起，或许反映出犹太民族在希特勒荼毒下遭受的创痛至深。这一份惨痛的

[1]　罗科菲耶夫（Prokofiev）写了7首，肖斯塔科维奇（Shostakovich）写了15首，甚至连斯特拉文斯基也曾写过3首交响曲。可是这些交响乐却都属于（或者说，成于）20世纪的第一个50年里。

创伤经验，犹太作家感到自己必须直接或间接地面对和克服，才能有所交代吧。

高雅艺术及古典文学的没落，自然并非出于人才的凋零。就算我们对天才及奇人在人世间的分布变化不甚了然，却可以很有把握地假定，时至今日，促使这些人才显示其天赋的原因，已经发生相当剧烈的变化。其表现的渠道、动机、形式，以及刺激，也都产生巨大变化。古典的没落，实在不是因人才供应的减少。我们没有理由认为，今天的意大利托斯卡纳人，才艺便没有以前出色，我们甚至也不可以假定，他们的审美趣味，必不及佛罗伦萨文艺复兴时期的中古世纪。归根结底，今天的艺术人才，根本放弃了寻求表达的旧方式，因为新方式已诞生，其吸引力更甚，报酬更丰。正如年轻一代的“前卫”作曲家——即使早在两次世界大战之间的年代——例如奥瑞克和布瑞顿，即可能受不住诱惑，改替电影配乐而不为弦乐四重奏作曲。而绘画上的许多细节，如今已被照相机的胜利取代，以时装的展示为例，便由照片完全代替，再无须劳动画笔细描。至于连载小说，在两次世界大战之间即已濒临死亡，进入电视时代，更全面投降，让位于屏幕上的连续剧。而电影，更取代了小说和戏剧的双重地位。因为在工厂式的好莱坞大制作制度沦落以后，新一代的电影不但容许个人才情更大发挥，而且有大量的电影观众，回归于各自家中的电视机前，先是收看电影节目，接着观赏录像带。在今天的文化社会中，若每有一位热爱古典文化的人士，可以从不过五名依然在世的剧作家中，正确地说出两部舞台剧的作者，相对地，就可以找出50名电影迷来，能够如数家珍，背出一打甚至一打以上导演的重要作品。事实上这是理所当然，再自然也没有的结果。唯一仍在挽救传统艺术类型，使其不致进一步快速坠落的，只剩下旧式“高雅文化”所伴随的社会地位了。[1]

然而，眼前还有两项更重要的因素，也在破坏着古典艺术的高雅

[1] 一位才华横溢的法国社会学家，即曾在其著作《高人一等》(*La Distinction*)中，对“文化”制造社会“阶级”的现象进行分析。

文化。其一，是大众型的消费社会在世界各地大奏凯歌。自 60 年代开始，与西方世界的人们如影随形的画面——在第三世界都市地区也与日俱增——从生到死，全是广告和表现消费文化、致力大众商业娱乐的各色事物。商业性流行音乐的声音，充斥于都市生活的空间，弥散在户内户外。与这种无所不在、无孔不入的渗透比较，所谓“高雅艺术”的冲击，即使在那些“最有文化修养者”的身上，恐怕至多也只能间歇接触、偶一为之吧。何况又有科技的进步，使得声光画面更上一层楼，使得一向以来，作为高雅文化作者写就的言情小说，专攻男性读者的各类恐怖小说，或在这个一切解放的时代里，一些色情文学或黄色作品都开始泛滥——还能在职业、教育或其他学习目的以外找到阅读意义的认真读者，在今天已成为少之又少的稀有动物。教育的革命，虽然在名目上大大扩增了受教育的人数，可是实际的阅读能力，却在许多理论上应该全民识字的国家里日见低落。因为印刷文字，已经不再是一扇大门，可以让人进入那超越口耳相传阶段以外的广大世界。50 年代以后，甚至连西方富有国家受过教育者的儿女，也不再像其父母一辈，那么自然地亲近书籍了。

如今支配着西方消费社会的东西，再不是神圣经书，更非凡人作品，却是商品——或任何可以金钱购买之物——的品牌商标。它们印在 T 恤上，附在其他衣物之上，宛如神奇的护身符般，使穿者好像立登龙门，在精神上取得了这些名牌所象征并应有的生活方式（通常属于一种年轻有活力的青春形态）。而成为神祇偶像，受到大众消费娱乐社会膜拜的，则是明星与罐头。难怪在 50 年代，在消费民主社会的核心重地，一群执当时牛耳地位的画家，会在这些偶像的制造者面前俯首称臣。因为比起旧有的艺术形式，后者的威力实在非凡。于是“波普艺术”的画家们，例如沃霍尔（Warhol）、利希腾斯坦（Lichtenstein）、劳申伯格（Rauschenberg）、奥尔登伯格（Oldenburg）等，开始以无比的精确度，以及同样无比的麻木，全力复制美国商业大海的视觉装饰：汤水罐头、旗帜、可口可乐瓶、玛丽莲·梦露。

以19世纪的定义而言，这种属于“匠人工艺”（art）的新时尚自然难登大雅之堂。但是其中却正证明大众市场所以称雄的基础，不但建立于满足消费者的物质需要，而且有相当一部分基于满足消费者的精神需要。长久以来，广告代理商就已经模糊地意识到这个事实，因此在他们发动的广告宣传中，推销的并“不是牛排，而是烤牛排的滋滋香味”（not the steak but the sizzle）；不是香皂，而是美丽的倩影；不是一罐罐的罐头汤水，而是一家人用餐的其乐融融。50年代越来越明显的一种趋势，即在这类广告手法，具有一种可以称之为美感经验的层面，一种制作者必须全力以赴、竞争提供的普通群众性创作活动（偶尔或带有主动性的创造，多数时候则属被动性）。50年代底特律的汽车设计，带有太多的巴洛克装饰线条，就正是基于这项观点。60年代，有一批优秀的文化评论家，开始深入探讨在此之前一直被贬斥为“商业艺术”，或毫无美感层次的创作活动。换句话说，就是那些真正吸引街头凡夫俗子的玩意儿（Banham，1971）。而老一派的知识分子，现在越来越被形容为“精英分子”，他们过去一向瞧不起平凡大众，认为后者只能被动地接受大公司大企业要他们相信的东西（“精英”一词，于60年代为新一派的激进主义热情采纳）。然而50年代的降临，却借着“摇滚乐”的胜利凯歌，最戏剧化地证实了大众知道自己喜欢什么，至少，可以认出自己喜欢的东西（“摇滚乐”之名，原是青少年语，来自北美黑人聚居文化圈内那些自成腔调的都市蓝调）。靠摇滚乐大发其财的唱片工业，并不是摇滚乐流行的创造者，更从不曾策划摇滚乐的诞生；它们只不过是从首先发现摇滚乐的业余者及街角小店手中，把它接收下来罢了。在这个过程当中，摇滚乐自然受到一些腐蚀作用。“匠人工艺”（如果可以用这个字眼形容）的精髓，被视为来自泥土本身，而非泥土之中长出的奇花异果。更有甚者，随着民粹意识同为市场和反精英激进主义共同拥抱，重要的已经不在如何分辨好坏，或区分繁简，却在看出哪一种艺术吸引的人比较多，哪一种吸引的比较少。在这种新思潮的冲击之下，旧有的艺术观念自然没有多大空间可以容身了。

但是除此之外，另有一个破坏高雅艺术更大的因素，即“现代主义”的死亡。自从19世纪晚期以来，不以实用为目的的美术创作，即在现代主义的提携下得以扶正。而“现代主义”更为艺术家们提供了打破一切限制束缚的有力辩白。创新，是现代主义的真精神。借科技以为譬喻，所谓“现代”（modernity），即暗地假定艺术也是进步式的，因此今日新潮，一定胜于昨日旧风。于是循此定义，现代艺术是“先锋”者的艺术（“先锋”一词，在19世纪80年代开始进入艺术批评语汇），也就是少数人的艺术。在理论上，有朝一日必将能夺得多数人艺术的地位；可是在实际上，却由于尚未多数化而沾沾自喜。不论其特定的形式如何，基本上“现代主义”是对19世纪资产阶级自由派趣味及旧习的反动，包括社会与艺术两方面。同时也基于一种认识，认为有必要为科技上与社会上都已经发生惊天动地大革命的20世纪，创造一种比较合适的艺术形式。简单地说，英国维多利亚女皇、德皇威廉，或美国威尔逊总统御下的旧日艺术，根本就不适合现代人的身份和趣味（参见《帝国的年代》第九章）。理想上，这两项目标可以相辅相成，如立体派，即是对维多利亚画派的驳斥，也是一种取代这种旧画风的新途径，同时更是一组由还其本我的“艺术家们”所创作的还其本我的“艺术作品”。但是在实际上，两项目标却不见得同时发生，正如很久以前，杜尚的便壶和达达艺术精心传递的艺术虚无主义，即已证实此论的不实。这些东西，并不打算被视为任何艺术，事实上根本就反艺术。但是在理想上，“现代派艺术家”又以为他们在20世纪所寻找的社会价值，与将之诉诸文字、声音、图像的方式应当自然融合汇流；正如它们在现代派建筑上斐然的成果一般。因为现代的建筑，不正是一种以适合社会乌托邦理想的形式，将社会乌托邦体现出来的建筑风格吗？但是在这里，形式与实质却再度缺乏合理的逻辑联系。比如说，为什么勒·柯布西耶建造的“辉煌城”（cité radieuse）内的高楼，就一定得是平顶，而不是斜顶的呢？

然而，正如我们所见，“现代主义”曾在20世纪上半期发挥过极大作用。当时，其理论基础的薄弱处还为人所忽略；其应用公式在发展上的局限性也尚未为人完全测试（例如十二音阶音乐、抽象艺术等）；而其质地织造，也还不曾被内部的矛盾与潜在的罅沟所断裂。过去的战争、现存的世界危机、未来可能爆发的世界革命，种种经验，使得先锋派的创新，仍然与社会的希望紧紧熔铸在一起。反法西斯的岁月，延后了反思的时刻。现代主义依然属于先锋派，依然列身对立面，只有工业设计界和广告代理界将它纳入主流。现代主义，尚未成为正统。

除了社会主义政权之外，现代主义之风，随着对希特勒的胜利也吹遍全球。现代派艺术与现代派建筑风靡美国，于是大小画廊，与素有名望大公司的办公室里，便挂满了这一类的作品。美国城市的商业区，充斥着所谓“国际风格”的象征符号——细长的长方盒子条条竖立，直上云霄，但是那扁平的楼顶，倒不像在“摩天”，反似削平了脑袋以“顶天”。有的姿态优雅，例如密斯·凡德罗的西格拉姆（Seagram）大楼；有的徒有其高，例如纽约的世界贸易中心（两楼均在纽约市）。美国的这股新趋向，在旧大陆也受到几许相随，而现在众人都倾向将“现代主义”与“西方价值”等同观看。视觉艺术上的抽象主义——所谓“抽象艺术”（non-figurative art）——与建筑上的现代主义，遂成为既有文化景观的一部分，有时且成为其中的主调。甚至连在两股风气似乎已行停滞的英国，此时也有死灰复燃之势。

但是60年代末期起，对现代主义反动的现象开始愈为明显；到80年代，在“后现代”（post-modernism）的标签之下，这股风气变得更加时髦起来。“后现代”其实说不上是一种“运动”，它的精神，在于拒绝现有的任何艺术评价标准；事实上，根本拒绝任何标准存在的可能。“后现代”在建筑上首先亮相，便是在摩天大楼顶层盖上18世纪新古典奇彭代尔式（Chippendale）的山形墙尖顶。最令人感到刺激的，乃是向现代派挑战者不是别人，竟就是“国际风格”一语创始人之一的约翰逊（Philip Johnson，1906— ）本人。眼前尽是随意线条的曼哈顿（Manhattan）的天际轮廓，在批评家的眼里，原是现代城市景观的标准模型；如今他们却发现原来那全无结构的洛杉矶市，才有其优点存在。放眼望去，只见有细节，却没有形状；这真是“各行其是”者的天堂乐园——或许是地狱。而现代派建筑外表上看来也许毫无理性可循，事实上却始终遵循着美感道德的法则行事。但是后现代兴起了；从此开始，什么规矩都没有了。

回首现代派运动在建筑上的成就，实属有目共睹。自从1945年以来，在它名下的建筑，包括将世界连成一家的飞机场，还有工厂、办公大楼，以及许许多多依然待建的公共建筑物，如第三世界国家的首都，以及第一世界里的博物馆、大学和戏院。当60年代，全球大兴土木，纷纷重建它们的都市时，也是由现代主义发号施令。此外，由于现代派建筑在材料工艺上的创新，可以于短时间内兴建起大批平价住宅，进度既快，成本又低，于是连社会主义国度的地平线上也出现了它的芳踪。现代主义无疑造就了相当数目的美丽建筑，有的甚至可列入不朽杰作。丑陋者也不在少数，最多的却是毫无特色、缺乏人性的蚂蚁窝。而战后现代派在绘画雕塑上的成就，相形之下，就逊色很多，而且其表现也往往比两战之间的前辈差劲。试将50年代巴黎画派的作品，与20年代同派的画作并列，两者孰优孰劣一望可知。战后的现代派艺术，是一系列用越来越穷急的伎俩，以求迅速建立个人特有风格的商标；是一连串沮丧与放弃的显示［在“非艺术”洪流的袭击之下，旧派别纷纷消失，如波普艺术、迪比费（Dubuffet）的原生艺术（art brut）之类］；是胡涂乱抹，以及与其他种种残余剩屑的拼凑组合。或者说，是将那种纯为投资目的而制作的“艺术”以及此类艺术的收藏者，一并降至可笑境地的荒谬手法。比如说，在一块砖或一堆土上，加上一个人名即成——是之谓“抽象艺术”（minimal art）；或为避免艺术成为一项商品，故意掐短它的寿命，以去除其永久性——“行为艺术”（performance art）是也。

于是从这些林林总总的过火“先锋”中，人们嗅出了现代派的死亡气息。未来不再是他们的了，不过到底会是谁的，也没有人知道答案。但是他们却知道，自己的边缘地位，比前更甚。而且，论概念的表达与理解，若与那些只以赚钱为目的者靠科技达到的惊人效果相比，现代派波希米亚画室实验的形式创新，根本就只是小孩子过家家。未来画派（Futurism）在画布上对速度所作的描摹，怎堪与真实速度相比？甚至只消在火车头驾驶台上架起一台摄影机——而且此事谁都会做——也比企图靠画布捕捉的速度不知真实上千万倍。现代派作曲家制作的电子音乐，他们的实验音乐会，更是每一个乐团都深知的票房毒药。他们的实验结果，又怎能与将电子乐带进百万人音乐生活的摇滚乐相比？如果将所有"高雅艺术"的人口分成小圈圈，难道先锋派艺术家们看不出自己这一圈小到无以复加，而且还在不断缩小着？只要随便把勋伯格作品的销售量与肖邦的比一比，便一望可知。而随着波普艺术的兴起，甚至连现代派视觉艺术的最大重镇，也失去了它的霸权地位。具象一门，再度成为嫡系正统。

因此，"后现代主义"攻击的对象，便包括那自信自满的一帮，也包括那江郎才尽的一门。换句话说，自信自满者，即那势必继续进行的活动——不论风格如何变换——例如建筑、公共工程。而江郎才尽者，则属于在本质上并非不可或缺之流，例如匠人式的大批制造画作，以便单张售卖。这两项都遭到后现代的攻击反对。因此，若误以为后现代的风气仅限于艺术界，如同较早的先锋派一样，那就大错特错了。事实上，我们知道，所谓"后现代"一词已经广布各界，其中有许多根本就与艺术毫无关系。到90年代，世上已经出现了"后现代"哲学家、"后现代"社会科学家、"后现代"人类学家、"后现代"史学家，以及在过去始终无意向先锋派艺术术语借鉴——就算恰好与其有些瓜葛——的其他各行各业。文学批评对其热烈采用，自是当然反应，不足为奇。事实上"后现代"这股时尚，在法语知识圈中曾以各式各样名目打过先锋——如解构主义（deconstruction）、后结构主义（post-structuralism）等等——然后一路推销到美国院校的文学科系，最终并打进其余人文和社会科学。

所有的“后现代主义”都有一个共同特色，就是对客观性现实的存在存疑；或可说，对以理性方法达成共识的可能性，极表怀疑。它们都倾向于一种激进的“相对观点”（relativism），因此，它们也都对一个建立在相反假定之上的世界的本质，提出挑战——换句话说，它们质疑的对象，就是这个被以此为出发点的科技所转型的世界，以及反映其本质的所谓进步的意识形态。在下一章里，我们将进一步讨论这奇特但并非完全不能预料的矛盾现象。至于范围比较限定的高雅艺术界，其中矛盾就没有这么严重，因为正如我们所知（参见《帝国的年代》第九章），现代派的先锋艺术家们，已经将所谓“艺术”的局限发挥到了极致（至少，凡是可以做出成品，并或售或赁，或以任何方式，以“艺术”之名，离开创作人之手的获利活动，都可以包括在内）。可是“后现代主义”造成的效应，却是一道鸿沟（主要是代沟）。深隔在两岸的人，一边对眼中所见的新风格的虚无无聊，感到恶心之至；一边却认为把世界看得太过“严肃认真”，正是已成荒废之过去遗留下的又一陈俗。“文明的垃圾堆积场上……盖着塑胶伪饰”，曾如此激怒了著名法兰克福学派（Frankfurt School）最后的中流砥柱——社会学家与哲学家哈贝马斯（Jürgen Habermas）。可是后现代主义者却认为，这又有什么大不了（Hughes，1988，p.146）？

因此“后现代主义”并不只限于艺术一门。不过，这个名词之所以首先出于艺术，恐怕却有几个很好的理由。因为先锋派艺术的核心本质，即在寻求崭新的方式，用以表达那些不再能以过去旧辞令表达的事物，即20世纪的新现实。这个愿望，是20世纪伟大梦想中的一个；而另外一个，即在为这个现实寻求出激烈的转变。两者在不同的意义上同具有革命意义，可是它们处理的对象却又是同一世界。它们在19世纪80年代和90年代，曾有某种程度的配合；其后在1914年至击溃法西斯之间的岁月里，又再度相随出现。因这两个时代的创作人才，往往都在这两方面带有革命色彩，至少颇为激进——通常均属左派，不过绝非人人如此。然而，两股理想都遭梦断。但是在事实上，它们对两千年世界造成的改变如此深远，以致两个留下的痕迹自然也不可能轻易抹去。

如今回溯起来，先锋派革命的大业，从一开始便注定了失败的命运：一是由于其理性上的恣意专断，另一则出于自由主义资产阶级社会在制作模式上的艺术创作本质。在过去数百年里，前卫的艺术家所做的任何意图性宣示，论其目的与手段，也即目标和方法，几乎都缺乏必然的一贯性。某种特定的创新形式，并不一定便是拒斥旧形式的必然结果。刻意回避音调的音乐，不见得就是勋伯格的序列音乐（serial music）——勋伯格序列音乐，是建立于半音阶上十二个音符排列而成——而且，这也不是序列音乐的唯一途径；反过来说，序列音乐也不一定就是无调之乐。至于立体主义，不管它多么富于吸引力，更毫无理论基础可言。事实上，就连放弃传统程序规则的决定本身，也与某种特殊新方法的选择一般，纯是一种极为武断随意的作为。“后现代”移植到棋术之上，所谓 20 年代时“超高现代”（hyper-modern）的棋论——这一类棋手包括雷蒂（Réti）、格朗菲德（Grünfeld）、尼姆佐维茨基（Nimzowitsch）等等——其实并没有改变棋赛本身的规则。他们只不过充分利用证伪法，与传统的棋路唱反调——塔拉什（Tarrasch）的“古典”棋派——故意以不寻常的手法开棋，并注意观察中央地带，而不一举占领。多数作家，尤其诗人，采取的也是同样做法。他们继续接受传统设定的程序，比如在合适之处，就遵守格律韵脚，却在他处以其他方式，刻意推陈出新。因此卡夫卡便不及乔伊斯“现代”，因为他的文字没有后者大胆。更有甚者，现代派人士虽然自诩其风格有知识上的理性基础，比如说表达机器时代（或其后的电脑时代）的时代精神，但是事实上两者之间，却仅限于暗喻关系。总而言之，一方是“在这个纪元里，具有‘科技复制性’的‘艺术所为’”（Benjamin, 1967），另一方却是只知道艺术家个人灵感为何物的旧有创作模式；两者之间，若企图产生任何同化，自然只有失败一条路。创作，如今基本上已经变成合作而非个人，科技而非手工。50 年代时，法国一批年轻的影评人曾发展出一套电影理论，认为电影是独一创作者（auteur）的作品，即导演一人的成就（这个理论的基础，来自他们对三四十年代好莱坞B级电影的热爱）。可是此说根本不通；因为协调妥善的分工合作方式，不但在过去是并且在现在也是影视业和报章杂志业的不二法则。20世纪创作的典型模式，往往是应大众市场而生的产品（或副产品）。进入这些行业的创作人才，绝不比古典19世纪资产阶级模式的人才为差，可是却再也没有古典艺术家孤人独行的那份奢侈。他们与古典前辈之间，唯一尚存的环节，只有通过古典“高雅艺术”的有限部门。而这个部门的运作，即使在过去，也一直在集体的方式下，通过舞台进行。如果黑泽明、维斯孔蒂（Lucchino Visconti，1906—1976）、爱森斯坦——试举3名绝对可以名列20世纪最伟大艺术家的大师，3人都有剧院经验——如希望以福楼拜、库尔贝（Courbet），甚至狄更斯等艺术家独自营造的方式创造，恐怕没有一位能取得什么成就吧！

正如本雅明的观察所示，这个“科技复制性”的世纪，不仅改变了创作方式——因此电影，以及其他所有由电影而生的事物（电视、录像带），就成为20世纪的中心艺术——而且也改变了世人观照现实并体验创作物的方式。19世纪资产阶级文明里的典型标志，例如博物馆、画廊、音乐厅、公共剧院，为世间文化的膜拜者提供了瞻仰的庙堂，可是却不再是20世纪的方式途径了。如今挤满在这些古典“教堂”里的信众，少有本地的人，多是被旅游业带来的外国游客。旅游与教育，于是成为这种艺术消费形式的最后要塞。今天经历过这种文化经验的人数，自然远比以往为多。可是就连这些在佛罗伦萨乌菲齐美术馆（Florence Uffizi）急急挤到前排，然后在一片静默的敬畏中，瞻仰名画《春》（*Primavera*）的观众，或是那些为准备考试，才不得不阅读莎士比亚，结果却深受感动的学子，他们日常的生活环境，却是另一种与此迥异的大千世界。感官印象，甚至连概念思想，都由四面八方向他们同时袭来——头条、画面、内文、广告，在报纸上并列纷呈；而眼睛一面浏览着报页，耳机里同时又传来阵阵声音；于是图像、人声、印刷、声音，五花八门、斑然杂陈——可是这一切信息的接收状态，却难有中心，虽然目不暇接、耳不暇听，却无一样信息，可以博得他们短暂的专注。长久以来，游园、比赛和马戏杂耍式娱乐的运作方式，已经是都市人的街头经验。这从浪漫时代以来，就为艺术家和批评家所熟悉。到了今日，其新奇之处则在科技使得艺术如水银泻地，浸入人们的生活。要想避开美感体验，再也没有比今天更难的了。但是"艺术行为"，却反而在汹涌澎湃的文字、声音和影像的洪流当中消失了，在这个一度被称为艺术的广大空间里失去了踪影。

它们还可以被称为艺术吗？对有心人而言，永久性的伟大作品，依然可以辨认出来。虽然在发达国家中，由个人创作，并且只可归于其个人的创作愈来愈少。即使连那些不以再制复制为目的，除此一家别无分号的单件工程或创造，也难再归功于单独一人，只有建筑还算例外。资产阶级文明盛世的审美规则，还可继续判断评定今天的艺术吗？答案是肯定的，也是否定的。年代的久远与否，向来不适用于艺术。创作作品的好坏，绝不因其古老就变得比较美好（例如文艺复兴时期的谬见）；也不会由于年岁较浅，就忽然高人一等（例如先锋派即持这种谬论）。而后面这项取舍标准，于20世纪后期与消费者工业的经济利益结合中，变得极为可笑。因为大众消费的最高利润，即来自倏忽即逝的短暂流行，以及以高度集中却为时甚短的使用为目的的迅速且大量的销售。

就另一方面而言，在严肃与胡闹之间，在伟大与琐细之间，在专业与业余之间，在美好与拙劣之间，还是有可能也有必要进行艺术上的区分。更何况一群利之所在的人，竟口口声声，拒绝这种区别的存在。有些人大言不惭地宣称，只有销售金额，才是区分优劣的唯一准绳；有些人则自以为高人一等主张是精英，是优异；还有些（例如后现代派）竟主张根本不可能进行任何客观判定。因此，辨认工作更加成为必要。事实上，只有有贩卖意识的思想者，以及贩卖商品的推销员，才胆敢厚颜无耻地如此公开表示。但是在私下里，连这些人当中也有多位知道如何鉴别“好”“歹”。1991年时，某位生产极具规模的英国大众市场珠宝商，即曾掀起一场风波。原来他告诉满会场的企业界人士，他的利润，都来自卖烂货给那些根本没有品位使用好东西的傻瓜。这位老兄不像后现代主义的理论家，他知道价值的判定仍然是生活中的一部分。

然而，如果这种判别仍有可能，是否便适用于今天的世界呢？这是一个对绝大多数都市居民来说，生活与艺术、内感与外情，甚至连工作与娱乐，两者差异愈形模糊，彼此领域益发重叠的世界。或者说，在传统艺术依然可以寻得栖身之地的学院小圈圈外，这些判定标准是否仍然有效？实在很难回答。因为这一类的问题，不论找答案或拟问题，都难免有以假定为论据的循环论证嫌疑。提笔写一篇爵士乐史，或对爵士乐的成就进行讨论，均可借用与古典音乐研究极其类似的角度，只需充分考虑两者社会环境的不同，以及此种艺术形式特有的听众及经济生态即可。然而同一种研究方式，是否也能适用于摇滚乐呢？答案却很模糊。虽然不论爵士与摇滚，两种音乐都源自美国的黑人音乐。路易斯·阿姆斯特朗（Louis Armstrong）和帕克（Charlie Parker）的成就为何？两人胜于同时代人的优点何在？答案已经有了，而且极为明确。可是反过来说，对一个这辈子从来没有特别钟情过哪一种乐风的人，要他或她在过去40年畅游于摇滚江河的无数摇滚团体之中，硬挑出一支队伍，岂不难上加难？霍利迪（Billie Holiday）的歌声舞曲，即使在她逝世多年后才出生的听众，也能与之产生共鸣。反之，曾在60年代搅动无比激情的滚石乐队（Rolling Stones）如今若非他们同代之人，又有谁会兴起任何类似当年的那种热情？同样，反观今日对某一种声音、某一种图像的狂热激情，到底有多少是基于认同的归属意义？也就是说，它们之受到喜爱，是因为本身的美妙可贵，抑或只因为这是一首“我们的歌”？我们实在不能回答。而在我们能够答复这个问题之前，21世纪当代艺术所将扮演的角色，甚至存亡，都将始终面目隐晦。

可是科学则不然，它角色清楚，任务分明。

第十八章

魔法师与徒弟：自然科学流派

你认为，今天世上还有一块可供哲学容身之地吗？

当然。可是，却只能建立在目前科学的知识与成就之上……哲学家们再也不能把自己隔绝起来，与科学不相往来了。科学，不但已经大大地扩大并改变我们对生命和宇宙的观念，对于知识分子的思维方式，也起了革命性的变化。

——列维·施特劳斯（Claude Lévi-Strauss，1988）

气体动力学（gas dynamics）中的标准内容，是该作者担任古根海姆奖金研究员（Guggenheim Fellowship）时完成的。它的形式，根据作者自己所言，是受到行业的需要左右。在这样一个架构里，针对爱因斯坦的广义相对论予以证实，随之被视为一项重要步骤，因为它可以促成“通过对细微地心引力影响的考虑，造成弹道精确度”的改进。战后物理学的发展，愈来愈集中于这类具有军事应用的领域。

——雅各布（Margarev Jacob，1993，pp.66—67）

1

自然科学在20世纪无孔不入，20世纪也对自然科学依赖日深，这两方面都史无前例。但是，自伽利略（Galileo）被迫放弃自己对天文的学说以来，还没有一个时代像20世纪这般，对自然科学感到如此不自在。这种二律背反的现象，正是20世纪史学家必须处理的一大课题。不过在作者冒昧一试之前，对于这个矛盾现象，有几个方面得先交代清楚。

回到1910年，英德两国的物理学家、化学家人数，全部加起来约有8 000人。到80年代末期，全世界实际从事研究实验的科学家及工程师们，据估计在500万名左右。其中有100万人，是在科学头号大国的美国；比此稍高一点的人数，则在欧洲。[1]

虽说科学家的总数，仍只占人口的极少数——即使发达国家亦然——可是他们的人数，却在继续惊人地增加，在1970年后的20年间，几乎呈倍增之势，连最先进的国家也不例外。事实上到80年代末期，科学家人口只是一座更大冰山的小尖顶而已。这座冰山，是一股庞大的潜在科技人力，反映出20世纪下半期教育革命的成果（参见第十章），代表着全球总人口的2%，及北美人口的5%（UNESCO，1991，Table 5.1）。而真正的科学家，越来越通过高级“博士论文”的方式选拔，博士学位便成为进入科学这门行业的必备门票。以80年代为例，任选哪一个西方先进国家，平均每年每百万人口中，便产生出134名的自然科学博士（Observatoire，1991）。这一类的国家，也在科学上花了天文数字的投资，而且其款项多来自公共资金——甚至连最典型的资本主义国家也不例外。事实上，某些最昂贵的所谓“大科学”，除了美国，还没有其他任何一国单独玩得起呢（到了90年代，连美国也供不起了）。

[1] 当时苏联的科学家人数比欧洲更多（约有150万人）。

但是其中却有一个崭新现象。虽然约九成的科学论文（论文数则每十年倍增一次），都以4种文字面世（英、俄、法、德），事实上以欧洲为中心的科学发展，却在20世纪宣告终了。大灾难的时期，尤其是法西斯主义暂时得逞的那个年头，已经将科学的重心移向美国，并且从此就由美国长执牛耳。1900—1933年间，美国科学家得诺贝尔奖者只有7人，但到1933—1970年间，却暴增为77人。其他由欧洲移民组成的国家，例如加拿大、澳大利亚，以及实力经常被人低估的阿根廷，[1]也成了境外中心、独立的研究重镇。不过其中也有一些国家，例如新西兰和南非，却基于国小或政治之由，重要科学家们纷纷出走外流。与此同时，非欧洲系科学家也迅速崛起，尤以东亚及印度次大陆为首，且增长情况惊人。第二次世界大战结束以前，遍数亚洲地区，只有一人得过一次诺贝尔科学奖的荣衔——印度的物理学家拉曼（C. Raman）于1930年获物理学奖。但自1946年以来，却已有10位以上得主的大名，是来自日本、中国、印度、巴基斯坦等地区。当然，光看诺贝尔奖记录不足为凭，明显有低估亚洲的科学振兴之嫌；正如单凭1933年前的得奖名单，也有小觑当时美国的科学进展之虞。不过值此世纪末时，世界上的确也有部分地区，论其科学家的人数，不但实际数字偏低，相对比例更低，比如非洲和拉丁美洲。

但是惊人的是，亚洲裔桂冠得主之中，至少有三分之一是在美国名下得奖，而非以本籍获此荣衔（事实上在美国得主里，身为第一代移民者竟有27名之多）。因为在这个日益国际化的世界里，自然科学家讲的是同一种国际语言，采取的是同一种研究方法，却出现一种怪异现象，那就是反使他们大多集中于一两处拥有合适设备资源的研究中心，即少数几个高度发达的富国之内，其中尤以美国为最。当年的大灾难时期，世上的天才智囊为了政治理由纷纷从欧洲出逃；但是

[1] 有3名诺贝尔奖得主，均得于1947年之后。

1945 年以来，主要却是为了经济原因由贫国改投富国。[1] 这一趋势并不足为奇，且看自 70 年代和 80 年代以来，发达资本主义国家的科研支出，竟占全球总科研开支的四分之三即知。贫穷国家（发展中国家）则少得可怜，甚至不及 2%—3%（UN World Social Situation，1989，p.103）。

但是即使在发达国家里，科学家的分布也渐渐失去分散性，一方面因为人口及资源集中（为了效率之故），另一方面则由于高等教育的巨大增长之下，无形地在教育机构中形成了一个等级，或所谓寡头阶级。50 年代和 60 年代时，美国半数的博士，是出自 15 家最负盛名的大学研究院，因此愈发吸引了最出色的年轻科学家趋之若鹜。在一个民主的民粹世界里，科学家却成为社会上的精英阶级，集中在数目极少、资助很多的几处研究圣地。作为"科学族"，他们以群体的姿态出现，因为对他们从事的活动而言，沟通交流（"有人可以共谈"），是最重要的中心条件。于是随着时间过去，他们的活动对非科学家的外人来说，越发如谜，奥不可解——虽然作为门外汉的一般凡人，借着大众化的介绍文字（有时由最优秀的科学家本人执笔），拼命地想去听懂。事实上随着各门科学的日益专深，甚至连科学家之间，都得靠学刊之助，才能向彼此解释自己本行之外的发展动态。

20 世纪对科学依赖程度至深，自是毋庸多言。在此之前，所谓"高级 / 精深"科学，即那种不能从日常经验取得，非多年训练无法从事——甚至无法了解——最终以研究进修为最高顶点的知识学问，与今日相比，实际应用范围极狭窄，直至 19 世纪末时才开始改观。17 世纪时的物理学和数学，主宰着工程师们；到维多利亚女王时代中期，18 世纪末期及 19 世纪初期在化学和电气方面的发现，已成为工业及传播不可或缺之物。专业科学研究人员的研究探索，也被认为是必要

[1] 麦卡锡白色恐怖时期，美国也一度有过人才外流。此外苏联集团（匈牙利于 1956 年，波兰和捷克斯洛伐克于 1968 年，苏联于 80 年代），也不时偶有大批政治叛逃事件。民主德国的人才，也有固定流向联邦德国的现象。

的前锋，甚至可带来科技上的进步。简单地说，以科学为基础的科技，早已是19世纪资产阶级世界的核心；虽然一般实际之人，并不晓得该把这些科学理论成就如何应用是好。唯一用途，只能在恰当时候派上用场，转为意识形态发挥：例如牛顿定理之于18世纪，以及达尔文学说之于19世纪末期。可是除此之外，人类生活的绝大多数方面，继续为生活经验、实验、技能，以及训练过的常识所主导，充其量，也只能将人生累积的现有最佳方法技巧，有系统地传播而已。其中包括农业、建筑、医药，以及其他各种供应人生需要及享受的多项人类活动。

但是到了19世纪最后三分之一时，情况发生了改变。进入“帝国的年代”，不但现代高科技的雏形开始出现——单举汽车、航空、无线电广播、电影等为例足矣——现代科学理论的轮廓也于此时成形，如相对论、量子论（the quantum）、遗传学（genetics）等等。更有甚者，连最奥秘、最具革命性的科学发现，如今也被视为可以有立即实际应用的潜能：从无线电报到X线的医学用途，都是深奥理论应用在实际技术上的实例，两者都是19世纪90年代的发现。不过，尽管“短20世纪”的高等科学面貌，在1914年之前即已可见；尽管新世纪的高等技术，也已潜藏在高等科学之中，但是就当时来说，后者毕竟仍不是一件时时处处不可缺少，没有它难以想象每日如何生活行动之物。

然而，这却正是时至今日，当两千年正近尾声之际的现象。我们在第九章中已经看见，建立于高级科学理论研究之上的应用技术，垄断了20世纪下半期经济的兴旺繁荣，而且此景不限于发达世界。若没有已达目前农艺之境的遗传科学，印度和印尼两国，便不可能生产出足够的粮食，喂饱它们爆炸般增长的人口。到20世纪结束时，生物科技已成为农业和医药领域极为重要的一环。这一类先进科技的应用，给人印象最深之处，即在其根据的理论及发现本身，根本远在一般人的日常生活范畴之外（包括最先进最发达国家在内），所以事实上全世界只有极少数人——也许几十位，至多数百名——从刚一开始，就能领悟到它们可以应用在实际用途之上。当年德国物理学家哈恩（Otto

Hahn），在1939年初发现核裂变时，甚至连某些物理界最活跃的成员，例如伟大的玻尔（Niels Bohr，1885—1962），也怀疑这项发现能否在和平或战争上找到实际用途；至于眼前直接的应用，自然更是存疑。如果当初深谙其潜在用途的物理学家们，不曾把这项发现告诉将军和政治家，这类武夫和政客铁定永远懵然不知——除非后者本身也是高级物理学家，不过此事极不可能。再以图灵（Alan Turing）1935年那篇为现代计算机理论奠定基石的著名论文为例，本来也只是数理逻辑学家（logician）纯理论性的初探而已。战争爆发，给了他及其他科学家试将理论应用于实际的机会，主要是为破译密码。然而当图灵论文初发表时，除了少数几名数学家外，连有兴趣一读之人都没有，更别说予以重视。甚至在他自己的同事眼中，这名外貌粗拙、脸色苍白的天才，当时不过是一名嗜好慢跑的后进新人，根本不是什么举足轻重的大人物——至少在作者记忆里的他，绝非如此（可是他谢世以后，在同性恋者圈中却广受膜拜，颇有一代圣者之势）。[1]事实上，甚至当科学家的确在尝试解决众所周知的重大问题时，也只有极少数的聪明人，在与世极为隔绝的知识圈中，清楚知道这中间到底是怎么一回事。记得当年作者在剑桥从事研究时，克里克（Crick）和沃森（Watson）二位学者，也正在该处进行其著名的脱氧核糖核酸（DNA）——"双螺旋"（the Double-Helix）结构研究。研究结果一经发表，他们的成就立即被公认为20世纪最具决定性的突破。虽然我甚至记得，当时曾与克里克在应酬场合碰面，可是我们当中的多数人，却懵然不知就在离我们学院大门不过数十码处，那个我们每天走来走去经过的实验室里，以及我们每日闲坐喝酒的小酒吧中，正酝酿着一项非凡的发明。我们

[1] 图灵于1954年自戕身亡，起因是被判定有同性恋的行为。在当时，同性恋仍被视为罪行，是一种可以用医药及心理疗法治疗的病态。图灵因无法忍受强制加诸他的治疗而结束了自己的性命。不过，与其说他是60年代之前视同性恋为犯罪的英国社会的受害者，不如说他被自己的无知所害。他的性爱癖好本身，不论是住校求学期间，还是国王学院、剑桥，以及战时生活在布莱切利（Bletchley）密码破译部门那一群有名的奇人怪士之中，其实并不曾为他招来麻烦。总之，战后在他前往曼彻斯特之前，他的生活方式，在他生活的小圈子里始终安然无事。只有像他这种不知世事，不清楚多数人生活所在的真实世界为何之人，才会糊涂到跑去向警察告状，抱怨他一位（暂时）男友抢占了他的公寓。警方才有机会一举两得，同时逮到两名不法之徒。

的不知情，倒也不是由于对这些事情没有兴趣，而是从事这类高深活动之人，找不出任何理由相告。因为对于他们的工作，我们既不可能有任何贡献；对于他们遇到的难题，恐怕更连听都听不懂吧。

然而，不论科学发明多么艰深难懂，一旦发明出来，便立即转向实际科技用途。因此，晶体管是1948年固体物理研究（即稍有瑕疵的结晶的电磁性质）产生的副产品（8年之内，发明者便荣获诺贝尔奖）；正如1960年发明的激光，也非来自光学研究，却是研究电场中分子共振的附带结果（Bernal，1967，p.563），激光的发明人，也很快得到诺贝尔奖。而剑桥和苏联物理学家卡皮察（Peter Kapitsa，1978），也由于低温超导的研究获此殊荣。1939—1946年间战时的研究经验证实——起码对盎格鲁-撒克逊裔而言——只要将人力物力资源大力集中，再困难的科技难题，也可以在几乎不可能的短时间内解决。[1] 于是更加鼓励了不计成本，只要于战争有利，或于国家名誉有益的各种先锋性科技研究（如太空计划）。因此，越发加快了实验室科学转为实用技术的速度，其中某些项目，在日常生活中更是用途广泛。激光，就是实验科学快速摇身一变，成为实用技术的最佳例证。1960年首次于实验室中出现，到80年代末期，已经以激光唱盘（compact disc）的形态推广到消费者手中。生物科技的脚步更快。脱氧核糖核酸再制的技术（DNA recombinant）——就是将一种生物基因，与另一种生物基因组合合并的技术——其实际用途的应用性，1973年首次获得认可。不到20年的光阴，生物科学已经是医学和农业研究上主要的投资项目了。

更有甚者，全息理论及其应用的爆炸性增长，使科学新发现如今更以越来越短的时差，转变为种种终端使用者根本不需知其所以然的实用科技。最理想的成果，就是一组连傻瓜也会按的键钮，只要按对了地方，就可以触发一连串自我行动、自我校正，甚至能够自我决策

[1] 现在大概可以看得很清楚。当时纳粹德国之所以造不出原子弹，并非因为德国科学家不知道如何去造，或不曾尝试去造（勉强程度不一），却是由于德国的战争机器，不愿意或不能够投入必要的资源。他们放弃了这项计划，改制成本效益似乎较为集中、回报也较快的火箭。

的程序，并且不再需要一般人有限且不可靠的智慧及技术，再予以任何指令。其实更理想的情况是，这一组程序可以事先以程序全盘设定，完全不用人插手，只要在出错之时更正即可。90 年代超级市场的结账台，就是去除人为行动的最佳例证。收款员只要会认钱，知道什么是元角分，什么是一元十元，再把顾客递来的钱数，打进收款机即成。自动扫描机则将商品上的条码转成价钱，全部计算好，再从客人所付的金额减去，然后便告诉收银员该找多少零钱回去。这一连串程序背后的实际操作，其实极为复杂，要靠一组非常精密详尽的软硬件设备才能进行。但是除非出了什么差错，这一类 20 世纪末期的科技奇迹，往往只需收款员认得基本数字，具有最低限度的注意力集中时间，以及耐得住无聊就可以了。不需要识字，更不用有学问。对收款员来说，这中间到底怎么回事，机器怎么知道客人该付多少，自己又该找多少，根本无关紧要，虽不懂也不必懂。他们的操作条件，并不需要知道其背后的所以然。魔法师的徒弟，再也不用担心自己的学问不够了。

就实际目的而言，超级市场的结账台，的确代表着 20 世纪末期人世的常态。先进前卫的科学技术奇迹，不需要我们有任何认识，也不需我们进行任何修改——就算我们真的了解，或自以为了解——就可以轻松使用。因为别人会替我们，甚至已经替我们想好做好了。更有甚者，即使我们本身是这一行或那一行的专家，即也能够设计、制造，或如果东西出了毛病，知道如何修理——面对着每天日常生活中所有其他科学技术结晶的产品，也不得不屈就门外汉的身份。而且，即使我们真的了解，深悉其中的奥妙原委，事实上这份知识也无必要，与我们实际的操作使用毫无关系。就好像扑克牌到底如何制造，对一名（诚实的）玩牌者而言，又有何意义可言？传真机的设计（为什么洛杉矶塞进一张纸头，伦敦就如样复制吐出一张），乃是为了那些对其中道理毫无概念者所制造。同样的传真机，换由电机系教授使用，也不会因此便产生更佳的效果。

因此，通过紧密联系人类生活行动的实用技术，科学每天都向 20

世纪的世界展示着它的神奇功力。不但不可或缺，而且无所不在——就像安拉之于虔诚的穆斯林一般——甚至连最偏远的人类社会，也知道晶体管收音机和电子计算机之为何物。人类这股可以产生超人奇效的能耐，究竟于何时成为共有的普遍意识，说法虽然纷纭，尤其在“发达”工业社会的都市里，确定时日更不可考，不过一般来说，肯定从 1945 年第一颗原子弹爆炸之后即已存在。无论如何，20 世纪，是一个科学改变了世界以及人类对世界的认识的时代，这是毋庸置疑的事实。

依此推论，20 世纪的意识形态，应该沐浴在科学的胜利光辉中发扬光大，正如 19 世纪的现世意识一般，因为这是人类意志的伟大成就。同理，传统宗教思想对科学的抗拒，19 世纪对科学产生的重大疑虑，至此也应该更加削弱才是。因为宗教的影响力，不但在 20 世纪多数时期日渐衰微（我们在后面将会有所讨论），即使连宗教本身，例如发达世界中其他任何人类活动一样，也开始倚重奠定于高等科学的现代技术。遇上紧要关头，一名 20 世纪初年的天主教神父、伊斯兰教经师，或任何宗教的智者，都大可根据 15 世纪的方式，进行他们的宗教活动，宛如伽利略、牛顿、法拉第（Faraday）、拉瓦锡（Antoine Laureat Lavoisier）等人从来不曾存在似的。事实上，这一类 19 世纪的科学技术，对于他们的宗教活动并无大碍，与其神学或经典内容也没有不甚相容之处。可是时至一个梵蒂冈不得不通过通信卫星举行圣餐仪式，16 世纪以来一直保存在意大利都灵（Turin）教堂，被罗马教会宣称为耶稣受难后的裹尸巾，也可以用辐射碳（radio-carbon）鉴定年代以辨真假的今天，就很难令人忽略其中的矛盾之处了。霍梅尼流亡在外，向伊朗民众传播他的谈话，使用的媒介是盒式录音机；而决定献身于《古兰经》训诲的国家，同时也全力进行本身的核武装。当代最精密复杂的科学，通过经由它们产生的实用技术，被人类在“事实上”（de facto）全盘接受。在 20 世纪末的今日纽约，高科技电子产品和摄影器材的销售，竟多成为哈西德教派中人的专业——哈西德是美国东部地区一支弥赛亚的犹太宗派，除了仪礼严格并坚持穿某种18世纪波兰服装之外，还以对知识追求具有狂热爱好闻名。就某种形式而言，所谓“科学”一词的优越性，甚至以正式的姿态为今天的宗教所接受并承认。美国的新教激进主义者，即驳斥进化论不符合《圣经》的教训（即宇宙今日的面貌，是6日之内的创造所成），要求学校以他们所称的“创世论科学”（creation science）取代达尔文学说，至少也应该两说并陈。

但是尽管如此，人们在20世纪与其最大成就和最大依靠之间，却感到局促不安。自然科学的进步，是在充满着疑惧的背影之下进行，偶尔甚或燃起仇恨，排斥理性及其一切产品。在科学与反科学之间的不明地域，在永恒的寻求真理之中，在充满着幻想预言者的世界里，一种新文学类型（主要是20世纪，尤其是20世纪下半期，大多由盎格鲁-撒克逊裔所特有）因而产生，即“科幻小说”。这一新的类型，于19世纪正进尾声时，由凡尔纳（Jules Verne，1828—1905）最先提出，并由韦尔斯（H. G. Wells，1866—1946）首发其初。虽然在科幻作品最幼稚的表现里，例如电影、电视上常见的“太空西部片”，宇宙飞船是驰过太空的马匹，死光枪是其六发式的左轮枪，充其量不过是借用高科技的新玩意儿，延续其冒险幻想片的旧风而已；可是在20世纪下半期一些比较严肃的科幻作品中，却可见其偏向幽暗沉郁，至少对人类现状与未来不敢肯定的模糊观点。

人们对科学的疑惧，主要基于四种感觉而生：科学的奥妙深不可解；科学的实用及后果晦不可测，甚至有灾祸可能；科学越发强调了个人的无助，并有损及权威之虞。我们更不可忽略那第四种心情，即就其对自然秩序造成的某种干扰程度而言，科学天生便具有危险性质。前两种想法，为科学家及一般人所共有；后两种感情，多为外行人所独具。作为门外汉的个人，面对这种无助感觉，只有去寻找那些“科学无法解释”的事物帮助，也即循哈姆雷特（Hamlet）所云，“天地之间，有许许多多事物……远超过你的大道理所能想象”。他们的解脱之道，就是拒绝相信这些事物可以用“正式科学”解释；并饥渴地信仰那幽不可解的迷雾——“正因为”这些谜团看来不合情理，极端荒唐。至少，到这个未知并且不可知的世界里，人人平等，大家都一样无能为力。科学的胜利愈明显，寻求不可解的饥渴愈浓。第二次世界大战以原子弹告终，战后不久，美国民众（1947 年）就开始沉迷于看见大批“不明飞行物”（UFO）出现（美国佬这股新风气，不久就为一向是他们文化跟屁虫的英国人所跟从），显然是受到科幻小说的想象激发。他们坚信，这些不明飞行物，肯定是由外太空文明来的访客；其文明不但与我们不同，而且更比我们优异。其中最狂热的“目击者”，甚至口口声声宣称，亲眼见形状怪异的外来客，从这些“飞碟”之中现身；有的还表示被它们招待上船兜风呢。这种现象，成为世界性的奇观，不过若打开这些天外来客的分布图一看，就可发现来客们特别偏爱盎格鲁-撒克逊族，老喜欢在他们的地域上空降落或打转。此外，若有谁对“不明飞行物”现象提出任何疑问，就被这批 UFO 迷斥之为科学家的小心眼儿，因为他们不能对此现象提出解释，因而产生的嫉妒心理作祟。甚至还有阴谋论一说，认为某些人故意将高级智慧隐瞒起来，好让一般人永处“不可使知之”的无知之中。

这些想法，却与传统社会对魔术和奇迹的信仰不同，也与人类自古以来即对神明灵怪永远充满好奇的心情有异。在传统的社会里，现实中发生的奇物异事，往往是不可完全控制的人生中当然的一部分——事实上，看到一架飞机，或拿起话筒讲话这类经验，远比自然中的奇异现象令传统人惊异多了。而自印刷术发明以来，从单面木刻的传奇故事开始，一直到今天美国超级市场收款处摆卖的通俗杂志，更充斥着种种古灵精怪的诡异报道。今天人们的反应，都不属以上感情，却是对科学主张及统治的一种反抗，有时甚至是有意识的抗拒心理。例如自从科学家证实了氟可以有效降低现代都市人的蛀牙之后，一些边缘团体（又以美国为风气中心），便起来强烈反对在饮用水中加氟的做法。反对的理由，不但是基于每一个人都应该有选择是否要降低蛀牙的自由，而且更把加氟视为卑鄙的阴谋（这是最极端的看法），是有心人想借这种强制下毒的手段，戕害一般大众的身体。库勒里克（Stanley Kubrick）导演的《奇爱博士》（*Dr. Strangelove*，1963）一片，即对这类意识有极为生动的描写，将人类对科学的怀疑以及对其后果的恐惧，完全表露无遗。

随着生活日益为现代科技——包括其中的医学技术——及与之同来的风险所吞没，北美文化的孱弱体质，也有助于这类疑惧心理的散布。美国人好诉讼，喜欢上法庭解决人生一切问题的这种奇怪癖性，更让我们看清他们心中存有的恐惧（Huber，1990，pp.97—118）。岂不见杀精型避孕药（spermicides）导致畸形胎儿吗？岂不见高压电线对附近居民的健康有害吗？专家有专家的判断标准，平常人则有他们的希望和恐惧，两者之间的鸿沟，更由于双方在意见上的差距而愈深。在专家只顾"一万"的冷静分析里面，可能认为利害相权之下，为了更大的利益，值得付出少量风险。但是对只怕"万一"的个人来说，自然只希望风险为零（至少在理论上如此）。[1]

事实上，这种恐惧感正是只知道自己生活在科学掌管之下的平凡男女，对未知的科学威胁所持有的害怕心理。而其恐惧的强度与焦点，则依观点不同，以及对现代社会怀有的畏惧而有异（Fischhof et al.，pp.127—152）。[2]

然而，在20世纪的前半叶，对科学造成最大戕害的来源，却非上述这些在科学不可控制的无穷威力下，卑躬屈膝的平凡众生，而是那些自以为可以控制科学的人。综观世上，一共只有过两家政权（除了日后向激进主义回归的政权为特例之外）乃是基于"主义"主动干涉

[1]　就这方面而言，理论与实际差距之大，实在惊人。因为实际上并不怕冒相当风险的人们（如坐在行驶于高速公路上的汽车内，或搭乘着纽约地铁），却因为阿司匹林在极少情况下可能有副作用而坚决拒服。

[2]　参与实验者依据风险效益，对25项科技进行评估：冰箱、复印机、避孕药、悬索桥、核能发电、电子游戏、诊断用X线、核武器、电脑、疫苗、饮用水加氟、屋顶太阳能接收器、激光、镇静剂、一次成像相机、地热发电、汽车、电影特技、杀虫剂、鸦片麻醉、食物防腐剂、心脏手术、商业航空、遗传科学和风车（Also Wildavsky，1990，pp.41—60）。

科学研究，两者都致力于技术上的无限进步。其中一家，甚至致力于一种与“科学”视为一体的意识形态，并对理性及实验的征服世界，发出欢声庆祝。但是斯大林作风与德国纳粹主义，都是为了实际技术的目的才采纳科学；而科学之为物，却是向一切以先验性真理形式存在的世界观及价值观提出挑战。因此在实际上，这两家政权都拒斥科学，不能接受它向既有事物挑战的姿态。

因此，两家政权都对“后爱因斯坦”的物理学大感不安。纳粹斥其为“犹太”邪说，苏联思想理论家则将其归之于不够“唯物”（materialists）——这个字眼，在此是根据列宁的定义而论——不过在实际上，双方却对此容忍，因为作为一个现代国家，绝对少不了标准的“后爱因斯坦”物理学家。不过纳粹主义却将犹太人和各种反对派扫地出门，不但使它自己尽失欧洲的物理天才，同时也等于一举毁灭了20世纪初期德国科学原有的优越地位。1900—1933年间，66个诺贝尔物理和化学奖中，有25个落在德国；但是1933年以来，德国得奖率却不及十分之一。德苏两政权与生物科学也不搭调。纳粹德国的种族主义政治，吓坏了严肃的遗传学家，第一次世界大战后纷纷与其保持距离，不愿与任何培选人类基因的政策搭上关系，主要是被种族主义者对优生学的狂热激情所吓阻（这项政策，还包括消灭在优胜劣汰法则之下的“不适者”）。不过悲哀的是，我们得承认，当时在德国生物学和医学界中，确也有许多人相当支持纳粹的种族主义政策（Proctor，1988）。至于斯大林治下的苏联政权，则基于意识形态理由，与遗传学格格不入。因为其国家政策所致力的原则主张，只要付出足够努力，“任何”改变均可达到。可是科学却不以为然，指出不论就总体的进化而言，或特定的农业而论，这都是不可能的结果。至于在其他情况之下，两大派进化论生物学家之间的争议，则得靠讨论会和实验室才能解决——一派追随达尔文，认为遗传特质由天生基因决定；另一派则师法拉马克（Lamarck），主张遗传物质是后天产生，在生物一生中获得并演化完成——事实上，在大多数科学家的眼中，此事已经尘埃落定，胜方属达尔文派。不论别的，单就找不到自后天取得遗传物质的满意证据，就可以决定答案了。但是在斯大林的治下，一位偏激的非主流生物学家李森科（Trofim Denisovich Lysenko，1898—1976），曾以拉马克式的主张，赢得政治当局的支持。他认为若根据拉马克的程序，缩短一般旧式生产和饲养过程，农业生产将可大增。在当时那种时候，与当局唱反调自然是极为不智之举；苏联最负盛名的遗传学家、院士瓦维洛夫（Nikolai Ivanovich Vavilov，1885—1943），就因为不同意李森科的谬论（其他的苏联正派遗传学家也对李森科不以为然），病死劳改营中。不过苏联生物学致力驳斥遗传学说，根据外面世界的了解，是第二次世界大战后才成为全体遵行的官方立场，并至少一直延续到斯大林死后才告终止。像这一类无理性的政策，对苏联科学戕害之大，自然后患无穷。

德国纳粹与苏联两大政权，虽然在许多方面截然不同，却有一种共同信仰，认为它的公民都赞同一个“真正的信条”，只不过这个信条不是天定神谕，而是由世俗的政治—意识形态权威裁定。因此，众多社会民众对科学同有的不安感觉，在此终于找到正式的官方口径——这里不像其他国家，后者在19世纪漫长的时期中，都已学得一门功课，就是民众的个人信念茫不可知。事实上正统宗教式世俗政权的崛起，正如我们在前所见（参见第四和第十三章），原是大灾难时期的副产品，寿命并不久长。无论如何，硬要把科学塞进意识形态的紧身衣内，根本就有违效果，如果还真的认真去实行，其结果可想而知（例如苏联乱搞其生物科技的做法）。就算放手让科学自由，却坚持意识形态至上，其现象也可笑至极（例如德苏的物理学界）。[1] 进入20世纪后期，官方再度对科学理论施加条件的作风，则由以宗教激进主义为基础的政权接手。但是这些人与科学之间格格不入的不安感觉，却一直持续着，更何况科学本身一日千里，越来越不可思议和不可确定。不过要到20世纪下半叶，

[1]　因此纳粹德国虽允许海森伯格（Werner Heisenberg）讲授相对论，却有一个条件，就是不准他提及爱因斯坦的名字（Peierls，1992，p.44）。

这种心理才转由基于对科学实际效应的恐惧所促成。

诚然，科学家自己比谁都清楚，也比谁都早知道，他们的发现可能带来不可预测的后果。自从第一颗原子弹实际使用以来，某些科学家便向他们的政府首脑提出警告，要当心世界现在有了这个毁灭性的力量可供驱使。但是在科学与潜在灾祸之间画上等号，却是 20 世纪下半叶才发展出的概念。其第一阶段——核战争的噩梦——属于 1945 年后超级大国对抗的时期。第二阶段，则属于 70 年代揭幕的危机时期，范围更为广泛。但是回到大灾难的时期，也许是由于世界经济增长的严重减速，人类还心安理得，大做其人定胜天的科学美梦。至少，如果最糟糕的情况真的发生了，人们也以为自然之力无穷，自有办法重新调整，适应人类闯下的祸事。[1] 而另一方面，当时唯一令科学家辗转难安之事，只是他们不知道自己的理论到底代表着什么意义。

2

“帝国的年代”中的某一时期，科学家们的发现发明，与基于感官经验（或想象）的“现实”之间的那个环节，忽然断裂。而在科学与基于常识（或想象）的“逻辑”之间的环节，此时也同时断落。两项断裂，彼此强化，因为自然科学的进步，越来越倚重用纸笔写数学公式之人，而不靠实验室内诸公。20 世纪，于是成为理论家指导工程师的世界，前者告诉后者应该找些什么，并且应该以其理论之名寻找。换句话说，这将是一个数学家的世界——不过根据作者得自权威的指点，只有分子生物学，由于其理论依然很少是例外。并非观察与实验降为次要，相反地，20 世纪科技的仪器、技术，比起 7 世纪以来任何一个时期的改变都更巨大，其中有几项甚至因此获得科学界的最高荣

[1]　“大家可以高枕无忧，因为造物主已经预先设下安全机关，渺小的人造不了太大的反，闯不了天大的祸。”［1923 年诺贝尔奖得主密立根（Robert Millikan）1930 年语。］

誉——诺贝尔奖。[1]即以一事为例，电子显微镜（electron microscope，1937）和射电望远镜（radio telescope，1957）的发明，便突破了历来光学显微镜放大的限制，使得人类可以更深入地近观分子甚至原子世界，远眺遥远宇宙苍穹。近几十年来，在计算机的协助之下，种种程序过程的自动化，以及愈加复杂的实验活动与计算，更使实验人员、观察人员，以及负责建立模型（model）的理论人员更上一层楼。在某些领域，例如天文学，仪器的进步更造成重大发现——有时却属无心栽柳的意外结果——并由此更进一步推动理论的创新。基本上，现代天体学（cosmology）便是由以下两大发现所促成：一是哈勃（Hubble）根据银河系光谱（spectra of galaxies，1929）分析所做的观察结论——宇宙在不断扩张之中；一是彭齐亚斯（Arno A. Penzias）与威尔逊（Wilson）于1965年发现了天体背影辐射（cosmic background radiation）——电波杂音（radionoise）。但是，对“短20世纪”的科学研究而言，虽然理论与实务依旧并重，指挥全局者却已是理论大家。

对于科学家本身来说，与感官经验及常识告别，不啻意味着从此与本行经验原有的确定感，以及过去惯用的方法分道扬镳。这种现象的后果，可由20世纪前半期众科学之后的极为重要的学科——物理学——的演变一见分晓。诚然，物理学的关心焦点，仍旧是小到（不论死活）一切物质的最小成分，大到物质最大组合的质性结构。就这方面而言，它的地位依然无可动摇，即使在世纪末了的今天，仍旧是自然科学的中央梁柱。不过进入20世纪的第二时期，物理学的宝座却面临生命科学（life science）的挑战；后者则因50年代后的分子生物学革命而完全改观。

所有科学之中，再没有一门学问，比牛顿物理的世界更坚实、更连贯、更讲求方法。但是普朗克（Max Planck）和爱因斯坦的理论一出，再加以源自19世纪90年代放射线发现的原子理论问世，却使其根基

[1]　第一次世界大战以来，荣获诺贝尔物理奖和化学奖项的得主当中，便有20余名，是全部或部分由于发明出新的研究方法、仪器或技术而得奖。

完全动摇。古典物理学的世界是客观的，即在观察工具的限制条件之下（如光学显微镜或望远镜），可以对事物进行适当观察。古典物理学的世界也绝不模棱两可：任何一种物体或现象，不是此就是彼，不是如此便是那般，其间的分野一清二楚。它的定律法则，放之四海而皆准，不论微观世界或大天体，在任何时空下均能同样成立。衔接各个古典物理现象的机体，也明白可辨，可以用“因果”关系的名词表达。在这个基本观念之下，整个古典物理学世界的系统属于一种“决定论”（determinism），而实验室实验的目的，则专在摒除日常生活笼罩的复杂迷障，以展现其确定性的本相。只有傻瓜或小孩子，才会声称鸟群或蝴蝶可以不顾地心引力定律自由飞翔。科学家当然知道世上有这种“不合科学”的说法，可是作为科学中人，这些“胡说八道”不关他们的事情。

但是到了 1895—1914 年间的时代，古典律的世界却被人提出质疑。光束，到底是一道连续的波动，还是如爱因斯坦依据普朗克所言，乃是一连串间断的光子（photons）放射而成？也许，有时候最好把它看作光波——也许，有时候以光点为宜。可是波粒之间，有没有任何关系？如有，又是何种关联？光之为物，“到底”是啥玩意儿？伟大的爱因斯坦本人，在他提出这道难解谜题的 20 年后也说：“对光，我们现在有两种理论，两种都不可或缺，可是——有一件事却不能否认——尽管理论物理学家花了 20 年之久，两种理论之间，却仍旧找不出任何逻辑关系。”（Holton，1970，p.1017.）而原子之内，到底有何乾坤？现在众所周知，原子已经不是最小物质了（因此与其希腊原名的意味相反），既非最小，自然也非不可再分之物，其中更有大千世界，包含着更小更基本的各种物质。有关这方面的第一项假定，是于 1911 年卢瑟福（Rutherford）在曼彻斯特（Manchester）发现原子核（atomic nucleus）后提出——这项伟大发现，可谓实验式想象力的光荣胜利，并奠定现代核子物理学的根基，更开了最终成为“大科学”的先河——他发现原子核外，尚有电子循轨道环绕，正如一个具体而微小的太阳系样。但是更进一步研究，探索个别原子结构——其中尤以1912—1913年间玻尔的氢结构研究为最著名，玻尔本人对普朗克的“量子说”也有所知——却再度发现实际与理论不合。在他的电子，与他自己所说的“各项观念连贯交融，令人称羡，不愧是电动力学（electrodynamics）的经典理论”（Holton，1970，p.1028）之间，存在着重大冲突。玻尔提出的模型虽然不失有效，具有精彩的解释及推测能力，可是却与古典的物理世界大异其趣。从牛顿的机械观点观之，简直“可笑并违反理性”，而且根本否认原子大千世界的内部真相。因为在实际上，电子是跳跃式而非循序渐进，或在不同的轨道出没。发现它的一刹那，也许在此轨道上；下一瞬间，可能又在彼轨道上。来去之间，到底有何玄机？也非玻尔模式所能解释。

科学本身的肯定性，便随着这个“次原子”层次观察现象的过程本身发生改变，随之动摇：因为我们越想固定次原子级粒子（particle）的动向，它的速度却越发变得快不可捉。电子的“真正”位置到底何在？有人便曾如此形容过这方面的努力：“看到它，就得打昏它。”（Weisskopf，1980，p.37.）这种矛盾，即德国那名年轻优秀的物理学家海森伯格，于1927年归纳出的著名理论：“测不准原理”（uncertainty principle），并以其大名传世。而此定理之名，着重在“不准”本身，的确意义非凡，因为它正表明了“新科学”中人的忧心所在。“旧科学”的十足肯定，已被他们抛在身后，“新科学”的一切却那么不可捉摸。并不是他们本人缺乏肯定，也非他们的结果令人怀疑，相反地，他们的理论推演，看起来再天马行空，再不可思议，最后却一一均为单调无聊的观察实验所证实。从爱因斯坦的广义相对论起（1915年），即为如此——相对论的最早证据，应是由1919年英国一支日食观察队提出，队员们发现某些遥远星光，一如相对论所推测，向太阳折射而去。其实就实际目的而言，粒子物理学与牛顿物理学无异，其规律同样可测——虽然模样性质大异其趣——但是至少在原子一级以上，牛顿与伽利略的学说依然完全有效。令科学家紧张的是，新旧之间，却不知如何配合是好。

到了1924—1927年间，在20世纪前25年里令物理学家大感不安的二元现象，却突然一扫而空，或可说一时靠边站。此中功臣，得归因于数学物理一门的崛起，即在多国同时出现的“量子力学”（quantum mechanics）。原子世界之内的“真相”原不在“波”或“粒”，却在无可分解的“量子状态”（quantum states），能以“波”或“粒”任一种状态表述。因此，硬将其编列为连续或间断的动作，根本毫无意义。因为我们不可能亦步亦趋，紧追着电子的脚步观察。现在不行，将来也永远不能。于是古典物理的所谓位置（position）、速度（velocity）、动量（momentum）等观念，超出某个地步便不能再予应用，即海森伯格“测不准原理”所点明的界限。当然，出了这个界限，自有其他观念可循，可以产生较有把握的结果。即（负极）电子，被限制在原子内部，贴近（正极）原子核之下，所产生的特定“波纹”或震动“模式”（pattern）。在这个有限空间里接连发生的“量子状态”，便形成了频率不同却规则清晰的模式，并一如各个相关能量般，可经由计算取得，正如奥地利的薛定谔（Erwin Schrodinger）于1926年时所示。这些电子模式，具有惊人的预测及解释效力。因此多年以后，当钚（plutonium）首次为洛斯阿拉莫斯（Los Alamos）原子反应堆提炼成功，正式踏上制造第一颗原子弹之途时，虽然所得数量极少，根本无法观察其性质，但是根据钚元素原子本身的电子数，再加上其94个电子绕行核子的震动频率，就凭这两项资料，无须其他，科学家就得以正确估出，钚将是一种褐色金属，每立方厘米的质量约为20克，并有某种电导热导作用及延展性质。至于“量子力学”，也可以解释为什么原子、分子或任何其他由原子出发的更高组合，却能保持稳定；同时也指出，加上何种程度的额外能量，将可改变此等稳定状态。事实上，便曾有人赞叹道：

> 甚至连生命现象——举凡脱氧核糖核酸的形状，以及各种

不同的核苷酸（nucleotides），在室温下皆能抗拒“热运动”（thermal motion）——都是基于这些根本模式存在。甚至连一年一度的春暖花开，也是基于不同核苷模式的稳定性而发生的（Weisskopf，1980，pp.35—38）。

然而这种种对自然现象探索的伟大突破，效果虽丰，却是建立在过去的废墟之上，并刻意回避对新理论的质疑。所有以往被科学理论认定为肯定恰当的古典信条，如今都已作废，新提出的理论虽然匪夷所思，众人却将疑心暂时搁置。这种现象，不只老一代的科学家感到烦恼。以剑桥迪拉克（Paul Dirac）的“反物质”（antimatter）说为例，“反物质”说即是于他发现其公式可以解决某种电子状态之后提出。借用他的公式，可以对带有“低于”虚空空间零能力的电子状态加以解释。于是对日常事物毫无意义可言的“反物质”概念，迅速为物理学家大加采用（Steven Weinberg，1977，pp.23—24）。这个字眼本身，便意味着一种不让任何“既有现实”的成见，阻碍“理论演算”进步的刻意心态：管它“现实”如何，迟早总会赶上理论公式推算的结果。不过，这种观念毕竟不易被接受，甚至连那些早已将伟大卢瑟福的教诲忘在脑后的科学家也不例外。卢瑟福曾经有言，任何物理学说，若不能向酒吧的女招待解释清楚，就不是好理论。

可是即使在“新科学”的开路英雄当中，也有人根本不能接受“旧日肯定”时代的结束，甚至包括新科学的开山始祖，普朗克和爱因斯坦两人在内。爱因斯坦本人，即曾以一句名言，一吐他对“纯粹或然率式的法则”——而非“决定性的因果论”——的怀疑：“神，可不掷骰子”。他并没有大道理可以辩解，可是“心里有一个声音告诉我，量子力学不是真理”（M. Jammer，1966，p.358）。提出量子革命理论的各位大家们，也曾企图左右通吃，以一套包一套的说法，去除当中的矛盾之处：薛定谔便希望他的“波动力学”（wave mechanics），可以澄清电子“跳”轨的现象，将之解释为一种能量变换的“连续”过程。如此，便可面面俱到，保存古典力学对空间、时间及因果关系因素的考虑。开拓新科学的先锋大师，尤以普朗克和爱因斯坦为著，对自己领头走出的这条新路正在犹豫之间，一闻此说，不禁大为释怀。可是一切尽皆徒然。新球赛已开场，旧规则再也不适用了。

物理学者，能否学着与这种永久的矛盾相安呢？玻尔认为，答案是肯定的，而且势在必行。自然万象的宏大完整，受到人类语言特色的限制，不可能只用单一的描述解释它的全部。描叙自然的模型，不可能只有一种，唯一能够抓住现实真相之道，只有从多种角度以不同方式报告之、集中之、互补之，“将其中外在有差异、内在有矛盾的各方面形容描述，以无尽的组合重叠之”（Holton，1970，p.2018）。这便是玻尔“互补论”（complementarity）的基本原理，一种近似于“相对性原理”（relativity）的形而上学观念，原是他由那些与物理学毫不相干的作家的理念得来，并认为此中精神，放之四海而皆准。而玻尔提出“互补论”，并非有意鼓励原子科学家更进一步，却只是一种想要安抚他们的困惑茫然的好意。它的魅力，原在理性之外。因为我们众人，不只是聪明绝顶的科学家们，都知道世间事多繁复，同一种事物，本身便有多种不同方式可以观照；有时候也许不能类比，有时候甚至相互矛盾，但是每一种方法，都应该由事物的整体面去体会。可是，这种种不同之间，到底有何联结相关，我们却茫然不知。一首贝多芬奏鸣曲产生的效应，可以从物理、生理、心理多方面研究考察，也可以纯粹通过静耳倾听吸收。可是这种种不同的理解方式之间，究竟如何关联，却无人知晓。

但是尽管多方脱解，不自在的感觉仍然存在。就一方面来说，我们有新物理在1920年的大合成，提供了解开自然奥秘的钥匙，甚至到20世纪后期，量子革命的基本观念也依然继续应用。但是自从1900—1927年以来，除非我们将计算机技术理论造就的“非线性式研究”（non-linear analysis），也视为离经叛道的激烈新改变，物理学界可说无甚剧烈变动，却只在同样观念架构之下做演进式的跃进而已。但就另一方面而言，其中却有着总体性的不连贯存在。1931年时，这种不协调的现象，终于扩展至另一学科——连数学的确定性也面对重新考虑。一位奥地利数理逻辑学家哥德尔（Kurt Godel）证实，一组原理永远不可能靠它本身成立；若要显示其一致性或无矛盾性，必须用外界另一组陈述才行。于是证明"哥德尔定理"，一个内部无矛盾、自和谐的世界，根本便属匪夷所思的想象了。

这就是"物理学危机"（crisis in physics）——借用英国一位年轻马克思派学人考德韦尔（Christopher Caudwell，1907—1937）大作的书名（这名自学成才的学者，后在西班牙不幸殒命）。这不但是一个"基础的危机"（crisis of the foundations）——正如数学界对1900—1930年间的称谓（参见《帝国的年代》第十章）——也是一般科学家共有的世界观念。事实上，正当物理学家对哲学性问题耸耸肩膀，回头继续埋头钻研他们面前的新领域时，第二阶段的危机却也正大肆闯入。因为到30年代和40年代，显现在科学家眼前的原子结构，一年比一年更复杂。什么正核子负电子的二元原子世界，哪有这么简单。现在原子家族里面，住着一大家"子"，飞禽走兽，万头攒动，日盛一日，冒出各式各样的新成员，其中有些着实奇怪得很。剑桥的查德威克（Sir Edwin Chadwick），于1932年首先发现这一大家"子"新成员中的一名，即不带电的"中子"（neutron）——不过其他"子"，如"无质之子"（massless），及不带电的"中微子"（neutrino）等，在理论上早就推论得之。这些次原子的粒子，如蜉蝣朝露，寿命几乎都很短暂；品目之多，更在第二次世界大战后"大科学"的高能加速器撞击之下，繁生增多。到50年代末期，已经超出百种以上；而其继续加增之势，也看不出有任何停止的可能。自30年代开始，更由于以下发现，情况变得更加复杂，即在那些将核子及各种电子结合一处的各种带电小"子"之外，另外还有两种来路不明的力量，也在原子之家当中发挥作用。一个是所谓的"强作用力"（strong force），负责将中子及带正电的质子（proton）在原子核内结合起来；至于造成某些粒子衰变现象的责任，则得怪罪到其他所谓“弱作用力”（weak force）的头上。

在这一切大变动中，在20世纪科学崛起的颓垣之中，却有一项基本事物，而且在根本上属于美学的假定，未曾受到挑战。事实上，正当“测不准”的乌云，笼罩在其他所有方面时，这项假定却一枝独秀，越发为科学家所不可缺少。他们如诗人济慈一样，都相信“美即真，真即美”——虽然他们对美的取舍标准，跟济慈并不一样。一个“美好”的理论，本质上便是一项对“真理”的推论，其立论一定线条高雅，简洁流畅，其格局必然气势恢宏，纵览全局。它一定既能综合，又能简化，正如历来伟大的科学理论所证明，都是如此。伽利略与牛顿时代产生的科学的革命即已证实，同样一种法则，掌管天，也操纵地。至于化学的革命，也将物质所系的世间的形形色色、万物万貌，简化成92种系统相连的基本元素。而19世纪物理学的胜利果实，也显示在电学、磁学与光学现象三者之间，有其共同根源。可是新一代的科学革命，带来的却非简约，而是复杂。爱因斯坦那不可思议的相对论，将地心引力形容为一时空曲线，的确将某种恼人的二元质性带进自然：“就一方来说，是舞台，即这道弯曲的时空；就另一面而言，则是众演员，也就是电子、中子、电磁场。可是两者之间，却没有任何联系。”（Steven Weinberg，1979，p.43.）在他一生当中最后的40年里，爱因斯坦这位20世纪的牛顿，倾注全部精力，想要找出一个“统一场论”（unified field theory）好将电磁场与引力作用合为一家，可是他却失败了。现在可好，世间忽然又多出了两股显然毫不相干的力量，与电磁场及地心引力也谈不上什么关系。次原子级众粒子的不断繁生，即使再令人感到兴奋，毕竟只能属于一种暂时的、前期的真理。因为不管在细节上多么美好，新时代的原子图，总是比不上旧原子图美观，甚至连20世纪纯讲实际者流——对这种人来说，任何假说，并没有别的判定标准，只要管用就成——有时也会忍不住做做美梦，希望能有一个高雅、美好又全面，可以解释任何事物的“事事通”理论

（everything theory）——借用剑桥物理学家霍金（Stephen Hawking）之言。可是这个美梦似乎难以成真，虽然从60年代起，物理学又再度开始认识到这种综合总览的可能性。事实上，到90年代，物理学界普遍相信，他们已经离某种真正的基本层次不远。其层粒子的众多名目，可能可以简化到几种相当简单却一致的子群。

与此同时，种种异类学科如气象学（meteorology）、生态学（ecology）、非核子物理（non-nuclearphysics）、天文学（astronomy）、流体力学（fluid dynamics），以及其他五花八门、形形色色的数学分支，先是在苏联独自兴起，其后不久也出现于西方世界，更有计算机作为分析工具相助。在它们之间那广大界线不明的地域里，一股新的综合之流开始兴起或谓复兴，可是却顶着一个稍带误导意味的头衔——“混沌论”（chaos theory）。这项理论揭示的道理，与其说是在全然决定论的科学程序之下那不可测知的后果，倒不如说自然在其千形百态之中，在其种种大异其趣又显然毫无相干的形貌之内，包含着一种惊人的普遍形状与模式。[1]混沌理论，为旧有的因果律带来了新意义。它将原有的“因果关系”，与“可预测性”之间的关节打破，因为它的意义，不在事本偶然，却在那遵循着特定起因的最后结果，其实并不能事先预测。这项理论，也加强了另外一项由古生物学家首开风气，并引起历史学家普遍兴趣的新发展。即历史或进化发展的锁链，虽然在事后可以获得充分一贯性的合理解释，可是事情演变的结果，却不能在起始之时预料。因为就算是完全同样的一条路，初期若发生任何变化，无论多么微不足道，在当时看来多么明显地无足轻重，“演化之河，却会岔流到另外一条完全大异其趣的河道上去”（Gould，1989，p.51）。这种情况，对政治、经济和社会造成的后果至为深远。

[1]　“混沌理论”在20世纪70年代和80年代的发展，与19世纪初期科学界“浪漫”派的崛起有关。这一学派以德国为中心［自然哲学运动（Naturphilosophie）］，是针对“古典”机械观而发动，后者则是以英法为发展中心。有趣的是，这门新学问中的两大名家——费根鲍姆（Feigenbaum）与利比查伯（Libchaber）——其灵感来源，则是因阅读歌德（Goethe）两篇大作（Gleick，pp.163，197），一是其强烈反牛顿的《色彩论》，一是其《论植物演变》，后者可以视为反达尔文进化理论的一支（有关自然哲学运动，参见《革命的年代》第十五章）。

但是更进一步，新物理学家的世界，还有着完全有悖常理的层次，不过只要这股悖理保留在原子的小世界内，还不致影响人类的日常生活——这是连科学家本人也居住的世界。可是物理学界中，却至少有一项新发现无法与世如此隔绝。即那项非比寻常的宇宙事实：整个宇宙，似乎正以令人眩晕的速度，在不断扩张之中——此事早已为人用相对论预测，并于 1929 年经美国天文学家哈勃观察证实。这件扩张大事，后于 60 年代为其他天文数据证实（可是当时却连许多科学家也难以接受，有人甚至赶忙想出另外一说对抗——所谓的天体“稳定论”）。因此，叫人很难不去臆测，到底这项无限高速扩张，将把宇宙（以及我们）带往何处？当初是何时开始？如何开始？宇宙的历史又为何？并由“大爆炸”（Big Bang）从头谈起。于是宇宙天体学开始活跃兴盛，更成为 20 世纪科学中炙手可热、最容易转为畅销书大卖的题材。而历史在自然科学中的地位（也许只有地质学及其相关副学科依然例外）也因此大为提升——本来一直到此时为止，后者都很傲然地对历史不表兴趣。于是在“硬性”科学与“实验”之间，二者原本天生一对的亲密关系，渐有逐渐削弱之势。所谓实验，本是对自然现象予以复制再现的手段；时至今日，请问科学，如何借实验再现那些在本质上天生就不可能重复的事象？扩张中的宇宙，使得科学家与门外汉同感狼狈。

这个深感困惑的窘状，证实前人所言不虚。早在大灾难时期，即有有心人关心此事，并有明眼人一语道破。他们深信，一个旧的世界已告结束，即使尚未终止，至少已身处末期的大变乱中；可是在另一方面，新世界的轮廓却仍朦胧难辨。对于科学与外在世界两项危机之间，伟大的普朗克斩钉截铁，认为有着不可否认的绝对关系：

> 我们正处在历史上一个极为独特的时刻。此时此刻，正是危机一词的充分写照。我们精神暨物质文明中的每一支系，似乎都已抵达重大的转折关头。这种面貌，不仅表现在今日公共事务的实际状态之上，同时也存于个人与社会生活一般基本价值观中。

> 打倒偶像的观念，如今也侵入了科学殿堂。时至今日，简直找不出一条科学定律，没有人予以否定。同时，每一种荒唐理论，也几乎都找得到信徒翕然风从（Planck，1933，p.64）。

这是一位成长于19世纪凡事确定气氛之中的德国中产阶级，面对着大萧条与希特勒崛起的时代氛围，感慨万千，说出此言，自是再自然也没有的反应了。

但在事实上，他这股阴郁消沉，却与当时多数科学家的心情恰恰相反。后者的看法与卢瑟福一致，卢瑟福对英国科学促进协会（British Association）表示（1923年）："我们这些人正生活在一个非凡的物理学时代。"（Howarth, 1978, p.92.）每一期科学学刊，每一场研究讨论会——因为科学家对于将竞争与合作集于一堂的喜爱之情，比以前更甚——都带来令人兴奋的新消息、大突破。此时的科学界依然很小（至少如核物理及结晶学这一类先锋性质的学科，仍是如此），足以为每一位年轻研究者带来跃登科学明星的机会。科学家，有着一席令人敬羡的崇高地位。英国前半世纪的30名诺贝尔奖得主中，多数来自剑桥；而当年剑桥，事实上"就是"英国科学本身。当时我们在这里读书的学生，心里自然都很清楚：要是自己的数学成绩好，真正想就读的就会是哪一门科系了。

在这种时代气氛之下，说真的，自然科学的前途自然只有一片光明，除了更进一步的凯歌胜利，更上一层楼的发明，还会有什么不同的展望呢？眼前的种种理论，虽有支离零碎之憾，虽有不完美处，虽有即兴拼补之嫌；但是再看看科学的光明未来，这一切毛病都可忍受，因为它们都将只是暂时性的。不过20余岁，就得到那至高无上的科学荣誉——诺贝尔奖——这些年轻得主，有什么必要为未来担忧？[1]然而，对这一群不断证实"所谓'进步'，是多么不可靠的真相"的男

---

[1] 1924—1928年间发生的物理学革命，是由一群1900—1902年间出生者所发动——海森伯格、泡利（Pauli）、迪拉克、费米（Fermi）、约利埃（Joliot）。至于薛定谔、德布罗意（de Broglie）、玻恩（Max Born）3人，当时也不过30余岁。

子来说（偶然亦有女性），面临着大时代的灾难变乱，正对着他们自己也身处其中的危机世界，又怎能置身事外，不为所动？他们不能，也不会置身事外。大灾难的时代，于是成为一个相对比较起来，科学家也不得不受政治感染的少有时代之一。其中原因，不只是因为许多科学人士，由于种族或意识不为当局所容而大规模由欧洲外移，足以证明科学家也不能视个人政治免疫为理所当然。追究起来，30 年代的典型英国科学家，通常多是剑桥反战协会（Cambridge Scientists Anti-War Group）的一员（此会为左派），他或她的激进观点，更在其前辈不加修饰的激烈赞同之中获得证实。后者则从皇家学会（Royal Society），一直到诺贝尔奖得主，尽皆赫赫有名之士：结晶学家贝尔纳（Bernal）、遗传学家霍尔丹（Haldane）、化学胚胎学家李约瑟（Joseph Needham）[1]、物理学家布莱克特（Patrick M. S. Blackett）和迪拉克，以及数学家哈代（G. H. Hardy）。哈代甚至认为，整个 20 世纪，只有另外两名人物，列宁与爱因斯坦，足以与他的奥地利板球英雄布雷德曼（Don Bradman）并列匹配。至于 30 年代典型的美国物理学家，到了战后的冷战年代，更有可能因其战前或日后持续的激进观点，而遭遇政治上的困扰。例如原子弹之父奥本海默（Robert Oppenheimer，1904—1967），以及两度荣获诺贝尔奖（其一为和平奖）和一座列宁奖的化学家鲍林（Linus Pauling）。而典型的法国科学家，往往是 30 年代人民阵线的同情者，在战时更热烈支持地下抵抗运动——要知道多数法国人都不是后者。至于典型由中欧逃出的流亡科学家，不管他们对公共事务多么缺乏兴趣，此时也几乎不可能对法西斯不含敌意。而走不成或留下来在法西斯国度或苏联的科学家们，也无法置身于其政府的政治把戏之外——不管他们本人事实上是否同意当局的立场——不谈别的原因，光是那种公开作态的手势，便令他们无法回避。就像纳粹德国规定向希特勒致敬的举手礼，大物理学家劳厄（Max von

[1] 李约瑟后来成为研究中国科学史的名家。

Laue，1897—1960）便想尽方法避免：每回离家之前，两手上都拿着一点东西。自然科学与社会或人文科学不同，因此这种泛政治的现象极不寻常。因为自然科学这门学问，对人间事既不需要持有观点，也从不建议任何想法（只有生命科学某些部分例外）——不过它倒经常对“神”，有所意见主张。

然而科学家与政治发生联系，更直接的因素，却因为他们相信一件事（极为有理），那就是外行人根本不明白——包括政治人物在内——若妥当使用，现代科学将赐予人类社会多么惊人的潜能。而世界经济的崩溃，以及希特勒的崛起，似乎更以不同方式证明了这项观点（相反地，苏联官方及其马克思主义意识形态对自然科学的信仰投入，却使当时西方的许多科学家，误以为它才是一个比较适合实现这种潜力的政权）。于是科技专家政治上与激进思想合流，因为此时此刻，唯有政治上的左翼，在它对科学、理性、进步的全面投身之下——它们则被保守派讽刺以“科学至上主义”（scientism）之名[1]——自然，代表着认识并支持“科学的社会功能”的一方。《科学的社会功能》（*The Social Function of Science*），是当时一本极具影响力的宣传性书籍（Bernal，1939），可想而知，其作者正是当时典型的马克思主义物理学家——天才横溢，充满战斗气息。同样典型的事例，还有法国在1936—1939年间的人民阵线政府，专为科学设立了第一个“科学研究次长”职位，由居里夫人之女，也是诺贝尔奖得主的约利埃-居里（Irène Joliot-Curie）出任并成立“国立科学研究中心”（Centre National de la Recherche Scientifique，CNRS），至今仍为提供法国研究资金的主要机构。事实上情况日趋明显，至少对科学家是如此，科学研究不但需要公共资金支助，由国家发动组织的研究更不可少。英国政府的科学单位，于1930年时，一共雇有743名科学人员——人手显然不够——30年后，已经暴增至7 000人以上（Bernal，1967，p.931）。

[1] 科学至上主义一词，于1936年在法国首次出现（Guerlac，1951，pp.93—94）。

科学政治化的时代，在第二次世界大战时达到巅峰。这也是自法国大革命雅各宾党时期以来，第一场为了军事目的，有系统并集中动员科学家力量的战争。就成效而言，盟国一方的成就，恐怕比德意日三国轴心为高，因为前者始终未打算利用现有的资源及方法速战速决赢得胜利（参见第一章）。就战略而言，核战争其实是反法西斯的产物。如果单纯是一场国与国之间的战争，根本不会打动尖端的核物理学家，劳驾他们亲自出马，呼吁英美政府制造原子弹——他们本身多数即为法西斯暴政下的难民或流亡者。到原子弹制成，科学家却对自己的可怕成就惊恐万状，到了最后一分钟还在挣扎，试图劝阻政客和军人们不要真的使用；事后，并拒绝继续制造氢弹。种种反应，正好证明了“政治”情感的强大力量。事实上第二次世界大战以后掀起的反核运动，虽然在科学界普遍获得很大支持，主要的支持者，却还是与政治脱不了干系的反法西斯时代的科学家们。

与此同时，战争的现实也终于促使当政者相信，为科学研究投下在此之前难以想象的庞大资源，不但可行，而且在未来更属必要。但是环顾世上各国，只有美国一国的经济实力，能够在战时找得出 20 亿美元巨款（战时币值），单单去制造一个核弹头。其实回到 1940 年前，包括美国在内，无论是哪一个国家，恐怕连这笔数字的小零头做梦都舍不得孤注一掷地投在这样一个冒险空想的计划之上。更何况此中唯一根据，竟是那些书呆子笔下所写的令人摸不着头脑的神秘公式演算。但是等到战争过去，如今唯有举国的经济规模，才是政府科学支出及科学人事的界限了。70 年代时，美国境内的基本研究，三分之二是由政府出资进行，当时一年几乎高达 50 亿美元，而其雇用的科学家及工程师人数，更达百万余名（Holton，1978，pp.227—228）。

3

第二次世界大战之后，科学的政治气温骤降。实验室里的激进思想，于1947—1949年间迅速退潮。当时，在他处被视为无稽之谈或怪论的思想，却在苏联成为科学家必奉的圭臬。其严重程度，甚至连一向最忠贞的共产党信徒，也发现李森科一派的谬论难以接受。更有甚者，情况越来越明显，各个以苏联制度为楷模的大小政权，不论在物质上或精神上，实在都缺乏魅力，至少对科学家是如此。而在另一方面，不论宣传家叫嚣得多么卖力，东西两大集团之间的冷战对抗，始终不曾唤起如法西斯主义曾在科学家中间激起的政治热度。或许是因为自由主义与马克思理性主义之间，素有传统的亲近关系之故。也或许是由于苏联不似纳粹德国，从来没有那副可能吞没西方世界的赫赫架势。

至于发达的西方世界，其政治及意识形态的声音，在自然科学的领域里保持了一代沉默。如今自然科学享受着它在知识上的成就，以及取之不竭的大量资金支持。政府及大企业对科学研究的慷慨解囊，的确助长了一批视庞大研究资金为当然的研究人员。在本身的范围之外，他们的研究工作到底有何广泛的影响及意义——尤其当它们属于军事性项目时——科学家情愿不去自寻烦恼。他们唯一的动作，至多也只有提出抗议，反对当局不让他们发表此中的研究结果而已。事实上，以1958年为迎接苏联挑战而成立的美国国家航空航天局（National Aeronautics and Space Administration，NASA）为例，在它那如今已经博士成林的队伍当中，多数成员就如同军队中的行伍一般，对其工作任务的理论根据不多置问。但是回到40年代后期，科学家们却对是否加入政府机构专事战时生化研究，仍然痛苦不已，犹豫不决。[1]时过境迁，如今这一类单位招人时，显然就没有这么多麻烦需要考虑了。

---

[1]　作者还记得，当时一位生化学家友人的窘况（原为反战人士，后转为共产党员），他即在英国有关部门内取得如此一个职位。

有点意外的是，步入20世纪的下半叶，却是在苏联集团的地面上，科学出现了比较强烈的“政治”气息——如果带有任何一种气息的话。事实上苏联全国持不同政见者的主要发言人，竟是一位科学家萨哈罗夫（Andrei Sakharov，1921—1989），也绝非由于偶然（萨哈罗夫是40年代末期苏联氢弹制造的主要负责人）。科学家，是大批新兴科技专业里中产阶级的优秀代表人物。这个阶级，是苏联制度的最大成就；可是与此同时，这个阶级却也最直接警觉到制度的弱点所在。苏联科学家对其制度的重要性，远胜过他们西方世界的同行。因为是他们，也唯有他们，才使得这个其他方面一无是处的落后经济，可以神气活现地面对美国，以另一超级大国的姿态出现。事实上在一段短时间内，他们甚至帮助苏联登峰造极，在科技的最高顶点领先西方，即太空的探险。第一颗人造卫星（即Sputnik，1957年），第一次男女航天员同舱飞行（1961年、1963年），以及第一次太空漫步，都是由苏联首开先河。苏联科学家集中在研究机构或特殊的“科学城”里，当局又刻意加以怀柔，并容许某种程度的自由范围，加以能言善道，可以侃侃而谈，难怪实验研究的环境中会培养出不满的批评声音。因为苏联的科学家们，其声望地位之高，原是其本国境内其他任何行业所无法望其项背的。

4

政治及意识形态气温的波动，是否影响到自然科学的进展呢？比起社会和人文学科——更不要说意识思想及哲学本身——答案是其实少得太多了。自然科学对科学家所处时代的反映，只能在经验论者方法学的范围之内显示，而这项方法，则必然成为在认识论上属于不确定时代的标准法则。即可以通过实验证明，证实为“无误”的假说——或借用英国的哲学家波普尔（Karl Popper，1902）所说，或许多科学家也有自家版本的相同说法——可以经由实际验证，证实为“错误”的假说。于是便替科学“意识化”的走向，加上了某种限制。可是经济学则不然，虽然也受逻辑及一贯性条件的规范，却发展成某种形式的神学地位——在西方世界，可能更是一代显学。也许正因为经济学能够——并且一向如此——摆脱开这种假设验证的束缚，而物理学却不能。因此，有关经济思想上的学派矛盾、风气改换，很容易便可以用来反映当代经验与思潮的演变。可是属于自然科学的天体宇宙学，却没有这种能耐。

不过，科学毕竟多少也能反映它的时代，虽然无可否认，某些重大的科学进展，其发生全然来自内部，与外界无关。因此无可避免，难怪理论学者眼见次原子家族中的粒子成员胡乱大爆炸之余，尤其在它们于50年代加速现身之后，不得不开始寻思一种简化之道。于是这个由质子、电子、中子，以及其他所有众“子”组成的假想新“终极”粒子，（在一开始）其性质之偶然，可以从它的命名看出：夸克（quark，1963）——原是取自乔伊斯的《芬尼根守灵夜》（*Finnegan's Wake*）。不久，夸克家族也被一分为3种（或4种）次族——并各有其“反夸克”（anti-quarks）成员——分别以“上”“下”“奇”“魅”名之（编者注：现今又发现了“底”“顶”两种）。更有带领“风骚”（charm，编者注：夸克质性之一种）的一群夸克，每个成员有个别的“质色”（colour，编者注：夸克质性又一种）为特性。这些字眼，与它们平常的字义完全大异其趣。于是一如其他例子，科学家根据这个理论，成功地做出推测；同时使其中另一项事实隐而不彰，即以上任何一种夸克的存在，在90年代都还未发现任何实据证明。[1] 这些新发展，到底简化了原有的原子迷宫，还是又为它加上了一层扑朔迷离的复杂性？这个问题，得让有资格的物理学家判定。但是我们心中存疑的外行人欣羡之余，却不得不想起19世纪末期的前车之鉴。当时多少精力，

[1] 我的朋友马多克斯（John Maddox）则表示，这全看一个人对“发现”一词的定义而定。有关夸克的某些效应，已经被辨认出来，可是却非以“本来面目”单独出现，而是以“成对”或“三个”的方式露面。令物理学家迷惑的问题，并非夸克是否存在，而是为什么它们从不单个存在。

都耗费在无望的追求之中，以保持科学界对“以太”（aether）的莫名信仰。直到普朗克和爱因斯坦的研究问世，才打破了这个科学神话，把它与“燃素”（phlogiston）一同放逐到“假理论”的博物馆中（参见《帝国的年代》第十章）。

理论的构成，与它们欲解释的现实之间，却如此缺乏联系（除非其目的是为证实假说为误），于是使其门户洞开，大受外在世界的影响。在一个深受科技左右的世纪里，机械式的类比岂不因此再度插上一脚？只是这一回的类比，是以动物与机器之间，在传播和控制技术上的对照出现，1940 年，就有了一些以各种不同名目问世的理论——例如控制论（cybernetics）、系统论（general systems theory）、信息论（information theory）等等。自第二次世界大战以后，尤其在晶体管发明之后即以惊人速度发展的电子计算机，具有高度的模拟能力。因此一向以来，被视为有机体（包括人类在内）物理和精神的动作范畴，现在极易发展出机械模式模拟之。20 世纪后期的科学家们，谈起人脑，就仿佛它根本上是一部处理信息的系统。而 20 世纪下半叶最熟悉的辩论主题之一，便是“人类智慧”与“人工智慧”之间，是否有区别？如果答案是肯定的，又如何区别？总而言之，即指人脑中到底有哪一部分，是理论上不能在电脑中以程序设计的？这一类科技模型的出现，更加速了研究进展，自是毋庸置疑。人体神经系统的研究——电子神经脉冲（electric nerve impulses）学——若无电子研究的推动，能有什么成就？不过追根究底，这些类比都属于还原论者（reductionist）的观点。将来有一天在后人看来，恐怕正如今之视昔，就好像 18 世纪用一组杠杆形容人体行动般的粗浅简陋。

某些类比，的确有助于特定模式的建立，但是出了这个范畴，科学家个人的人生经验，难免就会影响他们观照自然的途径了。我们这个世纪——借用某位科学家回顾另一位科学家一生时所言——是一个“渐进与骤变同时渗透人类经验”的世纪（Steve Jones，1992，p.12）。既然如此，科学当然也难逃此“劫”。

在19世纪资产阶级进步与改造的时代，科学的范例（paradigm）是由连续与渐进所掌握，不论自然的动力为何，它都不可以擅自跃动。地表上的地质变迁及生命演进，都非惊天动地地阔步迈进，而是一小步一小步地逐级改变。甚至那看来似乎极为遥远的未来，那可以想见的宇宙末日，也将是逐渐缓慢地结束。根据热力学（thermo dynamics）的第二定律，一点一点地，虽然感觉不到，却最终不可避免，“能”将转化成“热”，即“宇宙热寂”论（heat death of the universe）。但20世纪科学的世界观，却发展出一个全然不同的画面来。

根据这项新观点，我们宇宙的诞生，是源自150亿年以前的一场超级大爆炸。而且根据本书写作时的天体推论，这个宇宙消灭之时，也必然以同样一种轰轰烈烈的形式灭亡。在这个宇宙里，星球的生命史，包括众多行星的历史在内，也如宇宙一般，充斥着大洪水般惊天动地的大混乱：新星（nova）、超新星（supernova）、大红巨星、白矮星、黑洞等各式各样的名堂——凡此种种，回到20年代以前，最多只被归类于周边性的天文现象。长久以来，多数地质学家都抗拒大陆板块大规模侧向移动的说法，例如在整个地球历史中，大陆曾在地表向四处漂移，虽然此中的证据非常多。他们反对的理由，大多是基于意识立场，从“大陆漂流说”的主将韦格内（Alfred Wegener）所遭遇的争议可知。反对者认为绝不可能，因为根本没有造成这种移动的地质物理机制存在。但是他们这种说法，就实际证据而言，正如凯尔文（Lord Kelvin）曾于19世纪主张，当时地质学者提出的地球时间表必然有误一般，至多只是一种先验性的假设。因为根据当时的物理学知识，将地球年龄估算得远比地质学所需要的年代为年轻。但是自从60年代开始，以往难以想象的臆说，却成为地质学崇奉的常识正统，即全球性的板块移动，有时甚至有巨型板块快速漂移发生——“板块构造说”（plate tectonics）之说。[1]

更重要的是，也许是自从60年代以来的“直接大灾难说”，通过古生物学，重回地质学与进化理论之门。这一次，这似乎“初逢乍见”的新证据，其实早已为人熟悉，每个小孩子都知道，恐龙于白垩纪时期在地球上灭种绝迹。因为在过去，达尔文的教诲如此深入人心，人们都依他所说，把生物进化视为一种缓慢细微的渐进过程，延续在整个地质历史之中，而非某种大变动（或创造）的突然结果。以至于像恐龙灭种，这种显然属于生物大灾变的现象，很少引起人的注意。反正地质的时间表一定够长，足供任何可见的演变结果发生。因此说起来，在人类历史遭此巨变的时代，进化间断的现象再度受到注目，也就不足为奇了。我们还可更进一步指出，在本书写作时，最受地质和古生物巨变说学者青睐的说法，就是从天而降的外太空袭击，即地球与一个或多个大型陨石相撞。根据一些计算，某些大到足以毁灭文明的太空游星——等于800万个广岛原子弹爆炸的威力——每30万年就会来访地球一次。这一类的情节，一向是遥远的史前史的一部分，回到核战争纪元以前，有哪一位严肃的科学家会正眼瞧它一眼？进化缓慢的过程中，时不时被相当突然的变动打岔，这种“间断平衡”（punctuated equilibrium）理论，虽然在90年代依然是争议之说，可是却已经成为科学界内部激辩的议题之一了。再一次，作为门外汉的我们旁观之余，不得不注意到在离平凡人类思想最遥远的一行里，近年来兴起了两大数学分支：60年代出现的“灾变论”（catastrophe theory），以及80年代问世的“混沌论”。前者属于60年代，在法国首先发展的“拓扑学”（topology）之一支，主张对渐变造成的突然断裂现象，加以探究，即在连续与间断之间，有何相关关系。后者是源起于美国的新学说，建

[1] 这种“初逢乍见”的新证据，主要包括：（1）遥远的两块大陆，彼此的海岸曲线却分明“吻合”，尤其是非洲的西海岸和南美的东海岸；（2）这些事例的地质成分，也极其类似；（3）地面动植物的地理分布状况。20世纪50年代时，一位地质物理学同行即对此全然否定——这是在“板块构造说”大突破即将出现以前不久——作者还记得当时感到的强烈惊讶，他甚至拒绝考虑这种现象有必要加以解释。

立于情况发生过程中的不确定性及不可测性的模式之上。即明明很细小的事件（例如一只蝴蝶拍拍翅膀），却可在他处导致巨大后果（造成飓风）。但凡经历过20世纪后数十年动乱的人，应该都会理解，为什么像这一类混沌和灾变的图像，也会进入科学家和数学家的脑海中吧。

5

然而从70年代起，外界开始更间接也更强烈地侵入了实验室和研究室的领域。因为世人发现，原来以科学为基础的科技，在全球经济爆炸之下力量更显强大，同时却对地球这个行星——至少就地球作为生命有机体的栖息地来说——产生了根本甚至可能永远无法挽回的深远影响。漫长的冷战年月里，人们的脑海及良心，都被笼罩在人为核战争的灾难噩梦之中。可是眼前的生态灾难，却比核战争更令人心不安。因为美苏之间一场世界核大战，毕竟可以想法避免，而且最后事实证明，人类的确逃过了这场浩劫。但是科学性经济增长造成的副作用，却没有核战争那么容易避开。1973年，罗兰（Henry Augustus Rowland）与莫利纳（Molina）两位化学家，首次注意到在冰箱和新近大为流行的喷雾产品中广泛应用的化学物质，氟碳化合物（作为制冷剂被广泛使用，fluorocarbons），已经造成地球大气臭氧层的减少。若在更早以前，这种变化很难发现，因为这一类化学物质（CFC 11和CFC 12）释放的总量，在50年代初期之前，一共不到4万吨。可是到1960—1972年间，却总共有360万吨进入大气层。[1]到90年代，大气中"臭氧层空洞"，已是众人皆知的事情了。现在唯一的问题，就是臭氧层将会多长时间告竭，会在什么速度下，到达连地球的自然修复能力也无法补救的程度。人们也都知道，就算把CFC全部消除，它也

[1]　联合国《世界资源报告》（UN World Resources，1986，Table II，pp.319）。

肯定会再出现。“温室效应”（greenhouse effect）一说——在人为产品不断释放大量气体之下，地球温度将不可控制地继续升高——于1970年左右开始引起认真讨论，并于80年代成为专家与政治人物共同关心的第一件大事（Smil，1990）。这其中的危险性的确真实无比，虽然有时难免过于夸大。

大约与此同时，出现于1873年间的新词“生态学”——用以代表生物学的一支，处理机体与其环境之间的相互关系——也开始获得它如今众所周知的“类政治”含义（E. M. Nicholson, 1970）。[1] 这一切，都是世间经济超负荷增长和繁荣的产物（见第九章）。

种种烦恼忧心，足以解释为什么进入70年代，政治及意识形态再度开始环绕自然科学。更有甚者，这种外界压力，甚至渗进科学内部，科学中人也开始进一步辩论，由实际及道德角度出发，探讨科学研究是否有予以限制的必要。

自从神权治世的时代结束以来，这类问题从未被人如此严肃看待。疑问来自一向对人事具有直接牵连（或看来似乎有所直接牵连）的学科：遗传学和进化生物学。因为在第二次世界大战后的10年之间，生命科学已在分子生物学的惊人突破之下，出现了革命性的大改变。分子生物学揭示了决定生物遗传的共同机制：“遗传密码”（genetic code）。

分子生物学的革命成就，其实并不意外。生命现象，必须，也一定能够，以放之万物皆准的物理化学角度解释，而非生命体本身具有的某种特异性质，这种观念，1914年后已成理所当然。[2] 事实上，早在20年代，英国、苏联两国的生物化学界，就已经提出基本模型（多数带有反宗教的意图），描述地表上可能的生命来源，始于阳光、甲烷（methane）、氨（ammonia）、水；并将这个题目，列入严肃的科学研究议程——顺便提一句，对宗教的敌意感，继续激发着这一行研究人

---

[1] “生态学……也是一项主要的知识学科及工具，赐给我们一个希望：也许人类进化可以予以改变，可以使之转向，走上一条新的路途。如此，人类就不会再对他自己未来所依赖的环境，随便糟蹋了。”

[2] 在生命体特定的空间范围之内，所发生的时空事项，如何可以用物理化学解释？（E. Schrodinger，1944，p.2.）

员的前进：克里克和鲍林两人就是最好的例证（Olby，1970，p.943）。数十年来，生物方面的研究始终以生化为最大推动力，然后物理的分量也逐渐加重。因为人们发现蛋白质分子可以结晶，然后以结晶学的方式进行分析。科学家也知道有一样称作“脱氧核糖核酸”的东西，在遗传上扮演着中心角色，也许便是遗传之钥本身：它似乎是基因的基本成分，遗传的基本单位。基因（或遗传因子），到底如何“造成另一个与它完全一样的结构，甚至连原始基因的突变性质也原样移植（Muller，1951）？即遗传到底如何发生？如何进行？这个问题，早在30年代后期，即已成为学界认真探讨的题目。到了战后——借用克里克本人的话——“奇妙大事显然不远”。克里克与沃森两人，发现了脱氧核糖核酸的双螺旋结构，并用一个非常漂亮的化学机械模型，显示这个结构可以解释“基因复制”的功能。这一出色的成就，其光彩绝不因为50年代初期也有其他研究人员获相同结论，而有任何减弱。

脱氧核糖核酸的革命成就，“生物学上独一无二的最大发现”（伯诺之语），随之在20世纪后半叶主导了整个生命科学的研究。基本上，它是以“遗传学”为中心范畴，因为20世纪的达尔文学说，就是纯粹以遗传、进化为主题。[1]但是这两个题目一向以棘手闻名，一是因为科学模型本身，便经常带有某种意识形态的作用在内——达尔文学说，即受英国经济学家马尔萨斯（Malthus）思想影响（Desmond / Moore，chapter 18）；二则由于科学模型也经常反馈政治，为其添加燃料——如“社会达尔文主义”（Social Darwinism）。“种族”的观念，便是这种相互为用的最佳例证。纳粹种族政策的不堪回首，使得自由派的知识分子（科学家多在此列），简直不敢想也不能碰这个题目。事实上，许多人甚至认为，若对不同人类群体之间由遗传决定的差异，进行有系统的探究，可能有根本上有违正当的嫌疑；因为这类研究结果，也

[1]　它也与实验科学的一种——数学机械变量——“有关”。这也许就是为什么在其他不能完全量化或试验的生命科学学科里——如动物学和古生物学——它未能引起百分之百热情欢迎的原因吧。参见勒文亭（R. C. Lewontin）所著《进化演变的基因基础》（*The Genetic Basis of Evolutionary Change*）。

许会鼓励种族主义的言论出现。更广泛地来看，在西方国家里，“后法西斯”时代的民主平等观念，再度掀起旧日对“先天抑后天”“自然或养成”(nature/nurture)的争辩，即“遗传或环境孰重”的问题。简单地说，个人的特质，兼受遗传与环境两面影响，既有基因的成分，也有文化的作为。但是保守派往往迫不及待，乐意接受一个一切由遗传注定的社会，即无法由后天改变先天上的不平等。相反地，左派人士却以平等为己任，戮力宣称所有的不平等都可以用社会手段除去，他们是彻头彻尾的环境决定论者。于是争议的战火，便在“人类智商”讨论上爆发开来（因为它牵涉到选择性或普遍性教育的问题），并具有高度的政治性质。智商问题，远比种族问题牵涉面广，虽然它也离不开后者的瓜葛。至于到底有多广？连同女性主义运动的再兴（参见第十章），于是有某些思想家进而宣称，在“心智面”“精神面”上，男女之间所有的一切差异，基本上都是因文化，也即环境决定而成。事实上时下流行以代表“文化社会性别”的“性”(gender)，取代代表“生物性别”的“性”(sex)的风气，即意味着“女性”在扮演其“社会角色”方面，实与男人无异，并不属于另一种不同的生物性类别。因此凡是想涉足这一类敏感题目的科学家，都知道“他”自己必不可免地踏进了一个政治雷区。甚至连那些小心翼翼步入的人，如哈佛的威尔逊（E. O. Wilson，1929），所谓“社会生物学”(socio-biology)的先锋战士，也不敢直截了当地把话说个清楚明白。[1]

促使整个情形火上浇油者，却是科学家自己。尤其是生命科学中最具社会色彩的学科——进化理论、生态学、动物行为学，以及种种对动物社会行为进行研究的科目。他们未免过度喜欢应用拟人化的隐

[1]　“从目前已有的资料中，我的一般印象是如此：人类，就具有影响行为的遗传多样性的质度与广度而言，是一种典型的动物物种。如果这种比较不失正确，人类的精神面，已由过去的教条定理简化成可检验的假说。但是在目前美国社会这种政治氛围之下，这番话实在很难启口，在学术界某些部门中，甚至被视为罪无可恕的异端邪说。但是，社会科学若要完全诚实，就需要公允地正视这个观念……科学家应该对遗传性行为的多样化加以研究，总比出于好意，故意同谋沉默为佳。”(Wilson，1977，Biology and the Social Sciences，p.133）以上这段拐弯抹角的谈话，若变成口语就是这个意思：世上有种族，并且由于遗传的缘故，在某些特定方面，种族之间天生就永远不平等。

喻，动不动便把结论应用到人类身上。社会生物学家——或是那些将其发现煽风点火，进一步加以通俗化的人——表示，远古以前的数千年里，原始男人作为一个狩猎者，被自然挑选出来，适应并养成其广大生存空间中比较具有掠夺性的性格（Wilson，1929）。这种物质，通过遗传，甚至到今天依然牢牢控制着我们社会的存在。这下子惹恼的不只是女人，连历史学家也大为不悦。进化理论家并将自然的淘汰选择——视为生物学上的重大革命主张——分析成“自私基因”（the Selfish Gene）从事生存竞争的结果（Dawkins，1976）。如此一来，甚至连赞同“硬性派”达尔文主义的人，也不禁感到茫然，到底遗传基因的选择，与人的自我本位、竞争合作，有什么关系呢？于是科学再一次遭到批评围攻，不过说来意义深长，这一回炮火却非来自传统宗教，只有激进主义团体例外——不过这批人的意见在知识上不值一顾。如今神职中人，也接受了实验室出来的领导地位，尽量从科学性的宇宙天体学中，寻找合乎神学教训上的慰藉。所谓“大爆炸”理论，看在信者眼里，岂不正是世界是由某神所造的证据？在另一方面来说，60年代和70年代的西方文化革命，也对科学的世界观发动一股属于“新浪漫”（neo-romantic）、非理性的强烈攻击，而且随时可以由激烈先进，变得保守反动。

但是“硬性”科学纯研究的中心碉堡，不像在外围打野地战的生命科学，很少为外界的攻击所动。这种局面，一直到70年代方才改观。因为如今情况越来越清楚，科学研究，已经不能与因其技术所造成，而且几乎是立即造成的社会后果分家。真正立即引起人们讨论是否应对科学研究予以限制的导火线，是由“基因工程”（genetic engineering）而起——必然包括人类及所有其他生命形式的基因工程在内。有史以来头一次，甚至连科学家本身也发出这种疑问之声，尤其在生物学界之内。因为事到如今，某些根本上具有作法自毙性质的科技成分，已经与“纯研究”密不可分，更非事后而起的附带效果。事实上，它们根本就是基础研究本身——如基因组（Genome）计划的任务，就是标出人类遗传的所有基因。这些批评，严重破坏了长久以来，一直被所有科学家视为科学中心的基本原则（多数科学家依然持此看法），即除了在极边缘性质的范畴之内，必须向社会道德的信念有所让步之外，[1]科学，应该随着研究追求带领的脚步，极力追求真理，至于科学研究的成果，被非科学之人如何使用，科学家无须负责。但是到了20世纪的今天，正如一位美国科学家于1992年所言："在我所认识的分子生物学家中，没有一个人，不在生物科技工业上投下某些金钱赌注。"（Lewontin，1992，pp.31—40.）再引另一位所言："（所有）权状况，是我们所做的每一件事的核心。"（同上，p.38。）所谓科学纯粹的振振有词，还不令人更起疑窦吗？

如今问题症结所在，不在真理的追求，却在它已经无法与其条件及其后果分开。与此同时，主要的争论，也于对人类持悲观或乐观看法之间展开。认为对科学研究应该有所限制或自我限制的人士，他们的基本假定，在于依照人类目前的状况，尚不足以处理自己手上这种旋转乾坤，能以令地球改变的巨大能力；甚至连其中带有的高度风险，也缺乏辨认能力。事到如今，即使连极力抵抗任何限制的魔法师们，也不敢相信他们的徒子徒孙了。他们表示，所谓无尽无涯的追求，"是指基本的科学研究，而非科学的技术应用，后者则应该有所限制。"（Baltimore，1978.）

其实，这些争议根本无关宏旨。因为科学家都知道，科学研究，决非无边无垠，完全自由。不说别的，单就研究本身，必须依赖有限资金的提供，便可明白。因此，问题并不在于是否应该有人告诉科学家什么可做，或什么不可做；却在提出限制及方向者，究竟属谁，并依据何种标准提出。其实对多数科学家来说，他们所在的研究单位，往往是由公共资金直接或间接支付，因此其监管大权，是在政府手中。但是不论政府多么真诚地致力于自由研究的价值，它的取舍标准，自然与普朗克、卢瑟福或爱因斯坦所认定的不同。

[1] 比如说，最重要的一项，便是对人体实验的严格限制。

政府取舍的标准，依据先天的定义，不在“纯”研究本身的先后次序——尤其在这种研究所费不赀时——更何况全球大景气结束之后，甚至连最富有的国家，其收入也不再持续攀升，领先于它们的支出，人人都得开始做预算了。而其标准，不是也不能是“应用”研究的先后次序——尽管其中雇用了多数的科学家们。因为总的来说，这一类研究并非以“拓展知识”为动机（虽然有可能附带达到）；它们的目标，乃是为了实用目的的需要寻求解答——比如为癌症或艾滋病找出某种治疗方法。在这里，研究人员追求的课题，并不一定是他们本人感兴趣的课题，可是却具有社会功能或经济效益——至少，也是那些项下有钱的研究科目（虽然私下里他们也许希望，这些工作可以带他们回到基本研究的本行上去）。在这种情况之下，如再空喊高调，主张人天生就需要“满足我们的好奇心、探索心、实验心”（Lewis Thomas in Baltimore, p.44），因此若对研究加以限制，是可忍孰不可忍也云云；或夸夸其谈，认为知识大山的高峰，一定得去攀登，不为别的——借用典型登山迷的话——“就因为山在那里”，这实在只是玩弄虚夸的辞令了。

事实的真相，在于“科学”之海（所谓科学，多数人是指“硬性”的自然科学）实在太浩瀚了，它的力量实在太大。它的功能，实在不能为社会及它的出钱人所缺少，因此实在不能任由它去自行设法，自行其是。科学所处状况的二律背反在于20世纪的科技大发电厂，以及因它而生的经济成就规模，愈来愈倚靠那相对而言人数甚少的科学家们。可是在后者心里，因其活动而产生的巨大后果，却属于次要考虑，有时甚至近乎微不足道。对他们来说，人类能够登月，或能将一场巴西足球大赛的图像，发射到人造卫星，再传往远在德国杜塞尔多夫（Düsseldorf）的屏幕上供人观赏，实在无足兴奋，远不及下面这项发现有趣：在寻找传播干扰现象的解答之余，意外验明，确有某些天体背影杂音存在，因此证实了某项有关宇宙起源的理论。然而，正如古希腊著名数学家阿基米德（Archimedes）一般，科学家们知道，自己是生活在一个不能了解，也不在乎他们的作为的世界；这种现象的形成，他们其实有份。科学家大声疾呼要有研究自由，却正如为其城叙拉古（Syracuse）设计兵器御敌的阿基米德的抗议呼声一般，对侵略者的兵丁毫无意义——这些敌兵，对他的呼声不顾（“看在老天的分上，别把我的几何图给搞坏了。”），径自将他杀死，——他的心意，固然可以理解，可是却不见得切合实际。

唯一能够保护他们的，只有他们手中那把钥匙，那把可以开启变动天地的巨大能力的金钥匙。因为这股力量的施展，似乎越来越得靠着这一小群令外人费解却拥有其特殊恩赐的精英，并且得让他们尽情发挥才成——跟一般人相比，他们对外在权力财富的兴趣较低（不过到了20世纪的后期也改观了），但是依然不减其令人费解之处。但凡在20世纪之中不曾如此行动的国家，都因此懊悔不已。于是所有国家，不遗余力，都大力支持科学发展。因为不像艺术及大多数人文活动，没有如此维护支持，科学研究势必无法有效进行，虽然它一方面也尽量避免外来的干涉。可是政府，对终极性的真理没有兴趣（除了那些基于意识或宗教立国者外），它们关心的对象，只是工具性、手段性的真理。它们之所以也乐于资助“纯”研究的项目（即那些眼前无用的研究），充其量只是因为有一天，这些研究可以产生某些有用的东西。或者，是为了维系国家名誉。因为即使在今天，追求诺贝尔奖的重要性，毕竟依然优先于奥运会奖牌，是一项甚为世人所重的荣衔吧。因此，这才是今日科学研究和理论的胜利构造所赖以确立的基础。也唯有靠着它们，20世纪，才将于后世被人缅怀为一个人类创造了进步的世纪，而不只是一片人类悲剧的时代啊！

第十九章

迈向新的千年

我们正处在一个新纪元的开端，它的一大特色，便是极度的不安、永久的危机，并缺乏任何“不变的现状”……我们一定要了解一件事，我们正处在布克哈特（Jakob Burckhardt）所形容的世界历史一大危急关头。这个关头的意义，绝不逊于1945年后的那一回——虽然克服种种困难的条件，似乎较以往为佳。可是如今世界，既没有胜利的一方，也没有被击败的一方，甚至在东欧也是如此。

——施图尔默（M. Sturmer in Bergedorf，1993，p.59）

虽然社会主义—共产主义偏重的理想已告解体，它们打算解决的问题却依然存在：社会优势地位的滥用，金钱势力的无法无天，权和钱力量相结合，完全引导着世界的发展方向。如果20世纪为全球带来的历史教训，尚不足为世人产生防患于未然的预防作用，那么红色的呼啸旋风，势将卷土重来，再度全部重演。

——索尔仁尼琴（New York Times，1993年11月28日）

能够身经三次改朝换代——魏玛共和国、第三帝国，以及德意志民主共和国——我这个岁数，竟也能够亲眼见证联邦共和国（波恩）也寿终正寝了。

——穆勒（Heiner Muller，1992，p.361）

1

“短20世纪”，即将在问题重重中落幕。没有人有解决方案，甚至没有人敢说他有答案。于是20世纪末的人类，只好在弥漫全球的一片迷雾中摸索前进，循着朦胧足音，跌跌撞撞地进入第三个千年纪元。我们只能肯定一件事，那便是一页历史已告结束。除此之外，所知甚少。

两百年来第一次，20世纪90年代的世界，是一个毫无任何国际体系或架构的世界。1989年起，新兴领土国家林立，国际上却没有任何独立机制为它们决定疆界——甚至没有立场超然可资作第三者从中调停——足以证明国际结构不足之一斑。过去出面“排难解纷”，确定未定之界，或至少认可未定之界的超级大国，都上哪儿去了？第一次世界大战之后，在它们的监督之下，重划欧洲及世界版图，这里划一条国界，那儿坚持举行一次“全民公决”，这些昔日的胜利者，又到何方去了（说真的，往日外交场上视为家常便饭的国际工作会议，多实在，多有成效。哪像今天那些高峰会，只不过搞搞公关，照几张相，就匆匆了事）？怎么也不见踪影了呢？

新的千年将即，真的，那些国际新旧强权，到底都在哪里呢？唯一还能留下撑撑场面，还能被人用1914年大国定义看待的，也就只有美国一国了。而实际上呢，情况却很暧昧。俄罗斯经过一场地动山摇，版图大为缩小，回到17世纪中叶的大小，自彼得大帝以来，它的地位还没有这么渺小过。而英法两国也一落千丈，降格为地区性的势力，即使手上再有核武器，也不能掩饰此中落魄。至于德国、日本，的确堪称经济两“强”，可是两国都不觉得有必要像以往一般，加强武力以助其经济声势——就算现在没人管它们了，可以自由行事——不过世事难测，它们未来意向如何，无人敢保证。至于新成立的欧盟组织，虽然一心以其经济合作为范例，进一步寻求政治同步，但在事实上却连装都装不出来。老实说，今日世界上的大小新老国家，除了极少数外，等到21世纪度完头一个25年时，能以目前状况继续存在者恐怕不多。

如果说国际舞台上的演出者妾身未明，世界面对的种种危机也同样面目不清。“短20世纪”，大战不断；世界级的战争，不管冷战热战，都是由超级大国及其盟友发动，每一回的危机都日益升级，大有最后核武器相见，不毁灭世界不罢休的架势。所幸悲剧终能避免，这种危险显然已远去。未来如何，犹未可知。但是世界剧场上的各位主角，如今不是悄然下台，就是黯然退居陪衬，意味着一场如旧日形态的第三次世界大战极不可能发生。

然而旧战虽了，并不表示从此世间再无战争。80年代时，即有1983年的英国与阿根廷马岛之战，以及1980—1988年的两伊战争为证，人世间永远会有与超级大国国际对峙无关的战火。1989年以后，欧、亚、非各地军事行动频仍，多至不可计数，虽非件件正式列为战争——在利比亚、安哥拉、苏丹、非洲合恩角，在前南斯拉夫、摩尔多瓦，以及高加索山与外高加索地区的几个国家，在永远蓄势待爆的中东地区，以及前苏联的中亚及阿富汗。在此起彼伏，一国接一国崩溃解体之中，经常弄不清楚到底谁在交手，而且为何交手。因此一时间，这些军事动作很难界定，极不符合传统“战争”的定义，既不是国际交战，也非国中内战。然而黎民百姓身在其间，烽火之中何来安宁，当然不可能觉得天下太平。像波斯尼亚、塔吉克、利比里亚几地，不久前还在和平度日，此刻自然深感离乱之痛。除此之外，90年代巴尔干局势的动荡，更证明地区性的相残杀戮，与较易辨识的旧式战争之间，并无明显界限，随时可以变成后者。简单地说，全球大战的危机并未消失，只是战争的性质改变了而已。

至于那些国势较强、较稳、较受老天眷顾的几个国家——例如欧盟组织，则与相邻地带的烽火连天有云泥之别；斯堪的纳维亚的北欧诸国，也与波罗的海对岸的前苏联地区命运有别——眼见倒霉的第三世界，骚动不安、屠杀残酷，它们可能满以为自己幸得豁免，殊不知此想大错特错。传统民族国家的纷争，也足够使它们惹火上身。其中关键所在，倒不是它们会解体分家，而是20世纪下半期新起的一种风气，即毁灭的力量已经进入民间或落入个人之手，于是暴力与破坏处处可见，世上无一地可以幸免。不知不觉之间，已经削弱了这些国家，至少，也剥夺了它们独自有效运作的能力，而这能力，原是世上所有疆界已定的地区当中，一国国家权力的主要凭证。

时至今日，一小群政治不满团体，或其他任何不同政见组织，无时无地，都可以造成破坏毁灭，例如爱尔兰共和军在英国本土的行动，恐怖分子撞击纽约世贸大楼之举（1993 年）。不过到“短 20 世纪”结束，这些破坏活动导致的损失，除了保险公司所费不赀以外，整体而言还算客气。因为跟一般的想法相反，其实这种零星式的个别行动，论杀伤对象、范围，比起国家发动的正式战争，远不及后者不分青红皂白殃及无辜的程度。也许正因为前者的目的（如果有其目的）在于政治，而不在军事之故吧。此外，除去使用爆炸物之外，这类恐怖行动多用单人操作的武器，较适合小规模的杀戮，而非大肆屠杀的重型炮火。不过有朝一日，将核武器设计成小团体武器也并非没有可能，看看制造核武器的材料及知识唾手可得，已经在世界市场上满天飞的情况便可推断。

更有甚者，毁灭武器的普及化和民间化，使治安的成本增加。正因为如此，当面对着北爱尔兰境内天主教徒与新教徒民兵间的正式开火，虽然双方人数不过数百，英国政府也不得不到场坐镇，派遣约 2 万名士兵的部队，以及 8 000 名武装警察，长期驻扎，年耗费高达 30 亿英镑。而国境之内的小规模骚乱，换在国外发生自然更为头痛。甚至连相当富有的国家，碰到国际上这种烦恼事，也不得不考虑是否花得起这种没有限制的费用。

冷战结束之后，立即发生数起事件，愈发显示出国家威力日益减弱的现象，波斯尼亚和索马里就是两个最明显的例子。此中状况，更点明新千年中，最大可能的冲突来源，是贫富地区之间愈益快速加深的巨大鸿沟。贫与富，富与贫，彼此相互憎恨。于是伊斯兰激进主义者的兴起，显然并非只是抵制“现代化即西方化”的意识，而且更进一步，根本就是反对“西方”本身。因此这一类运动的成员，便着手伤害西方的旅客以达目标（例如在埃及），或大举谋杀当地西方住客（例如在阿尔及利亚）。反之，西方富国之内则盛行仇外思想，其最激烈处也直接指向第三世界的外来者，欧盟国家堤坝高筑，阻挡第三世界前来打工的贫民洪流。甚至在美国，事实造成的无限制移民，也开始遇到严重的反对。

不过就政治和军事而言，双方都远在对方势力所及之外。虽然在任何可想见的南北公开对抗之中，北方诸国仰仗其科技优势和财富强大，往往势在必赢，例如1991年的海湾战争即为铁证。某些第三世界国家，即使有核武器——假定也有维修和发射的能力——也不能造成有效恐吓。因为西方国家，例如以色列、海湾战争中的盟军，有打算也有能力，在后者尚未造成真正威胁之前，先发制人，发动大军，摧毁力弱不堪匹敌的对手。从军事观点而言，第一世界实在可以把第三世界视为毛泽东所说的“纸老虎”。

然而，在“短20世纪”后半叶里，情况却越来越清楚，尽管第一世界可以在战役中击败第三世界，却无法赢得战争。或者换个角度，即使可以赢得战争，却也不能真正保证可以进行军事性的占领。早先帝国主义的最大资产，在于殖民地被殖民者一旦占领，往往愿意俯首称臣，乖乖地听命行事，让少数占领者管辖，可是这种局面已经不复存在。因此，回到哈布斯堡王朝时代，将波斯尼亚—黑塞哥维那纳入帝国统治可以无虞，但是到了20世纪90年代初期，论到如何绥靖这不幸为战火蹂躏的国家，所有政府的军事顾问，都主张非数十万大军常驻不可，换句话说，等于动员一场大战所需的兵力。当年的索马里（Somaliland）殖民地，向来难搞，一度甚至得劳驾英国军队出动，由一位少将率军。但在整个殖民时期，伦敦及罗马当局，却从来不曾闪现过该处会闹出英国及意大利殖民政府大为棘手问题的念头，甚至连素有“疯子毛拉”（Mad Mullah，编者注：“毛拉”是伊斯兰教神职人员）之称的阿卜杜拉（Muhammad ben Abdallah），也不在它们眼下。

然而日换星移，到了 90 年代初期，美国及联合国数十万的占领部队，一旦面对着目的不明、时间不确定的长期占领的选择，竟然便立即不名誉地打退堂鼓了。甚至连美国的无边威力，碰上邻近的海地事件，也不得不退避三舍。传统上原是华盛顿当局卫星附庸的海地，在当地一名将领的指挥下，领着由美方一手装备训练的部队，坚决拒绝一位美国（勉强）支持的民选总统归国，并挑战美国前来进攻。但是美国一口拒绝，正如它当年在 1915—1934 年间的决定一样。倒不是因为只有 1 000 余人的海地军队难以对付，而是因为如今美方根本就不知道如何用外力解决海地问题。

简单地说，20 世纪是在全球秩序大乱中落下帷幕。这种混乱现象，性质不明确，控制无方法，止息更遥遥无期。

2

这里的无能为力，不是因问题本身的难度，及世界危机的复杂性；却在不分新旧，一切对策显然均已失灵，无法对人类进行任何管理改进。

“短 20 世纪”，是一个宗教性思想大战的年代。但是其中最凶残血腥的一宗，却来自 19 世纪遗下的世俗宗教思想，例如社会主义和民族（国家）主义。个中的神祇，则是抽象的教条，或被当作神人般的政治人物。这种献身世俗宗教的虔敬狂热之极致，也许在冷战步入尾声时即已渐走下坡（包括五花八门的个人崇拜），至少原本属于普世教会的现象，已经减为零星对立的宗派。然而世俗宗教的力量，不在其能够动员如同传统宗教般所能激发的热情——其实自由主义意识形态者几乎从未做此尝试——却在他们口口声声，声称能为危机中的世界提出永久性答案。糟糕的是，随着 20 世纪的告终，它们的失败之处，却正在其不能提供这个答案。

苏联的解体，自然使众人将注意力集中在苏维埃社会主义的失败，苏式社会主义垮台，正表示全民所有制度行不通。举凡生产的手段，以及无所不包的计划，都在国家及中央的手里，完全不借助市场或价格机制的调节，这种制度，如今已全盘失败。而历史上各式各样的社会主义，也都主张将生产、分配及交换的手段由社会全体拥有，并全面铲除私有企业，不再以市场竞争进行资源分配。因此苏联的失败，即非共产社会主义希望的破灭——不论马克思抑或其他——虽然环顾世上，并无一国政权真正宣称属于社会主义经济。不管任何形式的马克思主义学说，这个共产主义的理论基础及精神鼓舞之所在，未来能否继续存在，势将属于世人争辩的题目。但是显然易见，如果马克思老先生一直活着，而且继续作为一位大思想家（此事想来无人怀疑），那么自1890年以来，为号召政治行动并掀起社会主义运动而形成的马克思思想众版本中，恐怕没有一家能以其原有面目出现吧。

而在另一方面，与苏维埃制度相反的另一种乌托邦思想，也显然破产。即对完全自由经济的迷信坚持，认为经济资源的分配，应该全部由毫无限制的市场与完全开放的竞争决定。认为唯有如此，方能产生最高效益，不但提供最多的财富与工作，且能带来最大幸福，并是唯一配得上"自由"之名的社会形式。事实上，如上所述的"完全放任"社会，从来就不曾存在。还好，不像苏维埃式的乌托邦，在80年代之前，世上还没有人试图建立过极端自由主义的理想国。自由主义的精神，在整个短促20世纪时期，都只是作为一种原则而存在，乃是针对现在经济制度的不见效与对国家权力的膨胀提出批评。西方国家里，以英国的撒切尔夫人政府对此最为向往，一再尝试，到"铁娘子"下台，其经济之颓势已为一般人所公认。但是甚至连英国的尝试，也只敢渐进为之。待到前苏维埃社会主义经济向外求医诊治，西方顾问提出的药方却是"休克疗法"（shock therapies），立刻以"自由放任"的特效药取代旧制度。结果自然是惨不忍睹，造成经济上、社会上、政治上的多方大灾难。新自由主义神学所依赖的理论基础，徒然好看，却与实际完全脱节。

苏维埃模式的不济，肯定了资本主义支持者的信念："没有股票市场，就没有经济社会。"而极端自由主义的失败，却证实社会主义的看法比较合理，人类事务之重要，包括经济在内，的确非比寻常，绝不可全由市场处理。而一国经济之成功，显然更与其经济大家的名望无关。[1]不过站在历史的角度言之，所谓资本主义与社会主义势不两立，各为不能共存的两个极端，诸如此类的争执辩论，看在未来时代眼里，恐怕只是20世纪意识形态冷战的余波吧。在三千年纪元的岁月里，资本主义与社会主义之争，也许正像16、17世纪的天主教和宗教改革者为谁是真基督教的争论一般，到了18、19世纪，却全属无谓的辩论。

较之两极制度的明显崩溃，最大的危机，却在于实行中间路线或混合经济者，同样亦陷茫然。这一类的政策，主导了20世纪中最予人深刻印象的多项经济奇迹。它们以实际手法，配合个别条件及思想意识，结合公有及私有、市场与计划、国家和企业。但是这里的问题，却不在某些高明的知识理论在应用上出了毛病，因为这些政策的长处，不在理论的完整，却在实际运作的成功——问题的症结，就出在连这些实际的成果，如今也已遭到侵蚀。危机20年的出现，证明黄金时代的各项政策也有限制，可是却找不出其他令人信服的方法取代。同时暴露无遗的，则是1945年以来因世界经济革命，而对社会、文化产生的种种冲击，以及为生态带来的潜在毁灭后果。简单地说，这一切都足以证明，人类的集体建制，已经不能再控制人类行动造成的共同后果。事实上新自由主义乌托邦之所以流行一时，在思想上的吸引力之一，即它是以"越过人类集体决定"为宗旨。让每一个个人追求他或她的快乐满足，完全没有限制阻碍，如此不论结果为何，必将进入所

[1] 其实若真有任何关联，恐怕也正好相反。奥地利曾一度拥有最负盛名的经济理论家之一，可是当时其经济状况（1938年前）却绝对没有成功之实。第一次世界大战之后，奥地利经济开始走向成功，却没有一名足以载誉国外的经济学家。至于德国，甚至拒绝在大学里承认国际上认可的知名经济学说，它的经济成就也不曾因此受挫。再论每一期《美国经济评论》(*American Economic Review*)里面，引用过多少名日韩经济学者的理论？不过反观斯堪的纳维亚国家，实行社会民主制度，国内欣欣向荣，自19世纪后期以来，即出过多名享誉国际的经济理论大家。这是反面也可成立的例子。

能达到的最佳后果。换作另外任何一条路——这些人竟然主张——效果都将不及这个最佳手段。

如果说诞生于革命年代及19世纪的思想，到了20世纪末期，发现自己已濒临穷途末路；那么人类最古老的指路明灯，即传统式的宗教，状况也好不到哪里去，同样不能为世人提出可行之路。西方宗教已一塌糊涂，虽然在少数几国——最奇怪的是由美国领军——隶属某教堂并经常举行宗教仪式，依然为一般生活的固定习惯（Kosmin / Lachmann，1993）。总之，新教派的力量急速下降，立于20世纪之初的大小教堂，到世纪之末，却都已人去楼空，于是不是出售，便是改作他用。甚至如英国威尔士一带，这个当初靠新教建立起国家认同的地方，也同样一蹶不振。而从60年代始，如前所见罗马天主教之衰落更是急转直下，甚至在天主教享有反抗极权象征地位的前共产党国家，共产党失败之后，此地的羊群也与他处一般，渐有背离牧者远去的迹象。有些时候，一些宗教观察家们以为在后苏联的东正教地区，抓住了一点回归宗教的蛛丝马迹。可是在世纪末的此刻，这种发展趋势却不大可能，缺乏有力的证据——虽然绝非无稽之谈。各式基督教派的谆谆教诲，不管其佳言美意如何动听，愿意静心聆听的善男信女如今均已减少。

传统宗教力量的衰亡，并不因战斗性强的宗派兴起而有所弥补，至少在发达世界的都市社会中如此。各种新异宗派及聚教众而居的现象流行，世间男女逃脱他们不再能理解的世界之余，纷纷投入各种以无理性为最大追求的怪异信仰；凡此种种，亦不能挽回宗教势力流失于万一。社会上虽然充满了这一类奇宗异派，但是事实上其群众基础却很薄弱。英籍犹太人当中，只有3%—4%属于某支极端保守型宗派或团体。美国成人人口里面，隶属于好战式宣教派者也不到5%（Kosmin / Lachmann，1993，pp.15—16）。[1]

[1]　在此列入者，包括自称为五旬节派（Pentecostal）、基督会（Churches of Christ）、耶和华见证会（Jehovah's Witnesses）、安息日基督复临派（Seventh Day Adventists）、神召会（Assemblies of God）、圣洁教会（Holiness Churches）、"重生派"（Born Again）、"神授派"（Charismatic）等。

至于居于边缘位置的第三世界，情况自然大不相同。不过远东地区的广大人口照例要排除在外，因为他们在孔老夫子的传统教诲之下，几千年来，就已与正式的宗教无缘——虽然其中不乏非正式的民间宗派。除此而外，在其他的第三世界里，宗教传统，一直是其世界观的骨干。此时此刻，随着一般平民也成主角常客，自然令人以为传统宗教在这个舞台上的势力也应越发强大。这种揣测，事实上也正是20世纪最后数十年的动态，因为主张并倡导其国家现代化的少数世俗精英，毕竟只是广大人民群众里的少数（参见第十二章）。政治化宗教的追求，于是越发强大，正因为旧有宗教依其本质，便与西方文化和无神富国为敌。在旧宗教的眼里，后者不但是导致社会紊乱的媒介，而且压榨凌逼穷国日盛。这一类运动在本国境内攻击的目标，便是那些开着奔驰轿车、女子也皆解放的西化富人阶级，这种现象，不啻更添几分阶级斗争意味。这群宗派团体，在西方随之以“极端宗教激进主义者”而闻名（此名其实有误导作用）。名字也许新潮，论其性质本源，却来自一个人为想象的“过去”；在那里，不再缥缈虚无，一切都比较稳定可靠。但是一来时光不能倒转，二来（比如说）古中东牧民社会的意识思想，与今日社会的实际问题根本不能挂钩，因此这类观念，自然无法发生丝毫启迪作用。所谓极端宗教激进主义者的现象，正如维也纳机智大家克劳斯对“心理分析”（Psychoanalysis）所下的注解：“它的本身，正是它所要治疗的对象。”

而那一时之间，仿佛热闹成一片的口号思想杂烩——简直令人难以将它们称为意识形态——也陷在同样委顿不振的局面里。它们生长在旧制度、旧意识的灰烬之上，正像第二次世界大战之后漫漫杂草丛生于炮火之后的欧洲各大城市残垣一般。这便是仇外思想与认同政治的兴起。但是拒绝接受那难以接受的眼前现实，却无助于问题的解决（参见第十四章）。事实上随着21世纪的开始，最能接近这类思想的政治手段，也就是威尔逊—列宁式的主张，认为所谓有相同种族语言文化的民族，应拥有“民族自决权利”，如今却已沦为野蛮悲惨的一幕荒诞剧。90年代初期，许多理性的观察人士，开始将政治因素排除（除了某些主张民族主义的行动分子）——也许是头一回开始公开提出——或许放弃"民族自决权利"正是时候。[1]

理性思考宣告失效，群情却越发激烈，这种情形并不是第一次。于是走投无路之下，在这个危机年代，以及各地国家、制度纷纷崩解之际，便在政治上拥有极大的爆发力量。正如两次世界大战之间那段时期的憎恨情绪曾经造成法西斯思想的猖獗一般；在这个分崩离析的世界里，第三世界发出的宗教性政治抗议，以及迫切寻求认同安全感与社会秩序的饥渴呼声，就为某些政治力量提供了生长的土壤（建立"社区家园"的要求，习惯上恰与建立"法律与秩序"的呼吁相呼应）。这些力量于是进而推翻了旧有政权，建立了新政权。然而，正如法西斯也不曾为大灾难的时代提供解决办法一样，它们也不能为21世纪的世界提出答案。在"短20世纪"的末了，甚至看不出它们能否组织出全国性的群众力量，一如当年在法西斯攫得决定性的国家权力之前，即已将法西斯思想捧上政治强权的那股群众势力。细数其最大资产，恐怕只在它可以不受那与自由主义形影不离的学院派经济学的干扰，以及反政府者的滔滔言论罢了。因此，如果政治的气候决定工业应该收归国有化，就绝不会有乱议国是的相反意见前来阻挠，尤其是在它们根本不懂这些"胡说八道"有何意义之际。其实，大家都不知如何是好，不论由谁去做，也都不见得比别人更清楚该做些什么。

---

[1] 试比较1949年时，一位俄裔流亡反共人士伊林（Ivan Ilyin，1882—1954），曾做以下预言：如果"后布尔什维克"的俄罗斯境内，"按种族和领土进行不可能的严格划分"，后果将不堪设想。"最保守的假定，我们将会有20个单个'国家'，无一国疆界没有争议，无一国政府拥有实权，无法、无律、无军，更无真正可按种族界定的人口，只有20个空洞的挂名而已。而且慢慢地，出现地区分离或原国解体，在接下来的几十年里，新国家将会继续成形，这一个个的新国，又将再度为了人口及领土与邻居发动长期斗争，最终俄罗斯必将陷入永无止境的连年内战。"（Chiesa，1993，pp.34，36—37.）

3

当然，本书作者同样也不知如何是好。不过，某些长期的发展态势极为明确，在此可就其中几项问题略作陈述，至少，也可以找出可能解决的条件。

长期而言，未来两大中心议题将是人口和生态。各地人口自从20世纪中叶以来，即已呈爆炸性的增长，一般认为，将于2030年左右在100亿边缘稳定下来，即1950年人口总数的5倍。主要的缓慢因素，将来自第三世界出生率的降低。如果这些预测爆出冷门，世人对未来所做的一切赌注估计都将出差错。但是即使这个推算大致不离谱吧，届时人类也将面对一个历来不曾面临的全球性大问题，即如何维持世界人口稳定。或者更可能的情况是，如何保持世界人口在一定级数的上下，或以一定趋势稍许增减（至于全球人口剧降的情况，虽然不大可能，却非完全不能想象，不过将会使问题更加复杂）。然而，不管人口是否稳定，各地人口必然继续向外迁移，使得不同区域之间已有的不均衡状态更加恶化。总的来说，未来也将如“短20世纪”时期一般，发达的富国，将是人口首先达到稳定的国家，甚至还会趋于减少，正如20世纪90年代之时，已有数国出现这种现象。

若以萨尔瓦多或摩洛哥的标准而言，那么富国中的男女，人人都称得上是有钱人家。拥有大量青壮劳动力的穷国国民，只能在富有世界中共争那卑微工作。富国则长者日增，孩童日少，势将在以下三者之间做一选择：第一，大量开放门户欢迎移民；第二，于必要时高筑栅栏防范移民（长期而言此举可能不切实际）；第三，另谋他法。最可能的途径，也许是给予暂时性的工作许可及有条件的移民，不授予外来者以公民的社会和政治权利，也等于创造出一个根本上不平等的社会。这种安排，从干脆表明态度的南非、以色列两国的“隔离政策”（这种极端的状况，虽然在某些地区日渐减少，却尚未完全消失），一直到非正式的容忍移民（只要他们不向移入国有所要求），情况不一。

因为这些劳务移民，纯系将此地视为前来工作挣钱之处，基本上仍以本国本乡为立根之地。20 世纪后期交通运输进步，再加上贫富国家之间收入悬殊，这种住家与就业在两地分别并行的现象将更加可行。长此以往（甚至就中期而言），本地居民与外来移民之间的摩擦是否因而更大，未来发展仍未可知，这将在永远的乐观者与幻灭的怀疑者之间，成为争辩不休的题目。

这类分歧，势必于未来数十年之间，在各国政治及国际政治上扮演重要角色，自是毋庸置疑。

至于生态问题，虽然就长期而言具有决定性的力量，却没有立刻的爆炸作用。这个说法，并无小觑生态问题重要性的用意——不过自生态一事于 70 年代进入公共意识和公众议论的领域以来，世人确有以末日立即临头的口吻来讨论的错误倾向。然而，虽说“温室效应”也许不会使公元 2000 年时的海平面升高到足以淹没孟加拉和荷兰全境的程度，而地球上每天，物种不知死多少的状况也不是没有先例可循，但是这并不表示我们就可以高枕无忧。一个像“短 20 世纪”般的经济增长，如果无限期地延续下去（假定有此可能），对地球的自然环境，包括身为其中一部分的人类而言，势必造成无可挽回的灾变。它不会使这个星球毁灭，也不会使其完全不可栖息，但是一定会改变这个生物圈内的生命形态，甚至有可能不适合我们今天所知的人类以任何接近今天人数的状况继续居住。更有甚者，现代科技越发加速了我们这个物种改变环境的能力，因此就算我们假定改变的速度不再加快，剩下能让我们寻找对策的时间，也将只能以数十年而非数百年计了。

生态危机的脚步逼近，究竟有何对策可行？关于这个答案，只有三件事可以肯定。第一，必须是全球性的努力，而非局部性的方案。当然，个别而言，如果全球污染的最大制造者，即那仅占全球人口 4% 的美国人，能够将他们消费的油价提高到合理的程度，也许可以为挽救地球的工作，多争取一点时间。第二，生态政策的目的，必须“彻底”与“合理”双管齐下。而只靠市场性的解决，例如将皮箱的环境成本，加入消费者商品与劳务的价格之内，便是既不彻底也不合理的做法。美国之例可证：甚至稍微增加一点能源税，都足以掀起轩然大波，引发不可克服的政治阻力。1973 年以来的油价记录也可佐证，在一个自由市场经济的社会里，6 年之间，能源成本暴增 12 至 16 倍，也不足以减少能源的使用，却只能使它的使用更有效率而已。同时反更鼓励其他一些在环保上效果可疑的新能源——例如化石燃料（fossil fuel）的投资。这些发展，势将再度造成油价的下降，并鼓励更多浪费。而在另一方面，种种诸如零增长世界的拟议——更别谈返璞归真，人类与自然共生的诸般幻想——也都根本不切实际。在目前这种状况下，所谓的零增长，势必冻结各国之间已有的不平等现象。瑞士一般居民自然可以忍受，印度的普通老百姓却不能同意。难怪支持生态论调的主要来源，大多是富有国家以及所有国家中那生活优裕的有钱人及中产阶级（那些靠污染赚钱的生意人除外）。而贫穷国家人口猛增，普遍失业，自然要更多更大地“开发”了。

但是不论富有与否，支持生态政策绝对正确。就中期而言，发展增长的速率应该限制在“足以存活”的层次——不过这个名词已经好用到无甚意义了——而从长期着眼，在人类与其消耗的（可更新的）资源，及其活动对环境产生的效果三者之间，必须找到一个平衡的立足点。但是没有人知道，也没有人敢推测，到底该如何达到这个目的，以及在何等的人口、科技与消费层次上，才能达到这一平衡。科学的专门知识，自然可以为我们打造出避免那不可挽回的危机的钥匙，可是此中平衡的建立，却不属科学与技术范畴，而是政治与社会议题。然而有一事绝对无可否认，一个建立在以无限牟利为目的，并以彼此竞争于全球性自由市场为手段的经济事业之上的世界经济，势必与经济增长和生态平衡的理念不协调。从环保的角度而言，如果人类还想要有未来，危机 20 年的资本主义就将没有前途。

4

其实单独而言，世界经济的问题并不严重。若放手任其为之，世界经济必然继续增长。如果康德拉季耶夫长周期理论出现任何波动，也必定是因为世界再度于千年之末以前，进入了一个繁荣扩张的时期。虽然这份繁荣，短期内将因苏联社会主义的解体余震、世界部分地区陷入无政府的战乱现象，以及世人过度投入全球自由贸易的无限热情（对于此份幻想，经济学家似乎比历史学家要更不切实际）而暂时受挫。不过，经济扩张的前景极其无限。我们在前面已经看见，黄金时代，基本上是“发达市场经济”的大跃进，这个经济区域也就大约有6亿人口居住的20个国家（1960年）。全球国际化与国际生产的重新分配，将继续促使世界60亿人口中的其余大多数迈进全球经济的领域。此情此景，相信连最悲观的人士也得承认，企业的前途极为光明。

但是其中却有一大例外，即在贫富国家之间，差异的鸿沟不但日渐加深，而且无可反转。这种贫富差异深化的现象，因80年代给第三世界的重大打击，以及前社会主义国家步入贫穷而愈发加速。而第三世界的人口增长始终不会大幅滑落，这道差距看来好像只会有增无减。根据新古典经济学派的理论，无限制的国际贸易，将使贫国与富国的距离逐渐接近；这种想法，不但与历史事实正好相反，也不合一般常识。[1]一个建立在不平等更加深化的世界经济体系，未来头痛的问题只有日重一日。

经济的活动，绝不能自外于它的大环境及它造成的后果而独立存在。我们在前面已经看见，20世纪后期的世界经济，共有三大层面值得世人提高警惕。其一，科技不断进步，更使人类劳动力脱离商品和劳动的生产过程，却不会为这些被遗弃的劳动力，提供足够或类似的工作替代；也无法保证一定的经济增长，足以吸收这些余下的人工。

[1] 一般最常提起的成功实例，是以出口为导向的第三世界国家与地区，例如中国香港地区、新加坡、中国台湾地区、韩国，其人口还不及第三世界总数的2%。

黄金时代曾出现于西方的全面就业，如今甚至连短时间的恢复也无人敢预期。其二，人力虽然依旧是一大生产主力，经济的全球化却使工业中心开始转移，由劳动力成本昂贵的富国，移向在其他条件相同之下，却拥有廉价劳动力为其最大优点的国家。于是便造成以下各种后果：工作由高工资地区转向低工资地区；同时高工资地区的工资（基于自由市场运作的原则），也在全球工资市场的竞争压力之下下降，旧有的工业国，例如英国只好也跟上廉价劳动力的路子，却在社会上带来爆炸性的后果，以致无法在这个基础上与新兴工业国家竞争。历史上诸如这一类的压力，通常是由国家采取行动抗衡，例如举起保护主义大旗。然而，这正是 20 世纪末世界经济的第三项隐忧，即由于世界经济的繁荣胜利，以及自由市场意识的高举，使得因经济变动而产生的种种社会冲击，不再有有效的工具予以处理，至少，也减弱了处理的力量。世界经济，便成为一台力量日渐强大却无法控制的发动机。这台发动机究竟能否控制？即或能够，又由谁来控制？这个现象，自然同时带来了社会与经济的问题。在某些国家里（例如英国），其直接严重的程度，显然更甚于另外一些国家（例如韩国）。

黄金时代的经济奇迹，是以“发达市场经济”实际收入的增高为基础，因为大量消费的经济，需要大批拥有足够收入的消费者，消化高科技的耐用消费品。[1] 在高工资的劳动力市场里，这类收入多属劳动性的工资所得，而如今这笔收入面临威胁，经济对大量消费的依赖却更甚往昔。诚然，在富有国家的消费市场上，其劳动力已因由工业移向第三产业而趋稳定——第三产业的就业情况，一般而言也较少变化——而移转性收入的大幅增加（多数是社会安全暨福利收入），对消费市场的稳定也不无贡献。以上收入，约占 80 年代后期西方发达国家国民生产总值的三成；回到 20 年代，却仅不到 4%（Bairoch，1993，

[1] 其实除美国以外的所有发达国家，其出口总额中，于 1990 年输往第三世界的比例竟低于 1938 年。包括美国在内的西方各国，其 1990 年的输出总额只有不到五分之一销往第三世界地区（Bairoch，1993，Table 6. 1，p.75）。这种情况，一般人都不清楚。

p.174）。此中变化，也许可以解释当1987年华尔街股市大幅滑落时，虽是自1929年以来的最大一次，却不像30年代的那样，造成了世界资本主义的大萧条。

然而，就连上述这两项提供安定作用的收入形式，如今也正面临破坏之中。随着“短20世纪”步入尾声，西方政府及“正统”经济学派开始一致同意，公共社会安全与福利的负担太重，必须予以削减。同时，在第三产业中向来最为稳定的几项行业里面，大规模的人事裁减也成家常便饭，例如国家机关、金融业，以及就科技而言重复多余的大量办公室型工作等等。不过对于全球性经济而言，一时将不致造成直接威胁，只要旧市场的相应萎缩，可以由世界其余地区的扩张相应弥补即可。或者说，从全球观点而言，只要实际收入增加者的人数，其增长率始终超过其余人口即可。用更残酷的口吻说明，如果全球经济可以无视一小群贫穷国家，径将其列为无关大局的经济末节，那么，它自然也可置本国境内的穷人于不顾，只要那些值得看重的消费者人数够大够多即可。从企业经济观及公司会计学的高台鸟瞰下顾，谁需要那占美国人口10%，从1979年以来实际时薪直线下降几乎达16%的一群？

从经济自由主义隐含的全球角度再度观之，不平等的增长现象根本无关紧要——除非可以在全球的层面之上，显示出负面多于正面的总体效果。[1]从这个角度观察，只要成本比较的结果许可，就经济而言，法国便没有理由不全面停止农业生产，而改向国外全面进口粮食。同样的，只要科技及成本效益可行，也没有理由不把全世界的电视生产，一律搬到墨西哥城。但是这种观点，自然不能被此身同在“国家”经济及“全球”经济范畴之下生存的世人（即所有国家的政府及其境内居民）全盘接受。其中最大的原因，自是我们无法规避世界性变乱造成的社会政治后果。

[1]　事实上原来经常如此。

不论这一类问题性质为何，一个毫无限制，且无法控制的全球自由市场经济，显然不能提供答案；更有甚者，它极可能使得永久性失业和增长低落的现象更加恶化。因为一切以理性处事，专事追求利润的公司企业，选择途径无他，自然是：第一，尽可能裁减人员，要知道人事费用可比电脑昂贵多了；第二，尽可能削减社会安全税负（或其他任何税负）。全球性的自由市场经济，同样也不可能解决以上问题。其实直到70年代以前，不论是国家或世界资本主义，从未在完全自由开放的情况下运作一天，即使有过，也不见得曾经从中获益。以19世纪为例，就可以举出一点质疑：当时真正的状况，"恰好与古典模式相反：自由贸易，与不景气及保护主义同时发生，或者说，前者可能正是造成后两项发生的主要因素。而最后一项，恐怕也正是今日多数发达国家之所以能有今日发展程度的主因"（Bairoch，1993，p.164）。至于20世纪的经济奇迹，更非遵循"自由放任"，根本是反其道而行之。

因此，主导了80年代，并在苏联体系倒闭后志得意满的经济自由化及"市场化"高调，事实上不能持久。90年代初期，世界经济爆发危机，加以所谓"休克疗法"在前社会主义国家的一败涂地，已经令许多此前的兴奋相随者进行反思——1993年的经济专家顾问竟宣称"也许马克思毕竟没错"。这种话在以前谁能料到？然而，回归现实的道路上，却又遭遇两大阻碍。其一是缺乏重大的政治威胁，例如社会主义及苏联集团，或像纳粹之攫取德国政权在当时造成的重大危机。这一类的威胁，本书已经一再显示，都是促使资本主义进行自身改革的重大因素。然而，如今苏联已然解体，工人阶级及工人运动也日趋没落解体，第三世界在传统战争中的军事意义很小，以及发达国家的真正穷人，已经贬落而成少数的"下层阶级"身份——凡此种种，都降低了主动改革的刺激。而极右派运动气焰高涨，前共产党国家对旧政权传人的支持意外地复活，也不啻世界的一大警讯。到90年代，此中的警告意味更浓。其二是全球化的过程本身，在国家保护机制的解体之下更加强化。全球化的自由经济体系，被得意地赞扬为“财富的制造场……被举世视为效果最宏大的人类发明”。可是论到这项伟大发明的社会成本，其中的牺牲者却不复有往日的国家手段来保护了。

但是《金融时报》(*Financial Times*)的这同一篇社论，却也同时表示（1993年12月24日）：

> 然而，这股力却有其不完美处……在快速的经济增长之下，全球三分之二左右人口从中所得的益处却很低微。甚至在发达的经济地区里，收入最低的四分之一人口，也不见利益涓滴下流，反见财富不断向豪富回流。

随着21世纪的脚步日近，眼前的第一任务更为明显。我们没有时间再对着苏联的残骸幸灾乐祸了。世人应该重新考虑：资本主义内在的缺陷究竟是什么？对症下药，应当从哪里下手？而缺陷若消除，资本主义体系是否仍将恢复本来面目？正如美籍捷克裔经济学家熊彼特(Joseph Schumpeter)曾经指出，资本主义的循环波动现象，“不似扁桃体，可以单独分离个别处理。相反地，却如心跳，正是表现心跳征候的机体的本质所在”（Schumpeter，1939，I，V）。

5

苏联体系瓦解了，西方评论家的直接反应，便是此事证实了资本主义及自由民主政治的永久胜利。但是在资本主义与自由民主政治之间，两项观念的不同却常为北美某些浅薄的政治观察家所混淆。诚然，在“短20世纪”的末期，资本主义的体质固非处于最佳状态，但是苏式的共产主义，毫无疑问已回生乏术。但是在另一方面，自由民主政治的展望，却不能与资本主义相提并论，凡是处于90年代初期的严肃观察人士，都不会对它抱同样的乐观态度。最大的指望，也只能稍带信心地预测：就实际而言，世界各国（也许那些受神明启示，坚持宗教激进主义路线的国家得除去不计）都将继续表示全力拥护民主、举办某种形式的选举，并对那些有时纯属理论性的反对意见予以容忍。与此同时，则大力粉饰门面，将它们各自的装饰加在自由民主的意义之上。[1]

当前政治局势的最大征候，其实正是各国政局的不稳定。在绝大多数国家内，现有政权能否安度未来的10年或15年，依最乐观的估计，情况都不大可靠。甚至连相形之下，政府制度及政权转移较为稳定的国家，例如加拿大、比利时或西班牙，未来10年或15年内，它们能否依然保持其单一国家地位，也是一大问号。其未来继起政权的性质形式——若有任何继起政权——也因此不能肯定。简单地说，政治这门学问，“未来学”难有用武之地。

不过全球政治景观之上，却有几个特征极为突出。其一，正如前面已经指出，是民族式主权国家的衰落。民族国家，乃是理性时代以来主要的政治建制。它的成立，一方面通过国家对公共权力及法律的垄断，一方面则因为就多数目的而言，它也是政治行动有效的行使场地。民族国家地位的降低，来自上下两项因素。就第一方面而言，它的权力功能，正快速地让与各种超国家级的组织机构。另一方面，也由于大型国家及帝国的纷纷瓦解，小国林立，在国际无主的乱阵中缺乏自卫能力之故。而在国境之内，各国也逐渐失去对国事的传统独霸权力，私人保安和快递服务的兴起，恰好证明原本普遍由国家部门负责的事务，正大权旁落至民间手中。

不过这些发展，并未使国家成为多余或无效的一项存在。事实上就某些方面而言，在科技的相助之下，国家对个人的监督控制能力反而加强。因为所有财务、行政事项、大小银钱出入（除了小笔现金交

[1] 因此，某位新加坡外交官宣称，发展中国家或许可因“延后”实施政治的民主而受惠。等到政治民主终于到来时，这些国家又表示，也不会如西方式民主那么放任随便。它们的民主，应该较具有几分权威色彩，强调共同福祉而非个人权利，通常是一党独裁，并几乎一律拥有中央式的官僚体制及“大而有为的强力政府”。

易之外），可能都有电脑忠实记录；而一切通讯对话（除了在户外当面交谈），也可以予以截听记录。但是尽管如此，国家的形势已经变了。本来自从18世纪以来，一直到20世纪的下半叶为止，民族国家的管辖范围、势力、功能，莫不持续扩增。这是“现代化”不可避免的主要特征。不论个别政府的性质为何——自由、保守、社会民主、法西斯，或共产党——在现代化大势达到高峰之际，“现代”国民的生活种种，几乎都由本国政府的“所为”或“所不为”全面操纵（除了在两国冲突时，局势就非本国政府单方面所能控制了）。甚至连全球性力量造成的冲击，例如世界经济的兴衰大势，也通过政府决策与建制的过滤方才及于民众。[1]然而到20世纪末，民族国家却开始被迫改取守势，去面对一个它不再能控制的世界经济；面对它自己一手创立、以解救本身国际性不强的超国家机构，如欧盟组织；面对财政上日渐明显的无能为力，再不能给予其公民短短几十年前还能信心十足提供的各项服务；更有甚者，面对它再也无法依据它自己的标准，去维护公共法律及社会秩序，而这些正是它之所以存在的主要功能。当年在国家权力蒸蒸日上的年代，它将如此众多的功能大包大揽，集于一身，并为自己设下如此雄伟的目标，维持绝对的公共秩序与控制。昔日何等风光，与今天的落魄衰颓两相对照，越发使其无能为力的痛苦加重。

然而，世人如要向市场经济造成的社会不平等及环境问题挑战，国家及政府——或其他某种代表公共利益的权力形式——就越发不可缺少。或者像40年代的资本主义改革所示，如果经济体系打算继续勉强地运行下去，国家的存在更不可少。若无政府机制在上，对国民所得进行配置及再分配，（比如说）旧有发达国家内的人民将落于何种下场？它们的经济，全系于一个所得者日益稀少的基础之上。紧夹在这群有限所得者的两边，一边是人数日众、不再为高科技经济需要的劳动人口；一边是

[1]　因此贝罗赫（Bairoch）表示，瑞士的国民生产总值之所以于30年代低落，瑞典却反而增高——虽然大萧条对瑞士的冲击其实较不严重——其中原因，“主要是由于瑞典政府采取了广泛的社会与经济措施；而瑞士联邦当局，却无为而治，缺乏从中干预的手段”。

人数也同样膨胀却不再有工作收入的老年公民。当然，若说欧盟组织的民众，在其每人收入总值平均于1970—1990年之间跃升了80%的条件下，却于1990年时，“供不起”在其1970年视为当然的收入及福利水准，此话自是虚妄（World Tables，1991，pp.8—9）。但是这种局面，若无国家居间，绝无可能存在。假定——并非全无可能——目前的趋势继续下去，到达只有四分之一的人口工作有得，其余四分之三则全无收入的状况，如此这般20年后，经济发展也足以产出双倍于以往的国民收入总值。在这种情况下，除了公共权力外，谁会且谁能保证，全民皆有保障，至少可以有最低限度的收入及福利？谁能够抗拒那在危机20年中，如此显著，急趋于一方的不平等大势？根据70年代和80年代的经验判断，施援来救者绝非自由市场。如果那些年的教训带给世人任何证据，那就是世间最大的政治课题——自然包括发达的世界在内——不在如何扩增国家财富，却在如何分配财富，以利人民福祉。分配的课题，对急需更多经济增长的“发展中”国家更为重要。巴西，就是忽略社会问题后果的最大例证。1939年，巴西的平均国民收入几乎为斯里兰卡的两倍半；80年代结束时，更高达6倍有余。可是斯里兰卡的居民，在主食补助及免费的教育医疗下（直到1979年末期），其新生儿的平均预期寿命，却比巴西高出数年；它的婴儿死亡率，于1969年也仅有巴西半数，1989年更减为巴西三分之一（World Tables，pp.144—147，52—127）。若比较两国的文盲人数，1989年时，巴西更几乎达亚洲这个岛国的两倍。

社会财富的分配，而非增长，势将主导着21世纪的政治舞台。非市场性的资源配置——或至少对市场性配置予以毫不留情的限制——是防止未来生态危机的主要途径。不管采取哪一种手段，人类在21世纪的命运前途，全在公共权力的重新恢复。

6

于是我们便面临着一个双重难题。决策权力单位的性质、范畴——无论是国际级、超国家级、国家级或国家以下级的权限，单独运作或联合——其中分别究竟为何？与其决策所关系的民众之间，又将属何种关系？

第一个问题，就某种角度而言，是一种技术性的问题。因为公共权力的机构早已各就各位，而且它们之间的关系模式，在原则上也早已存在。不断扩张之中的欧盟组织，即为这方面的议题提供了许多材料，虽然就国际级、超国家级、国家级，以及国家以下级单位组织之间彼此的实际分工而论，任何特定的建议、方案，必然为某人某国所憎恨抵制。现有的国际社会的权力机构，其功能显然太过专门，即使它们试图扩展权限，对上门借钱的国家强制其政治或生态主张。可是欧盟这个组织，恐怕将维持其只此一家，别无分号的独特地位，因为它是欧洲历史情境之下的特殊产物，除非在苏联的残垣断壁之中，会重新组成某种类似的整合组织。除此之外，一般超国家级决策的进展速度固然会增加，其速度却不可预测，不过我们可以一窥其可能的运作状况。事实上，它早已经在运转之中，通过大规模国际贷款机构的全球银行经理人，代表着最富国家资源的寡头集合，刚巧也包括了世上最强盛的国家。随着贫富之间的差距日增，行使这一类国际权势的范围也似乎更为扩大。头痛的问题却出在这里：自70年代以来，拥有美国政治后台支持的世界银行和国际货币基金组织这两家国际机构，开始有系统地钟情于符合自由市场“正统”学说、私有企业，以及全球自由贸易的经济政策。不但正合20世纪后期美国的经济口味，而且也颇有19世纪英国的经济风格，可是却不见得切合世界的真正需要。如果全球性的决策欲发挥其潜在功能，这一类偏颇政策势必非有所改变不可。然而短期之内，却不见有这种可能。

第二个问题，却与技术性的处理无关。此中问题所在，是出于值此世纪之末世界所面临的两难之局。今日的世界，一方面致力于某种特殊品牌的政治民主，同时却又碰上与总统及多党选举无关的根本政策难题——即使这类选举不曾使问题更加复杂。已往的20世纪，是一个凡“夫”俗“子”的世纪——至少在女性主义兴起之前是如此——因此概括地说，这个难题根本便是身在其中者的两难之局。这是一个政府可以——有人会说，一定得——为“民有”、“民享”的时代，可是却又是一个在实际上，完全无法交由“民治”的年代，甚至不能由那些通过竞选选出的代议会来治理。这种矛盾其实由来已久。自从全民投票政治逐渐成为常态，不仅仅为美国一国特有以来，民主政治的难处（本书在前面已经有所讨论）即已成为政治学者及讽刺家熟悉的题目。

然而民主的困境，现今却变得更加尖锐，一方面是由于民意调查的时时刻刻监视，以及无所不在的媒体时时刻刻煽风点火，舆论变成上天入地无可逃遁之事。另一方面，则由于公家当局需要做出更多的决定，却非区区民意舆论可以为其指点方向。经常的情况是，当局可能得做出为大多数选民所不喜欢的决定，而各个选民，则出于私人原因予以反对，虽然在总体上，也许这些决定有益全体。因此到了世纪之末，某些民主国家的政治人物便得出一个结论：任何主张加税的提议，无异是在选票上的自杀。选举，于是成为参选人竞相对财政漫天扯谎的舞台。与此同时，选民与国会——包括绝大多数投票人及当选人在内——却得时时面对外行人根本不具资格发表意见的决定，比如说，核能发电的何去何从。

不过甚至在民主国家里，也有过民众与政府的目标一致，政府享有合法地位并拥有人民信任的时刻，双方和衷共济，有强烈的祸福与共的感觉：如第二次世界大战期间的英国军民。除此之外，也有过其他时候，由于状况特殊，使政坛大敌之间产生基本共识，让政府放手而为，追求众人皆无基本歧义的政策，例如黄金年代的西方国家。而政府也常常需要依赖专家意见，这类意见是外行的行政当局不可或缺的。当这些科技顾问开口时，只要口径一致——或至少同多于异——政策上的争议往往得以减少。只有在专家学者意见分歧时，外行的决策者才陷入黑暗，仿佛陪审团碰上检辩双方分别招来心理专家作证一般，双方莫衷一是，只有胡乱摸索。

但是我们业已看见，危机的20年，破坏了政治事务的共识，以及一向以来为知识界共知共识的真理，尤其在那些与政策制定相关的学科里，更是如此。至于全民携手，军民一体，站在政府背后共赴国难的情景（或反过来政策与人民强烈认同），到了90年代也变得极为少有。诚然，世界上的确仍有许多国家的人民，认为一个有力、活跃、负有社会责任、配得某种自由行动程度的政府乃势不可缺，因为它的任务是追求全民幸福。不幸的是，在20世纪末，真正符合这种理想的政府却很少见。即或有，却大多出在以美国式个人至上为立国典型的国家，并不时为诉讼纠纷及政党利益所污染。更多国家的政府，则软弱或腐败到人民根本不期待它能为公共福祉有所建树的地步。这一类国家往往在第三世界屡见不鲜，不过正如80年代的意大利，在第一世界也非闻所未闻。

因此，所有的决策者中，最不受民主政治头痛问题干扰的便是以下各项了：私营大企业、超国家级组织——非民主政权自然也包括在内。在民主政治的体制里，决策过程很难不受政客插手，唯一的例外，只有在某些国家里，中央银行的行动总算可以逃其掌握（一般可真希望这种例子也能在他处如法炮制）。不过越来越普遍的状况，却是政府先斩后奏，尽量绕过选民或议会；或者造成既成事实，让选民去头痛是否推翻定局的难题。因为民意难测，且又分歧不一，更常有迟钝惰性，因此或者就此轻骑过关也未可知。于是政治更加成为规避逃遁的手法，因为政治人物岂敢说出逆选民之耳的建议。更何况冷战结束，政府再不能轻易以“国家安全”为借口从事秘密行动，因此这种规避隐晦的策略，可能将会愈发流行。甚至在民主国家，越来越多的决策体也将脱离选票掌握，唯一留下的间接联系，只有任命这些单位的政策本身，当初总算是由选民决定。政府权力的中央化和集中化，如 80 年代及 90 年代初期英国的所为，更有增加这类不需听从选民意志行事的特别任命单位的趋势——俗称“类非政府机构”（Quasinon Government Organization，Quango）；甚至连权限分立不曾有效确立的国家，也发现这种悄然铲除民主的伎俩甚为方便好用。至于像美国之类的国家，此举更不可缺。因为在体制内行政立法司法分立之下，若循正常途径——除了幕后协商之外——有时根本不可能做出任何决议。

到 20 世纪末，甚多选民已经放弃政治，干脆让“政治阶级”（Political Class）去为国事操心——“政治阶级”一词，似乎源于意大利。这些政治阶级，彼此互相研读对方的演讲词、评论，是一群特殊利益的职业政治家、新闻从业者、政治说客，以及其他种种在社会信任度调查中敬陪末座的职业人。因为对多数人而言，政治过程与其根本毫不相干，最多只对个人生活有些影响而已。而且与此同时，生活的富裕、生活空间及娱乐形式的私人化，再加上消费者的自我本位，已经占满了一般人日常的生活内容，于是使政治变得更加不重要与无趣。而另外有一些选民，发现从选举中一无所得，也断然决定弃政治而去。1960—1988 年间，前往美国总统大选投下一票的蓝领工人比率，跌落了三分之一（Leighly Naylor，1992，p.731）。此外，由于组织性群众政党的衰落——不论是阶级或意识形态取向——将平常百姓转为热情政治公民的动力也从此告终。对于多数百姓而言，如今甚至连那种与国家认同的集体意识，也已改头换面，得借由全民性的运动、球队，或种种非政治性的象征来号召，其所能赢取的向心力远比国家机制为大。

也许有人曾想，如此一来，民众的政治热情既失，当局应该无虞掣肘，大可放手制定政策才是。事实上，效果刚好相反。剩下来继续热心鼓吹的人士——有时也许是出于公共福祉，更多时候却是为了个别群体利益——对政治的掣肘程度，不下于一般性目的的政治党派，有时甚至可能更甚。因为压力团体与一般性政党不同，它们可以个别集中火力，专注在特定的单一目标之上。更有甚者，由于政府有系统地采取回避选举过程的手段，更加扩大了大众媒体的政治功能。媒体深入每一家庭，在公共事物与一般男女老少之间，提供了到目前为止最为有力的传播工具。媒体无孔不入的能力，对当政者希望保持沉默的话题挖掘报道不遗余力，同时也给予一般大众发表其感想、发泄其感情，一吐在正式民主渠道设计中不能畅所欲言的心声的机会。媒体，因此成为公共事务舞台上的主要角色，政客利用它，也顾忌它。科技的进步，更使得媒体的威力难于控制，甚至在高度独裁的国家里也是如此。而国家权力的没落，更使得非独裁国家对媒体力量难以垄断。随着20世纪的结束，媒体在政治过程中的地位，显然比政党及选举系统更为重要，并极有可能如此持续下去——除非政治之路突然转弯，远离民主而去。然而媒体对抗政府秘密政治的效果固然很大，却绝非实现民主政体本义的手段。

媒体、全民选出的代议机构，甚至连“人民”本身，都无法以“治理”一词的实际意义进行“治理”。而在另一方面，拥有“治权”的政府，或任何从事公共决策的类似形式体，却也不再能反民意或无视民意而行之，一如人民也无法反政府或无政府而生存。不管好或坏，20世纪的凡夫俗子，势将以集体势力的角色留名青史。除去神权式的政治之外，每一个政权，如今都得从人民那里取得权力来源，甚至连那些大规模凌虐残杀本国百姓的国家也不例外。一度流行的“极权主义”称谓，即意味着民粹主义的观念。因为如果“人民”的想法无关紧要，即他们对那些假其名统治他们者做何感想不重要，又何必麻烦“人民”去思索其统治者认为恰当的看法呢？对老天、对传统、对上级，甘心服从，社会上阶级分明，政府从中获取百姓一致遵从的时代，已经渐成过去式了。甚至连伊斯兰的“激进主义”政权，目前最兴旺的神权政治，也不是以安拉的旨意行之，而是在普通百姓大量动员，向不受欢迎的政府进行抗争之下方才获得。不论“人民”是否有权选出自己的政府，“人民”力量对公众事务的干涉能力——不论主动或被动——都扮演着决定性的角色。

事实上，正因为遍数20世纪史，无比凶残的暴政层出不穷，欲以少数势力强加多数的事例也历历俱在——如南非的种族隔离政策——

更证明权威压迫力量的有限。甚至连最无情、最残忍的统治者，也警觉到徒有无限大权，并不能取代政治资产及权力技巧，即公众对政权当局的合法认同意识，相当程度的主动支持，以及统治者的决策治理能力。此外，人民需有服从意愿——尤其于危急时刻——这种意愿一旦消失（例如1989年间的东欧），政权便只有下台一条路，虽然它们仍然拥有政府中文武官员及特工单位的拥护。简单地说，正与表面的现象相反，20世纪的历史告诉我们，一个独裁者尽可以在有违“全体”民众的情况下掌权“一段”时间，或在违反“部分”民众之下“永久”掌权，却不能“永久”地违反“所有”民众。诚然，对处在长期被压迫状态下的少数弱者，或那些遭受了一代以上普遍苦难的可怜人而言，这种真相并不能带来任何安慰。

这一切，不但不能答复早先提出的问题，即在决策者与人民百姓之间，关系究竟为何，相反地，反而越发增加寻找答案的难度。有关当局的政策，必须考虑人民的爱憎（或至少多数公民的意愿）——即使它们的目的，事实上并不在反映民意。与此同时，它们却也不能单凭民意便制定方针。更有甚者，那些不受欢迎的政策，若在一般大众身上实行起来，比强加于“有力群体”更要难上三分。命令少数几家巨型汽车公司遵守硬性规定的尾气排放标准，可比说服数百万驾驶人减少其耗油量容易多了。欧洲每一个政府也都发现，将欧盟未来的前途交予选民之手，效果必然不佳，至少难于推测。每一位观察世局的有心人也都知道，步入21世纪的初期，许多势在必行的决策都必将不受欢迎。也许只有另一个繁荣进步时代的来临——如20世纪的黄金时代——才能减少这种箭在弦上的压力，软化人民大众的心情。可是不论是回归20世纪60年代的繁华，或危机20年社会文化紧张状态的放松，依目前看都不大可能。

如果全民投票权依然是普遍的政治原则——看来应该如此——世人似乎便只有两项选择。一是凡在现有决策过程尚未离开政治轨道的地方，迟早都会避开选举，绕道而行——或者说，摆脱那因选举而不断进行的对政府的监督。有赖选举产生的机构，行动也会越来越隐晦，躲躲藏藏，如同乌贼一般，在浓浊黑暗的瘴气之后，混淆一般选民大众的视听。而另外一项选择，即是重新建立共识，容许当局拥有适量的行动自由，至少在众多公民不致感到不适的范围之内行事。其实这种政治模式，自18世纪中期拿破仑三世以来，已有先例可循；经由民主选举，为人民选出一位救主，或为国家选出一个救国政权——即"国民投票表决式民主"（plebiscitary democracy）。这种政权，不一定通过宪法执政，可是若在旗鼓相当的候选人竞选之下，经过诚实合理的选举确认，并容许某些反对声音的存在，确可以合乎世纪末民主合法政权的标准。不过这种方式，却对自由主义式国会政治的前景无所助益。

7

作者一路写来，并不能为人类提供答案。世人能否解决、如何解决世纪末面临的问题，此处并没有答案。本书或许可以帮助我们认识我们面临的问题是什么，解决的条件在哪里；却不能指出这些条件已经具备多少，或有几分正在酝酿之中。本书提出的讨论，也可以让我们明白我们所知何其有限，以及20世纪担负决策重任诸人的认知何等贫乏（已往种种，尤其是20世纪下半期发生的各种事情，他们事先几乎毫无所知，更别说有所预测）。更进一步，也证实了许多人早已疑心的事实：所谓历史——在其他许多更重要的事情以外——乃是人类罪行与愚行的记录。我们只能记录，却不能预测。预言，一点用处也没有。

因此，本书若以预测结束，自是愚不可及。发生于"短20世纪"的巨大变动，已经使得世事难以辨认；而目前正在发生的种种变化，更将使其难以理清。妄做揣测，岂非痴人说梦！依照眼前的形势看来，似乎比80年代更令人感到前途黯淡。此时作者以下面的一段话，结束对"短20世纪"历史三部曲的长卷论述：

> 21 世纪的世界，将是一个比较美好的世界；此中证据确凿，不容忽视。如果世人能够避免毁灭自己的愚蠢行动（即以核战争自杀），这一可能实现的百分比必将很高。

然而作者现在虽然年事已高，不再能期待在其仅余的有生之年，还可亲眼见到重大的好转马上发生，却也不能否认假以时日，给世界以 25 年或半个世纪，事情也许会有转机的可能。无论如何，眼前这后冷战时期的分崩离析，很可能只是暂时性的阶段——虽然在世人眼里，比起在两度世界“热”战之后出现的崩溃破坏，这段时间似乎已经拖得更长了。然而不论希望或恐惧，都不属于预言的范畴。我们知道，虽然人类对细部的结果茫然无知、惶惑不确，但是在这不透明的云层背后，那股形成 20 世纪的历史力量，仍将继续发展。资本主义的发展，带来了巨大的经济科技变迁，这个过程，已成为过去两三百年人间的主调。我们所生活的动荡世界，被它连根拔起，被它完全改变。但是我们深深知道，至少有理由假定，这种现象不可能无限期永久继续下去；未来，不是过去的无限延续。而且种种内外迹象已经显示，眼前我们已经抵达一个历史性危机的关键时刻。科技经济产生的力量，如今已经巨大到足以毁灭环境，也就是人类生存所依的物质世界基础。我们薪传自人类过去的遗产，已遭融蚀；社会的结构本身，甚至包括资本主义经济的部分社会基石，正因此处在重大的毁灭转折点上。我们的世界，既有从外炸裂的危险，也有从内引爆的可能。它非得改变不可。

我们不知道自己正往何处去。我们只知道，历史已经将世界带到这个关口，以及我们所以走上这个关口的原因——如果读者同意本书的论点。然而，有件事情相当简单。人类若想要有一个看得清楚的未来，绝不会是靠着过去或现在的延续达到。如果我们打算在这个旧基败垣上建立新的千年，注定将失败。失败的代价，即人类社会若不大加改变，将会是一片黑暗。

参考文献

Abrams, 1945: Mark Abrams, *The Condition of the British People, 1911—1945* (London, 1945)

Acheson, 1970: Dean Acheson, *Present at the Creation: My Years in the State Department* (New York, 1970)

Afanassiev, 1991: Juri Afanassiev, in M. Paquet ed. *Le court vingtième siècle, preface* d'Alexandre Adler (La Tour d'Aigues, 1991)

Agosti/Borgese, 1992: Paola Agosti, Giovanna Borgese, *Mi pare un secolo: Ritratti e parole di centosei protagonisti del Novecento* (Turin, 1992)

Albers/Goldschmidt/Oehlke, 1971: *Klassenkämpft in Westeuropa* (Hamburg, 1971)

Alexeev, 1990: M. Alexeev, book review in *Journal of Comparative Economics* vol. l4, pp. 171—73 (1990)

Alien, 1968: D. Elliston Alien, *British Tastes: An enquiry into the likes and dislikes of the regional consumer* (London, 1968)

Amnesty, 1975: Amnesty International, *Report on Torture* (New York, 1975)

Andrić, 1990: Ivo Andrić, *Conversation with Goya: Bridges, Signs* (London, 1990)

Andrew, 1985: Christopher Andrew, *Secret Service: The Making of the British Intelligence Community* (London, 1985)

Andrew/Gordievsky, 1991: Christopher Andrew and Oleg Gordievsky, *KGB: The Inside Story of its Foreign Operations from Lenin to Gorbachev* (London, 1991)

Anuario, 1989: *Comisión Economica para America Latina y el Caribe, Anuario Estadistico de America Latina y el Caribe: Edición 1989* (Santiago de Chile, 1990)

Arlacchi, 1983: Pino Arlacchi, *Mafia Business* (London, 1983)

Armstrong, Glyn, Harrison: Philip Armstrong, Andrew Glyn, John Harrison, *Capitalism Since 1945* (Oxford, 199/ edn)

Arndt, 1944: H.W. Arndt, *The Economic Lessons of the 1930s* (London, 1944)

Asbeck, 1939: Baron F.M. van Asbeck, *The Netherlands lndies' Foreign Relations* (Amsterdam, 1939)

Atlas, 1992: A. Fréron, R.Hérin, J. July eds, *Atlas de la France Universitaire* (Paris, 1992)

Auden: W.H. Auden, *Spain* (London, 1937)

Babel, 1923: lsaac Babel, *Konarmiya* (Moscow, 1923); *Red Cavalry* (London, 1929)

Bairoch, 1985: Paul Bairoch, *De Jéricho à Mexico: villes et économie dans l'histoire* (Paris, 1985)

Bairoch, 1988: Paul Bairoch, *Two major shifts in Western European Labour Force: the Decline of the Manufacturing Industries and of the Working Class* (mimeo) (Geneva, 1988)

Bairoch, 1993: Paul Bairoch, *Economics and World History: Myths and Paradoxes* (Hemel Hempstead, 1993)

Ball, 1992: George W. Ball, 'JFK's Big Moment' in *New York Review of Books*, pp.16—20 (13 February 1992)

Ball 1993: George W. Ball, 'The Rationalist in Power' in *New York Review of Books* 22 April l993, pp. 30—36

Baltimore, 1978: David Baltimore, 'Limiting Science: A Biologist's Perspective' in *Daedalus* 107/2 spring 1978, pp. 37—46

Banham, 1971: Reyner Banham, *Los Angeles* (Harmondsworth, 1973)

Banham, 1975: Reyner Banham, in C.W.E. Bigsby ed. *Superculture: American Popular Culture and Europe*, pp. 69—82 (London, 1975)

Banks, 1971: A.S. Banks, *Cross-Polity Time Series Data* (Cambridge MA and London, 1971)

Barghava/Singh Gill, 1988: *Motilal Barghava and Americk Singh Gill, Indian National Army Secret Service* (New Delhi, 1988)

Barnet, 1981: Richard Barnet, *Real Security* (New York, 1981)

Becker, 1985: J.J. Becker, *The Great War and the French People* (Leamington Spa, 1985)

Bédarida, 1992: François Bédarida, *Le génocide et la nazisme: Histoire et témoignages* (Paris, 1992)

Beinart, 1984: William Beinart, 'Soil erosion, conservationism and ideas about development: A Southern African exploration, 1900—1960' in *Journal of Southern African Studies* 11, 1984, pp. 52—83

Bell, 1960: Daniel Bell, *The End of Ideology* (Glencoe, 1960)

Bell, 1976: Daniel Bell, *The Cultural Contradictions of Capitalism* (New York, 1976)

Benjamin, 1961: Walter Benjamin, '*Das Kunstwerk im Zeitalter seiner Reproduzierbarkeit*' in *Illuminationen: Ausgewählte Schriften*, pp. 148—184 (Frankfurt, 1961)

Benjamin, 1971: Walter Benjamin, *Zur Kritik der Gewalt und andere Aufsätze*, pp. 84—85 (Frankfurt 1971)

Benjamin, 1979: Waiter Benjamin, *One-Way Street, and Other Writings* (London, 1979)

Bergson/Levine, 1983: A. Bergson and H.S. Levine eds. *The Soviet Economy: Towards the Year 2000* (London, 1983)

Berman: Paul Berman, 'The Face of Downtown' in *Dissent* autumn 1987, pp. 569—73

Bernal, 1939: J.D. Bernal, *The Social Function of Science* (London, 1939)

Bernal, 1967: J.D. Bernal, *Science in History* (London, 1967)

Bernier/Boily: Gérard Bernier, Robert Boily et al., *Le Québec en chiffies de 1850 à nos jours*, p. 228 (Montreal, 1986)

Bernstorff, 1970: Dagmar Bernstorff, 'Candidates for the 1967 General Election in Hyderabad' in E. Leach and S.N.Mukhejee eds, *Elites in South Asia* (Cambridge, 1970)

Beschloss, 1991: Michael R. Beschloss, *The Crisis Years: Kennedy and Khrushchev 1960—1963* (New York, 1991)

Beyer, 1981: Gunther Beyer, 'The Political Refugee: 35 Years Later' in *International Migration Review* vol. XV, pp. 1—219

Block, 1977: Fred L. Block, *The Origins of International Economic Disorder: A Study of United States International Monetary Policy from World War II to the Present* (Berkeley, 1977)

Bobinska/Pilch 1975: Celina Bobinska, Andrzej Pilch, *Employment-seeking Emigrations of the Poles World-Wide XIX and XX C.* (Cracow, 1975)

Bocca, 1966: Giorgio Bocca, *Storia dell' Italia Partigiana Settembre 1943—Maggio 1945* (Bari, 1966)

Bokhari, 1993: Farhan Bokhari, 'Afghan border focus of region's woes' in *Financial Times*, 12 August 1993

Boldyrev, 1990: Yu Boldyrev in *Literaturnaya Gazeta*, 19 December 1990, cited in Di Leo, 1992

Bolotin, 1987: B. Bolotin in *World Economy and International Relations* No. 11, 1987, pp. 148—52 (in Russian)

Bourdieu, 1979: Pierre Bourdieu, *La Distinction: Critique Sociale du Jugement* (Paris, 1979), English trs:*Distinction: A Social Critique of the Judgment of Taste* (Cambridge MA, 1984)

Bourdieu, 1994: Pierre Bourdieu, Hans Haacke, *Libre-Echange* (Paris, 1994)

Britain: *Britain: An Official Handbook* 1961, 1990 eds. (London, Central Office for Information)

Briggs, 1961: Asa Briggs, *The History of Broadcasting in the United Kingdom* vol. 1 (London, 1961); vol.2 (1965); vol.3 (1970); vol.4 (1979)

Brown, 1963: Michael Barratt Brown, *After Imperialism* (London, Melbourne, Toronto, 1963)

Brecht, 1964: Bertolt Brecht, über Lyrik (Frankfurt, 1964)

Brecht, 1976: Bertolt Brecht, *Gesammelte Gedichte*, 4 vols (Frankfurt, 1976)

Brzezinski 1962: Z.Brzezinski, *Ideology and Power in Soviet Politics* (New York, 1962)

Brzezinski, 1993: Z. Brzezinski, *Out of Control: Global Turmoil on the Eve of the Twenty-first Century* (New York, 1993)

Burks, 1961: R.V.Burks, *The Dynamics of Communism in Eastern Europe* (Princeton, 1961)

Burlatsky, 1992: Fedor Burlatsky, 'The Lessons of Personal Diplomacy' in *Problems of Communism*, vol. XVI (41), 1992

Burloiu, 1983: Petre Burloiu, *Higher Education and Economic Development in Europe*

1975—80 (UNESCO, Bucharest, 1983)

Butterfield 1991: Fox Butterfield, 'Experts Explore Rise in Mass Murder' in *New York Times* 19 October 1991, p. 6

Calvocoressi, 1987: Peter Calvocoressi, *A Time for Peace: Pacifism, Internationalism and Protest Forces in the Reduction of War*(London, 1987)

Calvocoressi, 1989: Peter Calvocoressi, *World Politics Since 1945* (London, 1989 edn)

Carritt, 1985: Michael Carritt, *A Mole in the Crown* (Hove, 1980)

Carr-Saunders, 1958: A. M. Carr-Saunders, D. Caradog Jones, C. A. Moser, *A Survey of Social Conditions in England and Wales* (Oxford, 1958)

Catholic: *The Official Catholic Directory* (New York, annual)

Chamberlin, 1933: W. Chamberlin, *The Theory of Monopolistic Competition* (Cambridge MA, 1933)

Chamberlin, 1965: W.H. Chamberlin, *The Russian Revolution, 1917—1921*, 2 vols (New York, 1965 edn).

Chandler, 1977: Alfred D. Chandler Jr, *The Visible Hand: The Managerial Revolution in American Business* (Cambridge MA, 1977)

Chapple/Garofalo, 1977: S. Chapple and R. Garofalo, *Rock'n Roll Is Here to Pay* (Chicago, 1977)

Chiesa, 1993: Giulietta Chiesa, *'Era una fine inevitabile?'* in *II Passagio: rivista di dibattito politico e culturale*, VI, July-October, pp. 27—37

Childers, 1983: Thomas Childers, *The Nazi Voter: The Social Foundations of Fascism in Germany, 1919—1933* (Chapel Hill, 1983)

Childers, 1991: 'The Sonderweg controversy and the Rise of German Fascism' in (unpublished conference papers) *Germany and Russia in the 20th Century in Comparative Perspective*, pp. 8, 14—15 (Philadelphia 1991)

China Statistics, 1989: State Statistical Bureau of the People's Republic of China, *China Statistical Yearbook 1989* (New York, 1990)

Ciconte, 1992: Enzo Ciconte, *'Ndrangheta dall' Unita a oggi* (Barri, 1992)

Cmd 1586, 1992: *British Parliamentary Papers* cmd 1586: *East India* (Non-Cooperation), XVI, p. 579, 1922. (Telegraphic Correspondence regarding the situation in India.)

Considine, 1982: Douglas M. Considine and Glenn Considine, *Food and Food Production Encyclopedia* (New York, Cincinnati etc., 1982). Article in 'meat', section, 'Formed, Fabricated and Restructured Meat Products'.

Crosland, 1957: Anthony Crosland, *The Future of Socialism* (London, 1957)

Dawkins, 1976: Richard Dawkins, *The Selfish Gene* (Oxford, 1976)

Deakin/Storry, 1966: F.W. Deakin and G.R. Storry, *The Case of Richard Sorge*(London, 1966)

Debray, 1965: Régis Debray, *La révolution dans la révolution* (Paris, 1965)

Debray, 1994: Régis Debray, Charles de Gaulle: *Futurist of the Nation* (London,1994)

Degler, 1987: Carl N. Degler, 'On re-reading "The Woman in America"' in *Daedalus*, autumn 1987

Delgado, 1992: Manuel Delgado, *La Ira Sagrada: Anticlericalismo, iconoclastia y antiritualismo en la España contemporanea* (Barcelona, 1992)

Delzell 1970: Charles F. Delzell ed., *Mediterranean Fascism, 1919—1945* (New York, 1970)

Deng, 1984 Deng Xiaoping, *Selected Works of Deng Xiaoping (1975—1984)* (Beijing, 1984)

Desmond/Moore: Adrian Desmond and James Moore, *Darwin* (London, 1991)

Destabilization, 1989: United Nations Inter-Agency Task Force, Africa Recovery Programme/Economic Commission for Africa, *South African Destabilization The Economic Cost of Frontline Resistance to Apartheid* (New York, 1989)

Deux Ans, 1990: *Ministère de l'Education Nationale:Enseignement Supérieur*, Deux Ans d' Action, 1988—1990 (Paris, 1990)

Di Leo, 1992: Rita di Leo, *Vecchi quadri e nuovi politici: Chi commanda davvero nell'ex-Urss?* (Bologna, 1992)

Din, 1989: Kadir Din, 'Islam and Tourism' in *Annals of Tourism Research*, vol. 16/4, 1989, pp. 542 ff.

Djilas, 1957: Milovan Djilas, *The New Class* (London, 1957)

Djilas, 1962: Milovan Djilas, *Conversations with Stalin* (London, 1962)

Djilas, 1977: Milovan Djilas, *Wartime* (New York, 1977)

Drell, 1977: Sidney D. Drell,'Elementary Particle Physics' in *Daedalus* 106/3,summer 1977, pp. 15—32

Duberrnan et al, 1989: M. Duberman, M. Vicinus and G. Chauncey, *Hidden From History: Reclaiming the Gay and Lesbian Past*, New York, 1989

Dutt, 1945: Kalpana Dutt, *Chittagong Armoury Raiders: Reminiscences* (Bombay, 1945)

Duverger, 1972: Maurice Duverger, *Party Politics and Pressure Groups: A Comparative Introduction* (New York, 1972)

Dyker, 1985: D.A. Dyker, *The Future of the Soviet Economic Planning System* (London, 1985)

Echenberg, 1992: Myron Echenberg, *Colonial Conscripts: The Tirailleurs Sénégalais in French West Aftica, 1857—1960*(London, 1992)

EIB Papers, 1992: European Investment Bank, Cahiers BEI/EIB Papers, J. Girard, *De la recession à la reprise en Europe Centrale et Orientate*, pp. 9—22, (Luxemburg, 1992)

Encyclopedia Britannica, article 'war' (11th edn, 1911).

Ercoli, 1936: Ercoli, *On the Peculiarity of the Spanish Revolution* (New York,1936); reprinted in Palmiro Togliatti, Opere IV/i, pp. 139—54 (Rome, 1979)

Esman, 1990: Aaron H. Esman, *Adolescence and Culture* (New York, 1990)

Estrin/Holmes, 1990: Saul Estrin and Peter Holmes, 'Indicative Planning in Developed Economies' in *Journal of Comparative Economics* 14/4 December 1990, pp. 531—54

Eurostat: *Eurostat. Basic Statistics of the Community* (Office for the Official Publications of the European Community, Luxemburg, annual since 1957)

Evans, 1989: Richard Evans, *In Hitler's Shadow: West German Historians and the Attempt to Escape from the Nazi Past* (New York, 1989)

Fainsod, 1956: Merle Fainsod, *How Russia Is Ruled* (Cambridge MA, 1956)

FAO, 1989: FAO (UN Food and Agriculture Organization), *The State of Food and Agriculture: world and regional reviews, sustainable development and natural resource management* (Rome, 1989)

FAO Production: FAO *Production Yearbook*, 1986

FAO Trade: FAO *Trade Yearbook* vol. 40, 1986

Fitzpatrick, 1994: Sheila Fitzpatrick, *Stalin's Peasants* (Oxford, 1994)

Firth, 1954: Raymond Firth, 'Money, Work and Social Change in Indo-Pacific Economic Systems' in *International Social Science Bulletin*, vol. 6, 1954, pp. 400—10

Fischhof et al., 1978: B. Fischhof, P. Slovic, Sarah Lichtenstein, S. Read, Barbara Coombs, 'How Safe is Safe Enough? A Psychometric Study of Attitudes towards Technological Risks and Benefits' in *Policy Sciences* 9, 1978, pp.127—152

Flora, 1983: Peter Flora et.al., *State, Economy and Society in Western Europe 1815—1975: A Data Handbook in Two Volumes* (Frankfurt, London, Chicago, 1983)

Floud et al., 1990: Roderick Floud, Annabel Gregory, Kenneth Wachter, *Height, Health and History: Nutritional Status in the United Kingdom 1750—1980* (Cambridge, 1990)

Fontana, 1977: Alan Bullock and Oliver Stallybrass eds., *The Fontana Dictionary of Modern Ideas* (London, 1977 edn)

Foot, 1976: M.R.D. Foot, *Resistance: An Analysis of European Resistance to Nazism 1940—1945* (London, 1976)

Francia, Muzzioli, 1984: Mauro Francia, Giuliano Muzzioli, *Cent'anni di cooperazione: La cooperazione di consumo modenese aderente alla Lega dalle origini all'unificazione* (Bologna, 1984)

Frazier, 1957: Franklin Frazier, *The Negro in the United States* (New York, 1957 edn)

Freedman, 1959: Maurice Freedman, 'The Handling of Money: A Note on the Background to the Economic Sophistication of the Overseas Chinese' in *Man*, vol. 59, 1959, pp. 64—65

Friedan, 1963: Betty Friedan, *The Feminine Mystique* (New York, 1963)

Friedman 1968: Milton Friedman, 'The Role of Monetary Policy' in *American Economic Review*, vol. LVIII, no. 1, March 1968, pp. 1—17

Fröbel, Heinrichs, Kreye, 1986: Folker Fröbel, Jürgen Heinrichs, Otto Kreye, *Umbruch in der Weltwirtschaft* (Hamburg, 1986)

Galbraith, 1974: J.K. Galbraith, *The New Industrial State* (2nd edn, Harmondsworth, 1974)

Gallagher, 1971: M.D. Gallagher, 'Léon Blum and the Spanish Civil War' in *Journal of Contemporary History*, vol. 6, no. 3, 1971, pp. 56—64

Garton Ash, 1990: Timothy Garton Ash, *The Uses of Adversity: Essays on the Fate of Central Europe* (New York, 1990)

Gatrell/Harrison, 1993: Peter Gatrell and Mark Harrison, 'The Russian and Soviet

Economies in Two World Wars: A Comparative View' in *Economic History Review* XLVI, 3, 1993, pp. 424—52

Giedion, 1948: S. Giedion, *Mechanisation Takes Command* (New York, 1948)

Gillis, 1974: John R. Gillis, *Youth and History* (New York, 1974)

Gillis, 1985: John Gillis, *For Better, For Worse:British Marriages 1600 to the Present* (New York, 1985)

Gillois, 1973: André Gillois, *Histoire Secrète des Français à Londres de 1940 à 1944* (Paris, 1973)

Gimpel, 1992: 'Prediction or Forecast? Jean Gimpel interviewed by Sanda Miller' in *The New European*,vol. 5/2, 1992, pp. 7—12

Ginneken/Heuven, 1989: Wouter van Ginneken and Rolph van der Heuven, 'Industrialisation, employment and earnings (1950—87): An international survey' in *International Labour Review*, vol. 128, 1989/5, pp. 571—99

Gleick, 1988: James Gleick, *Chaos: Making a New Science* (London, 1988)

Glenny 1992: Misha Glenny, *The Fall of Yugoslavia: The Third Balkan War* (London, 1992)

Glyn, Hughes, Lipietz, Singh, 1990: Andrew Glyn, Alan Hughes, Alan Lipietz, Ajit Singh, *The Rise and Fall of the Golden Age* in Marglin and Schor, 1990, pp. 39—125

Gómez Rodríguez, 1977: Juan de la Cruz Gómez Rodríguez, '*Comunidades de pastores y reforma agraria en la sierra sur peruana*' in Jorge A. Flores Ochoa, *Pastores de puna* (Lima, 1977)

González Casanova 1975: Pablo González Casanova, coord. *Cronología de la violencia política en America Latina (1945—1970)*, 2 vols (Mexico DF, 1975)

Goody, 1968: Jack Goody, 'Kinship: descent groups' in *International Encyclopedia of Social Sciences*, vol. 8, pp.402—3 (New York, 1968)

Goody, 1990: Jack Goody, *The Oriental, the Ancient and the Primitive: Systems of Mamage and the Family in the Pre-lndustrial Societies of Eurasia* (Cambridge, 1990)

Gopal, 1979: Sarvepalli Gopal, *Jawaharlal Nehru: A Biography*, vol, ii, 1947—1956 (London, 1979)

Gould, 1989: Stephen Jay Gould, *Wonderful Life: The Burgess Shale and the Nature of History* (London, 1990)

Graves/Hodge, 1941: Robert Graves, and Alan Hodge, *The Long Week-End: A Social History of Great Britain 1918—1939* (London, 1941)

Gray, 1970: Hugh Gray, 'The landed gentry of Telengana' in E. Leach and S.N. Mukherjee eds. *Elites in South Asia* (Cambridge,1970)

Guerlac, 1951: Henry E. Guerlac, 'Science and French National Strength' in Edward Meade Earle ed., *Modern France: Problems of the Third and Fourth Republics* (Princeton, 1951)

Guidetti/Stahl, 1977: M. Guidetti and Paul M. Stahl eds., *Il sangue e la terra: Comunità di villagio e comunità familiari nell Europea dell 800* (Milano, 1977)

Guinness, 1984: Robert and Celia Dearling, *The Guinness Book of Recorded Sound* (Enfield, 1984)

Haimson, 1964/5: Leopold Haimson, 'The Problem of Social Stability in Urban Russia 1905—1917' in *Slavic Review*,December 1964, pp. 619—64; March 1965, pp. 1—22

Halliday, 1983: Fred Halliday, *The Making of the Second Cold War* (London, 1983)

Halliday/Cumings, 1988: Jon Halliday and Bruce Cumings, *Korea: The Unknown War* (London, 1988)

Halliwell, 1988: *Leslie Halliwell' s Filmgoers' Guide Companion* 9th edn, 1988, p. 321

Hànak, 1970: Peter Hànak,'Die Volksmeinung wä hrend des letzten Kriegsjahres in Österreich-Ungarn' in *Die Auflösung des Habsburgerreiches. Zusammenbruch und Neuorientierung im Donauraum, Schriftenreihe des österreichischen Ost-und Südosteuropainstituts vol. Ill*, Vienna,1970, pp. 58—66

Harden, 1990: Blaine Harden, *Africa, Despatches from a Fragile Continent* (New York, 1990)

Harff/Gurr, 1988: Barbara Harff and Ted Robert Gurr, 'Victims of the State: Genocides, Politicides and Group Repression since 1945 in *International Review of Victimology*, I, 1989, pp. 23—41

Harff/Gurr, 1989: Barbara Harff and Ted Robert Gurr, 'Toward Empirical Theory of Genocides and Politicides: Identification and Measurement of Cases since 1945,' *International Studies Quarterly*, 32, 1988, pp. 359—71

Harris, 1987: Nigel Harris, *The End of the Third World* (Harmondsworth, 1987)

Hayek, 1944: Friedrich von Hayek, *The Road to Serfdom* (London, 1944)

Heilbroner, 1993: Robert Heilbroner, *Twenty-first Century Capitalism* (New York, 1993)

Hilberg 1985: Raul Hilberg,*The Destruction of the European Jews* (New York, 1985)

Hill, 1988: Kim Quaile Hill, *Democracies in Crisis: Public policy responses to the Great Depression* (Boulder and London, 1988)

Hilgerdt: See League of Nations, 1945

Hirschfeld, 1986: G. Hirschfeld ed., *The Policies of Genocide: Jews and Soviet Prisoners of War in Nazi Germany*(Boston, 1986)

Historical Statistics of the United States: Colonial Times to 1970, part le, 89—101, p. 105(Washington DC, 1975)

Hobbes: Thomas Hobbes, *Leviathan* (London, 1651)

Hobsbawm 1974: E.J. Hobsbawm, 'Peasant Land Occupations' in *Past &Present*, 62, February 1974, pp. 120—52

Hobsbawm, 1986: E.J. Hobsbawm, 'The Moscow Line' and international Communist policy 1933—47' in Chris Wrigley ed. *Warfare, Diplomacy and Politics: Essays in Honour of A.J P. Taylor*, pp. 163—88 (London, 1986)

Hobsbawm, 1987: E.J. Hobsbawm, *The Age of Empire 1870—1914* (London, 1987)

Hobsbawm, 1990: E.J. Hobsbawm, *Nations and Nationalism Since 1780: Programme, Myth, Reality* (Cambridge, 1990)

Hobsbawm, 1993: E.J. Hobsbawm, *The Jazz Scene* (New York, 1993)

Hodgkin, 1961: Thomas Hodgkin, *African Political Parties: An introductory guide* (Harmondsworth, 1961)

Hoggart, 1958: Richard Hoggart, *The Uses of Literacy* (Harmondsworth, 1958)

Holborn, 1968: Louise W.Holbom, 'Refugees 1: World Problems' in *International Encyclopedia of the Social Sciences* vol. XIII, p. 363

Holland, R.F., 1985: R.F. Holland, *European Decolonization 1918—1981: An introductory survey* (Basingstoke, 1985)

Holman, 1993: Michael Holman, 'New Group Targets the Roots of Corruption' in *Financial Times*, 5 May 1993

Holton, 1970: G. Holton, 'The Roots of Complementarity' in *Daedalus*, autumn 1978, p.1017

Holton, 1972: Gerald Holton ed., *The Twentieth-Century Sciences: Studies in the Biography of Ideas* (New York, 1972)

Horne, 1989: Alistair Home, *Macmillan*, 2 vols (London, 1989)

Housman, 1988: A.E. Housman, *Collected Poems and Selected Prose edited and with an introduction and notes by Christopher Ricks* (London, 1988)

Howarth, 1978: T.E.B. Howarth, *Cambridge Between Two Wars* (London, 1978)

Hu, 1966: C.T. Hu, 'Communist Education: Theory and Practice' in R. MacFarquhar ed., *China Under Mao: Politics Takes Command* (Cambridge MA, 1966)

Huber, 1990: Peter W.Huber, 'Pathological Science in Court' in *Daedalus*, vol. 119, no. 4, autumn 1990, pp. 97—118

Hughes, 1969: H. Stuart Hughes, 'The second year of the Cold War: A Memoir and an Anticipation' in *Commentary*, August 1969

Hughes 1983: H. Stuart Hughes, *Prisoners of Hope: The Silver Age of the Italian Jews 1924—1947* (Cambridge MA, 1983)

Hughes, 1988: H. Stuart Hughes, *Sophisticated Rebels* (Cambridge and London, 1988)

Human Development: United Nations Development Programme (UNDP) *Human Development Report* (New York, 1990, 1991, 1992)

Hutt, 1935: Alien Hutt, *This Final Crisis* (London, 1935)

Ignatieff, 1993: Michael Ignatieff, *Blood and Belonging: Journeys into the New Nationalism* (London, 1993)

ILO, 1990: *ILO Yearbook of Labour Statistics: Retrospective edition on Population Censuses 1945—1989* (Geneva, 1990)

IMF, 1990: International Monetary Fund, *Washington: World Economic Outlook: A Survey by the Staff of the International Monetary Fund*, Table 18: Selected Macro-economic Indicators 1950—1988 (IMF, Washington, May 1990)

Investing: *Investing in Europe's Future* ed. Arnold Heertje for the European Investment Bank (Oxford, 1983)

Isola, 1990: Gianni Isola, *Abbassa la tua radio, per favore. Storia dell' ascolto radiofonico nell' Italia fascista* (Firenze, 1990)

Jacobmeyer, 1985: Wolfgang Jacobmeyer, *Vom Zwangsarbeiter zum heimatlosen Ausländer: Die Displaced Persons in Westdeutschland, 1945—1951* (Gottingen, 1985)

Jacob, 1993: Margaret C. Jacob, 'Hubris about Science' in *Contention*, vol. 2, no. 3 (Spring 1993)

Jammer, 1966: M. Jammer, *The Conceptual Development of Quantum Mechanics* (New York, 1966)

Jayawardena, 1993: Lal Jayawardena *The Potential of Development Contracts and Towards sustainable Development Contracts, UNU/WIDER: Research for Action* (Helsinki, 1993)

Jean A. Meyer, *La Cristiada*, 3 vols (Mexico D.F., 1973—79); English: *The Cristero Rebellion: The Mexican People between Church and State 1926—1929* (Cambridge, 1976)

Jensen, 1991: K.M. Jensen ed., *Origins of the Cold War: The Novikov, Kennan and Roberts 'Long Telegrams' of 1946*, United States Institute of Peace (Washington 1991)

Johansson/Percy 1990: Warren Johansson and William A. Percy ed., *Encyclopedia of Homosexuality*, 2 vols (New York and London, 1990)

Johnson, 1972: Harry G. Johnson, *Inflation and the Monetarist Controvery* (Amsterdam, 1972)

Jon, 1993: Jon Byong-Je, *Culture and Development: South Korean experience,* International Inter-Agency Forum on Culture and Development, September 20—22 1993, Seoul

Jones, 1992: Steve Jones, review of David Raup, *Extinction: Bad Genes or Bad Luck?* in *London Review of Books*, 23 April 1992

Jowitt, 1991: Ken Jowitt, 'The Leninist Extinction' in Daniel Chirot ed., *The Crisis of Leninism and the Decline of the Left* (Seattle, 1991)

Julca, 1993: Alex Julca, *From the highlands to the city* (unpublished paper, 1993)

Kakwani, 1980: Nanak Kakwani, *Income Inequality and Poverty* (Cambridge, 1980)

Kapuczinski 1983: Ryszard Kapuczinski, *The Emperor* (London, 1983)

Kapuczinski, 1990: Ryszard Kapuczinski, *The Soccer War* (London, 1990)

Kater, 1985: Michael Kater, '*Professoren und Studenten im dritten Reich' in Archivf Kulturgeschichte* 67/1985, no. 2, p. 467

Katsiaficas, 1987: George Katsiaficas, *The Imagination of the New Left: A global analysis of 1968* (Boston, 1987)

Kedward, 1971: R.H. Kedward, *Fascism in Western Europe 1900—1945* (New York, 1971)

Keene, 1984: Donald Keene, *Japanese Literature of the Modern Era* (New York, 1984)

Kelley, 1988: Allen C. Kelley, 'Economic Consequences of Population Change in the Third World' in *Journal of Economic Literature*, XXVI, December 1988, pp.1685—1728

Kerblay, 1983: Basile Kerblay, *Modern Soviet Society* (New York, 1983)

Kershaw, 1983: Ian Kershaw, *Popular Opinion and Political Dissent in the Third Reich:*

Bavaria 1933—1945 (Oxford, 1983)

Kershaw, 1993: Ian Kershaw, *The Nazi Dictatorship: Perspectives of Interpretation*, 3rd edn (London, 1993)

Khrushchev, 1990: Sergei Khrushchev, *Khrushchev on Khrushchev: An Inside Account of the Man and His Era* (Boston, 1990)

Kidron/Segal, 1991: Michael Kidron and Ronald Segal, *The New State of the World Atlas*, 4th ed (London, 1991)

Kindleberger, 1973: Charles P. Kindleberger, *The World in Depression 1919—1939* (London and New York, 1973)

Kivisto, 1983: Peter Kivisto, 'The Decline of the Finnish—American Left 1925—1945' in *International Migration Review*, XVII, 1, 1983

Kolakowski, 1992: Leszek Kolakowski, 'Amidst Moving Ruins' in *Daedalus* 121/ 2, spring 1992

Kolko, 1969: Gabriel Kolko, *The Politics of War: Allied diplomacy and the world crisis of 1943—45* (London, 1969)

Köllö, 1990: Janos Köllö, 'After a dark golden age—Eastern Europe' in *WIDER Working Papers* (duplicated), Helsinki, 1990

Komai: Janos Komai, *The Economics of Shortage* (Amsterdam, 1980)

Kosinski, 1987: L.A. Kosinski, review of Robert Conquest, *The Harvest of Sorrow: Soviet Collectivisation and the Terror Famine' in Population and Development Review*, vol. 13, no. l, 1987

Kosmin/Lachman, 1993: Barry A. Kosmin and Seymour P. Lachman, *One Nation Under God: Religion in Contemporary American Society* (New York, 1993)

Kraus, 1922: Karl Kraus, *Die letzten Tage der Menschheit: Tragödie in fünf Akten mit Vorspiel und Epilog* (Wien-Leipzig, 1922)

Kulischer, 1948: Eugene M. Kulischer *Europe on the Move: War and Population Changes 1917—1947* (New York, 1948)

Kuttner, 1991: Robert Kuttner, *The End of Laissez-Faire: National Purpose and the Global Economy after the Cold War* (New York, 1991)

Kuznets, 1956: Simon Kuznets, 'Quantitative Aspects of the Economic Growth of Nations' in *Economic Development and Culture Change*, vol. 5, no. l, 1956, pp. 5—94

Kyle, 1990: Keith Kyle, *Suez* (London, 1990)

Ladurie, 1982: Emmanuel Le Roy Ladurie, *Paris—Montpellier: PC-PSU 1945—1963* (Paris, 1982)

Lafargue: Paul Lafargue, *Le droit à la paresse* (Paris, 1883); *The Right to Be Lazy and Other Studies* (Chicago, 1907)

Land Reform: Philip M. Raup, 'Land Reform' in art. 'Land Tenure', *International Encyclopedia of Social Sciences*, vol. 8, pp. 571—75 (New York, 1968)

Lapidus, 1988: Ira Lapidus, *A History of Islamic Societies* (Cambridge, 1988)

Laqueur, 1977: Walter Laqueur, *Guerrilla: A historical and critical study* (London, 1977)

Larkin, 1988: Philip Larkin, *Collected Poems* ed. and with an introduction by Anthony Thwaite (London, 1988)

Larsen E., 1978: Egon Larsen, *A Flame in Barbed Wire: The Story of Amnesty International* (London, 1978)

Larsen S. et al., 1980: Stein Ugevik Larsen, Bernt Hagtvet, Jan Petter, My Klebost et. al., *Who Were the Fascists?*(Bergen—Qslo—Tromsö, 1980)

Lary, 1943: Hal B. Lary and Associates, *The United States in the World Economy: The International Transactions of the United States during the Interwar Period*, US Dept of Commerce (Washington, 1943)

Las Cifras, 1988: *Asamblea Permanente para Ios Derechos Humanos, La Cifras de la Guerra Sucia* (Buenos Aires, 1988)

Latham, 1981: A.J.H. Latham, *The Depression and the Developing World, 1914—1939* (London and Totowa NJ, 1981)

League of Nations, 1931: *The Course and Phases of the World Depression* (Geneva, 1931; reprinted 1972)

League of Nations, 1945: *Industrialisation and Foreign Trade* (Geneva, 1945)

Leaman, 1988: Jeremy Leaman, *The Political Economy of West Germany 1945—1985* (London, 1988)

Leighly, Naylor, 1992: J.E. Leighly and]. Naylor, 'Socioeconomic class Bias in Turnout 1964—1988: the voters remain the same' in *American Political Science Review*, 86/3 September, 1992, pp. 725—36

Lenin, 1970: V.I. *Lenin, Selected Works in 3 Volumes* (Moscow, 1970: 'Letter to the Central Committee, the Moscow and Petrograd Committees and the Bolshevik Members of the Petrograd and Moscow Soviets', October 1/14 1917, V.l.Lenin op. cit, vol. 2, p. 435; Draft Resolution for the Extraordinary All-Russia Congress of Soviets of Peasant Deputies, November 14/27, 1917, V.I. Lenin, loc. cit, p. 496; Report on the activities of the Council of People's Commissars, January 12/24 1918,loc. cit., p. 546

Leontiev, 1977: Wassily Leontiev, 'The Significance of Marxian Economics for Present-Day Economic Theory' in *Amer. Econ. Rev. Supplement* vol. XXVIII, 1 March 1938, republished in *Essays in Economics: Theories and Theorizing*,vol. 1, p. 78 (White Plains, 1977)

Lettere: P. Malvezzi and G. Pirelli eds *Lettere di Condannati a morte della Resistenza europea*, p. 306 (Turin, 1954)

Lévi-Strauss: Claude Lévi-Strauss, Didier Eribon, *De Près et de Loin* (Paris, 1988)

Lewin, 1991: Moshe Lewin, 'Bureaucracy and the Stalinist State' unpublished paper in *Germany and Russia in the 20th Century in Comparative Perspective* (Philadelphia, 1991)

Lewis, 1981: Arthur Lewis, 'The Rate of Growth of World Trade 1830—1973' in Sven Grassman and Erik Lundberg eds, *The World Economic Order: Past and Prospects* (London, 1981)

Lewis, 1938: Cleona Lewis, *America's Stake in International Investments* (Brookings Institution, Washington, 1938)

Lewis, 1935: Sinclair Lewis, *It Can't Happen Here* (New York, 1935)

Lewontin, 1973: R.C. Lewontin, *The Genetic Basis of Evolutionary Change* (New York, 1973)

Lewontin, 1992: R.C. Lewontin, 'The Dream of the Human Genome' in *New York Review of Books*, 28 May 1992, pp. 32—40

Leys,l977: Simon Leys, *The Chairman's New Clothes: Mao and the Cultural Revolution* (New York, 1977)

Lieberson, Waters, 1988: Stanley Lieberson and Mary C. Waters, *From many strands: Ethnic and Racial Groups in Contemporary America* (New York, 1988)

Liebman/Walker/Glazer: Arthur Liebman, Kenneth Walker, Myron Glazer, *Latin American University Students: A six-nation study* (Cambridge MA, 1972)

Lieven, 1993: Anatol Lieven, *The Baltic Revolution: Estonia, Latvia, Lithuania and the Path to Independence* (New Haven and London, 1993)

Linz, 1975: Juan J. Linz, 'Totalitarian and Authoritarian Regimes' in Fred J. Greenstein and Nelson W. Polsby eds, *Handbook of Political Science*, vol. 3, *Macropolitical Theory* (Reading MA, 1975)

Liu, 1986: Alan P.L. Liu, *How China Is Ruled* (Englewood Cliffs, 1986)

Loth, 1988: Wilfried Loth, *The Division of the World 1941—1955* (London, 1988)

Lu Hsün: as cited in Victor Nee and James Peck eds, *China's Uninterrupted Revolution: From 1840 to the Present*, p. 23 (New York, 1975)

Lynch, 1990: Nicolas Lynch Gamero, *Los jovenes rojos de San Marcos: El radicalismo universitario de los años setenta* (Lima, 1990)

McCracken, 1977: Paul McCracken et al., *Towards Full Employment and Price Stability* (Paris, OECD 1977)

Macluhan, l962: Marshall Macluhan, *The Gutenberg Galaxy* (New York, 1962)

Macluhan, 1967: Marshall Macluhan and Quentin Fiore, *The Medium is the Massage* (New York, 1967)

McNeill, 1982: William H. McNeill, *The Pursuit of Power: Technology, Armed Force and Society since AD 1000* (Chicago, 1982)

Maddison, 1969: Angus Maddison, *Economic Growth in Japan and the USSR* (London, 1969)

Maddison, 1982: Angus Maddison, *Phases of Capitalist Economic Development* (Oxford, 1982)

Maddison, 1987: Angus Maddison, 'Growth and Slowdown in Advanced Capitalist Economies: Techniques of Quantitative Assessment' in *Journal of Economic Literature*, vol. XXV, June 1987

Maier, 1987: Charles S. Maier, *In Search of Stability: Explorations in Historical Political Economy* (Cambridge, 1987)

Maksimenko, 1991: V.I. Maksimenko, 'Stalinism without Stalin: the mechanism of "*zastoi*" unpublished paper in *Germany and Russia in the 20th Century in Comparative Perspective*' (Philadelphia 1991)

Mangin, 1970: William Mangin ed., *Peasants in Cities: Readings in the Anthropology of Urbanization* (Boston, 1970)

Manuel, 1988: Peter Manuel, *Popular Musics of the Non-Western World: An Introductory Survey* (Oxford, 1988)

Marglin and Schor, 1990: S. Marglin and J. Schor eds, *The Golden Age of Capitalism* (Oxford, 1990)

Marrus, 1985: Michael R. Marrus, *European Refugees in the Twentieth Century* (Oxford, 1985)

Martins Rodrigues, 1984: '*O PC B: os dirigentes e a organização*' in *O Brasil Republicano*, vol. X, tomo III of Sergio Buarque de Holanda ed., *Historia Ceral da Civilizacão Brasilesira* pp. 390—97 (Saõ Paulo, 1960—84)

Mencken, 1959: Alistair Cooke ed. *The Viking Mencken* (New York, 1959)

Meyer-Leviné, 1973: Rosa Meyer-Levine, *Leviné: The Life of a Revolutionary* (London, 1973)

Miles et al., 1991: M. Miles, E. Malizia, Marc A. Weiss, G. Behrens, G. Travis, *Real Estate Development: Principles and Process* (Washington DC, 1991)

Miller, 1989: James Edward Miller, 'Roughhouse diplomacy: the United States confronts Italian Communism 1945—1958' in *Storia delle relazioni internazionali*, V/1989/2, pp. 279—312

Millikan, 1930: R.A. Millikan, 'Alleged Sins of Science, in *Scribners Magazine* 87(2), 1930, pp. 119—30

Milward, 1979: Alan Milward, *War, Economy and Society 1939—45* (London, 1979)

Milward, 1984: Alan Milward, *The Reconstruction of Western Europe 1945—51* (London, 1984)

Minault, 1982: Gail Minault,*The Khilafat Movement: Religious Symbolism and Political Mobilization in India* (New York, 1982)

Misra, 1961: B.B. Misra, *The Indian Middle Classes: Their Growth in Modern Times* (London, 1961)

Mitchell/Jones: B.R. Mitchell and H. G. Jones *Second Abstract of British Historical Statistics* (Cambridge, 1971)

Mitchell, 1975: B.R. Mitchell, *European Historical Statistics* (London, 1975)

Moisí, 1981: D. Moisí ed., *Crises et guerres au XXe siècle* (Paris, 1981)

Molano, 1988: Alfredo Molano, 'Violencia y colonizacion' in *Revista Foro: Fundacion Foro Nacional por Colombia*, 6 June 1988 pp. 25—37

Montagni, 1989: Gianni Montagni, *Effetto Gorbaciov: La politica internazionale degli anni ottanta. Storia di quattro vertici da Ginevra a Mosca* (Bari, 1989)

Morawetz, 1977: David Morawetz, *Twenty-five Years of Economic Development 1950—*

1975 (Johns Hopkins, for the World Bank, 1977)

Mortimer, 1925:Raymond Mortimer,'*Les Matelots*' in *New Statesman*, 4 July 1925, p. 338

Muller, 1951: H. J Muller in L.C. Dunn ed. *Genetics in the 20th Century: Essays on the Progress of Genetics During the First Fifty Years* (New York, 1951)

Müller, 1992: Heiner Müller, *Krieg ohne Schlacht: Leben in zwei Diktaturen* (Cologne, 1992)

Muzzioli, 1993: Giuliano Muzzioli, *Modena*(Bari, 1993)

Nehru, 1936: Jawaharlal Nehru, *An Autobiography, with musings on recent events in India* (London, 1936)

Nicholson, 1970: E.M. Nicholson cited in *Fontana Dictionary of Modern Thought: 'Ecology'* (London, 1977)

Noelle/Neumann, 1967: Elisabeth Noelle and Erich Peter Neumann eds, *The Germans: Public Opinion Polls 1947—1966* p. 196 (AIlensbach and Bonn, 1967)

Nolte, 1987: Ernst Nolte, *Der europäische Burgerkrieg, 1917—1945: National-sozialismus und Bolschewismus* (Stuttgart, 1987)

North/Pool, 1966: Robert North and Ithiel de Sola Pool, 'Kuomintang and Chinese Communist Elites' in Harold D. Lasswell and Daniel Lerner eds, *World Revolutionary Elites: Studies in Coercive Ideological Movements* (Cambridge MA, 1966)

Nove, 1969: Alec Nove, *An Economic History of the USSR* (London, 1969)

Nwoga, 1970: Donatus L Nwoga, 'Onitsha Market Literature' in *Mangin*, 1970

Observatoire, 1991: *Comité Scientifique auprès du Ministère de l'Education Nationale,* unpublished paper, *Observatoire des Thèses* (Paris, 1991)

OECD Impact: OECD: *The Impact of the Newly Industrializing Countries on Production and Trade in Manufactures: Report by the Secretary-General* (Paris, 1979)

OECD National Accounts: *OECD National Accounts 1960—1991*, vol. 1 (Paris, 1993)

Ofer, 1987: Gur Ofer, 'Soviet Economic Growth, 1928—1985' in *Journal of Economic Literature*, XXV/4, December 1987, p. 1778

Ohlin, 1931: Bertil Ohlin, *for the League of Nations, The Course and Phases of the World Depression* (1931; reprinted Arno Press, New York, 1972)

Olby, 1970: Robert Olby, 'Francis Crick, DNA, and the Central Dogma' in Holton 1972, pp. 227—80

Orbach, 1978: Susie Orbach, *Fat is a Feminist Issue: the anti-diet guide to permanent weight loss* (New York and London, 1978)

Ory, 1976: Pascal Ory, *Les Collaborateurs: 1940—1945* (Paris, 1976)

Paucker, 1991: Arnold Paucker, *Jewish Resistance in Germany: The Facts and the Problems* (Gedenkstaette Deutscher Widerstand, Berlin, 1991)

Pavone, 1991: Claudio Pavone, *Una guerra civile: Saggio storico sulla moralità nella Resistenza* (Milan, 1991)

Peierls, 1992: Peierls, Review of D.C. Cassidy, *Uncertainty: The Life of Werner 'Heisenberg'* in *New York Review of Books*, 23 April l992, p. 44

People's Daily, 1959: 'Hai Jui reprimands the Emperor' in *People's Daily* Beijing, 1959, cited in Leys, 1977

Perrault, 1987: Gilles Perrault, *A Man Apart: The Life of Henri Curiel* (London, 1987)

Peters, 1985: Edward Peters, *Torture* (New York, 1985)

Petersen, 1986: W. and R. Petersen, *Dictionary of Demography*, vol. 2, art: 'War' (New York—Westport—London, 1986)

Piel, 1992: Gerard Piel, *Only One World: Our Own To Make And To Keep* (New York, 1992)

Planck, 1933: Max Planck, *Where Is Science Going?* with a preface by Albert Einstein; translated and edited by James Murphy (New York, 1933)

Polanyi, 1945: Karl Polanyi, *The Great Transformation* (London, 1945)

Pons Prades, 1975: E. Pons Prades, *Republicanos Españoles en la 2a Guerra Mundial* (Barcelona, 1975)

Population, 1984: UN Dept of International Economic and Social Affairs: *Population Distribution, Migration and Development. Proceedings of the Expert Group, Hammamet (Tunisia) 21—25 March 1983* (New York, 1984)

Potts, 1990: Lydia Potts, *The World Labour Market: A History of Migration* (London and New Jersey, 1990)

Pravda, 25 January 1991.

Proctor, 1988. Robert N. Proctor, *Racial Hygiene: Medicine Under the Nazis* (Cambridge MA, 1988)

Programma 2000: PSOE (Spanish Socialist Party), *Manifesto of Programme: Draft for Discussion*, January 1990 (Madrid, 1990)

Prost: A Prost, 'Frontières et espaces du privé' in *Histoire de la Vie Privée de la Première Guerre Mondiale à nos Jours* vol. 5, pp.13—153 Paris, 1987

Rado, 1962: A. Rado ed., *Welthandbuch: internationaler politischer und wirtschaftlicher Almanach 1962* (Budapest, 1962)

Raw, Page, Hodson 1972: Charles Raw, Bruce Page, Godfrey Hodgson, *Do You Sincerely Want To Be Rich?* (London, 1972)

Ranki, 1971: George Ranki in Peter F. Sugar ed., *Native Fascism in the Successor States: 1918—1945* (Santa Barbara, 1971)

Ransome, 1919: Arthur Ransome, *Six Weeks in Russia in 1919* (London, 1919)

Räte-China, 1973: Manfred Hinz ed., *Räte-China: Dokumente der chinesischen Revolution (1927—31)* (Berlin, 1973)

Reale, 1954: Eugenio Reale, *Avec Jacques Duclos au Banc des Accusés à la Réunion Constitutive du Cominform* (Paris, 1958)

Reed, 1919: John Reed, *Ten Days That Shook The World* (New York, 1919 and numerous editions)

Reinhard et al, 1968: M. Reinhard, A. Armengaud, J. Dupaquier, *Histoire Générale de la population mondiale*, 3rd edn (Paris, 1968)

Reitlinger, 1982: Gerald Reitlinger, *The Economics of Taste: The Rise and Fall of Picture Prices 1760—1960* 3 vols (New York, 1982)

Riley, 1991: C. Riley, 'The Prevalence of Chronic Disease During Mortality Increase: Hungary in the 1980s' in *Population Studies*, 45/3 November 1991, pp. 489—97

Riordan, 1991:J. Riordan, *Life After Communism*, inaugural lecture, University of Surrey (Guildford, 1991)

Ripken/Wellmer, 1978: Peter Ripken and Gottfried Wellmer, 'Bantustans und ihre Funktion für das südafrikanische Herrschaftssystem' in Peter Ripken, *Südliches Afrika: Geschichte, Wirtschaft, politische Zukunft*, pp. 194—203, Berlin, 1978

Roberts, 1991: Frank Roberts, *Dealing with the Dictators: The Destruction and Revival of Europe 1930—1970* (London, 1991)

Rozsati/Mizsei, 1989: D. Rosati and K. Mizsei, *Adjustment through opening of socialist economies* in UNU/WIDER, Working paper 52 (Helsinki 1989)

Rostow, 1978: W.W. Rostow, *The World Economy: History and Prospect* (Austin, 1978)

Russell Pasha 1949: Sir Thomas Russell Pasha, *Egyptian Service, 1902—1946* (London, 1949)

Samuelson, 1943: Paul Samuelson, 'Full employment after the war' in S. Harris ed., *Post-war Economic Problems*, pp. 27—53 (New York, 1943)

Sareen, 1988: T.R. Sareen, *Select Documents on Indian National Army* (New Delhi, 1988)

Sassoon, 1947: Siegfried Sassoon, *Collected Poems* (London, 1947)

Schatz, 1983: Ronald W. Schatz, *The Electrical Workers. A History of Labor at General Electric and Westinghouse* (University of Illinois Press, 1983)

Schell, 1993: Jonathan Schell 'A Foreign Policy of Buy and Sell' (New York Newsday, 21 November 1993)

Schram, 1966: Stuart Schram, *Mao Tse Tung* (Baltimore, 1966)

Schrödinger, 1944: Erwin Schrödinger, *What Is Life: The Physical Aspects of the Living Cell* (Cambridge, 1944)

Schumpeter, 1939: Joseph A. Schumpeter, *Business Cycles* (New York and London, 1939)

Schumpeter, 1954: Joseph A. Schumpeter, *History of Economic Analysis* (New York, 1954)

Schwartz, 1966: Benjamin Schwartz, 'Modernisation and the Maoist Vision' in Roderick MacFarquhar ed., *China Under Mao: Politics Takes Command* (Cambridge MA, 1966)

Scott, 1985. James C. Scott, *Weapons of the Weak: Everyday Forms of Peasant Resistance* (New Haven and London 1985)

Seal, 1968: Anil Seal, *The Emergence of Indian Nationalism: Competition and Collaboration in the later Nineteenth Century* (Cambridge, 1968)

Sinclair, 1982: Stuart Sinclair, *The World Economic Handbook* (London, 1982)

Singer, 1972: J. David Singer, *The Wages of War 1816—1965: A Statistical Handbook* (New York, London, Sydney, Toronto, 1972)

Smil, 1990: Vaclav Smil, 'Planetary Warming: Realities and Responses' in *Population and Development Review*, vol. 16, no. l, March 1990

Smith, 1989: Gavin Alderson Smith, *Livelihood and Resistance: Peasants and the Politics of the Land in Peru* (Berkeley, 1989)

Snyder, 1940: R.C. Snyder, 'Commercial policy as reflected in Treaties from 1931 to 1939' in *American Economic Review*, 30, 1940, pp. 782—802

Social Trends: UK Central Statistical Office, *Social Trends 1980*(London, annual)

Solzhenitsyn, 1993: Alexander Solzhenitsyn in *New York Times* 28 November 1993

Somary, 1929: Felix Somary, *Wandlungen der Weltwirtschaft seit dem Kriege* (Tübingen, 1929)

Sotheby: *Art Market Bulletin,* A Sotheby's Research Department Publication, End of season review,1992

Spencer, 1990: Jonathan Spencer, *A Sinhala Village in Time of Trouble: Politics and Change in Rural Sri Lanka* (New Dehli, 1990)

Spero, 1977: Joan Edelman Spero, *The Politics of International Economic Relations* (New York, 1977)

Spriano, 1969: Paolo Spriano, *Storia del Partito Comunista Italiano* Vol. II (Turin, 1969)

Spriano, 1983: Paolo Spriano, *I comunisti europei e Stalin* (Turin, 1983)

SSSR, 1987: *SSSR v Tsifrakh v 1987*, pp. 15—17, 32—33

Staley, 1939: Eugene Staley, *The World Economy in Transition* (New York, 1939)

Stalin, 1952: J.V. Stalin, *Economic Problems of Socialism in the USSR* (Moscow, 1952)

Starobin, 1972: Joseph Starobin, *American Communism m Crisis* (Cambridge MA, 1972)

Starr, 1983: Frederick Starr, *Red and Hot: The Fate of Jazz in the Soviet Union 1917—1980* (New York, 1983)

Stat. Jahrbuch: Federal Republic Germany, Bundesamt fiir Statistik, *Statistisches Jahrbuch für das Ausland* (Bonn, 1990)

Steinberg, 1990: Jonathan Steinberg, *All or Nothing: The Axis and the Holocaust 1941—43* (London, 1990)

Stevenson, 1984: John Stevenson, *British Society 1914—1945* (Harmondsworth, 1984)

Stoll, 1990: David Stoll, *Is Latin America Turning Protestant: The Politics of Evangelical Growth* (Berkeley, Los Angeles, Oxford, 1992)

Stouffer/Lazarsfeld, 1937: S. Stouffer and P. Lazarsfeld, *Research Memorandum on the Family in the Depression*,Social Science Research Council (New York, 1937)

Stürmer, 1993: Michael Stürmer in 'Orientierungskrise in Politik und Gesellschaft? Perspektiven der Demokratie an der Schwelle zum 21. Jahrhundert' in *Bergedorfer Gespriichskreis, Protokoll Nr 98* (Hamburg-Bergedorf, 1993)

Stürmer, 1993: Michael Stürmer, *99 Bergedorfer Gesprächskreis* (22—23 May, Ditchley Park): *Wird der Westen den Zerfall des Ostens überleben? Politische und ökonomische Herausforderungen für Amerika und Europa* (Hamburg, 1993)

Tanner, 1962: J.M. Tanner, *Growth at Adolescence*, 2nd edn (Oxford, 1962)

Taylor/Jodice, 1983: C.L. Taylor and D.A. Jodice, *World Handbook of Political and Social Indicators*, 3rd edn (New Haven and London, 1983)

Taylor, 1990: Trevor Taylor, 'Defence industries in international relations' in *Rev. Internat. Studies* 16, 1990, pp. 59—73

Technology, 1986: US Congress, Office of Technology Assessment, *Technology and Structural Unemployment: Reemploying Displaced Adults* (Washington DC, 1986)

Temin, 1993: Peter Temin, 'Transmission of the Great Depression' in *Journal of Economic Perspectives*, vol. 7/2, spring 1993, pp. 87—102)

Terkel, 1967: Studs Terkel, *Division Street: America* (New York, 1967)

Terkel, 1970: Studs Terkel, *Hard Times: An Oral History of the Great Depression* (New York, 1970)

Therbom, 1984: Göran Therbom, 'Classes and States, Welfare State Developments 1881—1981' in *Studies in Political Economy: A Socialist Review*, no. 13, spring 1984, pp. 7—41

Therbom, 1985: Göran Therbom, 'Leaving the Post Office Behind' in M. Nikolic ed. *Socialism in the Twenty-first Century* pp. 225—51 (London, 1985)

Thomas 1971: Hugh Thomas, *Cuba or the Pursuit of Freedom* (London 1971)

Thomas, 1977: Hugh Thomas, *The Spanish Civil War* (Harmondsworth, 1977 edition)

Tiempos, 1990: Carlos Ivan Degregori, Marfil Francke, José López Ricci, Nelson Manrique, Gonzalo Portocarrero, Patricia Ruíz Bravo, Abelardo Sánchez León, Antonio Zapata, *Tiempos de Ira y Amor: Nuevos Actores para viejos problemas*, DESCO (Lima, 1990)

Tilly/Scott, 1987: Louise Tilly and Joan W. Scott, *Women, Work and Family* (second edition, London, 1987)

Tittnuss: Richard Tittnuss, *The Gift Relationship: From Human Blood to Social Policy* (London, 1970)

Tomlinson, 1976: B.R.Tomlinson, *The Indian National Congress and the Raj 1929—1942: The Penultimate Phase* (London,1976)

Touchard, 1977: Jean Touchard, *La gauche en France* (Paris, 1977)

Townshend, 1986: Charles Townshend, 'Civilization and Frightfulness: Air Control in the Middle East Between the Wars' in C. Wrigley ed. (see Hobsbawm, 1986)

Trofimov/Djangava, 1993: Dmitry Trofimov and Gia Djangava, *Some reflections on current geopolitical situation in the North Caucasus* (London, 1993, mimeo)

Tuma, 1965: Elias H. Tuma, *Twenty-six Centuries of Agrarian Reform: A comparative analysis* (Berkeley and Los Angeles, 1965)

Umbruch: See Fröbel, Heinrichs, Kreye, 1986

Umbruch, 1990: Federal Republic of Germany: *Umbruch in Europa: Die Ereignisse im 2. Halbjahr 1989. Eine Dokumentation, herausgegeben vom Auswärtigen Amt* (Bonn, 1990)

UN Africa, 1989: UN Economic Commission for Africa, Inter-Agency Task Force, Africa Recovery Programme, *South African Destabilization: The Economic Cost of Frontline Resistance to Apartheid* (New York, 1989)

UN Dept of International Economic and Social Affairs, 1984: See Population, 1984
UN International Trade: *UN International Trade Statistics Yearbook*, 1983
UN Statistical Yearbook (annual)
UN Transnational, 1988: United Nations Centre on Transnational Corporations, *Transnational Corporations in World Development: Trends and Prospects* (New York, 1988)
UN World Social Situation, 1970: UN, Department of Economic and Social Affairs, *1970 Report on the World Social Situation* (New York, 1971)
UN World Social Situation 1985: UN Dept of International Economic and Social Affair:*1985 Report on the World Social Situation* (New York, 1985)
UN World Social Situation 1989: UN Dept of International Economic and Social Affairs: *1989 Report on the World Social Situation* (New York, 1989)
UN World's Women: UN Social Statistics and Indicators Series K no. 8: *The World's Women 1970—1990: Trends and Statistics* (New York, 1991)
UNCT AD: UNCT AD (UN Commission for Trade and Development) *Statistical Pocket Book 1989* (New York, 1989)
UNESCO: *UNESCO Statistical Yearbook*, for the years concerned.
US Historical Statistics: US Dept of Commerce. Bureau of the Census, *Historical Statistics of the United States: Colonial Times to 1970*, 3 vols (Washington, 1975)
Van der Linden, 1993: 'Forced labour and non-capitalist industrialization: the case of Stalinism' in Tom Brass, Marcel van der Linden, Jan Lucassen, *Free and Unfree Labour* (IISH, Amsterdam, 1993)
Van der Wee: Herman Van der Wee, *Prosperity and Upheaval: The World Economy 1945—1980* (Harmondsworth, 1987)
Veillon 1992: Dominique Veillon, *'Le quotidien'* in *Ecrire l' histoire du temps présent. En hommage á Francois Bédarida: Actes de la journée d études de I'IHTP*, pp. 315—28 (Paris CNRS, 1993)
Vernikov, 1989: Andrei Vernikov, 'Reforming Process and Consolidation in the Soviet Economy', *WIDER Working Papers WP 53* (Helsinki, 1989)
Walker, 1988: Martin Walker, 'Russian Diary' in the *Guardian*, 21 March 1988, p. 19
Walker, 1991: Martin Walker, 'Sentencing system blights land of the free' in the *Guardian*, 19 June 1991, p. 11
Walker, 1993: Martin Walker, *The Cold War: And the Making of the Modern World* (London, 1993)
Ward, 1976: Benjamin Ward, 'National Economic Planning and Politics' in Carlo Cipolla ed., *Fontana Economic History of Europe: The Twentieth Century*, vol. 6/1 (London, 1976)
Watt, 1989: D.C. Watt, *How War Came* (London, 1989)
Weber, 1969: Hermann Weber, *Die Wandlung des deutschen Kommunismus: Die Stalinisierung der KPD in der Weimarer Republik* 2 vols (Frankfurt, 1969)

Weinberg, 1977: Steven Weinberg, 'The Search for Unity: Notes for a History of Quantum Field Theory' in *Daedalus*, autumn 1977

Weinberg, 1979: Steven Weinberg, 'Einstein and Spacetime Then and Now' in *Bulletin, American Academy of Arts and Sciences*,xxxiii. 2 November 1979

Weisskopf, 1980: V. Weisskopf, 'What Is Quantum Mechanics?' in *Bulktin, American Academy of Arts & Sciences*, vol. xxxiii, April 1980

Wiener, 1984: Jon Wiener, *Come Together: John Lennon in his Time* (New York, 1984)

Wildavsky, 1990: Aaron Wildavsky and Karl Dake, 'Theories of Risk Perception: Who Fears What and Why?' in *Daedalus*, vol. 119, no. 4, autumn 1990, pp. 41—60

Willett, 1978: John Willett, *The New Sobriety: Art and Politics in the Weimar Period* (London, 1978)

Wilson, 1977: E.O. Wilson, 'Biology and the Social Sciences' in *Daedalus* 106/4, autumn 1977, pp. 127—40

Winter, 1986: Jay Winter, *War and the British People* (London, 1986)

'Woman', 1964: 'The Woman in America' in *Daedalus* 1964

World Bank Atlas: *The World Bank Atlas 1990* (Washington, 1990)

World Development: World Bank: *World Development Report* (New York, annual)

World Economic Survey, 1989: UN Dept of International Economic and Social Affairs, *World Economic Survey 1989: Current Trends and Policies in the World Economy* (New York, 1989)

World Labour, 1989: International Labour Office (ILO), *World Labour Report 1989* (Geneva, 1989)

World Resources, 1986: *A Report by the World Resources Institute and the International Institute for Environment and Development* (New York, 1986)

World Tables, 1991: *The World Bank: World Tables 1991* (Baltimore and Washington, 1991)

World's Women: see UN World's Women

Zetkin, 1968: Clara Zetkin, 'Reminiscences of Lenin' in *They Knew Lenin: Reminiscences of Foreign Contemporaries* (Moscow, 1968)

Ziebura, 1990: Gilbert Ziebura, *World Economy and World Politics 1924—1931: From Reconstruction to Collapse* (Oxford, New York, Munich, 1990)

Zinoviev, 1979: Aleksandr Zinoviev, *The Yawning Heights* (Harmondsworth, 1979)